CompTIA Network+

Markus Kammermann

CompTIA Network+

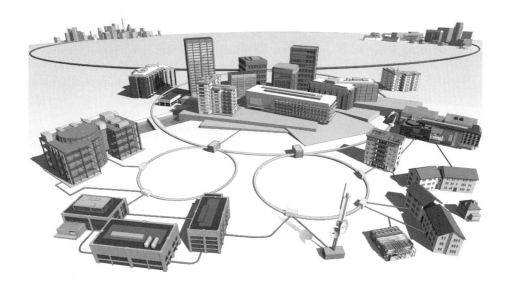

mitp

Bibliografische Information der Deutschen Nationalbibliothek
Die Deutsche Nationalbibliothek verzeichnet diese Publikation in der Deutschen Nationalbibliografie; detaillierte bibliografische Daten sind im Internet über <http://dnb.d-nb.de> abrufbar.

Bei der Herstellung des Werkes haben wir uns zukunftsbewusst für umweltverträgliche und wiederverwertbare Materialien entschieden.
Der Inhalt ist auf elementar chlorfreiem Papier gedruckt.

ISBN 978-3-95845-856-7
7. Auflage 2018

www.mitp.de
E-Mail: mitp-verlag@sigloch.de
Telefon: +49 7953 / 7189 - 079
Telefax: +49 7953 / 7189 - 082

© 2018 mitp Verlags GmbH & Co. KG

Dieses Werk, einschließlich aller seiner Teile, ist urheberrechtlich geschützt. Jede Verwertung außerhalb der engen Grenzen des Urheberrechtsgesetzes ist ohne Zustimmung des Verlages unzulässig und strafbar. Dies gilt insbesondere für Vervielfältigungen, Übersetzungen, Mikroverfilmungen und die Einspeicherung und Verarbeitung in elektronischen Systemen.

Die Wiedergabe von Gebrauchsnamen, Handelsnamen, Warenbezeichnungen usw. in diesem Werk berechtigt auch ohne besondere Kennzeichnung nicht zu der Annahme, dass solche Namen im Sinne der Warenzeichen- und Markenschutz-Gesetzgebung als frei zu betrachten wären und daher von jedermann benutzt werden dürften.

Das Bildmaterial in diesem Unterrichtsmittel verwenden wir unter Einhaltung der Copyrights und mit freundlicher Unterstützung folgender Unternehmen:

Daetwyler Cables, Daetwyler Schweiz AG, CH-Altdorf
F-Secure GmbH, D-München
Kaspersky Labs GmbH, CH-Steinhausen/Zug
NETGEAR® Switzerland GmbH, CH-Zürich
Panorgan AG, CH-Wädenswil
Studerus Schweiz für ZyXEL-Produkte

Lektorat: Katja Völpel
Korrektur: Renate Feichter
Coverfoto Copyright: www.stock.adobe.com / Sean Gladwell
Satz: III-satz, Husby, www.drei-satz.de
Druck: Medienhaus Plump GmbH, Rheinbreitbach

Inhaltsverzeichnis

1	**Einführung**	17
1.1	Das Ziel dieses Buches	17
1.2	Die CompTIA-Network+-Zertifizierung	18
1.3	Voraussetzungen für CompTIA Network+	20
1.4	Danksagung zur 7. Auflage	20
1.5	Eintrittstest zur Standortbestimmung	21
2	**Entwicklungen und Modelle**	29
2.1	Es war einmal ein Netzwerk	30
2.2	Was ist denn eigentlich ein Netzwerk?	31
	2.2.1 Netzwerkelemente	32
	2.2.2 Netzwerkmodelle	33
	2.2.3 Netzwerkmanagement	35
2.3	Vom Nutzen von Referenzmodellen	35
2.4	Die Architektur des OSI-Modells	37
2.5	Das beschreiben die einzelnen Schichten	41
	2.5.1 Bitübertragungsschicht (Physical Layer)	41
	2.5.2 Sicherungsschicht (Data Link Layer)	41
	2.5.3 Vermittlungsschicht (Network Layer)	43
	2.5.4 Transportschicht (Transport Layer)	43
	2.5.5 Sitzungsschicht (Session Layer)	44
	2.5.6 Darstellungsschicht (Presentation Layer)	44
	2.5.7 Anwendungsschicht (Application Layer)	44
2.6	Das DoD-Modell	45
2.7	Fragen zu diesem Kapitel	47
3	**Grundbegriffe der Telematik**	49
3.1	Multiplikatoren und Zahlensysteme	49
3.2	Elektrische Eigenschaften	53
3.3	Allgemeine Übertragungstechnik	54
	3.3.1 Das Sinussignal	54
	3.3.2 Dämpfung	55
	3.3.3 Frequenzbereiche	56

3.4		Grundlagen der Datenübertragung	57
	3.4.1	Analoge Datenübertragung	58
	3.4.2	Digitale Übertragung	58
3.5		Multiplexing	59
3.6		Übertragungsarten	61
	3.6.1	Seriell – Parallel	61
	3.6.2	Bitrate	62
	3.6.3	Einfach oder hin und zurück?	63
	3.6.4	Synchrone und asynchrone Datenübertragung	63
3.7		Bandbreite und Latenz	64
3.8		Von Bits und Frames	66
3.9		Fragen zu diesem Kapitel	66
4		**Hardware im lokalen Netzwerk**	**69**
4.1		Die wichtigsten Übertragungsmedien	69
	4.1.1	Twisted-Pair-Kabel	71
	4.1.2	Unshielded Twisted Pair	73
	4.1.3	Shielded Twisted Pair	78
	4.1.4	Koaxialkabel	80
	4.1.5	Lichtwellenleiter	81
	4.1.6	Auch das geht: Daten via Stromnetz	87
4.2		Netzwerkkarten	87
4.3		Repeater, Hubs und Bridges	89
	4.3.1	Repeater	89
	4.3.2	Hub	90
	4.3.3	Bridge	90
4.4		So funktionieren Switches	91
	4.4.1	Methoden der Durchleitung	92
	4.4.2	Spanning Tree Protocol	93
	4.4.3	Shortest Path Bridging und TRILL	95
	4.4.4	Managed Switches	96
4.5		Konvertieren und Verbinden	98
	4.5.1	Medienkonverter	98
	4.5.2	Modems	100
	4.5.3	Multiplexer	101
	4.5.4	CSU/DSU	102
4.6		Router verbinden diese (Netzwerk-)Welt	103
4.7		Virtuelle Netzwerkkomponenten	104
4.8		Fragen zu diesem Kapitel	106

5	**Topologie und Verbindungsaufbau**	109
5.1	Physische Topologien	109
5.2	Bandbreitenverwendung	114
	5.2.1 Basisbandübertragung	114
	5.2.2 Breitbandübertragung	114
5.3	Paketvermittelt – leitungsvermittelt	115
	5.3.1 Leitungsvermittelte Netzwerke	115
	5.3.2 Paketvermittelte Netzwerke	115
	5.3.3 Nachrichtenvermittlung	116
5.4	Verbindungslos – verbindungsorientiert	116
5.5	Unicast, Multicast, Broadcast, Anycast	117
5.6	Fragen zu diesem Kapitel	117
6	**Die Standards der IEEE-802.x-Reihe**	121
6.1	IEEE 802.2 (LLC-Sublayer)	122
6.2	Das Ethernet-Verfahren	122
6.3	Von Fast Ethernet bis 100 Gigabit	126
	6.3.1 Fast Ethernet	127
	6.3.2 Gigabit-Ethernet	127
	6.3.3 Und schon folgen die 10 Gigabit/s	127
	6.3.4 Es werde schneller: 40 Gbps und 100 Gbps	129
	6.3.5 Power over Ethernet	130
6.4	Dazu dienen VLANs	131
6.5	Weitere Standards in der Übersicht	134
6.6	Strukturierte Verkabelung	134
6.7	Fragen zu diesem Kapitel	138
7	**Netzwerk ohne Kabel: Drahtlostechnologien**	141
7.1	Wenn sich das LAN plötzlich WLAN nennt	142
	7.1.1 Unterschiedliche Übertragungsverfahren	144
	7.1.2 Die Verbindungsarten eines WLAN	145
	7.1.3 Wie verbinden sich Sender und Empfänger?	148
7.2	Standards für drahtlose lokale Netzwerke	149
	7.2.1 Die Standards IEEE 802.11a/b/g	149
	7.2.2 Die Gegenwart: IEEE 802.11n und 802.11ac	150
	7.2.3 Frequenzträger und Kanalbreite	153
7.3	Ein WLAN richtig aufbauen	155
	7.3.1 Aufbau der Hardware	155
	7.3.2 Konfiguration des drahtlosen Netzwerks	157

7.4		Die Sicherheit im WLAN.................................	159
	7.4.1	Wired Equivalent Privacy.........................	159
	7.4.2	WPA und 802.11i................................	160
7.5		Unterschiedliche Sendeverfahren........................	161
	7.5.1	Infrarot..	162
	7.5.2	Mikrowellen....................................	162
	7.5.3	Radiowellen (Funkwellen)........................	165
7.6		Kommunikation auf kurze Distanzen.....................	165
	7.6.1	Die Bluetooth-Technologie........................	165
	7.6.2	Zigbee und Z-Wave..............................	166
	7.6.3	RFID...	167
	7.6.4	NFC..	168
7.7		Fragen zu diesem Kapitel..............................	169
8		**WAN-Datentechniken auf OSI-Layer 1 bis 3**............	**171**
8.1		Von POTS zu ISDN....................................	171
8.2		Breitband-ISDN und seine Nachfolger...................	173
	8.2.1	Synchrone digitale Hierarchie.....................	174
	8.2.2	Sonet...	174
	8.2.3	ATM..	175
8.3		Next Generation Network (NGN)........................	178
8.4		Die wichtigsten DSL-Varianten..........................	181
	8.4.1	Die DSL-Technologie............................	181
	8.4.2	DSL-Verfahren..................................	182
	8.4.3	Probleme beim DSL-Einsatz......................	183
8.5		TV-Kabelnetze..	184
8.6		Fiber to the Home.....................................	185
8.7		LPWAN..	185
8.8		Mobile Datennetze....................................	186
8.9		Fragen zu diesem Kapitel..............................	190
9		**Meine Name ist IP – Internet Protocol**................	**193**
9.1		Die Geschichte von TCP/IP.............................	193
9.2		Der Aufbau der Adressierung...........................	195
9.3		Die Grundlagen der IP-Adressierung....................	197
	9.3.1	CIDR statt Adressklassen........................	201
	9.3.2	Private Netzwerke unter IPv4.....................	202
	9.3.3	Ausnahmen und besondere Adressen...............	203
	9.3.4	Der IPv4-Header................................	204

9.4	IPv6	205
	9.4.1 Der Header von IPv6	206
	9.4.2 Spezielle Adressen unter IPv6	207
9.5	Fragen zu diesem Kapitel	210
10	**Weitere Protokolle im TCP/IP-Stack**	**213**
10.1	ICMP und IGMP	213
10.2	ARP	214
10.3	NAT und noch mehr Abkürzungen	216
	10.3.1 NAT und PAT	216
	10.3.2 Universal Plug and Play	217
10.4	Das TCP-Protokoll	218
	10.4.1 Verbindungsmanagement	219
	10.4.2 Datenflusssteuerung	220
	10.4.3 Schließen der Verbindung	221
10.5	Die Alternative: UDP	221
10.6	Die Geschichte mit den Ports	222
10.7	Voice over IP und Videokonferenzen	225
10.8	Fragen zu diesem Kapitel	230
11	**Stets zu Diensten**	**233**
11.1	Routing-Protokolle	233
	11.1.1 RIP, RIPv2, IGRP	236
	11.1.2 OSPF und IS-IS	238
	11.1.3 BGP	239
	11.1.4 CARP und VRRP	240
11.2	Dynamic Host Configuration Protocol	241
11.3	DNS (Domain Name System)	244
	11.3.1 hosts	244
	11.3.2 Der Windows Internet Naming Service (WINS)	245
	11.3.3 Das Domain Name System	245
	11.3.4 Der Aufbau von DNS	246
	11.3.5 Das Konzept des dynamischen DNS	251
11.4	Web- und Mail-Protokolle	251
	11.4.1 HTTP	251
	11.4.2 FTP	253
	11.4.3 TFTP	255
	11.4.4 NNTP	256
	11.4.5 SMTP	256
	11.4.6 POP3 und IMAP4	258

11.5		Weitere Dienstprotokolle...............................	260
	11.5.1	NTP	260
	11.5.2	SSH	261
	11.5.3	Telnet..	261
11.6		Fragen zu diesem Kapitel	263
12		**Betriebssysteme und ihre Administration**	**267**
12.1		Grundlagen der Verwaltung............................	267
	12.1.1	Arbeitsgruppen und Domänen	268
	12.1.2	Der Client/Server-Ansatz	269
	12.1.3	Client/Server-Bausteine	271
	12.1.4	Wichtige Fragen zum Einsatz eines NOS................	271
12.2		Die Virtualisierung – Cloud Computing	272
	12.2.1	Servicemodelle	274
	12.2.2	Betriebsmodelle	276
	12.2.3	Angebote aus der Cloud............................	277
	12.2.4	Ein Wort zum Thema Speicher	277
12.3		Verschiedene Systeme kurz vorgestellt	278
	12.3.1	Apple	278
	12.3.2	Unix..	279
	12.3.3	Linux	281
	12.3.4	Von Windows NT bis Windows 2019...................	282
	12.3.5	Citrix und VMWare	284
12.4		Anwendungsprotokolle von NOS.........................	285
	12.4.1	SMB..	285
12.5		Die Administration des Netzwerks........................	286
12.6		Ressourcen im Netzwerk teilen	286
12.7		Identifikation im Netzwerk..............................	288
	12.7.1	Benutzer einrichten	290
	12.7.2	Das Erstellen von Gruppen	291
	12.7.3	Datei- und Ordnerrechte	292
12.8		Drucken im Netzwerk.................................	295
12.9		Fragen zu diesem Kapitel	296
13		**Sicherheitsverfahren im Netzwerkverkehr**	**299**
13.1		Identifikation und Authentifikation........................	300
	13.1.1	Aller Anfang ist ... das Passwort	301
13.2		Authentifikationsverfahren..............................	302
	13.2.1	Single Sign On und Mehr-Faktor-Authentifizierung.......	302
	13.2.2	PAP und CHAP	304

	13.2.3	EAP		304
	13.2.4	Kerberos		305
	13.2.5	RADIUS		306
13.3	Die Hash-Funktion			307
13.4	Verschlüsselung			308
	13.4.1	Symmetrisch oder asymmetrisch		308
	13.4.2	Von DES bis AES		309
	13.4.3	RSA		309
	13.4.4	Digitale Signatur		309
	13.4.5	PKI – digitale Zertifikate		310
13.5	SSL und TLS			310
13.6	IPSec			312
13.7	Fragen zu diesem Kapitel			314

14 Verschiedene Angriffsformen im Netzwerk ... 317

14.1	Viren und andere Krankheiten			318
	14.1.1	Unterscheiden Sie verschiedene Malware-Typen		318
	14.1.2	Es gibt verschiedene Viren		321
14.2	Was tut der Mann in der Mitte?			330
	14.2.1	Sie machen es dem Angreifer ja auch einfach		331
	14.2.2	Denial-of-Service-Attacken		332
	14.2.3	Pufferüberlauf		335
	14.2.4	Man-in-the-Middle-Attacken		336
	14.2.5	Spoofing		337
14.3	Social Engineering			338
14.4	Angriffspunkt drahtloses Netzwerk			341
14.5	Der freundliche Mitarbeiter			343
14.6	Fragen zu diesem Kapitel			344

15 Die Verteidigung des Netzwerks ... 347

15.1	Physikalische Sicherheit			348
	15.1.1	Zutrittsregelungen		348
	15.1.2	Vom Badge bis zur Biometrie		350
	15.1.3	Zutrittsschleusen und Videoüberwachung		351
	15.1.4	Schutz gegen Einbruch, Feuer und Wasser		353
	15.1.5	Klimatisierung und Kühlung		355
15.2	Fehlertoleranter Aufbau			356
15.3	Datensicherung			359
15.4	Virenschutz mit Konzept			360

Inhaltsverzeichnis

15.5		Firewalls	365
	15.5.1	Verschiedene Firewall-Typen	370
	15.5.2	Das Konzept der DMZ	373
	15.5.3	Erweiterte Funktionen einer Firewall	374
	15.5.4	Der Proxyserver	375
	15.5.5	IDS und IPS	376
15.6		Aktive Suche nach Schwachstellen	379
15.7		Verteidigungskonzepte	381
	15.7.1	Die Auswertung von Überwachungen	381
	15.7.2	Notfallvorsorge	383
	15.7.3	Die First Responders	385
	15.7.4	Und das alles zusammen?	386
15.8		Fragen zu diesem Kapitel	388
16		**Remote Access Networks**	**391**
16.1		Remote Access	391
16.2		Terminaldienste	393
	16.2.1	Der Windows Terminal Server	393
	16.2.2	Citrix Presentation Server	395
	16.2.3	Und die Desktop-Virtualisierung?	395
	16.2.4	Ein Wort zum Thema Unterstützung	395
16.3		VPN	397
	16.3.1	Der Aufbau der Verbindung	398
	16.3.2	Site-to-Site VPN	401
	16.3.3	Client-to-Site VPN	403
	16.3.4	Dynamisches VPN (Client-to-Site, Site-to-Site)	404
16.4		Fragen zu diesem Kapitel	404
17		**Netzwerkmanagement**	**407**
17.1		Wozu brauchen Sie Netzwerkmanagement?	407
	17.1.1	Fehlermanagement	411
	17.1.2	Konfigurationsmanagement	411
	17.1.3	Performancemanagement	413
	17.1.4	Sicherheitsmanagement	413
17.2		Die Netzwerkdokumentation	414
	17.2.1	Verkabelungsschema	415
	17.2.2	Anschlussdiagramme	415
	17.2.3	Logisches Netzwerkdiagramm	415
	17.2.4	Inventar- und Konfigurationsdokumentation	418
	17.2.5	Erfassungsschemata für die Planung	419

	17.2.6	Messdiagramme und Protokolle	421
	17.2.7	Änderungsdokumentation	421
17.3		Das Nachführen der Systeme	422
17.4		Der Aufbau von Tests	424
17.5		SNMP-Protokolle	425
17.6		Fragen zu diesem Kapitel	429
18		**Überwachung**	**431**
18.1		So funktioniert das Monitoring	432
	18.1.1	Was ist ein Monitor?	432
	18.1.2	Performancemanagement konzipieren	435
	18.1.3	Monitoring als Teil des Quality Management	436
	18.1.4	Grundlagen zu Service Level Agreements	438
	18.1.5	Weitere wichtige Dokumente	440
18.2		Die Netzwerkanalyse	441
18.3		Netzwerkanalyse-Programme	443
	18.3.1	Der Netzwerkmonitor	443
	18.3.2	Wireshark	445
	18.3.3	MRTG	447
	18.3.4	Messung der Netzwerkleistung	448
	18.3.5	Was ist ein Portscanner?	452
18.4		Überwachung im industriellen Umfeld	453
18.5		Und nachher?	457
18.6		Fragen zu diesem Kapitel	458
19		**Fehlersuche im Netzwerk**	**461**
19.1		Wie arbeiten Sie im Support?	462
	19.1.1	Sprechen Sie mit und nicht über den Kunden	462
	19.1.2	Vorbereitung für den Supporteinsatz	464
	19.1.3	ESD	464
	19.1.4	Heben und Tragen	465
	19.1.5	MSDS	465
	19.1.6	Arbeiten am und mit Racks	466
19.2		Fehlersuche im Netzwerk	467
19.3		Kabelprobleme und Testgeräte	468
	19.3.1	Abisolier- und Schneidwerkzeuge	471
	19.3.2	Anlege- und Anschlusswerkzeuge	471
	19.3.3	Installationswerkzeuge zur Kabelverlegung	472
	19.3.4	Prüf- und Analysegeräte	473
	19.3.5	Sensoren und Messgeräte	475

19.4		Hilfsmittel bei Routing-Problemen	476
	19.4.1	ipconfig/ip	476
	19.4.2	ping	477
	19.4.3	tracert/traceroute	479
	19.4.4	route	480
	19.4.5	Looking Glass	481
19.5		Probleme bei der Namensauflösung	482
	19.5.1	nbtstat	482
	19.5.2	nslookup	483
	19.5.3	NET	485
19.6		Arbeiten in der Shell mit netsh	488
19.7		Protokollstatistiken anzeigen mit netstat	490
19.8		Fehlersuche in den Diensten	491
19.9		Fragen zu diesem Kapitel	493
20		**Praxis 1: Sie richten ein Netzwerk ein**	**497**
20.1		Die Konzeption	498
	20.1.1	Ein Inventar erstellen	498
	20.1.2	Netzwerkkonzept erstellen	499
	20.1.3	Computer vorbereiten	500
20.2		Das Netzwerk aufbauen	501
	20.2.1	Router einrichten	501
	20.2.2	Internetzugriff einrichten	503
	20.2.3	Das LAN einrichten	504
	20.2.4	Abschluss der Router-Konfiguration	505
	20.2.5	Test der Internetverbindung	506
20.3		Alternative Konzeption	507
	20.3.1	Firewall einrichten	508
	20.3.2	Die Schnittstellen einrichten	509
	20.3.3	USG hat doch was mit Firewall zu tun	512
	20.3.4	Abschluss der Router-Konfiguration	513
20.4		Drucken im Netzwerk	513
20.5		Gemeinsame Nutzung von Daten	518
	20.5.1	Vorbereitungsarbeiten	519
	20.5.2	Einrichten der Freigabe	519
20.6		Fragen zu diesem Kapitel	521
21		**Praxis 2: Sie richten ein WLAN ein**	**525**
21.1		Das Szenario für den Nachbau	525
21.2		Der Beginn Ihrer Installation	526

21.3		Der Aufbau des Netzwerks	527
21.4		Die Konfiguration des WLAN-Geräts	529
	21.4.1	WAN-Schnittstelle einrichten	533
	21.4.2	Die Konfiguration der LAN-Schnittstellen	534
	21.4.3	WLAN einrichten	535
	21.4.4	Jetzt kommt die Firewall dran	538
21.5		Fragen zu diesem Kapitel	540
22		**Praxis 3: Steigern Sie die Netzeffizienz**	**543**
22.1		Optimierung der physischen Komponenten	543
22.2		Die Optimierung von Ethernet-Netzwerken	544
	22.2.1	Reduzieren der Protokolle	546
	22.2.2	Drucker	547
22.3		Teilnetze durch Subnettierung	547
	22.3.1	Grundlagen zum Subnet Masking	548
	22.3.2	Wie eine Subnettierung funktioniert	549
22.4		Weitere Optimierungsmaßnahmen	551
	22.4.1	Network Access Control	551
	22.4.2	Traffic Shaping	552
22.5		Optimierungsmöglichkeiten im WLAN	553
22.6		Fragen zu diesem Kapitel	557
23		**Die CompTIA-Network+-Prüfung**	**559**
23.1		Was von Ihnen verlangt wird	559
23.2		Wie Sie sich vorbereiten können	560
23.3		Wie eine Prüfung aussieht	561
23.4		Abschlusstest zur Prüfung CompTIA Network+	565
A		**Anhänge**	**585**
A.1		Antworten zu den Fragen des Eintrittstest	585
A.2		Lösungsbeispiele zu »Jetzt sind Sie dran«	585
A.3		Antworten zu den Kapitelfragen	589
A.4		Antworten zur Musterprüfung	592
A.5		Weiterführende Literatur	593
	A.5.1	Nützliche Literatur zum Thema	593
	A.5.2	Weiterführende Links zum Thema	594
B		**Abkürzungsverzeichnis**	**595**
		Stichwortverzeichnis	**609**

Kapitel 1

Einführung

Wenn meine jüngste Tochter unterwegs ist, macht sie mit ihrem Handy Fotos, die sie umgehend im Internet postet. Sie chattet in einem sozialen Netzwerk und auf ihrem PC hat sie Webbrowser und Mail installiert, um sich mit der Welt auszutauschen, und speichert so gut wie alle ihre Informationen und Arbeiten digital.

Wenn meine Mutter mit ihren über 80 Jahren heute ein Buch lesen möchte, verbindet sie ihr Android-Tablet mit dem WLAN, lädt sich das entsprechende Buch aus dem Internet herunter – genauso selbstverständlich, wie sie früher in eine Buchhandlung gegangen ist – und freut sich, dass sie Farbe, Leuchtkraft und Größe der Buchstaben so einfach an ihre Bedürfnisse anpassen kann.

Mich beeindruckt persönlich, wie tief das Thema »Netzwerke« nicht nur in Unternehmen, sondern auch in den privaten Sprach- und Alltagsgebrauch vorgedrungen ist. Durch die ständig steigende Durchdringung unseres Lebensraums mit vernetzten Geräten und Anwendungen, angefangen beim mobilen Telefon mit Bluetooth-Schnittstelle über Breitbandanschlüsse bis hin zum interaktiven internetbasierten Fernsehen, haben sich die Begriffe der Netzwerktechnik bis tief in den allgemeinen Alltagsgebrauch vorgewagt – und es bedarf entsprechend einer ausreichenden Anzahl an Personen, die sich mit dieser Thematik auskennen und in der Lage sind, Netzwerke in verschiedenster Form zu planen, zu installieren und zu warten.

Und was im privaten Umfeld gilt, gilt erst recht in der Unternehmensinformatik. Ob die Nutzung gemeinsamer Ressourcen, die Anbindung der Firma ans Internet oder die Einrichtung einer Kommunikationsinfrastruktur – ohne Netzwerke ist die Unternehmens-IT von heute nicht mehr denk- und schon gar nicht mehr realisierbar. Und entsprechend braucht es genügend Fachleute, welche die Anwendung dieser Technologie beherrschen und die Kunden unterstützen können.

Darum ist heute ein guter Zeitpunkt, wenn Sie beginnen, sich mit dieser Thematik auseinanderzusetzen und teilzuhaben an den Möglichkeiten, die sich daraus eröffnen, sich mit Netzwerken auszukennen, sie zu planen und zu konfigurieren und damit zu arbeiten.

1.1 Das Ziel dieses Buches

Dieses Buch verfolgt zwei Ziele: Ihnen die Welt der Netzwerke zu erklären sowie Sie auf die entsprechende Zertifizierung Ihrer Fähigkeiten als CompTIA-Network+-Techniker/-in vorzubereiten.

Die folgenden Kapitel dieses Buches möchten Ihnen dazu das notwendige Wissen vermitteln und Ihnen eine Orientierung geben, damit Sie sich anschließend in den verschiedenen Themenbereichen von Netzwerken zurechtfinden und in der Lage sind, Netzwerke zu verstehen und entsprechend zu betreuen. Dabei begegnen Sie in diesem Buch Netzwerken in ihren unterschiedlichsten Dimensionen von der Idee der Vernetzung und Modellen von Netzwerken über Stecker, Komponenten und Verbindungen bis hin zu Anwendungen wie dem Teilen von Ressourcen oder dem E-Mail-Verkehr, aber auch den mit Netzwerken verbundenen Risiken.

Zur Thematik dieses Buches gehört auch, dass Sie in der Lage sein werden, Kunden zu verstehen und deren Anforderungen an einen gewünschten Netzwerksupport umsetzen zu können.

Die Inhalte dieses Buches und eventuell auch ein dazugehöriges Seminar unterstützen Sie beim Erlernen und beim Aufbau eines eigenen Verständnisses der technischen Begriffe, der Funktionsweise von Netzwerken, Protokollen und Anwendungen sowie der Fehlerdiagnose.

Eine ausreichende eigene Praxis und gegebenenfalls eine ergänzende Ausbildung durch ein Seminar bieten Ihnen zusammen mit diesem Buch die notwendigen Grundlagen, um die Prüfung CompTIA Network+ erfolgreich bestehen zu können. Aus diesem Grund hat CompTIA zusammen mit den Network+-Lernzielen auch eine Liste von nützlichen Komponenten sowie Hard- und Software veröffentlicht, mit deren Hilfe Sie sich z. B. in einem Training oder Labor auch praktisch mit der erforderlichen Thematik auseinandersetzen können.

1.2 Die CompTIA-Network+-Zertifizierung

Die CompTIA-Network+-Zertifizierung wendet sich an Technikerinnen und Techniker mit vorhandener Berufserfahrung im Informatikbereich und bescheinigt zertifizierten Personen eine breite Kenntnis auf dem Gebiet der Netzwerktechnologie. Das bestandene Examen bedeutet, dass der zertifizierte Absolvent die erforderlichen Kenntnisse und Fähigkeiten besitzt, um eine festgelegte Netzwerkarchitektur mit grundlegenden Sicherheitseinstellungen zu implementieren. Außerdem ist er in der Lage, Netzwerkgeräte mit den geeigneten Netzwerktools zu konfigurieren und instand zu halten sowie auftretende Probleme zu beheben. Des Weiteren kennt er die Eigenschaften und Zielsetzungen von Netzwerktechnologien, kann grundlegende Lösungen empfehlen und den Netzwerkverkehr analysieren und ist mit den gängigen Protokollen und Medientypen vertraut.

Die CompTIA-Network+-Prüfung eignet sich sehr gut als Vorbereitung auf die IT-Zertifikate diverser im Netzwerktechniksektor aktiver Hersteller.

Damit die Zertifizierung am Markt bestehen bleibt, wird die Prüfung durch die CompTIA regelmäßig aktualisiert und an die aktuellen Anforderungen angepasst. Die letzten beiden Anpassungen fanden 2015 und aktuell im Jahr 2018 statt. Die

Inhalte der Zertifizierung werden anschließend in Lernzieldokumenten auf der Website von CompTIA unter www.comptia.org veröffentlicht (sogenannte *Exam Objectives*).

Die Network+-Zertifizierung teilt sich in mehrere Fachgebiete, im CompTIA-Sprachgebrauch *Domain* und in der Übersetzung von CompTIA *Wissensgebiet* genannt. In der aktuellen Fassung der Prüfung (N10-007) lauten diese Themen wie folgt:

Wissensgebiet	Thematik
Wissensgebiet 1	Netzwerkkonzepte
Wissensgebiet 2	Infrastruktur
Wissensgebiet 3	Netzwerkbetrieb
Wissensgebiet 4	Netzwerksicherheit
Wissensgebiet 5	Netzwerk Troubleshooting und Tools

Entsprechend lernen Sie in diesem Buch die oben genannten Themenbereiche ausführlich kennen und können sich mit diesem Buch das für die Zertifizierung notwendige Wissen aneignen sowie dazugehörige Praxistipps und Übungen mitnehmen.

Im Zentrum steht dabei weniger die Auflistung aller möglichen und unmöglichen Abkürzungen aus diesem Bereich, sondern die Schaffung eines Verständnisses für die Thematik Netzwerk und die Funktionsweise der einzelnen Elemente.

Für alle relevanten Abkürzungen finden Sie zudem ein ausführliches Abkürzungsverzeichnis im Anhang dieses Buches.

Die einzelnen Wissensgebiete und die Zuordnung der Lernziele für die CompTIA-Network+-Prüfung finden Sie im Anhang, sodass Sie auch nachträglich ein Lernziel wieder nachschlagen können.

Neu hinzugekommen sind in der vorliegenden 7. Auflage hinsichtlich der aktuellen Prüfung die folgenden Elemente:

- Aktualisierung der Standards und Verfahren (Ethernet, WLAN, IPv6)
- Das Thema Sicherheit wurde aktualisiert und besser von der Prüfung ComTIA Security+ abgegrenzt.
- Aktualisierte Tabelle im Anhang, die Ihnen die Zuordnung der Lernziele zu den einzelnen Abschnitten im Buch ermöglicht
- Eine Beispielprüfung in vollem Umfang des Examens N10-007

Alles in allem wurde die Anzahl der Lernziele von bislang 44 auf 29 reduziert und das Gewicht liegt aktuell mehr auf »Wissen und Verstehen« und weniger auf »Analyse«. Die Komplexität der Thematik und somit auch der Fragen wurde deutlich reduziert.

1.3 Voraussetzungen für CompTIA Network+

Gemäß der Website von CompTIA (www.comptia.org) zur CompTIA-Network+-Prüfung sollte ein Teilnehmer für das erfolgreiche Ablegen der Prüfung über folgende Kompetenzen verfügen:

- CompTIA-A+-Zertifizierung oder entsprechende Kenntnisse, auch wenn die CompTIA-A+-Zertifizierung keine zwingende Anforderung ist
- Mindestens neun bis zwölf Monate Berufserfahrung in der ICT-Netzwerktechnik

Diesen Empfehlungen kann ich als Autor nur zustimmen. Zudem kann Ihnen dieses Buch nicht die praktische Erfahrung vermitteln, die im Bereich Netzwerktechnik nötig ist, um im beruflichen Alltag erfolgreich zu sein. Wenn Sie sich also auf die Zertifizierung vorbereiten möchten, lesen Sie dieses Buch, aber installieren Sie auch selbst ein Netzwerk, gehen Sie in ein Training oder bauen Sie mit Kollegen ein Netzwerk auf und üben Sie sich praktisch in der Konzeption, Installation, Konfiguration und Fehlerbehebung bei Netzwerken.

Für weitere Informationen begeben Sie sich bitte auf die Website von CompTIA unter www.comptia.de oder www.comptia.org. Details zur Prüfung finden Sie zudem in Kapitel 23 »Die CompTIA-Network+-Prüfung«.

1.4 Danksagung zur 7. Auflage

»Das Verfassen eines Buches über ein so breit gefasstes und sich ständig entwickelndes Thema wie die Netzwerktechnik ist auch für jemanden mit langjähriger und breiter Erfahrung eine herausfordernde Aufgabe.« Den Satz schreibe ich mittlerweile schon seit einigen Auflagen immer an dieser Stelle. Und mit jeder Auflage scheint es mir noch mehr an Bedeutung zu gewinnen, was ich danach geschrieben habe: *»Vor mehr als sieben Jahren habe ich mit der 1. Auflage zu diesem Buch begonnen und damals wie heute bin ich allen Lesern und Mitarbeitern dankbar, die mir neue Ideen mitteilen, mich auf Fehler aufmerksam machen oder mit ihren Wünschen dazu beitragen, dass dieses Buch mit jeder Auflage kompletter und vielfältiger werden kann.«*

Als ich selbst die ersten Netzwerke verlegte, waren das freiliegende gelbe Ethernet-Koaxialkabel mit T-Stücken für ein kleines Büronetzwerk und später geswitchte Sternverkabelungen für Server und Clients, dann folgten Umrüstungen auf Gigabit-Verkabelungen sowie der Aufbau von drahtlosen Netzwerken – und heute stehen wir mitten in der Ausbreitung des »Internets der Dinge«, in welchem Maschinen und Komponenten mit Sensoren direkt untereinander kommunizieren. Die Entwicklungen bleiben also keineswegs stehen – und somit bleibt auch mein Bedarf als Autor, nebst eigener Weiterbildung, an Ihren Vorschlägen und Fragen immer noch aktuell.

Mein Dank gilt persönlich all denen, die mir immer wieder beim Korrekturlesen sowie mit neuen Ideen oder Anregungen zur Seite stehen, namentlich Ramon Kratzer für seine Detailarbeit an den Tabellen und Zuordnungen von Inhalten und Lernzielen, beiden für die tolle Mitarbeit an den Praxiskapiteln, Natalie Mattle für ihre zahlreichen Korrekturen und Roland Cattini für sein präzises Nachfragen. Mein Dank geht aber auch an die vielen Leserinnen und Leser, Studenten und Teilnehmer an meinen verschiedenen Seminaren, die immer wieder neue Ideen einbringen.

Bedanken möchte ich mich einmal mehr sehr herzlich bei Katja Völpel und dem mitp-Verlag. Es freut mich immer aufs Neue, dass wir im Zeitalter des Internets zusammen ein Buch aktualisieren und bereits in 7. Auflage herausbringen können. Ein Buch, das viele interessiert und das gelesen wird und mit dem wir in guter Zusammenarbeit gemeinsam Erfolg haben.

1.5 Eintrittstest zur Standortbestimmung

Bevor Sie sich an die eigentlichen Themen von CompTIA Network+ heranwagen, möchte ich Ihnen die Gelegenheit geben, die Erfüllung der Voraussetzungen für den Einstieg zu dieser Zertifizierung in einem Test an sich selbst zu überprüfen.

Sie finden daher im Folgenden 30 Fragen, die sich, basierend auf den von CompTIA definierten Voraussetzungen, vorwiegend mit Systemtechnik- und Netzwerkfragen auf dem Level von CompTIA A+ befassen und Ihnen die Einschätzung erlauben sollen, ob Sie das für die folgenden Themen benötigte Verständnis und Fachwissen mitbringen.

1. Welche Komponente kann verhindern, dass bestimmte Programme während des Bootens durch das Windows-Betriebssystem geladen werden?

    A. attrib

    B. snap ins

    C. msconfig

    D. bootini.bat

2. Ein Kunde kann zwar zu Hause über den Access Point auf das Internet zugreifen, hat aber Probleme, sich mit einem bestimmten Game-Server zu verbinden. Welche Einstellung wird der Techniker überprüfen?

    A. Die SSID auf dem Access Point und dem PC

    B. Die DHCP-Einstellungen auf dem PC

    C. Die Port-Weiterleitungsregeln

    D. Die MAC-Filtereinstellungen

3. Durch den Einbau von welchem Gerät kann man einen Rechner mit einem Server mit einem UTP-Kabel verbinden?

    A. NIC

    B. USB

    C. FireWire

    D. RJ-11

4. Welcher der folgenden Benutzer hat am meisten Autorität auf einem lokalen System, das mit Windows 10 Professional betrieben wird?

    A. BCM (Basis Custom Master)

    B. Power User

    C. Hauptbenutzer

    D. Administrator

5. Sie haben in Ihrem Rechner eine neue Netzwerkkarte eingebaut und erhalten danach die IP-Adresse 169.254.2.3 zugeordnet. Was ist geschehen?

    A. Es konnte keine dynamische IP-Adresse zugeordnet werden.

    B. Der PC hat die Adresse vom Internet bezogen.

    C. Es besteht keine Verbindung zum Switch.

    D. Es wurde ein falscher Treiber installiert.

6. Mit welcher Schnittstelle kann eine externe Festplatte üblicherweise an einem PC angeschlossen werden?

    A. USB

    B. IrDA

    C. 802.11u

    D. IEEE 1284

7. Über welche Spezifikation verfügt ein moderner Prozessor?

    A. Dual ATA

    B. HyperChannel

    C. Double Data Clock

    D. MultiCore

8. Welches Schnittstellenkonzept enthält in einem Notebook PnP-Funktionalität?

    A. IEE 1283

    B. USCSI

    C. P-ATA

    D. USB-C

9. Woran erkennt man während der POST-Phase ein Problem mit einer Grafikkarte?
   A. Die [NUM Lock]-Taste blinkt.
   B. Ein Piepston oder mehrere Piepstöne nacheinander
   C. Der PC wird heruntergefahren.
   D. Es erscheint eine Fehleranzeige im Display.
10. Wie nennt sich die Software auf dem Mainboard eines Routers?
    A. BIOS
    B. CMOS
    C. Firmware
    D. Treiber
11. Wo werden die Hardware-Einstellungen eines PC-Systems gespeichert?
    A. CMOS
    B. EPROM
    C. THERMO
    D. POST
12. Sie installieren bei einem Kunden zu Hause ein drahtloses Netzwerk. Der Kunde möchte gerne sein Netzwerk nach außen verbergen. Was werden Sie konfigurieren, um dem Kunden diesen Wunsch zu erfüllen?
    A. Sie schalten das Aussenden der SSID ab.
    B. Sie schalten das Aussenden der WEP-Verschlüsselung ab.
    C. Sie deaktivieren die Sendeberechtigung des Access Points.
    D. Sie deaktivieren die WPA-Verschlüsselung.
13. Mit welchem Befehl kann man über Router vom eigenen System bis zum Zielsystem die Verbindung prüfen?
    A. ping
    B. tracert
    C. route
    D. ipconfig
14. Wie nennt sich eine Datei, die andere Dateien infiziert und sich selbst replizieren kann?
    A. Virus
    B. Trojaner
    C. Wurm
    D. Hoax

Kapitel 1
Einführung

15. Beim Neustart nach einem Update des Grafikkartentreibers ist der Bildschirm verzerrt, wenn Windows gestartet ist. Der Anwender schaltet den Computer aus und betätigt beim Neustart die Taste F8. Das Startmenü wird angezeigt. Welche Option sollte der Anwender auswählen, um das Problem zu lösen?

    A. Abgesicherter Modus

    B. Abgesicherter Modus mit Eingabeaufforderung

    C. Letzte als funktionierend bekannte Konfiguration

    D. Normaler Modus

16. Beim Verbinden des Notebooks mit dem Netzteil bemerkt der Techniker eine übermäßige Temperatur des Netzteils. Der Techniker sollte ...

    A. die korrekte Verbindung sicherstellen.

    B. das Netzteil vom Boden entfernen.

    C. das Netzteil mit einem Ventilator kühlen.

    D. das Netzteil ersetzen.

17. Was sollte ein Techniker tun, wenn er zum ersten Mal mit einem neuen Kunden spricht?

    A. Wenn das Problem nicht sofort gelöst werden kann, dieses eskalieren.

    B. Fachausdrücke verwenden, damit der Kunde merkt, über welche Fachkenntnisse der Techniker verfügt.

    C. Dem Kunden seinen Namen und den Namen der Firma nennen.

    D. Dem Kunden vor Ort Hilfe anbieten.

18. Welches Verfahren sollte ein Techniker im Gespräch mit einem unzufriedenen Kunden anwenden?

    A. Seinen Vorgesetzten bitten, das Gespräch zu führen, da dies nicht die Aufgabe des Technikers ist.

    B. Versuchen, alle Fehler zu verheimlichen, die aufgetreten sind.

    C. Den Kunden ignorieren, weil ein Techniker nicht mit aggressiven Kunden sprechen muss.

    D. Integrität und Ehrlichkeit bewahren.

19. Welche der Folgenden ist eine drahtlose Lösung für den Anschluss von Netzwerkgeräten?

    A. IEEE 1284g

    B. IEEE 1394b

    C. IEEE 802.3ac

    D. IEEE 802.11n

20. Sie stellen im Geräte-Manager Ihres Betriebssystems fest, dass ein angeschlossenes Gerät mit einem roten X über dem Icon des Geräts dargestellt wird. Was bedeutet das?

    A. Das Gerät steht in Konflikt zu einem anderen Gerät.

    B. Das Gerät benötigt einen aktualisierten Treiber.

    C. Das Gerät ist deaktiviert.

    D. Das Gerät wird vom System nicht erkannt.

21. Eine MAC-Adresse finden Sie ...

    A. in der Festplatte.

    B. in einer NIC.

    C. nur in einem Apple-Computer.

    D. im Prozessor.

22. Was gehört in jedem Fall in ein Werkzeugset? (Zwei Antworten)

    A. Ein Akkuladegerät

    B. Ein Antistatikarmband

    C. Ein Kreuzschlitzschraubendreher

    D. Aceton

23. Wie hoch ist die theoretische maximale Geschwindigkeit bei Gigabit-Ethernet?

    A. 10 Mbps

    B. 100 Mbps

    C. 1.000 Mbps

    D. 10.000 Mbps

24. Welches Verzeichnis wird auf einem 64-Bit-Windows-System erstellt, um 32-Bit-Anwendungen zu speichern?

    A. *C:\Programme*

    B. *C:\Windows*

    C. *C:\Windows/system32*

    D. *C:\Programme(x86)*

25. In einer Umgebung mit unzuverlässiger Spannungsversorgung schützt man den Computer am besten durch ...

    A. einen geerdeten Power Strip.

    B. Aufstellen auf einer antistatischen Unterlage.

    C. eine unterbrechungsfreie Stromversorgung (USV).

    D. einen separaten Stromanschluss.

Kapitel 1
Einführung

26. Eine Kundin ruft Sie zu Hilfe, weil sich die PCs ihrer Abteilung nicht mehr mit dem Internet verbinden können und auch die Rechner der anderen Abteilung für sie nicht mehr erreichbar sind. Ein `ipconfig`-Aufruf auf einem der betroffenen Abteilungs-PCs ergibt folgende Informationen:

    IP-Adresse: 169.254.2.4
    Subnetz: 255.255.0.0
    Standard-Gateway:

    Was ist die wahrscheinlichste Ursache des Problems?

    A. Die Subnetzmaske ist falsch konfiguriert.

    B. Der DHCP-Client ist nicht in der Lage, eine Adresse vom DHCP-Server zu beziehen.

    C. Der DNS-Client ist für diese Computer nicht konfiguriert.

    D. Der Standard-Gateway ist nicht definiert.

27. Worauf müssen Sie achten, wenn Sie mit Ihrem Notebook von Europa in die USA reisen?

    A. Das lokale Dateisystem

    B. Die Watt-Einstellungen

    C. Die regionalen Leistungseinstellungen

    D. Die Volt-Einstellungen

28. Eine Kundin berichtet, dass sie versucht hat, ein USB-Gerät einzustecken. Dabei hat sie versehentlich einen der Anschlussstecker beschädigt. Seither ist es ihr nicht mehr möglich, den Computer zu betreiben, weil er immer wieder abschaltet. Was ist wahrscheinlich der Grund dafür?

    A. Der beschädigte Anschluss hat Kontakt mit dem Metallkäfig des Gehäuses und verursacht einen Kurzschluss.

    B. Die Stromversorgung des PC sitzt nicht mehr richtig auf dem Board.

    C. Der USB-Anschluss verursacht einen Treiberfehler.

    D. Das Betriebssystem erkennt den USB-Anschluss nicht mehr.

29. Ein Benutzer erhält die Meldung *Zugriff verweigert*, wenn er eine neue Anwendung installieren möchte. Was werden Sie als Erstes überprüfen?

    A. Ob die Datei- und Druckerfreigabe aktiviert ist

    B. Ob der Benutzer Zugriffsrechte auf das Laufwerk hat

    C. Ob die Gruppe *Jeder* Zugriffsrechte auf das System hat

    D. Ob der Benutzer als lokaler Administrator am System angemeldet ist

30. Ein Kunde bereinigt sein System von Malware. Aufgrund der Verseuchung ist es ihm nicht möglich, per Internet Updates der Antivirensoftware zu erhalten. Welche nächsten Schritte sind angebracht? Wählen Sie zwei aus.

    A. Im abgesicherten Modus starten und die Festplatte formatieren

    B. Einen Pop-up-Blocker installieren und den Internet Explorer starten

    C. Im abgesicherten Modus mit Netzwerktreibern starten und versuchen, so die Updates zu erhalten

    D. Von CD starten und einen chkdsk ausführen

    E. Die Updates manuell einspielen, nachdem sie von einer anderen Maschine aus heruntergeladen worden sind.

Die Antworten zu den Fragen finden Sie in Abschnitt A.1 »Antworten zu den Fragen des Eintrittstest«. Bei einer Quote von 70% korrekter Antworten oder mehr befinden Sie sich im Bereich des notwendigen Grundwissens für einen Beginn mit CompTIA Network+. Liegen Sie wesentlich darunter, empfehle ich Ihnen gegebenenfalls eine Vorbereitung mit dem Thema Systemtechnik und Support durch die Zertifizierung CompTIA A+.

Kapitel 2

Entwicklungen und Modelle

Die Entwicklung der Netzwerktechnologie reicht über einige Jahrzehnte, war anfänglich geprägt von einzelnen großen Systemen und deren Erfindern und wurde immer mehr zu einem industrialisierbaren und damit notwendigerweise zu standardisierenden Thema für die Unternehmen, die in Netzwerke investieren wollten.

Ende der 1970er Jahre wurde mit diesen Bemühungen begonnen, im Jahr 1983 wurde ein erstes, *OSI* genanntes Modell vorgestellt. Der Begriff steht für *Open Systems Interconnection*. Es wurde anfänglich von der ITU, der Telekommunikationsvereinigung, seit 1984 auch von der ISO veröffentlicht. Das jetzt genormte Schichtenmodell wird seither von der ISO weiterentwickelt und den aktuellen Stand können Sie in ISO/IEC 7498-1:1994 aus dem Jahr 1994 nachlesen.

Dieses theoretische Modell beschreibt allgemeingültig die Kommunikation in Form eines mehrschichtigen Systems mit fest definierten Aufgabenstellungen. Nach diesem Kapitel werden Sie die unterschiedlichen Schichten des OSI-Modells und deren Funktionen benennen können. Das Modell dient Ihnen als Grundlage für die darauf aufbauenden Erläuterungen in den folgenden Kapiteln.

Ebenso in den 1970er Jahren und damit Jahre vor dem OSI-Modell wurde durch das amerikanische Militär (und damit zu Beginn nicht öffentlich!) ebenfalls ein Modell mit Schichten entwickelt, dies im Zusammenhang mit dem Aufbau des ARPANet, der Grundlage des späteren Internets. Dieses – *DoD-Modell* genannt – enthält lediglich vier Schichten und die unterste Schicht wurde nicht durch das Modell, sondern durch Verweise auf bestehende Technologien beschrieben. Beide Modelle sind heute in Verwendung, das OSI-Modell als umfassenderer Ansatz, das DoD-Modell als näher an der Implementation liegendes Modell, das vor allem durch die Verbreitung des Internets nachhaltig an Bedeutung gewonnen hat.

Lernen Sie in diesem Kapitel:

- Die Geschichte der Netzwerke kennen
- Die Aufteilung von Netzen nach verschiedenen Ansätzen durchführen
- Die Bedeutung von Referenzmodellen verstehen
- Entstehung und Aufbau des OSI-Modells verstehen
- Die Schichten und ihre Funktionen auseinanderhalten

- Das DoD-Modell als alternativen Ansatz kennen
- Die Bedeutung der Schichten und der Vergleich zum OSI-Modell erkennen

2.1 Es war einmal ein Netzwerk

Die Geschichte der Netzwerke ist nicht ganz so alt wie die Geschichte der Computersysteme. Die 1960er Jahre waren geprägt von der Entdeckung der Kapazität von Großrechnern. Die prägenden Geräte dieser Zeit waren:

- Einzelne Systeme, sogenannte Großrechner
- Lochkartenleser für die Speicherung von Daten
- Programmierer, Operateure, Spezialisten (aber keine Benutzer!)

Ende der 60er Jahre trat mit der Inbetriebnahme der ersten Stufe des Internets (des sogenannten ARPANet) das Thema Vernetzung erstmals in geografisch größerem Ausmaß auf. Es ging dabei darum, bestehende und weit voneinander entfernte Systeme so miteinander zu verbinden, dass Daten hin- und herbewegt werden konnten.

Die 70er Jahre brachten die Entwicklung von Endbenutzergeräten, damals Terminals genannt, welche direkt abhängig von der Kapazität des zentralen Rechners waren und weder über eigene Betriebssysteme noch Anwendungen verfügten. Sie dienten lediglich der Eingabe und Weiterleitung von Daten direkt an den Zentralrechner. Der Begriff *Terminal* hat die Zeit aber überdauert und bezeichnet heute in ähnlicher Funktion eine Software, die mit einem Server Kontakt aufnimmt und die Daten direkt auf dem Server bearbeitet.

Mit der Firma Xerox machte sich ebenfalls in 70er Jahren auch erstmals ein Unternehmen Gedanken über eine mögliche Vernetzung gleichberechtigter Rechner. Die prägenden Stichworte waren in dieser Zeit:

- Großrechnerlösungen, ergänzt mit Dialog (Terminal) für mehrere Benutzer
- Trennung von Großrechner und eigentlichem Arbeitsplatz
- Palette neuer Produkte in der Datenverarbeitung nahm stark zu

Die 80er Jahre brachten den Einstieg von PCs auf dem EDV-Markt. Im Unterschied zu den Terminals verfügten sie über einen eigenen Prozessor und eigene Speichermöglichkeiten. Damit wurden sie zumindest teilweise unabhängig von den Großrechnern.

Bald schon machten sich mehrere Hersteller auf, um diese PCs miteinander zu verbinden, allen voran die Firma Novell. Es ist aber auch das Jahrzehnt der Firma IBM, deren sogenannte PS/2-Rechner für Jahre den Markt völlig beherrschten.

Die PC-Betriebssysteme der damaligen Zeit waren an sich noch nicht für eine Vernetzung der Geräte geeignet. Prägende Systeme waren etwa DOS und gegen Ende der 80er Jahre die Versionen Windows 1 und Windows 2. Zudem trat Apple mit seinem Mac OS auf den Markt. Von daher mussten für Netzwerkprojekte spezielle Netzwerkbetriebssysteme eingekauft werden wie etwa Novell NetWare, LANtastic Networks oder auch Banyan Vines.

Die 90er Jahre waren demgegenüber das Jahrzehnt der aufkommenden Client/Server-Architektur. Nachdem Novell über einige Jahre eine marktbeherrschende Stellung im PC-basierten Netzwerkbereich innehatte, betrat mit Microsoft und dem Produkt Windows NT zu Beginn der 90er Jahre ein wichtiger Konkurrent den Markt. Mit der Einführung von Windows 95 und Windows NT 3.5x begann die Dominanz von Novell sich schrittweise aufzulösen, nachhaltig mit der Einführung des Serverbetriebssystems Windows 2000 und dessen Nachfolgern.

Zugleich waren die 90er Jahre geprägt vom Vorhaben, die aufkommenden Netzwerke und ihre Lösungen zu standardisieren.

Das neue Jahrtausend wird bislang von folgenden Bemühungen und Trends geprägt:

- Etablierung von schnellen Verbindungswegen mit 1 Gbps und mehr
- LAN, MAN und WAN verschmelzen technologisch und geografisch.
- Vernetzung unter globalen Gesichtspunkten
- Drahtlose Übertragungen im lokalen Netz (Wireless LAN) mit immer mehr Tempo und mehr Reichweite werden realisiert.
- Das Internet der Dinge schreitet stetig voran.
- Sicherheitsmechanismen greifen immer tiefer in das Netzwerk ein.
- Die Datenverarbeitung wird nicht mehr lokal, sondern in der Cloud durchgeführt, dadurch nimmt die Bedeutung der Virtualisierung stark zu.
- Das moderne Endgerät ist nicht mehr (nur) der PC, sondern Geräte wie das Tablet oder das Smartphone, die Datenbearbeitung wird mobil.

2.2 Was ist denn eigentlich ein Netzwerk?

Die aktuelle Definition (Markus Kammermann, CompTIA Network+, 1. Auflage 2008) dazu lautet:

> Ein Netzwerk ist eine Anzahl voneinander entfernter, intelligenter Maschinen, die alle über Kommunikationsleitungen miteinander verbunden an denselben Daten und Informationen teilhaben.

Die Welt der Netzwerke kann auf drei Hauptkomponenten reduziert werden:

- Netzwerkelemente: Was gehört ins Netzwerk?
- Netzwerkmodelle: Wie wird das Netzwerk gebaut?
- Netzwerkmanagement: Wie wird das Netzwerk verwaltet?

2.2.1 Netzwerkelemente

Sie werden in den folgenden Kapiteln sehen, dass es zahlreiche unterschiedliche Elemente gibt, die Sie für den Aufbau eines Netzwerks benötigen. Die Grundbegriffe der Netzwerktechnik lauten »Daten«, »Schnittstelle« und »Protokoll«.

Als *Daten* bezeichnet man in der Netzwerktechnik Informationen, die über das Netzwerk transportiert werden. Die Übermittlung dieser Informationen von einem zum anderen Ort ist ein Kernanliegen der Vernetzung. Daten werden über verschiedene Geräte und Medien transportiert. Damit dies möglich ist, müssen die Regeln für diese Vermittlung bestimmt werden, dies sind die *Schnittstellen*. Durch die Definition von Schnittstellen wird es möglich, über verschiedene Systeme und Netzwerke hinweg Informationen weiterzugeben.

Protokolle sind eigentlich Sprachkonventionen. So wie es Französisch, Deutsch oder Italienisch als Sprache gibt, so gibt es unterschiedliche »Netzwerksprachen«, wobei der Begriff des Protokolls sehr allgemein ist und in vielen unterschiedlichen Zusammenhängen verwendet werden kann. Daher ist es meistens notwendig, dem Begriff die Verwendungsebene oder eine genauere Definition mitzugeben, wie etwa *Transportprotokoll* oder *Anwendungsprotokoll*.

Häufig werden Netzwerke von einem oder mehreren Rechnern aus verwaltet, die zentrale Dienste für das Netzwerk anbieten. Diese speziellen Rechner tragen den Namen *Server*. Die Gegenstellen eines Servers nehmen die Dienste des Servers als Kunden in Anspruch, sie werden daher neudeutsch *Clients* genannt.

Folgende Aufgaben können von einem Server wahrgenommen werden:

- Ressourcen wie Drucker oder Speicher bereitstellen
- Benutzerkonten verwalten (Benutzer erstellen, Rechte und Rollen zuteilen)
- Berechtigungen für Daten und Programme verwalten
- Dienste wie E-Mail oder Telefonie bereitstellen
- Anwendungen ausführen, auf die mittels Clients zugegriffen werden kann

Beim Client/Server-Ansatz ist die Aufgabe der übergeordneten Datenverarbeitung zwischen einem oder mehreren Client-Rechnern und dem Server aufgeteilt. Clients übermitteln Anforderungen an Dienste der Server im Netz. Der Server empfängt die Anforderung und führt eine Aufgabe aus wie etwa das Bereitstellen einer Datei für den Client. Führt ein Server nur einen bestimmten Dienst aus und ist rt für diesen reserviert, spricht man von einem *dedizierten Server*.

Auf der anderen Seite gibt es auch Netzwerke, die ohne solche zentralen Server funktionieren, denken Sie nur an die Verbindung von mehreren kleinen Geräten wie mobilen Telefonen über Bluetooth. Diese Netzwerke werden ein Netz von Gleichberechtigten, auch *Peer-to-Peer-Netzwerk*, genannt.

Zudem gibt es durchgehend strukturierte Vernetzungen vom kleinsten Rechner bis hin zu Großrechnern, sogenannten *Mainframes*, wo verschiedenste Elemente zusammenwirken.

Dieser letzte Ansatz, der eigentlich aus den 1970er Jahren stammt, gewinnt mit der Verbreitung des sogenannten *Cloud Computing* wieder an Bedeutung. Denn auch hier werden nicht mehr einzelne Dienste für Clients bereitgestellt, sondern die ganze Verarbeitung kann auf dem zentralen Server erfolgen und die Clients greifen über eine internetbasierte Schnittstelle wie einen Browser oder ein Terminalprogramm auf diesen Server zu und arbeiten dann nicht mehr lokal, sondern eben in der Cloud.

Alle diese Ansätze sind in der aktuellen Netzwerktechnik vorhanden und bei allen braucht es eine ganze Reihe von Standards und Spezifikationen, damit die Kommunikation in einem solchen Netzwerk funktioniert.

2.2.2 Netzwerkmodelle

Um diese Vielfalt an Möglichkeiten klassifizieren zu können, bedient man sich unterschiedlicher Netzwerkmodelle. Das sind zum einen die sogenannten Schichtenmodelle wie das OSI-Modell oder das DoD-Modell, diesen wenden wir uns im nächsten Kapitel zu. Zum anderen ist ein Modell sehr verbreitet, das sich historisch an der Ausdehnung des Netzwerks orientiert. Die klassischen Begriffe dazu lauten:

- Local-Area Network (LAN)
- Metropolitan-Area Network (MAN)
- Wide-Area Network (WAN)

Dazu sind in den letzten Jahren die Begriffe GAN für globale Netzwerke und PAN (Personal Area Network) bzw. BAN (Body Area Network) für engräumige Netzwerke entstanden. Vereinzelt ist auch der Begriff CAN für Campus Area Network anzutreffen, womit »übergroße« LANs zum Beispiel auf einem Universitätsgelände zu verstehen sind. Der letzte Begriff tritt aber eher selten auf.

Ein PAN bzw. BAN bezeichnet ein Netzwerk im Bereich von wenigen Zentimetern bis einigen Metern, z. B. für das kontaktlose Bezahlen oder die Verbindung eines Headsets mit dem Computer oder Telefon. Auch die »Wearables«, also am Körper tragbare elektronische Geräte wie Smart Watches oder elektronische Armbänder, welche die Bewegung oder den Puls aufzeichnen, gehören in diese Kategorie.

Ein LAN bezieht sich auf eine Kombination von Computer-Hardware und Übertragungsmedien von relativ geringem Umfang. LANs befinden sich üblicherweise innerhalb eines Gebäudes und benutzen meist nur eine Art der Verkabelung. Sie sind selten größer als 10 km und laufen ausschließlich über privaten Grund. LANs bilden heute das Rückgrat der Informatik in vielen Unternehmen, sie verbinden die verschiedenen Mitarbeiter untereinander und versorgen mit lokalen Daten, bieten aber auch eine Schnittstelle zu MAN oder WAN an, z. B. dem Internet.

Ein MAN ist größer als ein LAN. Es wird »Metropolitan« genannt, weil es normalerweise die Ausdehnung einer Stadt erreicht. Oft werden verschiedene Typen von Hardware und Übertragungsmedien benutzt, um die Entfernungen effizient zu überbrücken. MANs verbinden typischerweise unterschiedliche Systeme mit verschiedenen Funktionen. Sie dienen daher eher als Transportnetzwerke, sind also nicht unbedingt direkt mit Clients verbunden, sondern stehen als Rückgrat zur Verbindung von verschiedenen lokalen Netzwerken zur Verfügung.

Ein WAN ist das klassische Verbindungsnetzwerk über größere Distanzen für LANs oder MANs. Auch hier handelt es sich um ein Transport- und Verbindungsnetzwerk. Von einer WAN-Anbindung spricht man, wenn das eigene LAN über eine größere Distanz Verbindung zu einem anderen LAN aufnehmen möchte oder wenn Sie Ihr lokales Netzwerk ans Internet anbinden wollen. Ein WAN wird nicht privat betrieben, sondern von einem Provider, bei dem man sich für dessen Benutzung anmelden und dann eine Leitung oder Kapazitäten mieten kann. Technologisch betrachtet, sind MAN und WAN heute weitgehend identisch, nicht aber in ihrer Ausdehnung. Und während WANs in der Regel von größeren Telekom-Providern betrieben werden, gibt es für ein MAN durchaus auch regionale Anbieter.

Der Begriff des GAN ist der am wenigsten spezifizierte in dieser Liste. Er bezeichnet weniger ein Netz als die Technologien, die dann eingesetzt werden, wenn eine Verbindung über sehr große Distanzen oder in Gebieten ohne WAN-Anschlüsse realisiert werden soll.

Die folgende Tabelle zeigt Ihnen den aktuellen Stand der gegenwärtig verwendeten Begriffe und Modelle.

	Geschwindigkeit	Ausdehnung	Bemerkungen
GAN	9,6 Kbps bis > 2 Mbps	Weltweit	Häufig Satellitenverbindung. Sehr heterogene Technologien im Einsatz, erst wenig Glasfaser.
WAN	2 bis 40'000 Mbps	... 1'000 km	Zunehmend reine Glasfasernetze, vor allem in Europa. Für Kontintentalverbindungen immer noch viele Kupferkabel, z. B. Seekabel. Neuere Seekabel bestehen ebenfalls aus Glasfaser.
MAN	100 bis 100'000 Mbps	... 100 km	Technisch heute keine eigene Domäne mehr, da WAN und MAN immer näher zusammenrücken.
LAN	100 bis 40'000 Mbps	< 10 km	Heute 100 Mbps und 1 Gbps als aktuelle Standards, die bezahlbar sind, 10 Gbps im Zunehmen begriffen, 40 Gbps ebenso.

Tabelle 2.1: Netzwerkmodelle

	Geschwindigkeit	Ausdehnung	Bemerkungen
PAN/ BAN	1 bis 300 Mbps	< 100 m	Klassische Wireless-Zone für Bluetooth, Mobile Devices, Wearables und Smart Devices untereinander oder als Verbindung zu größeren Geräten (z. B. Headset zu Smartphone).

Tabelle 2.1: Netzwerkmodelle (Forts.)

2.2.3 Netzwerkmanagement

Der erfolgreiche und dauerhaft stabile Betrieb eines Netzwerks hängt in erheblichem Maße vom Netzwerkmanagement ab, das man einsetzt. Dieses zeigt sich in drei Charakteristika:

- Dem Wissen über das Netzwerk
- Den Handlungskompetenzen und Managementfähigkeiten
- Der Kenntnis von Krisenmaßnahmen und -konzepten

Sie müssen sämtliche Problembereiche Ihres Systems verstehen und über Netzwerk-Upgrades, Erweiterungsmöglichkeiten und technische Verbesserungen Bescheid wissen. Dazu dient Ihnen das Konfigurationsmanagement. Sie müssen außerdem ein Gespür für die Bedürfnisse und Interessen der Benutzer haben, offen sein für alternative Konfigurationen und aufmerksam die Beziehungen zwischen den einzelnen Benutzern, Gruppen und Anwendungen sowie die Sicherheit im Auge behalten. Zudem benötigen Sie Pläne und Szenarien, wie Sie im Krisenfall vorgehen können. Dazu dient Ihnen das Fehlermanagement.

2.3 Vom Nutzen von Referenzmodellen

Nicht nur in Netzwerken dreht sich alles um Kommunikation. Wenn zwei Menschen miteinander sprechen wollen, dann ist das im Grunde genommen eine ganz ähnliche Ausgangslage.

Stellen Sie sich vor, Sie fahren in Urlaub, beispielsweise nach Italien, können aber kein Italienisch. Sie können die Menschen zwar hören, Sie können die Menschen auch in Ihrer deutschen Muttersprache ansprechen – eine effektive Verständigung wird aber erst möglich sein, wenn Sie sich auf eine gemeinsame Sprache verständigen können. Vor Ihrem nächsten Urlaub in Italien werden Sie also Italienisch lernen – und schon können Sie sich mit den Gastgebern im Lande unterhalten.

Ganz ähnlich sieht die Geschichte bei den Netzwerken aus. Auch Netzwerke möchten miteinander kommunizieren und genauso, wie es unterschiedliche Menschen gibt, gibt es auch sehr viele unterschiedliche Vorstellungen, wie in einem Netzwerk kommuniziert werden kann. Diese Vorstellungen sind geprägt von Geräteherstellern und Programmierern von Betriebssystemen, von Netzbetreibern und Endkunden. Während zu Beginn der Netzwerktechnologie in den 60er und 70er Jahren jeder Hersteller seine eigene Konzeption und sein eigenes Netz entwickelt hat, wurde im Laufe der 70er Jahre klar, dass es für eine umfassende Netzwerkkommunikation notwendig wird, die Schnittstellen dieser Kommunikation unabhängig vom einzelnen Hersteller zu bestimmen und so die Kommunikation über ein einzelnes Netzwerk hinaus zu ermöglichen. Als Erstes folgte das DoD-Modell, das sich zu Beginn aber weniger als Standard, denn als interner Hintergrund für den Aufbau des ARPANet verstand. Daraufhin begannen noch in den 70er Jahren die Bemühungen um ein allgemeines, alle Schichten der Kommunikation umfassendes Modell. Dies war die Geburtsstunde des sogenannten OSI-Schichtenmodells.

»Schichtenmodell« aus dem Grund, weil die einzelnen Schnittstellen dieser Norm auf insgesamt sieben Schichten (Layer) verteilt werden. Jede Schicht wiederum erfüllt bei der Kommunikation eine bestimmte Funktion. Dabei wurde bei der Unterteilung darauf geachtet, dass zwischen den einzelnen Schichten möglichst wenige Abhängigkeiten bestehen, sondern lediglich Informationen zwischen den Schichten über definierte Schnittstellen weitergegeben werden.

Das OSI-Modell legt einen Rahmen für Netzwerkkommunikation fest. Es wurde zum Standard, mit dem alle Netzwerkkonzepte arbeiten oder mit dem sie sich, wie das DoD-Modell, vergleichen lassen. Beide Modelle werden heute als sogenannte Referenzmodelle bezeichnet und eingesetzt, weil sich die praktischen Implementierungen an diesen Modellen referenzieren lassen.

Ein Beispiel: Es gibt Layer-2-Switches und Layer-3-Switches – ihre Bezeichnung referenziert das OSI-Modell zu den Schichten 2 bzw. 3 und definiert dadurch die unterschiedliche Funktionalität dieser beiden Geräteklassen.

Dies bietet verschiedene Vorteile:

- Ohne solche Referenzmodelle gäbe es keinen gemeinsamen Bezugspunkt für die Arbeit zwischen Netzwerken mit unterschiedlichen Systemen. Durch die Einteilung in Schichten ist es möglich, dass Systeme verschiedener Hersteller schichtenorientiert miteinander kommunizieren können.
- Auch die Kommunikation über Netzwerke profitiert von Referenzmodellen, weil alle Beteiligten wissen, von was die Rede ist.
- Praktisch ist auch die Strukturierung der Kommunikationsebenen von »elektrisch« bis »Anwendung«, da einzelne Schichten getrennt voneinander betrachtet und behandelt werden können. Dies ermöglicht auch, dass einzelne Hersteller sich in Teilen der Kommunikation spezialisieren können.
- Die Fehlersuche bedient sich in der Praxis sehr gerne der Unterteilung in Schichten, um eine sinnvolle Eingrenzung möglicher Probleme zu erreichen.
- Nicht zuletzt: Da die Schichteneinteilung eine Auftrennung und Unabhängigkeit der Funktionalitäten pro Schicht beinhaltet, erhält der Kunde die Wahlfreiheit. Dies war eines der zentralen Anliegen schon zu Beginn der Standardisie-

rung. Er ist nicht weiter gezwungen, vom Stecker bis zur Mailapplikation alles aus einer Hand zu beziehen, sondern kann sich seine Infrastruktur seinen Anforderungen entsprechend zusammenstellen.

Wenn Sie jetzt aus diesen Grundlagen zu Referenzmodellen den Wechsel in den Alltag der Netzwerke vollziehen, sehen Sie, dass es eine ganze Anzahl wichtiger Fragen gibt, die solche Referenzmodelle beantworten können, wie etwa:

- Wie wird das Netzwerkkabel an der Rückseite des PC verbunden?
- Wie kann man aus Daten ein Signal bilden, das übertragen wird?
- Wer spricht als Erster und wie wird die Kommunikation etabliert?
- Wie können Sie feststellen, ob eine Nachricht beim Empfänger angekommen ist?
- Wie werden die Daten transportiert?
- Wie wird eine Kommunikation beendet?
- Wer stellt sicher, dass die Kommunikation zum richtigen Partner gelangt?

Wie Sie sehen, können Netzwerkunterhaltungen sehr vielschichtig werden. Manche dieser Fragen sind in Form von verschiedenen Protokollen in Standardarchitekturen wie IPX/SPX und TCP/IP bereits integriert. Andere Beschreibungen der Referenzmodelle schreiben vor, wie Netzwerkschnittstellen zu arbeiten haben und welche Datensignalisierungsmethoden sie verwenden können.

Wichtig ist dabei, zu verstehen, dass sich die zwei Referenzmodelle an einem Punkt unterscheiden: Das OSI-Referenzmodelle gibt Regeln vor, es beschreibt die Funktionalität einer Schicht und deren Rahmenbedingungen sowie die Eigenschaften der Schnittstellen zwischen den Schichten. Aber es liefert keine Spezifikationen, d.h. keine technischen Definitionen, und erst recht keine Produkte. Diese leiten sich lediglich aus dem Modell ab, sind aber kein Teil davon.

Im Unterschied dazu beschreibt das DoD-Modell zusammenfassend, auf welcher Schicht und wie die konkreten Protokolle und Dienste zusammenarbeiten, die im Rahmen der Entwicklung für das ARPANet erfunden und implementiert wurden.

2.4 Die Architektur des OSI-Modells

Das OSI-Modell beruht auf einer mehrschichtigen Struktur, welche die Netzwerkvorgänge in einzelne funktionale Teilaufgaben aufgliedert. Jede Schicht spielt ihre Rolle unabhängig von den anderen Schichten, aber in Koordination mit dem übergeordneten Ziel der Übersetzung der Kommunikation.

Was bedeutet das in der Praxis? Dazu möchte ich ein allgemein verständliches Beispiel heranziehen.

Hans, der in Köln wohnt, möchte Hanna in Berlin einen Brief senden. Dazu benötigt Hans ein Stück Papier, einen Stift und einen Briefumschlag, in dem er den geschriebenen Text einpacken kann. Hans weiß, dass Hanna Deutsch spricht, darum schreibt er den Brief auch in deutscher Sprache. Nachdem er den Brief geschrieben hat, packt er ihn in einen versandgerechten Umschlag und bringt ihn zur Post. Die Post überprüft, ob eine Adresse auf dem Umschlag ist, und stellt den Brief nach Berlin zu. In Berlin wiederum wird der Briefträger den Brief an die Adresse von Hanna zustellen, die den Umschlag öffnet und den geschriebenen Text lesen kann.

Dieser einfache Vorgang beschreibt die Notwendigkeit der unterschiedlichen Schichten, wie sie auch im OSI-Modell vorhanden sind. Hans kümmert sich beispielsweise zwar um das Beschaffen von Papier und Stift und muss wissen, ob Hanna auch Deutsch spricht, damit sie seinen Brief lesen kann. Es interessiert ihn aber überhaupt nicht, ob die Post den Brief per Eisenbahn oder mit dem Flugzeug nach Berlin transportiert. Die Post wiederum legt fest, welche Größe ein Umschlag haben muss, damit er als Brief transportiert wird – welchen Text Hans schreibt oder welche Form von Stift er dazu verwendet, interessiert die Post aber nicht.

Jeder Beteiligte an der Kommunikation muss lediglich seinen Teil und dazu die Schnittstelle zum anderen Beteiligten klären und nicht mehr das ganze System verstehen – das ist die wesentliche Erleichterung eines solchen Schichtenmodells.

Hans bestimmt das Papier und den Stift. Hans und Hanna gemeinsam bestimmen die Sprache. Die Post sorgt für den Transport. Und der Transporteur bestimmt die Transportmittel und stellt sie zur Verfügung.

Die Schnittstellen zwischen diesen Beteiligten sind also zum einen die Sprache und zum anderen der Briefumschlag und die Adresse sowie die Organisation des Transports und der Zustellung. Diese Schnittstellen müssen vorab geklärt sein, damit das Versenden und Erhalten des Briefs erfolgreich ist.

Für die Kommunikation in Netzwerken hat das OSI-Modell sieben Schichten festgelegt, die Sie nachfolgend im Einzelnen genau betrachten werden.

Die sieben Schichten des OSI-Modells in Deutsch und Englisch		
7	Anwendung	Application
6	Darstellung	Presentation
5	Sitzung (Kommunikationssteuerung)	Session
4	Transport	Transport
3	Vermittlung	Network (Datagramme)
2	Sicherung	Data Link (Frames)
1	Bitübertragung	Physical (Bits)

Tabelle 2.2: Der Aufbau des OSI-Modells

Wenn Sie sich das aus Sicht des Datenflussansatzes betrachten, sieht dieses Modell so aus:

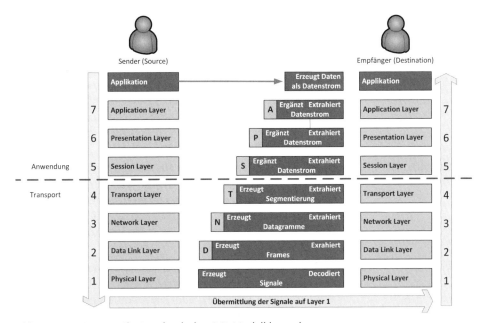

Abb. 2.1: Die Kommunikation durch das OSI-Modell betrachtet

Angefangen vom Auslöser (Sender), der seine Daten über die Applikation (z.B. Browser oder Mail) an das Netzwerk übergibt, werden diese Daten auf jedem OSI-Layer mit entsprechenden Zusatzinformationen versehen und an den nächsten Layer weitergereicht.

Die Informationen, die hinzugefügt werden, nennen sich *Header*. Die Nutzdaten, welche auf diesen Header folgen, werden auch *Payload* genannt, was auf Deutsch nichts anderes als »Nutzdaten« heißt, aber gebräuchlicher ist. Der Vorgang des Einpackens der Daten mit einem zusätzlichen Header nennt sich *Data Encapsulation*, zu Deutsch Kapselung der Daten. Auf Layer 2 wird zudem ein *Trailer* angehängt, also Protokolldaten am Ende des Frames. Diese enthalten eine Checksumme, um die Vollständigkeit des Pakets an der nächsten Empfangsstation zu prüfen.

Die Menge an Daten wird dabei im Verhältnis zum Payload immer größer, was insgesamt als *Overhead* bezeichnet wird und eines der Themen ist, an denen gearbeitet wird, damit das Verhältnis von Overhead und Nutzdaten möglichst zugunsten der Nutzdaten ausfällt.

Was tun jetzt die einzelnen Schichten? Hier eine erste Übersicht, wiederum aus Sicht des Datenflusses vom Sender aus:

Application Layer (Anwendung) Die Daten werden vom Programm an das Netzwerk übergeben. In dieser Schicht befinden sich die Anwen-

Kapitel 2
Entwicklungen und Modelle

dungsschnittstellen der Programme, mit denen Sie Nachrichten schreiben und lesen (z. B. MAPI).

Presentation Layer (Darstellung) Die Daten werden mit dem entsprechenden Zeichensatz versehen, damit sie wieder gelesen werden können. Die zweite wichtige Aufgabe dieses Layers ist die Gewährleistung von Sicherheit, z. B. durch die Verschlüsselung von Daten.

Session Layer (Sitzungsschicht) Sie übergeben den Datenstrom an die Transportschicht. Die Sitzungs- oder auch Kommunikationssteuerungsschicht steuert den Dialog zwischen den Kommunikationssystemen und kümmert sich darum, dass auch nur die Richtigen die Daten empfangen können.

Transport Layer (Transport) Bevor Sie die Daten abschicken, müssen Sie die richtigen Koordinaten und Einzelheiten darüber hinzufügen, von wem die Nachricht kommt und an wen sie genau gerichtet ist. Hier werden die Daten versandfertig segmentiert und so werden sie anschließend mit den technischen Adressen versehen auf die Reise geschickt.

Network Layer (Vermittlung) Die Segmente werden adressiert (z. B. IP-Quell- und Zieladresse) und die Route wird festgelegt. Die Weiterleitung über mehrere Stationen oder Netzwerke liegt in der Verantwortung der Vermittlungsschicht.

Data Link Layer (Sicherung) Damit nicht nur einfach Strom durch die Leitung fließt, sondern ein Datenpaket, müssen Sie die elektrischen Signale organisieren. Dies tun Sie anhand des zweibuchstabigen (binären) Alphabets. Dazu gehört auch eine Fehlerkontrolle, damit die Signale von Station zu Station korrekt übermittelt werden. Zudem wird hier festgelegt, wie der Zugang zum Netzwerk organisiert wird, das sogenannte Zugriffsverfahren.

Physical Layer (Bitübertragung) Die unterste Schicht kümmert sich um die Transportmöglichkeiten unserer Daten, um die Definition von Verbindungswegen wie Kabeln und Steckern und darum, dass eine Kommunikation physisch möglich wird.

Jede Schicht hat ihre eigene bestimmte Funktion und doch arbeiten die Schichten zusammen. Es ist jedoch wichtig, sich zu erinnern, dass das OSI-Modell nur ein Gerüst ist. Die Schichten selbst führen nicht wirklich eine Funktion aus, sondern die Sprache und die Schnittstellen, anhand derer die Hersteller Produkte, Protokolle und Anwendungen entwickeln, die in jeder Schicht implementiert sind und die ihnen zugewiesenen Aufgaben erfüllen können.

Zum Lernen des Modells gibt es im Übrigen verschiedene Merksprüche, damit man keine Schicht vergisst. Einige seien auch hier aufgeführt. Mein eigener Favorit war »**P**lease **d**o **n**ot **t**hrow **s**alami **p**izza **a**way«. Oder es heißt »**A**ll **p**eople **s**eem to **n**eed **d**ata **p**rocessing« (Angefangen bei Schicht 7). Auf Deutsch gibt es etwa den Spruch »**P**eter **d**arf **n**icht träumen, **s**onst **p**ennen **a**lle« (startend bei Schicht 1) oder

»**A**lle **P**inguine **s**itzen **t**raurig **n**eben **d**er **P**arkbank« (startend bei Schicht 7). Hauptsache, Sie können sich das Modell gut einprägen!

2.5 Das beschreiben die einzelnen Schichten

Das OSI-Modell erläutert seine Funktionalität auf Basis einer strikten Schichtenzusammenarbeit. Jede Schicht arbeitet nur mit der nächsten darüber- und darunterliegenden Schicht zusammen und so entsteht insgesamt eine durchgängige Kommunikation durch alle sieben Schichten anhand der Beschreibungen der Aufgaben der jeweiligen Schicht und der Schnittstellen zu den benachbarten Schichten. Dabei werden zur besseren Orientierung häufig zwischen den transportorientierten Schichten (1 bis 4) und den anwendungsorientierten Schichten (5 bis 7) zwei Gruppen von Schichten unterschieden. Während die transportorientierten Schichten paketbasierend arbeiten, arbeiten die anwendungsorientierten Schichten datenstrombasierend.

2.5.1 Bitübertragungsschicht (Physical Layer)

Die Übertragungsschicht ist zuständig für die physikalische Übertragung der Datenströme. Das OSI-Modell definiert auf Schicht 1, wie eine Verbindung physisch auf- und abgebaut wird, ob die Verbindung synchron oder asynchron aufgebaut ist und wie die physische Verbindung verwaltet wird.

Ausgehend von den Definitionen im OSI-Modell, werden auf der untersten Schicht folgende Eigenschaften beschrieben:

- Elektrische Eigenschaften
- Übertragungsmedien
- Übertragungsgeräte
- Physische Topologie
- Datensignalgebung
- Datensynchronisation
- Datenbandbreite

Die Spezifikationen dazu werden von verschiedenen Gremien definiert, beispielsweise von der IEEE, sind als solche aber selbst nicht Teil des OSI-Modells.

2.5.2 Sicherungsschicht (Data Link Layer)

Die Sicherungsschicht ordnet physische Bits in logische Gruppen an, die man Frames nennt. Damit ein solches Frame übermittelt werden kann, benötigt es:

- Trennzeichen, um Anfang und Ende des Frames zu bestimmen
- Eine Adressierung von Quelle und Ziel

- Eine Fehlerkorrektur, um den Versand zu überprüfen
- Inhalte von Schicht 3, die zum Versand verpackt werden

Das bedeutet: Die Sicherungsschicht nimmt die Datenpakete von Schicht 3 entgegen und macht sie bereit für den Versand über die Schicht 1. Sie steuert den Datenfluss und bezeichnet Computer und Netzwerkgeräte über physische Adressen. Dabei entdeckt sie Fehler, die bei der Übertragung zwischen Geräten entstehen können, und wenn möglich korrigiert sie diese auch.

Die Sicherungsschicht kann sowohl im verbindungsorientierten als auch in einem verbindungslosen Zustand agieren. Im verbindungsorientierten Zustand können über die obigen Funktionen auch eine Synchronisation und eine Sequenzreihenfolge von Frames angeboten werden.

Ausgehend von diesen Aufgaben, welche im OSI-Modell beschrieben sind, hat das IEEE (Institute of Electrical and Electronics Engineers) die Schicht 2 im Projekt 802 funktional in zwei Unterschichten aufgeteilt:

- Media Access Control (MAC)
    - Medienzugriffsprotokolle
    - Physische Adressierung
- Logical Link Control (LLC)
    - Frame-Synchronisation
    - Flusssteuerung
    - Fehlerprüfung

Die MAC-Unterschicht definiert die Steuerung des Medienzugriffs und die physische Adressierung, auch Zugriffsverfahren genannt. Medienzugriffsprotokolle definieren dabei, wie das Netzwerk funktioniert, aber nicht, wie es aussieht. Diese Protokolle benutzen logische Topologien und Kommunikationsregeln. Dazu bietet die physische Adressierung ein physisches Identifikationsschema für Netzwerkgeräte.

Die LLC-Unterschicht ist für die Frame-Synchronisation, die Flusssteuerung in der Sicherungsschicht und die Fehlerprüfung verantwortlich. Die Frame-Synchronisation erweitert die Bit-Synchronisation, indem sie die Frame-Übertragungen koordiniert. Genauso wie bei der Datensynchronisierung wird bei der Frame-Synchronisation asynchrone oder synchrone Kommunikation eingesetzt. Das ISO-Standardisierungskomitee hat noch einen dritten Typ hinzugefügt, genannt isochron. Die Flusssteuerung reguliert, wie viele Daten eine Empfangsstation entgegennehmen kann. Die Fehlerprüfung kümmert sich um die Integrität der Daten-Frames.

Diese Unterteilung in MAC- und LLC-Teil wird Sie in Kapitel 6 bei den IEEE-Normen noch ausführlicher beschäftigen.

2.5.3 Vermittlungsschicht (Network Layer)

Für gewöhnlich hat die Vermittlungsschicht drei Funktionen:

- Logische Adressierung
- Routing (Weiterleitung)
- Netzwerksteuerung (z. B. Fragmentierung und Wiederherstellung)

Die logische Adressierung (IP-Adresse) hilft, von Endsystem zu Endsystem einen logischen Weg während der Kommunikation zwischen den Netzwerken zu bestimmen. In Kombination mit der physischen Adressierung (MAC-Adresse) unterstützt sie außerdem die Auswahl der Zielgeräte und sorgt mittels Wegsuche (Routing) dafür, dass die Nachricht ans Ziel gelangt.

Switching-Strategien erlauben Datagrammen, sich auf verschiedenen Wegen durch das Netzwerk zu bewegen.

Das Routing arbeitet mit zwei Strategien: Ermittlung und Auswahl der Route.

Die Netzwerksteuerung ist für die Flusssteuerung, Sequenzialisierung und Übersetzung zuständig. Dieser Teil des Modells befasst sich mit Engpässen und dem Zurückführen der Datagramme in die richtige Reihenfolge.

2.5.4 Transportschicht (Transport Layer)

Die Transportschicht organisiert Datagramme in Abschnitte und sorgt auf der gesamten Strecke für eine zuverlässige Zustellung zu den Diensten der oberen Schichten.

Die OSI-Transportschicht beschreibt die Systematik folgender Komponenten:

- Dienstadressierung
- Segmentierung
- Verbindungsauf- und -abbau
- Transportsteuerung

Die Dienstadressierung versorgt Sie mit einem Zugang zu den Diensten der oberen Schichten. Dies ist die letzte Verbindungsstelle, bevor Sie zum tatsächlichen Netzwerkdienst kommen. Jede Nachricht ist für einen bestimmten Dienst vorgesehen. Die entsprechenden Adressen werden Sie weiter hinten in diesem Buch kennenlernen.

Die Transportschicht benutzt Verbindungs-IDs, Ports und Sockets, um sicherzustellen, dass sie den richtigen Weg findet. Die Segmentierung teilt Pakete mit Nachrichten in eine vordefinierte Größe auf. Viele Dienste der oberen Schichten brauchen Nachrichten ganz spezieller Größen, die Segmentierung erledigt dies.

Die Transportsteuerung schließt Fehlerprüfung (von Endgerät zu Endgerät) und Flusssteuerung ein. Die Fehlerprüfung ist eine Hauptaufgabe der Transportschicht.

2.5.5 Sitzungsschicht (Session Layer)

Die Sitzungsschicht ist für die Kommunikationssteuerung zuständig. Dies geschieht in drei Schritten:

- Schritt 1: Verbindungseinrichtung
- Schritt 2: Datenübertragung
- Schritt 3: Verbindungsfreigabe

Die Verbindungseinrichtung regelt den Dialog zwischen zwei Systemen. Sie benutzt Netzwerkprotokolle, um einen Weg für den Dialog zu finden, und Kommunikationsmedien, um die Nachrichten hin- und zurückzusenden. Bei der Datenübertragung betreut die Kommunikationssteuerungsschicht den Dialog und stellt eine verlässliche Unterhaltung durch Simplex-, Halbduplex- oder Duplex-Kommandosteuerung sicher. Schließlich beendet die Verbindungsfreigabe den Dialog und schließt die Verbindung.

2.5.6 Darstellungsschicht (Presentation Layer)

Die Darstellungsschicht hat zwei Hauptaufgaben:

- Übersetzung
- Verschlüsselung

Die Übersetzung ist die hauptsächliche Aufgabe der Darstellungsschicht und kommt immer dann zum Einsatz, wenn zwei Systeme, die verschiedene Sprachen sprechen, miteinander eine Kommunikation aufbauen möchten. Die Übersetzung erfolgt in sehr unterschiedlicher Weise: Bitfolge, Bytefolge, Buchstabencode und/oder Dateisyntax.

Die Verschlüsselung ist die zweite Aufgabe dieses Layers. Sie ist für vertrauliche Daten und Betriebssystemsicherheit unbedingt erforderlich – wie sie zum Beispiel angewandt wird für die standardmäßige Authentifizierung in Windows- oder Linux-Netzen.

2.5.7 Anwendungsschicht (Application Layer)

Die Anwendungsschicht realisiert das eigentliche Ziel der Netzwerke: Dienste zur Verfügung zu stellen. Die Anwendungsschicht benötigt spezielle Netzwerkprotokolle, um Datei-, Druck-, Mitteilungs-, Anwendungs- und Datenbankdienste anzubieten. Sie definiert auch, wie diese Dienste bekannt gegeben und benutzt werden. Kurz gesagt, Schicht 7 erfüllt zwei sehr wichtige Aufgaben:

- Dienstbekanntgabe
- Dienstverfügbarkeit

Die Dienstbekanntgabe lässt andere Systeme und Benutzer wissen, welche Dienste verfügbar sind. Dienstanbieter setzen aktive oder passive Techniken ein, um den Anwendungsbereich ihrer Netzwerkdienste zu beschreiben. Wenn ein Dienst einmal bekannt gegeben ist, muss er auch zur Verfügung gestellt werden: Dienstverfügbarkeit.

Das TCP/IP-Modell lässt sich zwar mit dem OSI-Modell vergleichen, aber es ist ein eigenes Modell und hat eine andere Einteilung der Schichten vorgenommen.

2.6 Das DoD-Modell

Während der Entwicklung des ARPANet gab es schlicht weder ein »Modell« noch offene Standards für Protokolle und Dienste. So war das Departement of Defense (DoD) sozusagen gezwungen, ein eigenes Modell zu entwickeln, um die Zusammenarbeit der unterschiedlichen Protokolle und Dienste zu regeln, die ihre Forscher im Laufe der Entwicklung des ARPANet programmierten. Daraus ergab sich Anfang der 1970er Jahre das DoD-Modell, benannt nach dessen Eigentümer. In der heutigen Form wurde das Modell allerdings erst einige Jahre später relevant, nämlich durch den RFC 793, die Vorstellung von TCP und danach 1983, als das ARPANet weltweit einheitlich auf TCP/IP umgestellt wurde.

Das DoD-Modell umfasst lediglich vier Schichten:

- Application/Process   Dienste und Applikationen
- Host-to-Host   Die Kommunikation von Endpunkt zu Endpunkt
- Internet   Die Verbindung und Adressierung
- Network Access   Der (physische und logische) Zugang zum Netzwerk

Dabei war es von Anfang nicht notwendig, dass eine Kommunikation der Reihe nach alle Schichten durchlief, sondern konnte durchaus auch direkt aus Schicht 4 auf Schicht 1 zugreifen. Die Einführung von TCP/IP für das ARPANet erfolgte dabei entgegen dem Willen der ISO, die gerade an der Fertigstellung des OSI-Modells arbeitete. Während das OSI-Modell aber ein wissenschaftlicher »Reißbrett«-Entwurf war, lebte das DoD-Modell durch seine Realisierung in wirklichen Netzwerken. So wurde das OSI-Modell immerhin abwärtskompatibel in einer gewissen Vergleichbarkeit realisiert, auch wenn die Unterschiede bis heute immer Anlass zu interessanten Diskussionen geben. Letztendlich orientieren sich aber alle großen Hersteller, vor allem was die transportorientierten Schichten angeht, am OSI-Modell, während die Applikationen heute stärker denn je vom Internet und seinen darunterliegenden Protokollen geprägt sind.

Vergleich OSI-Modell mit dem DoD-Modell

OSI-Modell	TCP/IP (DoD-Modell)
Application	Application/Process
Presentation	Application/Process
Session	Application/Process
Transport	Host-to-Host
Network	Internet
Data Link	Network Access
Physical	Network Access

Tabelle 2.3: Vergleich von OSI-Modell und DoD-Modell

Die Schicht Network Access wird dabei von TCP/IP nicht selbst beschrieben, sondern bildet lediglich Schnittstellen zu dieser Schicht ab und nutzt vorhandene Standards von OSI-Layer 1 und 2 (im Unterschied etwa zu ATM, das diese Schichten selbst beschreibt).

Die TCP/IP-Protokollsammlung ist somit in drei funktionelle Gruppen aufgeteilt:

- Internet-Protokolle (IP, ICMP, ARP und Weitere)
- Host-to-Host-Protokolle (TCP, UDP)
- Anwendungs-Protokolle (FTP, SMTP, Telnet und Weitere)

Am bekanntesten und für den Benutzer die Schnittstelle, an der er am ehesten mit diesen Protokollen konfrontiert wird, ist das IP-Protokoll oder vereinfacht ausgedrückt: die Adressierung der Endgeräte im Netzwerk.

Netzwerkpraxis – jetzt sind Sie dran

In der folgenden Tabelle finden Sie einige Beispiele von Anwendungen, Diensten oder Geräten, welche auf bestimmten OSI-Layern arbeiten.

OSI-Layer	Beispiel für Geräte und Dienste
7	MAPI, RPC, IBM-SNA
6	ASCII, MIME, EBCDIC
5	Session-Login
4	TCP, UDP, Transportprotokoll
3	IP, IPX, X.25, Managed Switch, Router
2	Ethernet, Frame, HDLC, SDLC, FDDI
1	Hub, Repeater, Kabel, RJ-45

Tabelle 2.4: Beispiele für Ihre Aufgabe

> **Aufgabe:** Welche weiteren Beispiele sind Ihnen selbst bekannt? Und können Sie obige Begriffe einem Thema zuordnen, d.h., welche der Begriffe kennen Sie und welche sind Ihnen noch unbekannt? – Suchen Sie für die unbekannten Begriffe im Abkürzungsverzeichnis eine Zuordnung.
>
> In einem zweiten Schritt ordnen Sie dann obige Begriffe dem DoD-Modell zu. Stellen Sie dabei fest, welche der Begriffe im DoD-Modell Platz finden und welche nicht. Zum zweiten Schritt finden Sie einen Lösungsvorschlag in Anhang A.

2.7 Fragen zu diesem Kapitel

1. Ein Computer-Netzwerk, das viele kleinere Netzwerke über sehr große geografische Bereiche verbindet, kennt man als:
   A. MAN
   B. LAN
   C. PAN
   D. WAN

2. Ein Computer-Netzwerk, das unterschiedliche LANs über die Distanz einer Stadt oder einer Region verbindet, nennt man:
   A. MAN
   B. PAN
   C. WAN
   D. LAN

3. Wenn Sie von Netzwerkelementen sprechen, meinen Sie damit:
   A. Unterschiedliche Produkte von Netzwerkherstellern
   B. Betriebssysteme und allgemeine Modelle
   C. Netzwerkkarten
   D. Daten, Schnittstellen und Protokolle

4. Welches Netzwerkmodell beschreibt am ehesten das Einsatzgebiet für die Verbindung vom Telefon zum eigenen Headset?
   A. PAN
   B. LAN
   C. WLAN
   D. WAN

Kapitel 2
Entwicklungen und Modelle

5. Welches Netzwerkmodell beschreibt am ehesten das Einsatzgebiet für die Verbindung von Ihrem Notebook ins Internet?

   A. PAN

   B. LAN

   C. MAN

   D. WAN

6. Ein Techniker spricht von einem Gerät, das auf der Sicherungsschicht Datenpakete zwischen Segmenten des LANs weiterleitet. Er meint damit:

   A. Einen Hub

   B. Einen Switch

   C. Eine Firewall

   D. Einen Router

7. Sie möchten eine neue Netzwerkkarte in Ihr System einbauen. Auf welcher OSI-Schicht wird diese Karte Verbindung zu Ihrem System aufnehmen?

   A. 1

   B. 1 und 2

   C. 2

   D. 1 bis 3

8. Auf welcher OSI-Schicht werden Lösungen für Zugriffsverfahren definiert?

   A. 4

   B. 3

   C. 2

   D. 1

9. Wie lautet die richtige Reihenfolge der OSI-Layer im OSI-Modell, wenn Sie die englischen Bezeichnungen verwenden?

   A. Network, Physical, Transport, Session, Application, Presentation, Data Link

   B. Physical, Data Link, Transport, Session, Application, Presentation, Network

   C. Physical, Data Link, Network, Transport, Session, Presentation, Application

   D. Physical, Network, Transport, Application, Presentation, Data Link, Session

10. Auf welcher der folgenden OSI-Schichten werden digitale Daten in elektrische Signale umgewandelt, um über ein Kabel versandt zu werden?

    A. Physische Schicht

    B. Transportschicht

    C. Sicherungsschicht

    D. Vermittlungsschicht

Kapitel 3

Grundbegriffe der Telematik

Bevor Sie in den folgenden Kapiteln von den Referenzmodellen her kommend die konkreten Geräte, Spezifikationen und Protokolle kennenlernen, werden Sie sich in diesem Kapitel mit einigen wichtigen Grundbegriffen der Telematik auseinandersetzen.

> Sie lernen in diesem Kapitel:
> - Unterschiedliche Zahlensysteme und Multiplikatoren kennen
> - Elektrische Eigenschaften unterscheiden
> - Grundlagen der allgemeinen Übertragungstechnik kennen
> - Verschiedene Übertragungsarten unterscheiden
> - Die Begriffe Bandbreite, Latenz und Round Trip Time kennen

3.1 Multiplikatoren und Zahlensysteme

In der Elektrotechnik muss vielfach entweder mit sehr großen oder mit sehr kleinen Werten gerechnet werden. Um nicht immer mit unhandlich langen Zahlen hantieren zu müssen, werden daher den Zehnerpotenzen (10^3) Multiplikatorwerte beigefügt. Die folgende Tabelle gibt Ihnen einen Überblick über die dezimalen Präfixe für Zahlenmultiplikatoren des Dezimalsystems.

Begriff	Abk.	Potenz	Zahlenwert
Yocto	y	10^{-24}	0.000 000 000 000 000 000 000 001
Zepto	z	10^{-21}	0.000 000 000 000 000 000 001
Ato	a	10^{-18}	0.000 000 000 000 000 001
Femto	f	10^{-15}	0.000 000 000 000 001
Pico	p	10^{-12}	0.000 000 000 001
Nano	η	10^{-9}	0.000 000 001
Micro	µ	10^{-6}	0.000 001
Milli	m	10^{-3}	0.001
Centi	c	10^{-2}	0.01

Tabelle 3.1: Multiplikatoren

Begriff	Abk.	Potenz	Zahlenwert
Deci	d	10^{-1}	0.1
Deca	da	10^{1}	10
Hecto	h	10^{2}	100
Kilo	k	10^{3}	1000
Mega	M	10^{6}	1 000 000
Giga	G	10^{9}	1 000 000 000
Tera	T	10^{12}	1 000 000 000 000
Peta	P	10^{15}	1 000 000 000 000 000
Exa	E	10^{18}	1 000 000 000 000 000 000
Zetta	Z	10^{21}	1 000 000 000 000 000 000 000
Yotta	Y	10^{24}	1 000 000 000 000 000 000 000 000

Tabelle 3.1: Multiplikatoren (Forts.)

Die Vorschläge zur Weiterführung nach dem Yotta lauten Xona, Weka, Vunda usw., sie reichen mittlerweile bis zum Faktor 10^{63}, der sich dann Luma nennt. Behalten Sie das im Auge, wenn Sie in zwanzig Jahren eine Speicherdisk kaufen möchten.

Beispiele, die sich aus dieser Tabelle ableiten lassen:

- ηF (nanoFarad): Kapazität eines kleinen Kondensators
- μm (Mikrometer): Millionstelmeter
- mg (Milligramm): Tausendstelgramm
- cl (Centiliter): Hundertstelliter
- db (Dezibel): Dämpfungs- und Lautstärkemaß
- Kbps (Kilobit pro Sekunde): Datenübertragungskapazität
- GB (Gigabyte): Eine Milliarde Byte

Nun ist es aber so, dass die Informatik grundsätzlich binär rechnet. Damit wird zwar z.B. eine SD-Karte mit 1 GB (also Gigabyte = 1'000'000'000 Bytes) ausgeschrieben, genau enthält sie aber eben 1 073 741 824 Byte, was doch eine ziemliche Differenz ist. Und je größer die Multiplikatoren werden, umso größer wird auch die effektive Differenz zwischen der dezimalen Umschreibung und der binären Größe.

Daher wurde von der IEC 1998 in Anlehnung an das internationale Einheitensystem (SI) ein eigenes System für die binäre Bezeichnung von Multiplikatoren eingeführt. Es ist aber nicht Teil des SI, sondern eigenständig und lediglich daran orientiert.

3.1 Multiplikatoren und Zahlensysteme

Die wichtigsten Multiplikatoren des Binärsystems lauten:

Begriff	Abk.	Potenz	Zahlenwert
Kibi	Ki	2^{10}	1 024
Mebi	Mi	2^{20}	1 048 576
Gibi	Gi	2^{30}	1 073 741 824
Tebi	Ti	2^{40}	1 099 511 627 776
Pebi	Pi	2^{50}	1 125 899 906 842 624
Exbi	Ei	2^{60}	1 152 921 504 606 846 976
Zebi	Zi	2^{70}	1 180 591 620 717 411 303 424
Yobi	Yi	2^{80}	1 208 925 819 614 629 174 706 176

Tabelle 3.2: Binäre Multiplikatoren

Die noch etwas gewöhnungsbedürftige Notation lautet also dann für obiges Beispiel, dass eine SD-Karte eine Speicherkapazität von 1 Gibibyte aufweist, kurz 1 GiB.

Bei einer modernen Festplatte mit 1 Terabyte Speicher sähe das dann so aus:

Dezimal   1 TB   = 10^{12} = 1 000 000 000 000 Byte

Binär   1 TiB = 2^{40} = 1 099 511 627 776 Byte

Das macht dann in der »realen« Speicherwelt immerhin annähernd 10 % aus, welche Ihnen das dezimale System unterschlägt.

Nicht zuletzt gibt es in der Informatik weitere Zahlensysteme, namentlich das Oktalsystem und das Hexadezimalsystem, die beide im Einsatz sind.

Das Oktalsystem umfasst die Ziffern 0 bis 7. Jede dieser Ziffern kann mit 3 Bits abgebildet werden (von 0 0 0 bis 1 1 1). In der modernen Informatik wird das Oktalsystem noch für das Rechtesystem von Unix und Linux eingesetzt, wo je 3 Bit das Rechtesystem einer Benutzerklasse darstellen, von 0 für keine Rechte bis 7 für alle Rechte. Die drei Benutzerklassen heißen *Benutzer*, *Gruppe* und *Jeder*. Dadurch wären die maximal möglichen Rechte dann abgebildet durch 777, jede Klasse hat alle Rechte (Vollzugriff).

Für längere Ein- und Ausgaben hat sich dann aber das Hexadezimalsystem durchgesetzt, das Wortlängen von 16, 32, 48 oder 64 Zeichen ermöglicht und einen 4-Bit-dualen Zahlenraum nutzt. Dadurch kann man mittels des Hexadezimalsystems lange binäre Zahlen kürzer abbilden, da immer 4 Bit durch ein hexadezimales Zeichen ersetzt werden.

Da das dezimale Zahlensystem nur die Ziffern 0 bis 9 kennt, nimmt man im Hexadezimalsystem neben den Ziffern 0 bis 9 die Buchstaben A bis F hinzu.

Die folgende Tabelle gibt hierüber Aufschluss.

Dezimal	Binär/Dual	Hexadezimal
0	0 0 0 0	0
1	0 0 0 1	1
2	0 0 1 0	2
3	0 0 1 1	3
4	0 1 0 0	4
5	0 1 0 1	5
6	0 1 1 0	6
7	0 1 1 1	7
8	1 0 0 0	8
9	1 0 0 1	9
10	1 0 1 0	A
11	1 0 1 1	B
12	1 1 0 0	C
13	1 1 0 1	D
14	1 1 1 0	E
15	1 1 1 1	F

Tabelle 3.3: Gegenüberstellung von dezimal, dual und hexadezimal

Aus obiger Logik ergibt sich folgendes Beispiel. Sie haben z. B. diese duale Zahl:

- 101000001100101010000010

Diese können Sie in 4-Bit-Gruppen unterteilen:

- 1010 0000 1100 1010 1000 0010

Und jetzt jedem Wert eine hexadezimale Ziffer zuweisen:

- A 0 C A 8 2 oder kurz A0CA82

Durch die Verkürzung wird nicht nur der Aufwand verringert, sondern auch die Fehlerquote gesenkt (je weniger Zeichen, desto weniger Fehlermöglichkeiten).

Die hexadezimale Darstellung werden Sie in diesem Buch an verschiedenen Stellen antreffen, z. B. bei der physischen Adressierung von Netzwerkschnittstellen oder bei der Adressierung nach IPv6.

Wenn Sie sich mit der Umrechnung von dezimalen in duale und von dualen in oktale oder hexadezimale Zahlensysteme eingehender beschäftigen möchten, verweise ich an dieser Stelle gerne auf verschiedenste Seiten im Internet, auf denen solche Rechenbeispiele durchgeführt werden. Als Beispiel dienen möge hier der Link zu http://www.sps-lehrgang.de/hexadezimalsystem/, einer gut verständlichen Seite.

3.2 Elektrische Eigenschaften

Elektrische Eigenschaften haben Auswirkungen auf die Kommunikation innerhalb des Netzwerks. Datenbits bewegen sich entlang eines elektrischen Pfades mit folgenden Eigenschaften:

Widerstand – Wenn Strom durch ein Kabel fließt, trifft er auf Widerstand. Beim elektrischen Widerstand handelt es sich um den Widerstand, den das Kabel dem Durchfluss von Gleichstrom entgegensetzt. Eine einfache Faustregel besagt, dass dickere Kupferkabel pro Längeneinheit einen niedrigeren Widerstand als dünnere aufweisen. Im Endeffekt bewirkt der Widerstand einen Spannungsabfall im Kabel. Die verlorene Energie wird in Wärme umgewandelt. Da der Widerstand eine Dämpfung oder den Verlust des Signals nach sich ziehen kann, hat ein ideales Netzwerkkabel einen möglichst geringen Widerstand.

Impedanz – Die Impedanz unterscheidet sich vom Widerstand nur in der Hinsicht, dass sie als Maß für den Widerstand bei Wechsel- und nicht bei Gleichstrom dient. Sowohl die Impedanz als auch der Widerstand werden in Ohm gemessen. Gleichstromsignale bewegen sich durch den Kabelkern, während hochfrequente Wechselstromsignale über die Kabeloberfläche fließen. Sie müssen auch die Signalverluste durch nicht übereinstimmende Impedanzwerte berücksichtigen.

Kapazität – Die Kapazität ist das Maß für die Fähigkeit eines Objekts, eine Ladung beizubehalten. In einem Netzwerk baut das Kabel seine Ladung auf, wenn das Signal eine hohe Spannung hat, und entlädt sie, wenn das Signal eine niedrigere Spannung aufweist. Auf der Kapazität basiert darum auch die Übertragungsleistung.

Rauschen – Das Rauschen ist eine weitere elektrische Eigenschaft, die sich auf die rechteckigen Signalwellen bei der digitalen Kommunikation auswirken kann. Mit Rauschen bezeichnet man die Einwirkung elektrischer Signale von außen auf die Leitungen. Die Ursache des Rauschens liegt oftmals in Leuchtstofflampen, Transformatoren, Lampen sowie in jedem Vorgang, der ein signifikantes elektrisches Feld entstehen lässt. Abschirmung und Erden von Leitungen heißen hier die Lösungen. Wenn das Verhältnis von Signal zum Rauschen zu schlecht ist, kann das Signal nicht mehr differiert werden und wird nicht mehr erkannt. Dies nennt man die Signal-to-Noise-Ratio.

Dämpfung – Unter Dämpfung versteht man die Verringerung der Signalstärke, während sich die Elektronen durch das Kabel bewegen. Die Dämpfung ist das Ergebnis der Kapazität, des Widerstands, der Impedanz und anderer charakteristischer Kabeleigenschaften und wird üblicherweise in Dezibel pro Kilometer (dB/km) gemessen. In der Welt der LANs ist die Dämpfung bei den meisten Topologien einer der wichtigsten Faktoren für die Festlegung der maximalen Kabellänge. Auch (schlechte) Lötstellen, Übergänge mit Steckern oder geknickte Kabel führen zu einer starken Dämpfung. Im Allgemeinen muss das Signal von ausreichender Stärke sein, damit der Empfänger die tatsächlichen Daten vom Rauschen unterscheiden kann, das während der Übertragung hinzugekommen ist und im Verhältnis stärker wird, je mehr sich die Dämpfung auswirkt (z. B. bei schlechten Kabeln oder größeren Distanzen).

Nebensprechen – Wann immer Sie einen Strom durch ein metallisches Kabel senden, führt dies zur Bildung eines magnetischen Feldes um das Kabel. Andere sich in der Nähe befindende Kabel absorbieren einen Teil dieses magnetischen Feldes, sodass ein umgekehrter Strom entsteht. Da es sich bei dem von einem Kabelpaar auf ein anderes übertragenen Strom nicht um die Daten selbst handelt, stellt Nebensprechen lediglich eine fortgeschrittene Form des Rauschens dar. Um dies zu vermeiden, werden Vorsichtsmaßnahmen ergriffen wie das Verdrillen von Kabeladern oder zusätzliche Isolationen um das Kabel herum.

Ausbreitung – Unsere Fähigkeit, durch Raum und Zeit zu reisen, beruht auf der Tatsache, dass sich das Licht mit einer konstanten Geschwindigkeit bewegt – 300'000 km/s im Vakuum. Selbstverständlich befinden sich die meisten Netzwerke nicht im Vakuum. Mit welcher Geschwindigkeit bewegen sich also Daten tatsächlich? Nun, dies hängt mit der nominellen Ausbreitungsgeschwindigkeit (NVP – Nominal Velocity of Propagation) ab, die misst, wie schnell sich Ihre Daten durch einen bestimmten Kabeltyp bewegen. LAN-Kabel weisen in der Regel eine NVP zwischen 0,78 und 0,95 auf. Dies bedeutet, dass sich Daten mit 78 % bis 95 % der Lichtgeschwindigkeit durch das Kabel bewegen. Die Ausbreitung in einem Netzwerk hat Auswirkungen auf die Geschwindigkeit und die Anforderungen bezüglich der Kabellänge.

3.3 Allgemeine Übertragungstechnik

3.3.1 Das Sinussignal

Das Sinussignal ist das Grundelement jeder Schwingung. Der Name leitet sich aus der mathematischen Funktion (sin) ab, welche diese Signalform beschreibt. Die meisten Wechselstromquellen erzeugen solche Sinussignale.

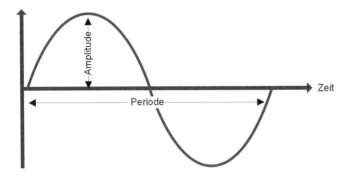

Abb. 3.1: Das Sinussignal

Das Signal hat einen Ausschlag (Amplitude) und eine Länge (Periode). Die Anzahl der Perioden in einer Zeiteinheit (z. B. Sekunde) ergibt die Frequenz des Signals. So ist also die Amplitude beispielsweise verantwortlich für die Stärke des Signals und je länger es unterwegs ist, desto schwächer wird der Ausschlag (siehe Dämpfung).

Komplexere Schwingungen wie etwa die Sprache setzen sich aus verschiedenen Sinussignalen mit unterschiedlichen Frequenzen zusammen. Wenn diese Signale zur Weiterarbeitung (z. B. Digitalisierung) abgetastet werden, werden pro Signal Abtastwerte entnommen, die Abtastrate oder Sampling Rate genannt werden.

3.3.2 Dämpfung

Als Dämpfung (Attenuation) wird die Abschwächung eines Signals während der Übertragung bezeichnet.

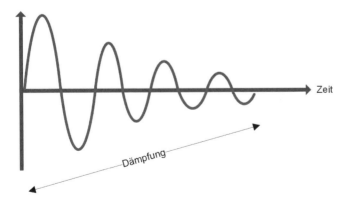

Abb. 3.2: Der Einfluss der Dämpfung auf das Signal

Die Dämpfung bezieht sich auf die Leistung der Signale zu Beginn der Leitung (P1) und am Ende der Leitung (P2).

D = P1 / P2

Die Dämpfung wird zum Andenken an Graham Bell, einen der Erfinder des Telefons, als Bel oder zumeist als »ein Zehntel Bel« = Dezibel (dB) bezeichnet. Die Dämpfung in dB berechnet sich nun folgendermaßen:

D [dB] = 10 * log (P1 / P2)

Die Dämpfung beeinflusst somit direkt die Qualität des Signals über die Distanz und elektrische oder optische Leiter müssen bestimmte Dämpfungswerte aufweisen, um für eine Datenübertragung geeignet zu sein. 0 dB entsprechen dabei der 1:1-Übertragung ohne Verlust oder Verstärkung. Davon ausgehend entsprechen Minuswerte einer Dämpfung, positive Werte einer Verstärkung.

Da die obige Formel einen Logarithmus zur Berechnung enthält, sind Dämpfung und Verstärkung keine linear verlaufenden Werte. Als konkrete Beispiele dieser Berechnung können Sie sich merken:

- -3 dB = Faktor 0.5; -10 dB = Faktor 0.1
  (ausgehend von der originalen Signalstärke)
- +3 dB = Faktor 2; +10 dB = Faktor 10

Negative Dämpfungswerte (d.h. ansteigende Leistungspegel) können auftreten, wenn aktive Elemente das Signal im Lauf der Übertragung wieder verstärken, beispielsweise aktive Repeater in einem lokalen Netzwerk. Etwas verwirrend ist hierbei einzig, dass +3 dB als Verstärkung in Bezug auf Dämpfung der »negative« Dämpfungswert ist, -3 dB dagegen den Signalverlust, also die Dämpfung selbst abbildet.

3.3.3 Frequenzbereiche

Die Frequenz bezeichnet die Anzahl der Schwingungen, die pro Zeiteinheit von einem Signal ausgeführt werden. Die Einheit der Frequenz ist »1 / Sekunde« oder Hertz, abgekürzt Hz.

Es werden unterschiedliche Frequenzbereiche (im höheren Frequenzbereich auch Bänder genannt) für unterschiedliche Anwendungen eingesetzt.

Die folgende Tabelle gibt eine Übersicht über Frequenzen, die Wellenlängen und das Einsatzgebiet dieser Frequenzen.

Frequenzen	Bezeichnung	Wellenlängen
50 Hz	Starkstrom	60'000 km
20 bis 20'000 Hz	Akustische Wellen (Hi-Fi)	60'000 bis 15 km
300 bis 3'400 Hz	Telefonsignalwellen	1'000 bis 88 km

Tabelle 3.4: Frequenzen und ihre Einsatzgebiet

Frequenzen	Bezeichnung	Wellenlängen
100 bis 300 kHz	Langwellen (LW)	3'000 bis 1'000 m
300 bis 3'000 kHz	Mittelwellen (MW)	340 bis 285 m
3 bis 30 MHz	Kurzwellen (HF/KW)	100 bis 10 m
30 bis 300 MHz	Ultrakurzwellen, Rundfunk (UKW), DAB	10 bis 1 m
300 MHz bis 3 GHz	Fernsehen (UHF), Mobilfunk	1 bis 0,1 m
3 GHz bis 30 GHz	Mikrowellen, Radar, Richtstrahl (SHF)	0,1 bis 0,01 m
30 GHz bis 300 GHz	Richtfunk (EHF)	1 cm bis 0,1 cm
~ 30 THz	Infrarot (IR)	10 μm
~ 400 THz	Sichtbares Licht	400 bis 700 ηm
~ 3 EHz	Ultraviolette Strahlung	1 ηm

Tabelle 3.4: Frequenzen und ihre Einsatzgebiet (Forts.)

Die Wellenlänge beschreibt dabei die Länge des einzelnen Signals, nicht deren maximale Ausdehnung. Sie ersehen also aus der Tabelle, dass die Wellenlänge eines Signals umso kürzer wird, je höher dessen Frequenz angelegt ist. Andererseits haben Sie umso mehr einzelne Frequenzen zur Verfügung, je höher das Frequenzband angelegt ist. Im Frequenzbereich von 100 kHz bis 130 kHz stehen Ihnen ungleich weniger Frequenzen zu je 10 Hz oder 100 Hz zur Verfügung als im 100-MHz-UKW-Frequenzbereich. Dafür benötigen Sie für die Ausbreitung entweder mehr Sendeleistung oder nehmen eine kürzere Reichweite in Kauf – Sie werden feststellen, dass diese Ausgangslage im Zusammenhang mit drahtloser Kommunikation noch von großer Bedeutung sein wird.

3.4 Grundlagen der Datenübertragung

Die Übertragung von Signalen und letztendlich von Daten beruht auf verschiedenen Grundprinzipien, die Sie sich auf den folgenden Seiten ansehen werden.

Zusammenfassend lässt sich die Datenübertragung in folgende Themen aufteilen:

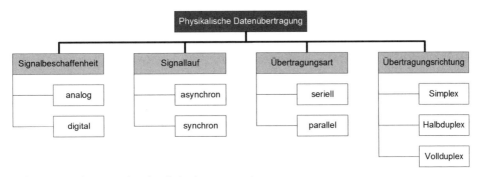

Abb. 3.3: Die Elemente der physikalischen Datenübertragung

Und diese Begriffe lernen Sie nun genauer kennen.

3.4.1 Analoge Datenübertragung

Bei einer analogen Datenübertragung kann das zu übertragende Signal beliebig viele Signalzustände (Amplitudenwerte) annehmen.

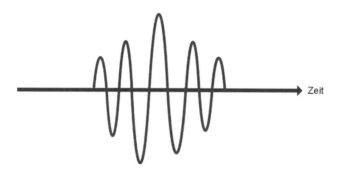

Abb. 3.4: Ein analoges Signal

Eine Schallwelle ist ein solches analoges Signal, wobei sich der Informationsinhalt aus den verschiedenen Frequenzen (Töne) und der Amplitude (Lautstärke) zusammensetzt. Die Vielfalt eines solchen Signals ist enorm groß und lässt eine Vielzahl Nuancen zu, beispielsweise wenn Sie an Sprache als Signalübertragung denken (laut, leise, hoch, tief, singend, monoton etc.).

3.4.2 Digitale Übertragung

Bei einer digitalen Übertragung werden dagegen während der Übertragung nur zwei verschiedene Signalzustände unterschieden (0 oder 1, JA oder NEIN, EIN oder AUS, Strom oder kein Strom etc.). Diese Signale sind von daher in ihrer Ausprägung wesentlich eingeschränkter als analoge Signale.

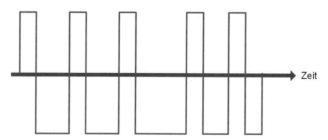

Abb. 3.5: Ein digitales Signal

Dennoch bieten digitale Signale etliche Vorteile, die für das Gebiet der Netzwerktechnik von Nutzen sind:

- Die Signale lassen sich bedeutend einfacher wiederaufbereiten.
- Die Qualität bleibt sehr lange sehr gut (kleine Abweichungen fallen nicht ins Gewicht, wenn es nur Ja oder Nein gibt).
- Binäre Computerdaten müssen nicht gewandelt werden.

Aber diese Signalform hat auch einen eindeutigen Nachteil, der mit uns Menschen zusammenhängt: Alle analogen Informationen (Sprache, Schallwellen, Bilder etc.) müssen für die Aufzeichnung auf dem Computersystem digitalisiert werden. Doch damit nicht genug:

Zu Beginn der Netzwerktechnologie standen lediglich analoge Leitungen und Protokolle zur Verfügung. Das hieß, die aus dem Computer stammenden digitalen Signale mussten zuerst auf ein analoges Trägersignal aufgebracht werden, das nennt sich Modulieren – und auf der anderen mussten die Signale wieder demoduliert werden. Das bekannteste Gerät in diesem Zusammenhang ist das sogenannte Modem – ein Akronym für Modulation/Demodulation.

Heutige Netzwerktechnologien versuchen daher nach Möglichkeit, die Leitungen und deren Signale bereits auf Layer 1 und 2 digital anzubieten, um den Verlust der doppelten Umwandlung zu umgehen.

Die Definition, wie das digitale Signal übertragen wird und worin dabei die Informationen enthalten sind, nennt man Codierung. Die Codierung beschreibt demzufolge, wie das elektrische Signal zu übermitteln ist, damit die Informationen zweifelsfrei interpretiert werden können. Bekannte Codierungen sind binäre Leitungscodes wie ehemals RS-232 oder die Manchester-Codierung für 10-Mbit/s-Ethernet (IEEE 802.3) bzw. heute zum Beispiel die 8B/10B-Codierung, die in verschiedenen Verfahren wie Gigabit-Ethernet oder USB 3.0 zum Einsatz kommt. Zu diesen IEEE-Standards werden Sie in Kapitel 6 »Die Standards der IEEE-802.x-Reihe« mehr erfahren.

3.5 Multiplexing

Beim Multiplexing handelt es sich um einen Mechanismus, der es erlaubt, verschiedene Datenströme oder Leitungen vor der Übertragung über größere Distanzen zusammenzufassen und anschließend wieder zu entkoppeln.

Die ersten Multiplexer entstanden, als immer mehr Terminals an zentrale Rechnersysteme (Mainframe) angeschlossen werden mussten. Da die Büros räumlich vom Rechenzentrum getrennt waren, aber jedes Terminal am Zentralrechner angeschlossen werden musste, wurden Multiplexer entwickelt, die es erlaubten, mehrere Terminals anzuschließen und dann die Informationen über ein einzelnes physikalisches Kabel zu übertragen. Auf der anderen Seite sorgte ein Demultiplexer dafür, dass die Informationen wieder richtig weiterverarbeitet wurden.

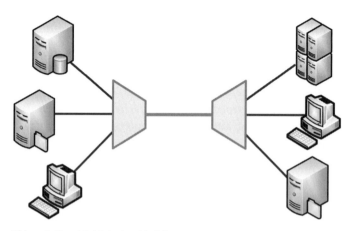

Abb. 3.6: Das Multiplexing-Verfahren

Multiplexer in dieser ursprünglichen Form als physikalisches Gerät werden heute nicht mehr oft eingesetzt. Heute werden Multiplexer in verschiedenster Form als Software-Implementation verwendet.

DSL basiert auf solchen Multiplexing-Mechanismen, ebenso sind in einem TCP/IP-Netzwerk Multiplexing-Mechanismen wirksam.

Grundsätzlich kann Multiplexing auf zwei unterschiedliche Arten betrieben werden:

- Einteilung der Übertragungsleitung in Zeiteinheiten
- Aufteilung der Übertragungsleitung in mehrere Stränge

Die erste Version nennt sich Time Division Multiplexing (TDM) und kann synchron oder asynchron betrieben werden. Beim synchronen Verfahren werden fest vereinbarte Zeiteinheiten definiert, die jeweiligen Sender können sie nutzen oder verstreichen lassen. Dadurch ist die Übertragung der Daten berechenbar und bei entsprechender Einteilung isochron (zeitecht). Auf der anderen Seite werden die vorhandenen Leitungskapazitäten nicht optimal genutzt, da nicht verwendete Zeiteinheiten verfallen und nicht von anderen Sendern zusätzlich genutzt werden können.

Dem steht das asynchrone Time Division Multiplexing gegenüber, bei dem sich die Sender, die Daten übertragen, anmelden können und die Zeiteinheiten nutzen und damit die Kapazität optimal ausnutzen. Dafür variiert hierbei aber die Übertragungsrate abhängig von der Anzahl sendebereiter Stationen.

Die zweite Version der Aufteilung nennt sich je nach eingesetztem Träger Frequency Division Multiplexing (FDM) oder Wavelength Division Multiplexing (WDM). Hierbei wird die vorhandene Kapazität in mehrere, dafür weniger leistungsfähige Bänder respektive Frequenzen eingeteilt. Dadurch können die Sender zwar mit weniger Leistung als beim TDM-Verfahren, dafür aber mit konstanter Übertragung arbeiten.

Ein neueres Verfahren, das sich von TDM und FDM/WDM unterscheidet, ist zudem das räumliche Multiplexing, englisch Spatial Multiplexing (SMX). Dieses kommt in der drahtlosen Kommunikation mittels mehrerer Antennen zum Senden und Empfangen zum Tragen, in dem die einzelnen Datenströme (Streams) codiert und über mehrere Antennen versandt und empfangen werden können. Dadurch wird der Frequenzbereich mehrfach genutzt.

3.6 Übertragungsarten

Daten können auf einem Medium ganz unterschiedlich übertragen werden. Eine Unterscheidung wird dabei ganz zu Beginn getroffen: Daten werden entweder gleichzeitig (parallel) oder nacheinander (seriell) übertragen.

Aber auch andere Fragen werden an dieser Stelle geklärt: Wer darf auf der Leitung zuerst reden? Oder dürfen alle gleichzeitig? Doch lesen Sie selbst, was zu klären ist.

3.6.1 Seriell – Parallel

Bei einer *parallelen* Datenübertragung werden mehrere Leitungen gleichzeitig zur Datenübertragung benutzt. Es kann so pro Zeiteinheit ein Mehrfaches an Daten übertragen werden, es wird aber für jede Datenleitung auch ein Draht benötigt. Zudem können die Daten am Empfangsende nur dann verstanden werden, wenn die Signale auch wirklich exakt gleichzeitig empfangen werden. Man spricht daher auch vom Bitversatz als Problem der parallelen Datenübertragung. Die höhere Geschwindigkeit steht daher der höheren Empfindlichkeit gegenüber. Zudem sind mit dieser Übertragung nur kürzere Distanzen im Bereich von maximal wenigen Metern zu überwinden.

Beispiele paralleler Datenübertragungen sind:

- IEEE 1284 Centronics (sogenannte parallele Druckerschnittstelle)
- SCSI, EIDE
- PCI-Bus

Durch die fortwährende Entwicklung der Übertragungstechniken ist die parallele Technik zurzeit weitgehend auf dem Rückzug. Waren früher die Geschwindigkeitsvorteile der parallelen Übertragung etwa beim PCI-Bussystem ein Hauptvorteil, so ist dieser in den letzten Jahren durch die zunehmende Geschwindigkeit serieller Übertragungsmethoden so weit in den Hintergrund gerückt, dass fast alle parallelen Übertragungssysteme im Informatikbereich durch serielle ersetzt wurden.

Bei einer *seriellen* Datenübertragung werden die Informationen bitweise nacheinander übertragen. Dies benötigt auf den ersten Blick mehr Zeit als eine gleichzeitige Übertragung, hat aber den Vorteil, dass keine Daten verloren gehen. Für eine serielle Übertragung benötigen Sie nur eine Leitung (dazu eventuell einen Rückleiter und Kontrollleitungen, je nach Standard). Deswegen eignet sich eine serielle Leitung auch für größere Distanzen. Den klassischen Nachteil der geringeren Geschwindigkeit haben ausgeklügelte Entwicklungen im Bereich der Codierung und bessere Leitungen längst wettgemacht.

Beispiele serieller Datenübertragungen:

- EIA-RS232/V.24
- USB (Universal Serial Bus)
- DB-9-/DB-25-Stecker (alte COM-Anschlüsse, vor allem DB-25)
- S-ATA
- 1000Base-T Ethernet
- ISDN-U-Schnittstelle (Hausanschluss)

Aufgrund des Distanzvorteils ist die serielle Übertragungstechnik auch die vorherrschende Technik, wenn es um Netzwerke geht.

3.6.2 Bitrate

Als Bit wird eine einzelne Informationseinheit bezeichnet. Die Bitrate bezeichnet dementsprechend die Übertragungskapazität von Informationen einer Leitung. Dabei werden in der Regel die technisch möglichen Werte angegeben. So findet sich etwa auf einem Modem die Bezeichnung 56 Kbit/s, was bedeutet, dass dieses Modem in der Lage ist, Daten mit 56'000 Bit pro Sekunde zu übertragen. Doch wie gesagt: Dies ist die technisch mögliche Bandbreite; davon gehen in der Regel etliche Bits pro Sekunde verloren für:

- Handshaking (Gerätekommunikation)
- Fehlerkorrektur
- Wartezeit

Somit liegt die effektive Bandbreite für die reine Datenübertragung normalerweise deutlich unter der technisch möglichen Übertragungsgeschwindigkeit. Davon unterschieden werden kann die Baudrate, die eigentlich nicht die Bit-, sondern die Symbolrate beschreibt. Ein Symbol kann je nach Codierung aber unterschiedlich viele Bits enthalten, weshalb die Baudrate einen anderen Wert abbildet als die Bitrate.

3.6.3 Einfach oder hin und zurück?

Ähnlich wie zwei Menschen miteinander sprechen, können auch Computer entweder nur in eine Richtung Daten senden, nacheinander senden oder gleichzeitig miteinander Daten senden.

Während die Transmission als solches ein elektrisches Verfahren darstellt (auf OSI-Layer 1), ist die Steuerung dieser Übertragungsverfahren ein logisches Unterfangen und wird auf OSI-Layer 5 beschrieben.

Simplex — Bei einer unidirektionalen Übertragung werden Signale nur in eine Richtung übertragen.

Typische Beispiele für Simplexübertragungen sind Rundfunk und Fernsehübertragung.

Halbduplex — Beim Halbduplexverfahren werden die Informationen in einem Wechselverfahren einmal in eine Richtung, dann wieder in die andere übertragen. Die Leitung kann also von beiden Parteien benutzt werden, aber nur abwechselnd, was durch die Kommunikation zwischen den Endgeräten verhandelt werden muss.

Beispiele hierfür sind Fax, der Sprechfunk oder auch die älteren Ethernet-Netzwerke, wobei der Wechsel beim Ethernet so schnell vor sich geht, dass er für den Menschen nicht wahrnehmbar ist.

Vollduplex — (bidirektional) Bei einer bidirektionalen Übertragung werden gleichzeitig Informationen in beide Richtungen übertragen. Dies ist natürlich die schnellste, aber auch die aufwendigste Übertragungstechnik.

Dies ist zum Beispiel in einem modernen Ethernet oder bei klassischen analogen Telefonleitungen der Fall.

Für eine fehlerfreie Kommunikation zwischen Netzwerkkomponenten ist es wichtig, dass alle beteiligten Stellen über dieselbe diesbezügliche Funktionalität verfügen, sonst kommt es zu Verzögerungen bis hin zu Verbindungsabbrüchen.

3.6.4 Synchrone und asynchrone Datenübertragung

Die Datensignalisierung dient dazu, digitale oder analoge Signale zu codieren und so als Daten erkennbar zu erhalten. Diese Codierung basiert auf Intervallen, anhand derer sowohl Sender als auch Empfänger feststellen können, an welcher Stelle sich beide Seiten bei der Übertragung des Datenstroms befinden.

Alle Datenübertragungen erfordern auf der Bitebene eine Form der Synchronisation. Diese Synchronisation benötigt natürlich zusätzliche Bandbreite und muss daher sorgfältig an den Verwendungszweck angepasst ausgewählt werden.

Grundsätzlich unterscheiden Sie zwischen synchroner und asynchroner Datenübertragung, und das bedeutet Folgendes:

Bei einer asynchronen Datenübertragung werden die Informationen byteweise übertragen. Diese einzelnen Bytes werden zu einem unabhängigen Zeitpunkt nacheinander übertragen. Dafür müssen die Bytes mit verschiedenen Hilfsbits versehen werden (Startbit, Stopbit, Prüfbit). Jedes einzelne Byte wird nach seiner Übertragung kontrolliert, was auf der einen Seite höhere Sicherheit, auf der anderen Seite aber deutlich mehr Verwaltungsdaten mit sich bringt. Das heißt, die Übertragung ist wenig effizient. Die Kontrolldaten können bis zu 50 % des Datenstroms ausmachen. Die asynchrone Datenübertragung wird daher vor allem auf älteren oder sehr langen Leitungen eingesetzt.

Im Gegensatz dazu werden bei einer synchronen Datenübertragung die Bytes in größere Pakete zusammengefasst. Solche Pakete, meistens als Frames (Rahmen) bezeichnet, werden ebenfalls mit Kontrollinformationen (SyncByte, Adressen, Kontrollfelder, CRC) versehen und so über ein Netzwerk übertragen. Sie verwenden Mechanismen für die Zeitmessung, um einen exakten Zeitabgleich bei den Bits zu gewährleisten.

Die Bezeichnungen synchron (zeitgleich) und asynchron (nicht zeitgleich) rühren daher, dass zur Übertragung der längeren Frames zwischen Sender und Empfänger Taktinformationen übertragen werden müssen, damit Sender und Empfänger synchron laufen.

3.7 Bandbreite und Latenz

Damit die Signalübertragung optimal funktioniert, kommt es auf die Leistungsfähigkeit der verfügbaren Signalträger im Netzwerk an. Hierbei spielen zwei Begriffe eine wichtige Rolle: die verfügbare Bandbreite (bzw. der Durchsatz) und die Latenz (Verzögerung) im Netzwerk.

Die Bandbreite eines Netzwerks wird in Hertz gemessen und entspricht dem Frequenzband, welches für die Datenübertragung genutzt werden kann. Ein LAN-Netzwerk mit 0 bis 100 MHz hat entsprechend eine Bandbreite von 100 MHz, eine Telefonleitung mit einem Frequenzband von 300 Hz bis 3300 Hz eine Bandbreite von 3 kHz.

Die Bitrate gibt an, mit welcher Kapazität Signale über das Netzwerk versendet werden können. Da es sich um serielle Übertragungen handelt, werden diese in Bit pro Sekunde angegeben. Heute verfügen Sie über Netzwerke im LAN-Bereich mit 100 Megabit pro Sekunde (100 Mbps) bis 1000 Mbps. Im Serverbereich sind bereits 10 Gbps üblich und auch 40 Gbps sind möglich.

Für beide Begriffe, Bandbreite wie auch Bitrate, treffen Sie den Begriff Durchsatz an, um auszudrücken, wie viele Daten effektiv über das Netz versandt werden können.

Die Latenz bezeichnet demgegenüber die Zeit, welche eine Nachricht für die Übertragungsstrecke vom Sender bis zum Empfänger benötigt. Sie beinhaltet drei unterschiedliche Komponenten:

- Die Ausbreitungsverzögerung
- Die Übertragungsverzögerung
- Die Wartezeit

Die Ausbreitungsverzögerung beschreibt die Zeit, die ein Bit braucht, um sich vom Anfang der Leitung zu verbreiten. Dabei kann (zumindest bis heute) kein Signal im Netzwerk schneller sein als Licht. Je größer also die gemessene Strecke ist, desto größer ist auch die Ausbreitungsverzögerung, da sie durch die physische Grenze der Lichtgeschwindigkeit und die Beschaffenheit des Signalträgers definiert ist. Sie liegt damit für ein LAN im Bereich von Mikrosekunden, für eine WAN-Strecke von Genf nach Zürich (rund 300 Kilometer) dann doch schon bei rund 1 ms.

Die Übertragungsverzögerung ist dagegen die Dauer, welche ein Router benötigt, um ein Datenpaket über die verfügbare Leitung abzusenden. Während, etwas vereinfacht gesagt, bei der Ausbreitungsverzögerung also »Entfernung : Lichtgeschwindigkeit« gilt, zählt bei der Übertragungsverzögerung »Paketgröße : Bandbreite«.

Die Wartezeit spielt dann eine Rolle, wenn mehrere Teilstrecken von Netzwerken für die Kommunikation benötigt werden (Beispiel: Internet). Dann entstehen durch die Mitarbeit mehrerer Verbindungsknoten zusätzliche Wartezeiten. Die Wartezeit spielt in der Praxis oft die größte Rolle bei der Berechnung von Übertragungszeiten – je länger die Strecken sind, umso mehr.

Eine weitere Messgröße in diesem Zusammenhang nennt sich RTT (Round Trip Time). Sie entspricht im Wesentlichen der doppelten Latenz, da sie angibt, wie lange ein Datenpaket vom Absender zum Empfänger und wieder zurück zum Absender benötigt. Auf Deutsch nennt sich der Begriff Paketumlaufzeit.

Das Bandbreite-Laufzeit-Produkt wiederum gibt an, wie viele Daten sich aufgrund der verfügbaren Bandbreite multipliziert mit der Latenz gleichzeitig auf einer Datenleitung befinden können.

- Bandbreite = 1000 Mbps
- Latenz = 12 ms
- Bandbreite-Laufzeit-Produkt = 12 Megabit

Man kann also zusammenfassend sagen: Je größer die Bandbreite und je kleiner die Latenz im Netzwerk ist, desto besser ist die Verbindung bzw. der effektiv erzielbare Datendurchsatz.

Gerade für große Netzwerkstrecken ist daher die Berechnung dieser Werte von großer Bedeutung. Wie Sie in Kapitel 11 »Stets zu Diensten« bei den Routing-Protokollen sehen werden, sind Router für WAN-Verbindungen in der Lage, anhand der Messung dieser Werte die jeweils »beste« Strecke zu berechnen, und zwar selbstständig anhand ihrer Programmierung.

3.8 Von Bits und Frames

In der Datenkommunikation werden Sie auf verschiedene Begriffe treffen, die zur Übermittlung von Daten verwendet werden. Nicht alle Begriffe werden einheitlich eingesetzt, hier finden Sie aber die wichtigsten Begriffe der Datenübertragungseinheiten.

Einheit	Erläuterung
Bit	Kleinste Informationseinheit in der elektrischen Übertragung
Byte	8 Bit (es gibt allerdings auch ein 7-Bit-Byte)
Frame	Bezeichnung für ein Datenpaket, in der Regel auf OSI-Layer 2. Typischer Begriff bei LAN-Zugriffsprotokollen wie Ethernet und Tokenring oder auch PPP-Frame (bei WAN-Anbindung).
Datagramm	Datenpaket auf dem Netzwerk-Layer (z. B. IP-Datagramm, IPX-Datagramm, NetBEUI-Datagramm)
Segment	Datenpaket auf dem Transport-Layer bei TCP/IP
Datenpaket	Sehr allgemeiner Begriff: kann ein Frame, ein Datagramm oder auch ein Segment sein. Bezeichnet im Wesentlichen lediglich den Umstand, dass es sich um einen Teil der Daten handelt und nicht um die Daten als Ganzes.
Fragment	In der Regel Begriff für Teile eines Datenpakets oder Datagramms

Tabelle 3.5: Begriffe für Datenübertragungseinheiten

3.9 Fragen zu diesem Kapitel

1. Was bedeutet Halbduplex?
    A. Datenübertragung mit doppelter Geschwindigkeit
    B. Datenübertragung in beide Richtungen
    C. Datenübertragung mit verminderter Bandbreite
    D. Datenübertragung gleichzeitig in beide Richtungen

2. Die Dämpfung beschreibt
    A. den Einfluss äußerer Signale auf das Medium
    B. den Härtegrad des Mediums
    C. das Verhalten des digitalen Signals im Raum
    D. den Signalabbau durch den Transportwiderstand

3. Bei einer Signalausbreitung messen Sie bei einem Datendurchsatz von 100 Mbps und einer Latenz von 8 ms die Round Trip Time. Wie hoch ist diese bei idealen Bedingungen?
    A. 100 ms
    B. 12.5 ms
    C. 8 ms
    D. 16 ms

4. Welche Aussage ist richtig?
    A. Analoge Signale kennen nur die Zustände 0 und 1.
    B. Analoge Signale können nicht für die Datenübertragung verwendet werden.
    C. Digitale Signale kennen nur die Zustände 0 und 1.
    D. Digitale Signale können nicht für die Datenübertragung verwendet werden.

5. Bei einer Symbolrate von 5 Bit pro Symbol entspricht die Bitrate von 56'000 Bps welcher Baudrate?
    A. 11'200 Baud/s
    B. 28'000 Baud/s
    C. 5'600 Baud/s
    D. 56'000 Baud/s

6. Sie sind als Techniker gebeten worden, ein Modem zu installieren, damit sich der Benutzer ins Internet einwählen kann. Welches Übertragungsverfahren setzt das Modem zur Datenübertragung mit dem Internet ein?
    A. Synchron
    B. Seriell
    C. Simplex
    D. Sinus

7. Sie senden ein Signal mit 100 mW aus. Leider reicht dieses Signal nicht und Sie erhöhen den Sendepegel um 3 dB. Was ist das Ergebnis dieser Aktion?
    A. Das Signal wird mit 200 mW gesendet.
    B. Das Signal wird mit 300 mW gesendet.
    C. Das Signal wird mit 103 mW gesendet.
    D. Das Signal wird mit 100 mW gesendet.

8. Welche elektrische Basiskomponente kann für eine kurze Zeitperiode elektrische Ladung speichern?

    A. Kondensator

    B. Leiterbahn

    C. Diode

    D. Transistor

9. Wie heißt die Problematik, die das Signal bei der Signalübertragung über längere Distanzen am ehesten beeinflusst?

    A. Frequenz

    B. Signallaufzeit

    C. Rauschen

    D. Hochband

10. Wie nennt sich die Verschiebung von Signalen bei der parallelen Datenübertragung?

    A. Bytesplit

    B. Serielle Phase

    C. Bitslip

    D. Bitversatz

Kapitel 4

Hardware im lokalen Netzwerk

Nachdem Sie jetzt die Grundbegriffe der Thematik kennen und möglicherweise das eine oder andere dazulernen konnten, wird es Zeit, dass Sie sich anhand des OSI-Modells auf den Weg durch die Netzwerklandschaft machen. Analog zu diesem Modell beginnen Sie auf der untersten Schicht: der physikalischen Schicht.

Sie lernen im folgenden Kapitel:
- Netzwerkmedien unterscheiden
    - Twisted-Pair-Kabel
    - Koaxialkabel
    - Lichtwellenleiter
- Die Funktion einer Netzwerkkarte verstehen
- Verschiedene Übermittlungsgeräte beschreiben und unterscheiden
    - Hub, Repeater
    - Bridge, Switch, Managed Switch
    - Router
    - Konverter, Modem
- Die Funktion von STP/RSTP verstehen und anwenden
- Grundlagen von Software Defined Networking kennen

4.1 Die wichtigsten Übertragungsmedien

Betrachten Sie als Ausgangsposition ein kleines privates Netzwerk in einem Unternehmen. Damit zwei Computer miteinander kommunizieren können, benötigen sie verschiedene Hardware-Erweiterungen, um sich zu verbinden. Weiter hinten im Buch werden Sie zudem sehen, dass auch das Betriebssystem und die Programme auf die Netzwerkfähigkeit hin geprüft werden müssen. Doch bleiben Sie gedanklich vorerst bei der Hardware.

Jeder Computer benötigt eine Übermittlungsschnittstelle, damit die Daten vom Computer her kommend übertragen bzw. empfangen werden können. Diese Schnittstellen wiederum werden mit einem Kabel verbunden, das diese Daten überträgt. Sind die beiden Computer weiter voneinander entfernt oder haben Sie mehr als zwei Computer oder gar weitere Geräte wie Netzwerkdrucker, dann benötigen Sie zudem ein Gerät, das die verschiedenen Kabel miteinander verbindet und die Daten an die richtige Adresse weiterleitet. Möchte der Inhaber des kleinen Netzwerks sogar ins Internet, benötigt er zudem ein Gerät, das sein eigenes privates Netzwerk mit dem Internet verbindet.

Wenn die zu bauende Netzwerkverbindung einwandfrei funktionieren soll, müssen alle diese Geräte bestimmte Eigenschaften aufweisen, damit sie miteinander kommunizieren können. Noch vor 30 Jahren hätte man dazu einfach alle Bestandteile vom selben Hersteller kaufen müssen, um diese Funktionalität gewährleisten zu können. Dank des OSI-Modells und der daraus hervorgegangenen herstellerunabhängigen Spezifikationen ist dies heute wesentlich einfacher. Sie können Geräte und Komponenten verschiedener Hersteller zusammenstellen – solange Sie wissen, welche Spezifikationen die gewählten Komponenten erfüllen müssen. Und darum werden Sie diese jetzt näher kennenlernen – und bei den Medien beginnen Sie.

Es gibt bis heute eine große Anzahl verschiedener Übertragungsmedien. Diese werden im Wesentlichen durch ihren Einsatzzweck unterschieden, insbesondere ob Sie die Medien für die LAN- oder WAN-Technik einsetzen. Ein LAN benötigt andere Übermittlungseigenschaften als ein Kabel für Weitverkehrsnetze, denn es wäre wenig vernünftig, ein LAN-Kabel auch für die Datenübertragung durch den Atlantik einzusetzen.

Abb. 4.1: Herstellung von Glasfaser für Lichtwellenleiterkabel

Es gibt vier relevante Arten von kabelgebundenen Medien:

- Unshielded Twisted-Pair-Kabel (UTP)   LAN-Medium
- Shielded Twisted-Pair-Kabel (STP)   LAN-Medium
- Koaxialkabel   LAN- und WAN-Medium
- Lichtwellenleiter   (Noch) vorwiegend WAN-Medium

Hinzu kommt bei den optischen Kabeln noch die Unterkategorie POF, die für Plastic Optical Fibre (auch Polymer Optical Fibre) steht und eine relativ junge Technologie bezeichnet, welche anstelle von Glas mit Acrylen als Kernfasern arbeitet. Die Leistung dieser Kabeltechnologie lag bislang im Bereich von 100 Mbit/s und Distanzen bis rund 70 Meter, was ihre Verbreitung erst zögerlich voranschreiten ließ. Doch neuere und schnellere Verbindungen lassen hier einiges für die Zukunft hoffen.

Drahtlose Übertragungsmedien überschreiten die Grenzen der Verkabelung. Es stehen andere Technologien und Eigenschaften im Zentrum. Daher ist den »drahtlosen Kabeln« weiter hinten ein eigenes Kapitel gewidmet!

Jedes der oben angesprochenen Übertragungsmedien hat unterschiedliche charakteristische Eigenschaften.

Bei der Auswahl eines Mediums spielen daher folgende Faktoren eine Rolle:

- Kapazität bzw. Datendurchsatz
- Physische Eigenschaften (z. B. Dämpfung, Beweglichkeit, maximale Länge)
- Kosten für die Beschaffung
- Installationsaufwand
- Unempfindlichkeit gegenüber elektromagnetischen Interferenzen (EMI)
- Plenum oder Non-Plenum (schwer entflammbar oder nicht)

4.1.1 Twisted-Pair-Kabel

Ursprünglich als Telefonkabel in den Vereinigten Staaten im Einsatz, hat das verdrillte Kabel (englisch: Twisted Pair) längst seinen Siegeszug durch die Welt der Netzwerke angetreten. Der Grund ist einfach: Als die ersten Netzwerke geplant wurden, überlegte man sich, welche bestehenden Kabel man nutzen konnte – und kam auf die bereits verlegten Telefonleitungen.

Das Kabel besteht in seiner einfachsten Form aus zwei verdrillten Leitungen, ähnlich wie Sie es hierzulande auch kennen – allerdings waren bei uns die alten Telefonleitungen selten verdrillt und konnten für Datenübertragungen in Netzwerken kaum genutzt werden. Im Laufe der Zeit wurde das TP-Kabel durch viele Anpassungen verbessert und leistungsfähiger und sicherer gemacht.

Die Kabel können verlegt oder zum Anschluss von Geräten an verlegten Dosen und Panels verwendet werden; im zweiten Fall spricht man auch von Patchkabeln.

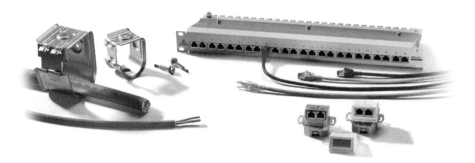

Abb. 4.2: Twisted-Pair-Anschlussware: Patchpanel, Stecker, Kabel, Anschlussbuchsen

Heute gibt es zwei Hauptkategorien: das ungeschirmte und das geschirmte TP-Kabel, entsprechend den englischen Begriffen

- UTP Unshielded Twisted Pair und
- STP Shielded Twisted Pair

genannt. Der Begriff »shielded« bezieht sich auf die Frage, ob die einzelnen Aderpaare nebst ihrer eigenen Ader-Plastikhülle zusätzlich geschützt sind oder eben nicht. Da es hierzu mittlerweile unterschiedliche Möglichkeiten gibt, z.B. Folien oder Drahtgeflechte, existieren auch unterschiedliche Bezeichnungen (mehr dazu im Abschnitt »Shielded Twisted Pair«). Als Beispiel sehen Sie nachstehend ein UTP-Kabel, das allerdings einen Folienschirm um alle Adern herum hat. Daher heißt es dann auch F/UTP, weil es mit einer Folie umwickelt ist.

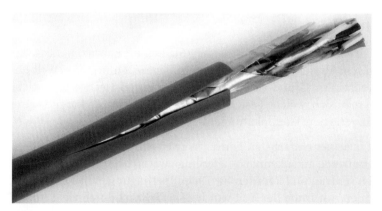

Abb. 4.3: F/UTP-Kabel

4.1.2 Unshielded Twisted Pair

Kabel werden von verschiedenen Organisationen national und international spezifiziert. Die TIA-Standards (Telecommunications Industry Association) gelten für die USA, während die ISO-Standards für den globalen Markt definiert werden. Zudem verfügen Japan, Kanada oder auch Europa über eigene Normierungsgremien, welche weitere Standards definieren. Diese »lokalen« Standards werden aber meist in Abstimmung mit der ISO verfasst, sodass hier kaum Konflikte entstehen, sondern lediglich abweichende Bezeichnungen.

In Europa ist diesbezüglich die CENELEC (Comité Européen de Normalisation Électrotechnique), zu Deutsch »Europäisches Komitee für elektrotechnische Normung« relevant. Dieses Gremium normiert im Auftrag der EU und der EFTA Sicherheitsrichtlinien für Verkabelungen. Dies ist der Hauptgrund, warum in den meisten europäischen Ländern die europäische Norm (EN) als der zu berücksichtigende Standard verlangt wird und nicht die TIA- oder ISO-Normen.

Im Netzwerkalltag sind aber häufig die amerikanischen Begriffe geläufig – weniger bei den Elektrikern, sicher aber in der Informatik. Daher beginnen Sie an dieser Stelle mit EIA/TIA und deren Kabelkategorien.

Die EIA/TIA-568-Spezifikationen standardisieren die Installation von Kupferverkabelungen. Sie enthalten bis heute mehrere Aktualisierungen, so z.B. TIA 568B.2.1 für die Kategorie 6 von 2002. Die Normen gelten für TP-Verdrahtungsschemas, die mit POTS, ISDN, xBase oder Tokenring arbeiten. Die Unterscheidung nach TIA-568A und TIA-568B kommt daher, dass die EIA/TIA mit der Standardisierung von TIA-568A länger brauchte als AT&T in den USA mit der Marktdurchdringung ihrer eigenen Verdrahtung (258A genannt) – so wurde anschließend mit EIA/TIA 568B diese Version, die sich auf dem Markt verbreitet hatte, de facto als Standard übernommen. Sie treffen daher in den USA häufig TIA-568B-Verdrahtungen an; in Europa bis Kategorie 5 dagegen, wo AT&T nie diese wichtige Rolle spielte, finden Sie eher TIA-568A.

Der einzige Unterschied zwischen TIA-568A und TIA-568B ist übrigens die Vertauschung der Adernpaare 2 und 3 (orange und grün). Beide Standards verdrahten die Kontakte »straight through« (gerade, auch 1:1 genannt). Daher sind die Kabel problemlos austauschbar, solange beide Enden nach demselben Standard verdrahtet sind. Ansonsten erhalten Sie bei Mischung ein Crossover-Kabel.

Die TIA-Normen definieren die folgenden Kabelkategorien für Kupferkabel:

Kategorie	Übertragungsrate	Einsatz
Cat. 1 UTP	< 1 Mbps	Für Sprache, Telefonkabel
Cat. 2 UTP	Bis 4 Mbps	Löst Cat. 1 ab; Sprache, Telefonie, ISDN, Tokenring-Datenübertragung
Cat. 3 UTP/STP	Bis 10 Mbps	Datenübertragung, 10Base-T

Tabelle 4.1: Genormte Kategorien für Twisted-Pair-Kupferkabel

Kategorie	Übertragungsrate	Einsatz
Cat. 4 UTP/STP	Bis 20 Mbps	Datenübertragung, 10Base-T, 16 Mbps für Tokenring
Cat. 5 UTP/STP	Bis 100 MHz und bis 100 Mbit/s	LAN, Ethernet (100Base-T)
Cat. 5e UTP/STP	Bis 100 MHz und bis 1 Gbit/s	LAN, Ethernet, Vollduplexbetrieb
Cat. 6 UTP/STP	250 MHz und bis 1 Gbit/s	LAN, Ethernet
Cat. 7 / 7A	600 / 1000 MHz	Universale Kommunikationsverkabelung
Cat. 8	1600 / 2000 MHz	Für 40-Gbps-Netzwerke

Tabelle 4.1: Genormte Kategorien für Twisted-Pair-Kupferkabel (Forts.)

Wenn Sie nun die ISO-Norm (Basis der CENELEC-Normen) dazunehmen, sieht eine vergleichende Tabelle mit den aktuellen Normen wie folgt aus:

TIA-Norm	Standard	Frequenzbereich	ISO-Norm	Standard
Cat. 5e	EIA-568-B.2	1 bis 100 MHz	Class D	ISO/IEC 11801
Cat. 6	EIA-568-B.2-1	1 bis 250 MHz	Class E	ISO/IEC 11801
Cat. 6a	EIA-568-B.2-10	1 bis 500 MHz	Class EA	Anhang 1 zu 11801
Cat. 7	n/a	1 bis 600 MHz	Class F	ISO/IEC 11801
Cat. 7A	n/a	1 bis 1000 MHz	Class FA	Anhang 1 zu 11801
Cat. 8	TIA-568-C.2.1	1 bis 1600 MHz		nur USA
Cat. 8.1		1 bis 1600 MHz	Class I	11801-99-1 (in Arbeit)
Cat. 8.2		1 bis 1600 MHz	Class II	11801-99-1 (in Arbeit)

Tabelle 4.2: EIA/TIA-Normen und ISO-Normen

Als richtungsweisende Dokumente für die Normierung von Datenkabeln dienen die Systemstandards ISO/IEC 11801 und 50173-1. Hier werden die Grundanforderungen an die Verkabelungssysteme formuliert.

- ISO/IEC 11801: 2017 Informationstechnik und anwendungsneutrale Verkabelungssysteme
- IEC 61156: Mehradrige und symmetrische paar-/viererverseilte Kabel für die digitale Nachrichtenübertragung
- IEC 61156-1: Fachgrundspezifikationen
- IEC 61156-2: Rahmenspezifikation für Etagenkabel
- IEC 61156-3: Rahmenspezifikation für Geräteanschlusskabel
- IEC 61156-4: Rahmenspezifikation für Verteilerkabel

- IEC 61156-5: Rahmenspezifikation für Etagenkabel bis 600 MHz
- IEC 61156-6: Rahmenspezifikation für Geräteanschlusskabel bis 600 MHz
- IEC 61156-7: Rahmenspezifikation für Etagenkabel bis 1200 MHz

Diese internationalen Dokumente spezifizieren die Datenkabel der Kategorie 3, 5, 6 und 7 sowohl für Installationskabel und Backbone-Kabel als auch für Anschluss- und Verbindungskabel.

In Europa gilt stattdessen die Norm EN 50288 »Mehradrige metallische Daten- und Kontrollkabel für analoge und digitale Übertragung«. Wie die IEC-Norm stellt sie sich in mehreren einzelnen Normen nach dem Schema 50288-n auf.

Für die immer noch sehr häufig verwendeten Kategorie-5-Kabel sieht die Verdrahtung nach den Standards TIA-568A respektive TIA-568B dann wie folgt aus:

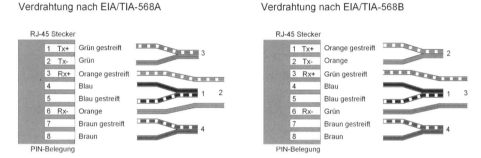

Abb. 4.4: Verdrahtungsschema nach EIA/TIA-568

Verwendet werden davon bis und mit 100 Mbit/s (Cat. 5) lediglich zwei Adernpaare, nämlich die Adern 1 und 2 zum Senden und die Adern 3 und 6 zum Empfangen. Erst die höheren Standards verwenden alle vier Adernpaare. Eigentlich müsste man in diesem Zusammenhang bei voll beschalteten vier Adernpaaren zwar dann von RJ-48C-Steckern sprechen, aber umgangssprachlich nennt man sie bis heute RJ-45, obwohl diese eigentlich für ISDN gedacht waren. In der Praxis sind RJ-45-Stecker zu RJ-48C-Steckern kompatibel aber nicht zwingend umgekehrt, da RJ-48C ähnlich wie GG-45 über eine zusätzliche Kerbe verfügen. Und während RJ-45 bis und mit Cat. 5 und für LAN durchaus als solches Verwendung findet, ist RJ-48C immer als 8P8C definiert und zwingend mit STP-Kabeln verbunden. Sie finden diesen Steckertyp beispielsweise für Verbindungen über längere Distanzen, z. B. für T1-Leitungen.

Ein weiterer Spezialfall sind die Rollover-Kabel, d.h. Kabel, die von RJ-45 auf DB-9 verdrahtet sind, oder als RJ-45-Kabel mit angepasstem DB-9/DB-25-Stecker, um sie für Managementkonsolen einzusetzen. Der Begriff selbst kommt eigentlich nur im Zusammenhang mit Cisco-Geräten vor. Bei Rollover-Kabeln sind alle Pins gekreuzt, sodass sie nur für die Verwaltung am Gerät eingesetzt werden können.

Zurück zum Standardkabel. Die heute üblicherweise eingesetzten Kategorien 5e bis 7 bzw. ISO-Class D bis F verfügen über acht Adern, die in jeweils vier miteinander verdrillten Paaren angeordnet sind und parallel vom Sender zum Empfänger gezogen werden. Daher auch der Begriff »straight through«, in etwa »gerade durchgezogen«.

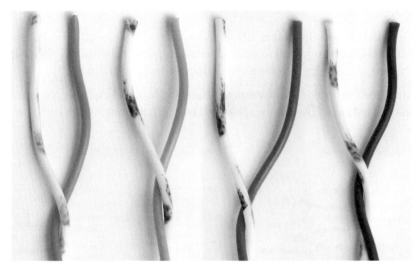

Abb. 4.5: Twisted-Pair-Kabel nach Paaren angeordnet (Cat. 5e bis 7)

Bei einem sogenannten Crosskabel werden dabei bis 100 Mbit/s die Adern 1 und 2 sowie 3 und 6 gekreuzt. Bei einem Gigabit-Kabel werden dagegen alle Adernpaare gekreuzt. Und seit der Einführung von »AutoSense«, d.h. der Möglichkeit von Netzwerkschnittstellen, die benötigte Verbindung selbst zu bestimmen, sind Crosskabel eigentlich überflüssig geworden.

Abb. 4.6: RJ-45-Stecker für UTP-Kabel

Bis und mit Kategorie 6 bzw. ISO-Class E werden die Kabel mit RJ-45-Steckern eingesetzt (eigentlich häufig RJ-48C), für die Class F bzw. FA gibt es dann einen neuen Steckertyp, der nur noch voll geschirmt verfügbar ist. Der neue Steckertyp nennt sich GG45 und ist in zwei verschiedenen Ausführungen normiert. Nexans GG45 ist abwärtskompatibel zu RJ-45 und wird daher für LAN-Vernetzungen gerne eingesetzt. RJ-45-Stecker selbst sind demgegenüber mangels ihrer Eignung offiziell nicht freigegeben für Cat. 7 – auch wenn Sie das problemlos auf dem Markt finden. Das soll sich mit Cat. 8 wieder ändern, in der Arbeitsgruppe der ISO wird beschrieben, dass Cat. 8.1 mit RJ-45 betrieben werden kann.

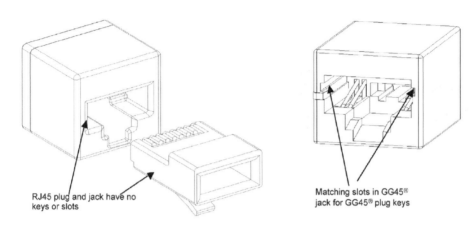

Abb. 4.7: Unterschiede von RJ-45 und GG45

Siemens TERA wiederum gibt es in verschiedenen Ausführungen und wird daher dann eingesetzt, wenn unterschiedliche Anforderungen bestehen.

Dies liegt daran, dass es die TERA-Class-F-Anschlussstecker in verschiedenen Ausführungen gibt mit unterschiedlicher Anzahl verdrahteter Paare für die Benutzung mit unterschiedlichen Diensten, von Cat.-7-Netzwerk (4P) bis Telefondienst (1P).

Abb. 4.8: Class-F-Anschlussstecker: TERA in den Ausführungen 4P, 2P und 1P und Nexans GG45

Mit der Normierung in IEC-60603-7 sind TERA und GG45 in Europa zur Norm für den informationstechnischen Anschluss von Klasse-F/Kategorie-7-Verkabelungen gemäß ISO/IEC 11801 und EN 50173 avanciert. Zudem ist die Bauart dieser Schnittstelle auch für die Class-F_A-Netzwerke geeignet. Noch diskutiert wird, welcher Steckertyp für die anstehende Standardisierung der 40-Gbps-Verkabelung geeignet ist.

4.1.3 Shielded Twisted Pair

Um die Empfindlichkeit von Twisted-Pair-Kabeln gegenüber elektromagnetischen Einflüssen (EMI) zu verringern, werden ein Kupfergeflecht und/oder eine Folienschirmung pro Adernpaar und/oder rund um alle Adern als zusätzliche Abschirmungen verwendet.

Abb. 4.9: S/STP-Kabel mit paarweiser Folienschirmung und zusätzlichem Drahtgeflecht

Entsprechend heißen die Bezeichnungen nach ISO/IEC-11801:2002 Annex E, ausgehend von der Gesamtschirmung über die Adernpaarschirmung bis zur Bezeichnung TP:

U/UTP   Bündel ungeschirmt, Adernpaare ungeschirmt

F/UTP   Bündel mit Folienschirmung, Adernpaare ungeschirmt

S/UTP   Bündel mit Geflechtschirmung, Adernpaare ungeschirmt

SF/UTP   Bündel mit Geflecht- und Folienschirmung, Adernpaare ungeschirmt

U/FTP   Bündel ungeschirmt, Adernpaare mit Folienschirmung

F/FTP   Bündel mit Folienschirmung, Adernpaare mit Folienschirmung

S/FTP   Bündel mit Geflechtschirmung, Adernpaare mit Folienschirmung (werden auch PIMF, Pair in Metal Foil, genannt)

SF/FTP   Bündel mit Geflecht- + Folienschirmung, Adernpaare mit Folienschirmung (werden auch PIMF, Pair in Metal Foil, genannt)

U/STP   Bündel ohne Schirmung, Adernpaare mit Geflechtschirmung

F/STP   Bündel mit Folienschirmung, Adernpaare mit Geflechtschirmung

S/STP   Bündel mit Geflechtschirmung, Adernpaare mit Geflechtschirmung

SF/STP Bündel mit Geflecht- und Folienschirmung, Adernpaare mit Geflechtschirmung

Die letztgenannten Kabel sind die am besten geschirmten Kabel, da sie nicht nur über einen Gesamtschirm verfügen, sondern auch jedes Adernpaar einzeln geschirmt ist. Dadurch haben die einzelnen Adern weniger Einfluss aufeinander.

FTP- und STP-Kabel kaufen Sie dann, wenn Sie mehrere Kabel nahe beieinander verlegen, oder auch, wenn Sie längere Distanzen überbrücken möchten.

Die Kategorie und der Kabeltyp sind jeweils auf den Kabeln aufgedruckt, damit Sie sehen, was Sie einsetzen. Bei Distanzen über 10 Meter wird Ihnen grundsätzlich nur den Einsatz von FTP- und STP-Kabeln empfohlen, damit die Übertragungsqualität nicht leidet.

Und noch etwas: Die Gesamtschirmung von Bündeln (das F oder S VOR dem /) nützt nur dann etwas, wenn Sie diese auch auf dem Stecker weiterführen! Dazu verfügen diese Kabel in der Regel über einen Erdungsdraht, der in den Stecker geführt wird, damit Sie nicht den Schirm selbst einziehen müssen. Dazu sehen auch die Stecker anders aus als die UTP-RJ-45, da sie den Erdungsdraht aus dem Kabel in einer metallischen Hülle aufnehmen.

Abb. 4.10: STP-Stecker (oben), UTP-Stecker (unten)

Die Kabel können Sie von der Rolle kaufen (und separat dazu die Stecker) oder fertig konfektioniert. Falls Sie die Kabel selbst konfektionieren möchten, benötigen Sie dazu entsprechendes Werkzeug, das je nach verwendetem Stecker unterschiedlich heißen kann, im Allgemeinen spricht man von einer Crimpzange.

> **Achtung**
>
> ISDN hat ähnliche Kabel und Stecker, es sind auch Twisted Pair, aber nur zweipaarig, und sie haben einen RJ12-Stecker – ähnlich, aber nicht derselbe!

Analoge Telefone verfügen über einen RJ-11-Stecker wie bei Modemanschlüssen. Sie sind zweiadrig verdrahtet.

In Deutschland findet sich ISDN aber auch mittels RJ-45-Steckern angeschlossen. Das war eigentlich, wie erwähnt, auch der Einsatzzweck von RJ-45, weshalb es für den Betrieb mit Datennetzwerken den Begriff RJ48 gibt (in der Theorie zumindest).

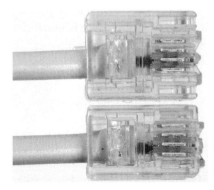

Abb. 4.11: RJ12-Stecker (oben), RJ-11-Stecker (unten)

4.1.4 Koaxialkabel

Koaxialkabel bestehen aus zwei Leitern, die eine gemeinsame Achse aufweisen: einem Innen- und einem Außenleiter.

Bei heutigen lokalen Netzwerken kommen die Koaxialkabel nur noch selten zum Einsatz.

Folgende Standards sind noch bekannt:

Standard	Ohm	Einsatz
RG-6	75 Ohm	Breitbandeinsatz z. B. für Fernsehkabel
RG-8	50 Ohm	Thick Ethernet
RG-11	75 Ohm	Geringere Dämpfung als RG-6, bis 1 km Reichweite ohne Repeater
RG-58	50 Ohm	Thin Ethernet, (ehemals) typisches LAN-Kabel
RG-59	75 Ohm	CCTV, CATV (alt, danach RG-6 in verschiedenen Ausführungen und neu abgelöst durch Glasfaser)

Tabelle 4.3: Genormte Kategorien für Koaxialkabel

Abb. 4.12: Links Koaxialkabel RG-58 mit Bajonettanschluss, rechts F-Connector für RG-59

Passend zu den Kabeltypen wurden bei Thick Ethernet AUI-Stecker für die Transceiver-Kabel verwendet (siehe Abbildung 4.20).

Für Thin Ethernet wurden die BNC-Stecker verwendet, einen Vertreter für den kabelseitigen BNC-Anschluss sehen Sie in obiger Abbildung.

Koax-F-Stecker (F-Connector) werden für den Anschluss von Kabelmodems (CATV) und Satellitenempfangsanlagen verwendet, das heißt im Hochfrequenzbereich bis 2 GHz (HF). Auf diese Stecker treffen Sie auch heute noch. F-Connectoren sind verschraubt, um eine möglichst hohe HF-Signaldichte zu erreichen.

Am weitesten verbreitet sind die Koaxialkabel noch in der Gebäude- und Gewerbeverkabelung respektive bei CCTV- und CATV-Verkabelungen, wo erst nach und nach Glasfasernetze deren Aufgabe übernehmen.

4.1.5 Lichtwellenleiter

Die LWL-Technik beruht auf einer gegenüber Kupferkabeln neuen Technologie, der Photonik. Bei der Photonik werden zum Übertragen von Daten die Eigenschaften des Lichts anstelle der Elektrizität eingesetzt, sodass eine vollständige Unempfindlichkeit gegenüber EMI besteht. Dabei wird jeder Farbe des Lichtspektrums eine bestimmte elektromagnetische Frequenz zugeordnet, sodass die Übertragung auch zwischen beiden Technologien funktioniert.

In den ersten Lichtwellenleiterübertragungssystemen wurden Informationen durch einfache Lichtimpulse auf die Fasern aus Glas übertragen. Durch Ein- und Ausschalten eines Lichts (Laser, später auch LED) wurden die digitalen binären Informationen (0 oder 1) dargestellt. Das eigentliche Licht konnte dabei eine beinahe beliebige Wellenlänge (auch als Farbe oder Frequenz bezeichnet) zwischen etwa 670 nm und 1550 nm belegen. Mittlerweile gibt es eine Reihe von Standards für unterschiedliche LWL-Medien und jedes hat seinen Wellenlängenbereich.

Abb. 4.13: Aufbau eines Glasfaserkabels (Single Mode)

Für die Übertragung wird das Signal über einen Lichtwellenleiter gesandt, welcher ummantelt wird, damit sich das Licht entweder an der Kernwand bricht und sich durch Reflexion fortsetzt (Multimode-Faser) oder als hochenergetisches Signal gerade durch den Lichtwellenleiter (LWL) gesandt wird (Singlemode-Faser). Der häufigste LWL ist dabei die Glasfaser, weshalb diese Begriffe auch oft synonym eingesetzt werden, was nicht ganz richtig ist, zumal, wie Sie gesehen haben, mit POF auch eine kunststoffbasierte Anwendung vorhanden ist.

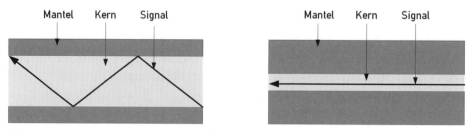

Abb. 4.14: Signalübertragung bei Multimode- und Singlemode-LWL

Kategorien von Lichtwellenleiterkabeln

Es gibt, wie schon oben erwähnt, zwei verschiedene LWL-Typen:

- Singlemode, auch Monomode genannt
- Multimode

Während Singlemode-Fasern mit Laserdioden zur Lichteinspeisung arbeiten, verwenden die Multimode-Fasern LED.

Bei der Singlemode-Ausführung wird eine einzelne Lichtwellenleitung für die Signalführung genutzt. Obwohl dadurch die Bandbreite pro Faser geringer ist als bei gebündelter Übertragung, wird diese Technik eingesetzt, um durch diese Übertragungsart wesentlich größere Strecken zurücklegen zu können, da das Signal nicht durch andere Signale überlagert werden kann.

Singlemode-Fasern haben einen deutlich kleineren Kern als Multimode-Fasern: Die Standard-Singlemode-Faser (SSMF, z.B. Corning SMF-28) hat einen Kerndurchmesser von gerade mal 8 µm, der äußere Durchmesser beträgt jedoch auch hier 125 µm. Die eigentliche Übertragung der Information erfolgt im Kern der Faser.

Bei der Multimode-Ausführung dagegen werden mehrere Fasern gebündelt. Aufgrund mehrerer möglicher Lichtwege kommt es aber eher zu Signalbeeinflussungen, daher sind Multimode-Fasern zur Nachrichtenübertragung über große

Distanzen bei hoher Bandbreite nicht geeignet. Wegen ihrer Beschaffenheit sind sie allerdings deutlich günstiger als die Singlemode-Fasern.

Abb. 4.15: Glasfaserkabelherstellung

Die maximale Übertragungsreichweite bei Multimode beträgt bei einem Kerndurchmesser von 50 µm ca. 500 m und bei 62,5 µm ca. 250 m, dies bei einer Übertragungsrate von 1 Gbps. Im Gegensatz dazu können Singlemode-Übertragungen über mehrere Kilometer weit gehen, bei 1 Gbps bis zu 50 Kilometer. Um über große Distanzen Daten zu übertragen, benötigen beide Versionen optische Verstärker, sodass das Signal für die weitere Vermittlung wieder aufbereitet werden kann.

Die Stecker für Glasfaserverbindungen

Es gibt zahlreiche unterschiedliche Stecker für Glasfaserverbindungen, im Folgenden sind die wichtigsten aktuellen Typen aufgeführt.

Steckertyp	Einsatz	Beschreibung
LC	LAN	Anschluss für Mini-GBICs, wie SC, nur kleiner
LSH	MAN	Push-Pull-Stecker für WAN und MAN, auch E2000 genannt
MIC	WAN	FDDI-Netzanschlussstecker
MTRJ	LAN	Duplexstecker, vertauschsicher
SC	LAN	Mono- und Multimode, Push-Pull-Schnappverschluss
ST	LAN	Mono- und Multimode, einfacher Bajonettanschluss

Tabelle 4.4: LWL-Steckerverbindungen

SC und ST sind dabei die aktuell am weitesten verbreiteten Steckertypen. Da pro Signalrichtung eine Lichtwellenleitung benötigt wird, gibt es diese Stecker als Single- oder als Duplexstecker. Dabei sind die Duplexstecker vertauschungssicher ausgelegt, damit nicht die falsche Leitung angesteckt wird.

Abb. 4.16: LWL-Anschlussstecker: ST (Bajonett), SC Simplex und SC Duplex, LSH (E2000), MTRJ

Der kritische Bestandteil in der Verbindung nennt sich Ferrule (ausgedeutscht: Führungsröhrchen). Diese Ferrulen sind die kritischsten Teile eines Fiberoptikanschlusses. Sie bilden die Brücke zwischen dem Kabel selbst und der Fiberoptik-Schnittstelle im Gerät und sorgen für eine geringe Einfügedämpfung, also möglichst wenig Signalverlust. Bei Fiberoptikkabeln ist aufgrund der minimalen Toleranzen für die Lichtwellenübertragung sehr präzises Arbeiten gefordert, weshalb die Standards hierzu sehr genau eingehalten werden müssen. Die Ferrule hält die Faser an Ort und Stelle und richtet sie zu ihrem Gegenstück aus – die Ferrule ist damit auch der teuerste Bestandteil der Fertigung. Die Ferrulen sind aus Keramik oder Metall gefertigt und mit einer fest eingeklebten Faser versehen, die entsprechend poliert ist. Die Fertigung wurde zur weiteren Reduktion der Dämpfung zu den PC-Steckern weiterentwickelt, was an dieser Stelle für Physical Contact steht. Dabei wird nicht mehr der ganze Stecker in Berührung mit der Leitung gebracht, sondern durch eine Abrundung der Endfläche nur noch die Faserkerne. Dadurch reduziert sich die Belastung auf die Faser bzw. die Beeinträchtigung durch Druck auf den Stecker gegenüber älteren Ferrulen. Bei diesen wurden die Kontakte im rechten Winkel auf den ganzen Stecker geführt.

Die Entwicklung kennt aktuell vier solche Steckertypen, die einen immer geringeren Dämpfungseinfluss haben und einen immer höheren Polierungsgrad:

- PC   Physical Contact
- SPC   Super Physical Contact
- UPC   Ultra Physical Contact
- APC   Angled Physical Contact, mit zusätzlicher Kippung, um noch weniger Störungen zu erzielen, v.a. für Mono-Mode-Übertragungen auf lange Distanzen eingesetzt

Als Alternative zu diesen teuren Verbindungssteckern hat 3M einen Stecker namens VF-45 entwickelt. Dieser Duplexstecker kommt ohne Ferrule aus, da hierfür eine Spritzgusstechnik eingesetzt wird. VF-45 ist vor allem für den LAN-Bereich konzipiert und wird daher von Endbenutzern häufig eingesetzt. Eingesetzt werden Multimode-Fasern.

Abb. 4.17: LWL-Anschlussstecker mit deutlich sichtbarer Ferrule

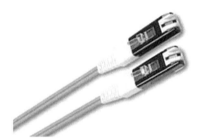

Abb. 4.18: VF-45-Anschlussstecker

Installation

Die Installation von LWL ist heikel, da die Glasfaser auf keinen Fall brechen darf, sonst kann das Signal nicht mehr korrekt weitergeleitet werden. Da auch LWL verlängert oder repariert werden muss, gibt es die Technik des Verspleißens. Damit ist das Kleben von Glas gemeint. Dazu werden die Enden der Kabel genau (die Rede ist hier von µm, nicht mm!) zueinander ausgerichtet und durch Aufschmelzen der Faserenden ohne zusätzlichen Kleber direkt aneinandergeschoben. Anschließend wird die Nahtstelle mit einem Spleißschutz geschützt.

Dieses Verfahren ist aber sehr aufwendig und verlangt entsprechende Fachkenntnis und eine mehrere Tausend Euro teure Spleißanlage!

Glasfasernetze bilden heute die Grundlage fast aller Weitverkehrsnetze. Auch das Internet basiert zu großen Teilen auf dieser Verkabelung – und wenn ein solches Kabel einmal ausfällt, dann leiden die Benutzer schnell darunter, wie folgende Meldung zeigt:

> »Nach der Beschädigung von zwei Datenkabeln vor der ägyptischen Mittelmeerküste ist es im Nahen Osten sowie in Indien zu erheblichen Störungen der Internetverbindung gekommen. Schuld ist ein Schiffsanker.
>
> Die Reparatur wird nach Angaben der Behörden vom Mittwoch eine Woche oder länger dauern. Kommunikationstechniker versuchen, den Ausfall mithilfe von anderen Kabeln und Satelliten zu überbrücken. Nach unbestätigten

> *Berichten wurden die Unterseekabel nördlich von Alexandria von einem Schiffsanker beschädigt. Betroffen waren Ägypten, Saudi-Arabien, die Vereinigten Arabischen Emirate, Kuwait, Katar und Bahrain sowie Indien. In der aufstrebenden Wirtschaftsmacht Indien fiel etwa die Hälfte der sonst verfügbaren Bandbreite aus. Zahlreiche große Konzerne in Europa und den USA haben wichtige IT- und Software-Dienstleistungen an indische Outsourcing-Anbieter ausgelagert und sind auf eine stabile Datenverbindung mit Indien angewiesen. Der Präsident der Vereinigung von Internet-Service-Providern in Indien, Rajesh Charia, teilte mit, es komme im Datenverkehr mit Indien zu massiven Verzögerungen. Einige Unternehmen hätten begonnen, ihre Internetverbindungen mit den USA über die Pazifik-Route umzuleiten.«*

(Quelle: AP, 31. Januar 2008).

Vor- und Nachteile beim Einsatz von Glasfaserkabeln

Die Vorteile der Glasfasertechnik sind:

- Hohe Übertragungsraten (Gigabit- bis Terabit-Bereich, selbst in alten Installationen), die sich zukünftig weiter steigern lassen
- Große Reichweiten durch geringe Dämpfung (bis mehrere Hundert Kilometer)
- Kein Nebensprechen
- Keine Beeinflussung durch äußere elektrische oder elektromagnetische Störfelder
- Keine Erdung notwendig
- Wesentlich leichter und weniger Platzbedarf als Kupferkabel
- Hohe Abhörsicherheit

Nachteile gibt es aber auch bei dieser Technologie:

- Hoher Konfektionierungsaufwand (Installation durch Spezialfirmen)
- Relativ empfindlich gegenüber mechanischer Belastung
- Schwachstelle ist die Steckertechnik (Verschmutzung, Justage)
- Teure Gerätetechnik
- Aufwendige und komplexe Messtechnik
- Nicht einfach zu verlegen, extrem starke Krümmungen von Faser oder Kabel sind zu vermeiden
- Hohe Reparaturkosten bei Schäden wie z. B. Faserbruch

Trotz aller Unterschiede der bisher beschriebenen Kabeltypen lassen sich Übertragungsnetze unterschiedlicher Bauart übrigens trotzdem miteinander verbinden. Dies geschieht über sogenannte Medienkonverter. Mehr dazu erfahren Sie in Abschnitt 4.5 »Konvertieren und Verbinden«.

4.1.6 Auch das geht: Daten via Stromnetz

Unter dem Begriff »Powerline« kann auch das Stromnetz in Haushaltungen für die mehrfrequente Nutzung von Signalen eingesetzt werden. Die Signale zur Netzwerkdatenübertragung werden dabei zusätzlich auf die bestehende Leitung moduliert. Damit entfällt die Installation zusätzlicher Leitungen und bestehende Infrastrukturen können mehrfach genutzt werden. Bekannt sind diese Verfahren im Markt als PowerLAN oder auch Powerline Communication (PLC-Netze). Theoretisch sind dabei heute Datendurchsatzraten bis 1 Gigabit/s möglich.

Das zur Verfügung stehende Frequenzspektrum wird dabei in mehrere Kanäle eingeteilt, weshalb das Verfahren auch Breitband-PowerLAN genannt wird.

Während die Installation verhältnismäßig einfach ist, da lediglich Adapter ans Stromnetz angeschlossen werden müssen, müssen Störfaktoren besonders berücksichtigt werden, da das Netz eben auch anderweitig eingesetzt wird. Dazu gehören etwa Dimmer, Netzteile anderer Geräte etc., welche einen stark dämpfenden Einfluss haben können.

Durch die Modulierung des Signals sind die für die Kommunikation eingesetzten PowerLAN-Adapter klassische Modems, wie sie im nächsten Kapitel beschrieben werden.

4.2 Netzwerkkarten

Abb. 4.19: Netzwerkkarten (Gigabit-Ethernet) für einen PC oder unten für einen Server

Eine Netzwerkkarte (häufig abgekürzt als NIC, Network Interface Card) ist eine Erweiterung des Endgeräts mit Netzwerkfunktionalität, entweder durch den Einbau einer Steckkarte oder direkt als Chipsatz auf dem Mainboard. Die Netzadapterkarte bildet die physikalische Schnittstelle zwischen dem Rechner und dem Netzwerk. Sie ist daher mit den entsprechenden Anschlussbuchsen für das physikalische Medium versehen. Je nachdem, ob Sie also ein Koaxial-, ein Twisted-Pair- oder ein LWL-Netzwerk einsetzen, müssen Sie auch die passende Netzwerkkarte einsetzen bzw. bei einer Migration des Netzwerks austauschen!

Das folgende Beispiel stammt von einer älteren Netzwerkkarte, sie zeigt sowohl einen BNC-Anschluss für dünne Koaxialkabel und einen AUI-Anschluss für dicke Koaxialkabel als auch einen RJ-45-Stecker für UTP/STP-Kabel.

Abb. 4.20: Netzwerkkarte mit unterschiedlichen Anschlüssen

Die Adapterkarte selbst deckt die Funktionalität des Physical und des Data Link Layers ab und verfügt dazu über einen eigenen Kommunikationscontroller und je nach Version auch über einen eigenen Transceiver und eine eigene CPU.

Weil ja jede Kommunikation – auch die elektronische – über Adressen funktioniert, damit man Absender und Adressat kennt, hat jede Netzwerkkarte ab Werk eine fest eingestellte Adresse. Diese Adresse nennt sich bei IP-basierten Netzwerken Media Access Control, kurz MAC-Adresse, da sie den Zugriff auf ein Endgerät definiert. Aufgrund einer Vereinbarung der Hersteller ist diese Adresse garantiert einzigartig bei der Erzeugung und damit geeignet, einen PC mit dieser NIC eindeutig zu identifizieren.

Die MAC-Adresse wird üblicherweise in HEX dargestellt und umfasst 48 Bit, wobei die ersten 24 Bit den Hersteller der Karte identifizieren und die zweiten 24 Bit die Adresse der eigentlichen Karte.

Folgendes Beispiel zeigt eine MAC-Adresse einer Intel-Netzwerkkarte:

00-07-E9-1A-00-A0 oder 00:07:E9:1A:00:A0

Dabei ist die vordere Hälfte die Identifizierung des Herstellers, in diesem Fall Intel, der hintere Teil die Kartenadresse. Auf der Website der für die Vergabe der öffentlichen Teile der MAC-Adressen zuständigen IEEE (www.standards.ieee.org) können Sie den Hersteller anhand dieser ersten drei Bytes ermitteln. Mithilfe verschiedener Tools eines Betriebssystems lassen sich solche Adressen sowohl auslesen als auch verändern. Mit der Einführung von IPv6 wird die MAC-Adresse zudem für die automatische Berechnung einer IP-Adresse miteinbezogen.

Die ersten sechs Hex-Zahlen werden wie erwähnt durch die IEEE verwaltet und den Herstellern von Netzwerkschnittstellen zugeteilt. Dieser Teil der MAC-Adresse wird Organizationally Unique Identifier genannt, kurz OUI. Sie stellt daher eine fest zugeteilte Nummer dar:

00-19-99 = Fujitsu Technology Solutions

Die zweiten 6 Zahlen kann jeder Hersteller danach frei vergeben. Durch die Kombination von OUI und freier Vergabe durch die Hersteller sollte jede MAC-Adresse weltweit eindeutig sein, das ist aber für die meisten Netzwerke nicht notwendig, die MAC-Adresse muss lediglich innerhalb einer Broadcast-Domäne eindeutig sein.

Daneben gibt es spezielle Adressen, sogenannte funktionelle MAC-Adressen, die nicht an ein einzelnes System vergeben werden, sondern für spezifische Funktionen eingesetzt werden. Bekannt und nützlich davon ist die Broadcast-Adresse, also »senden an alle«: FF-FF-FF-FF-FF-FF.

Neben der physikalischen Adaption in der Bitübertragungsschicht bearbeiten die meisten Netzwerkadapter zusätzliche Kommunikationsfunktionen, beispielsweise im Rahmen der Übertragungssicherung, der Flusskontrolle, der Datenkompression und der vermittlungstechnischen Verbindungssteuerung. Die Netzwerkkarte übernimmt also die Verpackung und Übermittlung der Signale zum nächsten Gerät und kümmert sich darum, dass diese Übertragung korrekt erfolgt.

Zur Kontrolle der Aktivität verfügen die meisten NICs über LEDs an der Rückseite, welche angeben, ob die Karte verbunden ist (antwortet eine Gegenstelle auf das Signal?), ob Aktivität vorhanden ist und welche Geschwindigkeit das Netzwerk über die Karte aufrechterhält.

Dabei verfügen moderne Netzwerkkarten über die Möglichkeit, die Geschwindigkeit und das eingesetzte Duplexverfahren selbst auszuhandeln, dies nennt sich Auto Negotiation bzw. beim Duplexverfahren auch Auto Sense.

4.3 Repeater, Hubs und Bridges

Wenn die zu verbindenden Computer zu weit entfernt voneinander sind, um direkt miteinander kommunizieren zu können, kommen unterschiedliche Verbindungsgeräte zum Einsatz. Das einfachste dieser Geräte ist der Repeater. Hat dieser mehrere Anschlüsse wird er zum Hub und Bridges wiederum arbeiten einen Layer höher.

4.3.1 Repeater

Wie der englische Name nahelegt (*repeat* = wiederholen), wiederholen Repeater Netzwerkdaten. Repeater arbeiten im Regelfall auf der elektronischen Ebene und besitzen keine »echte« Intelligenz. Ein Repeater nimmt (schwache) Signale entgegen, verstärkt und regeneriert sie auf elektrischer Ebene und sendet dann die

Signale an den nächsten Empfänger weiter. Repeater arbeiten daher nur auf OSI-Layer 1 und kümmern sich einzig um die Verstärkung des Signals.

Repeater sind bzw. waren typische Vertreter der 10Base-2- und 10Base-5-Netzwerke. Dazu etwas später mehr. Doch auch bei LWL-Netzwerken spielen sie eine wichtige Rolle, um die Reichweite zu erhöhen.

Die Anzahl von Repeatern, die man innerhalb eines Netzwerks hintereinanderschalten kann, ist durch das Laufzeitverhalten des Signals (Verzögerung) und die Phasenverschiebung begrenzt, weil sonst Störungen auftreten. Dabei kommt die sogenannte 5-4-3-Regel zum Einsatz, wie sie auch für die nachfolgend erläuterten Hubs gilt. Die 5-4-3-Regel besagt, dass innerhalb einer Kollisionsdomäne maximal 5 Segmente mittels 4 Repeatern (oder Hubs) verbunden werden können, aber nur an 3 dieser Segmente dürfen sich Endgeräte (Stationen) befinden. Als Kollisionsdomäne wird dabei ein Teilbereich eines Netzwerks auf OSI-Layer 1 bezeichnet, innerhalb dessen die angeschlossenen Stationen direkt miteinander kommunizieren können ohne weitere Vermittlungsgeräte wie Bridges oder Router, welche eine Kollisionsdomäne unterbrechen.

4.3.2 Hub

Vom technischen Standpunkt aus gesehen ist ein (aktiver) Hub lediglich ein Repeater mit mehreren Anschlüssen. Der Hub leitet also die Netzwerkdatensignale einfach weiter, und zwar an alle angeschlossenen Stationen. Das ist nicht besonders effektiv, weil es viel Datenverkehr produziert, aber dafür sind die Geräte einfach herzustellen. Es gibt aktive Hubs (mit Signalregeneration) und passive Hubs (nur signalweiterleitende), wobei Erstere allerdings den Normalfall an Geräten darstellen. Aktive Hubs verfügen über eine eigene Stromquelle, während passive Hubs nur den Signalstrom des eingehenden Signals zur Verfügung haben. Ein aktuelles – wenn auch nicht direkt aus der Netzwerktechnik stammendes – Beispiel für einen passiven Hub sind die mobilen USB-Hubs, welche keine eigene Stromversorgung besitzen, sondern lediglich vom eingehenden Signal des Verbindungskabels gespeist werden. Auch die sogenannten Kabelweichen (wenn z.B. aus einem eingehenden RJ-45 zwei Anschlüsse weiterführen) sind passive Hubs, da sie das Signal nur weiterleiten, aber nicht regenerieren können.

Alle Hubs wie der in der unten stehenden Abbildung, die auch über eine eigene Stromversorgung verfügen, sind demgegenüber aktive Hubs.

4.3.3 Bridge

Die Bridge arbeitet als Brücke, sprich als Verbindung von Netzwerken. Die Bridge arbeitet dabei auf OSI-Layer-2, d.h., sie vermittelt den Netzwerkverkehr anhand einer Adressierung, und zwar anhand der physischen Adressierung. Eine Bridge nimmt die Signale entgegen, welche an ein Endgerät oder Netzwerk außerhalb des lokalen Netzes adressiert sind, und leitet diese weiter. Der Trick – und auch der Nachteil – dieser Methode ist dabei der, dass die Bridge sich zwar die Adressen der Rechner im lokalen Netz anhand einer Tabelle merkt, aber alles, was sie nicht kennt, einfach weiterleitet. Dadurch erzeugt eine Bridge viel Verkehr, da sie nicht zielgerichtet das weiterleitet, was sie außerhalb des lokalen Netzes kennt, sondern alles, was ihr im lokalen Netz unbekannt ist. Für dieses Verhalten hat sich der Name »Broadcast Storm« eingeprägt, weil die Bridge Unmengen von Daten rundherum schickt, um zu erfahren, wo denn das gesuchte Frame hingehört.

Abb. 4.21: Bridge vom WLAN zum LAN (Bild ZyXEL Access Point)

Dennoch waren Bridges sehr nützlich, um größere Netzwerke zur Entlastung in logische kleinere Netze zu unterteilen. Dem Wort »waren« können Sie aber auch entnehmen, dass Bridges keine aktuellen Geräte für lokale Netzwerke mehr sind. Sie wurden durch die technologische Entwicklung überholt, heute werden zumeist die nachfolgend genannten Switches verwendet. Das gilt zumindest für verkabelte Netzwerke.

Eine wichtige Ausnahme gibt es nämlich: die drahtlosen Netzwerke. Um kabelgebundene Netzwerke um die Funktion »drahtlos« zu erweitern, werden sogenannte Access Points eingesetzt – das sind in ihrer Grundfunktion nichts anderes als Bridges.

Auch wird die Bridge als Funktion noch genutzt, um einen Router vor einer Firewall einzusetzen, in dem ebenfalls Routing-Funktionen enthalten sind. Dann wird der Router auf die Funktion »Bridge« gesetzt. Dies ist typischerweise der Fall, wenn der Router noch ein Modem enthält und für die Verbindungsherstellung genutzt wird.

4.4 So funktionieren Switches

Bei schlechten Leistungen in Ethernet-Netzwerken hatte man früher lediglich zwei Möglichkeiten: Entweder musste man Bridges installieren und die verschiedenen Netzwerkgeräte auf die Segmente verteilen oder aber schnellere Netzwerk-Hardware beschaffen.

Die Weiterentwicklung brachte dann eine neue Möglichkeit: die Switching Hubs.

Abb. 4.22: 48-Port-Switching-Hub

Ein Switching Hub funktioniert wie eine Bridge, einfach mit vielen Ports. Man kann daher sagen, jeder Switch ist auch eine Bridge. Umgekehrt gilt dies allerdings nicht, da ein Switching Hub zusätzliche Protokolle unterstützt – unter anderem, um eben mit mehreren Ports arbeiten zu können. Durch die Bridge-Funktionalität wird jeder Anschluss zu einer eigenen Kollisionsdomäne – im Unterschied zu einem Hub, bei dem alle angeschlossenen Geräte zusammen eine Kollisionsdomäne bilden.

Switching Hubs – meist verkürzend nur Switches genannt – arbeiten in der Regel auf OSI-Layer 2, d.h., wie die Bridge arbeiten sie mittels Adresstabelle (hier SAT genannt, Source Address Table). Die MAC-Adresse von jedem Sender, der ein Datenpaket über den Switch verschickt, wird dabei automatisch in diese SAT eingetragen. Wird jetzt ein Datenpaket an einen durch die SAT bekannten Empfänger versandt, wird das Datenpaket nicht wie beim Hub oder Repeater an alle Stationen weitergeleitet, sondern direkt an die Zieladresse (genauer: Ziel-MAC-Adresse) durchgestellt. Ist ein Paket dagegen unbekannt, wird es wiederum an alle weitergeleitet. Die standardmäßige Weiterleitung gilt aber nicht mehr für alle modernen Switches, da zahlreiche neuere Produkte eine Kontrollfunktion für unbekannte Unicast-Pakete enthalten und diese nicht mehr weiterleiten.

4.4.1 Methoden der Durchleitung

Die Durchleitung von Datenpaketen kann dabei nach verschiedenen Methoden erfolgen, am bekanntesten ist die sogenannte »Store and forward«-Methode, bei welcher ein ankommender Frame zuerst im Switch gespeichert wird. Anschließend wird die Forward-Entscheidung getroffen und erst danach (und nach einer Fehlerkontrolle!) der Frame an die Ziel-MAC-Adresse durchgestellt. Mit dieser zwar gründlichen, aber langsamen Methode konkurrieren neuere Verfahren wie das »Adaptive Switching« oder »Cut through«, welche darauf ausgelegt sind, die Weiterleitung der Datenpakete zu beschleunigen. Mit der »Cut through«-Methode wird der Frame weitergeleitet, sobald die MAC-Adresse bekannt ist, bevor der Frame selbst als Ganzes eingetroffen ist. Zudem geschieht die Vermittlung ohne Fehlerkorrektur. Diese muss daher von anderen Layer-2-Geräten vorgenommen werden. Adaptives Switching stellt eine Kombination dieser Methoden dar, indem der Switch versucht, nach der »Cut through«-Methode zu arbeiten. Registriert er dabei eine bestimmte Anzahl Fehler pro Zeiteinheit, so fällt er in den langsameren »Store and forward«-Modus zurück.

Wenn mehr Ports benötigt werden, als ein einzelner Switch zur Verfügung stellen kann, können Stackable Switches eingesetzt werden, zu Deutsch »gestapelte Switches«. Damit ist aber nicht gemeint, dass man sie einfach aufeinanderstellen kann (das auch), sondern dass sie direkt über separate Kabel miteinander verbunden werden können und zusammenarbeiten. So sind sie z. B. über eine IP-Adresse aufrufbar und können in einem verwaltet werden.

4.4.2 Spanning Tree Protocol

Damit in einem Netzwerk keine Schlaufen entstehen und keine doppelten Datenpakete versandt werden, kann ein spezielles Protokoll für die Kommunikation zwischen den Switches eingesetzt werden, um sicherzustellen, dass zu jedem Ziel nur ein einziger Weg aktiv ist. Dieses Protokoll nennt sich das Spanning Tree Protocol (STP), in der aktuelleren Version erweitert zu RSTP (Rapid STP).

Das Protokoll spannt das physikalische Netzwerk zu einem logischen Baum auf, in dem alle Geräte jeweils durch einen Pfad miteinander verbunden sind (daher der Name »Tree«). Die Verwaltung dieser Pfade übernimmt der »Root Bridge« genannte Switch. Die Position der Root Bridge wird in einem Netzwerk automatisch zwischen allen verwalteten Switches ausgehandelt. Dies geschieht anhand der Bridge-ID, kurz BID. Diese besteht aus einem Prioritätswert und der MAC-Adresse der Weiterleitungs-Schnittstellen (Root Port). Dabei gilt: Je höher die Zahl, desto geringer die Priorität, der Switch mit der höchsten Priorität hat also im Idealfall Priorität = 0. Standardmäßig werden darum Switches mit einer niedrigen Priorität ausgeliefert, damit sie nicht automatisch beim Einschalten zur Root Bridge werden (z. B. Cisco-Switches haben einen Prioritätswert von 32768). Erst wenn zwei Switches dieselbe Priorität aufweisen, werden die MAC-Adressen zum Kriterium – auch hier gilt: Die tiefere Zahl gewinnt und bestimmt über die BID die Root Bridge.

Die Root Bridge sendet die Informationen über Pfadwahl und die dazugehörigen Kommandos für die Ports als Konfigurationspaket via Multicast alle paar Sekunden über ein eigenes Protokoll (BPDU, Bridge Protocol Data Unit) an alle erreichbaren verwalteten Switches im Netzwerk. So können die Weiterleitungs-Ports der Switches das entsprechende Kommando erhalten und umsetzen.

Dabei gibt es fünf mögliche Zustände, welche die Verbindungs-Ports, auch Root Ports (Port mit den geringsten Pfadkosten in Richtung Root Bridge) genannt, einnehmen können. Sie nennen sich *Blocking*, *Listening*, *Learning* und *Forwarding* und werden bei einer Aktivierung von STP der Reihe nach von jedem Switch an den Verbindungs-Ports durchlaufen. Der fünfte, nicht automatisch zu durchlaufende Modus nennt sich *Disable* und deaktiviert den Port.

In den Modi *Blocking* und *Listening* werden keine Datenpakete weitergeleitet, sondern die Pakete bei Ankunft verworfen. Dies geschieht zwar auch im *Learning*-Modus, hierbei werden aber die Adressen in der SAT gespeichert. Im Modus *Forwarding* dagegen werden die Pakete am Port empfangen und weitergeleitet. In allen vier Fällen werden dabei die BPDUs immer weitergeleitet. Im deaktivierten Zustand (*Disable*) werden auch diese Pakete verworfen.

Durch den Abgleich der Informationen erkennt die Root Bridge zum einen, welche Verbindungen aktiv sind (und nicht blockiert), und zum anderen wird die optimale Strecke definiert. Dies ist der Pfad vom Ziel zur Root Bridge über alle angeschlossenen Geräte hinweg. In regelmäßigen Abständen werden die Informationen neu gerechnet, sodass zum Beispiel bei Ausfall eines Switches automatisch eine neue Verbindung über andere Switches hergestellt werden kann.

Dazu werden den Strecken Kosten (Costs) zugeordnet. Grundsätzlich bestimmt die Bandbreite einer Strecke deren Kosten. So sind den Standard-Datenraten im Standard 802.1D-2004 virtuelle, genormte Kosten zugeordnet.

Um eine möglichst günstige Strecke zu bestimmen, werden die Kosten aller Teilstrecken vom Ziel bis zur Root Bridge addiert und der optimale Pfad wird bestimmt. Die Kosten können Sie aber auch beeinflussen, indem Sie den Wert manuell über die Verwaltung der Root Bridge verändern. Der Wert ist standardmäßig immer = 1, also tief. Wenn Sie nun im Netzwerkdesign bestimmte Pfade bevorzugen möchten (z. B. bessere Leistung, redundante Stromversorgung etc.), können Sie durch Heraufsetzung des Costs-Werts auf den »unbeliebteren« Verbindungen die Root Bridge dazu bringen, die von Ihnen erwünschten Pfade als optimale Strecke zu bestimmen.

Zudem erkennt STP, wenn Strecken doppelt vorhanden sind (z. B. eine zweifache Verbindung zwischen zwei Switches ohne Link-Aggregation), und blockiert eine dieser Strecken (und zwar die mit den höheren Kosten). Durch BPDU werden diese Informationen standardmäßig alle zwei Sekunden aktualisiert (sogenannter Hello Timer). Anschließend verbleiben die Switches je 15 Sekunden im *Listening*- und *Learning*-Modus, insgesamt also 30 Sekunden.

Damit vergeht über eine halbe Minute, bis im Netzwerk wieder Konvergenz hergestellt ist, d. h., alle Switches dieselben Informationen aufweisen und »arbeiten«.

Hier setzt jetzt RSTP ein. Das »Rapid« in RSTP ist eine Weiterentwicklung, die dazu führt, dass im Fall fehlender BPDU-Informationen mit der »bekannten« Struktur weitergearbeitet wird, bis neue Informationen eintreffen. So kann verhindert werden, dass das Netzwerk im Fall fehlender Informationen blockiert wird. Zudem werden nicht mehr alle Informationen hin- und hergeschickt, sondern nur die Änderungen (inkrementelle Information). RSTP wurde im Standard IEEE 802.1w definiert und danach in den bereits erwähnten Standard 802.1D-2004 integriert.

Einfache Switches, die nicht über STP verfügen, haben stattdessen eine einfache Loop-Detection. Dazu sendet der Switch von Zeit zu Zeit (z. B. alle paar Minuten) ein Frame an eine bestimmte Adresse. Empfängt er dieses Paket wieder an seiner eigenen Adresse, erkennt er eine Schleife, die dann über blinkende LEDs angezeigt wird – d.h., die Schleife wird im Unterschied zu STP nicht verhindert, aber angezeigt und unterstützt somit den Administrator bei der Fehlersuche.

RSTP wird zurzeit durch die Standardisierung eines neueren Protokolls bedrängt, welches langfristig STP/RSTP ablösen wird und auf den Namen SPB für Shortest Path Bridging hört.

4.4.3 Shortest Path Bridging und TRILL

Das Shortest-Path-Bridging-Protokoll (SPB) erlaubt im Unterschied zu seinen Vorgängern das Nutzen mehrerer Pfade für die optimale Routenplanung. Es unterstützt somit Multipath Routing. Auf diese Weise können nicht nur ein, sondern mehrere Pfade mit gleichen Kosten genutzt werden, um den Weg zur Root Bridge zu aktivieren. Dadurch kann sowohl die Redundanz verbessert als auch mit einer Maschentopologie auf Layer 2 gearbeitet werden. Durch die Vermaschung werden zudem schnellere Konvergenzen erreicht, da nicht ein schleifenfreier Baum (Baumtopologie) in seiner ganzen Hierarchie berücksichtigt werden muss. Auch die Lastverteilung ist wesentlich einfacher zu gestalten, da ja eben mehrere gleichwertige Pfade bestehen und genutzt werden können.

SPB wurde von der IEEE im Jahr 2012 im Standard 802.1aq spezifiziert. Nebst der Multipath-Nutzung zeichnet es sich durch höhere Kapazitäten aus, indem es nicht mehr auf 4096-VLANs beschränkt ist, sondern bis zu 16 Millionen ermöglicht.

Ein anderer Ansatz, das Switching-Verhalten zu beeinflussen, nennt sich TRILL. Sogenannte RBridges tauschen hierbei ein Link-State-Protokoll untereinander aus, sodass alle RBridges einander kennen. TRILL ist ein IETF-Standard und konkurrenziert IEEE 802.1aq. Wie dieses nutzt das TRILL-Verfahren aber ebeno IS-IS als Grundlage zum Austausch der Information. Der Hauptunterschied zu SPB liegt darin, dass TRILL ein Hop-by-Hop-Verfahren nutzt, was zu einer sehr eigenwilligen Implementation auf Layer 2 führt, sodass TRILL-Switches eigentlich eine eigene Geräteklasse sind. Demgegenüber ist SPB vollständig kompatibel mit dem IEEE-802.1ag-Management-Standard und erleichtert so die Implementation und Fehlersuche.

Auch das Frame-Format unterscheidet sich bei beiden Verfahren. TRILL führt ein neues Format ein und einen neuen Header, SPB setzt demgegenüber auf bekannte Formate aus 802.1ad und 802.1ah. Das führt dazu, dass SPB auf aktuellen Switches mit vorhandenen ASICs auskommt und per Software-Update nachgerüstet werden kann. TRILL benötigt im Gegensatz dazu in jedem Fall neue Hardware.

	SPB	TRILL
Routenwahl	Shortest Path für Unicast	Shortest Path für alle Frame-Typen
Link State Prot	IS-IS	IS-IS
Loop Prevention	Unicast: Hop Count (TTL) Multicast: RPF Check	RPF Check
Lastverteilung	Ja	Teilweise
Kompatibel	STP, RSTP, MSTP, VLAN nach 802.1D, DCB, sonst nein	Alle 802.1D und 802.1Q-Protokolle
Administration	nicht vorhanden	802.1ag und Y.1731
Umfeld	Rechenzentren	Rechenzentren, MAN, Carrier

Tabelle 4.5: SPB und TRILL im Vergleich

4.4.4 Managed Switches

Wenn ein Switch eine Schnittstelle zur Verwaltung einzelner Funktionen aufweist, z. B. via Web-Interface oder SSH, nennt sich das Gerät Managed Switch, d. h. »verwaltbarer Switch«. Managed Switches gibt es je nach Funktionalität auf OSI-Layer 2 oder höher. Sie werden entsprechend L2-Switches oder L3-Switches genannt (selbst L4-Switching gibt es heute). Ein gutes Beispiel ist das vorhin gerade erläuterte Spanning Tree Protocol, welches es erfordert, dass auf den Switch zugegriffen und Werte eingegeben oder verändert werden können.

Solche Switches haben einen aktiven Benutzerzugang, in der Regel nur Benutzername und Passwort. Anstelle dieser einfachen Anmeldung ist eine AAA-Konfiguration vorzuziehen, d. h. über SSH und mit externer Authentisierung zum Beispiel über einen RADIUS-Server. Selbiges gilt natürlich auch für alle anderen aktiven Netzwerkgeräte, die diese Möglichkeit bieten (z. B. viele Cisco-Geräte, aber auch die anderer Hersteller, Tendenz zunehmend). Sie können sich via virtuellen Terminals anmelden oder direkt an der Konsole.

Dasselbe gilt für die Frage der Verwaltung von Managed Devices, also verwaltbaren Geräten, vom Switch über Access Points bis zum Router. Sie können dabei zwei Ansätze verfolgen: das »in-band«- oder das »out-of-band«-Management. Was so kompliziert heißt, meint, dass Sie sich bei »in-band« über das normale Netzwerk anmelden können, bei »out-of-band« aber nur entweder physisch über direkte Verbindung (Konsole) oder über ein eigenes, separates Management-Netzwerk, d. h. auch mit einer eigenen Netzwerkschnittstelle (ähnlich wie Remote-Management-Karten bei den Servern, z. B. ILO bei HP).

Managed Switches bieten verschiedene zusätzliche Funktionen, so zum Beispiel das Trunking (auch Link Aggregation genannt), bei dem mehrere Ports eines Switches gebündelt werden können, um die Leistung zu erhöhen. Ähnlich wie bei der Netzwerkkartenbündelung können auch hier verschiedene Verfahren zum Einsatz kommen – von der Leistungssteigerung bis zur Ausfallsicherheit.

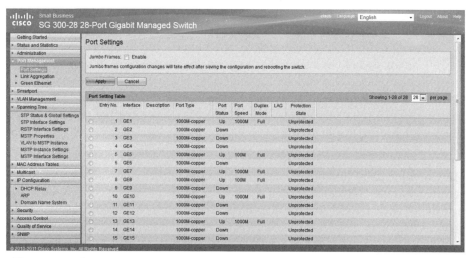

Abb. 4.23: Interface eines Managed Switches (Quelle: Cisco SG300)

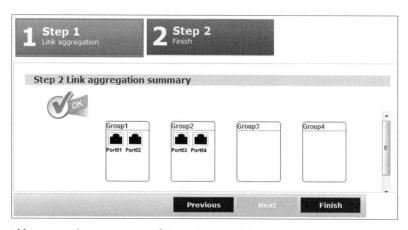

Abb. 4.24: Link Aggregation auf einem Managed Switch (Quelle: ZyXEL Switch)

Weitere Möglichkeiten von verwalteten Switches sind die Port-Verwaltung, d.h. in diesem Fall die logische Verwaltung der einzelnen Anschlüsse am Switch.

Hierzu gehört beispielsweise die Port-Authentifizierung (IEEE 802.1x) oder die Port-Spiegelung (Port Mirroring), mit deren Hilfe der Verkehr eines bestimmten Ports auf einen anderen gespiegelt werden kann, um diesen Port dann zu überwachen und den darüber laufenden Verkehr auszuwerten. Auch das Sperren von Ports ist über die Verwaltung möglich.

Switches mit stark erweiterten Funktionen, die ab OSI-Layer 3 und höher anzusiedeln sind, werden auch Multi-Layer-Switches genannt. Dazu gehören Funktionen wie die IP-Filterung, das Bilden von VLANs (siehe Abschnitt 6.4 weiter hinten) oder die Filterung von Datenströmen. Es gibt sogar Geräte, die sich Switch nennen und Funktionen bis auf OSI-Layer 7 anbieten, auch wenn es sich hierbei zugegebenermaßen um hochspezialisierte Geräte handelt. Ein Beispiel dieser Gattung ist der Content Switch, welcher in der Lage ist, den Datenstrom anhand von Inhalten zu lenken, beispielsweise als Lastenausgleichsfunktion bei Webservern. Der Content Switch nimmt das Datenpaket entgegen und schaltet die Verbindung erst, nachdem er den Inhalt des Pakets bis auf Layer 7 hin bestimmt hat. So können beispielsweise unterschiedliche Anfragen an denselben logischen Server (z.B. Webserver) physikalisch auf verschiedene Server weiterschalten.

Mit zunehmenden Funktionen verschwimmen natürlich auch die Grenzen zwischen klassischen Netzwerkgeräten wie Switch, Router, Firewall, Gateway etc. Man darf daher auch fragen, warum man diese Erweiterungen betreibt. Im Wesentlichen verfolgt man damit zwei Ziele: Organisation und Kontrolle.

Man möchte den Datenverkehr besser organisieren (Trunking, QoS, VLANs) und gleichzeitig den Datenverkehr genauer kontrollieren können und sicherer machen (Filterung, auch VLANs, Port-Authentifizierung).

4.5 Konvertieren und Verbinden

4.5.1 Medienkonverter

Als Medienkonverter werden Netzwerkkomponenten bezeichnet, welche unterschiedliche Netzwerksegmente verschiedener Medien miteinander verbinden können. Sie arbeiten entweder auf OSI-Layer 1 oder auf OSI-Layer 2. Dabei verhalten sich Medienkonverter im Netzwerk transparent, d.h., sie beeinflussen den Signallauf nicht durch eigene Einflüsse.

Es gibt Medienkonverter von Single-Mode-Glasfaser zu Fast Ethernet oder von Multi-Mode-Glasfaser zu Fast Ethernet genauso wie es noch entsprechende Komponenten von Koaxialkupfernetzen zu Glasfasernetzen gibt. Aber auch um von Single-Mode-Leitungen auf Multi Mode umzuschalten, setzen Sie Medienkonverter ein.

Medienkonverter können zudem erweiterte Funktionen wahrnehmen, etwa eine Loopback-Erkennung, Pause (Einstellen des Sendens bei vorübergehender Überlastung) oder auch PoE (Power over Ethernet, Stromversorgung via Ethernet-Kabel).

Mit der Funktion Link Pass Through wird der Status eines LWL-Receivers an den anderen LWL-Transmitter übergeben. Falls eine Verbindung getrennt wird, erkennt der Medienkonverter dies und unterbricht danach die Verbindung.

Abb. 4.25: Medienkonverter von Fast Ethernet auf Multi Mode

Die Far-End-Fault-Erkennung erlaubt es bei Glasfaserleitungen, dass ein Problem mit einer der Fasern durch Senden eines Fehlermusters sofort erkannt wird. Schnittstellen bzw. Medienkonverter, die Far End Fault unterstützen, überprüfen damit die Leitungen permanent auf ein gültiges Signal und können im Fehlerfall gemäß Konfiguration automatisch reagieren (z. B. Verbindungen aufgeben oder das Signal auf andere Verbindungen umleiten).

Es gibt auch Switches, die ein Konvertermodul beinhalten können, typischerweise um ein lokales 100Base-TX oder 1000Base-TX-Netzwerk mit Glasfasermodulen (GBIC) zu erweitern, um so die Verbindung zwischen zwei lokalen Segmenten über Glasfaser zu bewerkstelligen (die Erklärung der genannten Standards folgt im übernächsten Kapitel, sie seien hier lediglich erwähnt).

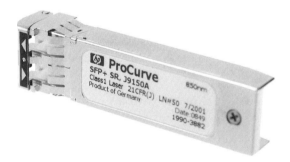

Abb. 4.26: SFP-Modul für einen HP-ProCurve-Switch

Durch Erweiterung mit GBICs oder SFP-Modulen (Small Form-factor Pluggable) können Switches mit entsprechenden Medienkonvertermodulen ausgestattet werden.

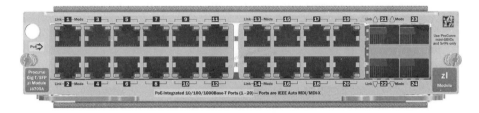

Abb. 4.27: HP-Switch mit der Möglichkeit, vier SFP-Module einzusetzen

4.5.2 Modems

Wie Sie schon gesehen haben, müssen die digitalen Signale des Computers mittels Modulation in ein für die klassische Telefonleitung geeignetes Signal umgewandelt werden. Das Gerät dazu nannte man einfach Modem, entsprechend seiner Tätigkeit des *Mo*dulierens und *Dem*odulierens.

Bei der Modulation übersetzt das Modem digitale Informationen in eine analoge Wellenform. Danach bewegen sich die Daten über das Medium bis zum Zielgerät. Dort wird die analoge Welle in digitale Nullen und Einsen demoduliert.

Bei digitalen Netzen wie z. B. ISDN oder ATM entfällt diese Umwandlung. Man darf daher eigentlich auch nicht von einem ISDN-Modem sprechen, sondern von einem ISDN-Adapter, da es sich hierbei genau genommen um eine Netzwerkkarte handelt.

Modems werden eigentlich ausschließlich für die WAN-Anbindung von Netzwerken eingesetzt, typischerweise für den Anschluss eines lokalen Netzwerks ans Internet oder für die Verbindung zweier lokaler Netze über eine öffentliche Leitung.

Zwischenzeitlich sah es so aus, als ob Modems aufgrund der ISDN-Anschlusstechnik aus unseren lokalen Netzwerken verschwinden würden, aber die ADSL-Technologie hat sie uns zurückgebracht. Hier verbinden sich die technischen Möglichkeiten moderner Netzwerktechnologie mit dem klassischen Modem.

Abb. 4.28: DSL-Modem

Modems werden also zur Einwahl eingesetzt, z.B. ins Internet oder für den Remote Access auf ein anderes Netzwerk, von daher gibt es auch den Begriff »Dial Up«-Modems. Die bekanntesten Standards für analoge Modems sind die sogenannten V-Standards, deren aktuellste der V.90- und V.92-Standard sind, welche bei optimaler Verbindung eine Downloadrate von bis zu 56 Kbps zulassen. Dies gilt auch für die Faxmodems, wie sie in Faxgeräten bis heute im Einsatz sind. Breitbandmodems weisen wesentliche höhere Datenraten auf, dazu dann mehr in den Abschnitten 8.4 »Die wichtigsten DSL-Varianten «, und 8.5 »TV-Kabelnetze«.

4.5.3 Multiplexer

Multiplexing ermöglicht Ihnen die Übertragung mehrerer unterschiedlicher Signalquellen über ein einziges Übertragungsmedium. Dabei stehen Effizienz und Kostenersparnis im Vordergrund. Es geht also um große Distanzen und öffentliche Leitungen, wo die Kosten hoch sind und die Verfügbarkeit eingeschränkt ist.

Das Multiplexverfahren bezieht sich dabei auf den Prozess, bei welchem mehrere Datenverbindungen für den Transport über eine längere Strecke auf ein einzelnes Medium in einem Schaltkreis gebündelt werden. Typische Multiplexing-Anwendungen sind ISDN-Telefonzentralen, Kabelfernsehen oder DSL. Bei Anwendungen mit Multiplexing werden die unterschiedlichen Signale auf eine gemeinsame Breitbandfrequenz moduliert und so auf einer gebündelten Leitung übertragen.

Beim häufig eingesetzten Zeitmultiplexing (TDM) werden das synchrone und das asynchrone Verfahren unterschieden.

Beim synchronen Verfahren (STD, Synchronous Time Division) wird jedem Sender durch den Multiplexer ein fester Zeitabschnitt zur Übertragung seiner Daten (Signale) auf dem Übertragungskanal zugeordnet. Dadurch ist die Übertragung zeitecht (synchron) und die Übertragungsrate konstant. Zudem ist der Sender einfacher identifizierbar, und dies vereinfacht das Demultiplexen auf der anderen Seite.

Andererseits bleiben Kapazitäten der Leitung ungenutzt, wenn ein Sender keine Daten übermittelt: Kein anderer Sender kann dann diese Kapazität nutzen und die Leitung wird nicht optimal ausgelastet.

Beim asynchronen Verfahren (ATD, Asynchronous Time Division) geht es genau umgekehrt. Nur jene Sender, welche Daten übermitteln möchten, können auf den Kanal zur Übertragung zugreifen. Durch diese Zuteilung ist die Leitung optimal genutzt, die Übertragungsrate variiert aber aufgrund der wechselnden Last durch die unterschiedliche Anzahl Sender.

Weil zudem die eindeutige Zuordnung von Zeitabschnitt und Datenstrom verloren geht, ist es notwendig, jedem Datenpaket eine Kanalinformation (Channel Identifier) hinzuzufügen. Anhand dieser Kanalinformation kann der Demultiplexer am Ziel die Datenpakete wieder dem richtigen Strom zuteilen.

Das Zeitmultiplexverfahren ist wie das Frequenzmultiplexverfahren sowohl in drahtgebundenen als auch in drahtlosen Kommunikationssystemen anzutreffen. Typische Anwendungen sind ISDN (Integrated Services Digital Network), DSL (Digital Subscriber Line) oder ATM (Asynchronous Transfer Mode). Das GSM-Mobilfunknetz verwendet sowohl das Zeitmultiplexverfahren als auch das Frequenzmultiplexverfahren und das Raummultiplexverfahren.

Auch mit LWL-Technologie werden Multiplexing-Verfahren eingesetzt. Der Bedarf an Bandbreite konnte mit einer einzigen Wellenlänge auf einmal schon bald nicht mehr gedeckt werden, sodass an Verfahren geforscht wurde, um mehrere optische Signale gleichzeitig zu übermitteln. Dadurch wurde es möglich, mehrere große Datenströme mit Bitraten von 10 Gbps, später 40 Gbps und mittlerweile bis 100 Gbps gleichzeitig zu übermitteln. Damit war das Wellenlängenmultiplexverfahren (Wavelength Division Multiplexing, WDM) geboren.

Es werden dabei zwei konkrete Verfahren eingesetzt: das CWDM (Coarse Wavelength Division Multiplexing) und das DWDM (Dense Wavelength Division Multiplexing), also in etwa »grobes« und »dichtes« Verfahren zur Bündelung.

Zuerst wurde DWDM entwickelt. Um die Kosten zu senken und für kürzere Übertragungsstrecken wurde mit CWDM ein zusätzliches Verfahren spezifiziert. Entsprechend ist CWDM zwar ein ähnliches, aber wesentlich weniger leistungsfähiges und kostengünstigeres Verfahren als DWDM. Die WDM-Technologie kann sowohl unidirektional wie auch bidirektional arbeiten. Die ITU-T hat dazu verschiedene Empfehlungen wie G.694.1 oder G.694.2 veröffentlicht.

CWDM wird dabei über Wellenlängen definiert, DWDM dagegen über Frequenzen. CWDM ist auf die Übertragung von kurzen Strecken (bis ca. 80 km) ausgelegt und verwendet breite Frequenzbereiche mit weit auseinanderliegenden Wellenlängen, um Raum für Abweichungen zu haben, die beim Betrieb entstehen können. Demgegenüber wird DWDM über Frequenzen definiert. Heute können bis zu 128 Wellenlängen in eine einzige Faser gepackt werden und mittels entsprechender Verstärker über Tausende von Kilometern übertragen werden. Dafür müssen die Fasern, Verstärker und Filter aber entsprechend leistungsfähig und präzise sein, was sich demnach in den Kosten für Installation und Unterhalt niederschlägt.

4.5.4 CSU/DSU

Modems ermöglichen eine Verbindung zwischen digitalen Computern und analogen Übertragungsmedien. Was geschieht, wenn das Übertragungsmedium ebenfalls digital ist – wie beispielsweise eine Standleitung mit 56 Kbps oder eine T-1-Leitung? In diesem Fall müssen Sie die Daten nicht mithilfe eines Modems umwandeln und sollten eine Kombination aus CSU und DSU (CSU, Channel Service Unit; DSU, Digital Service Unit) verwenden. Der CSU-Teil übernimmt die

Verwaltung der Leitung, wozu beispielsweise die Erdung und Loopback-Tests gehören. Die DSU formatiert die Daten, sodass diese dem richtigen Frame-Typ entsprechen, und stellt dem seriellen RS-232-Port Ihres Computers einen Schnittstellenstandard bereit.

4.6 Router verbinden diese (Netzwerk-)Welt

Router werden ähnlich wie Repeater oder Bridges zur Vermittlung von Netzwerken eingesetzt. Sie arbeiten allerdings nicht mehr nur auf OSI-Layer 1 oder 2, sondern mittels Netzwerkadressierung auf OSI-Layer 3. Router können für verschiedene Zwecke eingesetzt werden, um Netzwerksegmente zu trennen, um Netzwerke direkt miteinander zu verbinden oder um ein lokales Netzwerk mit dem Internet zu verbinden.

Router arbeiten mit lokalen Adresstabellen (Routing-Tabellen), sie stellen daher den Netzverkehr gezielt über die Grenze einer Broadcast-Domain hinweg zu.

Abb. 4.29: Router

Ein Router besitzt für jedes an ihn angeschlossene Netz eine Schnittstelle. Beim Eintreffen von Daten muss der Router den richtigen Weg zum Ziel und damit die passende Schnittstelle bestimmen, über welche die Daten weiterzuleiten sind. Dazu bedient er sich einer lokal vorhandenen Routing-Tabelle, die angibt, über welchen Anschluss welches Netz erreichbar ist. So wird ein überflüssiges Broadcasting vermieden. Dies zeichnet den Router auch gegenüber einer normalen Bridge aus.

Üblicherweise ist ein Eintrag in der Routing-Tabelle die Default-Route (auch Standard-Gateway); diese Route wird für alle Ziele benutzt, die über keinen besser passenden Eintrag in der Routing-Tabelle verfügen.

Konfiguration eines Routers

Router verfügen in der Regel über eine ansprechbare Schnittstelle, heute üblicherweise über ein Web-Interface, früher waren es RS-232-Schnittstellen (DB-9). Über ein solches Interface können zahlreiche Einstellungen vorgenommen werden, etwa für das lokale Netz, das Gateway zum nächsten Netzwerk etc.

Router können statisch oder dynamisch arbeiten. Statische Router haben fixe Weiterleitungsadressen eingerichtet, über welche sie die Datenpakete im Bedarfsfall weiterleiten. Dynamische Router benutzen dagegen flexible Routing-Protokolle, mit deren Hilfe die Router untereinander Informationen austauschen, um sich zu identifizieren und mögliche Routen für die Datenpakete zu errechnen.

Dabei werden zwei unterschiedliche Ansätze verfolgt: Das Link-State-Verfahren teilt den anderen Routern mit, mit wem der Router verbunden ist. Bekanntestes Verfahren dieser Technik ist OSPF (Open Shortest Path First). Dieses Protokoll unterhält eine Datenbank aller benachbarten Router und kann so eingehende Anfragen darüber informieren, wie es am besten, schnellsten oder günstigsten (je nach Anforderung) weitergeht.

Der ältere Ansatz ist RIP (Routing Information Protocol). Bei diesem Protokoll wird den umstehenden Routern mitgeteilt, wie gut der angesprochene Router mit umstehenden Knoten verbunden ist. Im Gegensatz zu OSPF kennt die RIP-Tabelle aber nur die direkt benachbarten Router.

Unabhängig vom Verfahren besteht die Kunst des Routings darin, mithilfe der vorhandenen Informationen möglichst rasch für die Datenpakete eine effiziente Route von A nach B zu berechnen. Mehr dazu finden Sie in Abschnitt 11.1 »Routing-Protokolle«.

Wenn Sie sich nun vorstellen, dass bei einem Provider für Internetzugänge oder einem Telco-Carrier in einem Rechencenter solche Router stehen, die mehrere Hundert oder Tausend Anschlüsse verwalten und ganze Racks füllen, können Sie sich in etwa vorstellen, wo die Bedeutung des Routings liegen kann.

Wenn nicht, schlagen Sie einmal im Internet unter Begriffen wie »Routing«, »Cisco« und »Netzwerkmanagement« nach und Sie werden staunen ...

4.7 Virtuelle Netzwerkkomponenten

Was Sie von PCs und Servern schon länger kennen, hält auch in der Netzwerktechnik selbst Einzug: die Virtualisierung von Komponenten und ganzen Netzwerken, genannt Software Defined Networking, kurz SDN. Dabei werden die physischen Elemente (Platinen) von den Kontrollelementen (Firmware, Steuerung, Managing Services) funktional getrennt, sodass es möglich wird, über eine virtuelle Schnittstelle mehrere physische Elemente zu verwalten.

Virtuelle Maschinen und Server können untereinander über virtuelle Switches verbunden werden, virtuelle Firewalls schützen sie vor Bedrohungen außen – doch was heißt das jetzt im Konkreten?

Fangen wir bei den Maschinen an: Ein bislang aus Hardware bestehender PC oder Server (d.h. sein Arbeitsspeicher, sein Plattenspeicher, sein Prozessor, seine Netzwerkkarte etc.) wird durch die Abbildung der Hardware in Programmcode virtualisiert. Aus einer CPU wird dadurch eine virtuelle CPU, aus einer Netzwerkkarte eine virtuelle Netzwerkkarte. Durch den Einsatz von Software wie VMWare, Hyper-V, Parallels oder Xen wird es möglich, auf einer einzelnen Hardware mehrere unterschiedliche virtualisierte Rechner zu implementieren.

Damit diese Virtualisierung klappt, benötigen Sie spezialisierte Software, welche Ihnen die Virtualisierungsfunktion zur Verfügung stellt. Sie können nicht einfach eine virtuelle CPU einkaufen, sondern die virtualisierte CPU ist eine Funktion, die Ihnen die Virtualisierungssoftware zur Verfügung stellt.

Gleiches gilt auch für die Netzwerkkomponenten. Die zentralen Elemente der Virtualisierung sind hierbei die Netzwerkkarten und die Switches, welche durch die Software zur Verfügung gestellt werden. Dabei handelt es sich in der Regel um die Enterprise- oder Network-Versionen der Software. Das heißt, weder mit VMWare Player noch mit Virtual PC können Sie diese Komponenten virtuell erstellen, sondern erst mit den entsprechenden Lizenzversionen wie etwa vCenter Server von VMWare oder Microsofts Hyper-V-Software von Microsoft.

Eine virtuelle Netzwerkkarte übernimmt dabei die gleichen Funktionen wie ihr physisches Gegenstück, sie verbindet den virtuellen Rechner mit der »Netzwelt«. Dazu werden je nach eingesetzter Software unterschiedliche bekannte Netzwerktreiber emuliert, damit das installierte Betriebssystem der virtuellen Maschine die Karte erkennt und installieren kann.

Auch virtuelle Switches funktionieren weitgehend wie deren physische Kollegen. Sie verfügen über Weiterleitungstabellen mit MAC-Adressen, können die Pakete nach unterschiedlichen Richtlinien durch- oder weiterleiten und verfügen über unterschiedlich viele (virtuelle) Ports. Darüber hinaus unterstützen sie aber auch VLAN-Segmentierung (siehe Abschnitt 6.4) und sind besser gegen Angriffe geschützt, da sie zwar mit physischen Switches verbunden werden können, nicht aber direkt untereinander. Virtuelle Switches stellen alle erforderlichen Ports in einem Switch bereit. Bislang handelt es sich bei virtuellen Switches dabei immer um Layer-2-Switches.

Sie müssen virtuelle Switches nicht hintereinanderschalten und somit auch keine fehlerhaften Verbindungen zwischen virtuellen Switches suchen oder beheben. Und da virtuelle Switches physische Ethernet-Adapter nicht gemeinsam nutzen (können), ist ein direkter Datenaustausch zwischen diesen Switches nicht möglich.

Aber auch komplexe Hardware-Infrastrukturen können heute im Netzwerkbereich virtualisiert werden.

So gibt es etwa virtuelle Router, virtuelle Firewalls oder auch virtuelle Telefonanlagen (Virtual PBX). Dabei werden die normalerweise von einer Telefonzentrale (PBX) ausgeführten Telefoniefunktionalitäten durch eine von VoIP-Servern geführte virtuelle Zentrale abgewickelt, die entweder beim Kunden selbst steht oder als Service über das Internet zur Verfügung gestellt wird (Network as a Service). Doch das führt bereits weit über das Thema dieses Kapitels hinaus.

4.8 Fragen zu diesem Kapitel

1. Welches Gerät übernimmt die Rolle, Datenpakete aus einer Broadcast-Domain dediziert in eine andere weiterzuleiten?

    A. Bridge

    B. Gateway

    C. Switching Hub

    D. Router

2. Sie haben das eine Ende eines UTP-Kabels gemäß dem Standard EIA-568B verdrahtet. Wenn Sie eine gerade Verbindung herstellen möchten, werden Sie das andere Ende wie verdrahten?

    A. RJ-45

    B. RJ-11

    C. 568A

    D. 568B

3. Welchen Dienst muss ein Techniker aktivieren, um Broadcast-Storms zu unterbinden?

    A. Bündelung

    B. DHCP

    C. Spanning Tree

    D. Port-Spiegelung

4. Ein Techniker findet einen Text auf einem UTP-Kabel, der lautet »26 AWG«. Was bedeutet dieser Text?

    A. Die maximale Dämpfung

    B. Die Anzahl Drähte im Kabel

    C. Die Kategorie des Kabels

    D. Die Anzahl Adern pro Draht

5. Wenn die MAC-Adresse einer Netzwerkkarte F1-A2-21-DD-0F-E4 lautet, welche drei Byte bezeichnen den Hersteller dieser Netzwerkkarte?

    A. F1-A2-21

    B. DD-0F-E4

    C. 21-DD-0F

    D. A2-21-DD

6. Ein »Straight Through«-Kabel wird üblicherweise bezeichnet als ...
   A. Rollover Kabel
   B. Patch Kabel
   C. Cross Kabel
   D. Serielles Kabel

7. Welche Antwort beschreibt eine Kollisionsdomäne?
   A. Neun Geräte sind über einen Ethernet-Switch verbunden.
   B. Vier Geräte sind über einen Hub verbunden.
   C. Es können immer nur zwei Geräte miteinander verbunden sein.
   D. Verschiedene Geräte sind durch einen Medienkonverter verbunden.

8. Welches ist die maximal akzeptierte Kabellänge für ein Crossover-Kabel der UTP-Kategorie 5?
   A. 50 Meter
   B. 80 Meter
   C. 100 Meter
   D. 125 Meter

9. Wenn Sie ein FTP-Cat.-5e-Kabel auf der einen Seite nach EIA-568B und auf der anderen Seite nach EIA-568A terminieren – was ist das Ergebnis?
   A. Ein gerades Kabel (straight through)
   B. Ein nicht funktionierendes Kabel
   C. Ein Crossover-Kabel
   D. Ein 10-Gbit-fähiges Kabel

10. Welche Aussage über UTP-Cat.-6-Kabel nach EIA/TIA-568A ist richtig in Bezug auf die Farbcodierung und deren Reihenfolge?
    A. Die vier Farbcodes lauten: Grün, Orange, Braun und Blau
    B. Die vier Farbcodes lauten: Braun, Blau, Grün und Orange
    C. Die vier Farbcodes lauten: Grün, Orange, Blau und Braun
    D. Die vier Farbcodes lauten: Orange, Gelb, Grün, Blau

Kapitel 5

Topologie und Verbindungsaufbau

Nachdem Sie im letzten Kapitel die einzelnen Hardware-Bestandteile kennen gelernt haben, geht es als Nächstes um die Frage, wie diese Komponenten funktionsfähig zusammengestellt werden können. Man spricht in diesem Zusammenhang von der physischen Topologie, d.h., wie Kabel und Verbindungsgeräte tatsächlich angeordnet sind. Davon unterschieden wird im nächsten Kapitel die Frage nach der logischen Topologie, d.h., wie innerhalb dieser physischen Anordnung die Daten tatsächlich übertragen werden.

> Sie lernen in diesem Kapitel:
> - Physische und logische Topologien identifizieren
>   - Bus, Ring, Stern
>   - Baum, Masche
>   - Zelle
> - Verschiedene Topologien unterscheiden
> - Sende- und Zustellmöglichkeiten für Daten kennen

5.1 Physische Topologien

Topologien basieren grundsätzlich auf zwei Arten von Verbindungen:

Eine *Punkt-zu-Punkt-Verbindung* ist eine direkte Verbindung zwischen zwei Geräten. Da solche Verbindungen nur von zwei Geräten gemeinsam genutzt werden können, werden die Zielsetzungen eines gemeinsam genutzten Netzwerks nicht erreicht. Dafür haben Medienzugriff und Adressierung keine Funktion. Typische Punkt-zu-Punkt-Verbindungen sind etwa parallele Drucker oder USB-Verbindungen.

Bei einer *Mehrpunktverbindung* handelt es sich um eine Verbindung zwischen mehreren Geräten. In den heutigen LANs dienen solche Verbindungen dazu, eine große Anzahl von Netzwerkgeräten zu verbinden. Sie setzen eine Form der Medienzugriffssteuerung und eine Adressierung voraus, mit deren Hilfe sich der Zugriff auf die Medien und die Erkennung der angeschlossenen Geräte organisieren lassen.

In der Praxis treffen Sie auf folgende unterschiedliche Topologien von Bussystemen über die Baum-Topologie bis zu Ringen und Sternen. Doch der Reihe nach.

Kapitel 5
Topologie und Verbindungsaufbau

Bei einer **Bus-Topologie** kommt ein langes Kabel zum Einsatz, mit dem alle Netzwerkgeräte verbunden sind. Dadurch wird wenig Kabel benötigt und es ist eine einfach zu verlegende Topologie, da alle Geräte an einem Kabel angeschlossen sind. Der Bus muss an beiden Enden terminiert werden, damit das Signal nicht zurückschlägt (Signal Bouncing).

Der Nachteil besteht vor allem in der Verletzlichkeit. Wird das Kabel an einer Stelle durchtrennt, ist der ganze Bus lahmgelegt. Dies ist der Schwachpunkt, auch Single Point of Failure (SPOF) genannt.

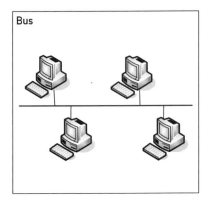

Abb. 5.1: Bus-Topologie

Eine **Ring-Topologie** wird durch das Verbinden der beiden Enden einer Busleitung hergestellt. Jedes Netzwerkgerät ist direkt oder indirekt über ein Schnittstellengerät oder ein Anschlusskabel mit dem Ring verbunden. Hier werden ebenfalls relativ wenig Kabelmengen verwendet, ein Unterbruch an einer Stelle des Rings führt aber auch wieder zum totalen Ausfall des Segments (SPOF). Aus diesem Grund gibt es eine Weiterentwicklung: den Doppelring.

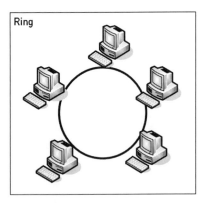

Abb. 5.2: Ring-Topologie

Der **Doppelring** verwendet zwei richtungsgetrennte Ringkabel. Dies ist vor allem bei Glasfaser relevant, da dort nur unidirektional übermittelt werden kann. Zudem ist der Doppelring gegen Ausfall gesichert. Selbst wenn ein kompletter Ring ausfällt, kann die Kommunikation mit allen Rechnern über den zweiten Ring fortgesetzt werden. Selbst wenn beide Ringe an einer Stelle zerstört werden, kann ein Notring gebildet werden, indem die beiden offenen Enden miteinander verbunden werden und so ein neuer Ring entsteht.

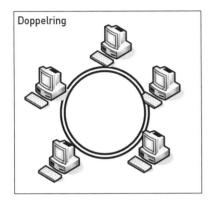

Abb. 5.3: Doppelring-Topologie

Die **Stern-Topologie** verwendet einen zentralen Rechner oder als Stern-Hub-Topologie einen zentralen Verteiler, dessen Kabelverbindungen sich in alle Richtungen erstrecken. Dadurch wird viel Kabel benötigt, da jeder Rechner mit der Zentralstelle verbunden ist (Rechner, Hub oder Switching Hub). Man könnte sagen, ein Sternsystem besteht aus vielen einzelnen Bussystemen mit jeweils zwei Rechnern. Der große Vorteil: Bei einem Kabelbruch ist nur ein Rechner verloren. Dafür liegt der SPOF im zentralen Verteiler – steigt dieser aus, ist das Netzwerk lahmgelegt.

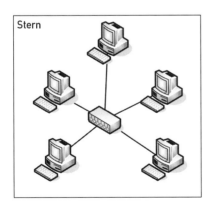

Abb. 5.4: Stern-Topologie

Die **Baum-Topologie**, im Grunde eine Erweiterung der Stern-Topologie, besitzt eine hierarchische Struktur. Großrechnernetze sind vielfach als Baum organisiert. Dadurch wird die Kontrolle aller angehängten Geräte vereinfacht, da sie hierarchisch erfolgen kann. Auf der anderen Seite sind die Wege von einem Endknoten im einen Ast zu einem Endknoten im anderen Ast sehr lang. Beim Ausfall der obersten Hierarchie ist das ganze Netzwerk betroffen.

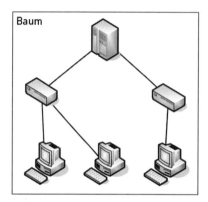

Abb. 5.5: Baum-Topologie

In einer **Maschen-Topologie**, auch Maschennetz genannt, sind die Knoten über Punkt-zu-Punkt-Verbindungen miteinander verbunden. Das Maschennetz ist eine typische Topologie für sogenannte Weitverkehrsnetze wie etwa das öffentliche Telefonnetz oder das Internet. Damit ein Netz als voll vermascht gilt, muss jeder Rechner mit mindestens zwei weiteren Rechnern verbunden sein. Ist dies nicht durchgehend der Fall, spricht man von Teilvermaschung. Diese Architektur bildet auch die Grundlage der weltweiten Internetvernetzung.

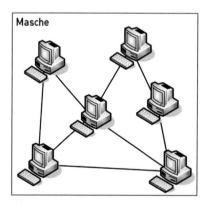

Abb. 5.6: Maschen-Topologie

Bei der **Zellen-Topologie** werden drahtlose Punkt-zu-Punkt-Verfahren mit Mehrpunktverbindungen kombiniert, sodass ein Gebiet in Zellen unterteilt wird. Es werden für den Bau dieser Topologie keine Kabel benötigt, dafür ist sie im Verhältnis zu den anderen Topologien störungsanfälliger. Vom Aufbau her ist sie zum Beispiel für drahtlose LANs der Stern-Topologie nahe oder gleich, da sie ebenfalls über einen zentralen Vermittlungspunkt verfügt. Nicht jede Zellen-Topologie ist aber ein WLAN.

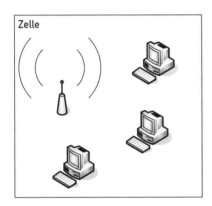

Abb. 5.7: Zellen-Topologie

Werden diese Topologien in einem Netzwerk kombiniert eingesetzt, z.B. als Baum-Stern- oder als Stern-Bus-Netzwerk, so spricht man von einer hybriden Topologie. Dies ist vor allem in der Konzeption größerer oder besonders ausfallsicherer Netzwerke von praktischer Bedeutung.

Einige dieser Topologien können auch als Backbone (wörtlich: Rückgrat) eingesetzt werden, das heißt, sie verbinden nicht Stationen untereinander, sondern dienen als zusätzliche Infrastrukturnetze zur Verbindung von anderen Topologien bzw. anderen Netzwerken. Damit können sowohl Endsysteme als auch Subnetze angeschlossen werden. In der Regel verfügt ein Backbone über die wesentlich höhere Leistung als die einzelnen an ihn angeschlossenen Subnetze, weil er die entsprechenden Datenmengen zwischen diesen übertragen muss.

Topologien im Kurzvergleich

Topologie	Installation	Re-Konfiguration	Zuverlässigkeit
Baum	aufwendig	einfach	gut
Bus	einfach	schwierig	schlecht
Doppelring	schwierig	schwierig	gut
Maschen	sehr aufwendig	schwierig	sehr gut

Tabelle 5.1: Vergleich von Topologien

Topologie	Installation	Re-Konfiguration	Zuverlässigkeit
Ring	mittelschwer	schwierig	schlecht
Stern	aufwendig	einfach	gut
Zellen	einfach	einfach	schlecht

Tabelle 5.1: Vergleich von Topologien (Forts.)

5.2 Bandbreitenverwendung

Je höher die Frequenz, desto mehr Informationen können in einer Sekunde übertragen werden.

Ein Maß für diese Eigenschaft ist die Bandbreite und somit von besonderer Bedeutung bei der Wahl eines Übertragungsmediums. Bandbreite ist ein Begriff aus der Elektrotechnik und bestimmt den Frequenzbereich – die Differenz aus maximaler und minimaler Frequenz –, den ein Übertragungsmedium verkraften kann.

Die Datenbandbreite legt fest, welche Datenmenge pro Zeiteinheit auf einem einzelnen Kabel möglich ist.

Die Nutzung des vorhandenen Kabels kann auf zwei Arten erfolgen:

- als Basisbandübertragung (analoge und digitale Signale) und
- als Breitbandübertragung (analoge und digitale Signale).

Basisbandsysteme verwenden die gesamte Kapazität des Mediums für einen Kanal. Breitbandsysteme unterteilen das Medium in mehrere Kanäle. Beim Einsatz des Mediums muss daher geklärt werden, welches Zugriffsverfahren (siehe nächstes Kapitel) gewählt wird, damit das Medium die entsprechende Übertragungsart auch unterstützt. Daher sind Topologie, Medien und Übertragungsarten eng miteinander verzahnt.

5.2.1 Basisbandübertragung

Bei der Basisbandübertragung steht die gesamte Frequenz immer dem aktuellen Sender zur Verfügung. Dadurch kann dieser mehr Kapazitäten nutzen – dafür müssen alle anderen warten. Daher ist die Basisbandübertragung eine typische LAN-Geschichte, wo die Geschwindigkeit hoch und der Wartezyklus auch aufgrund der geringen Distanzen kurz ist. Ethernet (siehe nächstes Kapitel) ist ein solches Basisbandzugriffsverfahren.

5.2.2 Breitbandübertragung

Bei der Breitbandübertragung wird die Bandbreite in mehrere analoge Kanäle unterteilt, wobei jeder Kanal eine andere Frequenz verwendet. Zwar ist dadurch die Kapazität reduziert, dafür können mehrere Kanäle gleichzeitig unterhalten werden. Dies spricht für eine Verwendung im WAN-Bereich. Ein typisches Beispiel dafür ist das Fernsehen, das mehrere Kanäle gleichzeitig über das Medium übermitteln kann.

5.3 Paketvermittelt – leitungsvermittelt

Eine weitere Frage im Aufbau einer physischen Topologie befasst sich damit, wie der Kontakt zwischen zwei Endpunkten letztlich hergestellt wird. Auch dazu gibt es verschiedene Ansätze. Beim Telefonieren beispielsweise kann eine Verbindung nur aufgebaut werden, wenn der andere Teilnehmer anwesend ist und das Telefon abnimmt. Beim Versenden eines Briefs hingegen reicht es, wenn der Adressat einen Briefkasten hat, der den Brief aufbewahrt, bis der Empfänger den Briefkasten öffnen und den Brief lesen kann.

Ähnlich sieht das bei der Datenkommunikation aus.

5.3.1 Leitungsvermittelte Netzwerke

In leitungsvermittelten Netzen wird von den Endpunkten aus eine dedizierte Leitung bei Verbindungsaufbau bereitgestellt und diese Leitung steht während der ganzen Verbindungsdauer voll zur Verfügung, ob nun Informationen übermittelt werden oder nicht. Leitungsvermittelte Netzwerke sind sehr gut zur Übertragung von Realtime-Daten (Sprache, bewegte Bilder etc.) geeignet.

Kommt es zu einer Störung, wird die Verbindung unterbrochen und muss neu initiiert (aufgebaut) werden.

Das Telefonienetzwerk ist ein typisches leitungsvermitteltes Netzwerk.

5.3.2 Paketvermittelte Netzwerke

In einem paketvermittelten Netzwerk werden die Informationen in einzelne Datenpakete zerlegt. Diese Datenpakete erhalten Steuerinformationen (Header) und werden einzeln in das Netzwerk eingespeist. Da die Übertragungsleitungen nun Pakete von verschiedenen Datenströmen befördern können, werden die Bandbreiten besser ausgenutzt. Kommt es zu einer Störung, muss die Datenübertragung nicht neu initiiert werden, die einzelnen Pakete werden einfach umgeleitet.

X.25 und TCP/IP (Internet) sind solche paketorientierten Netzwerke. Das heißt, das Internet arbeitet grundsätzlich nach diesem Prinzip. Doch auch hier müssen Sender und Empfänger zur erfolgreichen Vermittlung grundsätzlich anwesend sein. Beispielsweise können Daten von einem Webserver nur erhalten werden, wenn dieser online ist und die Datenpakete von ihm in Empfang genommen werden.

Paketorientierte Netzwerke sind sehr gut zur Übertragung von Computerdaten geeignet, dafür aber weniger gut für Realtime-Daten (Voice over IP, Stream-Video im Internet etc.). Doch daran wird mit Hochdruck gearbeitet, wie die Entwicklungen im Bereich Videostream oder Voice over IP zeigen.

5.3.3 Nachrichtenvermittlung

Bei der Nachrichtenvermittlung werden Sende- und Empfangsvorgang getrennt. Die Daten werden als fertige Nachricht abgesetzt und nach dem »Store and Forward«-Prinzip zum Ziel befördert. Dabei werden Zwischenstationen genutzt, um die Nachricht zu speichern. Ein typisches Beispiel dafür ist der Mail-Verkehr, bei dem die Nachrichten vom Sender auf dem Postausgangsserver, von dort auf dem Postempfangsserver und letztlich beim Empfänger gespeichert werden.

Das geschieht alles »offline«, d.h., der Sender und der Empfänger sind nicht gleichzeitig am Prozess beteiligt. Vorteil ist die Unabhängigkeit der Übertragung, Nachteil ist die Zeitversetzung.

5.4 Verbindungslos – verbindungsorientiert

Von einer verbindungsorientierten Kommunikation (*Connection-oriented*) spricht man, wenn Sender und Empfänger neben den eigentlichen Daten auch noch Informationen über Fehlerfreiheit und Komplettheit der übertragenen Daten austauschen. In solchen Fällen wird auch von einer sicheren Datenübertragung gesprochen.

Eine solche Verbindungskontrolle ist aber komplex in der Implementation und erzeugt relativ viele Zusatzinformationen, welche Bandbreite und Rechenleistung beanspruchen.

Beispiele verbindungsorientierter Kommunikation sind:

- Telefon
- Gespräch (Dialog)
- TCP

Von verbindungsloser Kommunikation (*Connectionless*) spricht man, wenn Sender und Empfänger nicht miteinander in Echtzeit über die Fehlerfreiheit und Komplettheit der Daten kommunizieren.

Solche Mechanismen sind relativ schnell und einfach und können dort eingesetzt werden, wo eine andere Schicht die Verbindungssicherung übernimmt, die Fehlerfreiheit und Vollständigkeit der übertragenen Daten nicht zwingend notwendig ist oder deren Fehlerkorrektur zu langsam wäre.

Beispiele für verbindungslose Kommunikation sind:

- Briefpost
- Radio/Fernseher
- UDP (Videostream)

5.5 Unicast, Multicast, Broadcast, Anycast

Wenn in einem Netzwerk (egal ob Computer, Telefone oder andere Geräte) Verbindungen aufgebaut werden, dann stehen dazu grundsätzlich drei Möglichkeiten offen:

- Punkt zu Punkt: Zwei Teilnehmer im Netzwerk kommunizieren dediziert miteinander.
- Punkt zu Mehrpunkt: Ein Gerät sendet an mehrere Geräte und diese antworten.
- Senden an alle: Ein Teilnehmer sendet an alle auffindbaren Teilnehmer.

In der Netzwerkkommunikation stehen folgende Begriffe für den Verbindungsaufbau:

- Unicast: Dedizierte Kommunikation
- Multicast: Kommunikation in einer vordefinierten Gruppe
- Broadcast: Kommunikation an alle
- Anycast: Es antwortet auf eine angefragte Adresse derjenige Teilnehmer, der am schnellsten ist. Dazu treten mehrere Teilnehmer nach außen mit derselben Adresse auf. Für den Teilnehmer, der eine Anfrage an diesen Teilnehmer stellt, ist Anycast dasselbe wie Unicast, denn er stellt eine dedizierte Anfrage an eine bestimmte Adresse.

Sie werden diese Begriffe in verschiedenen Zusammenhängen antreffen, zum Beispiel in der Telefonie, wo mit UMTS eine Multicast-Technologie zur Verfügung steht. Oder bei TCP/IP-Protokollen, wo der Dienst DHCP mit Broadcast arbeitet, und dergleichen mehr. Aber auch sonst wird bei jeder Topologie, jedem Protokoll und jedem Dienst festgelegt, wie der Verbindungsaufbau geregelt ist.

5.6 Fragen zu diesem Kapitel

1. Wie viele Netzwerkverbindungen zwischen den einzelnen Knoten bestehen in einem voll vermaschten Netzwerk mit acht beteiligten Knoten insgesamt?

    A. 28
    B. 56
    C. 64
    D. 13

2. Welche Aussage ist korrekt?

   A. Basisbandübertragungen sind schneller als Breitbandübertragungen, weil sie die ganze verfügbare Brandbreite nutzen können.

   B. Breitbandübertragungen sind schneller als Basisbandübertragungen, weil sie die ganze verfügbare Brandbreite nutzen können.

   C. Basisbandübertragungen sind schneller als Breitbandübertragungen, weil sie nur einen Teil der verfügbaren Brandbreite nutzen können.

   D. Breitbandübertragungen sind schneller als Basisbandübertragungen, weil sie nur einen Teil der verfügbaren Brandbreite nutzen können.

3. Welche physische Topologie bietet Ihnen die höchste Redundanz?

   A. Baum

   B. Masche

   C. Doppelring

   D. Stern

4. Welche Dienste und Protokolle funktionieren verbindungsorientiert? Wählen Sie alle zutreffenden aus.

   A. Fax

   B. SMTP

   C. TCP

   D. Radio

   E. Mobiltelefon

5. Die folgende Topologie wird im Zusammenhang mit drahtlosen lokalen Netzwerken häufig eingesetzt:

   A. Ring

   B. Maschen

   C. Stern

   D. Bus

6. Wenn Sie den Netzwerkverkehr an eine bestimmte Gruppe von Stationen zustellen wollen, nutzen Sie:

   A. Unicast

   B. Multicast

   C. Broadcast

   D. Anycast

7. Welche Topologie ist am wenigsten anfällig für Kollisionen?
    A. Ring
    B. Maschen
    C. Stern
    D. Bus
8. Welche Topologie wird wegen ihrer Skalierbarkeit eingesetzt?
    A. Ring
    B. Bus
    C. Stern
    D. Baum
9. Bei welcher physischen Topologie sind immer *alle* Computer mit zwei Nachbarcomputern vernetzt, damit das Netzwerk funktioniert?
    A. Baum
    B. Bus
    C. Zelle
    D. Ring
    E. Stern
10. Ihr Techniker möchte eine Topologie implementieren, bei der er ohne Probleme einzelne Geräte aus dem Netz entfernen kann, ohne dass das Netzwerk als solches beeinträchtigt wird. Was werden Sie ihm raten?
    A. Sie empfehlen ihm eine Bus-Topologie.
    B. Sie empfehlen ihm eine Ring-Topologie.
    C. Sie empfehlen ihm eine Baum-Topologie.
    D. Sie empfehlen ihm eine Stern-Topologie.

Kapitel 6

Die Standards der IEEE-802.x-Reihe

Wie Sie schon gelesen haben, sind Medien, Topologien und Zugriffsverfahren eng miteinander verzahnt. Dies zeigt sich auch in den technischen Spezifikationen. Bereits 1995 veröffentlichte das Institute of Electrical and Electronics Engineers (IEEE) im Rahmen des Projekts »802« eine Reihe von Standards sowohl für die Bitübertragungs- als auch für die Sicherungsschicht.

> Sie lernen in diesem Kapitel:
> - Die Standards des IEEE-Gremiums kennen
> - Das Ethernet-Verfahren beschreiben und verstehen
> - Die Entwicklung der Ethernet-Reihe unterscheiden
> - Die verschiedenen aktuellen Standard erkennen und unterscheiden
> - Den Nutzen von VLAN kennen
> - Die unterschiedlichen Ansätze für VLAN verstehen
> - Eine Übersicht über strukturierte Verkabelung gewinnen

Die IEEE-802-Reihe besteht zurzeit aus verschiedenen Standards, die von 802.1 an aufwärts gehen. Aktuell sind die Normierungen bei 802.17 angelangt, weitere wie etwa 802.20 sind in Arbeit.

Zurzeit sind folgende Standards der IEEE-802.x-Arbeitsgruppe gültig:

IEEE 802.1™: Bridging & Management

IEEE 802.2™: Logical Link Control

IEEE 802.3™: CSMA/CD Access Method

IEEE 802.5™: Token Ring Access Method

IEEE 802.11™: Wireless

IEEE 802.15™: Wireless Personal Area Networks

IEEE 802.16™: Broadband Wireless Metropolitan Area Networks

IEEE 802.17™: Resilient Packet Rings

Andere Standards wie 802.6, 802.8 oder 802.12 wurden inzwischen eingestellt. Die aktuell gültigen Informationen dazu erhalten Sie auf der Website der IEEE (www.ieee.org).

6.1 IEEE 802.2 (LLC-Sublayer)

Die 802.2-Spezifikation ist auch unter der Bezeichnung Logical Link Control (LLC) bekannt. Sie haben sie in Kapitel 2 bereits einmal angetroffen, nämlich bei der Unterteilung der OSI-Schicht 2 in die beiden Teil-Layer MAC und LLC.

Während der MAC-»Teil« die hardwareseitige Verbindung von Schicht 1 her sicherstellt (Zugriffsverfahren, Netzwerkkarte), stellt LLC die eingehenden Daten den Protokollen der OSI-Schicht 3 zur Verfügung und umgekehrt vermittelt der LLC-Sublayer die von Schicht-3-Protokollen gelieferten Daten an den MAC-Sublayer. Die Zugriffsverfahren, wie sie im Folgenden (ab Abschnitt 6.2) beschrieben werden, führen zu unterschiedlichen, weil davon abhängigen MAC-Sublayer-Definitionen. Demgegenüber ist der LLC-Sublayer unabhängig vom Zugriffsverfahren immer gleich beschrieben.

Dabei fügt LLC den Datenpaketen Verwaltungsinformationen zur Steuerungssicherung hinzu. Dazu fügt es einem von Layer-3-Protokollen zugestellten Datenpaket zwei jeweils 8 Bit lange Kennzeichnungen an: DSAP und SSAP, was so viel heißt wie Destination Service Access Point und Source Service Access Point, also: Zugangspunkt der Quell- und der Empfangsadresse. Zudem fügt LLC ein 8 oder 16 Bit langes Kontrollfeld mit Steuerungsinformationen an wie beispielsweise die Datenflusssteuerung.

Der IEEE-Standard 802.2 stellt zudem den Implementierungen 802.3, 802.4, 802.5 und 802.6 Verwaltungsfunktionen zur Verfügung.

6.2 Das Ethernet-Verfahren

Die Norm IEEE 802.3 regelt das ursprüngliche Ethernet-Verfahren. Bei dieser Norm handelt es sich um die Spezifikation eines Zugriffsverfahrens, also um die Klärung der Frage, wie die Endgeräte auf das Medium zugreifen und miteinander kommunizieren können. Die Normen dazu sind: IEEE 802.3, ISO 8802/3, DIN-ISO 8802-3.

Grundlage dafür ist das Datenformat, Frame genannt, welches unter 802.3 eingesetzt und allgemein als Ethernet-Frame bezeichnet wird. Dieses MAC-Frame für die effektive Versendung der Daten über die physikalische Leitung ist wie folgt aufgebaut.

Standardmäßig ist ein Ethernet-Frame 1518 Byte groß (mit der Ergänzung VLAN-Header 1522 Byte), von denen 18 Byte (VLAN: 22 Byte) für Header und Trailer reserviert sind. Für das Datenfeld stehen dann 1500 Byte zur Verfügung, von denen 46 Byte verwendet werden müssen, damit die Mindestrahmenlänge von 64 Byte zur Gewährleistung der Kollisionserkennung eingehalten wird (siehe CSMA/CD).

Neuere Komponenten unterstützen hierbei auch größere Frames, Jumbo Frames genannt. Diese Technologie ist allerdings nicht standardisiert. Jumbo Frames können 2 k, 4 k oder 8 k groß sein – allerdings funktioniert deren Aktivierung in einem Netzwerk nur dann, wenn sämtliche angeschlossenen Schnittstellen dieselbe Implementation und Größe unterstützen. Ansonsten wird das Frame von der ersten nicht unterstützenden Schnittstelle schlicht verworfen und muss als normales Frame noch einmal gesendet werden. Daher ist der Einsatznutzen solcher Jumbo Frames durchaus umstritten. Zudem sind Vorhaltespeicher (Buffer), Zwischenspeicher (Caches) und Warteschlangen (Queues) in Hardware- und Software-Komponenten alle auf die Standardgröße von Frames hin optimiert.

Vor der Übermittlung des eigentlichen Ethernet-Frames wird eine Präambel vorangestellt. Sie ist selbst nicht Teil des Frames, sondern steht, wie es der Name sagt, voran. Je nach Ethernet-Version ist die Präambel 64 Bit (DIX V2.0) bzw. 56 Bit (IEEE 802.3) lang. Ihr folgt der Start Frame Delimiter (SFD) mit der Bitkombination 10101011.

Jetzt folgt das eigentliche Ethernet-Frame. Es startet mit der MAC-Ziel- und der MAC-Quelladresse mit ihren 48 Bit, sprich je 6 Byte, danach folgen 2 Byte Typ und anschließend variabel zwischen 46 und maximal 1500 Byte an Daten. Abschließend folgen 4 Byte für die Fehlerkontrolle (CRC-Check). Das ergibt die 1518 Byte. Falls die VLAN-Header-Ergänzung dazukommt, stehen diese 4 Byte zwischen der MAC-Zieladresse und dem Typfeld.

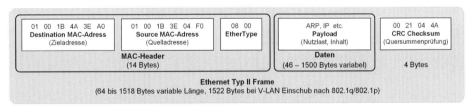

Abb. 6.1: Klassisches Ethernet-Frame (ohne VLAN-Header)

Da aber zum Beispiel ein IP-Paket bis zu 64 Kilobyte groß sein kann, würde es nicht in einen einzelnen Daten-Frame passen. Deshalb werden IP-Pakete vor der Übertragung zur Schicht 2 so zerlegt, dass sie in einen Daten-Frame passen. Diese Zerlegung wird Fragmentierung genannt. Über die Maximum Transmission Unit (MTU) kann in einem Netzwerkgerät auf OSI-Layer 3 die maximale Paketgröße eingestellt werden, die über ein Netzwerk übertragen werden kann, ohne dass das Datenpaket auf Layer 2 fragmentiert werden muss. Damit kann die Effizienz und Fehlerfreiheit der Datenübertragung beeinflusst werden.

Die einzustellende MTU entspricht dabei eigentlich der PMTU, das heißt der PATH MTU – also letztlich dem kleinsten gemeinsamen Nenner aller an der Verbindung angeschlossenen Geräte. Das kann dazu führen, dass die gemäß dem Ethernet-Paket vorgegebene Standard-MTU von 1500 Byte kleiner eingestellt werden muss, bei der Verwendung von VDSL beispielsweise empfehlen viele Provider, die MTU auf 1492 Byte herunterzustellen (bei PPPoE-Anschluss). Ansonsten werden die Pakete bei der Übertragung vom lokalen Netzwerk ins Internet zusätzlich fragmentiert. Das heißt, zumindest auf der WAN-Schnittstelle des DSL-Geräts muss die MTU angepasst werden.

Das standardisierte Sendeverfahren für 802.3 nennt sich CSMA/CD (Carrier Sense Multiple Access with Collision Detection). Zu Deutsch bedeutet dies: Alle Stationen haben Anrecht darauf, Daten über das Medium zu senden. Wenn es aber zu einer Kollision kommt, wird dies entdeckt und der entstandene Datenstau behoben.

Im Einzelnen läuft dieses Verfahren wie folgt ab:

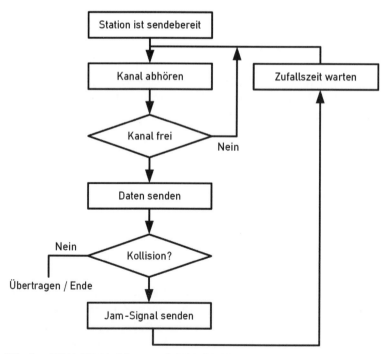

Abb. 6.2: CSMA/CD-Verfahren nach DIN ISO 8802-352

Die sendewillige Station im selben Segment (sogenannte Kollisionsdomäne) hört das Medium ab, bevor sie eine Übertragung startet. Findet sie das Medium frei, beginnt sie mit der Übertragung. Während der Übertragung hört die sendende Station das Medium weiter ab und übermittelt die Daten.

Die Sendestation bricht die Datenübertragung ab, falls sie eine Kollision feststellt, und startet nach einer durch die Backoff-Strategie festgelegten Wartezeit einen neuen Übertragungsversuch.

Nach dem Erkennen einer Kollision sendet sie zudem ein Jam-Signal. Dieses Signal stellt sicher, dass alle anderen Stationen im Netzwerk das Auftreten der Kollision registrieren und ihrerseits gemäß der Backoff-Strategie warten. Dies ist eine Vorsichtsmaßnahme, da es zu einer sicheren Kollision kommt, wenn mehrere Stationen während einer laufenden Übertragung sendebereit werden und unmittelbar nach Beendigung dieser Übertragung selbst zu senden beginnen.

Ein LAN, das mit CSMA/CD als Zugriffsverfahren arbeitet, wird eigentlich als Ethernet bezeichnet. Der Begriff »Ethernet« hat diese Definition aber überdauert, da das Verfahren sich seitdem sowohl weitgehend von CSMA als auch gänzlich von CD verabschiedet hat. Dies, um einerseits den immer höher werdenden Anforderungen an den Durchsatz gerecht zu werden und andererseits aufgrund der veränderten Komponenten. So setzt niemand mehr heute einen Hub für die Verbindung von PCs, sondern Switches. Im Einzelnen heißt dies:

Wird die Netzwerkschnittstelle auf Vollduplex eingestellt (was heute der Normalfall ist), wird das »CD« abgeschaltet. Die Kollisionsproblematik ist damit aber nicht verschwunden, sondern muss durch andere Maßnahmen gelöst werden, da jetzt alle Stationen gleichzeitig senden und empfangen. Daher setzt man zwischen den Endgeräten Switches ein, welche die Kollisionsdomäne auf zwei Geräte (Client und Switch) begrenzen. Damit entfällt auch das »CSMA«, da nur noch zwei Stationen direkt miteinander verbunden werden.

Dennoch ist CSMA nicht nur »alte Technologie«. So wird es bei verschiedenen Verfahren weiterhin eingesetzt, z. B. bei WLAN in der Form CSMA-CA.

Was zudem bis heute bleibt: Jede Station, die senden will, sendet (keine Steuerung), die Regulierung wird einfach anderen Geräten überlassen. Daher und vom Aufbau der Layer-2-Frames bleibt die Begrifflichkeit »Ethernet« auch über CSMA/CD hinaus für alle neueren Verfahren bestehen.

Im Folgenden werden die wichtigsten Ethernet-Varianten und deren Nachfolger kurz mit ihren Eckdaten vorgestellt. Alle diese Varianten unterliegen aufgrund des oben beschriebenen Verfahrens der Empfehlung, dass die durchschnittliche Netzlast in einer Kollisionsdomäne weniger als 40 % betragen sollte, da sonst zu hohe Verzögerungen durch Wartezeiten und Kollisionen auftreten.

Um die Unterschiede in Kategorien zusammenzufassen, hat das IEEE die folgenden Benennungskonventionen entwickelt:

Geschwindigkeit Typ Länge/Verkabelung

Die **Geschwindigkeit** verkörpert die Datenmenge in Mbps oder Gbps, die mithilfe dieses Standards in einer Sekunde übertragen werden kann. Der **Typ** definiert die Datensignalisierungsmethode (wie BASE für Basisband und BROAD für Breitband). Schließlich bezeichnet bei den älteren Standards die **Länge** die Maximallänge eines Segments in Einheiten von 100 Metern. Dieses Merkmal wurde bei neueren Standards durch Abkürzungen für den Kabeltyp ersetzt.

6.3 Von Fast Ethernet bis 100 Gigabit

Um der Entwicklung von Ethernet Rechnung zu tragen, wurden die entsprechenden technischen Erweiterungen an die 802.3-Spezifikation mittels zusätzlicher Zeichen angehängt: 802.3u für Fast Ethernet, 802.3ab für Gigabit-Ethernet usw.

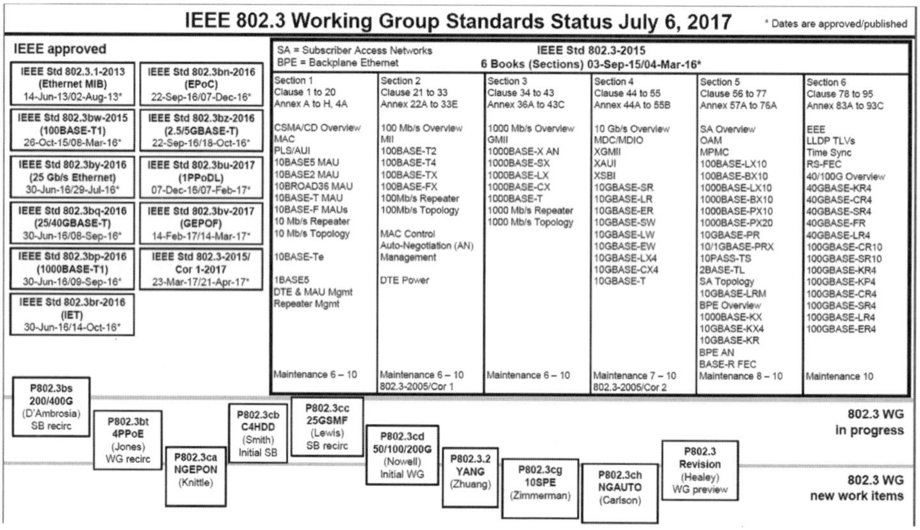

Abb. 6.3: Die Entwicklung des Ethernet-Standards bis heute (© IEEE-Website)

Alles zusammen steht in der aktuellen Fassung IEEE 802.3-2012. Dieses Dokument vereint die gesamte Norm in der aktuellen Fassung, allerdings bereits wieder mit Ergänzungen von 2013, 2014 und 2015. In ein oder zwei Jahren wird es somit wieder eine neue Fassung geben, die alles enthält. Wichtig: 802.3-2013 und folgende enthalten *nur* die Ergänzungen, 802.3-2012 alles bis dahin zu diesem Standard verabschiedete Material, wie man auch in nachstehender, von der IEEE selbst stammender Grafik gut ersehen kann:

Bei Fast- und Gigabit-Ethernet kommen Twisted-Pair- oder Glasfaserkabel, das standardmäßige MAC-Protokoll Ethernet sowie die Stern-Topologie zum Einsatz.

6.3.1 Fast Ethernet

Die Spezifikationen des Fast-Ethernet-Standards beinhalten Media Access Control (MAC), Media Independent Interface (MII), die physische bzw. logische Topologie und eine automatische Vereinbarung.

MII umfasst bei Fast Ethernet drei physische Spezifikationen:

- 100Base-T   Allgemeiner Standard, umfasst TX, T2 und T4
- 100Base-TX   Cat.-5-UTP- oder STP-Kabel für bis zu 100 Mbps über zwei verdrillte Adernpaare bis zu maximal 100 m
- 100Base-T4   Einsatz über ältere Cat.-3-Kabel mittels aller vier Adernpaare
- 100Base-FX   100 Mbps zweiadriges LWL-Multimode-Kabel, Entfernung bis 400 m, mit Repeater bis 2 km

6.3.2 Gigabit-Ethernet

Beim Gigabit-Ethernet gibt es unter anderem folgende Standards, die alle bis 1000 Mbps unterstützen:

- 1000Base-T   Cat.-5e- oder Cat.-6-Kabel, maximal 100 m Entfernung, unter Verwendung aller vier Doppeladern des Kabels!
- 1000Base-LX   Langwellige Glasfaser, Multi- oder Singlemode, bis 5000 m
- 1000Base-SX   Kurzwellige Glasfaser, Multimode, bis 500 m

6.3.3 Und schon folgen die 10 Gigabit/s

Die Nachfolger der Gigabit-Netzwerke sind in 802.3ae, 802.3ak und 802.3an spezifiziert. Diese neuen Standards definieren die Spezifikationen im 10-GBit/s-Bereich. Ähnlich wie bei obigen Spezifikationen geht es auch hier um Geschwindigkeit, Zugriff und Medien. Bekannt sind etwa 10GBase-T für eine Übertragung über achtadriges Kupferkabel. Die Norm 802.3ae definiert den 10GBase-Standard für Glasfaser. Seit 2016 existiert mit der Norm 802.3bz zudem ein »Zwischenschritt«, basierend auf bestehenden Verkabelungen der Kategorien 5e und 6 für bis zu 2,5 resp. 5 Gbps.

Sämtliche dieser Standards arbeiten ausschließlich im Fullduplex-Modus und mit 10 Gbps, aber je nach Medientyp auf unterschiedliche Distanz.

Kapitel 6
Die Standards der IEEE-802.x-Reihe

IEEE-Standard	Bezeichnung	Distanz	Modus
802.3ae	10GBase-ER	Bis 40 km	Singlemode
	10GBase-EW*	Bis 40 km	Singlemode
	10GBase-LR	Bis 10 km	Singlemode
	10GBase-LW*	Bis 10 km	Singlemode
	10GBase-LX4	240 und 300 m	Multimode
	10GBase-LW4	Bis zu 10 m	Singlemode
	10GBase-SR	26 bis 82 m	Multimode
	10GBase-SW*	26 bis 82 m	Multimode
	10GBase-SX	28 m	Multimode
802.3ak	10GBase-CX4	15 m	Kupferkabel
802.3an	10GBase-T**	100 m	Kupferkabel

* Die Typen 10GBase-EW, 10GBase-LW und 10GBase-SW entsprechen auf dem physischen Layer den entsprechenden 10GBase-nR-Standards, benutzen also auch die gleichen Fasertypen und erreichen die gleichen Reichweiten. Sie benutzen aber einen zusätzlichen WAN-Phy (Connector), um mit schnellen Sonet- bzw. SDH-Leitungen zusammenarbeiten zu können.

** Um die Link-Länge von 100 m zu erreichen, muss CAT6a verwendet werden (TIA/EIA 568). Die für 1000Base-T eingesetzten CAT6-Kabel erreichen nur die halbe Link-Länge (gemäß Norm 802.3an genau 55 m).

Tabelle 6.1: Der Standard 802.3ae

Bei der Übertragung von 10 Gbit/s über Kupferleitungen werden wie schon zuvor bei 1000Base-T alle vier Paare für die gleichzeitige Übertragung in beide Richtungen verwendet.

IEEE-Standard	Bezeichnung	Datenrate	Kabel
802.3	10Base-5	10 Mbps	Koax (Kupfer)
802.3a	10Base-2	10 Mbps	Koax (Kupfer)
802.3i	10Base-T	10 Mbps	TP-Kupfer
802.3j	10Base-FL	10 Mbps	LWL
802.3u	100Base-TX und FX	100 Mbps	TP-Kupfer, LWL
802.3z	1000Base-X	1000 Mbps	LWL
802.3ab	1000Base-T	1000 Mbps	TP-Kupfer
802.3ae	10GBase-ER /EW 10GBase-LR /LW 10GBase-SR /SW 10GBase-LX4	10 Gbps	LWL
802.3ak	10GBase-CX4	10 Gbps	Infiniband-Kupfer

Tabelle 6.2: Standards innerhalb der IEEE 802.3-Reihe

IEEE-Standard	Bezeichnung	Datenrate	Kabel
802.3an	10GBase-T	10 Gbps	TP-Kupfer

Tabelle 6.2: Standards innerhalb der IEEE 802.3-Reihe (Forts.)

Die Standards 802.3ae-2002 und 802.3ak-2004 wurden im Standard IEEE 802.3-2005 zusammengefasst. Dieser wiederum wurde mit weiteren Ergänzungen zum aktuellen Standard 802.3-2008 erweitert. Sie sehen also, diese Standards werden immer weiterentwickelt und aktiv gepflegt.

Unter dem Standard IEEE 1905.1-2013 wurden 2013 unter dem Begriff »Convergent Digital Home Network for Heterogeneous Technologies« unterschiedliche Spezifikationen für Ethernet in Verbindung mit anderen Technologien spezifiziert, namentlich darunter vertreten sind:

- Ethernet over HDMI (Nutzung mittels Konverter)
- Ethernet over PowerLine (siehe auch Abschnitt 4.1.6 zu Powerline)

6.3.4 Es werde schneller: 40 Gbps und 100 Gbps

Die Entwicklung macht keinesfalls Halt bei 10 Gbps-Ethernet. Die Standards für 40 Gbps und 100 Gbps sind bereits definiert, und zwar aktuell in der Erweiterung des Standards von 2015 in 802.3bm-2015.

So wird darin festgehalten, dass für Übertragungen in diesen Bereichen ab 100 Meter ausschließlich optische Fasern eingesetzt werden dürfen, in der Praxis fehlen aber gerade für 100-Gbps-Netzwerke Kupferkabel, die mehr als ein paar Meter weit für diese Übertragung geeignet sind.

Hier eine Übersicht über Standards aus dieser Serie:

IEEE-Standard	Bezeichnung	Datenrate	Kabel
802.3ba/bj/bm	40GBase-KR4	40 Gbps	Bis 1 m
	40GBase-CR4	40 Gbps	Bis 10 m
	40GBase-LR4	40 Gbps	Optisch, bis 10 km
	40GBase-SR4	40 Gbps	Gebündelt*, bis 100 m
	40GBase-ER4	40 Gbps	Gebündelt*, bis 40 km
	100GBase-CR10	100 Gbps	10 m, 10 Adernpaare
	100GBase-LR10	100 Gbps	Optisch, bis 100 m
	100GBase-LR4	100 Gbps	Optisch, bis 10 km
	100GBase-SR10	100 Gbps	Gebündelt*, bis 100 m
	100GBase-ER4	100 Gbps	Gebündelt*, bis 40 km

* Gebündelt heißt hier, es sind je 4 Singlemode-Fasern, die zusammen diese Geschwindigkeit über die Strecke ergeben.

Tabelle 6.3: Die aktuellsten Standards innerhalb der IEEE 802.3-Reihe

6.3.5 Power over Ethernet

Ebenfalls zur Familie der Ethernet-Standards gehört IEEE 802.3af, Power over Ethernet (PoE) genannt. Dieses Verfahren beschreibt, wie sich Ethernet-fähige Geräte über das Twisted-Pair-Kabel mit Energie versorgen lassen, sodass keine zusätzliche Netzversorgung notwendig ist. Dabei werden entweder die ungenutzten Adern der Leitung verwendet (Spare-Pair-Use) oder es wird zusätzlich zum Datensignal ein Gleichstromanteil über die vier verwendeten Adern übertragen (Phantom-Use). Entsprechend ausgelegte Geräte können mit 44 bsi 57 Volt, im Mittel mit 48 V und bis zu 15,4 Watt versorgt werden. Typische Anwendungen für diese Technologie sind etwa Webcams oder VoIP-Telefone, aber auch Access Points, Printserver und sehr sparsame Netbooks. Dazu wird jedes Gerät, das Strom via PoE benötigt, einer Leistungsklasse von 0 bis 3 zugeordnet.

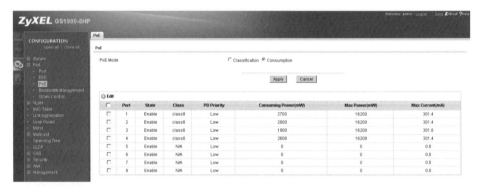

Abb. 6.4: PoE-Switch mit angeschlossenen Endgeräten und deren Verbrauch

Die Weiterentwicklung nennt sich PoE+ und ist in 802.3at spezifiziert. Dieser Standard kann bereits bis 30 Watt pro Port zur Verfügung stellen. Damit stehen mehr Möglichkeiten zum Anschluss verschiedener Endgeräteklassen zur Verfügung. Dazu kommt neu die Leistungsklasse 4 (jetzt also 0 bis 4), um Geräte mit 12,95–25,50 W zu versorgen. Dafür können auch nur Kabel der Kategorie 5 eingesetzt werden, keine Cat.-3-Kabel mehr wie unter 802.3af.

Der kommende Standard IEEE 802.3bt (auch 4PPoE) wird zwei neue Leistungsstufen, eingeteilt in Level, zur Verfügung stellen: 55 W (Level 3) über zwei Leitungspaare und 90 bis 100 W (Level 4) über alle vier Leitungspaare. Damit können dann auch ganze Arbeitsplätze mittels PoE versorgt werden.

Nicht zu vernachlässigen ist bei der Berechnung des Strombedarfs die eingesetzte Kabellänge. Bis zu 15 % kann der Verlust bei langen Kabeln (>50 Meter) betragen, nicht zu vergessen die Verlustleistung der angeschlossenen Geräte und Netzteile. Abhilfe kann hier ein PoE-Injector schaffen. Dieses kleine Gerät erlaubt es, auf der einen Seite ein Nicht-PoE-Netzwerkkabel anzuschließen, der Injector übernimmt dann die Stromversorgung (mittels eigenem Netzteil), und von dort weiter geht es via PoE-Kabel zum Endgerät. So können auch »normale« Switches weiter genutzt werden oder die PoE-Versorgung kann zielgerichtet genau dort eingesetzt werden, wo sie benötigt wird.

6.4 Dazu dienen VLANs

Ein virtuelles lokales Netz (Virtual Local Area Network, VLAN) stellt ein logisches Netzwerk innerhalb eines physischen Netzwerks dar. Sie finden dieses Thema an dieser Stelle, da die technische Realisierung zumindest teilweise im Rahmen von IEEE 802.1Q definiert ist, z. B. das Tagging, sprich die Art, wie die VLAN-Identifikation in ein Ethernet-Frame eingefügt wird.

Die Idee von VLANs kommt daher, dass durch den Einsatz von Switches große lokale Netzwerke entstehen können. Dies führt zu einer zunehmend schwieriger zu kontrollierenden Umgebung, sowohl was die Verwaltung benötigter (oder zu garantierender) Bandbreiten als auch was die Gewährung von Sicherheit im Netzwerk anbelangt.

Mit virtuellen Netzwerken kann hier Abhilfe geschaffen werden, indem das (große) physische Netzwerk wieder unterteilt werden kann – ohne neue Hardware zu benötigen. Anders gesagt: VLANs sind geswitchte Netze, die logisch segmentiert werden können. VLANs können ohne physikalische Veränderungen des Netzes eingerichtet werden. Es muss lediglich die Voraussetzung erfüllt werden, dass die Switches im Netzwerk VLAN unterstützen. Dazu benötigen Sie Switches, die verwaltbar sind und die eben z. B. 802.1Q unterstützen.

Die Vorteile von VLANs sind:

- Keine Verbreitung von Broadcasts über das gesamte Netzsegment mehr
- Einfache Abbildung der Organisationsstruktur auf die Netzwerkstruktur
- Unterstützung dynamischer Netzwerkumbildung
- Die räumliche Entfernung der Mitarbeiter spielt keine Rolle bei der Aufgabenverteilung oder Netzwerkzuteilung.
- Innerhalb von VLANs ist durch Mitgliedschaften kein Routing nötig.

Ein weiterer Vorteil von VLANs ist die Möglichkeit, einzelne virtuelle Netze zu priorisieren, um so die Bandbreite zu gewähren, z. B. für Dienste wie Sprache (für Voice over IP).

Es gibt unterschiedliche Möglichkeiten, um ein VLAN zu unterteilen, so z. B.:

- Portbasiertes VLAN (Switch-Ports)
- MAC-basiertes VLAN (angeschlossene Endgeräteadresse)
- Protokollbasiertes VLAN (Tagged VLAN)

Je nach Methode wird die Unterteilung anhand oben genannter Merkmale unterschiedlich vorgenommen.

Beim portbasierten VLAN wird die Zuordnung der Ports auf dem Switch selbst vorgenommen. Das heißt, die physischen Ports werden direkt zu verschiedenen Gruppen logischer Netze zusammengefasst und bilden statisch ein logisches Netz. Alle Ports im selben logischen Segment bilden damit eine Broadcast-Domäne – als hingen sie an einem physischen Switch. Dadurch erhalten sie nach wie vor alle Broadcasts – nicht aber alle Datenpakete (dann bildeten sie ja eine Kollisionsdomäne wie an einem Hub).

Kein Port kann in mehr als einem Netz sein. Durch den statischen Aufbau muss die Verbindung der Segmente über eine Routing-Funktion gewährleistet werden. Die VLAN-Verwaltung bleibt dabei auf einen einzelnen Switch beschränkt.

Ebenfalls statisch ist das MAC-basierte Verfahren. Hierbei werden aber nicht die Ports am Switch einem VLAN zugeordnet, sondern die MAC-Adressen der angeschlossenen Endgeräte.

Anders verläuft die Bildung von VLANs beim protokollbasierten Ansatz. Um verschiedene VLANs unterscheiden zu können, erhält jedes VLAN eine sogenannte Identifikation, eine ID. Dafür wird nach IEEE 802.1Q das Ethernet-Frame um 32 Bit erweitert. Davon sind 12 Bit zur Bestimmung der VLAN-ID reserviert, sodass insgesamt 4094 unterschiedliche VLANs möglich sind. Protokollbasierte VLANs sind wesentlich flexibler.

Damit man jetzt mehrere VLANs auf einem Switch oder über mehrere Switches verwalten kann, enthält jedes Datenpaket einen Tag [gesprochen: Täg] zur Identifikation, wodurch der Switch die Datenpakete einem logischen Netzwerk eindeutig zuordnen kann. Sind dann mehrere Switches miteinander verbunden, reicht eine einzelne Verbindung aus (Trunk Link), da die unterschiedlichen VLANs anhand des Tags identifiziert und auf den Switches den Netzwerken zugeordnet werden können. Endgeräte dagegen verstehen in der Regel diese Tags nicht, d.h., man stellt auf einem Trunk Port das Tagging ein, um mehrere VLANs zu verbinden, auf einem normalen Access Port dagegen stellt man das Tagging aus (untagged), da die Endgeräte das Datenpaket ohne Tag erhalten wollen.

Das heißt auch: Hat man nur ein VLAN an einem Switch, benötigt man kein Tagging. Es kommt erst dann zum Einsatz, wenn mehrere VLANs auf einem Switch verwendet werden sollen, damit der Switch die Pakete eben anhand des Tags dem jeweiligen VLAN zuordnen kann.

Wenn Sie nun an einem Switch ein VLAN konfigurieren möchten, müssen Sie jedem Port an diesem Switch drei Informationen mitgeben:

- Zu welchem VLAN gehört der Datenverkehr, der an diesem Port ankommt?
- Welche VLANs dürfen zum an diesem Port angeschlossenen Gerät kommunizieren?
- Braucht das an diesem Port angeschlossene Gerät die Information darüber, aus welchem VLAN der Datenverkehr stammt (tagged/untagged)?

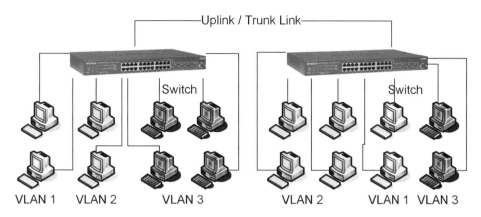

Abb. 6.5: Tagged VLANs (Uplink = Trunk Ports auf beiden Switches) in einem lokalen Netzwerk

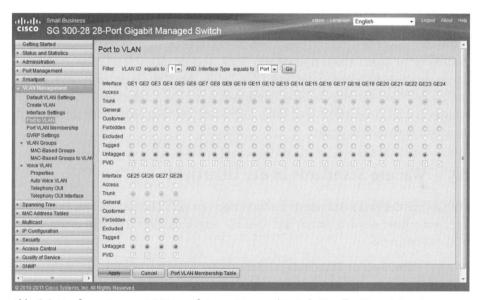

Abb. 6.6: Konfiguration von VLANs auf einem Managed Switch (Quelle: Cisco SG300)

Nicht zu vergessen ist dabei natürlich, dass Sie auch die IP-Adressierung einen Layer höher korrekt vergeben müssen. Wenn zum Beispiel ein Drucker Mitglied mehrerer VLANs ist, geht das nur, wenn der Drucker von allen Netzwerken her adressiert werden kann. Da dies dem Konzept der Separierung von Teilnetzen widerspricht, wird er entweder in einem übergeordneten Netzwerk adressiert oder über eine Routing-Funktion. Das wiederum kann auch Absicht sein, Stichwort Netzwerksicherheit. Es sei hier einfach erwähnt.

Zum Schluss noch ein paar Hinweise zur Sicherheit von VLANs. Managed Switches haben den Vorteil der Konfigurierbarkeit. Nutzen Sie diese – alle unbelegten

Ports auf dem Switch sollte man deaktivieren und ihnen ein unbenutztes VLAN zuweisen.

Aktive Ports, an denen ein Endgerät angeschlossen ist, sind so zu konfigurieren, dass sie kein Trunking akzeptieren. Das heißt, es wird nur das eine angeschlossene Endgerät mit seinen VLAN-Mitgliedschaften zugelassen.

Gerade hier sind aber auch die Hersteller in der Pflicht, da sie die Geräte oft eher unter dem Bequemlichkeits- denn unter dem Sicherheitsaspekt implementieren. Bekannt sind etwa von Cisco das Virtual Trunking Protocol (VTP), mit dem auf Cisco-Geräten VLANs konfiguriert und administriert werden können. VLANs werden auf dem VTP-Server eingerichtet und automatisch an die VTP-Clients propagiert. Ein Angreifer, der einen Rechner dazu bringen kann, eine solche 802.1Q-Negotiation zu starten, bekommt so Zugriff auf alle VLANs.

Und natürlich: Der Zugriff auf Konfigurationsschnittstellen muss mit einem Passwort gesichert werden, um unbefugtes Bearbeiten von Einstellungen zu verhindern.

Zudem ist es durch einen Einsatz von IEEE 802.1X möglich, zuzulassende Endgeräte durch Maschinenpasswörter oder Public-Key-Zertifikate zu identifizieren. Switch-Ports werden nur dann aktiviert, wenn an ihnen autorisierte Geräte angeschlossen sind. Dies bietet eine hohe Sicherheit bei vergleichsweise hohem Aufwand auf der anderen Seite.

6.5 Weitere Standards in der Übersicht

Die Gruppe der 802.x-Standards umfasst noch weitere Themen, die im Folgenden kurz aufgelistet werden, damit Sie über die abgehandelten Themen einen Überblick bekommen:

802.8   Verschiedene Standards im Bereich der Glasfasertechnik

802.11   Drahtlose Vernetzung → nächstes Kapitel

802.12   VG-Any-LAN, 100-Mbps-Standard, der sich nicht durchgesetzt hat

802.15   Drahtlose Personal Area Networks, u.a. Bluetooth → nächstes Kapitel

802.16   WiMax, drahtlose Weitverkehrsnetze

6.6 Strukturierte Verkabelung

Als Systeme der strukturierten Verkabelung bezeichnet man die Verkabelung von Netzwerk- und Telekommunikationsanlagen zwischen und innerhalb von Gebäuden. Sie folgt wie die bisher besprochenen Verkabelungen allgemeinen Standards, welche von ISO, CENELEC oder EIA/TIA festgelegt werden.

Die strukturierte Verkabelung kennt drei Stufen:

Primärverkabelung   Geländeverkabelung, Verbindung von Gebäuden

Sekundärverkabelung Gebäudeverkabelung, Stockwerkverbindungen

Tertiärverkabelung   Etagenverkabelung, Etagenverteiler bis Anschlussdose

Wir betrachten im Folgenden die wichtigsten Standards für die strukturierte Verkabelung der Gebäude- und Etagenverkabelung und die Komponenten, die man dazu benötigt.

Was aber sind die Ziele der strukturierten Verkabelung und deren Standards?

1. Leistung: Eine einheitliche standardisierte Infrastruktur, welche dadurch offen ist für eine breite Auswahl von Technologien. Dadurch ermöglicht sie für die Zukunft auch eine größtmögliche Offenheit gegenüber neuen Technologien. Und sie ermöglicht so eine optimale Leistungsfähigkeit.
2. Skalierung: Durch die Einhaltung einer standardisierten Verkabelung ist die Möglichkeit des Wachstums gegeben, d.h., eine standardisierte strukturierte Verkabelung ist skalierbar.
3. Unabhängigkeit: Eine strukturierte Verkabelung nach internationalen Standards erlaubt den Einsatz unterschiedlicher Systeme anstelle herstellerabhängiger, proprietärer Systeme.

Die strukturierte Verkabelung der sekundären und tertiären Stufe besteht aus folgenden Hauptkomponenten:

- Demarkationspunkt
- Backbone-Verkabelungen (vertikale Leitungen, Steigleitungen)
- Etagenleitungen (horizontale Leitungen, Stockwerkverkabelung)
- Verteilerraum (TK und Netzwerk)
- Arbeitsbereich

Die strukturierte Verkabelung beginnt am sogenannten Demarkationspunkt (englisch: demarc) und durchläuft von dort die Räumlichkeiten über einen oder mehrere Verteilräume bis hin zum Arbeitsbereich.

Der Demarkationspunkt bezeichnet die Anschlussstelle, an welcher die Kabel externer Provider an das lokale Netzwerk angebunden werden. Der Demarkationspunkt bezeichnet zugleich die Trennung der Verantwortlichkeiten: Auf der einen Seite liegt die Verantwortung bei Ihnen, ab dem Demarkationspunkt nach außen obliegt die Verantwortlichkeit dem Provider bzw. Tele-Carrier.

Vom Demarkationspunkt aus verbindet die Backbone-Verkabelung die Geräte- und Verteilerräume im ganzen lokalen Netz. Etagenkabel verbinden anschließend von den Verteilerräumen aus die Arbeitsbereiche mit dem Netzwerk.

Die EIA/TIA-Norm 569-A legt die Standards für den Demarkationsbereich fest.

Beim Anschlussgerät seitens des Providers kann es sich um eine Telefonanlage, ein Netzwerkgerät oder ein kombiniertes Anschlussgerät handeln. Abhängig von der Leitung wird dabei ein kupfer- oder ein lichtwellenleiterbasiertes Gerät angeschlossen. In der Regel befindet sich das Gerät im Besitz des Providers. Wenn das Gerät nicht nur elektrische bzw. optische Signale überträgt, sondern auch für Diagnosezwecke eingesetzt werden kann, treffen Sie auch auf den Begriff Smartjack oder Etherjack.

Vom Demarkationspunkt führt die Verkabelung in den Hauptverteilungsraum selbst. Auch hierzu formuliert die EIA/TIA-Norm 569-A wichtige Grundlagen.

Vom zentralen Verteiler aus werden über Backbone-Verbindungen die weiteren Verteiler (Zwischenverteiler und Stockwerkverteiler) mittels einer Stern-Topologie mit dem Hauptverteiler verbunden. Auf Englisch finden Sie, insbesondere im Zusammenhang mit der Installation der Telekommunikationsanlagen in der Gebäudeverkabelung, auch die Begriffe Group Distribution Frame und Intermediate Distribution Frame (IDF), auf Deutsch ist dagegen die Rede von Haupt- und Zwischenverteiler.

Die Backbone-Verkabelung umfasst Kabel, Zwischen- und Hauptverteiler, mechanische Anschlüsse und Patchkabel oder Patchfelder für Querverbindungen zwischen den Backbones. Backbone-Verkabelungen werden immer häufiger mit Glasfaser realisiert und der Übergang auf Kupfer wird dann im Übergang zur Horizontalverkabelung realisiert. Die maximalen Kabellängen für die Backbone-Verkabelung sind durch die jeweils verwendeten Kabelstandards definiert, sie sind aber oft wesentlich höher als bei vergleichbaren Kupferkabeln. Die Unanfälligkeit gegenüber elektromagnetischen Störungen und die hohen Geschwindigkeiten und Bandbreiten machen Glasfaser zu einem idealen Kandidaten für Backbone-Verkabelungen.

Jeder Teilbereich des Netzwerks mit Endgeräten, der danach von einem einzelnen Verteiler aus versorgt wird, nennt sich Arbeitsbereich. Dabei handelt es sich typischerweise um Stockwerke oder Teile von Stockwerken, je nach Gebäudegröße.

In Anlehnung an frühere Standards sollte die maximale Kabellänge eines solchen Verbindungskabels vom Verteiler bis zur Anschlussdose im Arbeitsbereich unter 90 Metern liegen. Diese feste Verkabelung vom Verteiler zum Arbeitsbereich wird auch Permanent Link genannt.

Der Standard TIA/EIA-568-A/B legt zudem fest, dass 5 Meter Patchkabel zur Verbindung von Patchfeldern mit Geräten im Geräteraum sowie weitere 5 Meter Kabel von der Wandanschlussdose zum Endgerät (Computer oder Telefon) verlaufen dürfen. Die Summe aus diesen insgesamt maximal 10 Metern Kabel und dem Permanent Link bezeichnet man dann als Channel Link. Damit beträgt die maximale Länge eines Channel Links 100 Meter: 90 Meter Permanent Link und 10 Meter Patchkabel.

Da die Kabelführung in einem Gebäude oft nicht gradlinig verläuft, bedeutet dies im Endeffekt, dass die maximale Reichweite vom Verteiler her nicht mehr als 50 bis 60 Meter beträgt, abhängig davon, wie die Gebäudeinfrastruktur aussieht. Dazu tragen auch Umstände bei wie der, dass man Kabel nicht einfach quer durch Räume, sondern an den Wänden entlang verlegt, oder dass die Kabel in Kabelschächten und -kanälen verlegt sind, welche der Gebäudeeinteilung folgen.

Zur Verdrahtung der Anschlusskabel an die Verteiler werden in der Regel Patchfelder eingesetzt. Dies erlaubt ein flexibles Anpassen vorhandener Kabel an wechselnde Anforderungen. Achten Sie darauf, dass die Patchfelder einheitlich aufgebaut werden (568-A oder -B, UTP oder STP, Glas)

Damit die durch die strukturierte Verkabelung ermöglichte Skalierbarkeit optimal genutzt werden kann, empfiehlt es sich, bei der Erstinstallation mit genügend Reserve an Kabeln zu arbeiten.

Hierzu eine letzte, praktische Überlegung: Da Sie in aller Regel in den Arbeitsbereichen mehr Anschlussdosen einrichten, als gerade benötigt werden, ist es sicherheitstechnisch sinnvoll, im Verteilerraum nur diejenigen Dosen zu patchen, die aktuell benötigt werden – dies ist eine einfache Methode, um ein einfaches »Einklinken« ins Netzwerk zu unterbinden.

> **Wichtiger Hinweis**
>
> An dieser Stelle der strukturierten Verkabelung unterscheidet sich die Prüfung N10-007 in der deutschen und der englischen Fassung. Auf Englisch können Ihnen hier Fragen zu Begriffen wie »110-Block« oder »66-Block« begegnen, die in der deutschen Prüfung nicht auftreten. Diese Begriffe bezeichnen bestimmte Anschlüsse, sogenannte Patchfelder, welche für den Anschluss von Telefon- und Datennetzen in Gebäuden verwendet werden. Auch der »25-pair«-Standard gehört zu diesen Stichworten. Diese Installationen sind zwar in den USA weit verbreitet, haben aber in Europa keine Bedeutung, weshalb sie in der deutschen Prüfung eliminiert wurden. In Europa spricht man in diesem Zusammenhang einfach von Patchfeldern. Wenn Sie das Thema dennoch interessiert, verweise ich Sie hierzu auf die englischen Seiten von Wikipedia.

6.7 Fragen zu diesem Kapitel

1. Wie groß ist die maximale Nutzlast (Payload) eines Ethernet-Frames?

    A. 1024 Bytes

    B. 1492 Bytes

    C. 1500 Bytes

    D. 1522 Bytes

2. Welches Übertragungsmedium wird bei 10GBase-SR eingesetzt?

    A. UTP

    B. LWL

    C. S-FTP

    D. STP

3. Ein Netzwerk mit zahlreichen Anschlüssen benötigt kleinere Broadcast-Domänen, um den Verkehr zu reduzieren, und das mit einem kleinen Budget. Was werden Sie unternehmen?

    A. Sie bilden portbasierende VLANs.

    B. Sie installieren mehr Hubs.

    C. Sie ordnen jedem Gerät eine fixe IP zu.

    D. Sie installieren mehr Switches.

4. Im Zusammenhang mit Ethernet wird welche Abkürzung verwendet?

    A. CCD

    B. CD/TX

    C. 802.4

    D. CSMA/CD

5. Welcher Netzwerkanschluss benötigt einen SC-Stecker?

    A. 10Base-F

    B. 100Base-T4

    C. 1000Base-C4

    D. 1000Base-SX

6. Wenn Sie zwei Switches miteinander verbinden, welches Protokoll wird eingesetzt, um unterschiedlichen VLAN-Verkehr gebündelt über dieselbe physikalische Leitung zu senden?

    A. Port-Trunking

    B. 802.1Q

    C. 802.2

    D. 802.1x

7. Auf welches proprietäre Protokoll setzt Cisco zur Verbreitung von Informationen in VLANs?

    A. VTP

    B. VRRP

    C. VTC

    D. SPB

8. Welche Technologie ist am besten geeignet für einen Einsatz einer Punkt-zu-Punkt-Verbindung von rund 6 km Distanz?

    A. 10GBase-T

    B. 10GBase-ER

    C. 10GBase-SR

    D. 10GBase-LR

9. Welchen Kabeltyp setzen Sie bei 10GBase-T ein?

    A. Twisted Pair

    B. Koaxialkabel

    C. Glasfaser

    D. FDDI

10. Welche Gigabit-Ethernet-Standards erfordern die Verwendung von Lichtwellenleitern? Wählen Sie alle zutreffenden aus.

    A. 1000Base-T

    B. 1000Base-LX

    C. 1000Base-SX

    D. 1000Base-F

    E. 1000Base-CX

Kapitel 7

Netzwerk ohne Kabel: Drahtlostechnologien

Jahrhundertelang wurden Nachrichten drahtlos über große Distanzen übermittelt – von den Rauchzeichen über den optischen Telegrafen bis zum ersten Autotelefon.

Wenn jetzt das Thema drahtloser Netzwerke folgt, dürfen Sie nicht vergessen, dass längst nicht alles Kabel war, was wie Datenübermittlung ausgesehen hat. So modern ist das Thema dann doch nicht.

Trotzdem haben die letzten Jahre im Bereich der drahtlosen Datenübertragung große Fortschritte gebracht. Schlagworte wie das Personal Area Network, Wearables oder Standards wie 802.11ac bringen neue Begriffe in die bisherige Netzwerkterminologie und zuweilen auch in den alltäglichen Sprachgebrauch.

> Sie lernen in diesem Kapitel:
> - Die Grundlagen von drahtlosen Netzwerken kennen
> - Die Standards für WLAN unterscheiden
> - Die aktuellen Standards für WLAN beschreiben und verstehen
>   - 802.11n
>   - 802.11ac
> - Den Aufbau eines WLAN verstehen
> - Die Konfiguration eines WLAN verstehen und umsetzen
>   - Identifikation und Performance
>   - Sicherheitseinstellungen
> - Verschiedene andere Ansätze drahtloser Kommunikation kennen
>   - Kommunikation über Satellit oder Radar
>   - Bluetooth, RFID und NFC

Zudem werden Sie sehen, dass dieser Bereich trotz aller Fortschritte noch immer weiteres Potenzial bietet für künftige Entwicklungen.

7.1 Wenn sich das LAN plötzlich WLAN nennt

Ein lokales Netzwerk, LAN genannt, kann nicht nur über Kabel aufgebaut werden, sondern auch über drahtlose Kommunikation, sei es als Erweiterung des verkabelten Netzwerks oder als eigenständige drahtloses Netzwerk. Dieses »drahtlos«, in Englisch »wireless« genannt, verschafft uns den Begriff WLAN.

Die folgenden Organisationen treffen Sie in Zusammenhang mit dem Thema WLAN in unterschiedlicher Funktion an, je nach ihrer Aufgabe, entweder in der Entwicklung, der Standardisierung oder auch der gesetzlichen Regelungen.

Organisation	Funktion bzw. Rolle, die sie wahrnimmt
IEEE	Gremium zur Entwicklung der Standards unter 802.11 unter Berücksichtigung der staatlichen Regulationen
Wi-Fi Alliance	Industriekonsortium, das sich um die Interoperabilität verschiedener Standards durch das »Wi-Fi certified«-Programm kümmert
ITU-R	Weltweit tätige Organisation zur Standardisierung von Radiowellen, insbesondere auch zur Verwaltung von Frequenzen
BAKOM	Schweizer Bundesamt für Kommunikation, zuständig für die nationale Verwaltung von Frequenzen, die Zuteilung von Frequenzbändern und im Bereich 802.11 für die Festlegung der zulässigen Sendestärken für Indoor- und Outdoor-WLAN
BNetzA	Bundesnetzagentur, in Deutschland und Österreich zuständig, Tätigkeit siehe oben
FCC	Die entsprechende amerikanische Regulierungsbehörde

Tabelle 7.1: Beteiligte Organisationen im Zusammenhang mit der Entwicklung von WLAN

WLAN nutzt Frequenzbänder im Bereich von 2,4 GHz und 5 GHz. Diese Frequenzbereiche sind lizenzfrei zugänglich und werden für Forschung und Industrieanwendungen genutzt, daher auch die Bezeichnung »ISM-Band« (Industrial, Scientific, Medical). Damit diese privaten Netzwerke sich nicht gegenseitig stören, erteilen die verschiedenen Regulierungsbehörden Vorgaben, in welchem genauen Frequenzbereich und mit welcher Sendeleistung diese Netzwerke eingesetzt werden dürfen.

Die gesetzlich (!) zulässige effektive Strahlungsleistung (EIRP) beträgt in Deutschland und der Schweiz für 802.11 b/g/n-Netzwerke 100 mW (2,4 GHz-Bereich) bzw. bei 802.11a/n-Netzwerken 200 mW (5 GHz-Bereich) bzw. 1000 MW mittels verschiedener noch zu besprechender technischer Vorkehrungen. Dies lässt eine durchschnittliche Reichweite von 30 bis 100 Meter Reichweite auf freier Fläche erwarten. Einige WLAN-Geräte erlauben den Anschluss einer externen Antenne. Mit externen Rundstrahlantennen lassen sich bei Sichtkontakt bis zu 300 Meter im Freien überbrücken. Im Vergleich dazu: Ein Mobiltelefon hat eine Strahlungsleistung von 1000 bis 2000 mW.

7.1 Wenn sich das LAN plötzlich WLAN nennt

Das Thema Strahlenbelastung beschäftigt dennoch viele Menschen. Dazu zitiere ich im Folgenden den Text, den das BAG, das schweizerische Bundesamt für Gesundheit dazu öffentlich zugänglich gemacht hat:

»*Wie stark die Geräte strahlen, hängt von der Sendeleistung und dem jeweiligen Datenverkehr ab. Die Strahlung ist bei maximalem Datenverkehr am größten. Sie nimmt mit dem Abstand zum Sender schnell ab. Sie ist auch bei maximaler Sendeleistung und maximalem Datenverkehr in einer Entfernung von 20 cm 10-mal kleiner und in 1 m Abstand 40-mal kleiner als der empfohlene Grenzwert.*

Ob die elektromagnetischen Felder von WLANs ein gesundheitliches Risiko darstellen, ist im Moment nicht bekannt. Die Strahlung von WLAN-Geräten ist im Allgemeinen klein, ein vorsorglicher Umgang ist vor allem bei der körpernahen Anwendung von WLAN wie bei Laptops, elektronischen Agenden oder Internet-Telefonen sinnvoll. Personen, die im Sinne einer persönlichen Vorsorge die elektromagnetischen Felder in ihrer Wohnung oder am Arbeitsplatz klein halten möchten, raten wir:

- *Das WLAN nur einschalten, wenn es gebraucht wird. Insbesondere beim Laptop ist es sinnvoll, das WLAN auszuschalten, weil sonst immer wieder nach einem Netz gesucht wird, was unnötige Strahlung verursacht und die Batterie entleert.*
- *Den Laptop während der WLAN-Verbindung nicht am Körper halten.*
- *Den Access Point möglichst einen Meter entfernt von lang besetzten Arbeits-, Aufenthalts- oder Ruheplätzen installieren.*
- *Den Access Point zentral platzieren, damit alle zu versorgenden Geräte einen guten Empfang haben.*
- *Falls eine Leistungsregelung möglich ist, sollte beim Access Point die Sendeleistung entsprechend dem zu versorgenden Gebiet optimiert werden.*
- *Ein WLAN-Sender darf nur mit einer vom Hersteller dafür bestimmten Antenne betrieben werden. Wird eine nicht passende Antenne mit zu großem Antennengewinn verwendet, kann die maximal erlaubte Sendeleistung überschritten werden.*
- *Für WLAN-fähige Handys, die für die Internet-Telefonie verwendet werden, gelten die Maßnahmen des BAG zur Reduktion der Strahlenbelastung beim Handy-Telefonieren.*«

(Quelle: http://www.bag.admin.ch/themen/strahlung/00053/00673/03570)

7.1.1 Unterschiedliche Übertragungsverfahren

WLAN nutzen zur Übertragung verschiedene Verfahren der Spreizbandtechnik, mit einer Ausnahme. Die Ausnahme sind die Schmalband-Mikrowellen-Netze, die, wie der Name schon sagt auf die Schmalbandtechnik zur Übertragung setzen.

Die Spreizbandtechnik-Verfahren sind:

- Direct Sequence Spread Spectrum (DSSS)
- Frequency Hopping Spread Spectrum (FHSS)
- Orthogonal Frequency-Division Multiplexing (OFDM)

Die Spreizbandtechnik basiert darauf, dass das Signal über mehrere Frequenzbänder gespreizt wird, um mehrere Signalträger zu nutzen zu können und so die Einwirkungen von Störungen auf den effektiven Datenstrom zu reduzieren. Dies soll zudem das Abhören erschweren und die Übertragung stabilisieren.

Beim Direct Sequence Spread Spectrum wird jedes Bit des Daten-Frames durch mehrere Bits im übertragenen Signal dargestellt. Durch eine Verschlüsselung mittels Zufallscode ist nur dem Sender und dem Empfänger bekannt, wie die Bits wieder zusammengehören.

Beim Frequency Hopping Spread Spectrum wird derselbe Vorgang statt durch Bitverteilung durch Frequenzverteilung erzeugt. Der Datenstrom wird über ein ständig die Frequenz wechselndes Trägersignal moduliert. Der Wechsel wird dabei algorithmisch berechnet, wobei nur dem Sender und dem Empfänger der Algorithmus bekannt ist.

Bei ODFM werden die Nutzdaten zunächst auf mehrere kleinere Teilströme verteilt und für sich moduliert. Anschließend werden die modulierten Teilströme addiert und übertragen. »Orthogonal« bezeichnet dabei die Eigenheit des Modulationsverfahrens. Es überführt breitbandige Signale in schmalbandige, im Funkraum orthogonal zueinander stehende Signale, welche über eine Vielzahl von Unterträgern versetzt zueinander moduliert werden. Dadurch sinkt die Anfälligkeit auf Störungen des Gesamtdurchsatzes bei Beeinträchtigung eines einzelnen Unterträgers. Auf der anderen Seite ist dieses Verfahren auch der Grund für den Umstand, dass die Empfänger idealerweise in einem rechten Winkel zum Sender stehen, um die einzelnen Signalträger aus der Übertragung separieren und anschließend wieder demodulieren zu können.

Chronologisch begann 802.11 mit FHSS, darauf folgten 802.11b und 802.11g mit DSSS. 802.11a wie auch 802.11g (dieser Standard kann also beides nutzen) beherrschen das bis heute aktuellste Übertragungsverfahren OFDM. Das gilt ebenso für die beiden Standards 802.11n und 802.11ac. Sie finden diese Informationen auch bei der Erläuterung der IEEE-Standards in der Tabelle 7.2.

Die als Ausnahme genannte Schmalbandtechnik nutzt dagegen den Frequenzbereich von 5,775 GHz sowie den Schmalbandmikrowellenbereich von 18,8 GHz bis 19,2 GHz. Die Anwendung beider Technologien unterliegt damit öffentlich-rechtlichen Bestimmungen und ist nicht geeignet für private Netzwerke.

Unabhängig von der eingesetzten Frequenztechnologie wird in einem Funknetzwerk das Netz durch Zellen ausgedehnt. Eine Funkzelle besteht im Minimum aus einem Sender/Empfänger-Paar und wird als der Raum definiert, in dem alle Sender und Empfänger dieselbe Frequenz und/oder denselben Code benutzen. Je nach Ausdehnung der einzelnen Funkzellen unterscheidet man zwischen Pico-Funkzellen, Mikro-Funkzellen und Makro-Funkzellen.

Pico-Funkzelle — Pico-Funkzellen sind die kleinsten Funkzellen mit einer Ausdehnung von maximal 100 Metern. Sie werden primär bei Inhouse-Anwendungen sowie im Grundstücksbereich eingesetzt: bei schnurloser Telefonie (CT3 und DECT) und bei WLAN. Alle WLANs bilden entsprechend Pico-Funkzellen.

Mikro-Funkzellen — Die Mikro-Funkzellen arbeiten in Mobilfunk- und DECT-Systemen mit einer Ausdehnung von rund 100 Metern bis zu 2 Kilometern. Sie werden vorwiegend in Ballungsgebieten sowie in großen Gebäuden und stark frequentierten Anlagen wie Bahnhöfen, Messehallen, Flughäfen und Stadien eingesetzt. Außerdem werden sie in hügeligen und gebirgigen geografischen Gebieten eingesetzt, in denen eine Makro-Funkzelle durch Funkschattenbildung nicht in das komplette Versorgungsgebiet ausstrahlen kann.

Makro-Funkzellen — dienen im Mobilfunk zur Versorgung großer geografischer Bereiche. Sie haben eine Ausdehnung von einigen wenigen Kilometern bis hin zu etwa 50 Kilometern. Eine Makro-Funkzelle kann zur besseren Ausleuchtung des Versorgungsbereiches durch Mikro-Funkzellen unterstützt werden.

7.1.2 Die Verbindungsarten eines WLAN

Es gibt verschiedene Möglichkeiten, ein WLAN zu verbinden, entweder als Punkt-zu-Punkt-Verbindung oder als Punkt-zu-Mehrpunkt-Verbindung mittels eines oder mehrerer zentralen Sender.

Ad-Hoc-Netzwerk (IBSS)

In einem Ad-hoc-Netzwerk kommunizieren einzelne Endknoten wie z.B. Notebooks direkt miteinander. Die verbundenen Geräte bilden eine eigene Funkzelle mittels direkter Punkt-zu-Punkt-Verbindungen. Ein einzelner Endknoten kann mehrere dieser Verbindungen aufrechterhalten, und es können jederzeit neue Endknoten zur Funkzelle hinzukommen. Ein solches Netzwerk nennt sich IBSS (Independent Basic Service Set) und kommt ohne zentralen Station aus.

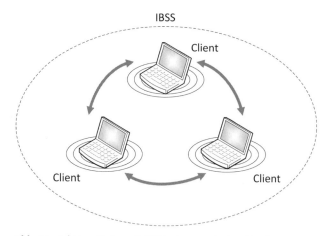

Abb. 7.1: Ad Hoc Netzwerk IBSS ohne zentralen Sender

Die Reichweite eines Ad-hoc-Netzwerks ist aufgrund der kleineren Sendeleistung nicht sehr groß, da ja keine dedizierte Sendestation verwendet wird. Der größte Nachteil des Ad-hoc-Netzwerks besteht aber darin, dass es in sich geschlossen ist und daher nicht mit anderen bestehenden lokalen Netzwerken verbunden werden kann.

Infrastrukturnetzwerk (BSS)

Um bestehende lokale Netzwerke durch ein drahtloses Netz zu erweitern oder um eigenständige drahtlose Netze zu bauen, die sich mit anderen Netzwerkwerken verbinden können (Stichwort: Internet), benötigt man die sogenannte Infrastrukturmethode. Hier vermittelt eine Basisstation (Access Point) zwischen den Endgeräten und dient als Sende- und Empfangsstation. Die Reichweite des Netzwerks wird dadurch bedeutend größer, weil ein Endgerät nur noch den Access Point erreichen muss, um mit anderen Endgeräten in Verbindung zu treten. Jede Funkzelle benötigt mindestens einen Access Point.

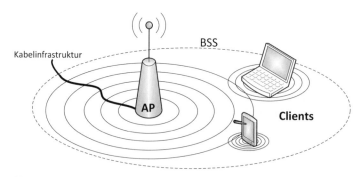

Abb. 7.2: Infrastruktur-Netzwerk BSS mit zentralem Sender

Bei Netzwerken mit Access Points gibt es aber ebenso unterschiedliche Möglichkeiten. Wenn Sie ein einfaches WLAN mit einem einzigen Access Point einrichten, nennt sich dies BSS (Basic Service Set. Normalbetrieb des WLAN).

Erweitertes Infrastrukturnetzwerk (ESS)

Sie können aber auch mehrere solcher BSS-Zellen miteinander verknüpfen, so dass der Empfänger auch wenn er sich von einer Zelle zur nächsten bewegt, im selben Netzwerk verbunden bleibt. Dies nennt sich, wie beim mobilen Telefonieren auch, Roaming. Dieses verknüpften BSS-Zellen werden dann zur einer ESS (Extended Service Set) und bestehen in der Regel aus zentral verwalteten Access Points, welche die notwendigen Informationen an die BSS-Zellen senden und aktualisieren. Zur Verwaltung mehrerer Access Points existiert, zumindest im Cisco-Umfeld, auch ein eigenes, mittlerweile in RFC 5412 standardisiertes Protokoll namens LWAPP (Lightwight Access Point Protocol). Mit diesem Protokoll werden entsprechend LWAP durch einen Controller verwaltet. Auch andere Hersteller bieten heute verwaltete Netzwerke an, setzten dafür aber nicht auf LWAPP, sondern entweder auf das »normale« IP oder eigene Verfahren. Die Verwaltung von Access Points für größere WLANs ist aber für viele Hersteller heute ein aktuelles Thema, für das sie Lösungen anbieten können.

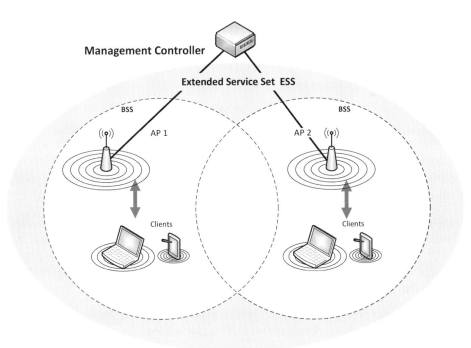

Abb. 7.3: Verknüpftes Netzwerk mit mehreren Sendestationen ESS

Zudem ist es für größere Netzwerke möglich, VLAN-Pools zu bilden, um verschiedene Netzwerke für unterschiedliche Nutzergruppen innerhalb einer ESS zu betreiben.

Ein dritter Ansatz zur Bildung größerer WLAN mit Roaming und großer Abdeckung ist die Channel-Blanket-Technologie (CB). Hierbei werden nicht einzelnen gebildet oder verbunden, sondern verschiedene Schichten. Durch den Einsatz von Access Points mit mehreren Sendern können so unterschiedliche Netzwerke gleichzeitig unterhalten und auch unterschiedliche Nutzergruppen eingesetzt werden. Klassische Einsatzgebiete für CB-WLAN sind großflächige Ausbauten wie Sportstadien, öffentliche Plätze oder große Hotels und Spitäler.

7.1.3 Wie verbinden sich Sender und Empfänger?

Unabhängig von der Aufbaumethode benötigt jedes WLAN eine eindeutige Identifikation, die Service Set Identification, kurz SSID genannt. Beim Ad Hoc-Netzwerk muss jede Station dieselbe SSID selber eintragen.

Beim Infrastrukturnetzwerk wird die SSID vom Access Point ausgesandt und die Station erkennt diese und trägt sie als Verbindung ein. Die SSID wird zusammen mit der MAC-Adresse als Management-Frame vom Access Point ausgesandt. Das Frame wird auch Beacon-Frame genannt (frei übersetzt Signalfeuer).

Der Access Point kann für einen gültigen Verbindungsaufbau zusätzliche Sicherheitsmerkmale wie eine Verschlüsselung oder Authentifizierung vom sich anmeldenden Client anfordern. Dadurch werden infrastrukturgestützte Netzwerke sicherer als Ad-hoc-Netzwerke.

Als Protokoll auf Layer 2 wird dabei das CSMA/CA-Verfahren, also ein Ethernet-Verfahren eingesetzt. Das CA bedeutet hier, dass nicht einfach drauflos gesendet wird mit dem Risiko einer Kollision, sondern dass die sendende Station zuerst überprüft, ob der Sendekanal frei ist und so ein gleichzeitiges Senden verhindert, darum CA, Collision Avoidance. Hierbei wird im Header des Datenpaketes eine Dauer (Duration) mitgesandt, damit andere Stationen wissen wie lange sie warten müssen.

Optional kann bei großen Datenmengen vor dem Versenden der eigentlichen Daten ein RTS-Frame (Request To Send) versandt werden, das der Empfänger mit einem CTS-Frame (Clear To Send) beantwortet. Stationen in der Nähe nehmen dies zur Kenntnis und wissen, dass sie solange nicht senden können, wie die Datenüber-tragung nach diesem Signalaustausch andauern wird.

Zudem kann im WLAN nicht gleichzeitig gesendet und empfangen werden, das Verfahren arbeitet als Funktechnik im Halbduplex-Modus.

Wichtig ist für eine erfolgreiche Kommunikation zudem, dass Sender und Empfänger denselben Standard unterstützen, damit sie am WLAN teilnehmen können. Und damit kommen wir zu den Standards.

7.2 Standards für drahtlose lokale Netzwerke

Der IEEE-Arbeitskreis 802.11 definiert seit 1996 Standards für Wireless LAN (WLAN). Eine Gruppe beschäftigt sich mit der Definition der physikalischen Schicht von Wireless LANs wie z. B. den Modulationsmethoden, eine andere definiert die Protokolle für den Medienzugang.

Der Standard 802.11 definiert die physikalische Schicht (PHY) und die MAC-Schicht (WMAC). In den ursprünglich ausschließlich eingesetzten 2,4 bis 2,483 GHz breiten Frequenzträgern standen über das FHSS-Verfahren 79 Kanäle mit je 1 MHz zur Verfügung. Typische Vertreter dieser Sendetechnik waren die ersten WLAN-Sets Ende der 90er-Jahre mit 2 Mbit/s Übertragungsraten, etwa das Gigaset von Siemens.

7.2.1 Die Standards IEEE 802.11a/b/g

1999 wurden zwei Standards auf den Markt gebracht. Zum einen der Standard IEEE 802.11a, welcher Übertragungsraten bis 54 Mbps zuließ.

Da dieser aber im (in Europa von der öffentlichen Hand verwalteten) 5-GHz-Band arbeitet, wurde er in Europa vorerst verboten und erst nach Einrichtung eines zweiten ISM-Bandes im Frequenzbereich von 5,15 GHz bis 5,725 GHz im Jahre 2003 zur Nutzung freigegeben.

Demgegenüber wurde IEEE 802.11b im für WLAN bereits im Einsatz stehenden 2,4 GHz-ISM-Band entwickelt. Daher gab es international auch keine Komplikationen wie bei IEEE 802.11a und der Einsatz erfolgte »weltweit«. Allerdings brachte es 802.11b gegenüber 802.11a lediglich auf 11 Mbps Datendurchsatzrate.

Dafür brachte dieser Standard auch erste Sicherheitsmerkmale wie die WEP-Verschlüsselung (Wired Equivalent Privacy) mit sich, was verhindern sollte, dass andere Stationen die Signale abhören und entschlüsseln können.

Dabei können sich die exakten verfügbaren Frequenzen für die Nutzung von 802.11b je nach Land oder Region unterscheiden. In den USA und Europa stehen nicht dieselben Frequenzbereiche zur Verfügung und selbst innerhalb Europas bestimmen Länder wie Frankreich oder Italien eigene Regelungen.

Nach 802.11b erarbeitete die IEEE einen zu 802.11b kompatiblen, aber schnelleren Standard, der sich 802.11g nannte, 2003 standardisiert wurde und bis Ende 2009 den am meisten verbreiteten Standard für drahtlose Netzwerke bildete. Er ermöglichte ebenfalls eine Durchsatzrate von bis zu 54 Mbps, und dies im 2,4 GHz-Band.

IEEE 802.11h ist die »Harmonisierung« des Standards 802.11a für europäische WLAN-Anwendungen. Im Gegensatz zu 802.11a setzt dieser Standard die Fähigkeiten DFS (Dynamic Frequency Selection, Dynamisches Frequenzwahlverfahren) und TPC (Transmission Power Control, Steuerung der Übertragungssendeleistung) voraus, um andere in Europa tätige Dienste im 5-GHz-Band wie militärische Radarsysteme sowie Satelliten- und Ortungsfunk nicht zu stören. 802.11h bildet daher keinen eigenständigen Standard ab sondern stellt eine Ergänzung zu 80.11a für Europa dar.

Bald nach Einführung von 802.11g begannen verschiedene Hersteller mit proprietären Weiterentwicklungen um die 100 Mbps-Schallmauer zu durchbrechen. Dies erhöhte den Druck auf die IEEE mit neuen, leistungsfähigeren Standards dem Wildwuchs entgegen zu treten. Doch es sollte sechs Jahre und viele Entwürfe lang dauern bis ein neuer Standard verabschiedet werden konnte.

7.2.2 Die Gegenwart: IEEE 802.11n und 802.11ac

In in der ersten Auflage dieses Buchs im Jahr 2008 schrieb ich an dieser Stelle über den Draft (Entwurf) von IEEE 802.11n und den Problemen, die daraus entstehen, dass viele Geräte bereits mit dieser Technologie ausgerüstet werden, obwohl der Standard noch gar nicht verabschiedet sei. Denn kaum waren die ersten Entwürfe (Draft 1.0, Draft 2.0) zu IEEE 802.11n auf dem Reißbrett, wurden bereits Geräte mit der Bezeichnung Draft auf den Markt gebracht. Und längst nicht alle Geräte mit Draft-Status wurden danach in den Standard überführt.

IEEE 802.11n hat sich aber in den letzten Jahren gut etabliert, auch wenn mit IEEE 802.11ac bereits dessen Nachfolger bereit steht und seit Ende 2013 auch als Standard offiziell verabschiedet worden ist.

802.11n und MIMO

Der Standard IEEE 802.11n nutzt zur Datenübertragung eine Technik, welche Multiple Input Multiple Output (MIMO) genannt wird. Diese setzt zwei bis maximal vier Antennen jeweils zum Senden oder Empfangen ein. Allerdings verfügen längst nicht alle Access Points über 4+4 Antennen, geschweige denn die Clients, bei denen Sie froh sein können, wenn Sie über 2+2 Antennen verfügen. Und ja, Sie lesen richtig, eine Antenne sendet oder empfängt, sie tut nicht beides. Wenn Sie also einen MIMO-Access Point mit 4+4 Antennen einsetzen und daneben ein Notebook mit 2+2 oder ein Smartphone mit 2+1 Antennen besitzen, werden Sie die »theoretische« Leistung des Access Points nicht erreichen können – aber finden Sie zuerst einmal zuverlässig heraus, wie viele Antennen Ihr Gerät aufweist...

Die Übertragungsraten

Das Verfahren MIMO ermöglicht es, einen Funkkanal im selben Frequenzbereich räumlich mehrfach zu nutzen und somit eine parallele Datenübertragung zu erlauben. Dadurch sollen in bestehenden Netzen die bisherigen Datenraten über größere Distanzen erreicht oder aber auf gleicher Distanz eine höhere Datenrate als bisher ermöglicht werden. Das Netzwerk kann dabei entweder im gemischten Modus (802.11a/b/g + n) oder im reinen 802.11n-Modus betrieben werden (sogenannter Greenfield-Modus). Zudem unterstützt der Standard 802.11n sowohl die bisherigen 2.4 GHz-Frequenzen als auch das 5 GHz-ISM-Band. Zudem können 802.11n-Netzwerke neben den bisherigen 20-MHz-Datenkanälen auch 40 MHz breite Datenkanäle nutzen. 802.11n ist abwärtskompatibel zu älteren Standards, aber nur wenn der gemischte Modus aktiv eingestellt ist.

Dies ist ein Unterschied zu den bisherigen 802.11er-Standards, welche nur 20-MHz-Datenkanäle nutzten. Die Anzahl der verfügbaren Subkanäle steigt damit von 52 auf 108, was etwas mehr als eine reine Verdoppelung darstellt. Ein Datenstrom (Stream) bringt es damit auf eine maximale Bruttoleistung von 150 Mbit/s. Durch die Kombination mittels MIMO können maximal 4 solcher Streams die 600 Mbit/s erbringen – wie gesagt als Bruttoleistung, nicht als Datenübertragungsrate. Geräte, welche nur einen Stream unterstützen, werden demgegenüber als N-Lite-Geräte verkauft.

Automatische Kanal- und Leistungsanpassung

Durch den Einsatz des 5 GHz-Frequenzträgers werden zudem seit 802.11n »indoor« und »outdoor« unterschieden. Dies hat zum einen mit der Wahl der Frequenzen zu tun, 5,150 bis 5,350 GHz (nur indoor) und 5,470 bis 5,725 GHz (indoor und outdoor), zum anderen damit, dass im oberen Frequenzbereich die Sendeleistung auf 1 Watt erhöht werden kann.

Damit dies zu keinen Komplikationen führt, *müssen* Geräte welche den oberen Kanalbereich nutzen wollen, zwingend folgende Technologien unterstützen:

- DFS: dynamische Kanal- und Frequenzwahl um sich freie Frequenzen automatisch zuordnen zu können, wenn ein anderes (stärkeres) Signal sich im bislang gewählten Bereich aufhält (Bekanntes Beispiel: Wetterradar auf den Kanälen 120 bis 128)
- TPC: automatische Anpassung der Leistung. Damit steuern Access Points ihre Sendeleistung dynamisch. So werden bei guter Funkverbindung die Daten mit geringerer Sendeleistung gesendet, bei schlechter Verbindung kann die Sendeleistung dagegen bis 1 Watt hochgefahren werden.
- Der (für Outdoor obligatorische) Einsatz dieser beiden Verfahren gilt im Übrigen auch in Hinblick auf den nachfolgenden 802.11ac-Standard.
- Erfunden wurden beide Verfahren übrigens nicht erst für 802.11n, sondern bereits für den Einsatz von 802.11a – im Jahre 1999.

Es gibt aber Herausforderungen in Bezug auf 802.11n-Implementationen, die Sie lösen müssen, damit Sie den Nutzen daraus ziehen können:

- Mit 802.11n steigt der Datendurchsatz bis auf das Zehnfache – verkraften die WLAN-Switches diesen Verkehrszuwachs?
- Schnelle Access Points erfordern Gigabit-Ethernet-Anschlüsse im Backbone, damit die Übertragungen nicht im verdrahteten Netz stecken bleiben.

Beamforming

Mit der unter 802.11n eingeführten und unter 802.11ac weitaus genaueren Spezifikation des Beamforming kann ein Access Point sein Funksignal auf einen Client ausrichten und es in dessen Richtung abstrahlen, so dass sich die Verbindung zu einem bestimmten Empfänger deutlich verbessern kann. Dabei senden mehrere Antennen das gleiche Signal in zeitlichem Versatz wodurch eine Richtwirkung des Signals auf einen Client hin entsteht.

Die Weiterentwicklungen von 802.11ac

Die wesentlichen Merkmale lauten zusammengefasst:

- Nur noch 5-GHz-Band als Trägerfrequenz
- 80 MHz und 160 MHz breite Kanäle
- MUMIMO-Technologie mit bis zu acht Sende- und Empfangs-Antennen
- Verbessertes Beamforming
- Abwärtskompatibilität zum 802.11n-5-GHz-Standard durch Unterstützung von 40 MHz-Kanälen

802.11ac nimmt verschiedene Entwicklung von 802.11n auf und erweitert zum einen die Antennentechnologie von MIMO auf MUMIMO, was so viel bedeutet wie Multi User MIMO, d.h. mehrere Benutzer können MIMO gleichzeitig nutzen, was den Gesamtdurchsatz für mehrere gleichzeitig in der Zelle aktiven Benutzer verbessern kann.

Zum anderen werden die Datenkanäle weiter verbreitert auf 80 MHz und 160 MHz. Andererseits wird aber das 2,4 GHz-ISM-Band nicht mehr unterstützt. IEEE 802.11ac arbeitet ausschließlich auf dem 5 GHz-ISM-Band und verfügt damit prinzipiell über eine etwas geringere Reichweite als Geräte im 2,4 GHz-Band.

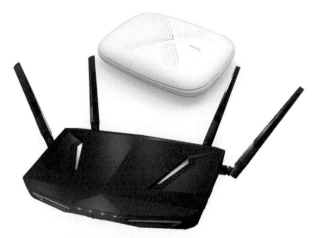

Abb. 7.4: Access Points und WLAN-Router mit IEEE 802.11ac-Unterstützung (© ZyXEL)

Die erreichbaren Übertragungsraten liegen zumindest in der Theorie bei bis zu 433 Mbps pro Antenne bei Nutzung von 80-MHz-Bändern und dem doppelten von 866 Mbps bei der Nutzung von 160-MHz-Bändern, was dann in einer maximalen Übertragungsrate von bis zu 6, 93 Gbps bei 8+8 Antennen enden könnte. Allerdings wird die Geschwindigkeit automatisch reduziert, wenn die Bedingungen für eine höhere Datenrate nicht gegeben sind.

Und jetzt eine Übersicht der wichtigsten Eckwerte für drahtlose Standards:

Standard	Standardisiert im Jahr	Maximale Übertragungsrate	Übertragungs-Verfahren	Frequenzband
802.11a	1999	54 Mbps	OFDM	5 GHz*
802.11b	1999	11 Mbps	DSSS	2,4 GHz**
802.11g	2003	54 Mbps	DSSS / OFDM	2,4 GHz
802.11n	2009	300 Mbps	OFDM	2,4 GHz
		600 Mbps	OFDM	5 GHz
802.11ac	2013 (Dez.)	6,93 Gbps	OFDM	5 GHz
802.11ax	Draft	Noch offen, Ziel ist mehr Durchsatz bei mehreren Clients.		

* Frequenzträger von 5,150 bis 5,350 GHz (nur indoor) und 5,470 bis 5,725 GHz (indoor und outdoor), der obere Frequenzträger stellt zudem bis 1000mW Leistung zur Verfügung anstelle der 200 mW beim Indoor-Frequenzträger
** Frequenzträger von 2,40 bis 2,4835 GHz

Tabelle 7.2: WLAN-Standards im Vergleich

7.2.3 Frequenzträger und Kanalbreite

Nebst den beiden Frequenzträgern im 2,4 GHz und 5 GHz-Spektrum ist für die Einrichtung eines effizienten WLANs vor allem von Interesse, dass der gewählte Kanalbereich nicht bereits von anderen Signalen überlagert ist. Daher ist es wichtig zu wissen wie breit ein einzelner Kanal beim jeweiligen Standard ist und wie viele dieser Kanäle folglich am selben Ort »nebeneinander« vorbeikommen. Dies nennt sich »überlappungsfreie« Kanalwahl. Die Spreizbandtechnik verbreitert die Kanalbreite auf ca. 5x des Abstandes von Kanal zu Kanal. Darum müssen zwei gleichzeitig betriebene Kanäle mind. ca. 5 Kanäle weiter entfernt sein.

Die Anzahl der so genannten überlappungsfreien Kanäle kann variieren, gerade bei 802.11n. Wenn Sie nur einen Datenkanal zu 20 MHz nutzen, haben Sie nicht die maximale Leistung, dafür bleiben aber drei Kanäle (1, 7 ,13) überlappungsfrei. Nutzen Sie dagegen die MIMO-Technologie aus und stellen zudem auf 40 MHz breite Frequenzträger um, bleiben Ihnen im 2,4 GHz-Netzwerk nur zwei überlappungsfreie Kanäle übrig (3 und 11).

Zudem ist bei der Einrichtung zu berücksichtigen, dass die WLAN-Kanäle 9 und 10 nahezu die gleiche Frequenz wie die gängigen Mikrowellenherde (2,455 GHz) aufweisen und dadurch zeitweilig ein vollständiger Verbindungszusammenbruch möglich ist. Auch Bluetooth sendet in diesem Bereich, nicht aber DECT-Telefone, welche im Frequenzbereich von 1,8 – 1,9 GHz senden.

Wichtig für die CompTIA-Prüfung: In den USA wo nur 11 Kanäle im 2,4 GHz-Frequenzträger zur Verfügung lauten die überlappungsfreien Kanäle nicht 1, 7, 13 sondern entsprechend 1, 6, 11. Diese Einteilung kommt auch dann zum Tragen, wenn Ihr Gerät die Kanäle 12 und 13 nicht anbietet.

Ein ähnliches Problem stellt sich bei 802.11a. So stellen die USA hier nur 12 Kanäle zur Verfügung, alle überlappungsfrei, da die einzelnen Bänder 20 MHz breit sind. In Europa sind es dagegen 19 Kanäle, die zugelassen sind. Die maximale Anzahl von 23 Kanälen ergibt sich lediglich aus der möglichen Anzahl, so wie sie in den unterschiedlichen Ländern freigegeben sind.

Wenn Sie als letztes das 5 GHz-Spektrum für 802.11n und 802.11ac ansehen, so gilt: bei 20 MHz stehen 19 Kanäle zur Verfügen, 9 Kanäle bei je 40 MHz und (802.11ac) vier Kanäle bei je 80 MHz und gerade mal noch zwei bei maximaler Nutzung der zur Verfügung stehenden Bandbreite von 160 MHz.

Standard	Verfügbare Kanäle	Maximal überlappungsfrei	Minimal Überlappungsfrei	Kanalbreite
802.11a	23 (19/12)	23 (19/12)	23 (19/12)	20 MHz
802.11b	13 (13/11)	3	3	20 MHz
802.11g	13 (13/11)	3	3	20 MHz
802.11n	13 (13/11)	3	1	20/40 MHz
	19	19	9	20/40 MHz
802.11ac	19	8	2	80/160 MHz

Tabelle 7.3: WLAN-Standards im Vergleich, in Klammern die Angaben für (EU/USA)

Wichtig: Obwohl die Standards international sind, gelten für etliche Bereiche wie beispielsweise die präzisen Frequenzbänder oder die zur Verfügung stehende Kanäle in Europa, Asien und den USA unterschiedliche Werte, die zum Teil sogar national gesetzlich geregelt werden. In Deutschland und Österreich sind dafür die Bundesnetzagenturen zuständig, in der Schweiz das BAKOM.

Weitere Entwicklungen in diesem 802.11-Standard sind etwa 802.11p, W.A.V.E. genannt (Wireless Access in Vehicular Environments) im 5,9-GHz-Band. Diese Entwicklung dient der Datenkommunikation zwischen Fahrzeugen bis 200 km/h und auf Distanzen bis 1000 Meter. Es zeichnet sich durch eine extrem kurze Zugriffszeit (4-50 ms) aus, aber auch dadurch, dass nur kleine Datenmengen übertragen werden können. Der Standard ist noch nicht verabschiedet.

Eine weitere interessante Entwicklung ist 802.11s. Hierbei handelt es sich um ein drahtloses Maschennetzwerk (Wireless Mesh Network). Das Ziel ist eine sich selber konfigurierende Multi-Hop-Technologie mit WLAN-fähigen Geräten als Relaisstationen (Hops) bis zum nächsten Access Point.

7.3 Ein WLAN richtig aufbauen

Nach den Grundlagen, Verfahren und unterschiedlichen Standards kommen nun die praktischen Fragen an die Reihe, damit das WLAN richtig aufgebaut wird und auch wirklich effizient arbeiten kann.

7.3.1 Aufbau der Hardware

Bei der Einrichtung geht es zunächst um die Frage der geeigneten Geräte und Standorte. Abhängig vom Standort kann der Sendebereich der Access Points stark variieren, die bereits erwähnten Hindernisse baulicher oder geografischer Natur sind darum im Vorfeld zu berücksichtigen. Und nicht zu vergessen sind die Endgeräte, denn ein Notebook empfängt nicht nur Signale, sondern hat auch eine Antenne, um Daten zu senden – was für den Access Point gilt, gilt daher im Wesentlichen auch für die (mobilen) Endgeräte.

Es nützt der stärkste Access Point nichts, wenn der Client das Signal zwar empfängt, aufgrund seiner eigenen beschränkten Leistungsfähigkeit aber kein Signal über dieselbe Distanz zurücksenden kann.

Als Faustregel gelten mag hier: Wenn Sie mit einem Notebook eine stabile Verbindung herstellen können, dann stehen Ihnen für ein Tablet rund 50 % dieser Leistung zur Verfügung, für ein Smartphone rund 20 %. An diesen Größenordnungen können Sie sich in etwa orientieren, wenn Sie über den Ort für den Access Point nachdenken. Das ist auch der Grund, warum außerhalb von privaten Haushalten immer weniger »einzelne« WLANs aufgebaut werden, sondern Netzwerke mit mehreren und in der Regel zentral verwalteten Access Points. So erreichen Sie schnell eine bessere Abdeckung über mehrere Räume und haben dennoch einen geringen Verwaltungsaufwand.

Bei Notebooks oder PCs steht Ihnen zudem die Möglichkeit zur Verfügung, eine separate WLAN-Karte zu verwenden, die externe Antennen hat und damit in der Regel ein besseres Antwortverhältnis zur Sendestation aufweist als die internen Antennen, vor allem wenn diese aus Kostengründen noch nicht einmal im Bildschirm, sondern auf der Platine selbst verbaut sind. Wenn Sie sich an dieser Stelle kurz noch einmal den Begriff OFDM ins Gedächtnis rufen, verstehen Sie sicher auch die Bedeutung dieses Unterschieds. Die Erklärung: Da Sender und Empfänger in einem möglichst rechten Winkel zueinander stehen sollten, es sich bei Access Points aber häufig um Geräte mit integrierten Antennen handelt (oder haben Sie schon mal einen Access Point mit acht externen MIMO-Antennen gesehen?), geht genau dieser Effekt verloren – darum halten Sie auch das Tablet immer schön senkrecht ☺

Bei allen drahtlosen Systemen wird die Gesamtleistung zudem maßgeblich von ihrer physikalischen Umgebung bestimmt. Generell sind bei dem Einsatz von drahtlosen LANs bautechnische und physikalische Gegebenheiten, die die Übertragung und die Ausdehnung der LANs beeinträchtigen, zu berücksichtigen.

Klassische Stör- und Dämpfungsfelder für Funknetze sind:

- Andere Access Points in Reichweite (Störung durch Kanalüberlappung)
- Mikrowellengeräte (arbeiten im selben Frequenzbereich, aber mit viel mehr Leistung)
- Halogen (Dämpfung aufgrund der starken Magnetfelder)
- Wasser, z. B. große Aquarien oder feuchte Wände (mittelstarke Dämpfung)
- Massive Mauern, Beton und Stahlbetonwände (starke Signaldämpfung)
- Massive Metallkörper (sehr starke Signaldämpfung)
- Folierte bzw. beschichtete Fenster

Bei drahtlosen Netzen besteht darüber hinaus ein direkter Zusammenhang zwischen dem erreichbaren Durchsatz und der maximalen Entfernung zwischen den Knoten: je größer die Entfernung, desto kleiner der erreichbare Durchsatz. Zudem ist die verfügbare Bandbreite immer als Gesamtheit zu verstehen, die durch die Anzahl aktiver Benutzer zu teilen ist!

Abb. 7.5: Heatmap mit Anzeige der verwendeten Kanäle und der Signalausbreitung (© Studerus)

Daher empfiehlt es sich, zumindest wenn es um das Aufstellen von mehr als nur einem Access Point geht, eine Signalausbreitungsmessung vorzunehmen. Das bedeutet in der Praxis: Sie stellen zwei oder mehr Access Points an verschiedenen möglichen Orten auf und messen anhand einer Software ihre Signalabdeckung, können den Standort bei Bedarf verschieben und finden so die am besten geeigneten Orte, um die Access Points aufzustellen. Eine solche Karte nennt sich auf Englisch Heatmap und verschiedene Programme wie z. B. der EKAHAU Heatmapper ermöglichen es Ihnen, eine solche Messung der Signalausbreitung vor der Implementation und zur Kontrolle auch nach der Implementation durchzuführen.

7.3.2 Konfiguration des drahtlosen Netzwerks

Wie Sie bereits gelesen haben, benötigen Sie unabhängig vom Aufbau des Netzwerks zumindest einen eindeutigen Namen, der das Netzwerk identifiziert. Diese Identifikation nennt sich Service Set Identifier (SSID).

Zusätzlich können weitere Identifikationsmerkmale wie die Verschlüsselung oder Authentifizierung mit angegeben werden. Gesteuert werden diese Möglichkeiten von den Fähigkeiten der installierten Hardware, sei es vom Access Point oder durch die installierte drahtlose Netzwerkkarte.

Für das Infrastrukturnetz gilt zudem: Nur wenn der Access Point und die Netzwerkkarte dieselben Standards unterstützen, können sie miteinander kommunizieren. Dies ist auch eine Erklärung dafür, warum jeder neue Standard bis hin zu 802.11ac immer auch einen kompatiblen Modus aufweist, der zumindest mit dem vorhergehenden Standard vereinbar ist.

Welche Werte müssen Sie einrichten, damit Ihr drahtloses Netzwerk funktioniert?

Identifikation: Die SSID kann in der Regel durch Scannen mit der Verbindungssoftware der drahtlosen Netzwerkkarte gesehen werden. Zahlreiche Access Points bieten die Option, die Übermittlung der SSID zu unterdrücken. Das Beacon-Frame wird dadurch um einen Teil seiner Information beschnitten und der Client muss die SSID selbst kennen (wissen statt suchen).

Methode: Ad hoc oder Infrastruktur. Bei Ad hoc muss zudem eingestellt werden, auf welchem der verfügbaren Kanäle die Übertragung stattfinden soll. Bei Infrastruktur wird diese Einstellung am Access Point vorgenommen, der diese Information an die Endgeräte weitergibt. Beachten Sie dabei die vorgängig beschriebene Wahl eines möglichst überlappungsfreien Kanals im Umfeld der sonst in der Nähe befindlichen WLANs.

Verschlüsselung: Die verwendete Verschlüsselung muss bei Sender und Empfänger gleich eingestellt sein, nur dann kann eine gültige Kommunikation hergestellt werden.

Kapitel 7
Netzwerk ohne Kabel: Drahtlostechnologien

MAC-Filter: Viele Access Points erlauben die Einschränkung des Zugriffs für bestimmte Endgeräte. Dies wird in der Regel über die Identifikation der MAC-Adresse vorgenommen. Ist eine solche Einschränkung aktiv, muss die MAC-Adresse des Endgeräts in die Liste aufgenommen werden, um Zugang zum Netzwerk zu erhalten.

Und so kann dies dann in der konkreten Konfiguration aussehen:

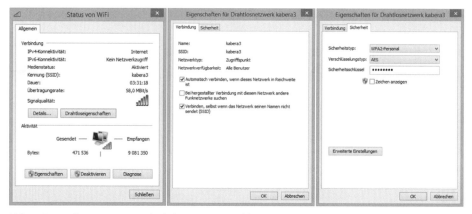

Abb. 7.6: Konfiguration einer drahtlosen Netzwerkkarte

Seitens des Access Points wird dies wie folgt konfiguriert:

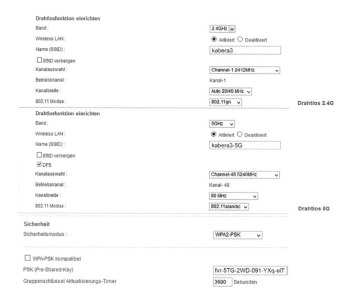

Abb. 7.7: WLAN-Einstellungen auf dem Access Point

Mehr zur konkreten Einrichtung erfahren Sie im Praxis-Kapitel 21 »Praxis 2: Sie richten ein WLAN ein«.

7.4 Die Sicherheit im WLAN

Das IEEE-Komitee hat bei der Entwicklung der WLAN-Sicherheitsstandards ursprünglich kein »perfektes« Verschlüsselungsverfahren mit eingeplant. Man nahm an, dass die Verschlüsselung auf Anwendungsebene (z. B. elektronischer Zahlungsverkehr) realisiert würde und es darüber hinaus nicht notwendig sei, weitere Verschlüsselungen zu definieren. Mit dem WEP-Standard (Wired Equivalent Privacy) kam unter IEEE 802.11b daher lediglich ein – aus heutiger Sicht – unsicherer Sicherheitsmechanismus zum Tragen.

Erst nach lauter Kritik an diesem Verfahren wurden mit (privat entwickeltem) WPA und dem darauf folgenden Standard WPA2 sichere Verschlüsselungen entwickelt – WPA2 hält bei geeigneter Umsetzung auch heutigen Anforderungen stand.

Um den Zugang zu öffentlichen Netzwerken zu kontrollieren, wurde zudem der Standard 802.1x entwickelt. Eine mögliche Lösung für eine solche Verbindung sollte kostengünstig und einfach zu implementieren sein. Dabei sollten die bestehende Netzwerkinfrastruktur verwendet und standardisierte Netzwerkprotokolle eingesetzt werden. Das Konzept für 802.1x wurde gemeinsam von den Firmen 3Com, HP und Microsoft entwickelt und im Juni 2001 durch die IEEE als Standard verabschiedet. Das Modell war übrigens ursprünglich für Switches vorgesehen (802.1d) und wurde erst später auf die Standards von 802.11 erweitert.

7.4.1 Wired Equivalent Privacy

Der erste Schritt in Richtung Sicherheit war die WEP-Verschlüsselung. Da diese heute als leicht zu durchdringen gilt, müssen Sie darüber nur noch wenig Konkretes wissen, da Sie sie nach Möglichkeit nicht einsetzen sollten.

Diese Technik benutzt entweder einen 40 Bit, einen 64 Bit oder in letzter Ausführung einen 128 Bit langen statischen Schlüssel, um die Kommunikation zu verschlüsseln.

Einige der wichtigsten Schwachstellen von WEP sind:

- Kurze Schlüssel mit nur 40 Bit oder 104 effektiver Verschlüsselungslänge (abzüglich der Initialisierungsvektoren, IV)
- Bei WEP ist kein Schlüsselmanagement vorhanden. Die statischen WEP-Schlüssel müssen manuell bei allen Clients und Access Points im Netzwerk implementiert und aktualisiert werden. Daher werden sie häufig nicht oder nur selten geändert. Und je mehr den Schlüssel kennen, umso größer ist die Wahrscheinlichkeit, dass er durchbrochen wird.

- Zu kurze oder schwache Initialisierungsvektoren. Mit einer Länge von 24 Bit gibt es nur eine Gesamtmenge von 2^24 möglichen IVs. Das führt zu einer häufigen Wiederverwendung. Somit entstehen aus den wiederholten IVs und dem WEP-Schlüssel auch Schlüsselströme, die bereits verwendet wurden.
- Fälschbare Authentisierung: Ein Angreifer kann die Authentisierung (korrekte Anmeldung) eines anderen Clients beobachten und dabei den IV sowie den Challenge-Text sowohl im Klartext als auch verschlüsselt aufzeichnen. Daraus kann er anschließend den Schlüsselstrom berechnen. Diesen kann er für seine eigene Authentisierung nutzen.
- Keine Benutzerauthentifizierung: Die Authentisierung überprüft die Authentizität des Benutzers nicht. Es werden lediglich die WLAN-Adapter authentifiziert. Dazu ist der WEP-Schlüssel auf dem jeweiligen Gerät zum Teil sogar im Klartext abgelegt. So kann ein verloren gegangenes Notebook zum Eindringen in das WLAN verwendet werden.

7.4.2 WPA und 802.11i

Die IEEE entwickelte unter dem Standard 802.11i einen besseren Sicherheitsstandard. Da dies aber zu viel Zeit in Anspruch nahm, hatten die Hersteller zwischenzeitlich den Pseudo-Standard Wi-Fi Protected Access (WPA) entwickelt. Nach Abschluss der Standardisierung wurde WPA dann entsprechend erweitert und es wurde WPA2 als Standard publiziert.

Mit dem Standard 802.11i von 2004, der mittlerweile im Standard 802.11-2007 aufgegangen ist, wurde das WEP-Verfahren durch neue Verfahren zur Erhöhung der Sicherheit abgelöst. Die wesentlichen Neuerungen von WPA sowie dem später folgenden Standard 802.11i waren:

- WPA: WPA mit Temporal Key Integrity Protocol (TKIP) als Ersatz für WEP (allerdings wie WEP immer noch auf der Verschlüsselung RC4 basierend)
- 802.11i: CCMP (Counter Mode with Cipher Block Chaining Message Authentication Code Protocol) zur Behebung der Schwächen von TKIP. Daher auch die Bezeichnung WPA2. CCMP basiert im Unterschied zu TKIP auf der AES-Verschlüsselung.
- Ein standardisiertes Handshake-Verfahren zwischen Client und Access Point zur Ermittlung/Übertragung der Sitzungsschlüssel
- Ein vereinfachtes Verfahren zur Ermittlung des Master Secret, das ohne einen RADIUS-Server auskommt
- Aushandlung des Verschlüsselungsverfahrens zwischen Access Point und Client

Das WPA-Protokoll ersetzt die statischen Codes von WEP durch dynamische Schlüssel, die schwerer zu manipulieren sind. Je länger der benutzte Schlüssel ist und je häufiger er in kurzen Abständen gewechselt wird, desto zuverlässiger der

Schutz. Hier kommt allerdings nach wie vor eine symmetrische Verschlüsselung zum Einsatz.

Zwischen WPA und WPA2 ergibt sich durch die Verwendung von CCMP anstelle von TKIP immer noch ein großer Unterschied in der Sicherheit zugunsten von WPA2.

Die Verschlüsselungsmethode wird von der Software der WLAN-Karte vorgegeben und alle neueren Karten unterstützen heute dieses Verfahren.

Der wie gesagt nach erst nach WPA verabschiedete Standard 802.11i wurde danach in WPA2 implementiert. Damit kann die Wireless-Sicherheit in zwei verschiedenen Funktionsmodi betrieben werden.

- **WPA Personal**: Der Modus WPA Personal ermöglicht die Einrichtung einer gesicherten Infrastruktur basierend auf WPA, allerdings ohne die Einrichtung eines Authentifizierungsservers. WPA Personal beruht auf der Verwendung eines gemeinsamen Schlüssels namens **PSK** für *Pre-Shared Key*, der im Access Point und in den Client-Stationen eingegeben wird. Im Gegensatz zu WEP ist es nicht notwendig, einen Schlüssel mit einer vordefinierten Länge zu verwenden. WPA erlaubt die Verwendung einer *Passphrase* (Geheimphrase), die durch einen Hash-Algorithmus in einen PSK übersetzt wird. Je länger dieser ist, umso sicherer ist der generierte Schlüssel.
- **WPA Enterprise**: Der Enterprise-Modus verlangt die Verwendung einer 802.1x-Authentifizierungsinfrastruktur, die auf der Verwendung eines Authentifizierungsservers basiert, normalerweise ein RADIUS-Server und ein Netzwerk-Controller (der Access Point).

Auch WPA/WPA2 ist nicht frei von Schwachstellen: Die Verschlüsselung von WPA2 wurde aber bisher noch nicht geknackt. Es gibt aber auch eine Ausnahme: Wenn ein zu einfacher Pre-Shared Key verwendet wird, kann auch WPA2 gehackt werden. Hier liegt die Verantwortung daher primär beim Administrator, der diese Schlüssel einrichtet. PSKs sollten nicht unter 28 Zeichen lang sein. Da dieses Passwort nur während der Einrichtung des WLAN und beim Hinzufügen weiterer Clients eingegeben werden muss, nicht aber bei jedem Anmelden eines Geräts, spielt diese Länge für den administrativen Aufwand nur eine untergeordnete Rolle, für die Sicherheit gegenüber Angriffen aber eine große.

7.5 Unterschiedliche Sendeverfahren

Nach der ausführlichen Einführung in das Thema WLAN werfen wir noch einen Blick auf die drahtlosen Übermittlungstechnologien in ihrer Vielfalt, auch außerhalb von WLAN. Es werden drei Arten von Signalen zur Datenübertragung eingesetzt:

- Infrarotwellen
- Mikrowellen
- Radiowellen

7.5.1 Infrarot

Infrarotverbindungen verwenden zur Datenübermittlung lichtemittierende Dioden (LED, Light Emitting Diode), Halbleiter-Laserdioden (ILD, Injection Laser Diode) oder Fotodioden. Die eingesetzten Frequenzen bewegen sich im Terahertz-Bereich.

Das Konzept der IR-Datenübertragung wurde in den 1990er Jahren entwickelt und zuerst mit einer Übertragungsgeschwindigkeit von 115 Kbit/s als SIR (Serial Infrared) standardisiert. Später wurde die Übertragungsgeschwindigkeit in der FIR-Version (Fast Infrared) auf 4 Mbit/s und noch später auf 16 Mbit/s erhöht. Dabei benötigen Sender und Empfänger zur Kommunikation eine IR-Diode und diese beiden Dioden müssen sich zueinander auf Sichtkontakt befinden. Zudem muss die Positionierung beider zueinander Geräte relativ exakt sein, da bereits ein Einfallswinkel von über 30 Grad eine fehlerhafte Übertragung zur Folge hat.

Die Entfernungen zwischen sendender und empfangender Station sind auf nur wenige Meter begrenzt und »Sichtweite« bedeutet auch wirklich, dass kaum Hindernisse dazwischenliegen dürfen, weil die Sendeleistung sehr gering ausfällt und die Signalwellen sehr kurz sind. Von daher wird IR häufig nur für Fernbedienungen oder Ansteuerungen eingesetzt, auch wenn es eine Zeit lang z. B. von HP oder IBM auch Drucker und Notebooks mit IR-Schnittstellen gab.

Aufgrund der genannten Beschränkungen ist Infrarot im Netzwerkbereich fast vollständig durch neuere Technologien wie Funk oder Bluetooth abgelöst worden.

7.5.2 Mikrowellen

Mikrowellen sind im elektromagnetischen Spektrum unterhalb der Infrarotübertragung im Bereich von minimal 300 MHz bis rund 300 GHz angesiedelt. Darunter sind dann die Radiowellen angesiedelt.

Mikrowellen können in unterschiedlichen Anwendungen eingesetzt werden, von der Radartechnik über den Mikrowellenherd bis zu Funkanwendungen. Und bei Letzteren müssten Sie jetzt hellhörig werden: Denn hier gehören auch die bisher im Kapitel besprochenen WLANs dazu, inklusive aller 802.11er-Standards, die Sie bisher im Buch angetroffen haben.

Mikrowellen im höheren GHz-Bereich interessieren bei den in Entwicklung befindlichen IEEE-Standards 802.11ax und 802.11ay, aber auch für den bereits bestehenden Standard 802.11ad. Diese sind vom Wesen her eigentlich WLAN-

Standards, aufgrund der hohen Frequenzen im 60-GHz-Bereich aber bislang (802.11ad) für sehr kurze Distanzen einsetzbar, z.B. innerhalb einer Maschine oder Anlage oder in der Automobilindustrie.

Zum anderen interessieren Mikrowellen für die Datenübertragung per Radar. Auf Mikrowellen basierende Radar-Datenübertragungssysteme können an zwei Orten implementiert werden:

- Terrestrische Mikrowellen auf der Erde
- Mikrowellen via Satellit im Raum

Erdgebundene Mikrowellensysteme sind preisgünstiger, ihr Wirkungsbereich ist jedoch eingeschränkt. Die Mikrowellen via Satellit sind im Gegensatz dazu bei vielen globalen WAN-Implementierungen die einzige Wahl, da sie einen fast unmittelbaren Zugang zu jedem Punkt der Erde bieten.

Terrestrische Mikrowellen

Bei terrestrischen Mikrowellensystemen kommen mit Parabolschüsseln ausgestattete Richtantennen zum Einsatz, die auf Gebäuden oder allein stehenden Türmen installiert sind. Da diese Parabolschüsseln sehr eng gebündelte Richtstrahlen verwenden, muss zwischen dem Sender und dem Empfänger eine Sichtlinie bestehen. Telefongesellschaften, die Verbindungen über große Entfernungen anbieten, setzen beispielsweise spezielle Antennen, Richtfunksender und auf mehrere Kilometer voneinander entfernten Bergen errichtete Mikrowellentürme ein.

Erdgebundene Mikrowellensysteme operieren üblicherweise im unteren Gigahertz-Bereich – in der Regel mit Frequenzen zwischen 6 GHz und 11 GHz und zwischen 21 GHz und 23 GHz. Die Kosten der Ausrüstung hängen weitgehend von der verwendeten Signalstärke und der Frequenz ab. Systeme zur Überbrückung von kurzen Entfernungen (mehrere Hundert Meter) sind verhältnismäßig preiswert, während Lösungen über große Entfernungen (im Kilometerbereich) sehr teuer sein können.

Die maximal überbrückbaren Entfernungsbereiche sind frequenzabhängig und können bei Frequenzen von 2 GHz zwischen 40 km und 100 km liegen. Bei höheren Frequenzen reduziert sich die Reichweite und liegt bei 10 GHz bei maximal 30 km.

Die Stationen zur Weiterleitung der Signale heißen Richtfunkrelais. Sie empfangen die Mikrowellensignale, verstärken sie und senden sie zur nächsten Station. Wurden früher frequenzmodulierte analoge Signale übertragen, so findet heute zunehmend die digitale Phasenmodulation Anwendung. Richtfunksysteme können grundsätzlich in Punkt-zu-Punkt- (PP) und Punkt-zu-Mehrpunkt-Systeme (PMP) unterschieden werden.

Kapitel 7
Netzwerk ohne Kabel: Drahtlostechnologien

Abb. 7.8: Richtantenne

Die Punkt-zu-Punkt-Richtfunksysteme verbinden zwei Stationen über eine Richtfunkstrecke und werden insbesondere in Weitverkehrsnetzen und zur Überbrückung größerer Distanzen verwendet. Dabei sind Übertragungskapazitäten von über 155 Mbit/s realisierbar.

Mikrowellen via Satellit

Satellitensysteme setzen wie terrestrische Mikrowellensysteme Frequenzen im unteren Gigahertz-Bereich und parabolische Sende- und Empfangsantennen ein. Der wesentliche Unterschied zwischen beiden Formen der Übertragung durch Mikrowellen liegt im Ort, an dem sich die Antenne befindet. Beim Satellit befindet sich eine Antenne auf der Erde (Bodenstation für Uplink/Downlink) und die andere 36'000 km hoch im All (erdsynchrone Umlaufbahn). Die Up- und Downlink-Station auf der Erde empfängt die Signale vom erdsynchronen Satellit und sendet sie über konventionelle Kabelmedien an LANs. Die Übertragung über Satellit erfordert zum Überbrücken von Ländern oder Ozeanen ungefähr genau gleich viel Zeit und Geld wie die Überbrückung einiger Kilometer. Daher ist die Latenz ein großes Thema bei solchen Netzwerken (Signallaufzeit), auch wenn Sie z.B. einen Satellitenanschluss für das Internet nutzen möchten. Anwendungen, die kritisch auf lange Antwortzeiten reagieren, sind hier im Nachteil.

Eine spezielle Form dieser Übertragung sind die Klasse satellitengestützter Kommunikationssysteme und deren Dienste (VSAT), bei denen relativ kleine Antennen direkt beim Anwender installiert werden. Die geostationären Satelliten (Kopernikus, Eutelsat, Intelsat) unterstützen ausschließlich stationäre, ortsfeste

Satellitenübertragungen mit Übertragungsgeschwindigkeiten zwischen 64 Kbit/s und 2 Mbit/s.

7.5.3 Radiowellen (Funkwellen)

Radiowellen bewegen sich innerhalb des elektromagnetischen Spektrums in einem Bereich zwischen einigen KHz und ca. 3 GHz. Radiowellen, auch Funkwellen genannt, können in alle Richtungen ausgestrahlt oder für eine richtungsgebundene Verwendung optimiert werden. Die Frequenz und die Stärke ihres Funksignals werden durch die von Ihnen eingesetzte Antenne und den Transceiver bestimmt. Der Begriff »Funkwelle« sollte aber nicht mit »Funktechnik« verwechselt werden, daher bleiben wir beim zutreffenderen Begriff der Radiowelle.

Radiowellen werden für die Radio- und Fernsehübertragung genauso eingesetzt wie für die Datenübertragung in lokalen Netzwerken.

Bei globalen Netzen kommen zur horizontüberschreitenden Ausbreitung in alle Richtungen abgestrahlte Kurzwellen zum Einsatz, während in lokalen Netzen gerichtete Übertragungen im VHF-Bereich (Very High Frequency) oder UHF-Bereich (Ultra High Frequency) verwendet werden.

7.6 Kommunikation auf kurze Distanzen

Durch das Netzwerkmodell BAN/PAN sind nicht nur die Reichweiten von 30 bis 100 Metern (WLAN) und darüber hinaus für die Netzwerkentwicklung von Bedeutung, sondern auch die sogenannten kleinräumigen Verbindungen.

7.6.1 Die Bluetooth-Technologie

Bei Bluetooth handelt es sich um einen Standard für Kurzstreckenfunk, der ebenfalls im 2,4-GHz-ISM-Band arbeitet. Die Reichweite beträgt rund 10 Meter, für besondere Anwendungen sind auch bis zu 100 Meter möglich. Für diese kleinräumigen Netze hat sich mittlerweile der Begriff PAN oder WPAN eingebürgert – für (Wireless) Personal Area Network. Die Spezifikationen dazu liefert der Standard IEEE 802.15.

Im Gegensatz zur IrDA-Technik können die Bluetooth-Geräte dabei auch ohne Sichtkontakt miteinander kommunizieren und neben Daten kann auch Sprache übertragen werden. Bluetooth hat zum Ziel, die Kurzstreckenkommunikation zwischen bis zu acht Endgeräten wie Notebooks, Smartphones und deren Peripherie zu unterstützen. Aber auch die Fernsteuerung von Druckern, Fernsehern, Radios oder anderen elektronischen Geräten ist möglich.

Dafür werden Klassen bezeichnet, welche mit unterschiedlicher Sendeleistung auch unterschiedliche Distanzen überwinden können.

- Klasse 1 mit 100 Milliwatt bis rund 100 Meter
- Klasse 2 mit 2,5 Milliwatt bis rund 10 Meter
- Klasse 3 mit 1 Milliwatt bis rund 1 Meter

Dabei liegt das Augenmerk bei Bluetooth nicht auf der Durchsatzrate, die bescheiden bei 1–2 Mbps liegt, sondern auf einer möglichst unkomplizierten Nahverbindung, die zudem nicht allzu viel Energie benötigt und dennoch »sicher« ist.

Mit dem aktuellen Standard Bluetooh 5 (seit Dezember 2016 verabschiedet) erhöht sich die Reichweite bis auf 200 Meter und die Datendurchsatzrate steigt von 1 Mbps (BT 4.2) auf 2 Mbps (jeweils ohne EDR). Zudem wird explizit IoT unterstützt, der Energieverbrauch sollte gegenüber Version 4 wieder sinken und es sind mehr Sicherheitskontrollen möglich als bisher.

Weit verbreitet ist Bluetooth im Bereich der Telekommunikation, z.B. bei Headsets für Mobiltelefone, bei der Kommunikation zwischen mobilen Endgeräten wie Handhelds, Smartphones untereinander oder beispielsweise zu Auto-Unterhaltungsanlagen oder bei klassischen Computern zum Datenaustausch oder zur Synchronisation von Daten.

Bluetooth-Geräte können sich in einem Netz anmelden, müssen es aber nicht. Um die Sicherheit zu gewährleisten, weist der Hersteller jedem Gerät (Bluetooth Device) eine eindeutige, 48 Bit lange Bluetooth-Adresse zu. Dies ermöglicht über 281 Billionen verschiedene Nummern.

Weiterhin sind die Authentifizierung mit einem 128-Bit-Schlüssel sowie eine Chiffrierung der Daten mit 8 bis 128 Bit möglich. Zusätzliche Sicherheit bringt die adaptive Sendeleistungsregelung, welche die Reichweite auf 10 Meter begrenzt.

7.6.2 Zigbee und Z-Wave

Die Zigbee-Technik ist eine Drahtlos-Technologie im Nahbereich und setzt auf den von IEEE 802.15.4 definierten unteren Schichten zur Funkübertragung auf. Entwickelt wurde Zigbee für die Industrie, Schwung bekommen hat diese Technologie im Zuge der Weiterentwicklung von Smarthomes, Digital Signage und der Gebäudesteuerung. Ziele sind die Steuerung, Automatisierung und Überwachung von Geräten in den genannten Bereichen und zunehmend im IoT-Umfeld.

Zigbee ist für kleine Datenmengen konzipiert und damit einhergehend auch für einen geringen Energieverbrauch. Wir sprechen hier von Anforderungen an Komponenten, die jahrelang batteriebetrieben wartungsfrei funktionieren sollten. Dazu passt auch, dass die ganze Protokollarchitektur wesentlich einfacher aufgebaut ist als etwa Bluetooth. Sie ist für den oben genannten Zweck der Automation und Überwachung optimiert.

Die Zigbee-Frequenzen befinden sich in den ISM-Bändern um 868 MHz, 915 MHz und 2,4 GHz. Die Reichweite dieser Technik beträgt je nach Sendeleistung zwischen 10 m und 75 m. Die Datendurchsatzrate bewegt sich im Bereich von Kilobits pro Sekunde und aktuell ist der Standard Zigbee 3.x. Da die Technik im Bereich industrieller Anlagen eingesetzt wird, wird auch auf die Sicherheit z.B. mittels Verschlüsselung der Übermittlung geachtet.

Z-Wave ist das direkte Konkurrenzprodukt zu Zigbee – ähnlicher Zweck, ähnliche Geschichte. Auch hier kommt das ISM-Band zum Einsatz, allerdings nur bis 915 MHz. Die Kontrolle erfolgt durch die Z-Wave-Allianz, die hardwarenahen Layer sind in G.9959 durch die ITU-T standardisiert. Hierzulande ist Z-Wave bekannt geworden durch die Integration bei den Devolo-Smarthome-Produkten.

7.6.3 RFID

Die mit RFID (Radio-Frequency Identification) bezeichnete Technologie basiert auf einem Verfahren mit einem Transponder (Chip), auf dem Informationen hinterlegt werden, und einem Lesegerät, das diese Informationen auf kurze Distanzen auslesen kann und dann an weitere Systeme zur Verarbeitung übergibt. Dabei ist auf dem Transponder von Informationsmengen im Bereich von einzelnen Bytes bis Kilobytes die Rede. RFID wird hauptsächlich in der Logistik eingesetzt.

Das Konzept dabei ist, dass der Transponder so günstig wie möglich hergestellt wird, damit er auch im Umgang mit Massenprodukten wie Büchern, Musikträgern oder gar Lebensmitteln eingesetzt werden kann – sei es zur Überprüfung von Haltbarkeitsdaten, zur Nachverfolgung von Kühlketten oder zur Überwachung von Lieferwegen etc. Sogar Haustiere können anhand eines implantierten RFID-Chips gekennzeichnet und mittels Lesegerät identifiziert werden.

Bei den Transpondern gibt es passive und aktive Systeme. Passive Transponder versorgen sich aus den Funksignalen des Lesegeräts. Aktive Systeme dagegen verfügen über eine eigene Energiequelle. Und während bei passiven Transpondern die Reichweite im Meterbereich liegt, können aktive Systeme z.B. in der Containerlogistik eine Reichweite von Hunderten von Metern und mehr haben.

Die Reichweite hängt nicht nur von der Energieversorgung ab, sondern auch von den eingesetzten Frequenzen. Je nach Einsatzgebiet kommen sehr unterschiedliche Frequenzen zum Einsatz, von Niederfrequenz-RFID (9–135 kHz) über HF (z.B. 6,78 oder 13,56 MHz) bis SHF (2,4 GHz ISM, 5,8 GHz und höher). Es gibt unterschiedliche Anforderungen an Informationsmenge, Stabilität und Reichweite, die so abgedeckt werden können.

Die RFID-Technik positioniert sich zwischen der aktiven lokalen Netzwerkverbindung wie WLAN oder Bluetooth (was für die Massenproduktion zu teuer und zu aufwendig ist) und dem bisherigen Barcode-Verfahren (zu wenig flexibel, zu wenig Informationen). Ist die Chip-Produktion im Cent-Bereich angelangt, ist dieses Verfahren auch von den Kosten her massentauglich wie heute der Barcode. Zudem muss bei RFID im Unterschied zum Barcode kein Sichtkontakt zum Auslesen bestehen und das System ist weniger anfällig gegen äußere Einflüsse als der Barcode. Aktuelle RFID-Systeme verschlüsseln zudem ihre Kommunikation wie in ISO 18000 näher beschrieben.

Zu den möglichen Nachteilen gehören die Reichweitenbegrenzungen je nach Frequenz und Transponder, die unterschiedlichen Protokolle, die eingesetzt werden, und die damit verbundene Herstellerabhängigkeit von Lösungen.

Gerade das erwähnte Beispiel mit den Haustieren und die damit denkbare Verlängerung auf eine mögliche Implantierung bei Menschen, aber auch die Möglichkeit der permanenten Nachverfolgung von Produkten mit RFID (Wer hält sich z. B. mit einem gekauften Produkt wo auf?) lassen zudem seitens des Datenschutzes eine breite Diskussion über Sinn und Nutzen von RFID entstehen, die zum Teil heftig geführt wird, weil RFID einen weiteren Schritt auf dem Weg zum gläsernen Bürger darstellen kann.

7.6.4 NFC

Bei NFC (Near Field Communication) handelt es sich um einen Standard für die Datenübertragung im sehr kurzen Bereich von einigen Zentimetern. Die Normierung von NFC ist in den Normen ECMA-340 und ISO/IEC 18092 festgelegt und wird weiterentwickelt. Diese Technologie wird beispielsweise in Mobiltelefonen eingesetzt, um damit bargeldlose Zahlungen zu ermöglichen. Das bedeutet, dass dieser Chip im Kundengerät mit einem Geldbetrag aufgeladen wird und durch die Kommunikation mit NFC-Terminals kann dann mittels dieses Guthabens bezahlt werden. Daher auch die kurze Übertragungsreichweite: Nur der Träger des NFC-Chips soll die Kommunikation benutzen und damit sicher einsetzen können, ohne dass das Signal wie etwa bei WLAN über größere Distanzen mitgelesen werden kann. Auch ein zufälliges Abbuchen soll dadurch verhindert werden, da bei Distanzen von unter 10 cm vom Kundengerät zum Terminal eine bewusste Aktion (Einverständnis) zudem nur bei offener Transaktion gegeben sein sollte.

Nebst Mobiltelefonen können auch Kreditkarten mit einem NFC-Chip ausgestattet werden. Damit entfällt dann das Aufladen, es geht nun lediglich um eine Beschleunigung des Zahlungsvorgangs mit der Kreditkarte (eine Unterschrift, keine PIN). Im weiteren Verlauf des Ausbaus soll ein NFC-Gerät als digitale Brieftasche auch Fahrkarten, Eintrittskarten sowie Kundenkartendaten direkt verwalten können. Zudem ist angedacht, einen direkten Geldtransfer zwischen zwei Geräten zu ermöglichen.

Aber auch bei dieser Technologie ist die Skepsis nach wie vor groß, ob ihr Einsatz sicher und zuverlässig funktioniert. Was geschieht zum Beispiel mit Guthaben, wenn das Telefon verloren geht oder gestohlen wird? Die Implementationen sind daher zwar vorhanden und mittlerweile recht zahlreich, doch die Akzeptanz bei deren Nutzung bewegt sich auch 2018 auf niedrigem Niveau.

7.7 Fragen zu diesem Kapitel

1. Sie möchten für Ihr drahtloses Netzwerk nur die firmeneigenen Notebooks für das WLAN zulassen, die Verschlüsselung allein reicht Ihnen nicht aus. Mit welcher Methode erreichen Sie dieses Ziel am besten?

   A. MAC-Filterung

   B. SSL VPN

   C. PPPoA

   D. WPA Enterprise

2. Das verfügbare Frequenzband für ein Netzwerk im 802.11ac-Standard arbeitet auf der Frequenz von:

   A. 900 MHz

   B. 2,4 GHz

   C. 5 GHz

   D. 11 GHz

3. Sie installieren einen neuen Access Point und die Benutzer können sich auch darauf verbinden. Dennoch kommen sie mit den Geräten nicht ins Internet. Was ist die wahrscheinlichste Ursache dafür?

   A. Die Signalstärke für den Zugang ins Internet ist zu gering.

   B. Datenpakete gehen am Access Point bei der Weiterleitung verloren.

   C. Die Benutzer haben auf ihren Clients eine falsche SSID eingestellt.

   D. Bei der Access-Point-Konfiguration wurde für die Clients eine falsche Subnetzmaske eingestellt.

4. Was sind die Konsequenzen für Ihren Netzzugang, wenn Sie den falschen WPA-Schlüssel verwenden?

   A. Sie haben Netzzugang, können aber im Netzwerk keine Daten speichern.

   B. Daten können zwar gesendet, aber nicht empfangen werden.

   C. Das Netzwerk verweigert Ihnen den Zugang.

   D. Sie müssen stattdessen die SSID eingeben, um Zugang zum Netzwerk zu erhalten.

5. Was wird die Reichweite eines 802.11g-Access-Points beeinflussen?

   A. 900-MHz-Interferenzen

   B. 5-GHz-Interferenzen

   C. Eine große Anzahl aktiver Benutzer

   D. Ein langes Verlängerungskabel an der externen Antenne

6. Welche der folgenden Antennen für WLAN sendet omnidirektional (also in alle Richtungen)?

    A. Stabantenne

    B. DiPol-Antenne

    C. Parabolantenne

    D. Yagi-Antenne (Richtantenne)

7. Welche Daten sind in einem Beacon-Frame enthalten, das ein Access Point aussendet?

    A. SSID und MAC

    B. IP und MAC

    C. SSID und WEP-Schlüssel

    D. Kanal und WEP-Schlüssel

8. Wenn Sie ein drahtloses Netzwerk in einem Gebäude mit mehreren Stockwerken installieren wollen, worauf müssen Sie vor allem achten?

    A. Konfiguration der Frequenz

    B. Namensgebung der SSID

    C. Kanalüberlappung

    D. Verschlüsselungsalgorithmus

9. Sie müssen ein drahtloses Netzwerk mit einem drahtgebundenen Netzwerk verbinden. Welches Gerät benötigen Sie dafür?

    A. WPA

    B. Bridge

    C. Router

    D. Hub

10. Welche Aussage zur WPA-Sicherheit ist richtig?

    A. WPA entspricht der Norm 802.11i.

    B. WPA verwendet AES als Verschlüsselung.

    C. WPA ist dasselbe wie WPA2, nur etwas früher.

    D. WPA setzt wie WEP auf die RC4-Verschlüsselung.

Kapitel 8

WAN-Datentechniken auf OSI-Layer 1 bis 3

Bis jetzt haben Sie viel über lokale Netzwerkarchitekturen gelesen. Die Weitverkehrsnetze (WAN) bilden in Zeiten des allgegenwärtigen Internets den unabdingbaren Rückhalt für die Verbindung lokaler Netze. Da die Herausforderungen für große Netze ganz andere sind als die für lokale Netzwerke, werden dafür auch andere Verfahren eingesetzt und somit kommen auch andere Spezifikationen zum Tragen. Fragen wie die Überwindung großer Distanzen ohne große Signalverluste, die Fehlerkorrektur oder die bestmögliche Ausnutzung der verfügbaren Bandbreite (aus Kostengründen) stehen hierbei im Zentrum. Den Ursprung dieser Netze legte das klassische Telefonnetz und hierbei insbesondere das öffentliche Festnetz (PSTN).

> Sie lernen in diesem Kapitel:
> - Die Einführung der Datentechnik in die Telefonie kennen
> - Verschiedene WAN-Technologien kennen und unterscheiden
> - Neue Netzwerktechnologien identifizieren
> - DSL-Verfahren und ihren Einsatz sowie Probleme erkennen
> - Den Einsatz von CATV und FTTH im Netzwerkbereich erkennen
> - Mobile Datennetze und ihre Möglichkeiten unterscheiden

8.1 Von POTS zu ISDN

POTS (Plain Old Telephone Service) bieten nur beschränkte Dienste an wie Sprache, später auch Konferenzschaltungen, auch bidirektional, allerdings auf niedrigem Geschwindigkeitsniveau. Dafür sind diese Dienste sehr zuverlässig. Die analogen Netze sind vollständig leitungsbasiert und die Teilnehmeranwahl erfolgt entweder durch eine Vermittlung oder eine Nummernselbstwahl. Die Schweiz plant beispielsweise, ab 2017 analoge Telefonie für Endkunden abzuschaffen und vollständig durch die digitale Telefonie mittels Voice over IP zu ersetzen.

Die Abkürzung ISDN steht für **Integrated Services Digital Network**, also Integriertes Sprach- und Datennetz. Diese Integration basiert auf der Grundlage der Digitalisierung der Dienste und dient als Alternative zur herkömmlichen analogen Telefonie.

Die ersten ISDN-Standards stammen für Europa aus dem Jahr 1993. Das sogenannte Euro-ISDN umfasst das folgende Mindestangebot:

- Transparenter Übermittlungsdienst mit 64 Kbit/s
- 2 Kanäle für die Datenübermittlung
- 3,1 kHz und 7 kHz Audio-Übermittlungsdienst
- Übermittlung der Rufnummer des Anrufers zum gerufenen Teilnehmer
- Unterdrückung der Übermittlung der Rufnummer
- Durchwahl zu Nebenstellen in Telefonanlagen
- Mehrfachrufnummer
- Umstecken am passiven Bus des Mehrgeräteanschlusses

Basis des Euro-ISDN sind die ITU-T-Empfehlungen für die Schichten 1 bis 3. Schicht 1 basiert auf der Schnittstelle nach I.430, Schicht 2 auf den Protokollen nach Q.920/921 und Schicht 3 auf Q.930/931. Darüber hinaus wurde für Euro-ISDN das Signalisierungsprotokoll DSS1 festgelegt.

ISDN gibt es bei den meisten Anbietern als Basisanschluss (ISDN-BRI) und als Primäranschluss (ISDN-PRI). Der Basisanschluss umfasst zwei Datenkanäle (sogenannte B-Kanäle) zu je 64 Kbps und einen Steuerungskanal (D-Kanal) zu 16 Kbps.

Der Primäranschluss umfasst 30 B-Kanäle und kommt damit auf eine Leistung von 2 Mbps (2048 Kbps), dazu wird ein weiterer 64-Kbps-Datenkanal (D-Kanal) zur Steuerung eingesetzt und ein weiterer 64-Kbps-D-Kanal zur Synchronisation.

In Europa werden die Primäranschlüsse auch als E1-Anschluss bezeichnet. Bekannt ist in diesem Zusammenhang aber auch der in den USA verwendete Begriff einer T1-Leitung – diese ist aber im Unterschied zu den europäischen Primäranschlüssen weniger leistungsfähig und hat eine Datenrate von 1,544 Mbit/s bzw. 24 ISDN-Datenkanälen (23 B-Kanäle und 1 D-Kanal) mit jeweils 64 Kbit/s (+Framing Bit). T1-Anschlüsse werden so auch in Kanada und Japan verwendet. Umgangssprachlich wird oft von einer T-Line gesprochen. Über die einzelnen Datenkanäle kann sowohl Sprach- als auch Datenverkehr abgewickelt werden. Die schnellere Alternative zu T1 ist T3 (in Europa E3), das häufig zur Anbindung des Internet Service Provider (ISP) zu einem Backbone genutzt wird. T3 wird in den USA auch als DS3 bezeichnet, für Digital Signal Level 3-Carrier.

Der japanische Standard J1 unterscheidet sich von T1 nur in wenigen Details.

Der Hauptunterschied von ISDN zum analogen Telefonnetz besteht darin, dass die Daten digital bis zum Endgerät übertragen werden: Anstelle eines Modems wird daher für den Internetanschluss an einem PC ein Terminal-Adapter eingesetzt. Zugleich können mit dieser Übertragungsart mehrere Kanäle gebündelt werden.

Die digitale Übertragung bietet gegenüber der analogen Technik zudem zahlreiche Qualitätsverbesserungen: Die Signale können bei durchgehend digitaler Übertragung verlustfrei übertragen werden. Die Sprachqualität digitaler Übertragungen ist deshalb deutlich besser. Außerdem sind Datenübertragungen schneller, da kein Modem zwischengeschaltet werden muss, sondern die Daten direkt übers Netz übermittelt werden.

Um analoge Endgeräte wie Telefon, Fax, Anrufbeantworter oder Modem an einen ISDN-Anschluss anzuschließen, benötigt man entweder eine Telefonanlage mit analogen Gegenstellen oder einen sogenannten zusätzlichen a/b-Anschluss.

Ein Nachteil der ISDN-Technologie gegenüber der analogen Technologie besteht darin, dass der Betrieb der Endgeräte ohne externe Stromversorgung nicht vorgesehen ist, das heißt, bei einem Ausfall des Stromnetzes sind auch das Telefonieren oder die Datenübertragung via ISDN nicht mehr möglich. ISDN steht ebenso wie die analoge Telefonie am Ende seines Zyklus, vor allem was den Einsatz für die Telefonie anbelangt, auch hier steht der Ersatz durch VoIP im Vordergrund.

8.2 Breitband-ISDN und seine Nachfolger

Breitband-ISDN war der groß angelegte Versuch, anstelle der Vielzahl von existierenden Netzwerken ein weltweit einheitlich aufgebautes Hochgeschwindigkeitsnetz für die verschiedenen Anwendungen zu schaffen. Dieses neu zu schaffende, universelle Netzwerk sollte in der Lage sein, zum einen die Funktionen der existierenden Sprachnetze, Datennetze und Fernsehnetzwerke zu übernehmen und zum anderen genügend Spielraum für die Umsetzung zukünftiger Kommunikationstechnologien zur Verfügung zu stellen. Dabei wurde an eine Vielzahl von Breitbanddiensten gedacht, u.a. an Bildfernsprechen, Arbeitsplatz- und Studiobildkonferenzen, Multimediatechnik, Fernsehprogrammverteilung und Breitbandkabeltext.

Die Standardisierung für dieses universelle Netzwerk der Zukunft wurde vom ITU (früher CCITT) 1990 unter der Bezeichnung B-ISDN begonnen. 1988 wurde ATM vom ITU als Transportmechanismus für B-ISDN ausgewählt. Eingebettet in die Übertragungsrahmen von SDH, transportieren ATM-Zellen die eigentlichen Nutzdaten der unterschiedlichen Dienste.

Das B-ISDN in seiner ursprünglichen Konzeption kam aber über Pilotversuche nicht hinaus. Diese Pilotversuche ermöglichten den Teilnehmern ursprünglich eine Datenübertragungsrate von maximal 155 Mbit/s, in einer nächsten Stufe waren 622 Mbit/s geplant. Eine der ursprünglichen Grundideen war, dass auch der wachsende Verkehr des ISDN mittels Konzentratoren und Multiplexern in das B-ISDN überführt werden sollte.

Die weitere Entwicklung basiert danach auf verschiedenen Technologien, am bekanntesten darunter bis heute die ATM-Technologie, SDH und Sonet. Auf diese drei Technologien gehen wir darum nachfolgend genauer ein.

8.2.1 Synchrone digitale Hierarchie

Die Synchronous Digital Hierarchy (SDH) ist ein 1988 von der ITU als weltweiter Standard definiertes Übertragungssystem auf der Bitübertragungsschicht, das im Bereich der nationalen und internationalen Weitverkehrsnetze die bestehende, konzeptionell veraltete Übertragungsinfrastruktur auf Basis von PDH (Plesiochronous Digital Hierarchy) ablöste. Mit der SDH-Technik lassen sich logische und synchrone Verbindungen zwischen den Teilnehmern herstellen. Die Verbindungen werden hergestellt durch den Netzoperator, der auf Anforderung des Kunden einen freien Weg sucht und dann die entsprechenden Knoten verschaltet. Die Netzwerkmanagementfunktionen werden über spezielle, für diesen Zweck reservierte Kanäle (ECC, Embedded Control Channel) übertragen. SDH-Netze sind vornehmlich in Europa aktiv und werden von großen Carriern unterhalten.

8.2.2 Sonet

Sonet (Synchronous Optical Network) ist eine in den USA für die Hochgeschwindigkeitsdatenübertragung konzipierte Technik mit Übertragungsgeschwindigkeiten von 12,0 Mbit/s bis zu 160 Gbit/s. Sonet ist ein ursprünglich von den amerikanischen Bell Laboratories entwickeltes, auf Einstufen-Multiplexing basierendes Übertragungsverfahren für Weitverkehrsnetze, aus dem 1988 der ITU-Standard für SDH hervorging. Es beschreibt den Übertragungsrahmen der OSI-Schicht 1 und wird als Transportmedium für ATM genutzt. Die Sonet- und SDH-Spezifikationen sind bis auf kleinere Abweichungen im Header eines Frames identisch. Beide Technologien verwenden die gleichen Einheiten für die Übertragungsgeschwindigkeiten, einfach in anderen Schritten. In Sonet wird der Frame STS (Synchronous Transport Signal) genannt, der dem Optical Carrier (OC) in seinen Geschwindigkeiten entspricht. Die Grundbitrate der nordamerikanischen Sonet-Hierarchie ist STS-1 bzw. OC-1 mit 51,840 Mbit/s. Darunter gibt es STS-1/2 und STS-1/4, aber keine OC-Stufe.

Die Hierarchiestufen der Sonet-Dienste werden mit STS (Synchronous Transport Signal) bezeichnet, sie basieren auf einer Übertragungsgeschwindigkeit von OC-1 mit 51,840 Mbit/s, auch als Optical Carrier (OC-1 bis OC-48) bezeichnet, wobei STS im Gegensatz zu OC einen Frame spezifiziert. Die Entwicklung von Sonet basiert seit einigen Jahren auf der Weiterentwicklung der Optical Carrier, wobei wesentlich höhere Durchsatzraten erzielt werden können.

8.2 Breitband-ISDN und seine Nachfolger

Sonet-Standards	SDH-Standards	Übertragungsrate in Mbps
STS-1/4		12,000
STS-1/2		26,920
STS-1 (OC-1)		51,840
STS-3 (OC-3)	STM-1	155,520
STS-9 (OC-9)		466,560
STS-12 (OC-12)	STM-4	622,080
STS-18 (OC-18)		933,120
STS-24 (OC-24)		1'244,160
STS-36 (OC-36)		1'866,240
STS-48 (OC-48)	STM-16	2'488,320
STS-192 (OC-192)	STM-64	9'953,280
STS-768 (OC-768)	STM-256	39'813,120
STS-1536 (OC-1536)	STM-512	79'626,240
STS-3072 (OC-3072)	STM-1024	159'252,480

Tabelle 8.1: Standards für Sonet und SDH

Die leeren Felder in der Spalte »SDH« bedeuten, dass diesbezüglich kein entsprechender offizieller Standard vorliegt.

Die einzelnen Bezeichnungen stellen also jeweils ein Vielfaches entweder von 51'840 Mbps (Sonet) oder 155'520 Mbps (SDH) dar. Ab STM-4 können nur noch optische Träger verwendet werden!

Zu Beginn wurde dabei über die Leitung der Sonet-Layer (Layer 1) und darauf zur Verwaltung und Datenübertragung ein ATM-Layer (als Layer 2) als Zwischenschicht gelegt, bevor auf Layer 3 IP als Adressierungsprotokoll eingesetzt wurde. Auf den ATM-Layer kann heute verzichtet werden sodass der IP-Layer bzw. das IP-Protokoll direkt über Sonet angesiedelt wird. Durch den Einsatz von DWDM-Fasern (Dense Wavelength Division Multiplexing) anstelle der herkömmlichen Lichtwellenleiter ist es mittlerweile möglich, IP direkt über Fiber laufen zu lassen, also auch den Sonet-Layer auszulassen. Dazu reicht es aber nicht, einfach ein Protokoll abzuschalten, sondern Sie benötigen dann durchgängig entsprechende DWDM-Hardware, vom Multiplexer an beiden Enden der Leitung bis zum Repeater zur Verstärkung der Signale. Daher treffen Sie heute auf beide Systeme.

8.2.3 ATM

Das als Asynchronous Transfer Mode (ATM) bezeichnete Übertragungssystem basiert auf den Ideen von Breitband-ISDN und ist als System konzipiert, das unterschiedliche Dienste und Datenmengen übertragen kann. Basierend auf Glasfasertechnik ist es auf hohe Durchsatzraten optimiert. Mithilfe dieser Hochgeschwindigkeitsnetzwerke ist es möglich, die großen Datenmengen, die von modernen Anwendungen erzeugt werden, kostengünstig und in Echtzeit zu übertragen (Videomail, interaktives Fernsehen, Virtual Reality, Simulation physikalischer und chemischer Vorgänge usw.).

ATM eröffnet aufgrund seiner Architektur die Möglichkeit, ATM-Übertragungsgeschwindigkeiten bis an die physikalischen Grenzen zu realisieren. Im Fall der Übertragung über Lichtwellenleiter steht dabei die enorme Übertragungsbandbreite von etwa 30 THz zur Verfügung. In Forschungslabors wurden schon ATM-Schalteinheiten mit Verarbeitungsgeschwindigkeiten bis zu 1 Tbit/s realisiert.

ATM ist eine Datenübertragungstechnik, die zur Familie der zellenvermittelnden Systeme (Cell Relay) gehört. Im Gegensatz zu paketvermittelnden Systemen wie X.25, in denen Datenpakete variabler Länge über eine Leitungsschnittstelle gemultiplext werden, ist die Länge der Cell-Relay-Datenpakete fest – es sind eben Zellen. Diese haben eine feste Größe von 53 Bytes, wovon 5 Byte für den Cell-Header reserviert sind und 48 Bytes für die Nutzdaten, den sogenannten Payload.

ATM repräsentiert eine bestimmte Implementation von Cell-Relay, und zwar diejenige, die für die Spezifikation des B-ISDN-Standards ausgewählt wurde. ATM ist also ein Teil der ITU-Spezifikation für B-ISDN. Dies erkennt man auch am ATM-Schichtenmodell, das von ITU formuliert wurde und die genauen Spezifikationen der Funktionen und Schnittstellen beinhaltet. Obwohl es weitestgehend an das OSI-Referenzmodell angelehnt ist, ist es längst nicht so linear aufgebaut wie dieses.

Das ATM-Schichtenmodell kennt mehrere voneinander unabhängige Kommunikationsschichten:

- Die physikalische Schicht
- Die ATM-Schicht
- Die ATM-Anpassungsschicht (AAL)
- Die in der OSI-Terminologie als »höhere Schichten« bezeichneten anwendungsorientierten Schichten

Die Schichten sind über drei Ebenen miteinander verbunden: die Benutzerebene (User Plane), die Steuerebene (Control Plane) und die Managementebene (Management Plane). Zwischen den einzelnen Schichten erfolgt die Datenübergabe an sogenannten Service Access Points (SAP).

Dies ergibt ein **dreidimensionales Modell** von Schichten und Ebenen.

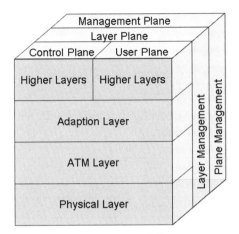

Abb. 8.1: ATM-Schichtenmodell

Die physikalische Schicht beschreibt wie beim OSI-Modell die physikalischen Eigenschaften eines ATM-Netzes über Glasfaser, Koax- oder TP-Verkabelung.

Auf der **ATM-Schicht** werden die Informationen paketiert bzw. depaketiert und in das Informationsfeld abgelegt und der Header und die Identifizierer bestimmt. Zellen werden gegeneinander abgegrenzt und für das Multiplexen oder Vermitteln dem Zellstrom zugefügt oder entnommen. Es findet der transparente Transport der ATM-Zellen zwischen den auf höherer Ebene kommunizierenden Netzwerkteilnehmern statt. Bei der Übergabe der Nutzinformation von der ATM-Anpassungsschicht (Adaption Layer, AAL) an die ATM-Schicht muss der ATM-Header erzeugt und vorangestellt werden. Am Ziel trennt die ATM-Schicht den Header wieder ab, bevor die Information an die AAL übergeben wird. Während der Verbindungsdauer laufen kontinuierlich Überwachungs- und Kontrollmechanismen ab.

Die **ATM-Anpassungsschicht (AAL)** passt die Low-Level-Transportdienste für die erforderliche Dienstgüte der darüberliegenden Klassen von Anwendungsdiensten an. Darüber hinaus stellt die AAL-Schicht die dazugehörenden Steuer- und Managementfunktionen zur Verfügung.

Die unterschiedlichen Anforderungen an die verschiedenen Übertragungsdienste werden durch vier AAL-Dienstklassen definiert, die sich durch die Zeitrelation zwischen Quelle und Ziel, konstante oder variable Bitrate und die Verbindungsart voneinander unterscheiden. Die vier Klassen sind mit den Buchstaben A, B, C und D gekennzeichnet.

Ein Klasse-A-Dienst besitzt eine Zeitrelation, eine konstante Bitrate und ist verbindungsorientiert. Mit dieser Dienstklasse ist eine Emulation eines virtuellen Schaltkreises mit konstanter Bitrate möglich, beispielsweise für die Übertragung von Audio- und Videoinformationen für Videokonferenzen.

Der Dienst der Klasse B hat demgegenüber eine variable Bitrate. Die Klassen A und B ermöglichen Isochron-Übertragungen.

Die Klasse C ermöglicht keine Zeitrelation, hat aber eine variable Bitrate und ist verbindungsorientiert. Diese Klasse eignet sich zur Realisierung klassischer verbindungsorientierter anisochroner Datenübertragungen.

Dagegen arbeitet die Klasse D verbindungslos und überträgt nur einzelne Datenpakete ohne Zusammenhalt über eine virtuelle Verbindung.

Dienstklasse	A	B	C	D
Synchronität	ja		nein	
Bitrate	konstant		variabel	
Verbindung	verbindungsorientiert		verbindungslos	
Anwendung	Sprache	Video	File Transfer, LAN, IP	

Tabelle 8.2: ATM-Dienstklassen

Der größte Hemmschuh in der Verbreitung von ATM besteht in den Übergangsbereichen WAN/MAN/LAN. Die Technik verlangt weitestgehend proprietäre Hardware, welche diese Protokolle unterstützt. Von daher wird der Aufwand überproportional größer, je kleiner ein Netzwerk oder eine Anwendung ausgelegt ist.

8.3 Next Generation Network (NGN)

ATM ist mittlerweile genauso in die Jahre gekommen und es wird an verschiedenen Nachfolgeprojekten gearbeitet, welche die Kapazitäten im weltweiten Netzwerkverkehr erneut erhöhen können. Diese verschiedenen Ansätze werden seit einiger Zeit unter dem Begriff Next Generation Networks (NGN) zusammengefasst. Verschiedene Bemühungen stehen im Zentrum dieser Entwicklungen: zum einen die Steigerung der Datendurchsatzraten, zum anderen die Zusammenführung von klassischen Telefonie-, Kabel- und Mobilfunknetzen hin zu einer einheitlichen und paketvermittelten Netzwerkinfrastruktur. Dies soll geschehen, ohne dabei die Kompatibilität zu bisherigen Netzen auf Spiel zu setzen, um einen reibungslosen Übergang zu gewähren.

Die ITU-T definiert den Begriff NGN Ende 2004 in der allgemeinen Empfehlung Y.2001 wie folgt (General Overview 3.1: Definition):

> »A packet-based network able to provide telecommunication services and able to make use of multiple broadband, QoS-enabled transport technologies and in which service-related functions are independent from underlying transport related technologies. It enables unfettered access for users to networks and to competing service providers and/or services of their choice. It supports generalized mobility which will allow consistent and ubiquitous provision of services to users.«

Frei übersetzt:

> »Ein NGN is) ein paketvermittelndes Netzwerk, welches in der Lage ist, Telekommunikationsdienste bereitzustellen sowie unterschiedliche breitbandige, dienstgüteklassenfähige Transporttechnologien zu nutzen, und bei dem dienstbezogene Funktionen unabhängig von den genutzten Transporttechnologien sind. Es bietet den Nutzern uneingeschränkten Zugang zu Netzen, zu konkurrierenden Dienstanbietern und/oder Diensten ihrer Wahl. Es unterstützt die allgemeine Mobilität, welche eine beständige und allgegenwärtige Bereitstellung von Diensten für die Nutzer ermöglicht.«

Des Weiteren listet die ITU-T-Empfehlung Y.2001 in Absatz 6 folgende grundlegende Merkmale auf, die vorhanden sein müssen, damit eine Netzwerkinfrastruktur als NGN angesehen werden kann:

- Paketbasierte Übertragung
- Trennung der Verwaltungsfunktionen in Übermittlungseigenschaften, Ruf/Verbindung und Anwendung/Dienst
- Abkopplung des Dienstangebots vom Transport und Bereitstellung von offenen Schnittstellen
- Unterstützung eines breiten Spektrums von Diensten, Anwendungen und Mechanismen auf der Grundlage von Dienstmodulen (einschließlich Echtzeit/Streaming/Nicht-Echtzeit-Dienste und Multimedia)
- Breitband-Fähigkeiten mit End-to-end Quality of Service (QoS)
- Zusammenarbeit mit bestehenden Netzen über offene Schnittstellen
- Generelle Mobilität
- Uneingeschränkter Zugang der Nutzer zu verschiedenen Dienstanbietern
- Unterschiedliche Identifikationsschemata
- Einheitliche Dienstmerkmale für denselben Dienst aus der Sicht des Nutzers
- Konvergenz der Dienste Festnetz und Mobilnetz
- Unabhängigkeit von dienstbezogenen Funktionen von den zugrunde liegenden Transporttechnologien
- Unterstützung unterschiedlicher Technologien zum Anschluss der »letzten Meile«
- Einhaltung aller regulatorischen Anforderungen (z.B. Notfallkommunikation, Sicherheit, Vertraulichkeit, gesetzliche Anforderungen etc.)

Während also die ITU-T in dieser Bestimmung generelle Deklarationen vornimmt, gibt es auch bereits erste technische Umsetzungen von NGN. Einer dieser Ansätze ist das Multiprotocol Label Switching (MPLS).

Diese auch IP über ATM genannte Variante hat zwischenzeitlich andere breitbandige Protokolle (Frame Relay, B-ISDN, sonstige digitale Standleitungen) verdrängt, steht ihrerseits aber durch die erwähnte DWDM-Entwicklung auch unter Druck.

Die ersten Bemühungen um MPLS gehen auf die Mitte der 90er Jahre zurück, als versucht wurde, ATM und IP miteinander zu kombinieren. Es gab verschiedene Ansätze unterschiedlicher Hersteller (z.B. Cisco, IBM) mit dem Ziel der Verbesserung des Durchsatzes für Datenübertragungen. Alle Versuche verfolgten dabei einen gemeinsamen Ansatz: die Verwendung eines Standard-Routing-Protokolls wie OSPF, um den Pfad zwischen den Endpunkten zu definieren.

Anschließend musste man nur noch die Pakete diesen Pfaden zuordnen, sobald sie in das Netzwerk eintreten. Die damals für den Transport vorgesehenen ATM-Switches beförderten diese Pakete dann durch das Netz. Mittlerweile werden auch IP-Switches dafür eingesetzt.

Als Antwort auf diese proprietären Ansätze begann die IETF (Internet Engineering Task Force) mit der Standardisierung und definierte 2001 den Standard MPLS in RFC 3031 (was ein RFC ist, wird Ihnen in Abschnitt 9.1 »Die Geschichte von TCP/IP« näher erläutert).

Heute ist MPLS zum Kern vieler moderner Anwendungen herangewachsen. MPLS reduziert den Bearbeitungsaufwand pro Paket im IP-Router erheblich, sodass diese Router noch schneller werden. Doch die eigentliche Popularität hat MPLS verschiedenen Eigenschaften zu verdanken, die es unterstützt: Quality of Service (QoS), Traffic Engineering, die Möglichkeit für VPN und die Unterstützung mehrerer Protokolle.

Doch wie funktioniert MPLS? Ein MPLS besteht aus einer Reihe von Knoten (Nodes), die als *Label Switched Routers* (LSR) bezeichnet werden. Sie sind in der Lage, Pakete auf Basis ihres Labels, das ihnen vorangestellt wurde, zu switchen und zu routen. Labels definieren einen Fluss von Paketen zwischen zwei Endpunkten oder zwischen einer Quelle und mehreren Endpunkten (Multicasting). Jedem Fluss, auch als *Forwarding Equivalence Class* (FEC) bekannt, ist ein spezifischer Pfad durch das Netzwerk, bestehend aus LSRs, zugeordnet. Aus diesem Grund ist MPLS eine verbindungsorientierte Technologie. Jedem FEC wiederum ist eine »Charakterisierung des Verkehrs« assoziiert, das die QoS-Anforderungen dieser FEC definiert. Die LSRs müssen nun nicht jeden IP-Header inspizieren, um Entscheidungen über das Forwarding zu treffen, sondern untersuchen lediglich das Label. Dadurch wird der Routing-Prozess im Gegensatz zu IP-Routern deutlich vereinfacht und beschleunigt.

Ein Beispiel für MPLS ist das Netz der Cablecom in der Schweiz (Kabel-TV und Breitbanddienstanbieter). Das Netz umfasst mehr als 100'000 Kilometer verlegte Glasfaser (nur in der Schweiz), bietet 7'000 direkte Anschlusspunkte und verfügt über einen 40-Gbit/s-Backbone – alles basierend auf MPLS (Stand Januar 2010). Auf diesem Netz kann die Cablecom Internetanschlüsse in fast beliebiger Geschwindigkeit auflegen, SDSL oder HDSL-Anschlüsse schalten und über VPN ganze Firmennetzwerke verbinden. Ebenso können mittlerweile VoIP-Dienste angeboten werden.

8.4 Die wichtigsten DSL-Varianten

8.4.1 Die DSL-Technologie

Allen DSL-Varianten gemeinsam ist die Basistechnologie Digital Subscriber Line – zu Deutsch »digitale Teilnehmeranschlussleitung«. Es handelt sich um ein Breitbandverfahren, das mehrere Frequenzen zur Datenübertragung nutzt und dabei auf herkömmlichen Kupferkabeln basiert. Mittels Multiplexing werden die Signale von der Ortszentrale an die Endkunden übermittelt, wo die Signalbereiche für den Telefon- und den Internetdienst nach den Frequenzbereichen getrennt werden.

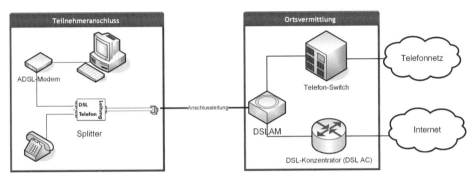

Abb. 8.2: Aufbau einer DSL-Verbindung

Die DSL-Informationen werden beim Anwender mit einem sogenannten Splitter aus dem gemeinsamen Daten-/Telefonstrom herausgefiltert und zum Modem weitergeleitet. Zwischen Modem und Computer besteht eine klassische Netzwerkverbindung. Das ADSL-Modem wird per Ethernet-Technik an den Computer angeschlossen. Das heißt, im PC genügt eine einfache Ethernet-Netzwerkkarte mit der entsprechenden Schnittstelle.

Die wichtigsten »Familienmitglieder« der DSL-Familie sind ADSL, SDSL, VDSL und HDSL. Die DSL-Signale werden wie die Telefonsignale über die gleichen Leitungen geschickt, entsprechen also einer Punkt-zu-Punkt-Verbindung, die jeweils nur von diesem einen Anwender genutzt wird.

DSL verwendet aber andere Frequenzen als das Telefon. Das analoge Telefonsignal arbeitet im Bereich von 0 bis 4 kHz. ISDN deckt das Spektrum von 4 bis 138 kHz ab. DSL-Übertragungen nutzen den Bereich über diesen Bereichen, und zwar von 138 bis 276 kHz für den Upload und von da an bis rund 1,1 MHz für den Download. Die Auftrennung der Frequenzen für Telefonie bzw. DSL geschieht über den oben erwähnten Splitter.

8.4.2 DSL-Verfahren

ADSL ist die typische Telefonleitungsbreitbandverbindung für Endkunden. Die Bezeichnung »A« steht dabei für »asymmetrisch« und beschreibt den Umstand, dass die Downloadrate zum und die Uploadrate vom Kunden her unterschiedlich sind. ADSL erreicht Geschwindigkeiten bis 8 Mbit/s im Downloadbereich und 1 Mbit/s im Uploadverfahren. Die Leistungsfähigkeit hängt auch von der Entfernung zwischen der Ortszentrale und dem Empfänger ab: Die Reichweite von ADSL beträgt maximal ca. 5,5 km: je kürzer die Distanz, desto höher die angebotene Datenrate. Zusätzlich bietet ADSL auch den herkömmlichen Telefondienst.

ADSL2 ist die Weiterentwicklung mit Blick auf die Ausdehnung der Distanzen sowie die Erhöhung der Bandbreite. Die Datenrate für den Download liegt per Definition jetzt bei maximal 25 Mbit/s.

ADSL2 und ADSL2+ sind als G.992.3 und G.992.5 durch die ITU genormt.

HDSL ist eine weitere Variante von DSL. Hinter dem »H« steckt High Data Rate. Die – nicht standardisierte – Technik erlaubt es, Daten mit bis zu 2,3 Mbit/s in beide Richtungen zu übertragen, arbeitet mit mehreren Kupferadernpaaren und benutzt Frequenzen bis 240 kHz. HDSL enthält keine Telefondienste. Die weiterentwickelte Variante HDSL-2 erreicht 1,5 Mbit/s über ein Leitungsadernpaar in beide Richtungen und ist im Gegensatz zu HDSL standardisiert.

SDSL (Symmetric Digital Subscriber Line) ist ein Sammelbegriff für providerabhängige DSL-Varianten über das normale zweiadrige Telefonkabel und kann mit oder ohne Telefondienste arbeiten. Im Gegensatz zu ADSL ist die Geschwindigkeit bei SDSL in beide Richtungen gleich hoch und geht in den Bereich von rund 4 Mbit/s. Die symmetrische Übertragung ist für Anwender wichtig, die nicht nur im Internet surfen, sondern konstante Verbindungen benötigen – wie sie zum Beispiel bei Videokonferenzen oder digitaler Sprachübertragung anfallen.

VDSL (Very High Speed Digital Subscriber Line) bietet noch einmal wesentlich höhere Datenübertragungsraten über gebräuchliche Telefonleitungen. Die ITU hat derzeit zwei VDSL-Standards festgelegt: **VDSL1** (ITU-T G.993.1) sowie **VDSL2** (ITU-T G.993.2). VDSL ist ein asymmetrisches Verfahren.

Während der VDSL1-Standard sich in Europa kaum verbreitet, gibt es etwa in Südkorea oder Japan große Netzwerke. In Südkorea ist VDSL1 sogar flächendeckend in alle Haushalte implementiert. Erst mit VDSL2 kommt auch in Europa diese Technologie in die Haushalte. VDSL2 basiert auf dem Übertragungsverfahren Discrete Multitone (DMT) und bietet bei einer Grenzfrequenz von 30 MHz theoretisch erreichbare Datenübertragungsraten von bis zu 200 Mbit/s im Up- und Downstream. Dabei ist die Reichweite im Vergleich zu VDSL1 wesentlich größer.

Der VDSL2-Standard wurde erst im Frühjahr 2005 von der Internationalen Fernmeldeunion (ITU) verabschiedet. Der Standard selbst basiert auf dem ADSL2+-Standard und ist zu diesem vollständig abwärtskompatibel. Zusätzlich wurden

Möglichkeiten implementiert, gleichzeitig mehrere virtuelle Verbindungen über eine physikalische Verbindung zu realisieren, um so etwa IPTV-Daten priorisieren zu können.

Die VDSL-Standards wurden mit dem Ziel entwickelt, sogenannte Triple-Play-Dienste anzubieten. Darunter wird die Vereinigung von Telefon-, Internet- und TV-Diensten verstanden. Zahlreiche Anbieter tummeln sich in neuester Zeit auf diesem Gebiet und versuchen, Kunden für dieses neue Angebot zu gewinnen. Grundlage dafür ist allerdings ein dichtes Netz an lokalen Verteilern, da die Reichweite dieser Signale im Bereich von Hunderten von Metern und nicht mehr Kilometern liegt. Zudem basieren die Geschwindigkeiten auf einer breiten Verfügbarkeit von Glasfasernetzen, um die Kapazitäten anbieten zu können. Aus diesem Grund wird zeitgleich ADSL2 stark ausgebaut, weil dadurch die Triple-Play-Angebote auch über das gewöhnliche Kupferkabel angeboten werden können.

8.4.3 Probleme beim DSL-Einsatz

Durch die Frequenzauftrennung und die Nutzung hoher Frequenzbereiche ist das DSL-Signal sehr empfindlich, sowohl was die Dämpfung (Signalreichweite) als auch was die Reflexionen des Signals im Signalträger anbelangt.

Die **Kabeldämpfung** sorgt bei langen Leitungen dafür, dass das Signal immer schwächer wird, je länger es unterwegs ist. Bei der Swisscom etwa beträgt die durchschnittliche Entfernung zwischen einem Telefonanschluss und der Ortsvermittlungsstelle 2 km – das ist ein unkritischer Wert. Bei einer Entfernung von mehr als 3 km wird z. B. ADSL dem Anwender in der Schweiz nicht mehr angeboten. Ähnlich sieht die Situation auch in Deutschland aus. Zurzeit gelten folgende Geschwindigkeiten und Distanzen, welche von den Carriern in Deutschland, der Schweiz und Österreich mit geringen Abweichungen voneinander angeboten werden.

DSL-Technik	Maximale Geschwindigkeit	Maximale Distanz
ADSL	Bis 768 Kbit/s Upstream, bis 8,0 Mbit/s Downstream	Bis 5 km (Anschluss bis rund 3,5 km)
ADSL2	Bis 1 Mbit/s Upstream, bis 12 Mbit/s Downstream	Bis 5 km
ADSL2+	Bis 1 Mbit/s Upstream, bis 24 Mbit/s Downstream	Bis 1,5 km
SDSL	Bis 4 Mbit/s Upstream, bis 4 Mbit/s Downstream	Bis 5 km
HDSL	Bis 2 Mbit/s Upstream, bis 2 Mbit/s Downstream	Bis ca. 3,5 km
VDSL	Bis 2,3 Mbit/s Upstream, bis 52,8 Mbit/s Downstream	0,3 bis 1,5 km

Tabelle 8.3: DSL-Standards im Vergleich

Signalreflexionen sind im Kabel selbst auftretende Störungen. Das wird normalerweise dadurch unterbunden, dass die Endgeräte auf beiden Seiten der Leitung aufeinander eingemessen werden. Da diese individuelle Messung teuer ist, beschränken die Telekommunikationsgesellschaften die Übertragungsgeschwindigkeit auf einen sicheren Wert unter der möglichen Grenze. Mit zunehmender Qualität der Verkabelung sind natürlich auch höhere Übertragungsraten möglich.

8.5 TV-Kabelnetze

Auch die Kabelnetze arbeiten auf Grundlage der Breitbandvermittlung, konkurrieren also direkt mit der DSL-Technologie. Das Kabelfernsehen hat sich längst über das reine Fernsehangebot hinaus als Anbieter im Kommunikationsmarkt etabliert. Das Angebot reicht heute vom bezahlten Fernsehen bis zu Internetdiensten und sogar der Telefonie. In diesem Zusammenhang wird auch hier von Triple-Play-Angeboten gesprochen, wie Sie schon oben gesehen haben.

Der Arbeitskreis IEEE 802.14 befasste sich einst mit diesen CATV-Aktivitäten (Cable Television), die bereits vom Arbeitskreis 802.6 gestartet wurden.

IEEE 802.14 wollte digitale Kommunikationsdienste über verzweigte Bussysteme aus Glasfaser und/oder Koaxialkabel anbieten, wie sie in CATV-Systemen bereits verwendet werden. Das bedeutet die Benutzung von existierenden Kabelfernsehnetzen zum Zwecke der Kommunikation, also die bidirektionale Nutzung.

Die Normierung ist aber nicht über den Planungsstand hinausgekommen.

Demgegenüber haben die Cable Labs Ende der 90er Jahre den DOCSIS-Standard erarbeitet, der dann von der ITU-T im Jahr 1998 als allgemeiner Standard für die Datenübertragung in Kabelnetzen verabschiedet wurde. DOCSIS ist in den OSI-Schichten 1 und 2 angesiedelt und stellt somit die Plattform für die Übertragung und Sicherung von Daten bereit. DOCSIS liegt mittlerweile in Version 3.1 vor und aufgrund der unterschiedlichen Frequenznutzung in den USA und Europa gibt es für den europäischen Raum die angepasste Version EuroDOCSIS. Mit dem aktuellen Standard 3.1 können dabei in Europa Geschwindigkeiten bis 10'0000 Mbps Downstream und 1'000 Mbps Upstream erzielt werden. Dabei können durch Kanalbündelung und bessere Frequenznutzungen die Netze besser genutzt werden als unter DOCSIS 1 oder 2 und zudem unterstützt DOCSIS seit Version 3.0 auch IPv6. Seit 2008 stellen daher die Betreiber von Kabelnetzen zunehmend auf diesen DOCSIS-Standard um.

Die praktische Anwendung von CATV unterscheidet zwischen analogen und digitalen Kabelnetzen. Während analoge Netze sich auf das klassische Angebot von Fernsehen beschränkt, bieten die digitalen Netze aufgrund ihrer höheren Bandbreite die bereits erwähnten Triple-Play-Dienste an. Dazu benötigt der Kunde aber in der Regel ein Kabelmodem für den Internetzugang und eine Settop-Box für den

Fernsehempfang. Beide Geräte sind anbieterabhängig und erzwingen daher eine Bindung des Kunden an einen bestimmten Anbieter.

Da zahlreiche Haushalte aber über einen Kabelanschluss verfügen, erreichen die Dienste der Kabelanbieter eine zunehmend große Verbreitung.

8.6 Fiber to the Home

Die bisher beschriebenen Anschlussmöglichkeiten wie Breitband oder CATV werden zunehmend durch die neue Lichtwellenleitertechnik ersetzt, wenn auch je nach Land und Region in sehr unterschiedlichem Tempo.

Das Stichwort dazu lautet FTTH für Fiber to the Home, also in etwa »Glasfaser bis zur Haustür«. Technisch werden hier passive optische Zugangsnetze bis zu den Haushalten verlegt, sogenannte Passive Optical Networks (PON). Das heißt, es wird mit passiven optischen Zugangskomponenten gearbeitet, das Signal wird mittels eines passiven Splitters an die Teilnehmer verteilt und jeder Kunde kann nur die für ihn bestimmten Pakete nutzen. Lediglich das OLT (Optical Line Terminal) beim Provider und das ONT (Optical Network Termination) beim Kunden sind aktive Komponenten, die eine Stromversorgung benötigen.

PONs erlauben die Bildung neuer, bandbreitenstarker Zugangsnetze für verschiedenste Dienste vom Internet bis zu PayTV bzw. für die bereits erwähnten Triple-Play-Angebote (Internet, Telefonie, Fernsehen bzw. Multimediainhalte). Die Glasfasertechnologie erlaubt dabei gegenüber den kupferbasierten Breitbandverbindungen wesentlich höhere Reichweiten (bis zu 20 km) und höhere Bandbreiten im Gigabitbereich und sie arbeitet bidirektional.

Je nach Basis der Datenübertragung finden sich dazu passend verschiedene Abkürzungen wie APON (ATM-basiertes PON), BPON (Breitband, ATM-basierend) oder GPON für ein Gigabit-basiertes Netzwerk und andere mehr. Die ITU-Standards G.983 und G.984 kümmern sich um die Standardisierung dieser passiven Netzwerkarchitekturen.

8.7 LPWAN

Die zunehmende Verbreitung von IoT-Geräten führt auch bei der WAN-Technologie zu Entwicklungen, die IoT auch über große Distanzen verbinden kann.

Das LPWAN (Low Power Wide Area Network) beschreibt eine Gruppe von Netzwerkprotokollen, welche darauf fokussiert sind, Geräte mit sehr wenig Energieverbrauch auf lange Distanzen (d.h. über viele Kilometer) mit einem zentralen Knoten oder Server zu verbinden. Dabei können dank Nutzung von ISM-Frequenzen im 450-MHz- und im 900-MHz-Bereich Distanzen bis 30 Kilometer und mehr überwunden werden. Solchermaßen ausgerüstete Geräte sind typischerweise Sensoren oder Überwachungsstationen und sie sind meist mittels Batterien, d.h. nur mit sehr wenig Energie, versorgt. Der physikalische Verbindungsaufbau erfolgt entweder über ISM-Radiofrequenzen oder über Mobilfunkverbindungen.

Es gibt verschiedene Standards, die sich als LPWAN verstehen, am bekanntesten sind der von der 3GPP verabschiedete Standard LTE-M oder das LoRaWAN. Auch von IEEE gibt es mit 802.11ah einen, WiFi HaLow genannten, Standard. Und mit Sigfox ist ein Unternehmen aus Frankreich vertreten, das eine eigene Umsetzung mitterweile in rund fünfzig Ländern aufgebaut hat.

Die Schweiz ist mehr oder weniger vollständig durch ein LoRaWAN-basiertes LPWAN der Swisscom abgedeckt, Deutschland und Frankreich bauen stärker auf Sigfox auf.

8.8 Mobile Datennetze

Waren die mobilen Telefonnetze lange Zeit nur als Gesprächsnetz von Interesse, so rücken sie immer mehr auch als Datennetze in den Fokus.

Angefangen von GSM bis hin zu LTE bieten sich eine Reihe von Standards an, welche die Mobilfunknetze auch in das Thema Netzwerktechnik mit einbringen.

Die Mobilfunknetze der ersten Generation (sogenannte A-, B- und C-Netze) waren analoge Netze und für den Sprachverkehr ausgelegt. In der Schweiz etwa war das »Natel-C«-Netz einigermaßen bekannt. Aber das sind längst vergangene Zeiten.

GSM zählt mit seiner digitalen Datenübertragung zu den Mobilfunkstandards der zweiten Generation (auch 2G abgekürzt). Neben der vorherrschenden Sprachkommunikation ermöglicht dieser Standard die Übertragung digitaler Daten mit maximal 9600 Bit/s. GSM ist ein offener Standard.

Die Weiterentwicklung innerhalb der zweiten Generation führte zu HSCSD. Diese Abkürzung steht für High Speed Circuit Switched Data. Es ermöglicht höhere Übertragungsraten für Daten, indem mehrere GSM-Kanäle zusammengeschaltet werden. HSCSD ist in diesem Sinne kein eigener Standard, sondern kombiniert softwaretechnisch einzelne GSM-Kanäle. Dies hieß auch, dass aufseiten der Netzwerke keine neue Hardware nötig war, sondern nur softwareseitige Anpassungen. Dies galt allerdings nicht für die Mobiltelefone, da dort entsprechende Software-Aktualisierungen nicht vorgesehen waren. HSCSD erhöht die Datenrate pro Kanal von 9600 Bit/s auf 14400 Bit/s, indem die Fehlerkorrektur weniger aufwendig ausgelegt wird. Dabei steigt aber das Risiko von Übertragungsfehlern: Ist die Verbindung nicht gut genug, muss wieder auf 9600 Bit/s zurückgeschaltet werden. Zudem können bis zu vier Kanäle gebündelt werden (theoretisch sogar acht), sodass Datenraten bis zu 57,6 Kbps realisiert werden können.

Die nächste Stufe innerhalb der zweiten Generation nennt sich GPRS (auch 2.5G abgekürzt), General Packet Radio Services. Bei GPRS handelt es sich um einen permanenten Internetzugang für Mobilgeräte. Dies erforderte in der Regel einen anderen Vertrag, da der Provider dadurch gleichzeitig zum Internetprovider mutierte. Die Daten werden bei GPRS paketweise übertragen, wobei der Netzbetreiber jeweils entscheidet, wie viele Datenkanäle er für die Übertragung erübrigen kann. Unter idealen Voraussetzungen kann GPRS bis zu acht Kanäle belegen, immer noch auf Basis der GSM-Kanäle von 9600 Bit/s. Durch angepasste Codierungsschemen konnte an dieser Rate noch etwas geschraubt werden bis in den Bereich von rund 13'000 Bit/s. Damit lassen sich Raten im Bereich von 53,6 Kbit/s bis rund 150 Kbit/s realisieren.

Die Verbindung ist bei GPRS permanent vorhanden, d.h., es findet keine Interneteinwahl statt, sondern das Gerät ist jederzeit online. Das ermöglicht z.B. die direkte Zustellung von E-Mails auf das Endgerät, ohne dass dieses sich erst zur Abholung einwählen müsste. Damit hat die Mobilfunkindustrie beispielsweise Dienste wie Push-Mail oder Blackberry realisiert.

EDGE (Enhanced Data Rates for GSM Evolution) basiert auf einer Weiterentwicklung des GSM-Standards und bringt noch etwas höhere Datenraten. Überall, wo UMTS oder LTE (die Nachfolger) nicht oder nur teilweise verfügbar sind, müsste in Deutschland, Österreich und der Schweiz EDGE eigentlich verfügbar sein. Sie können je nach Mobiltelefon auf dem Display auch erkennen, welche Verbindungsart aktiv ist – in meinem Dorfteil ist es nach wie vor EDGE (nein, das ist kein alter Satz, Stand August 2015).

Nach EDGE kommt die dritte Generation Mobilfunknetze ins Spiel, kurz 3G genannt. UMTS hat eine unrühmliche Geschichte, wurde der Standard doch weniger durch seine rasche Verbreitung als vielmehr durch die sehr teuren Versteigerungen der UMTS-Lizenzen in Europa bekannt. Allein in Deutschland mussten die Anbieter zum Schluss über 50 Millionen Euro für die Lizenzen bezahlen. Das führte denn auch zu einer stark verlangsamten Umsetzung dieses Standards, da bereits hohe Kosten entstanden waren, bevor die Technik überhaupt zum Einsatz kam.

Das UMTS-Netz ähnelt an sich sehr stark dem GSM-Netz. Die Besonderheit ist allerdings, dass es sich dabei um ein paketvermitteltes Kernnetz auf Basis des IP-Protokolls handelt. Die maximale Übertragungsrate auf einem Kanal beträgt 2 Mbit/s, allerdings nur, solange ein Teilnehmer ihn für sich allein hat, sich nicht schneller als 6 km/h bewegt und nicht weiter als 500 Meter von der nächsten Basisstation entfernt ist. Ansonsten sinkt die Übertragungsrate auf maximal 384 Kbit/s, 144 Kbit/s werden vom Netzbetreiber garantiert.

Ähnlich wie bei GPRS teilt man sich die vorhandene Übertragungskapazität mit den übrigen Teilnehmern, die sich in derselben Zelle aufhalten. Ebenfalls gleich ist die Tatsache, dass ein einmal eingebuchtes Gerät jederzeit erreichbar ist (Stichwort: Push-Mail).

Da alle Zellen mit den gleichen Frequenzen arbeiten, kann die Netzkapazität einfach durch Hinzufügen weiterer Basisstationen erhöht werden. Die umliegenden Zellen verkleinern dann automatisch ihren Reichweitenbereich. Dies ermöglicht einen schrittweisen Aufbau der (teuren) Infrastruktur, da man zuerst Basisstationen in großer Entfernung aufstellen kann, um eine erste Abdeckung zu garantieren, und später durch Verdichtung eine höhere Leistung erbringen kann.

HSPA (High Speed Packet Access) ist eine Erweiterung von UMTS und erlaubt höhere Datenraten für den Datenverkehr. Es gliedert sich in das Protokoll HSDPA für den Downlink und HSUPA für den Uplink. Die weitere Entwicklung dieses Standards nennt sich dann HSPA+ und erhöht die Datenrate durch die (aus dem WLAN bekannte) MIMO-Technik noch einmal im Download-Link.

Die nächste Entwicklungsstufe kam mit LTE auf den Markt. Damit sind Sie bei Funknetzen der vierten Generation, 4G, angelangt. Da es mittlerweile auch LTE Advanced (auch LTE+) als Standard gibt, findet im Internet eine nette Diskussion statt, ob LTE dann 3.5G oder 3.9G heißen müsste – nehmen Sie es, wie Sie es möchten: Die Entwicklung bleibt ohnehin nicht stehen, der Begriff »5G« besteht bereits (aus der Gruppe für Next Generation Mobile Networks, NGMN) und übers Ganze gesehen bleibt für LTE/LTE+ dann eben 4G – so zeigen es auch die Smartphones an (auch wenn das natürlich kein Gradmesser, sondern nur die Realität ist …).

LTE (Long Term Evolution) ist – anders als 3G – ein reines paketorientiertes Datennetz. Es wird also parallel zu den bisherigen Gesprächsnetzen betrieben werden bis zur Abschaltung der analogen Telefonie. Dabei wird eine komplett neu entwickelte Funkschnittstellentechnik eingesetzt. Das hat zur Folge, dass erneut eine komplett neue Infrastruktur aufgebaut werden muss (zulasten von UMTS). Auf der anderen Seite bringt der Standard aber auch keine »Altlasten« mit und kann die technisch möglichen Leistungen optimal nutzen.

Die wichtigsten Vorteile von LTE sind der Anstieg der Datengeschwindigkeit in bisher nicht gekannte Regionen von bis zu 100 Mbps im Download und bis zu 50 Mbps im Upload. Aber auch die Latenzzeiten verbessern sich um mindestens den Faktor 2 und die Signaleffizienz in der Ausbreitung ebenfalls in diesem Bereich. Durch LTE Advanced steigen die Geschwindigkeiten gar auf 300 Mbps für den Download und möglich sind bis 1000 Mbps, und zwar für Down- und Upload. Dabei setzt LTE Advanced ähnlich wie neuere WLAN-Standards auf die MIMO-Technologie mit mehreren Sende- und Empfangsantennen. LTE Advanced ist abwärtskompatibel zu LTE und kann daher auch von Geräten mit »nur« LTE genutzt werden, die meisten Geräte können per Software auch direkt auf LTE Advanced aktualisiert werden (Sofern der Hersteller des Telefons dies anbietet).

Ein weiterer Vorteil von LTE besteht darin, dass Endgeräte mit LTE deutlich weniger Energie benötigen als ihre Vorgänger. Nicht zuletzt kann der Standard koexistent mit GSM/GPRS/EDGE und UMTS betrieben werden.

Die Frequenzen für LTE / LTE Advanced werden unterdessen im Bereich von 700 MHz bis zum 2,6-GHz-Band vergeben. Dabei können Kanäle von 1,25 MHz bis 20 MHz genutzt werden. Die Frequenzen für die Nutzung werden nach wie vor versteigert, in Deutschland 2010 ebenso wie im Mai 2015, wo es Frequenzen im Bereich von 800 MHz und 1800 MHz sowie noch einmal im 2,6-GHz-Netzwerk zu ersteigern gab. Dabei strich die deutsche Bundesnetzagentur allein bei dieser Versteigerung von 2015 noch einmal gut 5 Milliarden Euro an Lizenzeinnahmen ein.

Eine gewisse Problematik besteht bei LTE darin, dass sich die exakten belegten Frequenzen von Land zu Land unterscheiden können, was für das von LTE eigentlich vorgesehene weltweite Roaming ein Problem darstellt.

Mittlerweile zeichnet sich unter dem Marketingbegriff »5G« die nächste Generation von mobilen Datentechnologien ab. Ursprünglich unter ITU IMT-2020 beschrieben, gibt es aktuell verschiedene Technologien und Standards, die sich um 5G gruppieren.

Technologisch kommen neue Frequenzen zum Einsatz, definiert durch die 3GPP, einer Organisation für die Spezifikation von Technologien für den Mobilfunk. 3GPP ist kein Ersatz für ITU-T, sie generiert in dem Sinn auch nicht Standards, sondern verabschiedet konkrete Spezifikationen. Diese dürften dann wiederum in die Norm IMT-2020 einfließen.

Die Frequenzen nennen sich New Radio (NR) und werden in zwei Frequenzbänder FR1 (unterhalb von 6 GHz) und FR2 (mmWave, über 30 GHz) eingeteilt. Die Bänder haben unterschiedliche Kapazitäten, aktuell spricht man von 10 Gbps und 20 Gbps Durchsatzraten, die damit im Mobilfunk in den nächsten Jahren erreicht werden können.

Wie Sie es bei WLAN bereits kennen gelernt haben, setzt auch 5G auf MIMO-Technik und die Bündelung von Kanälen, die in FR2 400 MHz breit sein können. Zudem soll sich mit 5G die Latenz deutlich verbessern – und das alles bei geringerem Energieverbrauch als heute. Zusammenfassend ist aus diesen Entwicklungen deutlich zu sehen, dass die mobile Datenfunktechnik ein ernst zu nehmender Partner ist, wenn es um den Auf- und Ausbau von Datennetzwerken geht – je länger, desto mehr.

8.9 Fragen zu diesem Kapitel

1. Die universelle Übertragungstechnik für digitalisierte Ton-, Bild-, Video- und Datenübertragung wird heute immer wichtiger. Eine derartige entfernungsunabhängige Übertragungstechnik heißt:

   A. FDDI

   B. Token Ring

   C. Ethernet

   D. ATM

2. Welche der folgenden Definitionen erlaubt den höchsten Datendurchsatz?

   A. STP Cat. 5

   B. UTP Cat. 1

   C. T1

   D. STS-12

3. Welcher Standard repräsentiert eine Hochgeschwindigkeitsverbindung, die über fiberoptische Leitungen hergestellt wird?

   A. S/STP

   B. Sonet

   C. POTS

   D. VoIP

4. Welche der folgenden Technologien arbeitet paketorientiert?

   A. ATM

   B. ISDN

   C. E-Carrier

   D. POTS

5. Welche der folgenden Begriffe beziehen sich auf die Datenübertragung in mobiler Datenkommunikation? Wählen Sie alle betreffenden Begriffe aus.

   A. EDGE

   B. CWDM

   C. CSMA/CD

   D. GSM

   E. LTE

   F. E1

6. Das typische Merkmal beim Einsatz von High Speed Packet Access (HSPA+) lautet?

    A. SDLC

    B. EDGE

    C. 4G

    D. MIMO

7. ATM unterteilt die Daten in gleich große Blöcke von

    A. 53 Bytes/Paket

    B. 48 Bytes/Zelle

    C. 53 Bytes/Zelle

    D. 128 Bytes/Frame

8. Welche Bandbreite stellt ein OC-12 zur Verfügung?

    A. 15,55 Mbps

    B. 155,52 Mbps

    C. 1244 Mbps

    D. 622,08 Mbps

9. Welche Technologie nutzt 30 64-Kbps-Kanäle?

    A. E-1

    B. T-1

    C. MPLS

    D. VDSL

10. Wenn eine Technikerin eine WAN-Verbindung über große Distanzen einrichten muss, ohne dass sie ein physisches Medium einsetzen kann, nutzt sie:

    A. OC-12

    B. 802.11ac

    C. Satellit

    D. DS3

Kapitel 9

Meine Name ist IP – Internet Protocol

Nachdem Sie sich in den letzten Kapiteln vorwiegend mit der Datenübertragung selbst auseinandergesetzt haben, widmen Sie sich jetzt der Frage, wie die Software sich des Problems der Datenübertragung annimmt. Es reicht ja nicht, dass Signale von A nach B übertragen werden können, sie müssen ja auch erst erzeugt und versandgerecht vorbereitet und adressiert werden. Dazu bedienen sich die Informatiksysteme der Protokolle. Da der Begriff »Protokoll« sehr allgemein ist, wird diesem Zusammenhang von Adress- und Transportprotokollen gesprochen.

Dazu gehören AppleTalk, NetBEUI, IPX/SPX und TCP/IP. Während die meisten dieser Protokolle heute eine vorwiegend historische Bedeutung haben, hat sich TCP/IP zum vorherrschenden Standard in der Netzwerkkommunikation entwickelt. Entsprechend werden Sie sich mit dieser Protokollfamilie am gründlichsten auseinandersetzen.

Sie lernen in diesem Kapitel:

- Die Geschichte von TCP/IP kennen
- Den Aufbau von IPv4 verstehen
- IPv4-Adressen einrichten
- Den Unterschied von Klassennetzen und CIDR verstehen
- Spezielle Adressen von IPv4 und IPv6 erkennen
- Den IP-Header von IPv4 und IPv6 unterscheiden
- Die Subnettierung von Netzwerken verstehen
- Wichtige Grundlagen zu IPv6 verstehen

9.1 Die Geschichte von TCP/IP

Der TCP/IP-Stack (Protokollstapel) ist eine herstellerunabhängig entwickelte Protokollgruppe, die durch eine Organisation namens IETF (Internet Engineering Task Force) unterhalten wird. Diese wiederum untersteht der Dachorganisation ISOC (Internet). Dazu gehören neben IETF auch die IESG (Internet Engineering

Steering Group), die IRTF (Internet Research Task Force) und das IAB (Internet Architecture Board). Diese Organisationen sind nach außen offen und werden durch Mitglieder aus verschiedensten Ländern geführt. Die Standards, die diese Kommissionen entwickeln, sind offen und für alle zugänglich.

Die Spezifikationen zur TCP/IP-Protokollfamilie werden von der IETF-Kommission gesammelt und in sogenannten Request for Comments (RFC) verwaltet. Die IETF ist anschließend verantwortlich für die Schaffung, das Testen und die Richtlinien zur Implementierung der technischen Standards, welche das Internet überhaupt erst ermöglichen. Die IESG prüft diese Standards in Abstimmung mit dem IAB. Die Spezifikationsdokumente werden in die RFC-Dokumentenreihe eingeordnet und durch den RFC Editor verwaltet und publiziert.

Ein solcher RFC ist zuerst ein Vorschlag (Memorandum genannt) zur Diskussion, behält aber diesen Namen (RFC) auch nach der Genehmigung durch die Gremien.

Ein Standard-RFC kann folgenden Status erlangen (gemäß aktuellem RFC 2026):

- Proposed Standard – Vorgeschlagen zur Implementation
- Draft Standard – Status mit erfolgreichen Implementationen
- Internet Standard – Allgemeiner Standard, ist implementiert

Obige Statusangaben zeigen also vor allem an, in welchem Stadium der Spezifikation und Implementation sich ein RFC befindet. Dabei kann es natürlich auch sein, dass ein RFC nur bis zum Status »Proposed Standard« kommt, weil in der Implementation ersichtlich wird, dass Änderungen notwendig sind. Und da ein RFC nicht verändert wird, bedeutet dies dann, dass ein neuer RFC mit eben diesen Änderungen publiziert wird und erst dieser RFC dann zum »Draft Standard« oder gar »Internet Standard« wird. Dabei wird im RFC-Editor (www.rfc-editor.org) jeweils mittels Hyperlink auf die neuen RFCs hingewiesen. So steht im oben erwähnten RFC 1310 jetzt »obsoleted by 1602« und dort wiederum »obsoleted by 2026«.

Wird ein aktiver Standard durch einen neueren RFC komplett abgelöst, erhält er den Status »Historic«.

Daneben gibt es auch RFCs mit dem Status »Experimental« oder »Informational«. Zu letzterer Kategorie gehört beispielsweise der hier erwähnte RFC 2026, der ja lediglich die Nomenklatur der RFCs beschreibt und keine technischen Vorgänge.

Ein RFC wird, wie gesagt, nie verändert, sondern bei Bedarf kommt ein ergänzender RFC hinzu. Dabei werden die RFCs nach ihrem Einreichungsdatum durchnummeriert – von RFC 1 aus dem Jahr 1969 zum Thema Host Software bis aktuell zu RFC 7622 vom September 2015, einem RFC zum Thema XMPP-Adressformat. Sie können bis heute auf der Seite der ISOC den Original-RFC zum

IP-Protokoll nachlesen, Sie finden ihn seit 1981 unter RFC 791. Und wenn Sie das Buch lesen, werden Sie schon wieder neue RFCs vorfinden, das Gremium ist sehr aktiv.

Daneben beruht das Internet auf weiteren technischen Standards, die durch andere Organisationen entwickelt werden, wie etwa den Telekommunikationsstandards, die durch die International Telecommunication Union (ITU) definiert werden. Hardware-Standards werden durch das Institute of Electrical and Electronics Engineers (IEEE) festgelegt und Software-Standards für das Web werden durch das World Wide Web Consortium (W3C) definiert. Da das W3C allerdings keine im gleichen Rahmen anerkannte zwischenstaatliche Organisation ist, heißen seine Dokumente Recommendations (Empfehlungen) und nicht Standards. Darunter sind aber sehr bekannte und anerkannte Technologien wie HTML, XML, CSS oder neuer auch RSS. Webseiten, die den W3C-Empfehlungen entsprechen, tragen oftmals auch ein entsprechendes Logo wie zum Beispiel: W3C XHTML 1.0 ✓

9.2 Der Aufbau der Adressierung

Wie Sie schon früher gesehen haben und auch von anderen Gebieten wie dem Telefonieren oder dem Schreiben von Briefen wissen, benötigt jeder Transport einen Adressaten, damit die Botschaft ankommt. Beim Brief ist dies die Wohnadresse des Empfängers, beim Telefonieren die Nummer.

Bei der Kommunikation im Netzwerk kennt man mehrere Ebenen der Adressierung, entsprechend ihrer Aufgabe im Datenverkehr und der Position in einem der vorgestellten Schichtenmodelle.

Damit die Daten das richtige Endziel erreichen, müssen sie drei Adressinformationen erhalten:

- Physische Adresse des Zielgeräts
- Logische Adresse des Zielgeräts
- Dienstadresse

Ich möchte Ihnen das an einem Beispiel verdeutlichen. Wenn Sie auf der Bergstraße wohnen, so steht Ihr Haus zugleich an einer bestimmten Stelle dieses Planeten. Damit verfügen Sie also über zwei Adressen: Die physische Adresse ist der Ort, wo das Haus steht, gemessen in Längen- und Breitengraden und damit eindeutig bestimmbar – weltweit. Dieses System verwenden Sie etwa für Navigationssysteme oder geografische Bestimmungen. Im normalen Briefverkehr arbeiten Sie aber mit der Adresse »Bergstraße« – dies ist eine von Ihrem Ort vorgegebene, logisch bestimmte Adresse. Das kann sich auch ändern: Eines Tages beschließt man im Ort, alle Straßen nach Planeten zu benennen, und ab sofort wohnen Sie auf der Saturnstraße. Zum Glück geschieht das selten, aber während das Ändern

Kapitel 9
Meine Name ist IP – Internet Protocol

der physischen Adresse kaum möglich ist (Sie müssten schon Ihr Haus ausgraben ...), ist das Umändern einer logischen Adresse eine reine Planangelegenheit.

Und vergleichbar funktioniert dies auch in der Netzwerktechnik.

- Die *physische Adresse* wird durch die bereits erwähnte MAC-Adresse definiert, diese wird jedem Netzwerkgerät bei der Herstellung eingebrannt und definiert es eindeutig.

- Die *logische Adresse* bestimmt der Netzwerkadministrator im zuständigen Netzwerk und sie wird in den einzelnen Systemen entsprechend hinterlegt. Diese kann durch Neudefinition im System auch jederzeit geändert werden.

- Die *Dienstadresse* bestimmt überdies, um welche Form der Daten es sich handelt. Dabei wird beispielsweise zwischen einer HTTP-Adresse und einer SMTP-Adresse unterschieden. Doch dazu später mehr.

Die Protokolle haben die Aufgabe, die Verbindung zwischen diesen Adressen zu finden und so die Daten korrekt zuzustellen. Und dazu sehen Sie heute für Adressierung und Transport auf die Protokollsammlung TCP/IP.

Die Protokollsammlung TCP/IP wurde ursprünglich vom und für das amerikanische Verteidigungsministerium (DoD) sowie verschiedene Forschungsorganisationen zur Vernetzung von entfernten Großrechnern entwickelt. Das heute als Internet bezeichnete Netzwerk wurde vor seiner weltweiten Verbreitung als Advanced Research Projects Agency Network (ARPANet) bezeichnet und ermöglichte die Kommunikation zwischen Regierungsstellen, Universitäten und Forschungseinrichtungen. Seit mehr als 30 Jahren und mit etlichen Entwicklungen und Versionen ist diese Protokollfamilie nun im Einsatz. Doch erst nach Mitte der 90er Jahre erlangte sie eine solche Verbreitung, dass man mittlerweile schon fast von einer Monokultur sprechen kann, zumindest was den Bereich der Computernetzwerke angeht.

Das *Internet Protocol* (IP) (1981, definiert in RFC 791) ist ein verbindungsloser Datagrammdienst (Dienst zur Übermittlung von Datenpaketen) und bildet zusammen mit dem *Transmission Control Protocol* (TCP) das zentrale Protokollpaar in der TCP/IP-Protokollfamilie.

Das Internet Protocol arbeitet auf der Netzwerkebene und stellt den höheren Schichten folgende Dienste zur Verfügung:

- Adressierung (IP-Adresse) der Netzknoten (Router, Computer)
- Datagrammservice (Übermittlung von Datenpaketen)
- Fragmentierung und Reassemblierung der Datenpakete
- Spezifikation höherer Protokolle: Es wird ein Wert angegeben, der das vom IP-Layer übergebene höhere Protokoll identifiziert.

- Wahl der Übertragungsparameter
- Vorrangsteuerung (Prioritäten)

Im Gegensatz zum TCP, das mit verbindungsorientierter Kommunikation und aktiver Fehlerkorrektur arbeitet, überträgt IP die Daten mittels verbindungsloser Kommunikation (Datenpakete werden nicht auf Vollständigkeit überprüft und nachgefragt).

Die Daten werden fragmentiert und in kleinen Paketen über das Netz geschickt. Im Netzwerk können sie verschiedene Wege in unterschiedlichen Zeiten zurücklegen, wobei die Pakete wieder in der richtigen Reihenfolge an der Zieladresse reassembliert werden.

Durch den Datagrammdienst erreicht IP seine hohe Leistungsfähigkeit, da im Datagrammverkehr eine flexible Adressierbarkeit (es kann eine unterschiedliche Anzahl an Stationen angesprochen werden), eine hohe Übertragungsgeschwindigkeit (es ist keine Bestätigung der übertragenen Datagramme notwendig und es fehlt die Fehlerkorrektur) und ein variables Routing (es können verschiedene Netzrouten verwendet werden) erreicht werden. Das IP bekommt folglich von den übergeordneten Protokollschichten Daten geliefert, die von der Netzwerkschicht in Pakete zerteilt und mit einem IP-Header versehen werden. In diesem Header stehen alle Daten, die zum Versand der Pakete über das Netzwerk nötig sind. Das bedeutet, er enthält die Quelladresse und die Zieladresse, aber auch Angaben zur Gesamtlänge des Datenpakets oder Informationen über den nächsten Protokoll-Header.

9.3 Die Grundlagen der IP-Adressierung

Wie Sie schon erfahren haben, benötigt in der Computerwelt jedes an der Kommunikation beteiligte Endgerät eine eigene Adresse. Dabei unterscheiden Sie zwischen der physischen und der logischen Adresse. Während Sie die physische Adresse dem OSI-Layer 2 zuordnen, die sogenannte MAC-Adresse, ist die logische Adressierung Bestandteil der verschiedenen Adress- und Transportprotokolle. Das IP-Protokoll kümmert sich um eben diese logische Adressierung.

Wenn Sie zu Hause Ihr Netzwerk einrichten möchten, wird Ihnen TCP/IP als Standardprotokoll vorgeschlagen. Damit diese Einrichtung auch wirklich funktioniert, benötigen Sie als Erstes eine sogenannte IP-Adresse. Bei dieser handelt es sich um eine binäre Adresse, welche jeden Computer eindeutig identifiziert. Im Folgenden wenden Sie sich dieser Adresse genauer zu, und zwar vorerst in der Version IPv4.

Kapitel 9
Meine Name ist IP – Internet Protocol

Das kann dann etwa so aussehen:

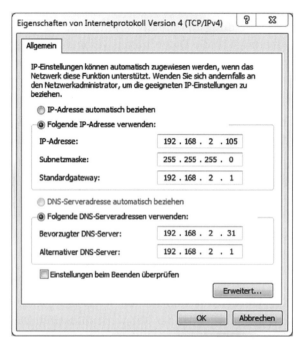

Abb. 9.1: Eigenschaften der TCP/IP-Verbindung

In dieser Darstellung sehen Sie, dass die IPv4-Adresse aus einer Reihe von Zahlen besteht, die durch einen Punkt voneinander getrennt werden.

Genau genommen handelt es sich dabei um vier Zahlen zwischen 0 und 255, als dem Wertebereich eines Byte. Man kann also auch sagen, die IP-Adresse besteht aus 4 Byte oder umgerechnet 32 Bit. Das ist denn auch die gebräuchlichste Bezeichnung: Die IPv4-Adresse ist eine 32-Bit-Adresse.

Neben der eigentlichen IP-Adresse werden zudem noch weitere Werte wie die Subnetzmaske oder der Standard-Gateway abgefragt.

Schauen Sie sich daher jetzt die Adressierung genauer an.

Da die Speicherung von Daten auf Computern binär erfolgt, ist die eigentliche Adresse eine Anhäufung von 0 und 1. Dies gilt im Prinzip auch für die Darstellung, ja mehr noch, der Computer selbst rechnet ausschließlich mit diesen binären Werten. Da dies für uns Menschen aber unpraktisch ist, um es sich zu merken, wird die IP-Adresse in dezimaler Notation geschrieben.

Unter der Voraussetzung, dass je 1 Byte pro Adressteil vergeben werden kann, bedeutet dies binär maximal acht Stellen – und so kommen Sie auf den Zahlenbereich von 0 (binär: 00000000) bis 255 (binär: 11111111).

9.3 Die Grundlagen der IP-Adressierung

Eine Adresse kann also folgende Zahlen enthalten:

- 172.16.25.20

Nicht aber

- 182.285.412.7

Denn diese zweite Zahlenfolge lässt sich wohl als dezimale Zahl hinschreiben, der Computer kann die zweite Zahl (285) aber nicht binär als 8-Bit-Ziffer darstellen, eine solche IP-Adresse kann daher nicht existieren!

Nachdem dies geklärt ist, wenden wir uns der Frage nach den 4 Byte zu. Warum 4 Byte, warum nicht einfach eine einzige lange Zahl?

Das hängt damit zusammen, dass in der IPv4-Adresse zwei Informationen enthalten sind: die Adresse des Rechners oder Endgeräts *und* die Adresse des Netzwerks, zu dem sie gehört. In Fachbegriffen ausgedrückt heißt dies: Enthalten sind die Netz-ID und die Host-ID.

> **Wichtig**
>
> Da jede IP-Adresse ein einzelnes Gerät innerhalb des Netzwerks kennzeichnet, muss jedem Gerät auch eine eindeutige Host-ID zugeordnet sein.

- Durch die *Netzwerk-ID* werden sämtliche Systeme identifiziert, die sich physisch innerhalb desselben Netzwerks befinden. Allen Systemen eines physischen Netzwerks muss dieselbe Netzwerk-ID zugeordnet sein, die dann wiederum innerhalb eines über mehrere Netzwerke verbundenen größeren Netzes eindeutig ist.
- Durch die *Host-ID* wird eine Arbeitsstation, ein Server, ein Router oder ein anderes TCP/IP-Gerät innerhalb eines Netzwerks identifiziert. Innerhalb eines gegebenen Netzwerks mit einer Netzwerk-ID muss diese Adresse für jedes Gerät ebenfalls eindeutig sein. Falls sie doppelt oder mehrfach vergeben ist, erhalten Sie eine Fehlermeldung, die nur durch Adressänderung wieder zu beheben ist (Meldung: IP-Adresse doppelt vorhanden).

Zur Unterscheidung kommt nun die zweite Information ins Spiel: die Subnetzmaske. Diese trennt den Host-Teil vom Netzteil.

Ähnlich wie die IP-Adresse ist diese Netzmaske in 4 Byte aufgeteilt. Eine 255, also 11111111, bedeutet dabei: Dieser Teil gehört zum Netz.

Nehmen Sie das Beispiel von vorhin:

- 172.16.25.20

Dazu gehört beispielsweise die Subnetzmaske:

- 255.255.0.0

Dies bedeutet: Sie haben ein Netzwerk namens 172.16.0 und einen Rechner, der in diesem Netzwerk die Adresse 25.20 hat.

Die Subnetzmaske schreibt sich von links nach rechts. Es gibt also keine Maske namens 0.0.255.0, sondern nur 255.255.0.0 oder 255.0.0.0. Sie werden in Kapitel 22 noch sehen, dass man mit dieser Maske auch noch mehr machen kann. Aus der Verrechnung dieser beiden Informationen, IP-Adresse und Subnetzmaske, kann der Rechner somit die genaue Identität des Knotens (Geräts) bestimmen.

Sie können sich nun ausrechnen: Wenn ein Netz die Subnetzmaske 255.0.0.0 hat, kann es damit theoretisch maximal 256 (0 bis 255) Netzwerke dieser Klasse geben, dafür in jedem dieser Netze 256*256*256 = 16777216 Rechner. Je mehr Bytes für die Netzwerkmaske verwendet werden, desto weniger bleiben für die Rechner.

Ein Netzwerk mit der Maske 255.255.255.0 hat also den Vorteil, dass es über 16 Millionen Netze geben kann, dafür nur noch 256 Rechner pro Netzwerk.

Die Einteilung der IPv4-Adresse in Netzwerk-ID und Host-ID nennt sich Subnettierung und seit der Einführung der klassenlosen Adressierung nehmen Sie diese Subnettierung automatisch vor, da Sie jeder IPv4-Adresse jede mögliche Netzmaske zuordnen können. Dabei sind Sie noch nicht einmal an 8 Bit als Einheit gebunden, eine Netzmaske kann auch 1111 1111 1100 000 lauten, das wäre dann dezimal die Netzwerkmaske 255.255.192.0.

Der dritte Begriff, den Sie an dieser Stelle lesen, ist Gateway. Diese Information bezeichnet das Gerät, meist einen Router, welches die Schnittstelle zum nächsten Netzwerk bildet. Falls also Daten an ein Gerät außerhalb des lokalen Netzes gesendet werden sollen, muss bekannt sein, welche Adresse für diesen Weitertransport zuständig ist. Dies ist die Aufgabe des Gateways.

Die Aufgabe des IP-Protokolls besteht jetzt darin, anhand dieser Angaben (Adresse, Netzmaske, Gateway) die Verbindung zwischen Quelle und Ziel der Netzwerkverbindung herzustellen. IP bekommt folglich von den übergeordneten Protokollschichten Daten geliefert, die von der Netzwerkschicht in Pakete zerteilt und mit einem IP-Header versehen werden. In diesem Header stehen alle Daten, die zum Versand der Pakete über das Netzwerk nötig sind. Das bedeutet, er enthält die Quelladresse und die Zieladresse, aber auch Angaben zur Gesamtlänge des Datenpakets oder des übergeordneten Protokolls auf Layer 4, das ihm die Daten zustellt.

Da die TCP/IP-Protokolle ursprünglich für die Vernetzung weit entfernter Rechner konzipiert worden sind, sind IP-Adressen grundsätzlich öffentlich, das heißt, man geht letztlich vom Prinzip der weltweiten Einzigartigkeit einer Adresse aus. Das war zu Beginn auch verständlich, doch als Firmen begannen, sich die großen Netze unter den Nagel zu reißen, war bald eine Verknappung der Adressen ersichtlich. Daher hat man schon früh begonnen, die Netze in Klassen für größere und kleinere Netze einzuteilen und zudem Adressen zu bestimmen, welche man zwar privat, nicht aber im öffentlichen Netz nutzen konnte. Diese Einteilung dient

9.3 Die Grundlagen der IP-Adressierung

bis heute als Grundlage der Netzwerkplanung, man spricht auch noch vom »C-Klasse-Netz«, wenn man von 192.168.1.0 redet. Doch die Zeit ist nicht stehen geblieben und seit 1993 wird nicht mehr mit festen Adressklassen gearbeitet, sondern stattdessen wird die klassenlose Adressierung eingesetzt, CIDR genannt.

9.3.1 CIDR statt Adressklassen

Das Classless Inter-Domain Routing (CIDR, RFC 1519) wurde 1993 eingeführt, primär um die verfügbaren Adressbereiche besser auszunutzen. Als kleine Anmerkung: 1993 (!) wurde darüber diskutiert, dass es mehr Adressen braucht – zu einer Zeit, als noch nicht einmal 1 % der Europäer einen Internetanschluss geschweige denn ein TCP/IP-Netzwerk in Betrieb hatten!

Jedenfalls entfällt bei der klassenlosen Adressierung die fixe Zuordnung einer IP-Adresse zu einer Netzklasse und die feste Zuweisung einer Adresse durch das erste Bit zu einer Klasse entfällt dadurch. Es existiert faktisch nur noch eine Netzmaske (nicht mehr Subnetzmaske), welche die IP-Adresse gemäß den Angaben in einen Netzwerk- und einen Hostteil aufteilt.

Mit CIDR wurde auch die Suffix-Notation eingeführt. Das Suffix wird nach einem »/« (Slash) angehängt und gibt die Anzahl Bits des Netzteils an.

Die Adresse 192.168.1.15/24 entspricht also der Adresse 192.168.1.15 mit der Netzmaske 255.255.255.0 – ist aber wesentlich kürzer und genauso eindeutig. Ebenso können Sie auch angeben 192.168.1.15/27 und beschreiben damit dieselbe Adresse wie vorhin, aber in einem 255.255.255.224-Subnetz.

IPv6 wird grundsätzlich nur noch in CIDR-Notation geschrieben. Es gibt zwar noch die alten IPv4-Klassen, die als Site-local-Adressen weitergeführt werden, aber neue Adressklassen wurden keine geschaffen.

Mit der CIDR-Notation wurde das klassenbestimmte Adressieren zwar faktisch aufgehoben, umgangssprachlich wird aber auch heute noch von einem A-Netz gesprochen, wenn Sie von einem 10.0.0.x-Netzwerk reden, obwohl das genau genommen falsch ist ...

Aus diesen »umgangssprachlichen« Gründen (und weil die Prüfer so gerne danach fragen ...) seien die Klassen hier aber dennoch aufgeführt:

Adressklassen	Bereich im 1. Byte	Anzahl Netzwerke	Anzahl Hosts*
A	0 bis 127	126	16'777'214
B	128 bis 191	16'382	65'534
C	192 bis 223	2'097'150	254
D	224 bis 239	nicht verfügbar	
E	240 bis 255	nicht verfügbar	

Tabelle 9.1: IP-Adressklassen und Anzahl Netzwerke und Hosts (* = verfügbare Anzahl)

Die Adressklassen werden ohne CIDR anhand der ersten Bits im ersten Oktett identifiziert. Dies ergibt folgende Einteilung:

Adressklasse	Klassenbit	Anzahl Netz-Bits	Gültige Werte der Netz-ID
A	0	7	1 bis 126*
B	10	14	128.1 bis 191.254
C	110	21	192.0.1 bis 221.255.254
D**	1110	-	224.0.0.0 bis 239.255.255.254
E**	1111	-	240.0.0.0 bis 255.255.255.254

* 0 und 127 sind reserviert
** Stehen nicht zur allgemeinen Verfügung

Tabelle 9.2: Klassenbits für Adressklassen

Insgesamt wären also rund 4,3 Milliarden IP-Adressen verfügbar. Beim Nachzählen von Zahlenräumen und der entsprechenden realen Anzahl von Netzwerken und Rechnern sehen Sie auf den ersten Blick, dass es in diesen Klassen mehrere Besonderheiten gibt. Zum einen gibt es reservierte Adressen:

- 0.0.0.0 ist reserviert als Quelladresse für das lokale Netzwerk.
- 255.255.255.255 dient als Broadcast an alle angeschlossenen Stationen.
- 127.0.0.1 dient zum Testen der lokalen Anschlussstelle.
- Der Adressbereich von 224 bis 239 dient als Multicast-Adressblock.

Zum anderen wurden die Klassen D und E nicht öffentlich zugeteilt, sondern blieben für die sogenannte zukünftige Verwendung (Multicast) und zum Teil für Forschung, Medizin und Militär vorbehalten.

9.3.2 Private Netzwerke unter IPv4

Soll das Netzwerk nicht ans Internet angeschlossen werden, sollte man folgende für private Netzwerke reservierte Adressen verwenden (nach RFC 1166, RFC 1918):

- Netzwerk der Klasse A 10.0.0.0   10.0.0.0 – 10.255.255.255
- Netzwerk der Klasse B 172.16.0.0   172.16.0.0 – 172.31.255.255
- Netzwerk der Klasse C 192.168.0.0   192.168.0.0 – 192.168.255.255

Diese Adressen werden garantiert von keinem öffentlichen Netz verwendet und sind somit unproblematisch für private Netzwerke (RFC 1597).

Netzwerke, die direkt mit dem Internet verbunden sind, benötigen dagegen eine vom InterNIC (Internet Network Information Center) bereitgestellte Netzwerk-ID, damit die Eindeutigkeit des Netzwerks im ganzen Internet gewährleistet ist. Weitere Informationen hierzu finden Sie im Internet auf der InterNIC-Homepage unter http://www.internic.net/.

Nach Erhalt der Netzwerk-ID muss der Administrator des lokalen Netzwerks jedem Computer innerhalb dieses Netzwerks eine eindeutige Host-ID zuweisen. Dies kann entweder von Hand geschehen (fixe Adressierung) oder mithilfe eines Dienstes, der die Adressen automatisch zuteilt – dazu in Kapitel 11 dann mehr.

9.3.3 Ausnahmen und besondere Adressen

Trotz der Aufhebung der Adressklassen gibt es eine Reihe von besonderen und reservierten Adressen, welche im RFC 5735 zusammengefasst sind. Zudem sind in diesem RFC die entsprechenden Verweise auf deren Ursache hinterlegt.

Adresse	Subnetz	Verwendung	RFC
192.0.0.0	255.255.255.0	IETF-Protokollzuweisungen	RFC 5736
192.0.2.0	255.255.255.0	TEST-NET-1	RFC 5737
192.88.99.0	255.255.255.0	6to4 Relay Anycast	RFC 3068
198.18.0.0	255.254.0.0	Network Interconnect für Herstellertests	RFC 2544
198.51.100.0	255.255.255.0	TEST-NET-2	RFC 5737
203.0.113.0	255.255.255.0	TEST-NET-3	RFC 5737

Tabelle 9.3: Reservierte IP-Adressbereiche gemäß RFC 5735

Netzwerkpraxis – jetzt sind Sie dran

Nachdem Sie jetzt die TCP/IP-Grundlagen kennen, wird es Zeit, dass Sie sich einmal Ihren eigenen Rechner ansehen. Gehen Sie in die Systemsteuerung Ihres Arbeits- oder Network+-Testrechners und notieren Sie sich folgende Informationen zu Ihrer Konfiguration:

- Aktuelle IP-Adresse
- Welcher Netzwerkklasse ist diese Adresse zugeordnet?
- Handelt es sich um eine private oder eine öffentliche Adresse?
- Welches Netzwerk ist dieser Adresse zugeordnet?
- Wie lautet die Adresse des Gateways?

Eine Beispiellösung hierzu finden Sie in Anhang A bei den Antworten zu den Kapitelfragen.

Kapitel 9
Meine Name ist IP – Internet Protocol

9.3.4 Der IPv4-Header

Der IP-Header in der Version IPv4 hat eine variable Länge von mindestens 20 bis maximal 60 Byte. Er enthält zahlreiche Informationen von der Version des eingesetzten IP-Protokolls bis zu den Adressen der Quelle und des Empfängers.

Jedes IPv4-Datenpaket enthält einen Header und somit alle benötigten Informationen zum Transport und zur Weitergabe an die Schnittstelle zu OSI-Layer 2. Dies ist darum wichtig, weil die Pakete ja nicht schön hintereinander und zwingend über die gleiche Leitung zum Ziel gelangen, sondern lediglich am Ziel wieder entsprechend geordnet werden zur weiteren Decodierung auf den höheren Layern.

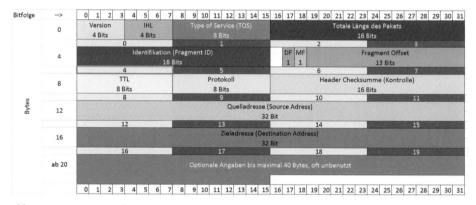

Abb. 9.2: Der IPv4-Header

Während Begriffe wie Quell- oder Zieladresse, Checksumme oder Länge des Pakets sich eigentlich selbst erklären, seien einige zentrale Abkürzungen im Folgenden erläutert:

Version	IPv4 oder IPv6
IHL	Gesamte Länge des Headers in 4 Bit als Vielfaches von 4
TOS	Möglichkeit der Priorisierung von IP-Paketen, Frühform von QoS, wie es später in IPv6 deutlicher ausgeprägt ist
DF	Nicht Fragmentieren (Don't Fragment), zeigt an, dass das Paket nicht zerlegt (fragmentiert) werden darf
MF	Mehr Fragmente (More Fragments), zeigt an, ob weitere Fragmente folgen
TTL	Lebenszeit des Pakets (Time to Live), wobei diese bei jeder Weiterleitung durch einen Router um den Wert 1 heruntergesetzt wird
Protokoll	TCP oder UDP

Tabelle 9.4: Informationen zum IPv4-Header

9.4 IPv6

Trotz privater Netzadressen und technischer Tricks wie NAT (Network Address Translation, siehe nächstes Kapitel), mit denen man private Netze via »Maskierung« ans Internet anschließen kann, werden die IPv4-Adressen knapp. Aus diesem Grund wurde vor bereits etlichen Jahren, nämlich 1998, eine neue Version entwickelt, die Version IPv6. Diese Version bietet wesentliche Verbesserungen:

- Einen erweiterten Adressraum von 232 auf 2128 Adressen
- Broadcasts werden durch Multicasts ersetzt
- Vereinfachung des Headers
- Autokonfiguration der Geräte
- Verbesserte Unterstützung von Optionen (z. B. Verschlüsselung)
- Funktionen im Zusammenhang mit der Dienstqualität (QoS)
- Authentifizierung und Datenschutz
- Feste Headerlänge von 40 Bytes

Doch die Umsetzung dieser Version kommt nur äußerst schleppend voran. Windows Vista war beispielsweise das erste Microsoft-Betriebssystem, das diese IP-Implementierung von Haus aus mitbrachte. Es folgte Windows 2008 Server, nachdem unter Windows 2003 Server IPv6 zwar installiert werden konnte, aber für den produktiven Betrieb nicht freigegeben war. Bei der aktuellen Version von Windows 8 und Windows 10 wird IPv6 als Standardprotokoll installiert. Unter Linux ist es der Kernel 2.6, der IPv6 produktiv unterstützt.

Eine IPv6-Adresse ist 128 Bit lang. Dies ergibt die Zahl von 2^{128} oder umgerechnet 340,28 Sextillionen IPv6-Adressen. Das bedeutet, Sie können auf jedem Quadratmeter dieser Erde 607'647'083'787'390'113'327'454'656 IP-Geräte eindeutig adressieren.

Die IPv6-Adressen werden aufgrund ihrer Länge nicht mehr in dezimaler oder binärer Form wiedergegeben, sondern hexadezimal mit Doppelpunktnotation, und zwar immer in acht Blöcken zu 16 Bit (2 Byte). Eine IPv6-Adresse sieht dann z. B. so aus:

- FE04:b60d:85a3:07d3:1319:0370:8a2e:6522

Hierzu eine Erklärung anhand des ersten Adressblocks: FE04. F als hexadezimale Ziffer entspricht im dualen System der 4-Bit-Zahlenfolge 1111, E entspricht der Zahlenfolge 1110 usw. In binärer Schreibweise würde also die Adresse allein für diesen ersten Block wie folgt heißen: 1111 1110 0000 0100. Verstehen Sie jetzt, warum eine hexadezimale Notation wesentlich praktischer sein kann für dieses Unterfangen?

Eine Besonderheit bei der Darstellung ist die Möglichkeit, dass Zahlengruppen, die nur aus Nullen bestehen, durch zwei aufeinanderfolgende Doppelpunkte »ausgelassen« werden können, allerdings nur an einer Stelle pro Adresse. Ebenso können führende Nullen weggelassen werden.

Die Adresse FCFF:0000:57BB:DC44:AB34:2300:EE22:0BF0 lautet dann
FCFF::57BB:DC44:AB34:2300:EE22:BF0

Die ersten 64 Bit der IPv6-Adresse dienen üblicherweise der Netzadressierung und werden Präfix genannt, die letzten 64 Bit werden zur Host-Adressierung verwendet und werden Interface Identifier genannt.

Beispiel: Hat ein Netzwerkgerät die IPv6-Adresse

- FE04: b60d:85a3:07d3:1319:0370:8a2e:6522

so stammt es aus dem Netzwerk

- FE04: b60d:85a3:07d3::/64

das mit den ersten 64 Bit seiner Adresse identifiziert wird. Die Netzmaske eines Endgeräts ist somit immer /64.

In einer URL wird die IPv6-Adresse in eckigen Klammern eingeschlossen.

Beispiel einer korrekten URL:

- http://[FE04: b60d:85a3:07d3:1319:0370:8a2e:6522]/

Eigene Adressklassen kennt IPv6 nicht mehr.

9.4.1 Der Header von IPv6

Unter IPv6 ist der Header gegenüber der Version 4 durch eine fixe Länge von 40 Byte definiert und enthält keine »Optionen« für eine variable Länge.

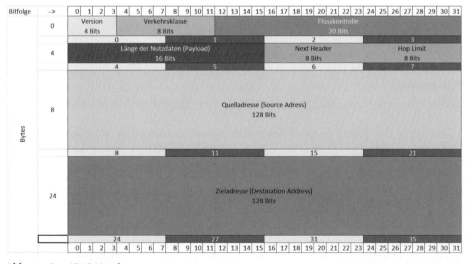

Abb. 9.3: Der IPv6-Header

Sie sehen, es gibt weniger Informationsfelder als unter IPv4, dafür gibt es einige Änderungen:

Verkehrsklasse (Traffic Class) bezeichnet die Klassifizierung und Priorisierung von Daten im Sinne einer Quality of Service (QoS). 6 Bit davon werden für das Verfahren Differentiated Service (DiffServ) eingesetzt. Dieses Verfahren sortiert die Pakete nicht durch eine Priorisierung, sondern durch die Beschreibung des Weiterleitungsverhaltens, was indirekt zu einer anderen Durchleitungszeit führen kann.

2 Bit sind für die Explicit Congestion Notification (ECN), ein Verfahren, welches die Pakete in zwei Bereiche aufteilt: solche, die mit expliziter Stau- bzw. Überlastungsnachricht arbeiten, und solche, die ohne diese arbeiten. Pakete mit ECN erlauben es, auch im Falle eines eigentlich notwendigen Paket Drops (Paket wird verworfen) dank einer ECN-Markierung den Absender zu informieren, sodass er bei zu hohem Verkehrsaufkommen die Transferrate reduzieren kann, ohne dass alle seine Pakete einfach verworfen werden.

Die Flusskontrolle (Flow Control) ist ebenfalls ein Wert, der für die Quality of Service eingesetzt wird.

Die Payload-Angabe bezeichnet die Länge der Nutzdaten ohne den Header.

Mit Next Header wird der nächste Header-Datenbereich identifiziert, entweder als Erweiterung auf demselben Layer oder durch Angabe eines Protokolls auf einem höheren Layer.

Mit Hop Limit wird ähnlich wie TTL unter IPv4 die Lebensdauer des Pakets definiert, d.h., durch wie viele Router darf ein Paket laufen, bis es verworfen wird.

Router fragmentieren überlange Pakete nicht mehr selbst, sondern fordern den Absender mit einer ICMP-Nachricht auf, kleinere Pakete zu schicken. Zudem werden keine Prüfsummen mehr berechnet.

9.4.2 Spezielle Adressen unter IPv6

Site-local-Adressen, die anfänglich noch zur Weiterführung der alten IPv4-Adressen angedacht waren, gelten mittlerweile als veraltet und werden aus dem Standard verschwinden, sie sind nicht mehr von Bedeutung.

Natürlich gibt es auch bei IPv6 reservierte Adressen und Sonderfälle. Einige wichtige werden im folgenden Vergleich mit IPv4 angezeigt:

IPv6-Adresse/Präfix	Beschreibung	Anmerkungen
::/128	Nicht festgelegt	Entspricht IPv4 0.0.0.0
::1/128	Loopback-Adresse	Entspricht IPv4 127.0.0.1

Tabelle 9.5: IPv6-Adressen

IPv6-Adresse/Präfix	Beschreibung	Anmerkungen
2000::/3 (2000 bis 3FFF)	Global Unicast	Adressen für Provider, werden von der IANA vergeben
2002::/16	6to4	→ 6to4-Tunneladressen
::xx.xx.xx.xx/96	Eingebettete IPv4-Adresse	Die niedrigen 32 Bit entsprechen der IPv4-Adresse. Auch als »IPv4-kompatible IPv6-Adresse« bezeichnet.
::ffff:xx.xx.xx.xx/96	Auf IPv6 abgebildete IPv4-Adresse	Die niedrigen 32 Bit entsprechen der IPv4-Adresse. Notwendig für Rechner, die IPv6 nicht unterstützen. Ein Router muss hier zwischen IPv4 und IPv6 routen.
fc00::/7	Unique Local Address	ULA abgekürzt, IPv6-basierrte Nachfolgeadressen für lokale Netzwerke, vergleichbar mit den privaten Netzwerken unter IPv4
fe80::/10 fe80:: bis febf::	Link-local	Nicht zu routende Adressen, mit APIPA (169.254.0.0/16) vergleichbar, für Autoconfiguration und Neighbor Discovery benötigt
fec0::/8 fec0 bis feff	Site-local	Nachfolger der privaten IPv4-Adressen, in RFC 1884 definiert. Sie dürfen nur innerhalb der gleichen Organisation geroutet werden. Durch RFC 3879 mittlerweile verworfener und durch fc00::/7 ersetzter Adressbereich.
FF00::/8	Multicast	
64:ff9b::/96	NAT64	Ermöglicht IPv6 only Hosts mit IPv4-Hosts zu kommunizieren
2001::/32	Teredo	Ermöglicht IPv4 only Hosts den Zugriff auf IPv6-Hosts. Dabei werden IPv6-Pakete in IPv4 und UPD eingekapselt.

Tabelle 9.5: IPv6-Adressen (Forts.)

Ein wichtiger Faktor für die Implementation von IPv6 war die Einführung der IEEE-Norm EUI-64 (Extended Unique Identifier) als Teil der IP-Adresse. Hierbei wird die Interface-ID aus der MAC-Adresse der lokalen Schnittstelle abgeleitet. Dazu werden OUI-Teil und NIC-spezifischer Teil der MAC-Adresse getrennt und dazwischen die 16-Bit-Erweiterung 0xFFFE eingefügt, um auf 64 Bit zu kommen. Anschließend wird das siebte Bit (von links) gesetzt, um die Adresse als lokal zu identifizieren. Damit erhält man eine eindeutige Identifikation, die Identifier ID (IID). Mehr dazu finden Sie in RFC 4291.

Um die Einzigartigkeit einer Adresse (Unique Identification) zu garantieren, wurde zunächst die MAC-Adresse der Schnittstelle integriert.

Aus Sicherheits- und Datenschutzgründen kann diese durch die in RFC3041 und RFC4941 beschriebene sogenannte Privacy Extension durch eine zufällige und regelmäßig wechselnde Interface-ID ersetzt werden. Diese wird allerdings nicht anstelle, sondern zusätzlich zur EUI-64-Identifikation gebildet und hauptsächlich für ausgehende Verbindungen bevorzugt. Damit kann die Adresse von außen nicht mehr nachverfolgt werden.

IPv6-Adressen können zudem als Multicast-Adressen eingerichtet werden:

- Das Präfix ff = Multicast-Adressen. Dem Präfix folgt eine 0, wenn es sich um eine permanente Multicast-Gruppe handelt, und eine 1, wenn die Gruppe nur temporär besteht. Danach kommt eine Zahl, welche den Gültigkeitsbereich beschreibt:
    - ffx1: knotenlokal, diese Pakete verlassen den Knoten nie
    - ffx2: linklokal, kein Routing
    - ffx5: sitelokal (siehe dazu Anmerkung in der vorhergehenden Tabelle)
    - ffx8: organisationslokal
    - ffxe: globaler Multicast, der überall hin geroutet werden darf

Häufig angetroffene Multicast-Adressen
(Beispiel mit Gültigkeitsbereich = 2 (Link-local):

- FF02::1: alle Geräte
- FF02::2: alle Router
- FF02::1:2: alle DHCP-Server
- FF02::1:FFxx:xxxx: Solicited Node Multicast: Wird für Neighbor Discovery verwendet (x = letzte 24 Bit der IPv6-Adresse)

Das ARP-Protokoll wurde durch das neue Verfahren Neighbor Discovery Protocol (NDP) abgelöst, welches die sich im selben Netz befindlichen IP-Geräte ausfindig macht. Zudem sucht es für Anfragen an Geräte, die sich nicht im selben Netzwerk befinden, einen Gateway (Router).

Damit Sie IPv6 einsetzen können, müssen aber nicht nur Ihre eigenen Computer diese Adressierung verstehen, sondern alle beteiligten Router und Gateways. Die Telekommunikationsprovider haben diesbezüglich vorgesorgt, sodass die Umstellungen nun langsam vorankommen. IPv6 wird Sie in den nächsten Jahren noch lange und ausführlich beschäftigen, also machen Sie sich am besten schon heute damit vertraut!

9.5 Fragen zu diesem Kapitel

1. Welche untenstehende Darstellungsform der folgenden IPv6-Adresse ist ebenfalls gültig: FE50:0000:0000:34AA:0000:0EDF:4C00:98EA?

   A. FE50::34AA:0:EDF:4C00:98EA

   B. FE50::34AA::EDF:4C:98EA

   C. FE5::34AA:0000:0EDF:4C00:98EA

   D. FE50:0:34AA:0:0EDF:4C00:98EA

2. Wie lautet die binäre Notation von 192.168.2.0?

   A. 11000000.10101100.01000000.00000000

   B. 11110000.01010100.00000010.00000000

   C. 11111111.11101000.00000010.00000000

   D. 11000000.10101000.00000010.00000000

3. Welches Protokoll ist nicht routbar?

   A. NetBEUI

   B. IP

   C. AppleTalk

   D. IPX

   E. UDP

4. Welche IP-Adresse bezeichnet man in einem Netzwerk mit der Netzmaske 255.255.255.0 auch als Broadcast-Adresse?

   A. x.x.x.128

   B. x.x.x.0

   C. x.x.x.255

   D. x.x.x.1

5. Wie lautet die dezimale Notation von 01011001?

   A. 177

   B. 133

   C. 89

   D. 4

6. Welche Adresse darf nur für interne Testzwecke eingesetzt werden?

   A. 195.126.202.111

   B. 127.0.0.1

   C. 225.25.220.22

   D. 192.168.192.168

7. Welche Adresse steht Ihnen für ein öffentliches Netzwerkgerät nicht zur Adressierung zur Verfügung:

    A. 11.12.202.88

    B. 225.25.220.22

    C. 124.25.24.24

    D. 192.169.4.6

8. Welche Subnetzmaske lässt nur sechs gültige Host-Adressen zu?

    A. 255.255.255.254

    B. 255.255.255.248

    C. 255.255.255.240

    D. 255.255.255.252

9. Die CIDR-Notation der Adresse 192.168.5.20/25 entspricht folgender klassischen Notation:

    A. Adresse: 192.168.5.20   Subnetz: 255.255.255.25

    B. Adresse: 192.168.5.20   Subnetz: 225.225.225.0

    C. Adresse: 255.255.255.0   Subnetz: 192.168.5.20

    D. Adresse: 192.168.5.20   Subnetz: 255.255.255.128

10. Alle folgenden IP-Adressen sind gültig, *außer*:

    A. 192.168.0.1

    B. 172.16.15.253

    C. 195.186.4.256

    D. 212.209.5.1

    E. 10.0.0.2

11. Welche der folgenden IP-Adressen befindet sich innerhalb des von der IANA definierten privaten Adressbereichs?

    A. 11.2.2.5

    B. 169.5.4.2

    C. 192.205.24.251

    D. 172.30.105.22

    E. 193.16.54.52

12. Bei welchem der folgenden Adressblocks handelt es sich um den IPv4-Multicast-Adressbereich?

    A. 224 – 239

    B. 192 – 223

    C. 128 – 191

    D. 1 – 127

13. Wozu dient das TOS-Feld im IPv4-Header?

    A. Zur Identifikation des Datagramms

    B. Zur Priorisierung von IP-Paketen

    C. Zur Überprüfung der Qualität des Payload

    D. Zur Berechnung der Quersumme

14. Wobei handelt es sich bei folgendem IPv6-Adressbereich: 2002::/16?

    A. 6to4-Tunneladressen

    B. Loopback-Adresse

    C. Link-local-Adressen

    D. Provideradressen

Kapitel 10

Weitere Protokolle im TCP/IP-Stack

Nach der Auseinandersetzung mit IP in den Version v4 und v6 werden Sie in diesem Kapitel mehr über weitere Protokolle im TCP/IP-Stack erfahren, die auf denselben Layern funktionieren wie IP oder TCP. Zunächst werden Sie sich dabei den weiteren Protokollen auf dem IP-Layer zuwenden, anschließend erhalten Sie die wichtigsten Informationen zu den Protokollen auf dem Transportlayer, namentlich TCP und UDP.

> Sie lernen in diesem Kapitel:
> - Die Funktionen weiterer Protokolle auf IP-Ebene kennen
>   - ICMP, IGMP
>   - ARP, RARP
> - NAT und seine verschiedenen Versionen unterscheiden
> - Das TCP-Protokoll und dessen Verbindungsaufbau verstehen
> - UDP als Alternative zu TCP kennen
> - Die wichtigsten Ports lernen, lernen und noch einmal lernen
> - Die Grundlagen zu VoIP und Medianetzen kennenlernen

10.1 ICMP und IGMP

Das Internet Control Message Protocol (ICMP) (RFC 792) ist eine Ergänzung zum IP-Protokoll und für die Übermittlung von Fehlermeldungen verantwortlich. Die Meldungen werden zwischen den beiden Kommunikationspartnern ausgetauscht, wenn bei der Datenübertragung Fehler auftreten. Die Sicherung der Übertragung wird aber nach wie vor von TCP übernommen. ICMP benutzt IP, als wäre es selbst ein höheres Protokoll, ist jedoch selbst Bestandteil von IP. Es übermittelt verschiedene auftretende Fehler mittels eines Codes.

Unter anderem werden folgende Meldungen unterschieden:

ICMP-Type-Fehlermeldungen	
0	Destination network unreachable (Zielnetz nicht erreichbar)
3	Destination unreachable (Zielrechner nicht erreichbar)

Tabelle 10.1: ICMP-Type-Fehlermeldungen

ICMP-Type-Fehlermeldungen	
4	Source quench (Buffer Resource verbraucht)
5	Redirect (Pfadumleitung)
7	Destination unknown (Zielrechner unbekannt)
11	Time exceeded (Zeit abgelaufen)
12	Parameter problem (Parameterproblem)

Tabelle 10.1: ICMP-Type-Fehlermeldungen (Forts.)

Programme wie ping nutzen ICMP, um solche Fehlermeldungen auszugeben, wie Sie an folgendem Beispiel von ping ersehen können.

```
C:\WINDOWS\system32\cmd.exe
V:\>ping 10.5.6.1
Ping wird ausgeführt für 10.5.6.1 mit 32 Bytes Daten:
Antwort von 195.186.252.131: Zielnetz nicht erreichbar.
Antwort von 195.186.252.131: Zielnetz nicht erreichbar.
Antwort von 195.186.252.131: Zielnetz nicht erreichbar.
Antwort von 195.186.252.131: Zielnetz nicht erreichbar.

Ping-Statistik für 10.5.6.1:
    Pakete: Gesendet = 4, Empfangen = 4, Verloren = 0 (0% Verlust),
Ca. Zeitangaben in Millisek.:
    Minimum = 0ms, Maximum = 0ms, Mittelwert = 0ms
```

Abb. 10.1: Das ping-Kommando und seine Ausgabe

Ähnlich wie ICMP ist auch IGMP (Internet Group Management Protocol) ein Netzwerkprotokoll, das mit IP zusammen auf dem Netzwerk-Layer arbeitet. IGMP wird dazu verwendet, um unter IP Multicasting zu realisieren. IGMP wird beispielsweise für Onlinespiele oder für Videoübertragungen genutzt.

10.2 ARP

Alle Rechner in einem Netzwerk werden durch ihre physische Adressen (die MAC-Adressen) identifiziert. Sie sind in der Regel im Netzwerk-Controller der Netzwerkkarte oder eines Netzwerkgeräts fest eingespeichert.

Für die Kommunikation werden allerdings logische Adressen verwendet, die einfacher zu administrieren und zu ändern sind. Dennoch muss die Kommunikation letztlich wieder bei den physischen Adressen anlangen. Da die logische und die physische Adresse nicht direkt miteinander in Verbindung stehen, muss die logische Adresse mit der physikalischen Adresse verknüpft werden, was durch das Address Resolution Protocol (ARP) (RFC 826) erreicht wird.

Hierbei ist auf der Ebene der logischen Adressierung die Adresse bekannt, nicht aber, welche physische Adresse damit verbunden ist. ARP fragt diese Verknüpfung ab (ARP-Request) und erhält eine MAC-Adresse zurück (ARP-Reply).

In der lokalen ARP-Adresstabelle (ARP-Cache) stehen vorübergehend alle Informationen, die zur Umwandlung nötig sind. Nach einer gewissen Zeit und auf jeden Fall beim Neustart des Rechners wird der ARP-Cache geleert. Wenn eine Adressinformation nicht im ARP-Cache enthalten ist, wird ein Broadcast generiert, der als ARP-Request von allen Rechnern im Netzwerk empfangen wird. Erkennt ein Rechner anhand des ARP-Requests seine logische Adresse, liefert er dem anfragenden Rechner seine physikalische Adresse mit einem ARP-Reply zurück. Dieser trägt daraufhin die neue Information in seine Tabelle ein, um künftige Datagramme direkt zu übermitteln.

ARP nennt sich auch das Zeilenkommando, mit dem man exakt das Verhalten dieses Caches überprüfen und auch beeinflussen kann. So können Sie beispielsweise mit dem Kommando `arp -a` die aktuellen Cache-Einträge ansehen.

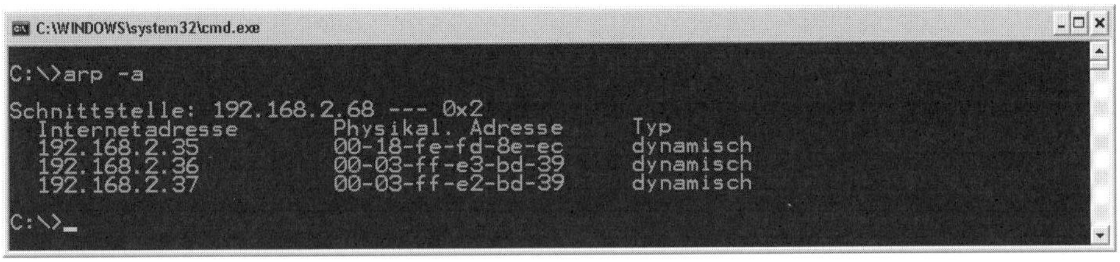

Abb. 10.2: Die Ausgabe des ARP-Kommandos

Die ARP-Datagramme werden sinnvollerweise nicht von Routern übertragen, weil sonst die Gefahr besteht, dass das gesamte Netz mit ARP-Requests überflutet wird. Stattdessen beantwortet ein Router alle Requests mit seiner eigenen physikalischen Adresse und leitet dann die Datagramme gemäß seiner Routing-Tabelle weiter. Darum erscheinen auch im obigen Beispiel nur die lokalen Adressen, die zurzeit aktiv in der Kommunikation sind.

Wichtig ist dabei, dass ARP nur unter IPv4 funktioniert, unter IPv6 wird ARP (und entsprechend auch das sogleich folgende RARP) durch das Protokoll NDP abgelöst. NDP bedeutet Neighbor Discovery Protocol und wird von allen an einem IPv6 beteiligten Netzwerkgeräten eingesetzt, um die Link-Layer-Adressen der anderen Geräte zu finden und die Adressen im eigenen Cache zu aktualisieren. Zudem ist NDP in der Lage, für Pakete, die nicht in dasselbe Netzwerk gehören, einen entsprechenden Gateway zu suchen.

RARP

RARP (Reverse ARP) sucht im Gegenzug die IP-Adresse zu einer bekannten, das heißt in der Regel lokalen IP-Adresse. Wird die IP-Adresse nicht lokal gehalten (z.B. bei Diskless-Stationen), so wird über RARP die eigene IP-Adresse bei einem RARP-Server angefragt (RARP-Request), der anhand der MAC-Adresse des anrufenden Rechners mit dessen IP-Adresse antwortet (RARP-Reply).

> **Netzwerkpraxis – jetzt sind Sie dran**
>
> Sie haben jetzt von ping und arp gelesen. Setzen Sie sich an Ihren Computer, wechseln Sie in die Konsole (cmd.exe für Windows oder Terminal für Linux) und rufen Sie diese beiden Kommandos auf. Beispiele dafür finden Sie ja direkt in den Screenshots zur Erläuterung der beiden Befehle.

10.3 NAT und noch mehr Abkürzungen

Trotz der bereits erläuterten Möglichkeiten der klassenlosen Adressierung und der damit verbundenen Möglichkeiten der Subnettierung blieb das Problem der knappen IP-Adressen unter der Version IPv4 weiterhin bestehen. Aus diesem Grund wurden in den 90er Jahren verschiedene Anstrengungen unternommen, wie der vorhandene Adressraum besser genutzt werden kann. Zwei dieser Entwicklungen lernen Sie an dieser Stelle kennen: die Network Address Translation (NAT) als Methode zur Maskierung von Adressen und Single User Account (SUA), ein mit NAT verwandter Begriff, der aussagt, dass die Anfragen aus dem lokalen Netz im Internet oder in entfernten Netzen nur als ein einzelner Rechner erscheinen und nicht mit ihrer originalen Adresse. Mit UPnP ist schließlich eine Technologie auf den Markt gekommen, die in der Lage ist, IP-Geräte mehr oder weniger selbstständig zu erkennen und zu verwalten. Dies alles steht aber wie gesagt noch im Fokus von IPv4.

10.3.1 NAT und PAT

Die Network Address Translation (NAT) genannte Technik kümmert sich um folgendes Problem: Die meisten lokalen Netzwerke werden heute mit privaten IPv4-Adressen ausgerüstet. Dies ist zum einen deutlich kostengünstiger als das Mieten offizieller Adressen, zum anderen ist es für die meisten Rechner dieser Welt auch nicht notwendig, dass sie im weltweiten Netzwerk gefunden werden können. Mit dem starken Aufkommen der Internetangebote und von Mails als Kommunikationsmittel stellt sich nun aber die Anforderung, dass diese Rechner auch alle gerne ins Internet möchten – und genau das geht eben mit einer privaten IP-Adresse nicht, da sie nicht eindeutig aufgelöst werden kann und die Anfrage vom nächstbesten Router abgelehnt wird.

Und genau hier kommt NAT ins Spiel. Jedes lokale Netz, das mit dem Internet oder einem entfernten Netz verbunden ist, benötigt dazu mindestens eine öffentliche IP-Adresse, die normalerweise im Router gespeichert wird. Dies kann entweder eine fixe IP-Adresse sein oder eine vom Provider dynamisch zugewiesene Adresse.

NAT ist daher auch im Router zu Hause. Wenn jetzt z. B. ein lokaler Rechner eine Anfrage stellt, die ins Internet geht, so kommt die Anfrage zum Gateway, in der

Regel also zum Router, der die Anfrage weiterleitet. Damit die Anfrage gültig ist, muss sie mit der offiziellen IP-Adresse des Routers versandt werden, nicht mit der privaten des lokalen Rechners. NAT legt nun eine Tabelle an und merkt sich, welcher Rechner die Anfrage gestellt hat. Dann wird diese mit der öffentlichen Adresse des Routers maskiert und weitergesendet. Wenn die Anfrage zurückkommt, weiß NAT aufgrund seiner Tabelle noch, woher die Anfrage kam, und leitet sie korrekt weiter.

Bei NAT werden DNAT und SNAT unterschieden, entsprechend der Aufgabe, den Zielrechner (Destination, DNAT) oder die Quelle (Source, SNAT) zu maskieren. SNAT stellt dabei den klassischen Ansatz der Client-Netz-Maskierung dar, da hier die Quellrechner mit der öffentlichen Adresse maskiert werden. DNAT wiederum wird dann eingesetzt (entspricht dann häufig PAT, siehe weiter unten), wenn mehrere Serverdienste unter derselben IP-Adresse angeboten werden sollen.

Während NAT eine Tabelle mit mehreren Quell- und Zieladressen verwalten kann, ist das Konzept von Single User Account (SUA) eine Verschärfung dieses Prinzips. Zwar werden auch hier die privaten Adressen maskiert, aber nach außen tritt das ganze Netz nur noch als ein Rechner auf, alle lokalen Adressen werden mit derselben öffentlichen IP-Adresse maskiert.

NAT-Tabellen erfassen lediglich IP-Adressen, um die Zuordnung von privaten zu öffentlichen IP-Adressen zu regeln. Heute werden häufig NAT/SUA-Kombinationen eingesetzt. Diese setzen auf Port-Zuordnungen zur Maskierung auf eine einzige IP-Adresse und bilden daher genau genommen ein NA**P**T, eine Network Address **Port** Translation. Dies kann ein Router anhand einer vorgenommenen Programmierung selbstständig durchführen. Bei NAPT, auch nur PAT (Port Address Translation) genannt, werden zur IP-Adresse also auch die Ports umgeschrieben.

Eines noch: NAT und SUA werden zur Verbindung von Netzwerken eingesetzt. Die Tatsache, dass diese Netzwerke eigentlich sonst getrennt sind, verführt manche dazu, NAT als Sicherheitsfeature zu verkaufen. Das ist aber ein Trugschluss, denn NAT enthält keine aktiven Sicherheitskomponenten und dient wie gesagt nur zur Verbindung und nicht zur Trennung der Netzwerke.

10.3.2 Universal Plug and Play

Universal Plug and Play (UPnP) dient zur herstellerübergreifenden Ansteuerung von Geräten. Das kann alles Mögliche umfassen, von Stereoanlagen über Drucker und Router bis hin zu ganzen Haussteuerungen. Die Ansteuerung erfolgt über ein IP-basiertes Netzwerk mit oder ohne zentrale Kontrolle durch einen Residential Gateway. Es basiert auf einer Reihe von standardisierten Netzwerkprotokollen und Datenformaten.

UPnP wurde ursprünglich von der Firma Microsoft eingeführt; heute spezifiziert das UPnP-Forum diesen Standard und zertifiziert Geräte, die ihm entsprechen.

Da die Basis von UPnP ein IP-Netzwerk ist, muss ein Gerät oder Kontrollpunkt zuerst über eine gültige IP-Adresse verfügen. Dies kann nach dem UPnP-Standard einerseits via DHCP erfolgen oder via Zeroconf, einer Methode zur konfigurationsfreien Vernetzung von Geräten. Zeroconf arbeitet mit APIPA als Adressschema zusammen.

Sobald ein UPnP-Gerät über eine IP-Adresse verfügt, muss es seine Existenz im Netzwerk an die Kontrollpunkte melden. Dies erfolgt via UDP über die Multicast-Adresse 239.255.255.250:1900. Auf die gleiche Weise können Kontrollpunkte auch nach UPnP-Geräten im Netzwerk suchen. In beiden Fällen enthält die »Discovery Message« nur die wichtigsten Angaben über das Gerät und seine Dienste wie z. B. den Gerätenamen, den Gerätetyp und eine URL zur genauen Beschreibung des Geräts.

Nachdem ein Kontrollpunkt ein Gerät gefunden hat, holt er sich per HTTP die Gerätebeschreibung von der URL, welche ihm bei der Lokalisierung mitgeteilt wurde. Diese stellt das Gerät in Form eines XML-Dokuments zur Verfügung. Die Beschreibung beinhaltet Informationen über den Hersteller, die Seriennummer, URL-Adressen für die Steuerung, Ereignisse und die Präsentation. Für jeden Service, den ein Gerät anbietet, werden Kommandos und Aktionen sowie Datentypen und Datenbereiche spezifiziert. Die Beschreibung beinhaltet neben den Diensten, die es anbietet, auch alle eingebetteten Geräte mit deren Diensten. Anhand dieser Informationen kann der Kontrollpunkt das Gerät jetzt steuern.

10.4 Das TCP-Protokoll

Das Transmission Control Protocol (ebenfalls 1981, RFC 793) ist das zentrale Transportprotokoll in der TCP/IP-Protokollfamilie.

Dabei ist TCP zuständig für

- Datenstrom-Transfer
- Virtuelle Fullduplex-Verbindung
- Datenflusssteuerung
- Fehlererkennung
- Prioritätssteuerung

Durch die Anwendung wird TCP damit beauftragt, eine Verbindung herzustellen. TCP bekommt die Daten oktettweise streamorientiert, das heißt, es sieht die Daten als kontinuierlichen Datenstrom. TCP teilt diesen Datenstrom in Segmente ein, wobei jedes Segment hierbei einen eigenen Header bekommt. Anschließend werden die Segmente an das Internet Protocol übergeben, welches sie dann über das Netz schickt. Nach Ankunft der Datagramme bei dem Empfänger werden die Daten nach der Entfernung der Header wieder an das TCP übergeben. Nun beginnt das TCP mit der Aufarbeitung der empfangenen Segmente: Sie werden auf Fehler überprüft und in der richtigen Reihenfolge der Anwendung übergeben.

Auch im TCP-Header gibt es zahlreiche Informationen, insbesondere die Sequenznummer des Datenpakets, damit am Ziel alle Pakete wieder in der richtigen Reihenfolge zusammengesetzt werden können, aber auch Fehlerkorrektur sowie Quell- und Zielport sind Teil des Headers.

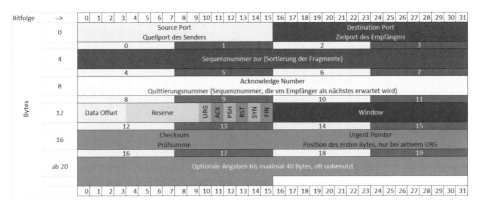

Abb. 10.3: Der TCP-Header

Legende zu einigen Abkürzungen (sofern direkt im Header beschrieben):

Data Offset	Länge des TCP-Headers in 32-Bit-Blöcken (nur Header, keine Nutzdaten)
URG	Control Flag: Setzt das Segment auf dringend, selten
ACK	Control Flag: Bestätigt zusammen mit der ACK-Nummer den Empfang eines TCP-Segments
PSH	Control Flag: Überspringt die Puffer, die eingesetzt werden können, um Segmente zu bündeln
RST	Control Flag: Bricht eine Verbindung ab
SYN	Control Flag: Initiiert, wenn es aktiv gesetzt ist, eine Verbindung, erwartet SYN+ACK oder RST
FIN	Control Flag: Gibt die Verbindung nach der Datenübertragung wieder frei
Window	Anzahl der Daten-Oktette, die der Sender dieses Pakets empfangen kann

Tabelle 10.2: Erklärungen zum TCP-Header (Control Flag = Kontroll-Bit)

10.4.1 Verbindungsmanagement

Durch das Verbindungsmanagement sind die Aktionen zum Verbindungsaufbau, zur Verbindungskontrolle und zum Verbindungsabbau festgelegt. Der Verbindungsaufbau zwischen zwei Prozessen wird durch den Connection Primitive eingeleitet. Der Prozess B geht in den »passive open«-Status und wartet auf die Kontaktaufnahmen durch einen speziellen Kommunikationspartner (Specific originator) oder mehrere potenzielle Sender (Any Originator). Ein Sender (Prozess A) initiiert einen Connection Request und geht dadurch in den »active open«-Status. Um die Verbindung aufzubauen, werden drei Phasen durchlaufen, auch Three Way Handshake genannt:

1. **Phase:** Prozess A sendet einen Connection Request durch ein Segment mit gesetztem SYN-Flag (Synchronisation Flag). Ist die IP-Adresse des Ziel-Hosts schon bekannt, beinhaltet die Verbindungsanfrage bereits die IP-Adresse und den Port, über den eine Verbindung laufen soll. Andernfalls wird an dieser Stelle ein ARP-Request gesendet. Mit der ermittelten MAC-Adresse geht der IP-Frame ins Netz.

2. **Phase:** Der Ziel-Host empfängt den übermittelten SYN. Er setzt nun ebenfalls das SYN-Flag und fügt zusätzlich ein ACK-Flag (Acknowledgement Flag) als Bestätigung hinzu. Das ACK-Flag entspricht dem um eins erhöhten SYN-Flag des Senders. Dadurch wird dem Requesting Host die Bereitschaft zum Aufbau einer logischen Verbindung mitgeteilt.

3. **Phase:** In der letzten Phase wird die Bestätigung des Ziel-Hosts vom Sender empfangen, der wiederum einen letzten ACK an den Ziel-Host sendet. Der neue ACK entspricht dem um eins erhöhten SYN-Flag des Ziel-Hosts. Damit wird die Bestätigung übermittelt, dass nun endgültig die Verbindung aufgebaut werden kann. Jetzt können die Daten übermittelt werden.

10.4.2 Datenflusssteuerung

Im Gegensatz zu IP und UDP zeichnet sich TCP durch die Eigenschaft aus, die Datensicherung zwischen zwei Kommunikationspartnern durchführen zu können. Das beinhaltet allerdings die Bestätigung von jedem TCP-Segment mit einem ACK-Flag. Das nächste Segment kann erst gesendet werden, wenn das letzte bestätigt worden ist. Dieses Verfahren geht allerdings sehr zulasten der Netz-Performance.

Aus diesem Grund wurde das Prinzip der Sliding Windows oder auch Windowing eingeführt. Hierbei wird erst nach der Übermittlung einer Gruppe von Segmenten eine Bestätigung zurückgesendet. Um eine bestimmte Anzahl von Segmenten empfangen und speichern zu können, muss der Empfänger einer Verbindung einen bestimmten Speicherbereich zuweisen, den die Window-Size darstellt. Sie wird beim Aufbau der Verbindung mit dem Sender vereinbart, kann aber vom Empfänger während einer Verbindung dynamisch angepasst werden, wenn seine Ressourcen dies verlangen. Sobald eine Window-Size erreicht wird, muss ein ACK zum Sender erfolgen, woraufhin der Empfänger wieder in der Lage ist, neue Segmente zu empfangen.

Die Window-Size kann auch auf 0 sinken, wobei in diesem Fall keine Übertragung mehr stattfindet. Wenn die Ressourcen es erlauben, wird die Window-Size allmählich wieder erhöht, und die neue Window-Size wird dabei mit jedem neuen ACK an den Sender übertragen.

10.4.3 Schließen der Verbindung

Zum Beenden der Verbindung gibt es zwei Möglichkeiten (RFC 1122):

Fehlerfall:

Es wird ein »abort primitive« eingeleitet. Dabei wird die Verbindung durch Setzen des RST-Flags (Reset Flag) sofort beendet. Es werden keine Datenflussmechanismen zur Vermeidung von Datenverlust berücksichtigt.

Normales Beenden:

Es wird durch ein gegenseitiges Abstimmungsverfahren über das FIN-Flag (Finished Flag) vorgenommen. Beim normalen Beenden gehen keine Daten verloren. Zuerst sendet die Station, welche die Verbindung beenden will, ein FIN-WAIT-1, darauf erhält sie als Antwort CLOSE-WAIT. Wenn Sie die ganze Beendigungs-Sequenz gem. RFC 793 ansehen, sieht die Kommunikation wie folgt aus:

1. ESTABLISHED   (Aktuelle Verbindung)   ESTABLISHED
2. (Close)
   FIN-WAIT-1 --> <SEQ=100><ACK=300><CTL=FIN,ACK> --> CLOSE-WAIT
3. FIN-WAIT-2 <-- <SEQ=300><ACK=101><CTL=ACK>   <-- CLOSE-WAIT
4. (Close)
   TIME-WAIT <-- <SEQ=300><ACK=101><CTL=FIN,ACK>   <-- LAST-ACK
5. TIME-WAIT --> <SEQ=101><ACK=301><CTL=ACK>   --> CLOSED
6. (2MSL)
   CLOSED

10.5 Die Alternative: UDP

Obwohl das User Datagram Protocol (UDP) (RFC 768) verbindungslos arbeitet und damit ein unsicheres Transportprotokoll ist, hat es sich neben TCP in der Transportschicht etabliert. Dies insbesondere, weil es nicht bei allen Datentransporten auf die Vollständigkeit ankommt, man denke etwa an das Chaos, wenn einem Film alle fehlerhaften Pakete noch einmal nachgesandt würden. Das heißt, UDP wird vor allem für sogenannte Streaming-Dienste eingesetzt wie z. B. Radio- oder Videoübertragungen.

Verbindungslos heißt hier konkret, dass weder Vollständigkeit noch Reihenfolge von Datenpaketen nachgeprüft werden. Die eingesetzte Datenübertragung muss dieser Tatsache gegenüber tolerant sein, wie z. B. die erwähnte Videoübertragung, die auch dann funktionieren kann, wenn nicht jedes einzelne Datenpaket übertragen wird. Damit dies funktioniert, muss aber die Anwendung auf diese Übertragung eingestellt sein, das lässt sich beispielsweise bei vielen Medienplayern entsprechend einstellen.

Da vor Übertragungsbeginn nicht erst eine Verbindung aufgebaut werden muss (man vergleiche das Hin und Her bei TCP), können die Hosts schneller mit dem Datenaustausch beginnen. Dies fällt vor allem bei Anwendungen ins Gewicht, bei denen nur kleine Datenmengen ausgetauscht werden müssen. Einfache Protokolle wie DNS verwenden UDP, um die Belastung des Netzes gering zu halten. Zudem wird der Datendurchsatz erhöht, weil auch keine Verzögerung durch das Nachsenden von verlorenen Paketen entsteht.

Eine Anwendung, die sich UDP bedient und zunehmend Bedeutung gewinnt, ist die Telefonie über IP, kurz VoIP, oder das Streamen von Mediadaten.

10.6 Die Geschichte mit den Ports

Bisher war nur von den Protokollen die Rede. Weil beispielsweise mit TCP aber gleichzeitig mehrere Verbindungen geöffnet werden können, bedarf es eines weiteren Elements, um diese Verbindungen auseinanderhalten zu können.

Ein Port ist eine zusätzliche Adresse, Dienstadresse genannt, mit der eine Anwendung, wie Sie sie im nächsten Kapitel kennenlernen werden, auf der Protokollebene eindeutig identifiziert werden kann.

Die unter TCP und UDP verwendeten Ports sind 16 Bit lang. Das ergibt die maximale Anzahl von 65'536, welche von 0 bis 65535 durchnummeriert werden. Die IANA verwaltet einen Teil dieser Ports, damit sie für alle gleich sind. Diesen Teil nennt man die Well-known Ports, also die »gut bekannten Dienstadressen«. Sie tragen Nummern aus dem Bereich von 0 bis 1021. Darüber hinaus gibt es von 1024 bis 49151 die Registered Ports. Das sind Adressen, welche Hersteller bei der IANA melden können, um von ihnen verwendete Adressen zu registrieren. Adressen darüber hinaus sind private oder dynamische Ports und können frei verwendet werden.

Wichtig ist, zu wissen, dass es zwei solcher Adresstabellen gibt: eine für TCP und eine für UDP. Port 21 gibt es zum Beispiel nur für TCP, Port 69 wiederum nur für UDP.

10.6 Die Geschichte mit den Ports

Nicht alle verwendeten Ports sind zudem bei der IANA registriert. So gilt z. B. der Port 3389 allgemein als der RDP-Port, weil er für die Microsoft Remote Administration verwendet wird – aber bei der IANA ist er nicht registriert, d.h., er ist genau genommen »unofficial« und könnte sich auch ändern. Wohlbekannt und offiziell können sich daher unterscheiden.

Die Adressen finden Sie in den Listen der IANA auf deren Webseiten und zahlreichen Webseiten wie Wikipedia (die englische Version gibt hier sehr gut Auskunft!). Hier ein paar der wichtigsten Ports, die Sie immer wieder antreffen werden:

Port	Protokoll		Dienst	Beschreibung
13	TCP	UDP	Daytime	Übertragung von Datum und Uhrzeit
20	TCP		FTP-Data	Filetransfer Protocol – Datenübertragung
21	TCP		FTP	Filetransfer Protocol – Kontroll-Port
22	TCP	UDP	SSH	Secure Shell
23	TCP	UDP	Telnet	Terminalorientierte Textkommunikation
25	TCP	UDP	SMTP	Simple Mail Transfer Protocol – Mail-Versand
53	TCP	UDP	DNS	Auflösung von Domainnamen in IP-Adressen
67	TCP	UDP	BOOTPS	BootStrap Protocol Server, auch für DHCP-Anfrage
68	TCP	UDP	BOOTPC	BootStrap Protocol Client, auch für DHCP-Antwort
69		UDP	TFTP	Trivial File Transfer Protocol – Datenübermittlung
80	TCP		HTTP	Hypertext Transfer Protocol – Webseiten übertragen
81	TCP		HTTP	Alternativer Port für Port 80
110	TCP		POP3	Post Office Protocol Version 3 – Mail-Empfang
119	TCP		NNTP	Network News Transfer Protocol – Newsgroups
123		UDP	NTP	Network Time Protocol – Zeitsynchronisation
137		UDP	NBT	NBT-Namensauflösung
138		UDP	NBT	NBT-Datagrammservice
139	TCP		NBT	Session Service für NBT (früher Win-SMB)
143	TCP	UDP	IMAP4	Internet Message Access Protocol 4 – Mail-Empfang
161	TCP	UDP	SNMP	Simple Network Management Protocol
162	TCP	UDP	SNMPTRAP	Simple Network Management Protocol Trap
389	TCP	UDP	LDAP	Lightweight Directory Access Protocol
443	TCP		HTTPS	Verschlüsselte Webserver-Übertragung
445	TCP		MS-DS	Microsoft Directory Server, Windows Dateifreigabe
465	TCP	UDP	URL Rv	Eigentlich: URL Rendezvous Directory for SSM, aber auch SMTP over TLS
587	TCP		Mail	Gesicherter E-Mail-Versand

Tabelle 10.3: Ports und ihre Bedeutung

Port	Protokoll		Dienst	Beschreibung
636	TCP	UDP	LDAPS	Lightweight Directory Access Protocol over TLS/SSL
993	TCP		IMAPS	IMAP4 over SSL
995	TCP		POP3S	POP3 over SSL
1352	TCP		Notes	IBM Lotus Notes Communication Port
2424	TCP	UDP	MGCP	Media Gateway Control Protocol Gateway Traffic
2727	TCP	UDP	MGCP	Media Gateway Control Protocol Agent Traffic
3306	TCP	UDP	MySQL	Zugriff auf MySQL-Datenbanken
3389	TCP	UDP	RDP	Remote Desktop Protocol (Microsoft Remote Access)
5060	TCP	UDP	SIP	Klartext Standard-SIP
5061	TCP	UDP	SIP	Verschlüsseltes SIP, SIP-TLS
8080	TCP		HTTP alt.	Alternativer Port für HTTP, häufig für Remote Management oder Proxy-Umleitungen genutzt

Tabelle 10.3: Ports und ihre Bedeutung (Forts.)

Auf einem Linux- oder Unix-Rechner ist diese Liste in der Datei */etc/services* definiert. Unter Betriebssystemen der Windows-2000/XP-Linie findet sie sich unter *%WINDIR%\system32\drivers\etc\services*.

Die IP-Adresse und die damit verbundene Portnummer zusammen werden als Socket bezeichnet. Die Verbindung zweier Knoten wird durch einen eindeutigen Socket sichergestellt.

Die Weiterleitung von Anfragen an Ports über ein Netzwerk wird Port-Forwarding genannt. So können Sie z.B. in einer Port-Forwarding-Tabelle auf einem Router eintragen, dass Anfragen an den Port 3389 auf einen bestimmten Remote-Access-Server weitergeleitet werden sollen, Anfragen auf Port 80 aber an einen anderen, als Webserver eingerichteten Rechner.

In Kapitel 14 »Verschiedene Angriffsformen im Netzwerk« werden Sie sehen, dass man mit Ports nicht nur wichtige Dienste eindeutig adressieren, sondern sie auch noch für ganz andere Zwecke wie etwa zur Verbreitung von Viren einsetzen kann. In diesem Zusammenhang hier ein Originalkommentar der IANA, das als Einleitung im Dokument der Port-Liste steht:

> »1. UNASSIGNED PORT NUMBERS SHOULD NOT BE USED. THE IANA WILL ASSIGN THE NUMBER FOR THE PORT AFTER YOUR APPLICATION HAS BEEN APPROVED.
>
> 2. ASSIGNMENT OF A PORT NUMBER DOES NOT IN ANY WAY IMPLY AN ENDORSEMENT OF AN APPLICATION OR PRODUCT, AND THE FACT THAT NETWORK TRAFFIC IS FLOWING TO OR FROM A REGISTERED PORT DOES NOT MEAN THAT IT IS "GOOD" TRAFFIC. FIREWALL AND SYSTEM ADMINISTRATORS

SHOULD CHOOSE HOW TO CONFIGURE THEIR SYSTEMS BASED ON THEIR KNOWLEDGE OF THE TRAFFIC IN QUESTION, NOT WHETHER THERE IS A PORT NUMBER REGISTERED OR NOT.«

(Text published: http://www.iana.org/assignments/port-numbers)

Zu Deutsch in etwa: Nicht zugeordnete Ports sollten nicht eingesetzt werden. Wenn Sie einen Port nutzen möchten, reichen Sie ihn bei der IANA ein und diese wird ihn nach Prüfung zu den »Registered Ports« hinzufügen. Die Zuweisung eines Ports ist keine Bevorzugung eines bestimmtes Produkts und die Tatsache, dass Netzwerkverkehr über einen solchen Port läuft, heißt noch lange nicht, dass dieser Verkehr gut ist. Daher ist es notwendig, die Sicherheitssysteme basierend auf dem effektiven Verkehr und nicht einfach basierend auf einer Port-Nummer aufzubauen.

10.7 Voice over IP und Videokonferenzen

Die große Verbreitung und Verfügbarkeit der Datennetze für das Internet hat eine Reihe von Protokollen hervorgebracht, die für ursprünglich analoge Dienste konzipiert worden sind. Es sind dies namentlich die Telefonie, das Fernsehen sowie der Begriff der vereinheitlichten Kommunikation (UC, Unified Communication). Vor allem bei Unternehmen ersetzt VoIP (Voice over IP) zunehmend die herkömmlichen Telefonanlagen und -netze. Wenn man zudem in Betracht zieht, dass zum Beispiel in der Schweiz die Swisscom für Ende 2017 das Abschalten sowohl von ISDN- wie auch analoger Telefonie verkündet, kann man ersehen, dass diese Entwicklung rasant fortschreiten wird. Ebenso wie die Integration von UC-Diensten oder das TV over IP, das Fernsehen über internetbasierte Breitbandverbindungen.

Der Begriff VoIP kennzeichnet dabei lediglich die technologische Basis, daher auch die Einordnung in dieses Kapitel. Bereits heute werden Gespräche in großer Anzahl über VoIP abgewickelt, ohne dass die Telefonteilnehmer davon etwas merken, da die Umsetzung der Gespräche auf die Datennetztechnologie nicht bei ihnen, sondern erst beim Provider stattfindet.

Unterscheiden Sie daher den technischen Begriff VoIP vom Begriff »IP-Telefonie«, da Letzterer nur dann verwendet wird, wenn auch die Endgeräte (bzw. die im Haus verwendete TK-Anlage) bereits VoIP-Technologie einsetzen.

Die herkömmlichen Telefonfestnetze arbeiten aufgrund der Leitungsvermittlung und des Einsatzes von Konzentratoren (Multiplexer) in den Zentralen nahezu verzögerungsfrei.

Bei Datennetzen dagegen – und damit auch bei VoIP – werden die Daten in Pakete zerlegt und einzeln übertragen. Die Pakete können sogar unterschiedliche Datenwege nehmen, bis sie am Endpunkt wieder zusammengesetzt und in die richtige Reihenfolge gebracht werden. Dies hat den Vorteil, dass unterschiedliche Leitungen zur Übermittlung eingesetzt werden können, birgt aber das Risiko von (größeren) Verzögerungen im Sprachverkehr. Um dies in den Griff zu bekommen, setzt VoIP bestimmte Technologien und Protokolle ein. Diese sind aber auf Hochgeschwindigkeitsnetze und moderne Netzwerk-Hardware ausgelegt, für Sprachübertragung sind ältere Infrastrukturen daher kaum geeignet.

Bei herkömmlichen Telefonnetzen sind die technischen Standards teilweise seit Jahrzehnten etabliert: ISDN beispielsweise übernimmt sowohl den Transport der Sprachdaten als auch die sogenannte Signalisierung. Diese bewirkt, dass nach dem Wählen einer Nummer ein Freizeichen zu hören ist und es am anderen Ende der Leitung klingelt. Ist die Leitung durch ein Gespräch belegt, wird ein Besetztzeichen gemeldet.

Bei VoIP gibt es aktuell zwei Standards, die miteinander konkurrieren, und zudem von verschiedenen Herstellern eingesetzte nicht standardisierte Lösungen!

Der H.323-Standard, seit 1998 von der ITU-T definiert, wird außer für Sprache auch für Videokonferenzanwendungen eingesetzt. H.323 behandelt nicht nur die Signalisierung, sondern alle Aspekte einer Sprach- oder Videoverbindung, ähnlich wie ISDN. Insgesamt stellt H.323 ein ausgewachsenes, fest definiertes Multimediasystem bereit. Hier kann man von UC-Kommunikation oder auch von UC-Systemen sprechen. Eine einfachere Version als H.323 bietet dagegen das MGCP (Media Gateway Control Protocol) an, das aber im Gegensatz zu H.323 über eine zentrale Steuerung mittels Agents jederzeit den aktuellen Status aller Schnittstellen am Gateway kennt. Durch die Implementation der zentralen Steuerung wird das Mediahandling zentralisiert.

Daneben hat die IETF das Protokoll SIP (Session Initiation Protocol) als allgemeines, wesentlich einfacher gestricktes Signalisierungsprotokoll für Multimediaanwendungen entwickelt. Es übermittelt seine Daten in Klartext und konzentriert sich ausschließlich auf die Signalisierung. Deshalb ist das Protokoll viel flexibler für unterschiedliche Zwecke einsetzbar. Beispielsweise wird SIP auch für Instant Messaging eingesetzt.

SIP stellt von der Struktur her – etwas vereinfacht – eine Mischung aus HTML- und E-Mail-Übertragungsformaten dar. Es reiht sich somit nahtlos in die Internetprotokollfamilie ein. Das Protokoll verfügt noch nicht über denselben Reifegrad wie H.323, wird aber mittlerweile von fast allen Herstellern unterstützt.

RTP (Real Time Transport Protocol, RFC 3550) wird über SIP zur eigentlichen Übertragung der Sprach- und Videodaten eingesetzt. Es ist ein paketorientiertes Stream-Protokoll, arbeitet über UDP und dient dazu, die Daten zu codieren, zu paketieren und zu versenden.

Es darf nach diesen Ausführungen nicht verwundern, dass vielerorts eine gewisse Skepsis besteht, warum man eine gut funktionierende und etablierte Technologie wie das Telefonnetz durch eine aufwendigere und vorderhand auch anfälligere Technologie wie VoIP ersetzen will. Dennoch findet dieser Ersatz definitiv statt.

Zwei Faktoren spielen dabei eine Rolle: die Kosteneinsparungen sowie die Mehrwertdienste.

Die Kosteneinsparungen ergeben sich dadurch, dass fast jedes Unternehmen heute ein Datennetz bis an jeden Arbeitsplatz unterhält. Das Telefonnetz ist dadurch eigentlich redundant. Sogar die Endgeräte, sprich Telefone, lassen sich mit einem Ethernet-Anschluss ausrüsten und damit ins Datennetz integrieren. Es entfallen Kosten für Unterhalt und Betrieb eines separaten Netzes. Für alle internen Anrufe entfallen zudem die Verbindungskosten. Mehrere Standorte eines Unternehmens brauchen nur noch mit einer einzigen Datenleitung miteinander verbunden zu werden, die sowohl für Daten als auch für Telefonverkehr genutzt werden kann. Ein zusätzlicher Einsparungseffekt dabei: Gespräche ins Ortsnetz des jeweils anderen Standorts können auch bei weit entfernten Niederlassungen zum Ortstarif geführt werden.

Bei Privaten kommt VoIP im Rahmen sogenannter Triple-Play-Angebote daher, d.h. Daten-, Multimedia- und Telefondienste über einen einzigen Anschluss – und damit entfällt der herkömmliche Telefonanschluss, für den man Gebühren an die nationalen oder privaten Telekommunikationsanbieter bezahlen muss. Zudem bieten die meisten Anbieter das Telefonieren mit Teilnehmern, die beim selben Provider angeschlossen sind, kostenlos an.

Zum Thema Mehrwertdienste fällt vor allem der Begriff Unified Communication. Sprachnachrichten, SMS, Fax oder E-Mail können – da über dasselbe Netz transportiert – auch in einem gemeinsamen Posteingang abgelegt und verwaltet werden.

Damit UC funktioniert, bedarf es, entweder firmenintern oder beim Provider, eines UC-Servers und UC-tauglicher Endgeräte, der UC-Gateway bildet die Übergangsstelle vom öffentlichen ins private Netzwerk. Dabei kommen im Rahmen der Cloud-Entwicklungen (d.h. faktisch durch die Virtualisierung im Netzwerkdienstbereich) heute immer mehr virtuelle Anlagen zum Einsatz. Hatten Sie früher eine Telefonanlage im Haus und ein Telco-Techniker hat sie für Sie eingerichtet, so kommt heute nur noch eine Leitung ins Haus, die Anlage, VPBX genannt (virtuelle Telefonanlage), ist beim Provider installiert und wird von ihm betreut bzw. Sie erhalten einen Online-Zugriff, mit dem Sie webbasiert Einstellungen wie z.B. die Zuordnung von Diensten zu Mitarbeiteranschlüssen oder die interne Nummernzuweisung selbst vornehmen können.

Als Endgeräte können drei unterschiedliche Typen eingesetzt werden:

- Das sogenannte Softphone, d.h. eine Software, die auf einem Rechner installiert und mittels Headset oder Mikrofon/Lautsprecher betrieben wird. Der bekannteste Vertreter dieser Lösung ist die Software Skype.
- Ein direkt ans Netzwerk angeschlossenes SIP- oder H.323-Telefon.

- Ein klassisches Telefon, das über einen VoIP-Gateway an das Netzwerk angeschlossen wird, entweder als Geräte-Gateway direkt hinter dem Apparat oder als Anlagen-Gateway, bei dem die gesamte TK-Anlage ins Datennetz verbunden wird.

Die Gateways kommen auch zum Einsatz, um herkömmliche Telefonnetze und Datennetze miteinander zu verbinden, eine Notwendigkeit, da heute ja wirklich noch beide Netzinfrastrukturen vorhanden sind.

Typische Probleme mit VoIP bzw. UC und VTC sind:

- Durchsatz
- Laufzeit (Latenz) und Schwankungen (Jitter)
- Paketverlust

Der Durchsatz bezeichnet die erforderliche Bandbreite für eine qualitativ einwandfreie Verbindung. Je nach eingesetztem Kompressionsverfahren werden für die IP-Telefonie 80 bis 100 Kbps benötigt – und zwar in beide Richtungen.

Die Laufzeit ist ein typisches Paketvermittlungsproblem, das von der Paketierung und Wiederzusammensetzung der Pakete nach der Übermittlung herrührt. Akzeptabel gelten gemäß ITU-H.323 Werte unter 150 Millisekunden. Als Jitter wird ein anderes Problem der Übertragung bezeichnet, wenn Datenpakete nicht synchron hintereinander eintreffen und es dadurch zu Schwankungen im Datenstrom kommt. Um diese Schwankungen zu vermeiden, werden bei der IP-Telefonie oft Jitter-Buffer verwendet, sodass die Pakete in den Zwischenspeicher kommen und von dort isochron weitergeleitet werden.

Von Paketverlust spricht man, wenn gesendete Datenpakete den Empfänger zu spät, gar nicht oder in falscher Reihenfolge erreichen und deshalb verworfen werden. Für Telefonie wird nach ITU-T G.114 eine Paketverlustrate bis maximal 5 % als akzeptabel eingestuft.

Die Qualitätssicherung bei VoIP ist eng an das Thema der garantierten Bandbreite gekoppelt. Dazu gibt es unter TCP/IP eine Reihe von Verfahren, die zusammengefasst als Quality of Service (QoS) bezeichnet werden. Mit QoS kann VoIP, aber auch anderen zeitkritischen Diensten wie IPTV eine korrekte Bandbreite zur Verfügung gestellt werden und dennoch können verschiedene Netzwerkdienste nebeneinander existieren.

Mit dem Begriff QoS werden dabei eine Reihe von Verfahren bezeichnet, die eine gewisse Qualität für verschiedene Dienste im Netz gewährleisten. Dienstgüte kann zum Beispiel eine eingehaltene Bandbreitenanforderung, geringe Latenz, Verlustfreiheit bei der Paketübertragung usw. bedeuten.

Das DSCP-Verfahren (Differentiated Services Code Point, kurz DiffServ) nutzt unter IPv4 die 6 Bit im IP-Header, die als TOS bezeichnet sind, unter IPv6 6 Bit im IP-Header, die Class of Service heißen. Bei DiffServ werden vier Klassen unterschieden, Q1 bis Q4, welche je nach Verkehrsaufkommen drei unterschiedliche Methoden kennen, um IP-Pakete zu behandeln. Generell lässt sich sagen: Je höher der DSCP-Wert aus der Berechnung dieser Möglichkeiten ist, umso eher wird das IP-Paket auch wirklich zugestellt.

Die drei Möglichkeiten für die Weiterleitung lauten »Default«, das bedeutet kein QoS. Dies ist die Basiseinstellung für Netzwerke ohne aktiviertes QoS. »Assured Forwarding« bedeutet zugesicherte Weiterleitung und unterscheidet nach Verkehrsaufkommen und definiert so das Weiterleitungsverhalten. »Expedited Forwarding« als dritte Möglichkeit stellt sicher, dass eine Verkehrsklasse von Paketen mit diesem Label die höchste Priorität im Netz erhält.

DiffServ wird auf Systemebene implementiert, und dies unterscheidet es auch vom zweiten Verfahren, COS (Class of Service), das auf Layer 2 implementiert wird und unter der Norm 802.1p sowie nur in 802.1q tagged Ethernet Frames als 3-Bit-Feld implementiert ist.

CoS klassifiziert klassisch zwischen Sprache, geschäftskritischen Daten wie ERPs oder Videokonferenzen und geschäftsunkritischen Daten wie Internet oder Mail. Das heißt Klasse 1 besitzt die höchste Priorität, Klasse 3 die niedrigste.

Durch die Weiterentwicklung von Mehrwertdiensten im Netzwerk ist CoS mittlerweile aber zum Oberbegriff mutiert, auch wenn mehr als drei Klassen bestehen, das heißt, CoS steht für Klassifizierung von Netzwerkdiensten allgemein. Dies gilt nicht nur für LAN, sondern auch für WAN-Technologien, welche wie MPLS zum Teil aber auch noch auf DiffServ setzen.

Die wichtigsten Vorteile eines QoS-optimierten Netzwerks lassen sich folgendermaßen zusammenfassen:

- Fähigkeit, Übertragungsprioritäten festzulegen, sodass kritische Datenströme vor weniger dringlichen bedient werden
- Größere Zuverlässigkeit im Netzwerk dank der Kontrolle der Bandbreite, die einer Anwendung zugestanden wird, und dadurch Kontrolle über die Bandbreitenkonkurrenz zwischen Anwendungen

Um QoS in einem Netzwerk mit Netzwerkvideoprodukten umzusetzen, müssen die folgenden Anforderungen eingehalten werden:

- Alle Netzwerk-Switches und Router müssen QoS unterstützen. Das ist wichtig, um eine End-to-End-Funktionalität von QoS zu erreichen. Dies gilt sowohl für DiffServ auf Systemebene als auch für CoS, das unter 802.1p implementiert wird.
- Die verwendeten Netzwerktelefon- oder Videoprodukte müssen QoS-fähig sein.

10.8 Fragen zu diesem Kapitel

1. Welches Protokoll erlaubt die Auflösung von MAC- auf IPv4-Adressen?
   A. NNTP
   B. SMTP
   C. RARP
   D. ICMP

2. Wie heißt das Gremium, welches das WWW betreffende technologische Empfehlungen festlegt?
   A. W3C
   B. HTTP
   C. RFC
   D. ICANN

3. Mit welchem Protokoll arbeitet der ping-Befehl eng zusammen?
   A. ARP
   B. IPX/SPX
   C. ICMP
   D. BootP

4. Welcher Bereich von Port-Adressen wird als »Well-known Ports« bezeichnet?
   A. 0-512
   B. 0-1024
   C. 1024-2047
   D. 0-1023

5. Der Port 80 bezeichnet welchen Dienst?
   A. FTP
   B. HTTP
   C. Gopher
   D. SMTP

6. Welcher Programmaufruf erzeugt folgende Ausgabe:

Internetadresse	Physikalische Adresse	Typ
205.12.252.25	00-00-23-AB-82-07	dynamisch
205.12.252.29	00-0B-DH-04-21-1A	dynamisch

   A. netstat
   B. arp
   C. ping
   D. ipconfig

7. VoIP hat an das Netzwerk andere Anforderungen als das Speichern von Dokumenten. Welche Aussage zu VoIP ist korrekt?

   A. VoIP benötigt besseren Jitter und weniger Verlust als Datenspeicher.

   B. VoIP achtet weniger auf Jitter, aber mehr auf Verlust als Datenspeicher.

   C. VoIP benötigt mehr Bandbreite und erträgt dafür auch mehr Verlust als Datenspeicher.

   D. VoIP benötigt weniger Jitter und mehr Bandbreite als Datenspeicher.

8. Von UC sprechen Sie, wenn Sie …

   A. nur noch VoIP im Einsatz haben anstelle von analogen oder herkömmlichen digitalen Telefonen.

   B. sowohl Streaming-Dienste als auch Mail nutzen und den Mitarbeitern zur Verfügung stellen.

   C. verschiedene Vermittlungsformate über eine zentrale Schnittstelle digital zur Verfügung stellen.

   D. den Faxdienst auf Mail umgestellt haben und intern via Messenger mit den Mitarbeitern kommunizieren.

9. Welches der folgenden TCP-Flags wird gesetzt für die Datenübertragung, nachdem die Verbindung aufgebaut worden ist?

   A. ACK

   B. SYN

   C. NACK

   D. RSH

10. Eine Technikerin wird zu einem Client-PC gerufen, welcher sich nicht mit dem Internet verbinden, wohl aber Daten von anderen lokalen Maschinen beziehen kann. Bei der Überprüfung der Einstellungen stellt sie fest, dass sowohl die IP-Adresse als auch das Gateway beide die folgende Adresse aufweisen: 192.168.10.1/24. Was ist passiert?

    A. Der Gateway des Clients routet nicht in ein anderes Netzwerk.

    B. Der Client benutzt eine ungültige IP-Adresse.

    C. Client und Gateway sind nicht im selben Netzwerk.

    D. Der Client benutzt fälschlich eine private IP-Adresse.

Kapitel 11

Stets zu Diensten

Als Dienstprotokolle oder Dienste werden Anwendungen im TCP/IP-Stack bezeichnet, die verschiedene Funktionen im Netzwerk übernehmen können. Diese Dienstprotokolle sind im Umgang mit der Einrichtung und Verwaltung eines Netzwerks auch in der Praxis sehr wichtig und es lohnt sich darum, einen genaueren Blick auf diese Protokolle und ihren Einsatz zu werfen.

> Sie lernen in diesem Kapitel:
> - Verstehen, wie das Prinzip von Routing funktioniert
> - Verschiedene Routing-Protokolle unterscheiden
> - Probleme beim Routing erkennen
> - DHCP und DHCPv6 kennen und verstehen
> - DNS verstehen und nutzen
>   - Die Funktionalität von DNS verstehen
>   - Die Einträge eines DNS-Records kennen
> - Verschiedene Mail- und Webprotokolle kennen und unterscheiden
>   - HTTP, HTTPS, FTP, TFTP, SSH
>   - SMTP, SMTPS, POP3, IMAP4
>   - NTP

11.1 Routing-Protokolle

Datenpakete, die für andere Rechner bestimmt sind, werden vom erzeugenden Rechner aus ans Netzwerk versandt, entweder an einen Host im selben Netz oder an einen Host in einem entfernten Netzwerk. Datenpakete, die an einen Host gehen, werden also entsprechend von diesem verarbeitet oder müssen auf einen entfernten Host weitergeleitet (geroutet) werden.

Wenn IP auf dem Quellrechner ein Datagramm aus einer höheren Schicht empfängt, schaut es zuerst in seiner lokalen Routing-Tabelle nach, ob es das Ziel kennt:

1. Es handelt sich um eine bekannte Netz-ID und Host-ID (z. B. bei Point-to-Point-Verbindungen): Das Datagramm wird via Netzwerkschnittstelle direkt an den Zielrechner übergeben.
2. Es handelt sich um eine bekannte Netz-ID (z. B. alle Rechner in einem lokalen Netzwerk): In diesem Fall wird das Datagramm via Netzwerkschnittstelle an den nächsten Hop oder ebenfalls direkt an den Zielrechner übergeben.
3. Wenn 1. und 2. nicht zutreffen, sucht IP nach einem Eintrag für einen Default-Router, d. h. nach einer Host-Adresse, welche das Datenpaket in diesem Fall entgegennimmt und weiterleitet.

Wenn keine dieser drei Bedingungen eintritt, wird das Datenpaket auf dem Quellrechner verworfen (nicht an die Netzwerkschnittstelle übergeben) und das bereits erwähnte ICMP-Protokoll gibt die Meldung »Zielrechner nicht erreichbar« oder »Zielnetz nicht erreichbar« aus.

Diesem Routing-Mechanismus wiederum unterliegen bestimmte Routing-Richtlinien. Und während IP sich um den Routing-Mechanismus kümmert, ist der Routing-Dienst (Daemon) für die Bereitstellung der Routing-Richtlinien verantwortlich.

Die Routing-Protokolle dienen dazu, den angeschlossenen Routern untereinander die Kommunikation zu ermöglichen. Es geht dabei also nicht um die Versendung der Datenpakete (diese geschieht mit IP), sondern darum, auf welche Weise sich die Router untereinander austauschen.

Die Einordnung der Routing-Protokolle im vorliegenden Kapitel lehnt sich an die Tatsache an, dass die meisten dieser Protokolle im TCP/IP-Stack beheimatet sind und dort auf der Anwendungsebene (BGP, IGP, IGRP). Dies gilt aber nicht für alle diese Protokolle: So ist etwa OSPF auf dem Link-Layer zu Hause oder das von der ISO entwickelte IS-IS im OSI-Modell auf Schicht 3, die Anordnung ist also technisch nicht eindeutig. Dennoch werden alle diese Protokolle an dieser Stelle zusammengefasst und im Folgenden erläutert.

Beim Routing wird zwischen statischem und dynamischem Routing unterschieden. Statische Routen geben den immer gleichen Pfad vor, den ein Datenpaket nehmen wird, welche Zieladresse also wohin weitergeleitet wird. Diese Form des Routings ist sehr einfach und schnell, aber nicht adaptiv, da die Tabellen sich nicht von selbst verändern.

Statische Routen können mit dem Befehl `route` erzeugt und verwaltet werden (mit den entsprechenden Parametern), wie die folgende Abbildung zeigt:

```
vmLP1:~ # route /?
Usage: route [-nNvee] [-FC] [<AF>]        List kernel routing tables
       route [-v] [-FC] {add|del|flush} ... Modify routing table for AF.

       route {-h|--help} [<AF>]           Detailed usage syntax for specified
 AF.
       route {-V|--version}               Display version/author and exit.

       -v, --verbose           be verbose
       -n, --numeric           don't resolve names
       -e, --extend            display other/more information
       -F, --fib               display Forwarding Information Base (default)
       -C, --cache             display routing cache instead of FIB

  <AF>=Use '-A <af>' or '--<af>'; default: inet
  List of possible address families (which support routing):
    inet (DARPA Internet) inet6 (IPv6) ax25 (AMPR AX.25)
    netrom (AMPR NET/ROM) ipx (Novell IPX) ddp (Appletalk DDP)
    x25 (CCITT X.25)
vmLP1:~ #
```

Abb. 11.1: route-Befehl mit Optionen

Daneben gibt es verschiedene Formen des dynamischen Routings, welche mit unterschiedlichen Protokollen betrieben werden. Dabei verfolgt jedes Routing-Protokoll eine eigene mathematische Methode, d.h., es folgt zur Berechnung der Routing-Tabellen einem Algorithmus zur Berechnung der Zielstrecke.

Beim Einsatz von dynamischem Routing ergeben sich verschiedene Gesichtspunkte, anhand derer die beste Zielstrecke gewählt werden kann. Diesen Auswahlprozess nennt man Metrik. Sie kann in unterschiedlicher Ausprägung den hier aufgeführten Gesetzmäßigkeiten folgen:

- Anzahl benötigter Router (Hops) bis zum Ziel (Hop-Count)
- Zeitverzögerung auf den gewählten Strecken (Delay)
- Verfügbarkeit von Hops und Routen
- Kosten der verwendeten Routen (möglichst niedrige Kosten)
- Belastung von Routen
- Geschwindigkeit
- Unterstützung von alternativen und/oder parallelen Routen
- Geschwindigkeit bei der Berechnung alternativer Routen
- Skalierbarkeit bei Netzwerkwachstum

War zu Beginn dieser Entwicklung das ARPANet das einzige Netzwerk, in welchem Datenpakete zu versenden waren, gibt es mittlerweile eine Vielzahl von Netzwerken, die zusammen das heutige Internet bilden.

Daher gibt es für die Einteilung der Routing-Protokolle den Begriff des Autonomen Systems (AS). Ein Autonomes System ist eine Gruppe von (öffentlichen) Netzen, die unter einer gemeinsamen Verwaltung steht, sei dies durch eine Firma, staatliche Stellen oder einen Internet Service Provider. Die Autonomen Systeme sind mittels einer eindeutigen AS-Nummer bezeichnet. Die AS mit öffentlicher AS-Nummer bilden in Verbindung zusammen das Internet. Öffentliche AS-Nummern sind mittlerweile 32 Bit groß und werden von der IANA verwaltet, 16-Bit-Nummern, die bis 2009 vergeben worden sind, bleiben aber gültig. Daneben ist es natürlich auch möglich, ein Autonomes System privat zu betreiben, wofür die IANA einen Bereich mit privaten AS-Nummern reserviert hat.

Der Sinn dieser Einteilung besteht zum einen in der Skalierbarkeit der Netzwerkinfrastruktur, zum anderen aber auch in der angestrebten Reduktion des Netzwerkverkehrs, da durch die Systemgrenzen nicht alle Routing-Informationen jedes Mal durch das gesamte Internet übertragen werden müssen.

Daher unterscheidet man die Routing-Protokolle in Interior Gateway und Exterior Gateway gemäß ihrem Einsatz innerhalb eines Autonomen Systems oder eben zwischen mehreren Autonomen Systemen.

RIP, IGRP oder OSPF gehören zur Gruppe der Interior Gateway Protocols (IGP). Das heißt, sie arbeiten innerhalb eines Autonomen Systems. Dies beschränkt diese Protokolle in Anbetracht der heutigen weltweiten Vernetzung, sie sind aber für den Einsatz in kleinen (RIP) oder großen internen Netzen (OSPF, IS-IS) im Einsatz und bewähren sich in diesen Netzwerken. Zur Verbindung der Autonomen Systeme wird dann ein EGP (Exterior Gateway Protocol) verwendet. Die im Einsatz befindlichen EGP bauen in der Regel auf der von den IGPs zur Verfügung gestellten Infrastruktur auf. IGP und EGP sind demzufolge nicht eigentliche Protokolle, sondern bezeichnen eine Gruppe von Protokollen.

Das älteste der bekannten IGP-Routing-Protokolle ist RIP, gefolgt von einer aktualisierten Version RIPv2 und neueren Protokollen wie OSPF und IS-IS. BGP (Border Gateway Protocol) stellt demgegenüber das aktuelle EGP dar.

11.1.1 RIP, RIPv2, IGRP

RIP wurde in Version 1.0 bereits 1969 (!) beschrieben und 1988 in RFC 1058 als Standard dokumentiert.

RIP arbeitet nach dem Distanzvektoralgorithmus (DVA, Distance Vector Algorithm). Dieser funktioniert nach dem Prinzip der Mitteilung, d.h., jeder Router teilt den benachbarten Geräten mit, welche Informationen er hat, wen er »kennt«. Distanzvektorprotokolle sind selbstorganisierend (Autonome Systeme), sie sind vergleichsweise einfach zu implementieren und funktionieren nahezu ohne jede Wartung. Zu den Nachteilen gegenüber Link-State-Protokollen (siehe etwas weiter hinten in diesem Abschnitt) zählen die schlechten Konvergenzeigenschaften und die mangelhafte Skalierbarkeit. Neben RIP gehört auch das von Cisco entwickelte IGRP zu dieser Gruppe von Protokollen.

Ein Router kennt wie jede Netzwerkschnittstelle im oben beschriebenen Verfahren ebenfalls nur seine direkt benachbarten Routing-Kollegen. Im stationären

Zustand (Steady State) sind diese Schnittstellen bekannt, und es sind keine Anpassungen zur Erhaltung der Konvergenz notwendig.

Jeder Router in diesem System führt eine Routing-Tabelle mit den benachbarten Routern. Da sich diese verändern können, wird die Routing-Tabelle alle 30 Sekunden aktualisiert – sofern der Eintrag neuer und besser ist als der bestehende Eintrag in der Tabelle. Dabei sendet auch ein Router seine komplette Routing-Tabelle an die benachbarten Router. Dies führt zum einen zu einem gewissen Netzwerkverkehr, zum anderen können Sie sich ausrechnen, dass das Aktualisieren einer Router-Information über 10 Hops 5 Minuten dauern wird, bis der 10. Router über die Neuerung im Bilde ist. Zudem kennt ein RIP-Router im Gegensatz zu neueren Protokollen immer nur seine direkten Nachbarn. Es ist daher verständlich, dass RIP sich nur für kleine Netze mit Dutzenden von Hosts eignet, wie es in den 70er Jahren im ARPANet der Fall war. Undenkbar, es für Netzwerke mit mehreren Zehntausend Hosts zu verwenden, selbst mit RIPv2, welches die 15-Hop-Grenze aufhebt – berechnen Sie einmal die Aktualisierungszeit der Router-Tabellen. Um diesem Umstand entgegenzuwirken, wurde das Split-Horizon-Verfahren entwickelt. Zudem verhindert Split Horizon sogenannte Routing Loops, also das endlose Kreisen von Netzwerkpaketen.

Bei Split Horizon speichert der Router in der Routing-Tabelle nicht nur die Anzahl Hops, sondern auch die der »Zwischenrouter« bis zum Ziel sowie Informationen darüber, von welchem Router die Informationen empfangen wurden. Dadurch wird der Verkehr verkürzt, weil keine Pakete an den Router gesandt werden, von dem die Informationen gelernt wurden. Und es werden Routing-Schleifen verhindert.

Die Berechnung der gewünschten Route zum Ziel-Host wird bei RIP anhand des Hop-Count vorgenommen. Das heißt, es wird diejenige Route bevorzugt, welche aus Sicht des aktuell vermittelnden Routers den geringsten Hop-Count ergeben wird.

Die nur direkte Bekanntschaft seiner Nachbarn ist auch das größte Problem von RIP. Zum einen ergeben sich hohe Konvergenzzeiten (Zeit, die es dauert, bis alle angeschlossenen Router denselben Stand aufweisen), zum anderen besteht aufgrund der 15-Hop-Grenze das so bezeichnete Count-to-Infinity-Problem. Es bezeichnet die Unerreichbarkeit eines Ziels und wird bei RIP mit dem Hop-Count 16 angegeben. Count-to-Infinity wurde, ähnlich wie Split Horizon, mit dem Ziel implementiert, dass keine Routing Loops entstehen können.

Mit der Version RIPv2 wurden 1993 (RFC 1388, aktuell RFC 1723) einige Einschränkungen beseitigt, wesentlich die Unterstützung von Subnetzen und von CIDR. Zudem wurde das Versenden von Routing-Tabellen anstelle von Broadcast mittels Multicast möglich. Und nicht zuletzt konnte unter RIPv1 jeder Host Routing-Informationen versenden, unter RIPv2 wurde die Authentisierung eingeführt.

In der Version RIPng gibt es entsprechend auch eine Weiterentwicklung, welche unter IPv6 funktioniert.

Die oben erwähnte Cisco-Version IGRP weist als wesentliche Unterschiede zu RIPv1 die Erweiterung von möglichen Hops auf 255 (wie es später ja auch RIPv2 dann implementierte) und den Miteinbezug der Leitungsverzögerung in die Berechnung der Zielstrecke auf.

Aber auch IGRP ist wie RIP ein Protokoll, das nur mit Netzwerkklassen arbeitet, da es kein Feld für die Übermittlung einer Subnetzmaske kennt. Der Router nimmt daher an, dass alle Netzwerkadressen innerhalb desselben A-, B- oder C-Klassennetzes dieselbe Subnetzmaske verwenden wie die Subnetzmaske des Senders. Erst die Erweiterung auf EIGRP bzw. RIPv2 ermöglicht CIDR.

Daher gelten RIP und IGRP heute als veraltet und werden kaum noch eingesetzt.

11.1.2 OSPF und IS-IS

Im Unterschied zu den Distanzvektorprotokollen existieren die Link-State-Routing-Protokolle. Router, welche mit Link-State-Routing arbeiten, unterhalten eine komplexe Datenbank mit Informationen zur verbindenden Topologie, in der weit mehr Informationen als nur die Hop-Counts zur Berechnung der Zielstrecke verwendet werden.

Link-State-Routing-Protokolle tauschen nicht mehr die ganze Routing-Tabelle aus, sondern teilen nur noch deren Änderungen an die anderen Router innerhalb des Autonomen Systems mit. Dies geschieht mittels Multicast und jeder generiert aufgrund der neuen Informationen sein neues Verständnis der umgebenden Topologie. Damit können diese Router sich wesentlich schneller konvergent verhalten (d.h. mit aktuellen Daten versorgen) als Router mit Distanzvektorprotokollen.

OSPF (Open Shortest Path First) ist ein solches Link-State-Routing-Protokoll. Es ist als OSPFv2 in RFC 2328 (erstmals RFC 1131 von 1991) beschrieben.

Kern von OSPF ist die Nachbarschaftsdatenbank LSD (Link State Database), die eine Liste aller benachbarten Router enthält, zu denen eine bidirektionale Verbindung besteht. Diese Datenbank spiegelt die Topologie des Netzes wider und wird durch Austausch der Änderungen aktuell gehalten (Link-State-Advertisements, LSA).

OSPF garantiert gegenüber RIP ein schleifenfreies Routing, sodass Datenpakete nicht im Kreis herum versandt werden können. Es unterstützt zudem CIDR und ist aufgrund seiner Architektur auch für größere Netze geeignet.

Die Protokolldefinition von OSPFv3 führte, neben der Erweiterung um IPv6-Funktionalitäten, einige Unterschiede zu v2 ein. Dazu gehören etwa die Verschiebung der Authentifizierung in den IPv6-Header und eine erweiterte Verarbeitung von unbekannten Link-State-Advertisements.

Wie bei RIP (mit IGRP) hat Cisco als namhafter Hersteller von Netzwerkkomponenten auch hierzu eine eigene Entwicklung vorgenommen und unter EIGRP vorgestellt. Dieses Protokoll ist kompatibel zu der älteren IGRP-Cisco-Architektur, arbeitet aber ähnlich wie OSPF mit Topologietabellen. Es ist ein hybrides Routing-Protokoll, d.h., es handelt sich um ein Distanzvektorprotokoll (daher auch die Kompatibilität zu IGRP), welches sich aber im Speichern der Routing-Tabellen verhält wie ein Link-State-Protokoll. Daher wird es als hybrid bezeichnet. Da die Änderungen an den Routing-Tabellen verbindungsorientiert an die benachbarten Router propagiert werden, besitzen Routing-Protokolle mit LSA wie oben erwähnt eine gute Konvergenz.

Eine weitere Entwicklung nennt sich IS-IS (Intermediate System to Intermediate System Protocol). Dabei handelt es sich nicht um einen IETF-Standard, sondern um ein Protokoll der ISO (welche bekanntlich das OSI-Modell verabschiedet hat), das unter ISO/IEC 10589:2002 publiziert worden ist. Die IETF hat dieses Protokoll nachträglich aber unter RFC 1142 für das Internet publiziert, da es große Verbreitung gefunden hat.

IS-IS wurde etwa im selben Zeitraum wie OSPF entwickelt (nur eben nicht von denselben Leuten), doch während OSPF sich in mittleren Netzwerken schnell durchsetzte, wurde IS-IS längere Zeit nur in sehr großen Netzen eingesetzt. Erst in den letzten Jahren hat sich dies verändert und mittlerweile gilt IS-IS (auch dank Cisco) als geeignete Alternative zu OSPF, egal ob in mittleren oder großen Netzwerken.

Auch IS-IS ist ein Link-State-Protokoll und da es denselben Algorithmus (den sogenannten Dijkstra-Algorithmus) verwendet wie OSPF, sind sich die Konzepte ähnlich.

OSPF arbeitet von Grund auf im DoD-Modell mit IP. Bei IS-IS handelt sich um ein Protokoll des OSI-Netzwerk-Layers; es verwendet nicht von Haus aus IP als Protokoll, um die Routing-Informationen auszutauschen. Aufgrund der geringeren Komplexität und weniger Optionen ist IS-IS aber das schlankere Protokoll und wird daher gerne in großen Netzwerken eingesetzt, da es schneller ist und weniger Datenverkehr erzeugt. Da es zudem IP-unabhängig entwickelt wurde, war die Portierung auf IPv6 mit weniger Aufwand verbunden als bei OSPF, das dazu in Version 3 (OSPFv3) weiterentwickelt werden musste.

11.1.3 BGP

Als letztes Routing-Protokoll folgt an dieser Stelle das Border Gateway Protocol (BGP). Dieses wird überall dort eingesetzt, wo die unterschiedlichen Autonomen Systeme, d.h. eigenständige größere Netzwerke, miteinander verbunden werden, z.B. zwischen Providern von Internetdienstleistungen.

Das BGP-Protokoll liegt aktuell in Version 4 vor (RFC 4271, ursprünglich RFC 1163). Seit Version 3 des Protokolls können Geräte mittels SNMP verwaltet werden, die BGP unterstützen.

BGP basiert nicht auf einem Distanzvektorverfahren, sondern auf einem Pfadvektorverfahren. Es nutzt nicht dieselben IGP-Metriken, sondern trifft die Routenwahl basierend auf dem Weg, den Netzwerkrichtlinien und weiteren Regeln. BGP arbeitet nicht mit Kosten (kürzester Weg), garantiert aber aufgrund der Arbeit mit Pfaden die Schleifenfreiheit.

Die Stärke des Border Gateway Protocol liegt darin, verschiedene alternative Routing-Pfade in einer einzigen Routing-Tabelle zu vereinen. Ein BGP-Router teilt dem anderen Router, mit dem er ein Peering hat, seine internen Netze mit. Gelernte Netze werden weitergereicht. BGP bietet zudem eine garantiert loopfreie Pfadauswahl. Da jeder BGP-Router über Routen-Informationen von anderen, insbesondere den benachbarten BGP-Routern verfügt, baut sich jeder BGP-Router eine Datenbank für die Routen zu allen erreichbaren Autonomen Systemen auf. Diese Datenbanken umfassen somit heute mehrere Hunderttausend Einträge.

Die direkten Verbindungen zwischen benachbarten Routern werden hierbei manuell angegeben. Router, welche miteinander über BGP Routing-Informationen austauschen wollen, bauen zunächst eine TCP-Verbindung auf, über die dann die BGP-Nachrichten gesendet werden. Diese Verbindung nennt man daher eine BGP-Session (unter Verwendung von Port 179).

Trotz seines hauptsächlichen Einsatzzwecks kann BGP auch für die interne Nutzung verwendet werden. Daher spricht man auch von iBGP für Interior Border Gateway und eBGP für Exterior Border Gateway, um zu verdeutlichen, ob BGP für die Verbindung innerhalb eines Autonomen Systems oder für die Verbindung Autonomer Systeme untereinander eingesetzt wird.

11.1.4 CARP und VRRP

Das Common Address Redundancy Protocol (CARP) ist ein offenes Netzwerkprotokoll, mit dessen Hilfe sich die Verfügbarkeit von IP-Systemen verbessern lässt. Damit dies gelingt, können sich mehrere Systeme innerhalb eines lokalen Netzwerks dieselben virtuellen IP- oder MAC-Adressen teilen, um mit anderen Systemen zu kommunizieren. Fällt also ein einzelnes der angeschlossenen physischen Systeme aus, wird die Kommunikation mit den anderen Systemen dadurch nicht zwingend unterbrochen, sondern kann von einem anderen System übernommen werden. Adressiert werden damit vor allem Router und Firewalls, aber auch Anwendungsserver können damit ausgerüstet werden.

CARP ist nicht eine »Erfindung« im klassischen Stil, sondern eine Open-Source-Entwicklung, die auf einer proprietären Lösung namens VRRP (Virtual Router Redundancy Protocol) basiert, das zum selben Zweck von den Firmen IBM, Microsoft und Nokia entwickelt wurde. Seit 2010 ist VRRP unter RFC 5798 als Standard publiziert. Es diente bei der Entwicklung vor allem dazu, Gateways im Internet besser gegen Ausfälle zu schützen. Es funktioniert aktuell sowohl mit IPv4 als auch mit dem IPv6-Protokoll. Bei VRRP werden auch Cisco-Patente eingesetzt.

Bei Cisco nennt sich dasselbe dann übrigens HSRP (Hot Standby Router Protocol).

11.2 Dynamic Host Configuration Protocol

Jedes Endgerät in einem TCP/IP-Netzwerk benötigt eine eindeutige Adresse auf IP-Ebene. Grundsätzlich muss diese Adresse auf der Netzwerkschnittstelle eingerichtet werden. Gerade bei größeren Netzwerken oder bei Änderungen im Netzwerk wird der manuelle Unterhalt von IP-Adressen rasch aufwendig.

Das Dynamic Host Configuration Protocol (DHCP) beschreibt, wie sein Name schon sagt, ein Verfahren zur dynamischen Adressvergabe. DHCP ist eine Erweiterung des Bootstrap Protocol (BOOTP), mit dem sich laufwerklose Workstations und Netzwerkdrucker im Netzwerk anbinden lassen, die sich zunächst eine IP-Adresse vom BOOTP-Server holen und anschließend mit den Informationen aus dem Netzwerk starten. DHCP ist weitgehend kompatibel zu BOOTP und kann mit BOOTP-Clients und -Servern eingeschränkt zusammenarbeiten.

DHCP hat eine doppelte Ausrichtung:

- Die Verwaltung großer Netzwerke mit vielen Veränderungen
- Die Zuordnung von Adressen, ohne dass die Betreiber der Clients viel Netzwerkwissen benötigen

DHCP wurde 1993 erstmals in RFC 1531/1541 beschrieben und als Standard eingeführt, im Jahr 1997 wurde dieser durch RFC 2131 ersetzt und in verschiedenen RFCs weiterentwickelt. Und für den Einsatz mit IPv6 wurde DHCP6 entwickelt. DHCP wurde entwickelt, um die Zuweisung und Pflege von IP-Adressen zu vereinfachen.

DHCP basiert auf dem Client/Server-Prinzip. Der Server bedient dabei die Clients mit einer IP-Adresse und kann über verschiedene Optionen die Adressen sowie die Informationen zu Subnetz, Gateway und DNS-Server verwalten und zuteilen. Die Zuweisung der Adressen an die Clients kann dabei auf drei unterschiedliche Weisen erfolgen:

Statische Zuordnung	Die IP-Adressen werden anhand von MAC-Adressen fest zugeordnet. Die Adresse wird zeitlich unbeschränkt zugeordnet. Eine Anwendung dafür sind z.B. Drucker, die immer unter derselben Adresse erreichbar sein sollen. Diese Zuordnung wird auch mit dem Begriff »reservierte Adressen« bzw. »Reservation« beschrieben.

Automatische Zuordnung   Im DHCP-Server wird ein Bereich von IP-Adressen definiert. Wenn die Adresse aus diesem Bereich einmal einem DHCP-Client zugeordnet wurde, dann gehört sie diesem auf unbestimmte Zeit, denn auch hier wird die zugewiesene IP-Adresse an die MAC-Adresse gebunden. Diese Zuordnung wird nicht aufgehoben, auch wenn der Client ausgeschaltet ist, da die Zuordnung im Cache des DHCP-Servers gespeichert bleibt.

Dynamische Zuordnung   Hierbei wird ebenfalls ein Bereich von IP-Adressen definiert, aber die Vergabe der Adresse wird zusätzlich an eine definierte Mietdauer gebunden, die sogenannte Lease Time. Nach Ablauf der Lease Time kann die Adresse wieder neu vergeben werden. Während der Lease Time kann der Client eine Verlängerung beantragen und so die zugeteilte Adresse länger als ursprünglich zugeteilt behalten.

Das Client/Server-Modell des DHCP für die mit Rechnern am häufigsten eingesetzte dynamische Zuordnung arbeitet wie folgt:

a. Eine Arbeitsstation, die erstmalig eine IP-Adresse möchte, sendet per Rundsendung (Broadcast) ein Paket mit einer Anforderung für eine DHCP-Adresse ins Netzwerk.
b. Ein DHCP-Server empfängt das Paket mit der Anforderung und bestimmt die zulässige Konfiguration für die anfragende Station. Sofern die Konfiguration für die anfragende Station gültig ist, sendet er ein Angebot an den Client.
c. Der Client-Rechner wertet die Angebote des Servers oder der Server aus und fragt beim zutreffendsten DHCP-Server die Adresse an.
d. Der DHCP-Server bestätigt die Konfiguration und teilt die Adresse für diesen Client zu.

Abb. 11.2: DHCP-Anforderungsprozess

Falls der Client keine IPv4-Adresse erhält, »nimmt« er sich unter Windows eine 169.254.x.x/16-Adresse, APIPA-Adresse (Automatic Private IP Addressing) genannt. Dadurch kann der Client lokal weiterarbeiten, stellt aber in der Regel keine gültige Verbindung zum Netzwerk her, auch wenn dies theoretisch möglich ist (falls andere Rechner ebenfalls eine APIPA-Adresse bezogen haben). Alle 10 Minuten versucht das Betriebssystem dann wieder, anstelle der APIPA-Adresse eine gültige DHCP-Adresse zu beziehen. Zur Netzwerkplanung ist APIPA daher nicht geeignet, es ist eher eine wichtige Information bei der Fehlersuche.

Auf Seiten des Clients muss im TCP/IP-Protokoll lediglich die Angabe »Automatische Adressvergabe« eingerichtet werden, dies gilt sowohl bei Windows als auch bei Linux-Netzwerken.

DHCP-Server gibt es für praktisch alle Betriebssysteme. Bei der Standardkonfiguration des DHCP-Servers werden zum einen der Adressbereich und zum anderen verschiedene Optionen eingerichtet, welche zusammen mit der Adressvergabe an die Clients wirksam werden.

Der Adressbereich (Scope genannt) legt fest, welche IP-Adressen von den Clients bezogen werden können. Die dazugehörige Dauer (Lease) legt fest, wie lange der Client diese Adresse beanspruchen kann, bevor er sie zurückgeben oder neu anfordern muss. Die Clients bekommen aber nicht nur eine IP-Adresse und Subnetzmaske mit festgelegter Dauer, sondern auch andere wichtige Informationen über das Netzwerk und darin angebotene Dienste. Darunter sind folgende Optionen:

- IP-Adresse des Standard-Gateways (003)
- IP-Adresse der DNS-Server (006)
- DNS Domain-Name (015)
- IP-Adresse des Time-Servers (004)

Bei IPv6 verläuft die Zuteilung anders, daher benötigt man für die Zuteilung von DHCP-Adressen unter IPv6 einen eigenständigen DHCPv6-Server. Eigentlich ist DHCP vom Prinzip des Adressbezugs ja mit der Autokonfiguration der Clients nicht mehr nötig.

Dennoch gibt es Situationen, in denen eine Zuteilung über DHCP erwünscht ist, z.B. um Optionen zuzuteilen wie den DNS-Server oder NTP-Server. Dazu stellt der Client nach Erzeugen der lokalen IP-Adresse eine Anfrage an alle verfügbaren DHCPv6-Server und diese antworten mit einer DHCP-Advertisement-Nachricht, welche alle Parameter enthält, die zuvor im Server festgelegt wurden. Der Client wählt jetzt der Konfigurationen aus und fordert diese mittels DHCPv6-Request explizit an.

Der gewählte DHCPv6-Server bestätigt dem Client die Konfiguration und speichert diese mit der Client-ID ab. Alle anderen DHCPv6-Server geben ihre angebotenen Adressinformationen wieder frei.

11.3 DNS (Domain Name System)

Vom bisher besprochenen System her ist klar, dass jeder Rechner in einem Netzwerk durch die IP-Adresse definiert und angesprochen wird. Doch schon früh wurde deutlich, dass ein solches Zahlensystem nicht wirklich benutzerfreundlich ist. So wurde ein System zur Namensauflösung eingeführt, basierend auf einer Textdatei, *hosts.txt* (später nur noch: *hosts*) genannt, welche eine Tabelle enthält, die eine IP-Adresse einem Hostnamen zuordnet.

11.3.1 hosts

Bei *hosts* handelt es sich um eine Textdatei, die lokal auf dem System abgelegt wird und eine Zuordnung zwischen IP-Adresse und Hostname vornimmt. Die Datei existiert betriebssystemunabhängig und wird bei Unix/Linux-Systemen unter */etc/hosts* und auf Windows-Systemen unter *%Systemroot%\system32\drivers\etc* gespeichert.

Die Aktualisierung dieser lokalen Datei war aber aufwendig und die Verteilung ein logistisches Problem, je mehr Internetrechner vorhanden waren.

Die Datei ist typischerweise folgendermaßen aufgebaut:

```
# Kommentarzeilen werden mit # bezeichnet
127.0.0.1       localhost
192.168.1.20    printserv
111.24.15.20    mailsrv
```

Neben der Problematik der Verteilung wurde die *hosts*-Datei auch gerne von Viren benutzt, um Internetseitenaufrufe umzuleiten. So konnte man dann plötzlich auch solche Einträge vorfinden:

```
81.211.105.6    www.adultfindpage.com
```

Zudem war die Datei *hosts* eine Erfindung zu einer Zeit, als alle Rechner im Internet öffentlich waren. Mit der Zunahme privater Netze auf TCP/IP-Basis stellte sich das Problem, dass man diese Netzwerke gar nicht mehr automatisch per FTP aktualisieren konnte. Die ganze Problematik führte zur Definition eines neuen Systems, Domain Name System (DNS) genannt – und vorübergehend auch zu einer von Microsoft entwickelten proprietären Entwicklung namens WINS. Allerdings verfügen auch heutige Clients nach wie vor über eine *hosts*-Datei und gerade im Bereich Gefährdung durch Viren lohnt es sich, diese Datei im Problemfall anzusehen.

11.3.2 Der Windows Internet Naming Service (WINS)

Der Windows Internet Naming Service (WINS) ist die von Microsoft entwickelte Alternative mit einem System zur dynamischen Auflösung von NetBIOS-Namen. WINS konnte man auch dann einsetzen, wenn eine Namensauflösung über Broadcast nicht mehr möglich war, z. B. wegen eines Routers, der dies unterbindet.

Geht ein neuer Host ans Netzwerk, registriert er seinen Namen selbstständig beim WINS-Server, sodass ein manueller Eingriff wie das Editieren der *hosts*-Datei nicht mehr notwendig ist. Zudem registriert der Client neben dem NetBIOS-Namen auch den Namen der Domäne sowie der angemeldeten Benutzer und Gruppen. Auch wenn WINS damit ähnliche Funktionen wie das gleich zu beschreibende DNS bietet, gibt es Unterschiede: WINS arbeitet über die NetBIOS-Ports, DNS arbeitet nur mit TCP/IP. WINS arbeitet auch mit anderen Protokollen – und WINS benötigt gegenüber DNS keine eindeutige Hierarchie.

Mit Einführung von Windows 2000 hat sich Microsoft selbst von WINS wieder verabschiedet und DNS als Namensauflösung für seinen Verzeichnisdienst Active Directory implementiert. Einige Serverdienste von Windows benutzten den WINS-Dienst aber weiterhin, so z. B. Exchange 2000 oder das DFS-Dateisystem. Seit Exchange 2007 wird dagegen nirgends mehr WINS benötigt und nicht mehr eingesetzt.

11.3.3 Das Domain Name System

Das Domain Name System (DNS) wurde erstmalig 1983 beschrieben und ist seit 1987 in RFC 1034 und RFC 1035 definiert.

Das Hauptziel des DNS-Systems besteht darin, Ordnung zu erzeugen. Das bedeutet:

- Es gibt einen einheitlichen Namensraum, der frei ist von IP-Bestandteilen und der alle Knoten eines Netzes umfasst.
- Es existiert eine rasche und automatisierte Aktualisierung der Namenstabellen, damit die Informationen allen Teilnehmern zur Verfügung stehen.
- Es bestehen lokale Speicher (Caches), um die Abfragen zu beschleunigen.
- Der Namensraum kann für verschiedene Dienste und Protokolle und nicht nur für z. B. die Dienste »www« oder »http« verwendet werden.
- Die Forward-Lookup-Zone löst einen Namen in eine IP-Adresse auf.
- Die Reverse-Lookup-Zone löst eine IP-Adresse in einen Namen auf.
- Jeder Name Server kann nur die Namen und Adressen für diejenige Zone auflösen, für die er zuständig ist. Kann er die Auflösung nicht bewerkstelligen, ruft er den nächsten zuständigen Server auf.

11.3.4 Der Aufbau von DNS

In der Praxis bedeutet dies, dass DNS aus drei Bestandteilen aufgebaut ist, um einen einheitlichen Namensraum und einheitliche Verwaltungsstrukturen zu gewährleisten:

- Namensraum
- Name Server
- Resolver

Der Namensraum ist strikt hierarchisch aufgebaut und wird in mehrere Ebenen aufgeteilt. Zuoberst steht der Name ».«, er wird als root-Domain bezeichnet und liegt auf einem zentralen Root-Server (wobei dies nur theoretisch ein Server ist, dazu später mehr). Die zweite Ebene bilden die sogenannten Top-Level-Domains. Die nächstuntere Ebene sind die Second-Level-Domains, welche wiederum durch eine weitere Ergänzung in Third-Level- und weiter Subdomains unterteilt werden können.

Jeder Name muss mindestens ein Zeichen und kann maximal 63 Zeichen lang sein, er muss mit einem alphanumerischen Zeichen beginnen und darf keine Sonderzeichen enthalten sowie nicht mit '-' enden. Jede Ebene schließt mit einem Punkt. Der gesamte Domainname darf inklusive aller Punkte maximal 255 Zeichen lang sein. Groß- und Kleinschreibung werden dabei nicht unterschieden, `IANA.org`, `Iana.org` und `iana.org` führen immer zur selben Adresse. Neuere Entwicklungen lassen zudem auch Umlaute wie »ö« oder »ä« zu und Zeichen aus anderen Zeichensätzen als dem ASCII-Zeichensatz.

Während die root-Domain nur eine einzige Domain umfassen kann, die als ».« dargestellt und meist nicht geschrieben wird, gibt es mehrere Top-Level-Domains. Diese Top-Level-Domains (TLD) werden durch die ICANN verwaltet, welche 1998 gegründet worden ist und diese Funktion von der IANA übernommen hat. Der Name IANA blieb aber bestehen, weshalb es auch zu Verwirrungen über die Bezeichnung kam. Organisatorisch trägt aber seit dem Jahr 2000 die Internet Corporation for Assigned Names and Numbers (ICANN) die Verantwortung. Die ICANN koordiniert die DNS als Ganzes, insbesondere verwaltet sie die Root-Server (letztmalige Aktualisierung im Mai 2015). Zudem wacht sie über die Vergabe öffentlicher IP-Adressen sowie in Zusammenarbeit mit der IETF über die Protokollparameter und Port-Adressen der Internetprotokollfamilie.

Netzwerkpraxis – jetzt sind Sie dran

Schauen Sie sich die aktuelle Liste der Root-Server einmal selbst an unter:

`http://www.internic.net/domain/named.root`

und vergleichen Sie sie z. B. mit der Liste auf Ihrem internen DNS-Server, unter Windows zu finden unter:

`%systemroot%\system32\dns\cache.dns`

11.3 DNS (Domain Name System)

Gab es früher nur einige wenige TLD wie .com, .gov und .net, so hat ihre Zahl in den letzten Jahren laufend zugenommen. Es werden zudem nationale und interessenspezifische TLD unterschieden. Jedes Land hat Anrecht auf eine TLD für seine Nation, diese wird in aller Regel durch zwei Buchstaben dargestellt, also z. B. »at« für Österreich, »de« für Deutschland oder »ch« für die Schweiz. Die Regelung für diese Bezeichnungen wurde von der ISO-Norm 3166 her übernommen, die auch für Regelungen von Ländernamen in anderen Bereichen zuständig ist.

Die bisherigen Second-Level-Domains werden zur Vergabe und Verwaltung von der ICANN an verschiedene Registrarfirmen delegiert. Bekannt sind etwa VeriSign für .com- oder .net-Domänen und die EURID für die .eu-Domänen. Zudem wurden für die meisten Länder Registrare für die nationalen Second-Level-Domains bestimmt, etwa Denic für .de- oder Switch für .ch- und .li-Domänen. Von den Registraren getrennt wiederum sind in vielen Ländern die Provider, welche Adressen »verkaufen«, d.h., Sie selbst beziehen die Adresse von einem Provider, dieser leitet sie an den Registrar weiter. Doch es geht noch weiter.

Heute (d.h. seit 2013) kann jedes Unternehmen und theoretisch auch jede Einzelperson mit genügend Geld bei der ICANN eine neue TLD beantragen. So kamen unzählige neue Domains wie .swiss oder .berlin, .shop, .news oder .design etc. hinzu. Es gibt aber Bedingungen: Sie müssen zuerst einmal eine Bewerbung bei der ICANN einreichen (und bezahlen ...), das kostet Sie so um die 200'000 Euro. Nach erfolgreicher Bewerbung müssen Sie zudem die komplette Verwaltung und den Betrieb dieser TLD sicherstellen, d.h., Sie unterhalten eigene DNS-Server und müssen die Registrierung von Adressen innerhalb Ihrer TLD verwalten. Dennoch gibt es seither Hunderte (!) neue TLD-Namen und es kommen laufend neue hinzu.

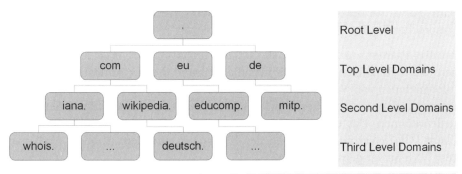

Abb. 11.3: Aufbau der DNS-Struktur

Die vollständige Adresse besteht aus der Listung aller Domains einer Adresse und diese wird dann *Fully Qualified Domain Name* (FQDN) genannt. Ein Beispiel für einen FQDN ist demzufolge www.educomp.eu. Man spricht in diesem Fall auch von einer absoluten Adresse, da sie im gesamten Namensraum eindeutig zugewiesen ist. Wenn man will, kann man zum FQDN auch noch den Port dazuschreiben, den man mit dieser Verbindung aufruft: www.educomp.eu:2800 ruft also den Port 2800 auf. Diese Form nennt sich dann aber nicht mehr FQDN, sondern URL (Uniform Ressource Locator).

Die Objekte in der DNS (z. B. die Hosts) werden als Resource Records (RR) in einer Zonendatei gespeichert, diese wird auf einem oder mehreren autorisierten Name Servern vorgehalten. Und jetzt kommen die Root-Server wieder ins Spiel. Sie bilden die oberste Instanz und autorisieren alle unter ihnen liegenden Name Server mit den gültigen Zonendateien. Nun wäre es natürlich logistisch und sicherheitstechnisch undankbar, wenn das tatsächlich nur eine Maschine wäre. Daher werden diese Root-Server genannten Name Server redundant und auf verschiedenen Kontinenten gehalten, damit die Namensanfragen zum einen schnell und zum anderen im Falle eines Ausfalls auch sicher funktionieren. Die Root-Server unterhalten die Zonendatei für die Root-Zone. Diese Datei besteht aus ca. 2500 Einträgen und enthält die Namen und IP-Adressen der für die Top-Level-Domains (wie zum Beispiel .com, .net, .org, .de) zuständigen Name Server. Zurzeit werden 13 Root-Server betrieben, wobei diese wiederum aus mehreren Rechnern zusammengeschlossen sein können, sodass insgesamt über 100 Root-Server im Einsatz stehen.

Die Name Server selbst sind eigentlich Programme, auch wenn für die oberen Level dedizierte Maschinen eingesetzt werden. Diese Programme werden unterschieden in autoritative Name Server, welche eine Zone offiziell verwalten (als »Autorität«) und deren Informationen daher gesichert sind, und in nicht autoritative Server, welche die Informationen über mehrere andere Instanzen beziehen und deren Informationen als nicht gesichert anzusehen sind. Dazu enthält jeder Name Server für die Zonen, für die er zuständig ist, eigene Zonendateien mit den entsprechenden Informationen.

Resolver (Namensauflösungsdienste) sind ebenfalls Software, welche auf den Rechnern der DNS-Dienstteilnehmer installiert ist und die zur Auflösung benötigten Informationen von Name Servern abrufen kann. Damit die DNS-Abfrage funktionieren kann, muss jeder Resolver Kontakt zu mindestens einem Name Server herstellen können. Das erklärt beispielsweise, warum Sie bei der Einrichtung einer Client-TCP/IP-Verbindung neben der IP-Adresse und dem Subnetz auch nach dem DNS-Server gefragt werden.

Ein Resolver arbeitet entweder iterativ oder rekursiv. Iterativ bedeutet in diesem Zusammenhang, dass die Anfrage, die er erhält, ihn zum nächsten Name Server weiterleitet und von dort wiederum zum nächsten, bis er die gesuchte Information findet. Rekursiv dagegen bedeutet, dass er die Anfrage des Rechners an den ihm zugeordneten Name Server weitergibt und dieser entweder die Antwort direkt erteilt oder selbst die Anfrage an weitere Name Server weiterleitet und erst zum Schluss die richtige Antwort an den Resolver übergibt. Hier übernimmt also der

Name Server die Arbeit (siehe unten stehendes Beispiel). In der Regel arbeiten die Resolver von Clients rekursiv. Die Resolver von Name Servern arbeiten dagegen iterativ.

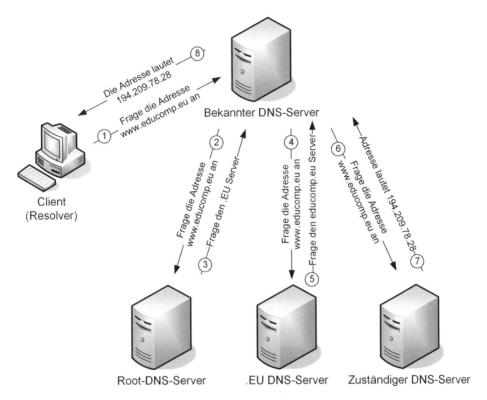

Abb. 11.4: Auflösung der Adresse educomp.eu über mehrere DNS-Instanzen

Diese drei Komponenten führen auch zu drei verschiedenen Sichten des DNS-Dienstes:

- Aus Sicht des Benutzers wird das Domain Name System durch eine einfache Anfrage des Betriebssystems zum lokalen Resolver erreicht. Dabei kann er jede Ebene des Namensraums anfragen – unabhängig davon, wo er sich selbst befindet.
- Aus Sicht des Name Servers besteht das Domain Name System aus einer Anzahl unterschiedlicher lokaler Informationen, welche Zonen genannt werden. Der einzelne Name Server verfügt über lokale Kopien einiger dieser Zonen. Er kann seine Informationen von Zeit zu Zeit aktualisieren, sei es durch aktualisierte Kopien lokaler Dateien oder durch Anfrage an andere Name Server.
- Aus Sicht des Resolvers wiederum besteht das Domain Name System aus einer unbekannten Anzahl von Name Servern. Jeder Name Server verfügt über mehr

oder weniger Informationsteile des ganzen Systems und der Resolver muss sich von diesen Name Servern die Informationen erfragen.

Jeder Domain-Name identifiziert einen Knoten im Netz. Jeder Knoten wird durch einen Satz an Informationen im Resource Record (RR) definiert. Ein vollständiger DNS-Eintrag (DNS Record) besteht aus mehreren Elementen – Owner, TTL, Class, Type und RDATA – und sieht wie folgt aus.

Resource Record:

<NAME> [<TTL>] [<CLASS>] <TYPE> <RDATA>

Owner   Domain-Name, unter dem der RR gefunden wird (= Node Name)

TTL   Time to Live: gibt an, wie lange der Record gecacht werden darf

Class   Protokollgruppe, welcher der Record angehört, fast immer IN für Internet

Type   Ist der Typ des Eintrags

rdata   Besteht abhängig vom Typ aus verschiedenen Informationen

Hier eine Übersicht von wichtigen Informationen für Type und rdata:

type	Typ des Knotens – typische Angaben sind:	
	A	Host-Adresse unter IPv4
	AAAA	Host-Adresse unter IPv6
	CNAME	Alias-Name
	MX	Mail-Server-Name
	NS	Autoritativer Name Server für diese Domain
	PTR	Pointer, Domain Name Pointer (vergleichbar mit symbolischen Links)
	SOA	Identifiziert den Startpunkt der Zone
rdata	Informationen abhängig von type der Ressource. rdata enthält je nach dem beim Eintrag in der linken folgenden Spalte den Inhalt rechts:	
	A	Die IP-Adresse des Hosts (sofern es sich um einen IN-Klassen-Host handelt) unter IPv4
	AAAA	Die IP-Adresse des Hosts unter IPv6
	CNAME	Der Name der Domain
	MX	Zeigt einen Namen an, wenn der Host als Mail-Server zur Verfügung steht
	NS	Host-Name
	PTR	Domain-Name
	SOA	Diverse Informationen

Tabelle 11.1: Einträge im Resource Record

Abgefragt werden DNS-Einträge zum Beispiel mit:

- nslookup [-type=Recordtyp] Recordname [Name Server].
- nslookup -q=A -debug [Name Server]   (zeigt z.B. auch TTL an)

Hierzu ein konkretes Beispiel aus einer Zonendatei:

NAME	TTL	CLASS	TYPE	RDATA
educomp.eu.	171	IN	A	92.43.216.118
www.spiegel.ch.	36383	IN	A	84.72.95.145
Kabera.ch.	7172	IN	MX	elba.interway.ch
educomp.eu.	1	IN	CNAME	www.educomp.eu

11.3.5 Das Konzept des dynamischen DNS

Bislang war von DNS als einem System die Rede, in welchem IP-Adressen fest bestimmten Namen zugeordnet sind. Dies bedingt in öffentlichen Netzwerken, dass Sie für jeden Eintrag, den Sie benötigen, eine fixe öffentliche IP-Adresse »besitzen«. Dies ist aber nicht immer der Fall.

Gerade für Nutzer von DSL-Anschlüssen mit dynamischen IP-Adressen wurden Dienste wie DynDNS oder DNS2go ins Leben gerufen. Ein solcher Dienst erlaubt das dynamische Anmelden von IP-Adressen auf Hostnamen. Dazu muss der DSL-Router diesen Dienst unterstützen oder auf einem PC muss ein DynDNS-Client installiert sein. So lassen sich Zuordnungen auch temporär einrichten, beispielsweise für die Einrichtung von dynamischen VPN-Verbindungen.

11.4 Web- und Mail-Protokolle

Für die Datenübertragung im Internet existieren eine Vielzahl von Protokollen, die je nach Anforderung Daten übermitteln, speichern, anzeigen oder abholen können.

11.4.1 HTTP

Das Hypertext Transfer Protocol (HTTP) ist ein Protokoll zur Übertragung und Anzeige von Daten über ein Netzwerk. Ursprünglich für die Suche in großen lokalen Datenbanken entwickelt, wird es seit einigen Jahren vorwiegend dazu eingesetzt, Webseiten und andere Daten aus dem World Wide Web (WWW) in einen Webbrowser zu laden.

Das Protokoll HTTP wurde Ende der 80er Jahre am CERN in Genf entwickelt, zusammen mit dem URL (Uniform Resource Locator) als Adressierungsschema und der Anzeigesprache HTML (Hypertext Markup Language). Die drei Komponenten HTTP, HTML und URL führten zum Gebilde des World Wide Web. HTTP ist dabei das Protokoll, um Webseiten oder andere Daten von einem entfernten Computer auf den eigenen zu übertragen und dort anzuzeigen.

HTTP ist ebenso wie die vorhergehenden Protokolle kommandogesteuert. Typische Kommandos sind *GET* (Hole) oder *POST* (Sende) als Methoden, wie mit Daten umgegangen werden soll.

Wenn vom Client, in der Regel ein Webbrowser, eine Anfrage via URL (z.B. http://www.mitp.de/netzwerk.html) an den Host gesandt wird, ruft dieser die angeforderte Datei (in unserem Fall netzwerk.html) auf und leitet sie dann an den Webbrowser zurück, wo sie angezeigt wird.

Was geschieht, wenn Sie im Browser die Adresse http://www.mitp.de/netzwerk.html eingeben?

Der Name www.mitp.de wird zuerst über das DNS-Protokoll (über den Resolver) in eine IP-Adresse umgesetzt, damit sie über das Routing gesucht und gefunden werden kann. Zur Übertragung wird über das TCP-Protokoll des HTTP-Servers auf den Standard-Port 80 eine HTTP-GET-Anforderung gesendet.

GET/netzwerk.html HTTP/1.1   (Befehl, Seite, Version von http)

Host: www.mitp.de   (gesuchter Host)

Sobald die Anfrage beim Server angekommen ist, sendet der Host, der einen Webserver (an Port 80) betreibt, seinerseits eine HTTP-Antwort zurück. Diese besteht aus den Header-Informationen des Servers und dem tatsächlichen Inhalt der Nachricht, also dem Inhalt der Datei netzwerk.html. Die Daten werden standardmäßig in der Seitenbeschreibungssprache HTML (neuer XHTML) und ihren Ergänzungen wie Skripts, CSS etc. übertragen. Auch eine dynamische Übertragung wie eine Datenbankabfrage über ein PHP-Skript sind möglich.

Die Antwort kann dann wie folgt aussehen:

HTTP/1.1 200 OK

Server: Apache/2.0.2 (Unix) PHP/4.3.4

Content-Length: (Größe von netzwerkt.html in Byte)

Content-Language: de

Content-Type: text/html

Connection: close

Inhalt von netzwerk.html

Grundlegend ist HTTP ein zustandsloses Protokoll. Das bedeutet auch, dass nach erfolgreicher Datenübertragung die Verbindung zwischen den beiden Kommunikationspartnern nicht aufrechterhalten wird. Sollen weitere Daten übertragen werden, muss zunächst eine weitere Verbindung aufgebaut werden. Dies führt je nach Aufbau der gefragten Seiten (z.B. wegen eingebetteter Bilder) zu einer großen Anzahl offener HTTP-Verbindungen, einem Problem, dem man sich mit der Entwicklung von HTTP1.1 annahm. In HTTP1.1 können mehrere Anfragen und Antworten pro TCP-Verbindung übermittelt werden. Für ein HTML-Dokument wird auch mit mehreren Elementen nur eine TCP-Verbindung benötigt. So wird die Ladezeit für die gesamte Seite signifikant verkürzt. Zusätzlich können bei HTTP/1.1 abgebrochene Übertragungen wieder aufgenommen und fortgesetzt werden.

Eine weitere Entwicklung ist HTTPS (Hypertext Transfer Protocol Secure), das eine zusätzliche Anwendungsschicht zwischen HTTP und dem Transportprotokoll TCP definiert. Ziel von HTTPS ist die Verschlüsselung der Information. Ohne Verschlüsselung sind Webdaten für jeden, der Zugang zum entsprechenden Netz hat, als Klartext lesbar. Das ist an sich schon unschön, aber mit der Ausbreitung von Finanzgeschäften wie Online-Banking und E-Shopping nimmt die Bedeutung der Verschlüsselung laufend zu.

HTTPS wurde von der Firma Netscape entwickelt und zusammen mit SSL 1.0 im Jahr 1994 als Bestandteil des eigenen Netscape-Browsers veröffentlicht. Mit HTTPS wird die Kommunikation zwischen Browser und Webserver auf Applikationsebene verschlüsselt und authentifiziert. Mittlerweile wurde allerdings SSL durch das Protokoll TLS abgelöst. Die Verschlüsselung dient der Lauschsicherheit, die Authentifizierung der Identitätssicherheit – beides Themen, die Sie in Kapitel 15 »Sicherheitsverfahren« noch ausführlicher kennenlernen werden.

Der von Netscape eingeschlagene Weg in der Entwicklung von HTTPS führte dazu, dass HTTPS bis heute im Browser (wie etwa Firefox, Opera, Internet Explorer, Safari) integriert ist. Die Installation zusätzlicher Software ist damit im Unterschied zur Nutzung von SMTP/POP (Mail-Client) oder SSH (Terminal-Client) nicht notwendig.

11.4.2 FTP

Auch FTP, das File Transfer Protocol, ist ein Protokoll zur Datenübertragung. Es wurde erstmals 1980 in RFC 765 und dann 1985 in RFC 959 definiert und somit einiges früher als HTTP. Es wird eingesetzt, um Daten zwischen Hosts zu übertragen. Es ist Client/Server-basierend und der Transfer wird vom Client aus gesteuert.

Für die Arbeit mit FTP benötigt es einen FTP-Client, der als separate Software installiert wird, aber auch in vielen Browsern bereits integriert ist und über das Kommando *ftp://* in der Adresszeile genutzt werden kann.

Serverseitig wird ein FTP-Server installiert, der die Benutzer- und die Datenverwaltung übernimmt.

Kapitel 11
Stets zu Diensten

FTP setzt zur Übertragung und Steuerung zwei Verbindungen auf den Ports 20 und 21 ein. Die FTP-Sitzung wird mit dem Kommando *ftp adresse* aufgebaut. Nach Authentifizierung der Anfrage können FTP-Client und FTP-Server miteinander kommunizieren. Eine Kommunikation kann wie folgt aussehen:

```
STATUS:>     Connect: Friday 11:54:51 12-14-2007
STATUS:>     Connecting to wl18www236.webland.ch
STATUS:>     Connecting to wl18www236.webland.ch (ip = 194.209.78.28)
STATUS:>     Socket connected. Waiting for welcome message...
             220 Microsoft FTP Service
STATUS:>     Connected. Authenticating...
COMMAND:>    USER www23
             331 Password required for www23
COMMAND:>    PASS ********
             230-Erfolgreiche FTP Anmeldung !
             230 User www23   logged in.
STATUS:>     Login successful
COMMAND:>    TYPE I
             200 Type set to I.
STATUS:>     This site can resume broken downloads
COMMAND:>    PWD
             257 "/www23" is current directory.
COMMAND:>    TYPE A
             200 Type set to A.
COMMAND:>    REST 0
             350 Restarting at 0.
STATUS:>     Retrieving directory listing...
COMMAND:>    PASV
             227 Entering Passive Mode (194,209,78,28,13,245).
COMMAND:>    LIST
STATUS:>     Connecting data socket...
             125 Data connection already open; Transfer starting.
STATUS:>     Received 1856 bytes Ok.
STATUS:>     Time: 0:00:01, Efficiency: 1.81 KBytes/s (1856 bytes/s)
             226 Transfer complete.
STATUS:>     Done.
```

Abb. 11.5: FTP-Kommunikationsdialog

Zum Austausch von Daten kennt FTP zwei unterschiedliche Verfahren:

Das aktive FTP (Active Mode), bei dem der Client einen zufälligen Port öffnet und dem Server diesen sowie die eigene IP-Adresse mittels des *PORT*-Kommandos mitteilt. Anschließend wird die Kommunikation über Port 21 etabliert.

Beim passiven FTP (auch Passive Mode) sendet der Client das *PASV*-Kommando, der Server öffnet einen Port und übermittelt diesen mitsamt IP-Adresse an den Client. Hier wird auf Client-Seite ein Port jenseits 1023 verwendet und auf Server-Seite der vorher an den Client übermittelte Port. Damit können Verbindungen auch dann aufgebaut werden, wenn der Active Mode aufgrund von Firewall oder Router-Einstellungen nicht möglich ist.

Die Kommunikation kann auch für den anonymen Zugriff konfiguriert werden, sodass kein Passwort nötig ist oder ein beliebiges Passwort möglich ist. So wird bei anonymem Zugriff häufig nach der eigenen Mail-Adresse gefragt.

Da auch FTP ein textbasiertes Protokoll ist, werden einmal mehr sowohl die Daten als auch die Authentifizierungsinformationen in Klartext übertragen. Alternativen dazu bieten die Protokolle Secure-FTP (Secure File Transfer Protocol) oder SSH-FTP.

Neben der reinen Datenübertragung kann FTP über den Befehl *CHMOD* auch eingesetzt werden, um Verzeichnisse zu erzeugen oder die Rechte auf Daten und Verzeichnisse zu ändern. Dabei kennt FTP die drei unterschiedlichen Rechtegruppen *Autor*, *Gruppe* und *Welt* (basierend auf dem Berechtigungssystem von Unix) und kann diese mit unterschiedlichen Rechten ausstatten.

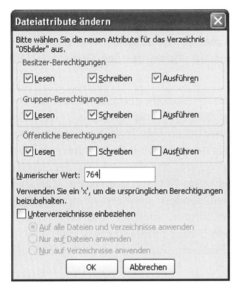

Abb. 11.6: CHMOD-Kommando in einem grafischen FTP-Client

11.4.3 TFTP

Das Trivial File Transfer Protocol (TFTP) ist ein einfaches Dateiübertragungsprotokoll und in RFC 1350 (TFTP Version 2) und 2347 (Optionen) definiert. Es ist im Gegensatz zum vorher beschriebenen FTP ausschließlich UDP-basiert und bewusst mit sehr wenigen Optionen ausgestattet, um es schlank zu halten.

TFTP erlaubt lediglich das Lesen und Schreiben von Daten über das Netzwerk. Dies ermöglicht ein schnelles und schlankes Protokoll, das etwa zum Verwalten von Systemen über das Netzwerk oder zum Laden von Betriebssystemen über das Netzwerk eingesetzt werden kann, wie dies bei Diskless-Clients der Fall ist (PXE-Boot). Um mehreren Clients das gleichzeitige Booten zu ermöglichen, muss der TFTP-Server zudem diese Funktionalität bereitstellen, da das UDP-Protokoll selbst keine eindeutige Verbindung zwischen Client und Server anbietet.

TFTP selbst bietet keine Sicherheitsmerkmale an – weder Benutzerauthentifizierung noch Passwörter oder Verschlüsselung.

11.4.4 NNTP

Nicht nur zur Anzeige von Webseiten oder zum Versenden von Nachrichten wird ein eigenes Dienstprotokoll benutzt. Auch die Anzeige von Diskussionsforen hat ein solches eigenes Protokoll mit entsprechender Funktionalität.

Dieses Protokoll ist NNTP (Network News Transfer Protocol). Es wurde erstmalig 1986 in RFC 977 definiert und seither mehrfach überarbeitet. Es wird in Foren für Diskussionen und News, auch Usenet, genutzt.

Auch NNTP ist ein textbasiertes Protokoll. Es beginnt mit NNTP://<host>:<port>/ , worauf sich die Newsgroup und die Nummer des angesprochenen Diskussionsfadens anschließt. Das Ganze basiert auf einer abwechselnden Kommunikation von Anfragen des Clients und darauffolgenden Antworten des Servers. NNTP benutzt den Port 119.

Auch die Mail-Funktionalität wird über Dienstprotokolle geregelt. Hier wird vor allem zwischen dem Versand von Mails und dem Empfang von Mails unterschieden. Der Grund hierfür liegt in der unterschiedlichen Handhabung dieser beiden Prozesse. Wer eine Mail versendet, sendet sie an einen Mail-Server, dieser sendet die Mail gemäß Zieladresse an den Mail-Server des Empfängers. Da der Sender nicht weiß, ob der Empfänger zu der Zeit selbst im Netz ist, kann er die Mail aber nicht direkt an den Empfängerrechner senden, sondern speichert sie im Mail-Server des Empfängers in einem, Postfach genannten, Speicher und schließt den Sendevorgang an dieser Stelle ab. Das Protokoll zum Empfang regelt den berechtigten Zugang des Empfängers zu diesem Postfach, um die Mail dort abzuholen und lokal zu speichern.

11.4.5 SMTP

SMTP wurde erstmals in RFC 821 im Jahr 1982 definiert und seither durch mehrere RFCs erweitert und ergänzt. Einer der ersten Mail-Server, die sich dieses Protokolls bedienten, war unter Unix das Programm »sendmail«. Unterdessen haben alle großen Hersteller von Network Operating Systems (NOS) auch eigene Programme wie IBM Notes, Novell Groupwise oder Microsoft Exchange. Daneben sind bis heute eine große Anzahl unterschiedlicher Mail-Server im Einsatz.

SMTP war ursprünglich ein reines ASCII-Text-Protokoll, das nur zur Übertragung von Textdateien geeignet war. Erst spätere Standards wie MIME (Multipurpose Internet Mail Extensions) boten die Möglichkeit der Übertragung binärer Daten durch ein Codieren der Binärdateien in ASCII.

Das SMTP-Verfahren selbst wird innerhalb der Mail-Programme durch sogenannte Mail User Agents (MUA) abgehandelt, welche den Kontakt zum SMTP-Server herstellen. Der Mail-Server überträgt die Nachricht anschließend mittels Mail Transfer Agents (MTA) zum Zielserver. Dazu werden in der Regel Port 25 oder neuer Port 587 genutzt.

11.4 Web- und Mail-Protokolle

1995 wurde mit Extended SMTP (ESMTP) in RFC 1869 das Protokoll um weitere Funktionen erweitert, vor allem im Hinblick auf den zunehmenden Versand von Spam, sprich ungewollter Werbemails. Die Erweiterung erlaubt, dass über ein modulares Konzept weitere Befehle definiert werden. Gängige Beispiele hierfür sind STARTTLS (Secure SMTP over TLS), 8BITMIME (8bit-MIMEtransport), DSN (Delivery Status Notifications, z. B. ein Non-Delivery Report/Receipt (NDR)) und AUTH (SMTP-Auth). Letzteres dient dazu, dass ein Mail-Server nur noch Nachrichten von korrekt authentifizierten Mail-Servern entgegennimmt.

Eine typische SMTP-Sitzung zum Versenden einer E-Mail sieht wie folgt aus. Der Absender `markus@certins.eu` sendet dabei die Nachricht »Guten Tag, ich möchte Ihnen danken.« an die Adresse `carla@educomp.eu`.

Sender	Empfänger	Erklärung
HELO client.certins.eu		Client meldet sich an.
	250 Hello client.certins.eu, nice to meet you	Server bestätigt Anmeldung. Client wartet auf die Bestätigung.
MAIL FROM: <markus@certins.eu>		Client gibt Absender an.
	250 Sender OK	Wird bestätigt.
RCPT TO: <carla@educomp.eu>		Client gibt Empfängeradresse an.
	250 Recipient OK	Wird bestätigt oder mit 550 »user unknown« abgelehnt.
DATA		Client bittet darum, Daten senden zu können.
	354 Start mail data; End data with <CR><LF>.<CR><LF>	Meldung an Client.
From: <markus@certins.eu> To: <carla@educomp.eu> Subject: Einladung Date: Thu, 13 Dec 2007 16:30:20 +0100 Guten Tag ich möchte Ihnen danken. <CR><LF>.<CR><LF>		Client schickt ganze Mail. Diese muss gemäß Serveranforderung mit einer Zeile enden, die nur einen ».« enthält.
	250 Message accepted for delivery	Bestätigung des Erhalts.
QUIT		Client meldet sich ab.
	221 See you later	

Tabelle 11.2: SMTP-Sitzungsverlauf

11.4.6 POP3 und IMAP4

Erstmals wurde das Post Office Protocol in Version 1 1984 in RFC 918 beschrieben. Die Weiterentwicklung nannte sich dann im Februar 1985 POP2 und Ende 1988 wurde POP3 erstmals in RFC 1081 beschrieben und in der heute gültigen Form in RFC 1939 definiert.

POP3 ist ein Mail-Übertragungsprotokoll, mit dem ein Client Mails von einem Mail-Server abholen kann. POP3 ist ein einfaches Protokoll, das in der Lage ist, Mails in einer Liste anzuzeigen, vom Server abzuholen und dort zu löschen.

Ähnlich wie SMTP ist auch POP3 ein ASCII-Text-Protokoll und genauso wird die Datenübertragung über Kommandos gesteuert, die an Port 110 gesandt werden.

Während der Versand der Mails eine ständige Verbindung der Server zum Weitertransport voraussetzt, kann mit POP3 die Verbindung bei Bedarf auf- und auch wieder abgebaut werden. Damit dies gelingt, muss auf Client und Serverseite eine entsprechende Software installiert sein, bei Clients ist diese im Mail-Client integriert (wie z. B. Outlook, Notes, Thunderbird). Bei Mail-Servern ist die Software in die entsprechende Mail-Software wie Windows Exchange integriert oder als separates Modul erhältlich (z. B. qpopper).

Damit der Client die richtigen Mails auf dem Server abholen kann, muss er sich bei der Anmeldung mit Benutzernamen und Passwort anmelden. Diese Angaben erhält der Client vom Betreiber des Mail-Servers zugeteilt. Die Einfachheit von POP3 zeigt sich darin, dass beide Angaben bei der Anmeldung in Klartext übermittelt werden. Nach der erfolgreichen Anmeldung können die Mails dann abgeholt und auf dem Server gelöscht werden. Im folgenden Beispiel holt die Empfängerin carla@educomp.eu die im vorigen Beispiel von markus@certins.eu versandte Nachricht ab.

Client	Server	Erklärung
		Hört auf Port 110 auf eingehende Meldungen.
Öffnet Verbindung		
	+OK	POP-Server meldet sich als erreichbar.
USER <carla@educomp.eu>		
	+OK please enter password	User wird erkannt und die Authentifizierung erfragt.

Tabelle 11.3: POP3-Sitzungsverlauf

Client	Server	Erklärung
PASS password		
	+OK mailbox locked and ready	Passwort wird zugelassen und das Postfach für den exklusiven Zugriff gesperrt.
STAT		Fragt nach neuen Mails.
	+OK 1 544	Liefert Anzahl und Gesamtgröße der neuen Mails.
LIST		Fragt nach der genauen Anzahl der neuen Mails.
	+OK mailbox has 1 messages (544 octets) 1 544 .	Liefert Anzahl und Gesamtgröße der neuen Mails.
RETR 1		Holt die entsprechende Anzahl Mails vom Server.
	+OK message follows From: Markus markus@certins.eu To: Carla <carla@educomp.eu> Subject: Einladung Date: Thu, 13 Dec 2007 16:30:20 +0100 Guten Tag ich möchte Ihnen danken. <CRLF>.<CRLF>	Überträgt die vollständige Nachricht.
DELE 1		Löscht die Anzahl Mails auf dem Server.
	+OK message marked for delete	Die Meldung wird nach erfolgreichem Download im Postfach entfernt.
QUIT	+OK bye (schließt Verbindung)	

Tabelle 11.3: POP3-Sitzungsverlauf (Forts.)

IMAP steht für Internet Message Access Protocol und die 4 in IMAP4 für die Weiterentwicklung, die von POP3 her kommt. Das Protokoll IMAP erlaubt neben dem Zugriff auch die Verwaltung von empfangenen E-Mails auf dem Postempfangsserver. Dabei können die Mails auch zum Lesen auf dem Server belassen werden.

IMAP4 hört im Unterschied zu POP3 Port 143 ab und wurde erstmals 1994 in RFC 1701, später in RFC 3501 und weiteren RFCs beschrieben.

Die Vorteile gegenüber der POP3-Variante liegen in der dauerhaften zentralen Speicherung der Mails, aber auch in der Möglichkeit, Mailboxen gemeinsam für mehrere Benutzer einzurichten. Auch die Suche und Verwaltung von Mails können auf dem Server erfolgen. Die Kopfzeile kann getrennt vom Nachrichtentext übermittelt werden, um Zeit bei der Übertragung zu sparen. Zudem unterstützt IMAP4 die sofortige Zustellung ohne ständige Abfragen durch ein sogenanntes Push-Verfahren.

Der Nachteil dieser Verwaltung ist auf der anderen Seite, dass die Verbindung zum Mail-Server ständig offen sein muss, um Zugriff auf die Nachrichten zu erhalten, es sei denn, man speichert die Mails lokal ab oder erstellt einen Offline-Ordner.

11.5 Weitere Dienstprotokolle

11.5.1 NTP

Das Network Time Protocol (NTP) wurde bereits 1985 in RFC 958 publiziert und kümmert sich um die Synchronisation der Uhren von Rechnersystemen. NTP verwendet zu diesem Zweck das UDP-Protokoll. NTP liegt zurzeit in der vierten Version vor, es wird daher auch als NTPv4 bezeichnet (RFC 5905).

Das NTP-System ist hierarchisch in mehreren Schichten aufgebaut, um die Zeitangaben stufenweise zu synchronisieren. Diese Schichten werden Stratum genannt. Stratum 0 sind Atomzeit- oder Funkuhren und als solche keine Netzwerkgeräte oder Server, sondern eben Uhren. In der Praxis reichen über diesen Funk- oder Atomzeituhren vier Schichten zur Synchronisation aus.

Auf Stratum 1 befinden sich die Server, welche direkt mit den Geräten von Stratum 0 (lokal) verbunden sind und die als Zeitserver dienen.

Auf Stratum 2 befinden sich weitere Server, welche ihre Zeit von Servern der Ebene 1 erfragen. Normalerweise beziehen sie dabei die Zeit von mehreren Servern und errechnen daraus anhand des NTP-Algorithmus die beste Zeit! Anschließend stellen sie diese Zeit der nächsten Ebene zur Verfügung. Seit einigen Jahren bilden zahlreiche Server auf Stratum 2 Server-Pools, bei denen die nachfolgenden Ebenen die Zeit abfragen können. Diese sind unter der Adresse `pool.ntp.org` erreichbar und wenn Sie sicherstellen möchten, dass Sie einen Pool aus der Region zugeteilt erhalten, können Sie dies einschränken mit `de.pool.ntp.org` oder `ch.pool.ntp.org`.

Auf Stratum 3 wiederholt sich der Vorgang von Stratum 2. Die Server beziehen ihre Zeit von der darunterliegenden Ebene und tauschen sich untereinander aus. Und so geht das theoretisch immer weiter, bis Stratum 15. Dort stehen Computer, die synchronisiert werden, ohne selbst als NTP-Server dienen zu können. Stratum 16 wiederum bezeichnet Geräte, die nicht synchronisiert sind.

In der Praxis beziehen aber LAN-Server ihre Zeit meist von Zeitservern der Ebene 2, bilden somit Ebene Stratum 3 und versorgen interne Server und Clients mit der Zeit, d.h., die Clients wie Ihr und mein PC befinden sich in der Regel auf Stratum 4.

Am meisten verbreitet sind heute die Zeitserver von ntp.org (dort existiert auch eine Liste öffentlicher Stratum-1-Server) oder pool.ntp.org. Dazu bilden diese NTP-Server verschiedene Servergruppen, z.B. ch.pool.ntp.org oder de.pool.ntp.org. Weitaus die meisten solcher Zeitserver werden in Europa betrieben, weit über zweitausend.

Windows verwendet zum Synchronisieren von Datenpaketen den Dienst w32time, Linux und Unix den Dienst ntpd oder auch der Befehl *daytime* (Abfrage der Zeit).

11.5.2 SSH

Secure Shell (SSH) ist ein Dienstprotokoll zum Aufbau einer verschlüsselten Verbindung über das Netzwerk. Es nutzt Port 22 und wird häufig eingesetzt, um entfernte Rechner über eine verschlüsselte Kommunikation lokal zu bedienen (Remote-Konsole). Seit 1996 läuft SSH in der Version SSH-2, das bis heute im Einsatz ist und als sicher gilt. Während SSH selbst ein proprietäres Projekt ist, gibt es mit Open-SSH auch eine freie Version, die sich weit verbreitet hat.

SSH erlaubt es, eine sichere, authentifizierte und verschlüsselte Verbindung zwischen zwei Rechnern aufzubauen. Mit SFTP verfügt das Protokoll überdies über eine sichere Ersatzvariante zu FTP zur Datenübermittlung. SSH kann auch für den Einsatz in VPN (mit einem PPP-Daemon) verwendet werden oder auch nur, um TCP-Ports weiterzuleiten. Zudem ist SSH als Ersatz für Telnet einsetzbar.

11.5.3 Telnet

Telnet ist einer der ältesten Dienste, die im Internet eingesetzt werden. Die Spezifikation von Telnet steht in RFC 854. Es arbeitet über den zugewiesenen Port 21. Mit Telnet ist man in der Lage, auf Rechnern im Internet zu arbeiten, so als ob der Bildschirm und die Tastatur direkt an den entfernten Rechner angeschlossen wären. Diese Möglichkeit nennt man Remote-Login.

Der Vorteil von Telnet besteht darin, dass man nicht für jeden Dienst ein entsprechendes Client-Programm installieren muss, besonders dann, wenn der Dienst nicht regelmäßig genutzt wird. Nachteilig daran ist, dass die Darstellung der Informationen im reinen Textmodus erfolgt.

Weiterhin kann Telnet für die Konfiguration und Administration von Systemen (z. B. Rechner oder Router), die über das Internet erreichbar sind, genutzt werden.

Das Konzept von Telnet

Das Network Virtual Terminal (NVT) bildet die Grundlage für die Kommunikation zwischen zwei Rechnern über Telnet. Es definiert eine Reihe von Regeln und Eigenschaften, die bei einer Sitzung unbedingt erforderlich sind. Damit ist es möglich, dass sich auch Rechner mit völlig verschiedenen Architekturen und Leistungsmerkmalen miteinander verständigen können.

Eine Telnet-Sitzung beginnt immer auf der Basis des NVT. Das Negotiated-Options-Konzept ermöglicht den Kommunikationspartnern, zusätzliche Optionen auszuhandeln, die nicht mit dem NVT abgedeckt werden. Damit lassen sich zusätzliche Eigenschaften definieren, die denen der reellen Terminals entsprechen.

Die Protokollfunktionen und -mechanismen von Telnet können von beiden Partnern der Kommunikationsverbindung gleichberechtigt, also symmetrisch, benutzt werden. So kann die Aushandlung von Optionen bzw. Parametern von beiden Partnern initiiert werden.

Das Arbeiten mit Telnet

Gestartet wird der Telnet-Client mit dem Befehl *telnet*. Dabei kann auch direkt der Name oder die IP-Adresse des Zielsystems angegeben werden, um die Telnet-Sitzung zu öffnen:

telnet Rechnername.Domain

Ist der Telnet-Client bereits gestartet, wird die Verbindung zum Zielsystem mit *open Rechnername.Domain* hergestellt. Nachdem die Verbindung hergestellt ist, muss man sich auf dem Rechner anmelden. Auf öffentlich zugänglichen Systemen ist es in der Regel ausreichend, sich mit einem speziellen Benutzernamen anzumelden. Diesen findet man in vielen Fällen auf dem Eröffnungsbildschirm. Bei geschlossenen Systemen wird neben dem Benutzernamen auch ein Passwort verlangt.

Die einzelnen Internetdienste nutzen unterschiedliche Ports. Wird über Telnet auf einen anderen Dienst zugegriffen, muss der entsprechende Port explizit angegeben werden. Dazu wird beim Verbindungsaufbau mit dem Befehl *telnet* oder *open* die Port-Nummer hinter die Rechneradresse des Zielsystems gesetzt.

Beim Starten von Telnet ohne Angabe der Zieladresse gelangt man in den Kommandomodus. In diesem Modus können Befehle zur Steuerung und Konfiguration eingegeben werden. Sowohl Unix- als auch Windows-Systeme verfügen über einen, wenn auch nicht gleich umfangreichen, Kommandosatz an Befehlen.

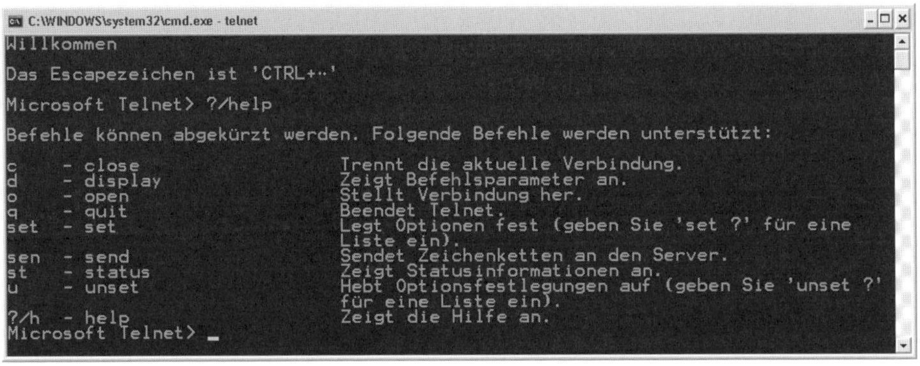

```
C:\WINDOWS\system32\cmd.exe - telnet
Willkommen

Das Escapezeichen ist 'CTRL+··'
Microsoft Telnet> ?/help
Befehle können abgekürzt werden. Folgende Befehle werden unterstützt:

c    - close      Trennt die aktuelle Verbindung.
d    - display    Zeigt Befehlsparameter an.
o    - open       Stellt Verbindung her.
q    - quit       Beendet Telnet.
set  - set        Legt Optionen fest (geben Sie 'set ?' für eine
                  Liste ein).
sen  - send       Sendet Zeichenketten an den Server.
st   - status     Zeigt Statusinformationen an.
u    - unset      Hebt Optionsfestlegungen auf (geben Sie 'unset ?'
                  für eine Liste ein).
?/h  - help       Zeigt die Hilfe an.
Microsoft Telnet> _
```

Abb. 11.7: Telnet-Kommandos

Es folgt eine Auflistung der wichtigsten Telnet-Befehle.

- **open** *Rechnername bzw. IP-Adresse, Port-Nummer*
  Mit diesem Kommando wird versucht, eine Verbindung zu dem angegebenen Rechner aufzubauen. Wenn keine Port-Nummer angegeben wird, erfolgt der Verbindungsaufbau über Port 21.
- **close** Das Kommando *close* bewirkt den Abbruch der Verbindung.
- **quit** Das Kommando *quit* beendet das Telnet-Programm.
- **mode** Mit *mode* kann festgelegt werden, wann Telnet die Eingabe überträgt. Im *Character*-Modus wird jedes eingegebene Zeichen direkt übertragen. Im *Line*-Modus werden die Zeichen erst übertragen, wenn eine Zeile mit <Return> abgeschlossen wird.
- **set** Mit dem Kommando *set* kann man spezifische Parameter setzen.
- **toggle** Mit *toggle* kann man Parameter ein-, aus- oder umschalten.

11.6 Fragen zu diesem Kapitel

1. Welche Konfigurationsoption ist bei der Installation des TCP/IP-Protokolls nicht möglich?

   A. Interne Netzwerknummer

   B. Subnetzmaske

   C. Standard-Gateway

   D. Primärer WINS-Server

2. Bei welchem der folgenden Routing-Verfahren handelt es sich um ein Distanzvektorverfahren?

    A. OSPF

    B. RSTP

    C. VCCR

    D. RIPv2

3. Ein Benutzer beklagt sich, dass er keinen Zugang zum Netzwerk mehr hat. Er kann keine anderen Rechner mit ping erreichen und jedes Mal, wenn er den Befehl IPCONFIG aufruft, erhält er als Antwort »ungültiges Subnetz«. Wo liegt der Grund dieses Problems?

    A. Der DHCP-Server hat die Verbindung zum DNS-Server verloren.

    B. Jemand hat den DHCP-Server deaktiviert.

    C. Der DNS-Server ist deaktiviert.

    D. Jemand hat einen zweiten DHCP-Server aktiviert.

4. Welches Protokoll erlaubt die Freigabe von Dateien, das Kopieren von Daten und Programmen zwischen unterschiedlichen Systemen sowie die indirekte Benutzung von Ressourcen anderer Computer?

    A. FTP

    B. HTTP

    C. NNTP

    D. SMTP

5. Wie hoch ist der maximale Hop-Count von RIP?

    A. 12

    B. 15

    C. 16

    D. 18

6. Welches Protokoll benutzt den Port 5060?

    A. FTP

    B. SIP

    C. NTP

    D. POP

7. Der Netzwerkadministrator wird wegen eines Problems gerufen. Die Netzwerkstatistik weist einen extrem hohen DHCP-Verkehr aus. Welche Empfehlung wird der Netzwerkadministrator abgeben?

   A. Rekonfigurieren Sie den DHCP-Server und erhöhen Sie die Lease-Dauer.

   B. Rekonfigurieren Sie den DHCP-Server und reduzieren Sie die Lease-Dauer.

   C. Rekonfigurieren Sie die DHCP-Clients und erhöhen Sie die Lease-Dauer.

   D. Rekonfigurieren Sie die DHCP-Clients und reduzieren Sie die Lease-Dauer.

8. Ein Netzwerkadministrator konfiguriert ein Netzwerk unter Benutzung von dynamischen Routing-Protokollen. Welches Protokoll unterstützt gleichermaßen Kosten-Lasten-Ausgleich und unterhält in allen Routern dieselbe Sicht der Topologie?

   A. OSPF

   B. RIP

   C. BGP

   D. IGRP

9. Welches Protokoll nutzt UDP-Ports zur Datenübertragung?

   A. RIPv2

   B. HTTP

   C. SMTP

   D. TFTP

10. Welches Routing-Protokoll nutzt AS-Pfade als eine Methode zur Bildung von Routing-Tabellen?

    A. OSPF

    B. IS-IS

    C. EIGRP

    D. BGP

11. Welche Aufgabe erfüllt das NNTP-Protokoll?

    A. Auflösen von Domain-Namen

    B. Standardprotokoll für Newsgroups

    C. Übertragung von E-Mails

    D. Fernwartung von Computern

12. Welche Funktionalität erlaubt es Ihnen, das Problem der benötigten routingfähigen Adressen in Ihrem Netzwerk zu verringern?

    A. NAT

    B. DNS

    C. VPN

    D. GRE

13. Welcher Eintrag eines DNS-Records gibt eine IPv6-Adresse aus?
    A. MX
    B. C6NAME
    C. AAAA
    D. PTR6
14. Bei welchem Protokoll handelt es sich um ein hybrides Routing-Protokoll?
    A. RIPv2
    B. OSPF
    C. IS-IS
    D. BGP

Kapitel 12

Betriebssysteme und ihre Administration

Ein Betriebssystem stellt klassischerweise die Schnittstelle zwischen Hardware und Anwendungen dar. Der Begriff Netzwerkbetriebssystem bezieht explizit die Funktionalität mit ein, die benötigt wird, um ein System im Netzwerk effizient zu betreiben.

> Sie lernen in diesem Kapitel:
> - Die Grundlagen der Verwaltung eines Betriebssystems kennen
> - Client/Server- und Peer-to-Peer-Ansätze unterscheiden
> - Die Grundlagen der Virtualisierung kennen
> - Cloud-Konzepte kennen und unterscheiden
>   - Servicemodelle für Cloud-Dienste
>   - Betriebsmodelle von Cloud-Diensten
> - Unterschiedliche Speichertechnologien unterscheiden
> - Anwendungsprotokolle wie SMB kennen
> - Die Grundlagen zur Identifikation im Netzwerk verstehen

12.1 Grundlagen der Verwaltung

Typische Netzwerkbetriebssysteme sind mehr als nur eine Ansammlung von Netzwerkkartentreibern, sondern bieten Dienste an, die für das Netzwerk zentral sind, wie:

- Berechtigungsdienste
- Datenspeicherdienste
- Druckdienste
- Datenbankdienste
- Nachrichtendienste

Dabei können Netzwerkbetriebssysteme klassisch zwei Ansätze verfolgen: entweder den Peer-to-Peer-Ansatz oder den Client/Server-Ansatz. Während beim Peer-to-Peer-Ansatz alle Rechner gleichberechtigt im Netzwerk tätig sind, werden beim Client/Server-Ansatz verschiedene Aufgaben dediziert an einen Rechner delegiert, der sich dann Server nennen darf.

Die zunehmende Virtualisierung führt hierbei den Client/Server-Ansatz insofern fort, als dass es immer noch einen Server gibt, aber seine Fähigkeiten sind ungemein vielfältiger, da er nicht nur die Dienste, sondern auch die Applikationen selbst sowie die Daten anbieten kann. Der Client wird dadurch mehr oder weniger zum reinen Terminal, wir sind also fast (wieder) beim altbekannten Mainframe-System angelangt, nach dem Motto »Alle Macht dem zentralen System«, aber auch »Kein Netzwerk, keine Funktionalität auf dem Client«.

Typische Vertreter der Client/Server-Netzwerkbetriebssysteme sind Linux, Unix und die Windows Server-Betriebssystemfamilie. Durch die Virtualisierung hinzugekommen sind unter Berücksichtigung oben erwähnter Weiterentwicklungen insbesondere Citrix und VMWare, aber auch Windows und Linux haben eigene Module für die Virtualisierung entwickelt und hinzugefügt.

Windows und Linux lassen sich aber ebenso im Peer-to-Peer-Modus betreiben, nur gelten dafür dann verschiedene Einschränkungen, wie Sie gleich sehen werden.

12.1.1 Arbeitsgruppen und Domänen

In einer Arbeitsgruppe werden Benutzerdaten und die Sicherheitsbestimmungen für Ressourcen dezentral verwaltet. Jeder Computer in einer Arbeitsgruppe, ob er nun unter Windows oder unter Linux arbeitet, hat eine eigene lokale Datenbank mit Informationen über Benutzer und Zugriffsrechte auf Ressourcen. Das heißt allerdings auch, dass jeder Benutzer ein Benutzerkonto auf jedem einzelnen Rechner benötigt, auf dem er arbeiten will. Es gibt keine zentrale Instanz für die Zuteilung von Ressourcen und die Überwachung von Rechten.

Mit der Arbeitsgruppe bieten sich folgende Vorteile:

- Kleine Netzwerke (Faustregel: <10 Rechner) lassen sich ohne großen Aufwand einrichten und verwalten.
- Es muss kein Server gekauft und eingerichtet werden – ebenso kein Server-Betriebssystem.

Zusammen ergibt dies bei geringerem Investitions- und Unterhaltsvolumen vor allem einen günstigeren Betrieb, mit der entsprechenden Einschränkung der fehlenden Sicherheit und der geringeren Gestaltungsmöglichkeiten für die Nutzung der gemeinsam vorhandenen Ressourcen. Dennoch erfreuen sich solche kleinen Netzwerke gerade im privaten Umfeld oder bei kleinen Firmen mit einigen wenigen Mitarbeitern großer Beliebtheit. Man nehme ein paar Stationen, füge einen Drucker und einen zentralen Speicher sowie das Internet hinzu und fertig ist das Netzwerk ...

Bei einem Client/Server-Netzwerk dagegen übernimmt ein Server die zentrale Verwaltung und bildet eine eigene Sicherheitszone. Diese Zonen werden je nach Netzwerkbetriebssystem (Network Operating System, NOS) unterschiedlich genannt. Domäne ist ein allgemeiner Begriff, ADS (Active Directory Structure) oder NDS (Novell Directory Structure) sind herstellerspezifische Begriffe hierfür.

In einer Domäne können ein oder mehrere Server im Einsatz sein, die verschiedene Rollen wahrnehmen.

Typische Serverrollen sind:

- Account Management, Benutzerverwaltung, Directory Server
- File-Server
- Print-Server
- RAS-Server, VPN-Server
- Datenbankserver
- Webserver
- usw.

Damit ein Server eine dieser Rollen wahrnehmen kann, muss die Software die entsprechende Funktion beinhalten. So kann ein Windows-10-Rechner nicht als Directory-Server dienen, weil diese Software in diesem Betriebssystem nicht enthalten ist. Wohl aber kann ein Windows-2016-Standardserver dies tun, da dort die ADS Teil des Betriebssystems ist.

Ein Client/Server-Netzwerk mit einer Domäne hat folgende Vorteile:

- Erweiterbarkeit in strukturierten oder auch sehr großen Netzwerken
- Ein einheitliches Benutzer-Login (bis hin zum Single Sign on), durch das Benutzer Zugriff auf jene Netzwerkressourcen wie Dateien, Drucker und (allenfalls auch) Applikationen erhalten, die zu nutzen sie berechtigt sind. Ein Benutzer kann sich an einem Rechner anmelden und Ressourcen auf einem anderen Rechner benutzen.

12.1.2 Der Client/Server-Ansatz

Die erste Frage, die hier zu beantworten ist, lautet: Was ist Client/Server-Computing? Die Antwort darauf ist vielfältig, denn Client/Server steht für:

- einen Service (Dienst)
- gemeinsame Ressourcen
- ein asymmetrisches Protokoll
- Ortstransparenz
- Kapselung

- meldungsbasierten Austausch
- Skalierbarkeit

Hinter jeder (guten) Client/Server-Architektur verbergen sich folgende Komponenten:

Services erlauben die saubere Trennung zwischen Client und Server, da sie die Zusammenarbeit genau definieren. Ein Server bietet Services an, der Client konsumiert sie.

Gemeinsame Ressourcen werden durch den Server verwaltet, der gleichzeitig viele Clients bedienen kann, je nach Leistungsfähigkeit des Servers.

Asymmetrische Protokolle ergeben sich automatisch aus der 1-zu-n-Konstellation von Server und Client. Clients initiieren die Benutzung von Services. Server warten passiv auf entsprechende Anfragen und beantworten sie.

Ortstransparenz bezeichnet die Eigenschaft, dass ein Client nicht wissen muss, wo sich sein Server befindet. Er findet den Server durch einen Namensraum und/oder anhand von Verzeichnisdiensten.

Kapselung erlaubt, einen Server als »Spezialisten« zu implementieren. Der Client stellt als Anfrage, was er benötigt, der Server bestimmt, wie er diese Anfrage erfüllt. Durch dieses Vorgehen kann die interne Realisierung eines Servers auch verändert werden, ohne dass der Client etwas merkt.

Meldungsbasierter Austausch hilft, Client und Server als lose gekoppelte Einheiten zu realisieren. Meldungen umfassen sowohl Anfragen vom Client an den Server als auch dessen Antworten.

Skalierbarkeit heißt, dass sowohl mehr Clients zugeschaltet (mit vorhersagbarer Auswirkung auf die Performance) als auch mehr oder schnellere Server installiert werden können. Letzteres wurde durch die Virtualisierung von Hardware und Netzwerken zu einem großen Thema der letzten Jahre.

Beispiele von Client/Server-Computing können sein:

Fileserver sind heute eigentlich fast überall vorhanden. Den Trend setzte vor mehr als drei Jahrzehnten Novell mit dem NetWare-Betriebssystem. Die lokale Datenhaltung auf jedem einzelnen PC (mit Problemen wie Backup/Restore, Auffinden der Dateien, Dateiaustausch) wurde abgelöst durch die zentrale Haltung auf einem Fileserver. Meist stellte der Fileserver auch Druckdienste zur Verfügung. Zudem wurde eine Rechteverwaltung implementiert, sodass der Zugriff auf die Daten auf bestimmte Gruppen oder Personen zentral beschränkt werden konnte.

DB-Server sind das Paradebeispiel von Client/Server-Applikationen. Hier wird wirklich ein Teil der Arbeit auf dem Server gemacht (Datenhaltung, Indizierung, Konsistenzprüfung) und ein anderer Teil auf dem Client (Abfragen, Auswertungsanfragen, Geschäftsregeln, Darstellung).

Webserver sind heute sehr weit verbreitet im Einsatz und erlauben es, die Client/Server-Idee weltweit auszudehnen.

12.1.3 Client/Server-Bausteine

Folgende Elemente benötigen Sie für eine Client/Server-Architektur:

- Client mit GUI, teilweise Applikationsprogramme, Office-Programme
- Middleware mit Netzwerk, Namens- und Verzeichnisdiensten, Sicherheit
- Server mit Applikationsprogrammen, DB, Filestore, Mainframe-Zugriff

Client, Server und die dazugehörige Middleware sind primär als Software-Komponenten zu verstehen. Es wird damit nicht direkt die Hardware (kleiner PC, großer Serverrechner, Netzwerk mit Kabeln und Switches) angesprochen.

Der Client ist zuständig für die Darstellung, also das User Interface (Presentation). Je nach Design der C/S-Applikation laufen im Client auch (große) Teile der Applikationslogik ab. Ebenfalls klar zum Client gehören die Office-Programme, d.h. die ganze Aufbereitung der Daten für Briefe etc. Bei der Version Cloud Computing dagegen laufen die meisten Elemente serverseitig ab, entweder dient der Client lediglich noch als Browser oder startet eine App zur Verbindung mit dem zentralen Rechner.

Die Middleware besorgt den Löwenanteil der Kommunikation und die gemeinsamen Services. Hier sind Aufgaben wie Namensdienste und Directory Services, die Sicherheit der Verbindung, Kommunikation etc. angesiedelt.

Der Server ist grundsätzlich zuständig für die Prozessabläufe, die eigentlichen Applikationsprogramme, die Datenspeicherung sowie die Daten- und Zugriffsverwaltung. Ebenso sind hier diverse Zugangsfunktionalitäten realisiert, z.B. ein Zugriff auf Mainframes.

12.1.4 Wichtige Fragen zum Einsatz eines NOS

Ein Netzwerkbetriebssystem (NOS) muss verschiedene Anforderungen erfüllen können, die Sie abhängig von Ihrer Infrastruktur zu analysieren haben. Die typischen Themen einer solchen Analyse befassen sich mit:

- Interoperabilität: Welche Schnittstellen zur Zusammenarbeit mit anderen Systemen sind gewährleistet?

- Performance: Welche Menge an Benutzern und Ressourcen kann das System verwalten? Welche Leistungsdaten bietet das System an?
- Portabilität: Auf welcher Hardware kann dieses System aufgesetzt werden?
- Sicherheit: Welche Sicherheitskriterien und -optionen bietet das System?
- Skalierbarkeit: Wie kann das System später erweitert und an neue Anforderungen angepasst werden?
- Zuverlässigkeit: Welche Ausfallsicherheit bietet das System? Welche Sicherheitsmechanismen unterstützt das System (Stichwort Redundanz)?

Erst wenn Sie diese Fragen geklärt haben, sind Sie in der Lage, das richtige NOS für Ihr Netzwerk zu bestimmen und langfristig erfolgreich einzusetzen.

Jedes System hat seine Anforderungen, damit es installiert werden kann. In der Praxis heißt das: Man achtet darauf, dass die Hardware aktueller ist als das Betriebssystem, und schon läuft es. In der Theorie bedeutet es, dass man ungefähr weiß, was die theoretischen Rahmenbedingungen der Hersteller sind.

Betrachten Sie im Folgenden jetzt einige der Netzwerkbetriebssysteme, die Sie einsetzen können.

Außen vor bleiben dabei ältere Systeme wie OS/2, VMS oder alte Windows-Versionen wie Windows 2003 und älter. Diese Systeme werden im Rahmen von CompTIA Network+ nicht mehr berücksichtigt. Dennoch sei nicht verschwiegen, dass etwa OS/2 oder auch VMS in Form von OpenVMS immer noch entwickelt und eingesetzt werden. Daher erhebt die folgende Liste keinen Anspruch auf Vollständigkeit!

12.2 Die Virtualisierung – Cloud Computing

Das Thema Cloud Computing bringt ganz neue Aspekte in die Thematik nicht nur der Betriebssysteme, sondern auch des gesamten Verständnisses der Nutzung eines Netzwerks.

Da es für Cloud Computing keine einheitliche Definition gibt, findet man verschiedene Ansätze zur Beschreibung. An dieser Stelle sei auf die Definition von NIST verwiesen, dem amerikanischen Institut für Technologie und Standards. Die Definition ist sehr gründlich, sagt aber zusammenfassend Folgendes:

> »Cloud Computing ist ein Modell, das es komfortabel ermöglicht, bei Bedarf (on demand) über das Netzwerk Zugriff auf einen geteilten Pool von konfigurierbaren Ressourcen zu erhalten, beispielsweise Netzwerke, Server, Speicher, Applikationen und Dienste. Diese können rasch zur Verfügung gestellt (provisioniert) und mit minimalem Aufwand oder minimaler Interaktion seitens des Providers freigegeben werden.«

12.2 Die Virtualisierung – Cloud Computing

Die Grundlagen des Cloud Computing legen virtualisierte Umgebungen, um den Aspekt der Skalierbarkeit und damit des Zurverfügungstellens zu ermöglichen. Dabei gibt es unterschiedliche Ebenen der Virtualisierung.

Der Grundgedanke bei der Hardware-Virtualisierung liegt darin, dass zwischen der Hardware und den Gastbetriebssystemen eine weitere Software-Komponente liegt, welche den Hardware-Zugriff für die verschiedenen Gastbetriebssysteme verwaltet. Damit können auf einer einzigen Hardware mehrere Gastbetriebssysteme verwaltet und durch die bessere Auslastung der Hardware im Idealfall Ressourcen eingespart werden. Dies ist angesichts der aktuell sehr leistungsfähigen Server ein wichtiges Thema in der Serverplanung geworden und nimmt bei vielen Unternehmen einen entsprechend prominenten Platz bei den Gedanken zur Serverplanung und -strategie ein. Mehr dazu erfahren Sie im Buch »CompTIA Server+«, an dem der Autor mitgearbeitet hat.

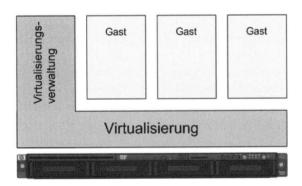

Abb. 12.1: Konzept der Virtualisierung

Host-Betriebssystem

Als Host-Betriebssystem wird das Betriebssystem bezeichnet, welches real auf der Hardware installiert wird. Dieses Host-Betriebssystem liefert die Basis, um die notwendige Virtualisierungssoftware auszuführen. Innerhalb des Host-Betriebssystems laufen auch die für die Verwaltung notwendigen Werkzeuge, die Virtualisierungsverwaltung.

Gastbetriebssystem

Als Gastbetriebssysteme werden die innerhalb der Virtualisierungsumgebung laufenden Betriebssysteme bezeichnet.

Das Cloud Computing ist eine weitere Abstrahierung der Virtualisierungskonzepte. Die Bezeichnung lässt sich vermutlich aus daraus herleiten, dass Netzwerke in Grafiken undifferenziert als Wolke gezeichnet werden. In der klassischen Wolke sind die Verbindungen und Server allerdings noch klar zugewiesen, für den

Nutzer war das aber unwichtig. Seine Daten, Programme oder Netzwerkverbindungen kamen einfach aus dieser Wolke, mehr musste ihn nicht kümmern. Dies zeigt auch, dass mit »Cloud« nicht eine bestimmte Technologie definiert wird, sondern die Art und Weise, wie auf die Dienste und Daten zugegriffen wird. Technologisch stehen dahinter ein weiterentwickelter Client/Server-Ansatz und die Virtualisierung.

Im heutigen Cloud Computing wird dieser Ansatz weiter gefasst. Die Ressourcen, die einen bestimmten Service zur Verfügung stellen, sind nicht mehr fest allokiert und können auch wechseln. Die ersten Ansätze von Cloud Computing fanden sich in Dienstleistungsrechenzentren, wo kurzfristig für bestimmte Services sehr viele Ressourcen bereitgestellt werden mussten. Die benötigten Ressourcen wurden dynamisch, zumeist mittels Hardware-Virtualisierung, anhand von vorkonfigurierten Abbildern (Images) erstellt und, wenn der Bedarf nicht mehr da war, wieder gelöscht (Decommissioned).

Der Begriff Cloud Computing sagt vor allem aus, dass es dem Nutzer egal sein kann, woher seine Services kommen – eben aus der Wolke. Technisch ist einer der wichtigsten Punkte im Cloud Computing heute aber nicht nur, dass sehr dynamisch Ressourcen allokiert werden können, sondern dass die Ressourcen selbst auch dynamisch verschoben werden. Eine zusätzliche Abstrahierung wird also zwischen dem Betriebssystem der klassischen Hardware-Virtualisierung und dem angebotenen Service, der Dienstleistung, definiert.

12.2.1 Servicemodelle

Es gibt unterschiedliche Servicemodelle für Cloud Computing. Je nach Abstrahierungsebene wird zwischen IaaS (Infrastructure-as-a-Service), PaaS (Platform-as-a-Service) oder SaaS (Software-as-a-Service) unterschieden.

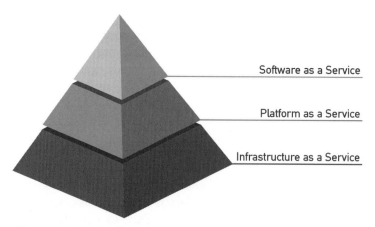

Abb. 12.2: Aufbau der Servicemodelle für Cloud Computing

Das IaaS-Modell wurde schon verwendet, bevor der Begriff Cloud Computing eingeführt worden ist. Die Kunden (z. B. Abteilungen oder Geschäftseinheiten eines Unternehmens) beziehen virtuelle Hardware, verwalten diese Systeme aber weitgehend selbst. Das kann Speicherplatz im Netzwerk sein, eine virtuelle Telefonanlage oder ein installierter Windows-Server.

Beim Ansatz von PaaS wird dem Nutzer eine in der Regel für die Entwicklung von Applikationen und Applikationsumgebungen definierte Plattform zur Verfügung gestellt, er hat aber mit der Verwaltung dieser Plattform nichts zu tun. Die Kunden können beispielsweise die Entwickler einer Unternehmung sein, welche Computerressourcen brauchen, das Betriebssystem und die Komponenten, welche notwendig sind, damit sie entwickeln können, aber nicht selbst verwalten möchten. Dabei müssen sie sich auch nicht um die benötigten Dienste (Services) kümmern und können die benötigte Umgebung bei Bedarf nach oben oder unten skalieren, ohne eigene Investitionen zu tätigen.

Bei SaaS erfolgt die Abstrahierung auf Ebene der zu erbringenden Dienstleistung (Anwendungsfunktionalität) und ist damit das, was heute umgangssprachlich an ehesten unter Cloud Computing verstanden wird. SaaS stellt dem Endkunden die benötigten Programme und Daten direkt zur Verfügung. Sie können also Ihr ERP ohne eigene Installation und ohne eigenen Server in der Cloud betreiben, Sie können die Datensicherung inklusive Konzept und Speicher komplett in die Cloud verlagern etc. Sie selbst nutzen lediglich den Zugang via Internet (Intranet) und alles andere ist an die Cloud ausgelagert. Sie müssen sich dabei auch nicht um die Aktualisierung kümmern, da die Software zentral vom Provider verwaltet und gepflegt wird (One-to-many-Ansatz), dazu gehören auch Patches und Updates.

SaaS kommt auch dem Begriff eines älteren Modells am nächsten, nämlich dem Application Service Providing, zu Deutsch dem Anwendungsdienstleister oder kurz ASP genannt. Bei ASP stellt der Dienstleister dem Kunden eine bestimmte Applikation zur Verfügung, und zwar ebenfalls über ein in der Regel öffentliches Netzwerk. Zur Dienstleistung gehören Verwaltung, Betrieb, Aktualisierung (Einspielen von Updates) und Datensicherung dazu und das Ganze basiert in der Regel ebenfalls auf einem Mietmodell.

Nicht unerwähnt soll in diesem Zusammenhang auch der neuere und alles zusammenfassende Begriff XaaS-Modell sein. Hierbei steht das X für »Everything« und beschreibt die Tatsache, dass einfach als Dienstleistung alles aus Cloud kommt.

Die Cloud selbst kann unterschiedlich betrieben werden, entweder vo einem Unternehmen selbst als Private Cloud oder von einem öffentlichen Anbieter als Public Cloud – und daneben gibt es natürlich auch eine Mischform, die Hybrid Cloud.

12.2.2 Betriebsmodelle

Private Cloud

Auch wenn der Begriff »Cloud« heute zumeist mit Internet-Clouds in Verbindung gebracht wird, werden die entsprechenden Technologien natürlich auch in firmeninternen Rechenzentren verwendet. Dabei nutzen die Unternehmen die Vorteile bezüglich Flexibilität und Dynamik für die Zurverfügungstellung von Ressourcen für die firmeninternen Prozesse.

Public Cloud

Ein Service einer öffentlichen »Wolke« kann von beliebigen Nutzern über das Internet genutzt werden. Dabei müssen natürlich insbesondere auch Datenschutzaspekte genau betrachtet werden. Als Open Cloud werden Systeme bezeichnet, bei denen der Anbieter die Nutzer nicht kennt bzw. nur eine einfache Anmeldung (Registrierung) nötig ist.

Bei einer Exclusive Cloud hingegen besteht zwischen dem Anbieter und den Nutzern in der Regel ein Vertrag.

Der weltweit größte Anbieter von Public-Cloud-Angeboten ist bis heute die Firma Amazon, Konkurrenten wie Google, Microsoft oder Apple folgen deutlich dahinter.

Hybrid Cloud

Dabei handelt es sich um eine Kombination aus firmeninternem Cloud Computing und ergänzenden internetbasierten Cloud-Diensten. Durch die Erweiterungen der privaten Cloud durch Internet-Ressourcen können folgende Ziele verfolgt werden:

- Temporäres dynamisches Erweitern der Leistungsfähigkeit der Wolke ohne eigene Investitionen
- Möglichkeiten der Sicherstellung oder Erweiterung der Ausfallsicherheit durch externe, in die Cloud eingebundene Ressourcen

Community Cloud

Bei dieser Form der Cloud schließen sich Unternehmen oder Organisationen mit gleichen Interessen (z.B. dieselbe Branche) zusammen und bilden aus (Teilen) ihrer Private Cloud eine gemeinsame, Community genannte, Cloudumgebung. Der Vorteil liegt hierbei in der Reduktion des Kapazitätsbedarfs der einzelnen Mitglieder und dadurch auch der Reduktion des Overheads bei der Infrastruktur. Zudem können Anwendungen gemeinsam genutzt werden. Durch die gemeinsame Nutzung ensteht eine höhere Sicherheit als bei Nutzung von Public Clouds bei vergleichbarem Nutzen.

12.2.3 Angebote aus der Cloud

Je nach gewähltem Service- und Betriebsmodell kann Ihnen die Cloud heute verschiedenste Dienste anbieten.

- Kollaborationsdienste wie Office 365 oder Webmail
- Webshops, die Sie monatlich mieten und betreiben
- Eine zunehmende Bedeutung erlangt das Backup-to-the-Cloud, das es Ihnen ermöglicht, Ihre wichtigsten Daten (oder Systeme) in der Cloud zu sichern.
- Hosted Security von Endpoint-Security wie etwa F-Secure PSB bis hin zur Hosted Firewall, die durch Ihren Betreiber unterhalten wird
- Im Endkundenbereich werden auch immer mehr Applikationen direkt aus der Cloud zur Verfügung gestellt, angefangen von Office 365 über die Adobe Creative Cloud bis hin zu ERP-Lösungen verschiedener Hersteller.

Das Angebot ist sehr breit, daher sind auch die Fragen, die Sie sich stellen müssen, immer zahlreicher. Einige seien an dieser Stelle erwähnt, andere werden Sie sich konkret auf Ihre Bedürfnisse hin stellen müssen:

- Welchen Dienst benötigen wir?
- Verfügen wir über eine genügend zuverlässige Internetanbindung?
- Auch über eine Backup-Leitung?
- Wie viel kosten Betriebsstunden oder Speichermengen oder Postfächer pro Kontingent oder pro Benutzer, das heißt, nach welchem Modell rechnet der gewünschte Dienst die Nutzung ab und was ergeben sich daraus für Jahreskosten?
- Wie sieht es (bei Applikationen wie ERP oder Branchenlösungen in der Cloud) mit der Datensicherung aus? Wer trägt die Verantwortung und wer führt sie durch? Was kostet in diesem Fall ein Restore?
- Welche Datenschutzregelungen sind möglich bzw. welche werden verlangt in dem Land, in dem wir tätig sind, und wie erfüllt ein Anbieter diese?

12.2.4 Ein Wort zum Thema Speicher

Eines der ersten Themen bei der Virtualisierung war und bleibt die Zurverfügungstellung von Speicherplatz, sei es für Daten, sei es für Applikationen oder ganze virtuelle Maschinen. Hierbei – und damit überschneidet sich an dieser Stelle die Thematik mit der CompTIA-Server+-Zertifizierung – stellen vor allem SAN eine wichtige Quelle dar. SAN (Storage Area Networks) stellen eine eigene, vollredundante Netzwerkinfrastruktur dar. SAN werden entweder über Fibre Channel oder auch über iSCSI realisiert.

Am besten verständlich wird das Konzept eines Storage Area Networks, wenn man das SAN mit einer LAN-IT-Infrastrukturlösung vergleicht. LANs ermöglichen mehreren PCs den Zugriff auf wichtige IT-Ressourcen, etwa Anwendungen, Server, gemeinsame Dateien und Drucker.

SANs bieten einen ähnlichen Zugriff auf gemeinsame Ressourcen, sind jedoch speziell für ganze Netzwerke ausgelegt, die damit Speichergeräte wie beispielsweise Disk-Arrays oder Bandbibliotheken für die gemeinsame Nutzung zur Verfügung stellen können und damit prädestiniert sind für den Einsatz in virtualisierten Umgebungen.

Ein SAN benötigt eine eigene Infrastruktur, bestehend aus mindestens einem SAN-Server, einer SAN-Infrastruktur (Switches, Verkabelung) sowie SAN-Speicher-Arrays. Jeder Server bzw. jedes Storage-Device in einer SAN-Struktur benötigt einen Host-Bus-Adapter (HBA). Das kann entweder eine separate Steckkarte sein, die in einem Slot im Server steckt, oder ein Chip, der direkt auf der Hauptplatine des Servers oder des Festplattenspeichers integriert ist. Ein HBA nimmt dem Hauptprozessor des Servers Arbeit ab und steigert dessen Leistung. Die Ports am HBA sind per Kabel mit den Ports auf einem Switch verbunden.

Eine ganz andere Geschichte sind demgegenüber NAS (Network Attached Storages). Dies sind mehr oder weniger einfache, mit einem Embedded OS ausgerüstete Disksysteme, die ins Netzwerk eingebunden werden. Sie dienen eher als Zweit- oder Drittspeicher und auch wenn die Hersteller mit Sprüchen wie »Own your own Cloud«, also »Besitze deine eigene Cloud«, werben, so ist damit eher der Aspekt der allgemeinen Zugänglichkeit durch eine App oder Port Forwarding von außen zu verstehen, als tatsächlich eine unternehmenstragende Virtualisierung.

12.3 Verschiedene Systeme kurz vorgestellt

12.3.1 Apple

Mac OS wurde nur für Apple-Computer geschrieben. Die Firma Apple setzte lange Zeit grundsätzlich auf einen proprietären Ansatz ohne Unterstützung anderer Systeme. So wurde für die Apple-Computer auch eine eigene Netzwerkarchitektur entwickelt. Aus diesem Ansatz resultierte eine hohe Stabilität der Systeme und zusammen mit der einfachen Benutzeroberfläche eroberte sich Mac OS, zusammen mit den Macintosh-Computern, eine sehr starke Position in den Bereichen Ausbildung (Schulen und Universitäten) und grafische Industrie.

In dieser Situation hat Apple aber lange verharrt und schien bereits deutlich im Niedergang, als mit dem iMac eine neue Ausrichtung erkennbar wurde: Durch die Integration der TCP/IP-Netzwerkarchitektur ging Apple einen Schritt in Richtung offene Architekturen.

Fortgesetzt wurde dieser Ansatz nach dem Aufkauf von NEXT-Computern und der damit verbundenen Rückkehr von Steve Jobs. Aus Ideen von NEXT und basierend auf dem Unix-Derivat FreeBSD (Berkeley Software Distribution) entstand das Betriebssystem OS X (Operating System TEN). Die auf BSD beruhende Basis von Mac OS X wird Darwin genannt und dieser Teil von Mac OS X ist Open Source. Durch Darwin verfügt Mac OS X über Fähigkeiten wie Speicherschutz, präemptives Multitasking, Mehrbenutzerfähigkeit, erweitertes Speichermanagement und symmetrisches Multiprocessing (SMP).

Seinen Darwin-Kern verbirgt Mac OS X durch die grafische Oberfläche, Aqua genannt, vor dem Benutzer. Dies schützt den Apple gewohnten Benutzer vor Verwirrung (schwarzer Screen mit Text ...) und das System vor dem Benutzer. Aber wer sich mit Unix auskennt, kann den OS-X-PC über eine Shell ansteuern und alles tun und lassen, was er von Unix her kennt.

Mac OS X bietet die für Unix typischen Netzwerkeigenschaften wie Dateifreigaben, Benutzerrechte und die ganze TCP/IP-Protokollfamilie.

Zu den Vorzügen dieser Umgebung gehört auch eine umfassende Unterstützung von SMB für die Zusammenarbeit mit Computern, die unter Windows laufen. Insbesondere können Serverfreigaben erzeugt werden, sodass von Windows-Computern auf Daten unter Mac OS X zugegriffen werden kann. Spezifische Serversoft- oder -hardware vertreibt Apple aber seit einigen Jahren nicht mehr.

12.3.2 Unix

Von Unix zu sprechen, bedeutet, die heiligen Hallen der Computerprogrammierung zu betreten. Von Unix zu sprechen, bedeutet, in die 60er Jahre des letzten Jahrhunderts zu blicken und ein paar Programmierern in den USA über die Schulter zu schauen, die versuchten, den damaligen Riesenrechnern Netzwerk beizubringen, und dafür ein neues Betriebssystem entwickelten, das sich durch immer neue Versionen und zahlreiche Hersteller bis heute weiterentwickelt hat.

Ken Thompson beteiligte sich mit Kollegen 1969 an einem großen Programmierprojekt zur Entwicklung des Betriebssystems MULTICS, mit dem sich die Bell Laboratories in Zusammenarbeit mit der Fa. General Electric und dem Massachusetts Institute for Technology (MIT) beschäftigten. Im März 1969 zogen sich die Bell Laboratories von diesem Programmierprojekt zurück. Thompson plante die Entwicklung eines eigenen Betriebssystems, das sich stark von den bisherigen Betriebssystemen unterscheiden sollte.

Die 1978 folgende erste kommerziell verfügbare Version von Unix war UNIX Version 7. Der Betriebssystemkern enthielt ca. 10000 Zeilen Code, von denen aber noch ca. 1000 Zeilen in Assembler und damit maschinenabhängig geschrieben waren. Die Umsetzung des Betriebssystemkerns auf die Programmiersprache C brachte dann aber eine deutliche Vereinfachung in Fragen der Portierbarkeit.

Während die Idee von DOS oder Windows ein typisches PC-Produkt war, stand bei Unix von Anfang an der Gedanke der Vernetzung mit im Zentrum. Mitte der 70er

Jahre wurden erste Unix-Derivate außerhalb der Bell Laboratories (dort arbeiteten die ersten Entwickler) bekannt. Die 8oer Jahre waren das Jahrzehnt der verschiedenen Unix-Entwicklungen, diese werden Derivate genannt. Hier standen sich die Entwicklung und der Geschäftssinn leider im Wege. Zwar brachten die verschiedenen Hersteller immer neue Versionen heraus, aber gleichzeitig schufen sie proprietäre Eigenentwicklungen, um die Abhängigkeit der Käufer zu erhalten. Verbunden mit den damals hohen Kosten für die Hardware liegt hier mit ein Grund für das Aufkommen von NetWare und später Windows – als kostengünstige und herstelleroffene Alternative zu diesen Derivaten.

1990 existierten im Bereich Unix nebeneinander Unix System V, Xenix 5, SunOS 4.1 (später Solaris), OSF/1, BSD 4.3, AIX 1.2 (IBM), HP-UX 7.08 und dergleichen mehr. Jeder Hersteller von sogenannten Mini-Computern hatte eine mehr oder weniger eigenständige Version von Unix im Angebot. Wer etwas in der Historie von Unix graben möchte, dem sei hierzu die Website von Eric Lévénez empfohlen, der sich viel Mühe gemacht hat, die verschiedenen Versionen zusammenzutragen – übrigens hat er auch ein interessantes Diagramm zu den DOS- und Windows-Versionen erstellt (www.levenez.com).

Trotz der Variantenvielfalt und der damit verbundenen Problematik des proprietären Einsatzes vieler Systeme wäre ohne Unix vieles nicht denkbar, was für uns heute selbstverständlich ist. So war Unix von Beginn an ein echtes mehrbenutzer- und multitaskingfähiges Betriebssystem. Etwas, wovon Windows-Benutzer bis heute eigentlich nur träumen können, zumindest was eine echte Mehrbenutzerfähigkeit angeht.

Nach außen hin stellt sich der Betriebssystemkern von Unix als monolithischer Block dar. Dennoch beinhaltet dieser Kern eine Reihe von Komponenten, die zum Teil den genannten Anforderungen an ein Betriebssystem zuzuordnen sind. In Richtung der Anwendungs- und auch der Dienstprogramme existieren nur die Systemaufrufe. Diese Systemaufrufe leiten die Anforderungen (z.B. mehr Speicherplatz usw.) der Programme entweder an das Dateisubsystem oder an das Prozesssubsystem weiter. Das Dateisubsystem achtet dabei auf eine ordnungsgemäße Verwaltung der Datei und eine Kontrolle der Zugriffsrechte. Das Prozesssubsystem weist den einzelnen Programmen separate Speicherbereiche zu und kontrolliert auch die Anfragen nach mehr Speicherplatz, die Programme zur Laufzeit stellen können. Darüber hinaus regelt es den Zugriff auf die CPU für die einzelnen Programme. Diese Funktion erfüllt der sogenannte Scheduler. Außerdem erlaubt das Prozesssubsystem auch die Kommunikation und den Datenaustausch zwischen den einzelnen Programmen. Das Dateisubsystem muss dann die Dateizugriffe den Gerätetreibern weitergeben. Sowohl Prozess- als auch Dateisubsystem nutzen die Schnittstellen zur Hardware, um die Anforderungen von Programmen zu befriedigen. Zusammenfassend kann man also sagen, dass man unter dem Begriff UNIX nicht nur den Betriebssystemkern, sondern auch eine ganze Reihe von mitgelieferten Dienstprogrammen versteht.

Anmerkung: Der Name UNIX wurde rechtlich der X/Open Group zugesprochen und definiert eigentlich kein Betriebssystem mehr, sondern nur noch eine Sammlung »verbindlicher« Schnittstellen, welche die Implementation freilassen. Andere Unix-Derivate werden daher in der Regel »Unix« geschrieben und UNIX nur in oben erwähntem Sinne genutzt. Im Sprachgebrauch hat sich diese rechtliche Sicht allerdings nicht durchsetzen können.

Folgende Unix-Derivate sind auch mit Stand von 2018 noch aktiv in der Weiterentwicklung und Verbreitung:

- AIX (IBM)
- BSD-Unix (Berkeley Software Distribution)
- HP-UX
- IRIX (Silicon Graphics)
- Minix
- SCO-UNIX (SCO)
- Solaris (Sun bzw. jetzt natürlich Oracle)

Sie sehen somit, Unix lebt auch heute noch – und mit Linux hat es in den letzten Jahren einen berühmten Verwandten und in gewissem Sinne auch Nachfolger erhalten, der sich auch in Unix-Umgebungen zunehmend etabliert.

12.3.3 Linux

Linux entstand aus einer Idee von Linus Torvalds aus Finnland, der Unix als perfektes Betriebssystem ansah, aber erkannte, dass Unix für den Normalverbraucher praktisch unerschwinglich ist. Seine Arbeit stützte sich auch auf Arbeiten eines Teams um Richard Stallmann, der Anfang der 80er Jahre im Gegenzug zu den immer stärker werdenden proprietären Herstellerentwicklungen entschieden hatte, Software frei zu entwickeln, d.h. ohne kostenpflichtige Rechte. Dazu entwarf er die General Public License (GPL), unter welcher bis heute sogenannte »freie Software« publiziert wird. Während bis 1990 vor allem Applikationen unter GPL existierten, fehlte ein eigentliches Betriebssystem. Und hier kommt Linus Torvalds ins Spiel. Er entwickelte die erste Fassung von Linux. Linux wurde zu dieser Zeit noch unter einer eigenen Lizenz veröffentlicht, welche die kommerzielle Nutzung verbot.

Schnell merkte Torvalds aber, dass dies hinderlich war. Er und seine Mitautoren stellten daraufhin 1992 Linux unter die GPL. Somit konnte man Linux als erstes freies Betriebssystem vertreiben.

In sehr kurzer Zeit fanden weltweit Programmierer Interesse an dieser Idee und entwickelten die ersten Erweiterungen. So entstanden ein verbessertes System zur Dateiverwaltung, Treiber für diverse Hardware, zahlreiche Zusatzprogramme und vieles mehr. Diese Komponenten wurden ebenfalls kostenlos zur Verfügung gestellt. Das Gesamtsystem wächst seitdem in rasanter Geschwindigkeit, wobei das Internet daran einen großen Anteil hat.

GPL-Programme sind wie Linux frei kopierbar und werden zudem mit allen Quellcodes weitergegeben. Das ermöglicht es allen Anwendern, die Programme bei Problemen oder Fehlern selbst zu erweitern oder zu korrigieren. Daraus resultieren immer bessere und ausgereiftere Versionen. Der GNU-C-Compiler ist Standard in der Unix-Welt und sogar für DOS/Windows erhältlich. Linux selbst wird mit dem GNU-C-Compiler weiterentwickelt. Durch viele weitere Komponenten wird zusammen aus dem Linux-Kernel, zahlreichen GNU-Komponenten, der Netzwerksoftware von BSD und dem ebenfalls freien X-Window-System (grafische Oberfläche) des MIT ein komplettes System.

Seit einigen Jahren sind Gnome und KDE die am weitesten verbreiteten grafischen Oberflächen und beide ermöglichen auch ungeübten Benutzerinnen und Benutzern eine rasche Einarbeitung.

Die verschiedenen erhältlichen Versionen unter Linux werden Distributionen genannt, deren bekannteste sind etwa Suse, Debian, RedHat, CentOS und Fedora oder im Client-Bereich auch Ubuntu oder wiederum Fedora etc. Sie enthalten meist nicht nur das reine OS, sondern auch zahlreiche GPL-Anwendungen im Office- und Netzwerkbereich, sodass nach der Installation einer Distribution in der Regel ein vollständig arbeitsfähiges System vorliegt.

12.3.4 Von Windows NT bis Windows 2019

Die Aufzählung von Netzwerkbetriebssystemen wäre nicht vollständig ohne die Windows-Systemfamilie. Diese hat vor allem in den letzten Jahren massiv an Bedeutung gewonnen.

Während die Client-Linie sich von Windows 3.0 über Windows 95 und Windows 98 erst nach und nach netzwerktauglich entwickelte, war Windows NT in seinen zwei Ausführungen (NT Workstation und NT Server) von Beginn an als Netzwerkbetriebssystem ausgelegt – und im Unterschied zu Novell NetWare eben als Server- *und* als Client-System.

Im Marktsegment Netzwerkbetriebssysteme waren die ersten Schritte von Microsoft eher bescheiden. Microsoft entwickelte das Netzwerkbetriebssystem MS-NET. Auf den Markt kam es 1986. Vertrieben wurde es jedoch nicht von Microsoft selbst, sondern von IBM als Bestandteil des IBM PC Network Support-Programms.

Um das Marktsegment der Netzwerke nicht kampflos Novell zu überlassen, arbeiteten Microsoft und IBM von 1985 bis 1988 gemeinsam am LAN-Manager. Dieses Netzwerkbetriebssystem basierte noch auf OS/2.

Danach verkrachten sich Microsoft und IBM so gründlich, dass die Weiterentwicklung dieses Netzwerkbetriebssystems stockte und schließlich zerbrach. Jeder entwickelte daraufhin das ehemals gemeinsame Produkt LAN-Manager für sich weiter, wobei Microsoft das bessere Ende für sich behielt.

Windows NT besaß daher nicht von ungefähr auffällig viele Ähnlichkeiten zu UNIX, LAN-Manager und sogar (z.B. im Dateisystem) zu OS/2. Begriffe wie NTLM (NT-LAN-Manager) oder LM-Dienst (LAN-Manager-Dienst) zeugen noch heute von dieser Verwandtschaft.

Windows NT 3.1 erzielte jedoch zu Beginn nicht den erwarteten Erfolg. Der große Ressourcenbedarf sowie die noch nicht überzeugende Leistungsfähigkeit waren dabei die Hauptgründe. Trotzdem entwickelte Microsoft das Betriebssystem konsequent weiter. 1995 erschien Windows 3.51 und 1996 die Version 4.0, die auch einen ersten wirtschaftlichen Erfolg erzielten, insbesondere als mit NT 4.0 die Windows-95-Oberfläche mit übernommen wurde und dadurch die Administration einer breiteren Schicht von Nutzern zugänglich gemacht wurde.

In Bezug auf Leistungsfähigkeit und Stabilität wurde ein großer Schritt nach vorn gemacht. Der größte Fortschritt von Windows NT war die Einführung der Hardware-Abstraktionsschicht (Hardware Abstraction Layer, HAL). Die HAL ist eine im Kernel-Modus laufende Bibliothek aus Routinen zur Hardware-Steuerung, die von Microsoft oder dem Hardware-Hersteller geliefert werden. Sie befindet sich zwischen der Hardware und dem übrigen Betriebssystem auf der untersten Ebene von Executive von Windows NT.

Diese Software-Schicht »verdeckt« bzw. abstrahiert die Eigenschaften der Plattform durch standardmäßige APIs, sodass alle Plattformen und Architekturen für den Rest des Betriebssystems gleich aussehen. Somit läuft ein und dasselbe Betriebssystem auf unterschiedlichen Plattformen mit verschiedenen Prozessoren. Windows NT konnte auf Systemen mit einem oder mehreren Prozessoren betrieben werden. Außerdem können auf einer höheren Ebene angesiedelte Gerätetreiber, z.B. Grafikanzeigetreiber, Daten für unterschiedliche Bildschirme formatieren.

Mit Windows NT war man in der Lage, unterschiedliche Netzwerke zu realisieren: sowohl Peer-to-Peer- als auch Domänennetzwerke, wie man sie von Novell her kannte.

Das im Jahr 1999 eingeführte Windows 2000 war die konsequente Weiterentwicklung von Windows NT 4.0. Die markanteste Neuerung und diejenige, welche die weitreichendsten Konsequenzen hatte, war die Einführung der Active Directory, einer stark veränderten Version des bisherigen Domänenkonzepts.

Da der Domänenansatz von Windows NT 4.0 starken Einschränkungen unterlag, hat Microsoft mit den Active Directory Services einen Verzeichnisdienst geschaffen, der:

- hierarchisch
- objektorientiert
- skalierbar

ist.

Der Active Directory Service (kurz: ADS) erlaubt es, beliebig große und komplexe Netzwerke zu verwalten. Microsoft hat sich bei der Entwicklung der ADS wie schon Novell einige Jahre zuvor mit den NDS (NetWare Directory Services) an den X.500-Empfehlungen der ITU-T orientiert.

Weitere Veränderungen mit Windows 2000 waren, dass das Dateisystem NTFS gegenüber der Version von Windows NT 4.0 stark erweitert wurde. Neben neuen Rechten wurde vor allem die Rechtevererbung eingeführt. NTFS wird seither von Windows-Version zu Version weiterentwickelt.

Eine weitere Neuerung war die Möglichkeit der lokalen Verschlüsselung von Daten. Diese Encrypted File System (EFS) genannte Funktion erlaubt es, zusätzlich zur Sicherheit, welche das Betriebssystem bietet, noch Dateien auf der Festplatte zu verschlüsseln.

Seit Windows 2000 basiert die Benutzerauthentifizierung auf der aus der TCP/IP-Umgebung gebräuchlichen Kerberos-v.5-Authentifizierung. Ebenso werden X.509-Zertifikate und IPSec unterstützt.

Bis heute werden Windows-Produkte als Client- und Server-Versionen entwickelt und angeboten. Lag der Fokus dabei früher stärker bei der Unterscheidung PC-Client und Server, liegt er heute wohl eher bei Festgeräten (Client, Server) und mobilen Geräten wie Smartphones und Tablet-PCs. Gerade mit Windows 8 (bzw. Windows 2012 für Server) will Microsoft aber versuchen, ein einheitliches System vom Handy bis zum Multisocket-Server zu implementieren – Sie werden sehen, ob das wirklich funktioniert. Mittlerweile kamen bereits Windows 10 und daraufhin Windows 2019 für Server auf den Markt.

12.3.5 Citrix und VMWare

Citrix kommt aus der Entwicklung der Terminalserver und hat sich danach in Richtung Cloud weiterentwickelt. Das Kernprodukt dieser Anlage ist der Citrix Presentation Server, der die Möglichkeit bietet, von einem beliebigen Endgerät (PC, Notebook, PDA) mit einem beliebigen Betriebssystem über eine Terminalanwendung auf das Firmennetz zuzugreifen, ohne dass die eigentliche Software auf dem verwendeten Rechner installiert sein muss.

Die Firma VMWare bietet eine Reihe von Produkten für die Servervirtualisierung an und dürfte aktuell im Bereich der Servervirtualisierung führend sein. Das

Flaggschiff ist der ESX Server, welcher wie der Microsoft Hypervisor auf einer Mikrokernel-Virtualisierung beruht. ESX ermöglicht insbesondere die sogenannte V-Motion, das beinahe unterbrechungsfreie Verschieben eines Gastbetriebssystems von einem Host auf einen anderen, und zwar während das Gastbetriebssystem in Betrieb ist.

Neben dem ESX bietet VMWare auch einen Client auf Windows- oder Linux-Basis an, um Programme und Daten über den Client direkt aufzurufen.

Zudem existiert in der Version ESXi auch eine kostenlose Variante des Virtualisierungsservers.

12.4 Anwendungsprotokolle von NOS

Damit die Clients in einem Netzwerk mit dem Server kommunizieren können, bedarf es auch auf der Anwendungsschicht Protokolle, nicht nur auf den darunterliegenden Schichten. Der Dienst, den diese Protokolle ausführen, wird bei Microsoft und Linux »redirector« und bei Novell »requester« genannt und zeigt schon durch seinen Namen, was seine eigentliche Funktion ist: Anfragen, die das lokale System nicht beantworten kann, an den Server umzuleiten.

Unabhängig vom verwendeten Netzwerkprotokoll greifen Clients mithilfe des redirector/requester auf Dateien (lokal oder remote) zu. Sie können z.B. mit dem Befehl *net use* eine Netzwerkfreigabe als lokales Laufwerk zuordnen. In diesem Fall ist der redirector/requester für das Routing der Informationen an die Netzwerkfreigabe und von der Netzwerkfreigabe verantwortlich.

Der redirector/requester ist zudem zuständig für das Zuordnen von Laufwerkbezeichnungen und weiß, ob diese lokal oder einer Ressource im Netzwerk zugeordnet sind.

Je nach Betriebssystem werden für diesen redirector oder requester unterschiedliche Protokolle eingesetzt, z.B. SMB oder NCP.

12.4.1 SMB

Server Message Block (SMB) wurde zuerst 1983 von Barry Feigenbaum (IBM) vorgestellt. Im Laufe der Zeit wurde das Protokoll von verschiedenen Firmen und Gruppen, darunter Microsoft, Apple und die Linux-Gemeinschaft, erweitert. Die meisten Erweiterungen kommen aus dem Hause Microsoft, das sich SMB zum Hausprotokoll für seine Netzwerkbetriebssysteme erkoren hat.

SMB ist ein Kommunikationsprotokoll für Datei-, Druck- und weitere Serverdienste. Es bildete den Kern der LAN-Manager von IBM und Microsoft, ebenso wie der gesamten Windows-Produktfamilie – bis heute. Zudem hat sich auch das Projekt SAMBA mit SMB auseinandergesetzt und ermöglicht es mit der SMB-Implementation, dass Linux- und Unix-Server Windows-Server-Funktionen übernehmen können.

Mit dem Begriff Common Internet File System (CIFS) hat Microsoft 1996 eine erweiterte (proprietäre) Version von SMB eingeführt. CIFS baut dabei auf NetBIOS over TCP/IP (kurz NBT) und SMB auf und bietet neben der Datei- und Druckerfreigabe weitere Dienste wie zum Beispiel den Windows-RPC- und den NT-Domänendienst an. Die Namensauflösung im Netzwerk ist damit nicht mehr auf WINS angewiesen, sondern kann auch über DNS erfolgen bzw. erfolgt heute nur noch über DNS. Mittlerweile beschreibt Microsoft in seinen Unterlagen CIFS als »SMB Dialekt« und es wird ebenso häufig von SMB2 oder aktuell von SMB3 gesprochen.

12.5 Die Administration des Netzwerks

Ein Netzwerkbetriebssystem (NOS) stellt wie erwähnt unterschiedliche Funktionalitäten zur Verfügung.

Zu den zentralen Aufgaben von NOS gehören die Verwaltung von Rechten und Benutzern und die Dateiverwaltung. Auch das Drucken im Netzwerk gehört zu den Kernaufgaben. Im Weiteren stellen die NOS Schnittstellen zu Anwendungen, wie etwa Datenbankanwendungen oder Kollaborationssoftware, bereit.

Bevor Sie loslegen, noch eine Vorbemerkung: Die Administration eines Netzwerks ist sehr systemabhängig. An dieser Stelle ist es nicht möglich, Ihnen eine Kurzfassung für Apple, Linux und Windows zu geben, mit der Sie anschließend seelenruhig Ihre Netzwerke administrieren können.

Was Ihnen dieses Kapitel hier verdeutlichen kann – und was die CompTIA-Network+-Zertifizierung von Ihnen erwartet –, ist das Verständnis für das Prinzip einer Netzwerkverwaltung, das Verständnis für das Konzept und die Grundlagen, welche mehr oder weniger systemunabhängig sind.

Daneben werden Sie im konkreten Fall Ihrer eigenen Tätigkeit nicht umhinkommen, sich entsprechende Unterlagen zu Red Hat, Windows Server oder anderen NOS genau zu Gemüte zu führen und sich entsprechend in das konkrete System einzuarbeiten! Hierzu bieten Ihnen die Hersteller auch eigene, zuverlässige Ausbildungsmaterialien – nutzen Sie sie!

12.6 Ressourcen im Netzwerk teilen

Ein wesentlicher Grundgedanke von Netzwerk heißt »teilen«, englisch »share«. Dieses Teilen oder eben »Sharing« bedeutet:

- Teilen von Daten
- Teilen von technischen Ressourcen

Das Sharing wurde schon sehr früh über eine Familie von Kommandos in die Betriebssysteme integriert, die sogenannten NET-Befehle.

NET-Befehle gibt es sowohl unter Linux als auch unter Windows. Sie sind also schon fast universell, haben aber unter jedem Betriebssystem ihre spezifischen Eigenheiten, was die Notation und die möglichen Parameter angeht.

NET-Befehle können manuell in der Kommandozeile eingegeben oder in einem Skript hinterlegt werden und so, z. B. in einem Anmeldeskript, automatisch ablaufen und die Verbindungen zu den gewünschten Ressourcen herstellen.

Die Bibliothek der NET-Befehle ist recht umfangreich. Zur Angabe von Pfaden werden die sogenannten UNC-Pfade (Uniform Naming Convention) verwendet, welche abhängig vom Betriebssystem wie folgt aufgebaut sind:

Unter Windows:

\\Computername\Freigabe\Pfad   oder   \\IP-Adresse\Freigabe\Pfad

Unter Linux/OS X und Unix:

//Computername/Freigabe/Pfad   oder   //IP-Adresse/Freigabe/Pfad

Wenn Sie mit bekannten Variablen arbeiten, wie z. B. dem Systemverzeichnis, können Sie zudem mit relativen Pfadangaben arbeiten, das sieht dann so aus:

\\Computername\%systemroot%\system32 oder \\Computername\%username%

Doch jetzt zu den einzelnen Befehlen. *net use* ist der am häufigsten eingesetzte NET-Befehl. Er wird verwendet, um eine Ressource, z. B. einen Server oder ein Laufwerk, mit dem lokalen Rechner zu verbinden. Der einfache Befehl *net use* zeigt an, welche Verzeichnisse und Ressourcen zurzeit mit dem lokalen Rechner verbunden sind.

```
C:\>net use
Neue Verbindungen werden gespeichert.


Status       Lokal      Remote                Netzwerk
-------------------------------------------------------------------------
OK           K:         \\srv5\kabera         Microsoft Windows-Netzwerk
OK           L:         \\srv5\educomp        Microsoft Windows-Netzwerk
OK           N:         \\srv5\newutils       Microsoft Windows-Netzwerk
OK           O:         \\srv5\gruppe         Microsoft Windows-Netzwerk
OK           P:         \\srv5\officium       Microsoft Windows-Netzwerk
OK           U:         \\srv5\user\markus    Microsoft Windows-Netzwerk
Der Befehl wurde erfolgreich ausgeführt.
```

Abb. 12.3: Die Ausgabe des Befehls *net use*

Der Befehl *net use t: \\server01\daten* bindet vom Server01 den Freigabeordner *Daten* als lokales Laufwerk T: ein.

Da Sie die NET-Befehle auch im Umfeld der Fehlersuche einsetzen, werden Sie mehr zu diesem Thema in Abschnitt 19.5.3 »NET« kennenlernen.

12.7 Identifikation im Netzwerk

Um unterschiedlichen Personen Zugang und vielleicht auch unterschiedliche Rechte im Umgang mit den Ressourcen im Netzwerk zu geben, werden verschiedene Benutzer erfasst und anschließend unterschiedlichen Gruppen zugeordnet.

Die Berechtigungen werden anschließend entweder an diese Benutzer oder besser an die Gruppen gekoppelt oder aber auf Ebene der Ressourcenfreigabe eingerichtet.

Man spricht in diesem Zusammenhang von Rechten auf Freigabeebene (bezogen darauf, für wen die Daten jeweils freigegeben oder zugänglich sind) oder von Rechten auf Userebene (bezogen darauf, welche Benutzer welchen Rechten zugeordnet sind).

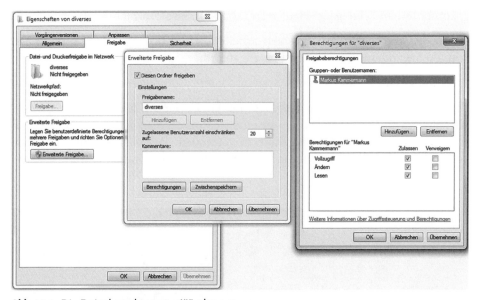

Abb. 12.4: Die Freigaberechte unter Windows 7

Die Rechte auf Freigabeebene beruhen auf eher rudimentären Rechten, die nach »lesen« und »lesen und ändern« und »Vollzugriff« unterteilt werden. Zusätzlich können diese Freigaben noch mit einem Passwort versehen werden, das allerdings statisch ist. Je nach Betriebssystem werden diese Freigaben unterschiedlich eingerichtet und einzelne Betriebssysteme wie etwa Windows 7 Home bieten nur rudimentäre Möglichkeiten der Freigabeberechtigung.

Typische Anwendung solcher Freigaberechte sind Peer-to-Peer-Netzwerke unter Windows oder Linux, in denen einzelne Ressourcen für andere zugänglich gemacht werden. Darüber hinaus wird das jeweilige System selbst verwaltet.

Benutzerrechte dagegen basieren auf einer (lokalen oder zentralen) Benutzertabelle, wo pro Benutzer festgelegt wird, wer welche Rechte innehat. Hier muss sich der Benutzer in der Regel schon beim Hochfahren des Systems am Netzwerk anmelden und enthält von der zuständigen Instanz, z.B. einem Domänencontroller, die Rechte zugeteilt. Typische Systeme mit solchen Benutzerrechten sind Unix-Systeme, Linux-Derivate und Windows-Server. Die Rechte werden dabei jeweils durch das NOS definiert und sind bedeutend präziser. Unter Windows 2008 Server sieht eine ACL (Access Control List) wie folgt aus:

Den Benutzern können unterschiedlichste Rechte für alle Objekte zugeteilt werden: von der Anmeldeberechtigung am Netzwerk über Dateirechte bis hin zu Remote Access oder Druckberechtigungen.

Abb. 12.5: Rechtezuteilung unter Windows Server 2008

12.7.1 Benutzer einrichten

Benutzer können je nach System unterschiedlich erfasst werden. Sie werden normalerweise anschließend in Gruppen zusammengefasst.

Damit nicht alle gleichermaßen das Recht haben, Benutzer zu erfassen, gibt es in jedem System einen vorinstallierten »Ober«-Benutzer. Je nach System heißt dieser:

- Windows   Administrator
- Linux   Root
- Unix   Root

Dieser Benutzer hat in der Regel die uneingeschränkte Herrschaft über das Serversystem und das Netzwerk – auch das Recht, neue Benutzer einzurichten.

Typische Anforderungen für ein Benutzerkonto sind:

Passwort
: Jeder Benutzer-Account sollte mit einem Passwort geschützt sein, damit nur der jeweilige Benutzer sich anmelden kann. Moderne Systeme lassen das Weglassen eines Passworts nicht mehr zu, ältere Systeme hingegen wie Windows XP schon. Anschließend sollte der Benutzer dazu verpflichtet werden, das Passwort zu ändern, damit nur er es noch kennt.

Anmeldeskript
: Durch Befehle wie *net use* können Ressourcen zur Verfügung gestellt werden. Ein Anmeldeskript, auch Login-Script genannt, stellt diese Ressourcen automatisch bei der Anmeldung zur Verfügung. Je nach Betriebssystem gibt es auch andere Möglichkeiten wie zum Beispiel das Einbinden von Skripts oder Befehlen in die Gruppenrichtlinien.

Basisverzeichnis
: Jeder Benutzer hat ein eigenes Basisverzeichnis, auch Home-Directory genannt. Dieses ist nur dem Benutzer zugänglich und für die anderen Benutzer in der Regel nicht freigegeben.

Profil
: Profile enthalten die persönlichen Präferenzen der einzelnen Benutzer wie z.B. Lesezeichen aus dem Internetverkehr oder Einstellungen der Anzeige, welche benutzerabhängig sind. Profile können lokal oder zentral gespeichert werden. Letztere werden Roaming Profiles genannt und ermöglichen es dem Benutzer, sich an verschiedenen Stationen anzumelden und dennoch seine Einstellungen mitzunehmen.

Neue Benutzer werden in jedem System etwas anders eingerichtet. Der Zweck der Benutzerliste ist es aber in jedem Fall, den einzelnen Bedienern im Netzwerk diejenigen Rechte zuzuteilen, welche sie benötigen, und zugleich das Netzwerk davor zu schützen, unberechtigte Zugriffe zu erlauben.

Ob Sie Benutzer auf einer Arbeitsstation oder in einer ADS einrichten, bringt allerdings gewaltige Unterschiede in der Handhabung mit sich. Das vollständige Einrichten einer ADS führt aber auch eindeutig über das Gebiet von CompTIA Network+ hinaus.

Ob in der ADS oder in lokalen Verwaltungen, jeder eröffnete User-Account bekommt eine eindeutige Identifikationsnummer, mit der alle ihm erteilten Rechte verbunden werden.

Diese SID genannte (Security Identification Number) Kennzeichnung ist wirklich einmalig. Das heißt, wenn Sie den Benutzer »Otto« löschen, aber danach merken, dass Sie doch noch auf Ordner dieses Benutzers zugreifen möchten und daher den Benutzer »Otto« wieder eröffnen, so heißt der für Sie zwar wieder gleich, aber für die Netzwerkverwaltung ist dies nie mehr derselbe Benutzer, da er eine neue SID erhalten wird. Aus diesem Grund wird dieser »Otto« auch nicht die Rechte des alten »Otto« übernehmen können.

Auch unter Linux gibt es diese Tools zur Einrichtung von Benutzern. Unter Suse Linux ist es typischerweise das Programm Yast, mit dem innerhalb des grafischen Interfaces Benutzer eingerichtet und verwaltet werden können. Sie können dies aber auch in der Shell mit dem Kommando *useradd* erledigen!

Das Prinzip ist das gleiche: Sie benötigen einen Usernamen, ein Basisverzeichnis und können ein Login-Script angeben. Auch eine Art SID gibt es hier, nur heißt sie jetzt UID und kann selbst bestimmt – und damit auch wiederhergestellt – werden!

Dasselbe lässt sich über OS X sagen, wo Sie mit dem Kontrollfeld *Benutzer* in der Systemsteuerung neue Benutzer einrichten. Ähnlich wie unter Windows gibt es bei OS X unterschiedliche Benutzervorlagen: Hier heißen sie *Administrator*, *Standard*(-Benutzer), *Verwaltet durch Kindersicherung* (eingeschränkt), *Nur Sharing* (nur für Zugriffe übers Netzwerk ohne lokale Anmeldung) oder *Gast*.

12.7.2 Das Erstellen von Gruppen

Benutzer werden in allen Systemen zu Gruppen zusammengefasst. Dies erleichtert die Verwaltung gleicher Interessen und es müssen beim Wechsel von Benutzern nicht jedes Mal auf allen Objekten die Rechte geändert werden.

Gewöhnen Sie sich daher an, Rechte grundsätzlich an Gruppen und nicht an Benutzer zu vergeben, denn so können Sie sich beim Administrieren eine Menge Arbeit sparen.

Die Windows-Server kennen eine ganze Reihe von vorgegebenen Gruppen, auch hier wieder unterschiedlich viele – je nachdem, ob es sich um lokale Gruppen oder eine ADS handelt.

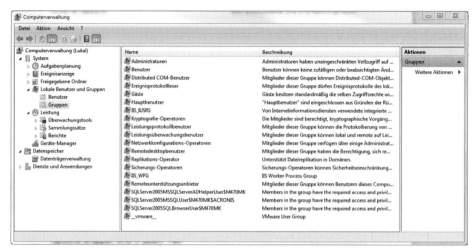

Abb. 12.6: Lokale Gruppenverwaltung unter Windows 7

Typische Gruppen sind in jedem Fall:

Administratoren	Lokale Administratoren für Systeme, Server und Domänen
Benutzer	Die Standardbenutzer. In einer ADS werden diese oft pro Abteilung oder Arbeitsgruppe in separate, ihren Rechten entsprechende Untergruppen gefasst.
Gäste	Benutzer mit limitiertem Zugang

12.7.3 Datei- und Ordnerrechte

Eine spezielle Rolle nehmen im Netzwerk die Daten ein. Sie können nicht nur durch Benutzerrechte geschützt werden, sondern enthalten zumeist auch noch weitergehende Rechte, welche im Dateisystem selbst implementiert sind.

Die grundlegende Möglichkeit, Daten freizugeben, ist die allgemeine Freigabe, der »Share«. Dieser wird vom Betriebssystem verwaltet und lässt die Möglichkeit zu, dass andere Benutzer auf die Daten des lokalen Rechners zugreifen können. Unter Windows nennt sich dies »Freigabe« und sie wird in den Eigenschaften einer Datei oder eines Ordners angegeben.

Ein Dateisystem legt fest, wie Dateien und Ordner verwaltet, gespeichert und organisiert werden. Sie legen das Dateisystem fest, indem Sie den Datenträger formatieren und die entsprechende Auswahl dabei treffen. Die Verwaltung von Rechten über das Dateisystem geht wesentlich weiter als die Freigabe und ermöglicht es daher auch, detaillierte Rechte einzurichten.

Unter Windows 2012/2016 Server, aber auch unter Windows 7 oder Windows 10 können Sie das Dateisystem NTFS einsetzen. Es bietet im Unterschied zum Vorgänger FAT32 detaillierte Ordner- und Dateirechte.

Um Dateien und Ordner auf NTFS-Partitionen zu sichern, können Sie über NTFS-Rechte jedem Benutzer- und Gruppenkonto explizite Zugriffsrechte erteilen oder entziehen.

Erhält ein Benutzer oder eine Gruppe keine expliziten Zugriffsrechte, können die Benutzer diese Ressource nicht verwenden. NTFS bietet ein Sicherheitssystem, mit dem der Benutzer Zugriffsrechte auf individuelle Dateien und Ordner in unterschiedlichen Ebenen erhält.

Mit den NTFS-Ordnerrechten steuern Sie den Zugriff auf Ordner und mit NTFS-Dateirechten auf Dateien. Sie können beispielsweise mit ORDNER AUFLISTEN das Recht erteilen, einen Ordner zu durchsuchen; es gibt jedoch kein gleichwertiges Recht für Dateien.

Benutzern müssen explizit Rechte einer Ressource zugewiesen werden, bevor sie darauf zugreifen können. Sie können Benutzer- oder Gruppenrechte erteilen.

Es gelten folgende Richtlinien:

- Administratoren, Ersteller-Besitzer und Benutzer mit Vollzugriff können Rechte auf Dateien und Ordner vergeben.
- Gehört ein Benutzer mehreren Gruppen an, so addieren sich die Rechte aus allen Gruppenrechten.
- Aber: Gehört ein Benutzer mehreren Gruppen an und wird einer dieser Gruppen der Zugriff auf eine Ressource entzogen, so hat dieser Benutzer auch dann keine Zugriffsrechte mehr, wenn er durch die Mitgliedschaft in anderen Gruppen die Rechte noch wahrnehmen könnte.

Normalerweise haben Dateien in einem Ordner die gleichen Rechte wie der Ordner, in dem sie sich befinden; in Einzelfällen kann es möglich sein, Dateien andere Rechte zu erteilen.

Das gesamte Konzept funktioniert aber nur bei einer NTFS-Partition; FAT- und FAT32-Partitionen verfügen nicht über diese Eigenschaft.

Merken Sie sich folgende Eigenschaften bei mehrfachen Berechtigungen:

- Berechtigungen sind kumulativ: Die endgültigen Rechte für einen Benutzer bestehen aus der Summe der Benutzer- und Gruppenrechte. Hat der Benutzer Leserechte und gehört er einer Gruppe mit Lese- und Schreibrechten an, so hat er Lese- und Schreibrechte.

- NTFS-Dateirechte stehen über NTFS-Ordnerrechten: Wenn ein Benutzer Änderungsrechte bei einer Datei besitzt, so bleiben diese bestehen, auch wenn er nur Leserechte bei dem Ordner besitzt, der diese Datei enthält.
- Zugriff verweigern hat höchste Priorität: Unabhängig von anderen Gruppen- oder Benutzerrechten wird eine Berechtigung entzogen, wenn der Zugriff verweigert wird.

Standardmäßig werden die Rechte der obersten Ordnerebene auf einen Ordner, dessen Unterordner und die darin enthaltenen Dateien übertragen. Sie können diese Vererbung aber auch verhindern.

- Vererbung von Berechtigungen: Rechte eines Ordners werden auf Unterordner und Dateien übertragen, und zwar auf bestehende und neu zu erstellende Objekte.
- Steuerung der Vererbung: Sie können diese Vererbung verhindern, indem Sie das Kontrollkästchen *Vererbbare übergeordnete Berechtigungen übernehmen* abwählen. In diesem Fall haben Sie die Möglichkeit, die Rechte zu kopieren oder zu entfernen.

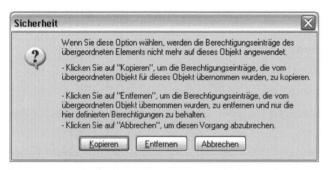

Abb. 12.7: Unterbrechung des Vererbungsverlaufs

Wenn Sie eine Partition formatieren oder einen Ordner oder eine Datei erstellen, weist Windows automatisch folgende Standardberechtigungen zu:

- Beim Formatieren eines Datenträgers erhält die Gruppe *Jeder* Vollzugriff für das Wurzelverzeichnis. Neu erstellte Ordner und Dateien erben diese Berechtigung. Sollen Benutzer anders lautende Berechtigungen erhalten, so müssen Sie dies explizit spezifizieren.
- Verschiedenste Windows-Systemordner erhalten andere Berechtigungen. Sie dürfen diese Berechtigungen keineswegs ändern, weil sonst die Funktionsweise von Windows erheblich beeinträchtigt werden kann.
- Neue Ordner und Dateien erben die Berechtigungen des übergeordneten Objekts.

Wenn Sie eine Benutzer- oder Gruppenberechtigung für eine Datei oder einen Ordner hinzufügen, wird der Ordner oder die Datei selektiert und der Benutzer wird dem Ordner oder der Datei hinzugefügt. Wenn ein Benutzer oder eine Gruppe zu einem Ordner hinzugefügt wird, werden die NTFS-Berechtigungen *Lesen, Ausführen, Order auflisten* und *Lesen* dem Benutzer- oder Gruppenkonto standardmäßig hinzugefügt. Wenn ein Benutzer oder eine Gruppe einer Datei hinzugefügt wird, werden dem Benutzer- oder Gruppenkonto standardmäßig die NTFS-Berechtigungen *Lesen, Ausführen* und *Lesen* hinzugefügt.

Tipp: Befolgen Sie folgende Richtlinien bei der Zuordnung von Berechtigungen:

- Weisen Sie Rechte möglichst nur Gruppen und nicht individuellen Benutzern zu. Dadurch haben Sie weniger Arbeit beim Mutieren von Benutzern.
- Weisen Sie nur die gerade notwendigen Berechtigungen zu (Least Privilege).
- Ordnern mit Anwendungen sollte für Benutzer und Administratoren nur die Berechtigung *Lesen, Ausführen* zugewiesen werden. Dadurch verhindern Sie unbeabsichtigtes Löschen von Dateien und Virenbefall.
- Verweigern Sie den Zugriff nur in speziell vorgesehenen Fällen.

Wenn Sie Dateien, die mit speziellen Rechten versehen sind, in einen anderen Ordner kopieren oder verschieben, ändern sich möglicherweise die Rechte der Datei während des Transfers. Es gelten nachfolgende Bedingungen:

- Im Falle des Kopierens einer Datei in einen Ordner der gleichen Partition übernimmt die Datei die Attribute des Zielordners.
- Im Falle des Verschiebens einer Datei in einen Ordner der gleichen Partition nimmt die Datei ihre Attribute in den Zielordner mit.
- Im Falle von Kopieren oder Verschieben einer Datei in einen Ordner auf einer anderen NTFS-Partition übernimmt die Datei die Attribute des Zielordners.
- Im Falle des Kopierens oder Verschiebens einer Datei in einen Ordner auf einer anderen Nicht-NTFS-Partition gehen alle Rechte verloren.

12.8 Drucken im Netzwerk

Das Drucken über das Netzwerk enthält mehrere wichtige Komponenten. Zum einen muss der Drucker netzwerkfähig sein; zum anderen geht es um die Frage, wo und wie der Drucker im Netzwerk installiert wird, damit die Dokumente für den Druck aufbereitet, verwaltet und gedruckt werden können.

Damit im Netzwerk gedruckt werden kann, benötigen Sie verschiedene Komponenten:

- Einen Drucker als Druckgerät, der die elektronischen Informationen effektiv ausdruckt und der entweder mit einer Netzwerkkarte direkt oder lokal installiert als Freigabe mit dem Netzwerk verbunden ist.

- Einen Drucker als Software-Schnittstelle, der als Programm zwischen dem Betriebssystem und dem Druckgerät liegt und festlegt, wohin einkommende Druckaufträge weitergeleitet werden.

- Einen Druckserver. Dies ist ein Rechner, an dem ein freigegebener Drucker physikalisch angeschlossen ist. Der Druckserver empfängt Dokumente von den Clients und leitet diese in einer Druckwarteschlange (Print Queue) an das Gerät. Der Druckserver kann ein PC sein oder ein Server oder auch nur eine Box mit minimalem Betriebssystem, welches in der Lage ist, oben genannte Befehle auszuführen.

- Einen Druckertreiber. Dieser besteht aus einer oder mehreren Dateien, die für die Übersetzung der elektronischen Information vom Betriebssystem in die jeweilige Sprache des Druckers sorgen. Druckertreiber sind gerätespezifisch und müssen für genau das angeschlossene Druckermodell und das Betriebssystem zur Verfügung stehen.

Etwas verwirrend hierbei ist, dass der Begriff »Drucker« zweimal vorkommt. Denn zum einen sind die Drucker die »Kisten«, in denen das Papier bedruckt wird und die daher zu Recht so heißen, denn schließlich drucken sie ja auch. Zum anderen haben sich die Software-Hersteller entschieden, das Programm, das sie im Betriebssystem zur Ansteuerung der Geräte verwenden, ebenfalls Drucker zu nennen ... Damit dieser »Drucker« ordnungsgemäß arbeiten kann, wird er mit einem Druckertreiber ergänzt, dieser enthält die spezifischen Daten, damit das Betriebssystem bzw. eben der »Drucker« ordnungsgemäß mit dem Druckgerät kommunizieren und die Daten richtig übertragen kann.

Aus Sicht des Netzwerks ist das Interessante aber der Druckserver mit der Warteschlange. Der Druckserver ist in der Lage, Aufträge von verschiedenen Clients entgegenzunehmen und diese in eine Warteschlange zu leiten und dort zu verwalten.

12.9 Fragen zu diesem Kapitel

1. Welche Ports benötigen Sie grundlegend, um mit SMB im Netzwerk arbeiten zu können, unabhängig vom Betriebssystem?

   A. 139

   B. 20 und 21

   C. 80 und 445

   D. 137 bis 139

2. Wie heißt der Verzeichnisdienst von Windows 2012R2?

   A. ADS

   B. MDS

   C. DNS

   D. TDS

3. Wie nennt sich der zentrale Programmteil von Linux?
   A. Lin32
   B. Linus
   C. Gnome
   D. Kernel

4. Wie lautet der korrekte Einsatz von NET USE?
   A. NET USE RECHNERNAME: \\LAUFWERK\ORDNERNAME
   B. NET USE LAUFWERK: \\RECHNERNAME\ORDNERNAME
   C. NET USE LAUFWERK: \\ORDNERNAME
   D. NET USE ORDNERNAME: \\RECHNERNAME\LAUFWERK

5. Sie nutzen ein Cloud-Betriebsmodell, bei dem Sie für die Nutzung monatlich eine Nutzungsgebühr entrichten. Wie nennt sich dieses Modell?
   A. Unified Communication
   B. Software Defined Networking
   C. Software as a Service
   D. Virtualisierung

6. Welcher Begriff bezeichnet ein dediziertes Speichernetzwerk, das anderen Geräten Zugang zu Daten gewährt?
   A. VLAN
   B. SAN
   C. NAS
   D. VPN

7. Sie erstellen ein neues Benutzerkonto. Dieses wird erst in zwei Monaten verwendet. Was unternehmen Sie, um kein Sicherheitsrisiko während der unbenutzten Zeit einzugehen?
   A. Das Konto sperren.
   B. Das Konto muss ein Passwort mit Verschlüsselung verwenden.
   C. Der Benutzer kann sich ohne Rückfrage nicht anmelden.
   D. Das Anmelden sperren.

8. Wie heißt der Standard-Administrator-Account unter Ubuntu?
   A. administrator
   B. superuser
   C. root
   D. admin

9. Welches Cloud-Modell dient einem Webentwickler am besten, der einen eigenen Webshop entwickeln möchte?

   A. IaaS

   B. SaaS

   C. PaaS

   D. WaaS

10. Sie möchten allen Benutzern den freien Zugriff auf Netzwerkressourcen gewähren, aber einige wenige Ressourcen mit besonderen Kennwörtern schützen. Welches der folgenden Sicherheitsmodelle sollten Sie implementieren?

    A. Sicherheit auf Domänenebene

    B. Sicherheit auf Freigabeebene

    C. Sicherheit auf Benutzerebene

    D. Sicherheit auf Serverebene

Kapitel 13

Sicherheitsverfahren im Netzwerkverkehr

Das Gebiet Informatiksicherheit kümmert sich um die Behandlung von Daten, basierend auf den folgenden drei Grundsäulen:

- **Verfügbarkeit (Availability)**
  Wann immer Informationen benötigt werden, müssen diese innerhalb einer bestimmten Frist zur Verfügung stehen. Das heißt, die Daten dürfen nicht fehlen oder verloren sein, die Programme dürfen nicht fehlerhaft sein und die Infrastruktur muss betriebsbereit sein. Die Verfügbarkeit ist eine Gewährleistung für den sicheren ICT-Betrieb.
- **Integrität (Integrity)**
  Die Integrität betrifft ebenfalls Daten, Applikationen und Infrastruktur. Die Integrität verhindert, dass Daten verfälscht oder manipuliert werden. So können Daten nur konsistent, kontrolliert und nachvollziehbar verändert werden. Integrität verhindert, dass Applikationen ungültige Ergebnisse speichern oder Funktionen ausüben, die nicht erwünscht sind. Dasselbe gilt für die Infrastruktur.
- **Vertraulichkeit (Confidentiality)**
  Die Vertraulichkeit gewährleistet, dass die jeweiligen Informationen und Daten ausschließlich dem dafür vorgesehenen Benutzerkreis zur Verfügung gestellt werden, und verhindert, dass irgendjemand anderes Einblick in diese Daten und Informationen erhalten kann, weder in gespeichertem, transportierendem noch geöffnetem oder zu bearbeitendem Zustand.

Auf Englisch ist dafür entsprechend den obigen Begriffen in Klammern auch der Ausdruck CIA gebräuchlich. In Europa wiederum findet man oft auch vier Grundsäulen in der Beschreibung, da die Verbindlichkeit (Unleugbarkeit der Daten) hinzugenommen wird.

> Sie lernen in diesem Kapitel:
> - Die Grundlagen der Informationssicherheit verstehen
> - Sicherheitsverfahren kennen und unterscheiden
>   - Identifikation und Authentifikation
>   - Authentifikationsverfahren

- Grundlagen zu Verschlüsselungen kennen
  - Symmetrische Verschlüsselungen
  - Asymmetrische Verschlüsselungen

Dabei umfasst rein sprachlich der Begriff »Informationssicherheit« mehr als der Begriff »Datensicherheit« und zeigt damit zu Recht an, dass es für das Unternehmen von großer Wichtigkeit ist, die Informationen zu schützen und nicht nur die (digitalen) Daten. Informationen sind auch Gespräche, Telefonate, Faxe oder einfache Notizen. Um dem Anspruch einer »sicheren Umgebung« gerecht zu werden, ist daher die Informationssicherheit der gewünschte Zustand, woraus sich auch das dafür zu erstellende ISMS ableitet, das Information Security Management System.

Sie werden über die nächsten drei Kapitel in diese Thematik eingeführt, denn das Thema ist, selbst wenn wir es an dieser Stelle auf Netzwerke eingrenzen, immer noch sehr umfassend. Wenn Sie sich darüber hinaus mit der Thematik befassen wollen, seien Ihnen zum einen der IT-Grundschutz des deutschen Bundesamts für Sicherheit (www.bsi.de) und andererseits das Buch »CompTIA Security+« aus demselben Verlag hier als Vertiefung empfohlen.

Im vorliegenden Kapitel geht es um die grundlegenden Verfahren wie Passwörter oder Verschlüsselung, d.h. um die Mechanismen an sich, welche Ihnen für die Gewährleistung der Informationssicherheit zur Verfügung stehen. Das Kapitel bildet damit die Grundlage zu den weiteren Überlegungen.

Im nächsten Kapitel werden Sie sich danach mit den aktuellen Bedrohungen auseinandersetzen (ja, die Welt ist böse ...) und im übernächsten Kapitel zum Abschluss mit den konkreten Maßnahmen, die Sie aufgrund der für Sie realen Bedrohungen und der Ihnen zur Verfügungen stehenden Sicherheitsverfahren ergreifen können (genau, die Rettung vor der bösen Welt).

13.1 Identifikation und Authentifikation

Zwei wichtige Begriffe im Umgang mit der Informationssicherheit sind die Feststellung der Person sowie der Nachweis, dass die Person, die sich identifiziert, auch tatsächlich diese Person ist.

Wenn Sie nach Paris fliegen möchten, lösen Sie im Internet ein Ticket auf Ihren Namen, damit die Fluggesellschaft weiß, wer nach Paris fliegen möchte. Am Reisetag gehen Sie an den Flughafen. Dort zeigen Sie an der Sicherheitskontrolle Ihren Pass und authentifizieren sich damit als die Person, die auch auf dem Flugticket steht.

13.1.1 Aller Anfang ist ... das Passwort

Das älteste Verfahren zur Sicherung von Informationen in einem Computer ist das Passwort. Grundlage für die Einrichtung von Passwörtern ist das Bedürfnis nach Authentifizierung, das heißt, dass man Tätigkeiten zu Personen zuordnen kann. Diese Thematik ist natürlich nicht informatikspezifisch, denken Sie etwa an das Passwort, meist PIN genannt, für Ihre VISA-Karte.

Bei einzelnen Systemen ist die Bedeutung (oder auch der Verlust) des Passworts auf die Daten auf diesem System beschränkt. Wenn Sie dagegen die Daten und Systeme in ein Netzwerk einbinden, entfällt diese Schranke. Ohne die Einrichtung eines Passworts kann nicht nachvollzogen werden, ob der sich anmeldende Benutzer tatsächlich berechtigt ist, da er einfach »OK« klicken kann und Zugriff erhält.

Das Passwort bietet diesem Verhalten Einhalt, denn es verlangt, dass der Benutzer das seinem Benutzernamen zugeordnete Passwort kennt und eingeben kann. Ohne Passwort gibt es also keine eindeutige Authentifizierung.

Aus diesem Grund bestehen Zugangsdaten im Netzwerk immer aus zwei Teilen: dem Benutzernamen *und* dem Passwort. Dieses Passwort ist persönlich und an den Benutzernamen gebunden.

Was natürlich nur stimmt, wenn das Passwort weder unter der Tastatur noch auf einem Post-It am Bildschirm klebt ...

Was aber, wenn der Benutzername *Büro* und das Passwort *Büro* lautet? Auch der Name der Frau, der Kinder oder des Chefs ist suboptimal. Ähnliches gilt für das Geburtsdatum des prämierten Riesenkaninchens in Ihrem Züchterverein und weitere geistreiche Vorschläge.

Denn dann ist das Prinzip ad absurdum geführt und daher gibt es Passwortregeln, die Sie unbedingt befolgen sollten:

- Der Benutzername ist persönlich, aber öffentlich, d.h. anderen bekannt.
- Das Passwort ist persönlich, aber auch geheim, d.h. anderen nicht bekannt.
- Der Benutzername und das Passwort lauten *niemals* gleich.
- Das Passwort sollte nicht aus einem Begriff bestehen der rückschließbar ist (z.B. *123456* oder *meerschweinchen* oder *defghijkl*).

Je nach Vorgaben werden unterschiedliche Anforderungen an die Komplexität des Passworts gestellt. Dazu gehören:

- Passwortlänge, mindestens 8 (besser mehr!) Zeichen sind das Minimum
- Komplexität (Groß- und Kleinschreibung, Sonderzeichen, Ziffern)
- Minimales und/oder maximales Kennwortalter (wie lange das Passwort gültig ist)

- Chronik der Passwörter (Wie viele bisherige Passwörter merkt sich das System, sodass sie nicht erneut verwendet werden können?)

Ein sicheres Passwort lautet also weder *carla* noch *esined* und auch nicht *meerschweinchen44*, sondern *FW48p1s1a4T* oder, wenn möglich, *wR5.1$GB9,2d*.

Viele Hersteller bauen mittlerweile auch entsprechende Richtlinien direkt in ihre Software ein, sodass ein Passwort mindestens 8 oder mehr Stellen aufweisen muss, und zunehmend wird verlangt, dass zumindest Ziffern und Zeichen gemischt eingesetzt werden müssen. Sonderzeichen wie im letzten Beispiel sind wiederum nicht immer möglich.

Und noch eins, nach entsprechender Erfahrung im Sommer 2015: Es gibt tatsächlich Firmen, die ihren Kunden die Passwörter für den Zugriff auf das eigene System nicht aushändigen! Das ist zwar auch eine Form von Sicherheit, aber völlig danebengegriffen. Und wenn es nur in einem verschlossenen Umschlag ist, aber Daten des Kunden gehören dem Kunden, nicht dem Dienstleister, das gilt auch für Kennwörter. Es kann nicht sein, dass Sie als Techniker oder Dienstleister über Zugriffsdaten verfügen, die dem Kunden weder bekannt noch durch ihn zu übersteuern sind.

13.2 Authentifikationsverfahren

Verschiedene technische Möglichkeiten erlauben es heute, die Authentifikation mit mehr als nur »Benutzer« und »Passwort« im Klartext in einer Liste zu führen und einzusetzen. Das reicht von der Möglichkeit des Einsatzes mehrerer Authentifizierungsfaktoren bis hin zu verschiedenen Protokollen, die sich der Übermittlung dieser Informationen widmen.

13.2.1 Single Sign On und Mehr-Faktor-Authentifizierung

Wenn Sie sich am Netzwerk anmelden, geben Sie zumindest ein Passwort ein. Nun müssen Sie aber noch die Buchhaltung starten, die ebenfalls geschützt ist, und Sie geben erneut einen Benutzernamen und ein Passwort ein. Dasselbe gilt natürlich auch beim Start Ihres Mailprogramms und für die Lohnverwaltung und natürlich auch beim Start Ihres SAP-Programms. Dies führt unweigerlich zur berüchtigten »Zettelsammlung«, da jedes Programm andere Passwortrichtlinien verwendet. Und mit etwas Pech werden auch noch andere Benutzernamen benötigt.

Um diesem Chaos Herr zu werden, wurde das Prinzip des Single Sign On (SSO) erfunden. Dies bedeutet, Sie besitzen nur noch einen Benutzernamen und ein Passwort und erhalten dadurch in allen Programmen durchgängig die Ihnen zustehenden Berechtigungen. Dies erfordert allerdings auf der anderen Seite, dass die Hersteller der einzelnen Programme in der Lage sind, ihre Berechtigungssysteme in das jeweilige NOS zu integrieren, also beispielsweise in eine ADS oder einen Meta-Verzeichnisdienst, der diese Authentifizierungen für verschiedene Programme überwachen kann. Um die mit SSO verbundenen höheren Risiken durch den mit einer Authentifikation ermöglichten Zugriff auf mehrere Datenbestände und Applikationen zu kompensieren, können verschiedene Stufen der Authentifikation eingesetzt werden.

Die Ein-Faktor-Authentifikation setzt, wie es der Name sagt, nur eine Art der Authentifizierung ein, das heißt entweder nur Benutzername und Passwort oder nur den Fingerabdruck oder nur den einen Badge, den man einschieben muss.

Bei der bei SSO häufiger eingesetzten Methode der Zwei-Faktor-Authentifikation müssen zwei verschiedene Systeme eingesetzt werden, um sich erfolgreich zu authentifizieren. Das kann weiter Benutzernamen und Passwort sein (1. Faktor), aber zusätzlich eine biometrische Erkennung (2. Faktor) oder das Einführen der persönlich codierten SmartCard als 2. Faktor.

Von Mehr-Faktor-Authentifizierung sprechen Sie, sobald drei und mehr unterschiedliche Systeme zum Tragen kommen.

Dabei kann eine Ein-Faktor-Authentifikation eingesetzt werden, eine Zwei-Faktor- oder eine Mehr-Faktor-Authentifizierung.

Sie kennen das am ehesten aus dem E-Banking, das heute bei den meisten eine Drei-Faktor-Authentifikation vorsieht.

Sie benötigen 1. Ihre Vertragsnummer, um den Zugang zu Ihrem Konto anzufordern. Anschließend müssen Sie 2. entweder eine PIN generieren und das Ergebnis eintippen oder eine Nummer aus einer Streichliste oder ein Passwort, das Sie selbst gesetzt haben. Und 3. müssen Sie anschließend eine z.B. via Handy zugestellte Sicherheitsnummer (mTAN, mobile Transaktionsnummer) eingeben oder eine von der Bank generierte zufällige Zugangsnummer, die Ihnen angezeigt wird. Erst wenn alle drei Faktoren korrekt eingegeben sind, wird Ihr Zugang freigeschaltet.

In einer IT könnte das z.B. heißen, Sie müssen sich beim Gebäudezutritt biometrisch identifizieren (Iris, Fingerprint, Venenscan etc.), danach können Sie Ihr Büro nur mittels Ihrer Sicherheitskarte betreten und am Computer melden Sie sich mit Benutzernamen und Passwort an und müssen anschließend einen RSA-Code eingeben – das wären dann vier unterschiedliche Systeme.

Sie sehen schon, es gibt verschiedene Möglichkeiten, und ebenso klar ist: je sicherer, desto aufwendiger. Und je aufwendiger, desto höher das Risiko, dass Mitarbeiter das Prozedere zu umgehen versuchen.

Daher ist nebst der rein technischen Seite auch die Bewusstseinsförderung durch Training und Sensibilisierung von Bedeutung, damit alle verstehen, wieso die

Maßnahmen erfolgen und welche Risiken entstehen, wenn diese Maßnahmen nicht konsequent umgesetzt werden. Neudeutsch nennt sich diese Weiterbildung »Awareness Training«, also das Fördern des Sicherheitsbewusstseins.

13.2.2 PAP und CHAP

PAP (Password Authentication Protocol) ist ein Verfahren zur Authentifizierung über das Point-to-Point Protocol (PPP) und wird in RFC 1334 beschrieben. Es wurde häufig für die Einwahl mit Modems zu Netzwerkbetreibern (ISP) verwendet, also für die klassischen Dial-up-Netzwerkanbindungen ans Internet. Es authentifiziert die Verbindung durch die Übermittlung von Benutzernamen und Passwort – aber diese Werte werden in Klartext übermittelt, weshalb PAP heute als unsicher gilt und von anderen Protokollen abgelöst worden ist.

Ein erster Schritt dazu ist das Protokoll CHAP, spezifiziert in RFC 1994. Die Authentifizierung erfolgt hierbei in drei Schritten:

1. Bei der Herstellung der Verbindung wird vom Server ein zufälliger Wert (Challenge) an den Rechner übertragen, der sich authentifizieren muss.
2. Der angesprochene Rechner bildet aus der Challenge und dem eigentlichen Passwort einen Hash-Wert und überträgt diesen an den Server. Aus dem übertragenen Hash-Wert lässt sich das Passwort nicht wieder errechnen.
3. Der Server errechnet ebenfalls einen Hash-Wert aus der Zufallszahl und dem bei ihm (in Klartext) hinterlegten Passwort. Wenn dieser mit dem vom zu authentifizierenden Rechner gesendeten Wert übereinstimmt, ist die Authentifizierung erfolgreich und der Zugang wird gewährt.

In einem zufällig gewählten Abstand sendet der Server erneut einen zufälligen Wert an den Host und wiederholt Schritt 1 bis 3 und überprüft so von Zeit zu Zeit erneut die Verbindung. Windows-Rechner setzen dieses Protokoll zur Authentifizierung ein. Microsoft Windows 2000 und neuere Betriebssysteme unterstützen MS-CHAP V2, CHAP und PAP. CHAP und MS-CHAP V2 sind für DFÜ und PPPoE-Verbindungen seit Windows Vista standardmäßig aktiviert. CHAPv1 wird seit Windows Vista nicht mehr unterstützt.

13.2.3 EAP

EAP (Extensible Authentication Protocol) ist in RFC 3748 beschrieben und stellt ein allgemeines Authentifizierungsprotokoll dar, welches unterschiedliche Authentifizierungsverfahren wie etwa RADIUS unterstützt. Es wird auch bei WLAN als Authentifizierungsverfahren bei der Zugriffskontrolle eingesetzt und ist daher weit verbreitet.

EAP unterstützt eine Authentifikation in ein fremdes Netzwerk, ohne dass man sich jedes Mal die umgebende Infrastruktur aktualisieren muss. Die Aushandlung des konkret eingesetzten Authentifizierungsmechanismus erfolgt dabei erst während der Authentifizierungsphase, was den Einsatz eines entsprechenden Servers ermöglicht. Der Client (oder User) meldet sich dabei an der Authentifizierungsstelle an, welche die Anfrage als Authentikator an den Server weiterreicht und die Authentifizierung mittels unterschiedlicher Verfahren kontrollieren kann (CHAP, One-Time-Passwörter oder Token Cards etc.). Abgeschlossen wird die Authentifizierung mit einem Success-/Failure-Response vom Authentikator.

13.2.4 Kerberos

Kerberos war der Höllenhund in der griechischen Mythologie. Seine Aufgabe war es, den Eingang zur Unterwelt zu bewachen und niemanden einzulassen, der dazu nicht berechtigt war.

So ähnlich lässt sich auch die Aufgabe von Kerberos in der Informatik beschreiben: Kerberos ist ein Protokoll zur sicheren Authentifizierung in einem TCP/IP-Netzwerk.

Eine Kerberos-Authentifizierung beruht auf drei beteiligten Parteien: dem Client, der sich anmelden möchten, dem Server, der die Authentifizierung entgegennimmt, und dem Kerberos-Server als dritter Partei, der die Berechtigung der anderen beiden überprüft.

Wenn nun ein Client einen Dienst mit Kerberos-Authentifizierung nutzen möchte, muss er sich zuerst beim Kerberos-Dienst anmelden und erhält bei erfolgreicher Aktion ein Ticket, das er bei seinem gewünschten Dienst einsetzen kann. Damit dies für den Benutzer nicht in mehrmaliger Anmeldung endet, unterstützt Kerberos von Haus aus das oben beschriebene Single Sign On. Zudem wird für die Dauer der aktiven Verbindung ein sogenannter Session Key ausgehandelt, der dann auch zur Verschlüsselung des Datenverkehrs verwendet werden kann. Aus diesem Grund ist es auch sehr wichtig, dass nicht mehr benötigte Verbindungen ordnungsgemäß geschlossen werden, weil der Session Key ansonsten »hängen bleibt« und für Man-in-the-Middle-Angriffe (MITM) benutzt werden kann, d.h., es ist unter Umständen möglich, dass ein anderer den noch offenen Session Key aufnimmt und sich so einer bestehenden Verbindung bedienen kann! Typisches Beispiel für dieses Problem ist die aktuelle Form von E-Banking, Webmail oder Kundenkonten bei Onlinehändlern.

Kerberos liegt mittlerweile in der Version 5 vor und unterstützt verschiedene Verschlüsselungsalgorithmen wie DES, 3DES, AES oder RC4. Näheres zu diesen Verschlüsselungen folgt gleich.

Während es für Unix- und Linux-Systeme (dazu gehört auch Apple OS X) eine freie Implementierung von Kerberos gibt, ist dieser Dienst in Windows seit Version 2000 fest implementiert und stellt die Sicherheit innerhalb der ADS sicher. Auch Dienstprotokolle wie NTP setzen zur Authentifizierung auf Kerberos.

13.2.5 RADIUS

Remote Authentication Dial In User Service (RADIUS) ist ein Protokoll für Authentifizierung, Autorisierung und Accounting (AAA, Triple-A-Protokoll). RADIUS wird häufig von Providern genutzt, um den Zugang zum Internet zu gewähren, oder von großen Firmen eingesetzt, um externen Mitarbeitern oder Kunden den Zugriff auf interne Ressourcen zu erlauben.

Ein Client, der Zugang zu Netzwerkressourcen erlangen möchte, meldet sich an einem Network Access Server an. Dieser sendet eine Berechtigungsanfrage (Access Request Message) an den RADIUS-Server. Dazu übermittelt er die Benutzerinformationen des Clients an den RADIUS-Server. Der RADIUS-Server beantwortet die Anfrage des NAS mit Ja oder Nein, je nachdem ob er den Client in seinen internen oder angeschlossenen Datenbankverzeichnissen entsprechend vorfindet. Bei einer Übereinstimmung der Anfrage mit den gefundenen Informationen wird der Client durch den RADIUS-Server autorisiert.

Die Informationen des Clients, welche hierzu verwendet werden (Benutzer, Passwort und etwaige weitere Informationen), werden zusammenfassend auch Credentials genannt.

Wie bei Kerberos werden auch bei RADIUS alle diese Informationen nicht in Klartext übermittelt, sondern in einer eigenen Verschlüsselung, die über einen MD5-Hash (siehe nächster Abschnitt) geschützt wird.

Alternativ dazu verwendet insbesondere Cisco das Protokoll TACACS+. Die Abkürzung steht für Terminal Access Controller Access Control System. TACACS+ ist aus dem kaum mehr vorkommenden TACACS-Protokoll hervorgegangen, zu diesem aber nicht kompatibel. Im Unterschied zu RADIUS, das mit UDP arbeitet, setzt TACACS+ TCP als Protokoll ein, und zwar über Port 49.

Als Nachfolger von RADIUS ist das Diameter-Protokoll entstanden. Diameter wird so genannt, da es die logische Erweiterung zu RADIUS ist (Durchmesser = doppelter Radius, aus der Mathematik). Diameter ist besser erweiterbar und flexibler als das in die Jahre gekommene RADIUS und kann unter anderem auch das TCP-Protokoll nutzen, um eine gesicherte Nachrichtenzustellung sicherzustellen.

Es erlaubt zudem eine Kreditkontroll-Anwendung und kann dadurch Abrechnungen in Echtzeit überprüfen, unabhängig davon, ob es um Kreditlimits (z. B. VISA) oder Zahlungslimits (z. B. EC-Karte) geht. Von daher nennt sich das Diameter-Protokoll nicht nur AAA-Protokoll, sondern Quad-A oder AAAA, wobei das vierte A je nach Definition für Audit (Kosten**kontrolle**) oder Accounting (**Kosten**kontrolle) stehen kann. Sie finden beides, im CompTIA-Akronymverzeichnis steht es bislang für Accounting.

13.3 Die Hash-Funktion

Als Hash wird ein Wert bezeichnet, der aus einem anderen Wert errechnet wird. Die Hash-Funktion erzeugt aus dem ursprünglichen, meist umfangreichen Wert (z.B. einer Zeichenkette oder einem ganzen Satz) einen neuen, kürzeren Wert.

Nützlich ist dieses Verfahren zur Sicherung im Datenverkehr. Anhand eines Hash-Werts kann der Empfänger von Daten überprüfen, ob die empfangenen Daten noch mit den gesendeten übereinstimmen oder ob sie manipuliert worden sind – und folglich nicht mehr denselben Hash-Wert ergeben.

Eine typische Anwendung ist z.B. das Herunterladen einer Datei, zu welcher ein Hash-Wert angegeben wird. Um nach dem Download zu prüfen, ob es Übertragungsfehler gegeben hat, wird der Hash-Wert neu gebildet und verglichen – stimmt er überein, ist die Datei unbeschädigt heruntergeladen worden.

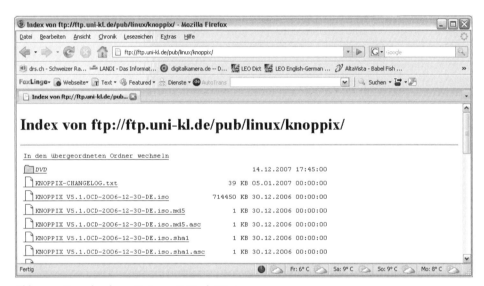

Abb. 13.1: Download von Daten mit Hash-Werten

Ein bekanntes Verfahren für einen Hash-Algorithmus ist SHA1 (wobei das SHA für Secure Hash Algorithm steht) oder auch der vorhin erwähnte MD5-Algorithmus. Neuere Verfahren nennen sich SHA-256 und gar SHA-512, wobei die Zahl die Länge des Hash-Werts in Bit angibt, welches erzeugt wird. Alternativ gibt es auch das ältere MD5-Verfahren nach wie vor.

Hash-Werte können vielseitig eingesetzt werden: zur Bildung von Prüfsummen, um Veränderungen an Daten zu erkennen, aber auch zur Suche von Daten in Datenbanken – eine Million Hash-Werte sind schneller durchsucht als eine Million Datensätze. Verbreitet ist zudem der Einsatz der Hash-Funktion in der Kryptologie.

13.4 Verschlüsselung

Ein Passwort ist eine sinnvolle Sache. Doch im Netzwerk bleibt das Passwort ja nicht beim Absender, sondern Sie senden es über das Netzwerk. Und wenn Sie sich an die Protokolle wie SMTP, POP3 oder Telnet erinnern, kommt Ihnen der Begriff »Klartext« wieder in den Sinn. »Klartext« bedeutet, Sie geben Ihr geheimes Passwort ***** ein – und jemand, der einen Paketanalysierer im Netzwerk hat, sieht das Passwort »Ge!!Hei3m« und kann es sich gemütlich abschreiben. Damit Sie das richtig verstehen: Solche Analysiersoftware kann man sich rechtens kostenlos beschaffen.

Um dieses Lesen von Daten zu verhindern, hat man die Technik zur Verschlüsselung von Daten entwickelt. Dies bedeutet, man nimmt den Text bzw. die Daten und codiert sie anhand eines festgelegten Schemas (in der IT Schlüssel genannt). Der Empfänger benötigt denselben Schlüssel, um diese Codierung wieder zu entschlüsseln. Die Verschlüsselungsvorschrift selbst wird Algorithmus genannt und ist in der Regel ein mathematisches Verfahren. Die Güte bzw. Sicherheit einer Verschlüsselung hängt sowohl von der Qualität des Algorithmus als auch von der Schlüssellänge ab. Als Kern eines guten Algorithmus gilt heute die Bedingung, dass er aus übertragenen Daten nicht mehr ableitbar ist.

Verschlüsselungen werden ständig weiterentwickelt, denn wenn die einen *ver*schlüsseln, versuchen die anderen genauso hartnäckig, Wege zum *Ent*schlüsseln zu finden. Die zweite Sorte netter Menschen nennt man dann Hacker, weil sie den Schlüssel hacken, der die Daten vor dem Lesen schützen soll.

13.4.1 Symmetrisch oder asymmetrisch

Bei symmetrischer Verschlüsselung gibt es nur einen Schlüssel, den beide Parteien verwenden: zum Ver- und Entschlüsseln. Der Schlüssel muss daher vorab beiden Parteien bekannt sein. Der Nachteil ist, dass der Schlüssel sicher an beide Parteien übermittelt werden muss.

Bei der asymmetrischen Verschlüsselung werden zwei Schlüssel eingesetzt. Der Schlüssel des Versenders setzt sich dabei aus einem privaten und einem öffentlichen Teil zusammen und der Schlüssel des Empfängers ebenfalls. Bekannt ist beiden gemeinsam nur der öffentliche Teil, der private Schlüssel hingegen ist nur der jeweiligen Partei bekannt.

Zum Verschlüsseln wird der öffentliche Schlüssel des Versenders benutzt, zum Entschlüsseln der private Schlüssel des Empfängers.

Die bekanntesten symmetrischen Verfahren sind DES, 3DES und AES.

Das bekannteste asymmetrische Verfahren ist RSA.

13.4.2 Von DES bis AES

Advanced Encryption Standard (AES) ist wie oben beschrieben ein symmetrisches Verfahren. Es ist das aktuelle Nachfolgesystem der beiden älteren Verfahren DES (56-Bit-Verschlüsselung) und 3DES und wird auch nach dem zugrunde liegenden Rijndael-Algorithmus bezeichnet, benannt nach den beiden Entwicklern Joan Daemen und Vincent Rijmen.

Der Rijndael-Algorithmus besitzt eine variable Blockgröße von 128, 192 oder 256 Bit und dazu eine variable Schlüssellänge von 128, 192 oder 256 Bit. Das AES-Verfahren schränkt die Blocklänge auf 128 Bit ein, während die Wahl der Schlüssellänge von 128, 192 oder 256 Bit unverändert übernommen worden ist. Anhand der Schlüssellänge wird zwischen den drei AES-Varianten AES-128, AES-192 und AES-256 unterschieden.

Der Algorithmus ist frei verfügbar und darf ohne Lizenzgebühren eingesetzt sowie in Software bzw. Hardware implementiert werden.

AES wird u.a. vom Verschlüsselungsstandard 802.11i für WLAN und für WPA2, aber auch für IPSec (siehe nachfolgend) genutzt. Mac OS X benutzt AES als Standardverschlüsselungsmethode für die lokale Datenverschlüsselung. Auch aktuelle Windows-Server setzen für ihr EFS-System AES zur Dateiverschlüsselung ein.

13.4.3 RSA

RSA ist das bekannteste asymmetrische Verschlüsselungsverfahren und trägt seinen Namen nach seinen Erfindern Ronald L. **R**ivest, Adi **S**hamir und Leonard **A**dleman, die den Algorithmus im Jahr 1977 publiziert haben.

Aufgrund der beschriebenen Schlüsselverteilung ist die asymmetrische Verschlüsselung wesentlich sicherer, aber in der Praxis leider auch um Faktor mehrere Hundert langsamer als die symmetrische Verschlüsselung. Für die Übermittlung großer Datenmengen ist sie daher nicht geeignet.

Dies führt zum Einsatz von hybriden Verfahren. Das heißt, die Datenübermittlung erfolgt mit symmetrischer Verschlüsselung, die vorgängige Übermittlung der Schlüssel dagegen mit RSA, sodass diese möglichst sicher ist.

13.4.4 Digitale Signatur

Die digitale Signatur ist zwar ebenfalls ein kryptografisches Verfahren, verschlüsselt aber nicht die Daten selbst, sondern bescheinigt nur den Absender und so die Authentizität der Nachricht.

Digitale Signaturen basieren auf asymmetrischen Verfahren und bestehen somit aus einem privaten und einem öffentlichen Schlüssel.

13.4.5 PKI – digitale Zertifikate

Ein digitales Zertifikat dient dazu, den Eigentümer sowie weitere Eigenschaften eines öffentlichen Schlüssels zu bestätigen. Durch ein Zertifikat können Teilnehmer einer verschlüsselten Kommunikation die Identität und Zuordnung eines öffentlichen Schlüssels feststellen und seine Berechtigung überprüfen.

Mit Public Key Infrastructure (PKI) wird in der Kryptologie ein System bezeichnet, das es ermöglicht, solche digitalen Zertifikate auszustellen, zu verteilen und zu prüfen. Diese Zertifikate enthalten in der Regel folgende Informationen:

1. Den Namen des Zertifikatsausstellers
2. Informationen zu den Regeln und Verfahren, unter denen das Zertifikat ausgegeben wurde
3. Informationen zur Gültigkeitsdauer des Zertifikats
4. Den öffentlichen Schlüssel, zu dem das Zertifikat Angaben macht
5. Den Namen des Eigentümers des öffentlichen Schlüssels
6. Weitere Informationen zum Eigentümer des öffentlichen Schlüssels
7. Angaben zum zulässigen Anwendungs- und Geltungsbereich des öffentlichen Schlüssels
8. Eine digitale Signatur des Ausstellers über alle anderen Informationen

13.5 SSL und TLS

Das SSL-Verfahren (Secure Sockets Layer) dient zur Verschlüsselung von Datenübertragungen im Internet. SSL erlaubt Server- und optional auch eine Client-Authentifikation mithilfe von X.509-Zertifikaten.

SSL unterstützt verschiedene kryptografische Verfahren mit variablen Schlüssellängen, z. B. RC4 mit 40- oder 128-Bit-Schlüsseln (entwickelt von RSA Data Security), den Data Encryption Standard (DES, 56-Bit-Schlüssel) und Triple-DES, wobei die Daten dreimal mit DES verschlüsselt werden.

Eine SSL-Verbindung kann man leicht am ersten Teil der URL erkennen, da sich der Adressteil http:// in https:// ändert.

SSL wurde ursprünglich von der Firma Netscape entwickelt und 1994 erstmals in einem Browser veröffentlicht. Mit der 1996 veröffentlichten Version 3.0 des Netscape Navigator fand SSL erstmals praktische Anwendung. Anschließend wurde noch SSL 3.1 entwickelt, das dann in den IETF Standard TLS 1.0 überging.

Denn die Internet Engineering Task Force IETF erstellte im Jahr 1999 auf Basis von SSL einen *offenen* Standard, genannt Transport Layer Security TLS, der im Wesentlichen identisch mit SSL 3.0 ist. Häufig wird TLS 1.0 aber auch als SSL 3.1 bezeichnet. TLS 1.x ist abwärtskompatibel zu SSL 2.0 und SSL 3.0.

Alle aktuellen Weiterentwicklungen laufen unter dem TLS-Standard, aktuell ist TLS 1.3 (RFC 5246 und seither verschiedene Updates). Am häufigsten implementiert wird aber immer noch TLS 1.2, wohingegen TLS 1.0 und 1.1 deaktiviert werden sollten (RFC 4346).

Auf der anderen Seite werden mit SSL 2.0/3.0 verschlüsselte Seiten heute als »unsicher« gewertet und es erscheint bei den meisten Browsern eine Warnung, dass dies eine unsichere Verbindung ist. Auch hier gilt also: deaktivieren.

SSL arbeitet als Client/Server-Dialog. Das heißt, dass ein Client wie z. B. ein Webbrowser versucht, mit einem Server, z. B. einem Webserver, eine sichere SSL-Verbindung aufzubauen.

Damit diese Kommunikation auch tatsächlich eine Sicherheit darstellt, muss der Server ein Zertifikat anbieten. Dieses wiederum kann man selbst erstellen oder aber von einer autorisierten Zertifikatsstelle beziehen. Letzteres hat eindeutig den Vorteil, dass es als »vertrauenswürdig« gilt, was bei selbst erstellten Zertifikaten nicht der Fall ist und zu folgender Warnung führen kann:

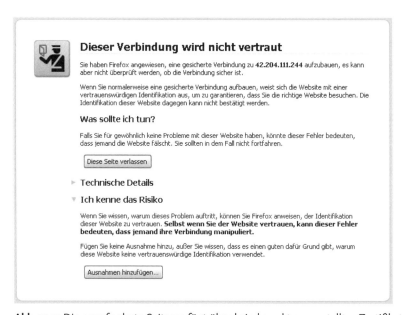

Abb. 13.2: Die angeforderte Seite verfügt über kein korrekt ausgestelltes Zertifikat

Dieses Zertifikat, welches obiger Seite hinterlegt ist, kann nun ein selbst erstelltes Zertifikat, genauso gut aber eben auch ein gefälschtes Zertifikat sein, welches den Client danach auf eine unerwünschte Seite weiterleitet, die nicht dem entspricht, was er eigentlich möchte.

Vergleichen Sie daher einmal zwei solche Zertifikate, ein »inoffizielles« und ein offizielles Zertifikat.

Kapitel 13
Sicherheitsverfahren im Netzwerkverkehr

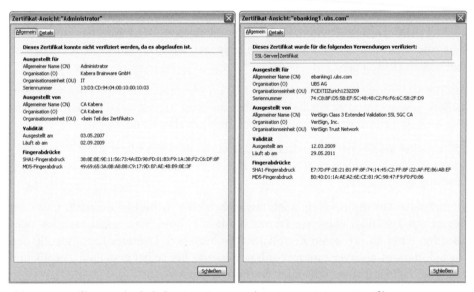

Abb. 13.3: Zertifikatsvergleich: links ein privates, rechts ein autorisiertes Zertifikat

Offizielle Zertifikate werden demzufolge von Zertifizierungsstellen ausgestellt und müssen auch entsprechend bezahlt werden. Sie verfügen über ein Ausstellungs- und ein Ablaufdatum und müssen regelmäßig erneuert werden.

13.6 IPSec

IPSec ist eine Weiterentwicklung der IP-Protokolle mit dem Ziel einer verschlüsselungsbasierten Sicherheit auf Netzwerkebene. IPSec umfasst dabei die Zugangskontrolle, die verbindungslose Integrität, die Authentifikation der Daten, die Authentizität der Paketreihenfolge, die Vertraulichkeit durch Verschlüsselung und eine wenn auch beschränkte Verkehrsintegrität. Alle diese Sicherheitsmerkmale werden auf dem IP-Layer implementiert und beinhalten auch das IP-Protokoll selbst. Und während IP-Sec in der Konfiguration recht anspruchsvoll ist, ist es in der Benutzung sehr stabil.

Die meisten der Sicherheitsdienste werden durch die beiden Sicherheitsprotokolle Authentication Header (AH) und Encapsulating Security Payload (ESP) gewährt sowie durch den Einsatz von kryptografischen Schlüsseln und Protokollen.

Wie sieht eine Verschlüsselung mit IPSec aus?

Das Internet Service Association and Key Management Protocol – kurz ISAKMP – gibt einen Protokollrahmen für die Verwaltung von sogenannten Security Associations (SA) vor. Konkret wird es durch das IKE – Internet Key Exchange Protocol – realisiert. Die Security Association ist ein Begriff, der alle für die Verschlüsselung und Authentifizierung notwendigen Daten umfasst. Dazu gehören unter anderem das Verfahren des Schlüsselaustausches, der Schlüsselaustausch selbst und die Gültigkeitsdauer des gewählten Schlüssels. Im Kapitel zum Thema VPN wird darauf noch einmal Bezug genommen, wo diese Security Associations eingesetzt werden.

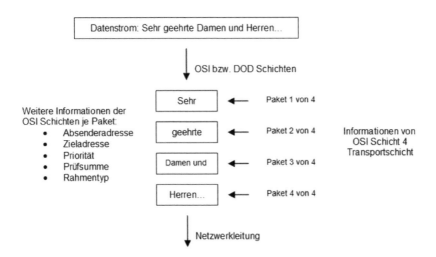

Abb. 13.4: Datenübermittlung ohne IP-SEC (Quelle: Netgear)

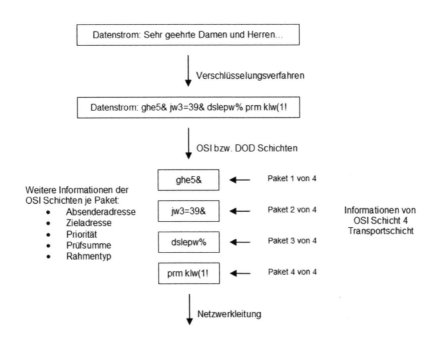

Abb. 13.5: Datenübermittlung mit IP-SEC (Quelle: Netgear)

13.7 Fragen zu diesem Kapitel

1. Welches Verfahren stellt eine Zwei-Faktoren-Authentifizierung dar?

    A. Iris- und Fingerabdruckscan

    B. Benutzername und Passwort

    C. RSA-Token

    D. Passwort und Irisscan

2. Welches der folgenden Authentifizierungsprotokolle benötigt ein NTP-Server, um Zeit und Datum von Arbeitsstationen mit dem Server zu synchronisieren?

    A. Kerberos

    B. RADIUS

    C. PAP

    D. CHAP

3. Bei welchem der folgenden Verschlüsselungsverfahren handelt es sich nicht um ein symmetrisches Verfahren?

    A. AES

    B. DES

    C. RSA

    D. 3DES

4. Wie nennt sich ein Verfahren, bei dem sich ein Benutzer nur an einer zentralen Stelle anmelden muss, obwohl sie anschließend Zugriff auf unterschiedliche Daten und Applikationen gewährt?

    A. Benutzeranmeldung

    B. Mehr-Faktor-Authentifizierung

    C. Network Access Control

    D. Single Sign On

5. PAP sichert PPP-Sitzungen durch ...

    A. einen zusätzlichen Schlüssel zum Passwort.

    B. einen geheimen Schlüssel als Ergänzung zum Benutzernamen.

    C. die doppelte Verschlüsselung von Benutzername und Passwort.

    D. die Übermittlung von Benutzername und Passwort in Klartext.

6. MD5 und SHA sind?

    A. Symmetrische Verschlüsselungen

    B. Signaturen gegen Malware

    C. Hash-Algorithmen

    D. Subprotokolle von IPSec

7. Welches Protokoll bezieht sich auf ein Multi-Protokoll-Framework, das insbesondere bei 802.11-Verbindungsaufbauten genutzt wird?
   A. PAP
   B. CHAP
   C. Diameter
   D. EAP

8. Welche Verschlüsselung kann bei WPA2 eingesetzt werden?
   A. AES
   B. RSA
   C. MD5
   D. TKIP

9. Wenn Sie eine Ressource an ein Windows-Netzwerk anbinden, werden die Credentials zur Verfügung gestellt durch ein:
   A. Cookie
   B. Cache
   C. Token
   D. Schlüssel

10. Welchen Dienst stellt Kerberos für den Remote Access zur Verfügung?
    A. Authentifizierung
    B. Verschlüsselung
    C. Adressierung
    D. Tunneling

Kapitel 14

Verschiedene Angriffsformen im Netzwerk

Netzwerke stellen eine große Menge an Informationen zur Verfügung. Das lockt auch unerwünschte Besucher an. Trotz der im vorangegangenen Kapitel beschriebenen Sicherheitsverfahren versuchen diese mit verschiedenen Angriffen, auf diese Informationen zuzugreifen.

Demgegenüber steht die Netzwerkadministration, die sich gegen diese Angriffe zur Wehr setzen möchte. Aber wie tun Sie das? Dazu müssen Sie zuerst einmal die Angriffsformen und möglichkeiten kennenlernen, damit Sie wissen, gegen was Sie anzugehen haben.

Basierend auf diesen Angriffsformen können Sie anschließend evaluieren, welche Schwachstellen in Ihrem Unternehmen bezüglich dieser Angriffsformen bestehen, und erst dann können Sie sich mit der Abwehr befassen.

Sie lernen in diesem Kapitel:

- Viren und ihre verschiedenen Formen kennen und unterscheiden
  - Adware, Greyware, Spyware, Crimeware
  - Virus, Wurm, Trojaner, Botnetzwerk
- Angriffsformen kennen und verstehen
  - Denial-of-Service-Attacken
  - Man-in-the-Middle-Attacken
  - Spoofing-Attacken
  - APT- und Targeted-Attacken
- Social Engineering frühzeitig erkennen und dagegen vorzugehen
- Angriffspunkte in WLAN-Umgebungen erkennen und beenden
- Mitarbeiter sensibilisieren und im Umgang mit Gefahren schulen
- Korrekten Umgang mit Daten und Rechten umsetzen
- Den Zusammenhang von Informationen und Mitarbeitern verstehen und in einem Konzept umsetzen

Bevor Sie sich also im nächsten Kapitel mit der Abwehr von Problemen befassen dürfen, werden Sie in diesem Kapitel verschiedene aktuelle Angriffsformen kennenlernen und dabei feststellen, dass sich diese immer weiterentwickeln. Sie werden aber auch sehen, dass nicht die technische, sondern die menschliche Komponente einen großen Anteil an erfolgreichen Angriffen trägt. Doch beginnen werden Sie mit einer ganz klassischen und für Informatikverhältnisse schon sehr alten Angriffsform: den Viren und ihren Nachkommen.

14.1 Viren und andere Krankheiten

Gab es vor 30 Jahren nur den Begriff *Virus*, so gibt mittlerweile eine ganze Familie von unterschiedlichen Programmen, die unter dem Begriff Schadsoftware zusammengefasst werden, der damit weiter gefasst ist als nur Viren. Auf Englisch nennt sich der Sammelbegriff für alle diese netten Programme *Malware*, der allgemein gebräuchliche Sammelbegriff.

14.1.1 Unterscheiden Sie verschiedene Malware-Typen

Am harmlosesten ist noch die *Adware*: Werbung, die angezeigt wird, z. B. wenn man Webseiten besucht, oder Programme, die man kostenlos benutzen kann, die dafür aber Werbung einblenden. Im Zeitalter der mobilen Apps und Games ist Adware mittlerweile fast allen ein Begriff, denn viele dieser mobilen Apps finanzieren sich über Werbeeinblendungen oder sie verdienen ganz einfach das große Geld damit wie namhafte Film- und Musikportale.

Werbung, die per Mail ungefragt zugestellt wird, nennt man dagegen *Spam*. Hier steht nicht der technische Missbrauch im Vordergrund, sondern der Versuch, Ihnen etwas anzudrehen. Häufig handelt es sich dabei um Dinge, die sich offiziell nicht so einfach bewerben lassen wie etwa der Bezug von illegalen Medikamenten oder Raubkopien bzw. gefälschten Waren.

Spyware geht mindestens einen Schritt weiter. Hierbei handelt es sich um Programme, die Ihre Surfgewohnheiten im Internet aufzeichnen und die Daten ungefragt an Dritte weiterleiten. Ein Grenzfall hierzu ist Google Analytics, ein Programm, das im Hintergrund vieler Webseiten arbeitet, die Aufrufe analysiert und diese Analyse weiterleitet, und zwar ungefragt. Solche Grenzfälle werden auch als *Grayware* bezeichnet.

Spyware-Programme können aber auch noch mehr. Sie können Downloader für Schadprogramme auf Ihrem Rechner ablegen, welche die gesammelten Daten weiterleiten, sobald eine Internetverbindung besteht. Sie können aber auch noch weitergehen und versuchen, Sie auf bestimmte Seiten zu leiten, etwa indem sie die Startseite des Browsers ändern. Der Übergang zum Virus kann letztlich fließend sein, indem die Spyware auch das System verändert, die Systemsteuerung blockiert oder es Ihnen auf andere Weise unmöglich macht, die Kontrolle über

Ihren Rechner zurückzuerlangen. Besonders beliebt sind in diesem Zusammenhang Programme, die man vermeintlich nützlich findet und selbst herunterlädt und mit denen man sich die Spyware damit ungefragt einfängt, wie viele der sogenannten »PC Tuner«- und »Speed up«-Programme, die dann wiederum Toolbars mitbringen, die dann wiederum die Startseite ändern, welche anschließend wiederum nicht nur Ihr Surfverhalten aufzeichnet, sondern Sie auch mit Werbung eindeckt, nicht beabsichtigte Webseiten öffnet und damit das Tor zu weiterem Schaden weit aufmacht.

Eine ganz spezielle Gattung sind in diesem Zusammenhang die sogenannten Antispyware-Programme, die sich just in dem Moment anbieten – ja, über so eingeblendete Werbungen –, in dem man sich fragt, wie man Hilfe bekommen soll. Also scheint doch das die Lösung zu sein, doch die Betonung liegt auf »scheint«, denn diese Programme sind genau das Gegenteil von dem, was sie behaupten, sie installieren nämlich weitere Spyware und graben sich gründlich ins System ein, sodass sie oft nur noch schwer zu entfernen sind.

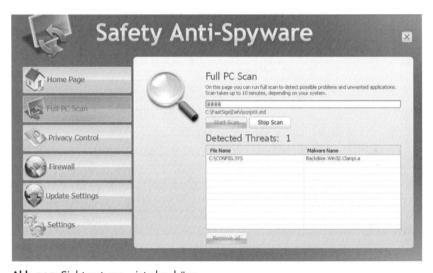

Abb. 14.1: Sieht gut aus – ist aber böse

Dann gäbe es da noch die *Crimeware*. Crimeware ist nicht Schadsoftware per se, sondern Software, die Sie nutzen oder kaufen können, um Malware zu erstellen. Vorzugsweise suchen Sie diese nicht mit Google, sondern in eher verborgenen Netzen wie dem Darknet. Es gibt dort sogar Anbieter, die Ihnen »Crimeware as a Service« anbieten, aber auch ganze Frameworks, die es ermöglichen, basierend darauf Malware zu entwickeln.

Viren sind ein Ärgernis für alle Computerbenutzer, da ihre Folgen meist verheerend sind. Angefangen vom Verlust eines Programms über veränderte Dokumente bis hin zur kompletten Neuinstallation des Betriebssystems reicht die

Palette der möglichen Schäden. Die Ansicht, dass nur Software-Raubkopierer mit Viren zu kämpfen haben, ist seit der Verbreitung des Internets deutlich überholt. Das Internet mit seinem globalen Austausch von Informationen ist geradezu ein Eldorado für Viren und begünstigt in hohem Maße deren Weiterverbreitung rund um den Globus.

Dabei geht es längst nicht mehr um das Programmieren eines Schädlings an sich. Hinter der Verbreitung von Schadsoftware stehen heute handfeste wirtschaftliche Interessen.

Einträge wie der folgende in einem entsprechenden Forum für Interessenten zeigen eine Seite des Problems auf:

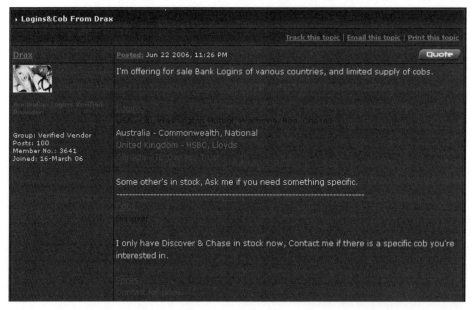

Abb. 14.2: Verkauf von gestohlenen Informationen (Quelle: F-Secure)

Auch eine eigenständige Form der Wirtschaftskriminalität spezialisiert sich auf den Umgang mit Malware. So wurden vor der Fußballweltmeisterschaft 2006 in Deutschland mehrere Online-Wettbüros damit erpresst, dass man sie in den Tagen kurz vor der Fußball-WM mit Denial-of-Service-Attacken auf ihre Webserver (dem permanenten Beschuss mit sinnlosen Anfragen) lahmlegen und so ihr Geschäft zerstören werde, wenn sie nicht entsprechende Geldsummen zahlen (Quelle: F-Secure Deutschland).

Malware wird in ein- und ausgehende Bedrohungen unterschieden. Diese wiederum werden in verschiedene Klassen unterteilt, wie die folgende Übersicht zeigt:

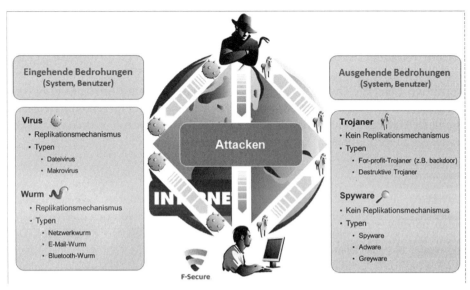

Abb. 14.3: Eingehende und ausgehende Bedrohungen (Quelle: F-Secure)

14.1.2 Es gibt verschiedene Viren

Klassische Computerviren sind ausführbare Programme, für die die Fähigkeit der Selbstreproduktion über ein Wirtsprogramm besonders charakteristisch ist. Unabhängig von der Selbstreproduktion verfügen Viren über eine Wirkfunktion, in der Literatur auch als Fracht oder Schadroutine bezeichnet. Sie waren die Viren der ersten Stunde, befinden sich aber in den letzten Jahren stark auf dem Rückzug.

Klassische Wirtsprogramme für Viren sind ausführbare Dateien (Programme) mit den Endungen *.exe* und *.com*. Aber auch dynamische Bibliotheken unter Windows (Endung *.dll*) sind mögliche Träger von Viren.

Früher waren auch sogenannte Boot-Sektor-Viren weit verbreitet, die sich nicht an Programme, sondern direkt an den Boot-Code des Systems klammern. Dieser Boot-Code befindet sich auf Disketten und/oder Festplatten und sorgt eigentlich für den Start eines Betriebssystems.

Metamorph- und Polymorph-Virus

Diese Viren werden so bezeichnet, weil sie ihren Code ständig ändern können, um das Erkennen zu erschweren, da sie kein eindeutiges Muster aufweisen. Um diesen Viren beizukommen, verfügen viele Antivirenprogramme über eine heuristische Suche, das heißt, sie suchen nicht einfach nach bekannten Viren, sondern auch nach auffälligen Mustern. Dadurch können sie auch auf veränderten Code entsprechend reagieren.

Stealth-Virus

Dieses Virus versteckt sich vor der Antiviruslösung. Computerviren dieser Art ergreifen besondere Maßnahmen, um ihre Existenz zu verschleiern. So werden Systemaufrufe abgefangen, sodass zum Beispiel bei der Abfrage der Größe einer infizierten Datei die Größe vor der Infektion angegeben wird (manche Viren verändern die ursprüngliche Größe auch gar nicht, weil sie sich in unbenutzte Bereiche der Datei kopieren, siehe Companion-Virus) oder beim Lesen der Datei die Daten der ursprünglichen Datei zurückgegeben werden.

Makroviren

Makroviren sind in der Makrosprache eines Anwendungsprogramms geschriebene Routinen. Diese Makroroutinen sind für den normalen Anwender meist unsichtbar in den zu bearbeitenden Texten, Tabellen oder Ähnlichem eingebettet. Der Anwender aktiviert diese Routinen automatisch, wenn er den Text oder die Tabelle mit dem entsprechenden Anwendungsprogramm lädt, bearbeitet oder speichert.

Gegenüber klassischen Viren müssen sich Makroviren an die Funktionalität des Anwendungsprogramms anbinden. Damit der Anwender jedoch nicht mitkriegt, dass er zu den scheinbaren Informationen noch einen Virus bekommen hat, benutzt ein Makrovirus sogenannte Automakrofunktionen. Ein Automakro besitzt einen vordefinierten Namen und wird ohne Bestätigung des Anwenders bei den entsprechenden Aktionen automatisch ausgeführt.

Die Firma Microsoft ist sich der Makroproblematik bei ihren Office-Produkten bewusst und zeigt beim Öffnen von Dokumenten, in denen Makros gefunden werden, eine Warnung. Makros lassen sich aktivieren oder im Zweifelsfalle deaktivieren.

Somit ist klar, wo Makroviren zu finden sind. Nun stellt sich aber die Frage, was Makroviren eigentlich alles tun können.

Zum einen ist es Makros erlaubt, sämtliche Office-Komponenten wie Word, Excel, Access, PowerPoint und Outlook fernzusteuern. So kann also ein Word-Makro mit Outlook eine E-Mail versenden oder direkt in ein aktuell in Bearbeitung befindliches Dokument eigenen Text einfügen. Das Beispiel des Melissa-Virus zeigte dies auf sehr eindrückliche Art und Weise. Melissa war ein Word-Makro-Virus und erschien am 26.03.1999. Innerhalb eines Wochenendes verbreitete er sich weltweit. Von einem befallenen Computer aus versandte der Virus mittels Microsoft Outlook Mails an bis zu 50 gespeicherte Einträge aus jedem Adressbuch, das er fand. Dies hatte bei etlichen größeren Organisationen zu einer Überlastung des Mailsystems geführt. Eine weitere Schadensfunktion bestand darin, dass ein mehrzeiliger Text in das gerade geöffnete Dokument geschrieben wurde, wenn die Minuten der aktuellen Uhrzeit dem laufenden Tag des Monats entsprachen (z.B. am 30.03. jeweils um 8.30 Uhr, 9.30 Uhr usw.).

Zudem schaltete er den Makrovirus-Schutz in Office ab.

Noch gefährlicher für den eigenen Rechner ist die Tatsache, dass ein Makro Befehle in einer Kommandozeile ausführen kann. Gewisse Befehle sind bei jeder Microsoft-Windows-Installation vorhanden und befinden sich im Standardsuchpfad. Einer dieser Befehle ist das *format*-Kommando, mit dem sich ein Laufwerk initialisieren und formatieren lässt, was normalerweise einen kompletten Datenverlust zur Folge hat.

Aktuell erleben wir ein wahres Revival der Makroviren, meist in Kombination mit Ransomware-Angriffen, also mit sogenannten Kryptotrojanern. Dies ist für Cyberkriminelle höchst interessant, da zur einfacheren Benutzbarkeit der Office-Anwendungen die Makrosperre leider vielfach deaktiviert wird, was die Bedrohung erhöht. Es ist technisch einfach, ein funktionstüchtiges Visual-Basic-Skript in ein Office-Dokument zu integrieren, das beim Öffnen des Dokuments als Makro ausgeführt wird. Häufig wird über ein Visual-Basic-Skript die mächtige PowerShell angesprochen, über die eine Verbindung mit dem effektiven Auslieferungsserver der Schadsoftware hergestellt wird. Hierzu gibt es etlichen Beispielprogrammcode, der im Internet inklusive ausführlicher Dokumentation frei verfügbar ist.

Wurm

Würmer sind eine ganz besondere Art von Viren, denn sie benötigen kein Wirtsprogramm zu ihrer Weiterverbreitung. Sie vermehren sich fast ausschließlich über Netzwerkverbindungen, befallen aber keine Dateien, sondern sind komplett eigenständige Programme. Der Schaden für den Anwender liegt meistens darin, dass sie die vorhandene Rechenzeit und Speicherkapazität eines Computers verbrauchen. Dies kann im Extremfall (falls sämtliche Rechenzeit nur für den Wurm verbraucht wird) zu einem Ausfall des befallenen Rechners führen, was im Fachjargon auch als Denial of Service bezeichnet wird.

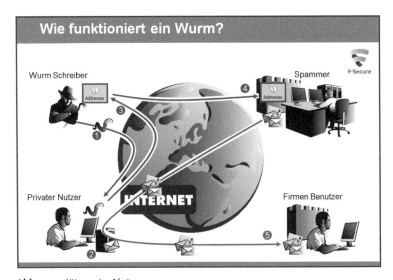

Abb. 14.4: Wurm in Aktion ...

Wie verläuft eine solche Wurminfektion – und vor allem: wozu? Hierzu ein Beispiel: Der Wurmschreiber infiziert (1) ein PC-System. Infizieren heißt: Das System war nicht geschützt und der Wurm konnte sich einnisten (2). Die Schadroutine des Wurms aktiviert sich und liest auf dem PC alle Adressen aus, die er findet. Diese sendet er an die im Wurm programmierte Adresse (3). Der Wurmschreiber verkauft die Adressen, die er so erhält, an seinen Freund, den Spammer (4). Dieser bombardiert anschließend alle Adressen mit unerwünschten Mails (5).

Trojanisches Pferd

Trojanische Pferde sind Programme, die vorgeben, etwas Nützliches zu leisten, oder die unbemerkt an fremde Software angehängt wurden. Sie nisten sich unbemerkt im (ungeschützten) System ein und spionieren es aus. Die so gesammelten Informationen werden meistens ins Internet weitergeleitet (z. B. per E-Mail). Zudem besteht auch die Möglichkeit, dass der infizierte Rechner von außen manipuliert werden kann.

Die Bedrohung für den Benutzer besteht in erster Linie im Verlust der Vertraulichkeit von eigenen Dateien und Passwörtern. Basierend auf diesen gestohlenen Informationen sind jedoch bösartige Manipulationen oder sonstige Schäden möglich.

Verbreitet werden trojanische Pferde wie der klassische Virus durch Programme bzw. Codefragmente. Es ist auch möglich, die Funktionen des klassischen Virus und eines trojanischen Pferdes zu kombinieren.

Neben eher belustigenden Gags wie zum Beispiel dem automatischen Aus- und Einfahren des CD-ROM-Schlittens im 5-Sekunden-Intervall können Screenshots (Funktion SCREENDUMP) gemacht oder die Tastatureingaben (Funktion LISTEN) aufgezeichnet werden. Mit Letzterem lassen sich auf einfachste Weise Passwörter und sonstige Eingaben protokollieren und sammeln.

Eine neuere Geschichte, welche mit Trojanern zu tun hat, ist der Einsatz von *Botnets*. Ein Bot (Kurzform von Robot) ist ein Programm, das sich auf einem Rechner einnistet und diesen manipuliert, ein Botnet folglich ein Netz solcher manipulierter Rechner. Diese Botnets werden vor allem für die schon erwähnten Denial-of-Service-Attacken eingesetzt.

Der Virenschreiber infiziert mit seinem Trojaner unzählige Rechner (auch Zombie-Rechner genannt). Zu einem bestimmten Zeitpunkt werden diese Rechner dann von einem zentralen Punkt aus angesprochen, starten einen gleichzeitigen Angriff und legen so dank ihrer Anzahl von gleichzeitigen Anfragen den angezielten Server lahm. Auf der anderen Seite gilt auch: Wer den zentralen Auslösepunkt findet und deaktiviert oder vom Netz trennt, kann die Attacke beenden.

Da nicht nur die Malware-Firmen, sondern auch die Sicherheitsfirmen aufgerüstet haben und mit Hochdruck solche Zentralen suchen (und auch finden!), arbeiten neueste Botnet-Attacken ohne zentrale Rechner nach dem Peer-to-Peer-Prinzip. Hier wird es sehr schwer, diese Attacken nach Auslösung zu beenden.

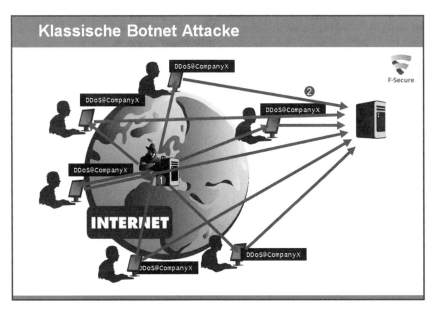

Abb. 14.5: Klassische Botnet-Attacke

Ransomware

Ransomware stellt eine neue Form der Malware-Bedrohung dar, bei der (wie das englische Wort »ransom« andeutet) Lösegeld vom Opfer erpresst wird. Bei einem solchen Angriff werden alle Daten wie Dateien, Bilder, Filme usw. auf den Festplatten und auch auf Netzlaufwerken der Opfer verschlüsselt und damit ohne entsprechenden Schlüssel (Decryption Key) unlesbar gemacht. Um an den entsprechenden Dechiffrierungsschlüssel zu gelangen, wird vom Opfer Geld meist in Form von Bitcoins verlangt. Zunächst wird beim Opfer eine Bildschirmmeldung mit weiteren Informationen angezeigt. Dabei hat das Opfer in der Regel nur wenig Zeit, beispielsweise 24 Stunden, um an den entsprechenden Schlüssel zu gelangen. Um die weiterführenden Zahlungsinformationen zu bekommen, muss in der Regel eine Website im Darkweb, meist über das Anonymisierungsnetzwerk Tor besucht werden. Von der Zahlung solcher Forderungen raten die Strafverfolgungsbehörden ab. An dieser Stelle möchte ich festhalten, dass Sie nicht darauf vertrauen können, mit bestimmten Tools wieder an die Daten zu gelangen. Die Cyberkriminellen setzen leider immer bessere und aus kryptografischer Sicht sicherere Verfahren für die genutzte Ransomware ein. Daher ist hier ein extern aufbewahrtes aktuelles Backup besonders wichtig. Seien Sie aber vorsichtig: Schadsoftware könnte sich in Zukunft langfristig unauffällig verhalten und damit versuchen, alle Daten aus den Rotationen der Backup-Datenträger zu verschlüsseln. So wären dann auch alle Backup-Datenträger verschlüsselt, und es bestünde, bis auf die Zahlung der Forderung, keine weitere Option mehr! Und selbst diese Option ist äußerst unsicher.

Anfang Januar 2016 warnten Sicherheitsforscher vor einem neuen, als JavaScript-Applikation getarnten Ransom32-Verschlüsselungstrojaner. Darüber ist in einem Beitrag von heise online vom 4. Januar 2016 zu lesen. Diese Ransomware war die erste dieser Art und gibt sich beispielsweise als harmlose Anwendung wie etwa der Webbrowser Chrome aus. Beim Starten des selbstentpackenden RAR-Archivs, das als Mailanhang zum Opfer gesandt werden kann, werden die Dateien mit AES 128 Bit verschlüsselt. Cyberkriminelle können diese Ransomware auf einer Webseite im anonymisierten Tor-Netzwerk individuell zusammenstellen und die erstellte Malware-Kampagne anschließend selbst steuern. Die effektiven Entwickler der neuen Ransomware verlangen für die Nutzung des Online-Service eine Provision von 25 % auf den Lösegeldertrag. Die Geschädigten müssen das Lösegeld als Bitcoins überweisen. Besonders gefährlich ist die Tatsache, dass es sich beim genutzten NW.js-Framework um ein konformes Framework handelt. So war damit erstellte Schadsoftware für einen Virenscanner, zumindest in der Zeit nach Erscheinen des Beitrags, nur sehr schwierig oder gar nicht zu erkennen.

Es stellt sich weiter die Frage, was passieren wird, wenn Cyberkriminelle konforme Verschlüsselungssysteme wie den in Windows integrierten Bitlocker zur Verschlüsselung nutzen. Da ist es für eine im Antivirusprogramm integrierte Echtzeit- und Verhaltensüberwachung schwierig, festzustellen, ob nun eine Malware oder ein legitimer Nutzer die Verschlüsselung der Datenträger gestartet hat.

Ablauf einer Ransomware-Verseuchung:

1. Das Opfer erhält eine E-Mail mit Anhang (z. B. *Fax.zip, Rechnung.doc* ...)
2. Das Opfer öffnet den E-Mail-Anhang.
3. Der im E-Mail-Anhang eingebettete Schadcode, vielfach ein Makro, wird ausgeführt.
4. Der Schadcode kontaktiert einen Host, der den öffentlichen Schlüsselteil zur Verschlüsselung der Daten und zusätzliche Schadsoftwarekomponenten liefert.
5. Das Schadprogramm beginnt mit der Verschlüsselung der Daten auf dem Rechner, auf angehängten externen Datenträgern und teilweise auch auf verbundenen Netzlaufwerken.
6. Nach Abschluss der Verschlüsselung wird eine Meldung mit den Forderungen der Erpresser angezeigt.

Die Szene der Malware-Entwickler hat sich auch stark verändert. Waren es in der Anfangszeit vorwiegend private Interessen, so hat sich der wirtschaftliche Faktor und das profitorientierte Verhalten auch in dieser Szene massiv entwickelt und es gibt heute eine ganze Anzahl von Spezialisten, denen es nicht um die Schlagzeile in irgendeiner Zeitschrift geht, sondern gezielt um einen wirtschaftlichen Gewinn.

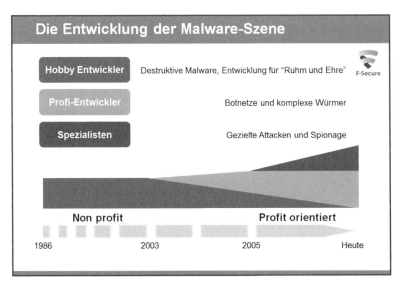

Abb. 14.6: Verschiebung der Urheber und der Interessen in der Malware-Szene

Ein ähnliches Bild zeigt folgende Aufstellung, welche die Angriffe nach ihrer Zielrichtung und ihrer Auswirkung in eine (senkrechte) Zeitachse legt.

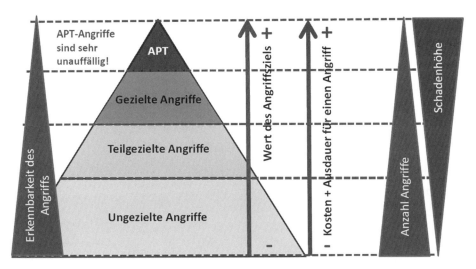

Abb. 14.7: Verschiebung der Angriffe und ihrer Ziele über die letzten Jahre (© Mathias Gut, netchange.ch, in Anlehnung an MELANI Fachbericht 1/2012, Seite 3)

Es ist unschwer zu erkennen, dass die Zeit für die Angreifer gekommen ist, aus dem »Schaden am System« zum »Schaden zum Erwirtschaften von Geld« überzugehen. Das heißt, die Ziele werden immer präziser ausgesucht, neue Formen wie gezielte Angriffe (Targeted Attacks) oder gar APT (Advanced Persistent Attacks), welche über einen langen Zeitraum erfolgen, führen zu direkten (und großen) wirtschaftlichen Schäden bei den Betroffenen.

Bei der Beurteilung des Risikos durch Schadsoftware ist daher auch auf die Motive der möglichen Angreifer einzugehen. Handelt es sich dabei um die normalen Motive von Cyberkriminellen, steht Geld meist im Hauptfokus. Bei dieser Täterschaft soll Schadsoftware beispielsweise eine unauffällige Abbuchung im E-Banking, das Aufzeichnen der Kreditkartendaten oder eine anschließende Erpressung des Opfers ermöglichen. So werden dann auch unterschiedliche Schadsoftware-Arten und Kombinationen davon für Angriffe auf Endsysteme eingesetzt. Bei einem Angriff mit Schadsoftware kann zum Beispiel zunächst ein Zugriff über ein Remote Access Tool (RAT) mittels eines in einem Werbelink versteckten Remote-Exploits erfolgen. Danach wird über den meist verschlüsselten Kommunikationskanal (einen sogenannten Covert Channel) eine Schadsoftware auf dem Computer des Opfers platziert, die sich bei jedem Start des Systems mit dem Steuerungsserver der Cyberkriminellen verbindet und dort die neuesten Programmcodes direkt ins RAM nachlädt.

Damit ich Sie hier nicht zu weit in Richtung der CompTIA-Security+-Zertifizierung wegführe, sondern beim Thema bleibe, hier ein paar Stichworte, die Sie selbst nachschlagen können.

Netzwerkpraxis – jetzt sind Sie dran

Wenn Sie diese Thematik interessiert, finden Sie im Internet gute Quellen, vor allem bei den Herstellern von Sicherheitssoftware oder seriösen Foren, wie etwa den Security Blog des CERTs Switch unter `securityblog.switch.ch` als Teil des First Security Networks unter `www.first.org`.

Schlagen Sie dazu einmal folgende Begriffe nach und lesen und staunen Sie:

- Wild Neutron
- Operation Hangover (nein, nicht der Film ...)
- Aurora
- Titan Rain

Einen Hinweis finden Sie in den Antworten in Abschnitt A.2, aber nur einen Hinweis, denn hier heißt es lesen, nicht lösen.

Die Zukunft in diesem Gebiet liegt somit weniger in der Entdeckung der zweihunderttausendsten Windows-10-Sicherheitslücke, sondern in Folgendem:

- Angriffe mit gezielten Attacken
  - Vor allem in der Nutzung von »Zero hour«-Schwachstellen, d.h. Sicherheitslücken, die noch von keiner Sicherheitssoftware gefunden und gesichert werden konnten.
- Social Engineering via Mobiltelefon
  - SMS / Instant Messaging / MMS-Phishing: Das Ziel all dieser Angriffe ist es, den Benutzer dazu zu verleiten, seine Benutzerdaten und Passwörter vorzugsweise von Bank- und Postkonten auf einer gefälschten Webseite oder SMS-Adresse einzutragen. Dazu werden ihm SMS oder Instant Messages bzw. MMS zugestellt, welche täuschend echt Nachrichten einer wirklichen Institution gleichen, stattdessen den Benutzer aber auf eine Adresse der Betrüger umleiten.
- Die Entwicklung von Rootkits
  - Das Verstecken von Trojanern oder Spyware vor dem Benutzer durch die Installation von zusätzlicher Software, welche diese Prozesse vor dem Betriebssystem verbergen soll, wird allgemein üblich.
- Trojaner im Finanzsektor, hier stehen noch einige Entwicklungen an:
  - Phishing: Hierbei wird der Benutzer durch das Angebot eines Hyperlinks (z.B. via Mail) dazu verleitet, auf diesen Link zu klicken und damit auf eine gefälschte Webseite gelockt, die beispielsweise der Webseite der eigenen Bank so ähnlich sieht, dass der Benutzer die Täuschung nicht bemerkt und seine Zugangsdaten fälschlicherweise dort einträgt.
  - Pharming: Hierbei wird die lokale Hosts-Datei durch einen Virus oder einen Trojaner so manipuliert, dass sie beim Aufruf bestimmter Webseiten automatisch eine gefälschte Version dieser Seite anzeigt – mit demselben Ziel wie beim Phishing. Beiden Methoden gemeinsam ist das Ziel, an die vertraulichen Daten der Benutzer zu gelangen, um sich damit Zugang zu deren Geld zu verschaffen.
- Peer-to-Peer-Botnets
  - Diese werden immer kleiner, schneller und so schwerer zu fassen.
- APT – Advanced Persistent Threat
  - Damit ist eine andauernde und auf mehreren Ebenen erfolgende Angriffsstrategie gemeint. APT bedarf seitens der Angreifer einen gewissen Aufwand und richtet sich daher gezielt gegen große Firmen, Konzerne oder den Staat. Die Angreifer benötigen genügend Zeit und eine sorgfältige Vorbereitung und erreichen ihr Ziel oft erst nach Monaten.
  - Davon abzugrenzen sind Targeted Attacks, welche gezielt auf ein Unternehmen oder eine Organisation gerichtet sind.

Kapitel 14
Verschiedene Angriffsformen im Netzwerk

Ein sehr aktuelles Beispiel für einen solchen gezielten Angriff (Targeted Attack) lieferte vor drei Jahren der Carbanak-Angriff auf eine Bank. Die folgende Folie erläutert das Vorgehen, das die über rund eineinhalb Jahre aufgebaute Attacke zeigt. Die meiste Zeit verbrachten die Angreifer dabei mit dem genauen Studium der Vorgänge in den Banken selbst, die sie monatelang verfolgen konnten, nachdem sie die Malware über verschiedene Angriffsformen bis an die Schaltersysteme der betroffenen Bank durchgeschleust hatten.

Nach Abschluss der Aktion, die sich wie gesagt nach Einschätzung von Experten über eineinhalb Jahre hinzog, verschwanden die Angreifer mit gut 1 Milliarde Dollar – und zwar nicht virtuell, sondern mit wirklichem Geld, das sie durch das Eröffnen von Konten, das Verschieben von Geldern und das Abheben von Bankautomaten entwendeten.

Abb. 14.8: Wie eine geplante Attacke zu 1 Milliarde Dollar Ertrag führte (© Kaspersky 2015)

14.2 Was tut der Mann in der Mitte?

Malware-Programme sind längst nicht die einzigen Bedrohungen für ein Netzwerk. Diese werden produziert und verteilt, stellen aber in den seltensten Fällen einen zielgerichteten Angriff dar. Lernen Sie daher auf den folgenden Seiten weitaus effizientere Arten von Angriffen kennen, die sich auch gezielt gegen Ihr Netzwerk einsetzen lassen, wenn auch nicht zur Ihrer Begeisterung.

Der Begirff »Attacke« beschreibt die Tatsache, dass jemand ein Netzwerk angreift, um diesem technischen oder betriebswirtschaftlichen Schaden zuzufügen, wobei der letztere Schaden langfristig interessanter ist, weil sich darauf auch Szenarien wie »Bezahle mir Geld, dann lasse ich vom Angriff ab« aufbauen lassen und so der Angriff zum eigenen wirtschaftlichen Erfolg der Angreifer dienen kann.

14.2.1 Sie machen es dem Angreifer ja auch einfach

Die Grundlagen von Attacken liefern eigentlich die Netzwerkbetreiber selbst, indem sie verschiedene Lücken offen lassen.

- Dienste, die nicht benötigt werden, laufen auf dem Server weiter. Da sie nicht benötigt werden, werden sie aber auch nicht überwacht.
- Ports werden nach dem Prinzip »nur schließen, was nötig« offen gelassen, auch wenn sie nicht benötigt werden.
- Systeme werden nicht gepatcht, d.h. Sicherheitslücken nicht gestopft und aktualisiert, z.B. gegen das seit Jahren bekannte und eigentlich auch gelöste Problem mit dem Ping-of-Death, einer Attacke, bei der man »nichts« tun muss, als eine Lücke im ICMP-Protokoll zu nutzen, welche übergroße Pakete (>65 K) erzeugen und so die Systeme zum Absturz bringen kann. Zwar ist diese Lücke bekannt, aber selbst Windows 2012 musste zusätzlich ein Patch installieren, weil die Lücke immer noch genutzt werden konnte.
- Veraltete Systeme bleiben im Einsatz. Aktuelle Beispiele dafür sind die immer noch zahlreich im Einsatz befindlichen Windows-XP-Bankautomaten, Windows-2003-basierte Server und sogar noch Windows 2000 Server – alles Systeme, die vom Hersteller nicht mehr unterstützt oder aktualisiert werden.
- Einfache (ältere) Protokolle wie HTTP, FTP, TFTP, TELNET, SLIP oder SNMP verfügen über keine oder nur eine Klartextübermittlung von Anmeldeinformationen und sind daher unsicher.
- Veraltete Verschlüsselungen oder nicht effektiv eingerichtete Passwörter erleichtern diese Angriffe zudem.
- Die Aussendung von Signalen (WLAN, RF) reicht weit über den benötigten Bereich hinaus und kann von außen abgefangen werden (Tempest RF).

Ein einfaches Beispiel hierzu ist der »FTP Bounce«-Angriff – die Nutzung des unverschlüsselten FTP-Protokolls, anhand dessen man ein eigenes Skript auf einen FTP-Server aufspielt und diesen so dazu bringen kann, Downloads umzuleiten.

Mit wenig Aufwand kann der Angreifer so einen Fehler im FTP-Protokoll ausnutzen, der es ihm ermöglicht, damit eine Verbindung zu einem beliebigen Rechner aufzubauen und dabei erst noch anonym zu bleiben, weil das Skript die eigene IP-

Adresse verbirgt. Wenn Sie jetzt noch bedenken, dass diese Sicherheitslücke über 30 Jahre bekannt ist und immer noch besteht, ist dies ein eindrückliches Beispiel für die Gefahrenlage in Netzwerken.

Dabei ist es grundsätzlich unerheblich, ob diese Attacken von außerhalb oder von innerhalb des Netzwerks erfolgt. Da die Welt »außerhalb« aber viel größer ist als ein einzelnes Netzwerk, sind viele der berüchtigten Attacken logischerweise Angriffe von außen. Das geht von ungerichteten Angriffen wie sogenannten Brute-Force-Attacken (Angriffe auf Passwörter oder Sicherheitscodes durch Durchspielen aller möglichen Kombinationen) oder Wörterbuchattacken (ähnlich, aber suchen aufgrund von Listen, die dem Programm gefüttert werden) über den Versuch der Nutzung von noch nicht gepatchten, aber bekannten Lücken oder Fehlern in Programmen (Zero-Day-Attacke) bis hin zu Social Engineering, technisch gestützter Wirtschaftsspionage oder korrupten Mitarbeitern, die Pläne und vertrauliche Daten weiterverkaufen. Die Schweiz könnte dazu einiges sagen, aber ich bin nicht aus dem Bankensektor ...

14.2.2 Denial-of-Service-Attacken

Eine, so muss man schon fast sagen, »beliebte« und in immer neuen Spielformen auftretende Angriffsart nennt sich Denial of Service, kurz DoS. Dies bedeutet, durch Angriffe auf das Zielsystem soll dieses an seiner Verfügbarkeit für seine eigentlichen Aufgaben gehindert oder gar zum Absturz gebracht werden.

Von DoS spricht man in diesem Zusammenhang, wenn ein bestimmtes System über eine Leitung das Zielsystem angreift, von DDoS, Distributed Denial of Service, wenn es zeitgleich mehrere verteilte Angreifer sind.

Beiden Formen gemeinsam ist das Ziel, das Opfer für seine eigenen Tätigkeiten lahmzulegen, damit seine Dienste nicht mehr genutzt werden können und ein möglichst großer Schaden entsteht.

Das kann im ungünstigsten Fall unbeabsichtigt sein, ganz einfach, weil zu viele Benutzer gleichzeitig z. B. eine bestimmte Webseite aufrufen möchten. Das nennt sich dann Friendly DDoS und kommt immer wieder vor, sei es, weil gerade wichtige News erschienen sind oder weil ein Anbieter wahnsinnig günstige Angebote platziert hat und alle gleichzeitig auf dessen Dienste zugreifen wollen.

Meistens handelt es sich aber um gezielte Angriffe von einem (DoS) oder mehreren (DDoS) Angreifern.

Das kann mit dem Einsatz von Verkehrsüberlastungen auf bestimmte Ziele beginnen, dem Erzeugen eines sogenannten Traffic Spike (eigentlich eine Vorform der DDoS-Attacke). Dazu werden Dienste wie z. B. HTTP so stark mit Anfragen überlastet, dass sie nicht mehr in der Lage sind, Anfragen zu beantworten, und daher für »normale« Clients nicht mehr oder nur äußerst langsam erreichbar sind.

Ein groß angelegter DDoS kann auch durch verseuchte Systeme mit Trojanern herbeigeführt werden (die Botnets oder Zombie-Rechner), die zu einem definierten Zeitpunkt alle auf den gleichen Server zugreifen und diesen damit zum Erliegen bringen. Beliebte Ziele solcher Angriffe sind etwa Webseiten von Organisationen, von Behörden oder von sehr bekannten Unternehmen, aber auch Webserver von Sicherheitsanbietern. Letztlich kann auch Ihr Unternehmen davon betroffen sein, wenn der Angreifer ein spezifisches Interesse an einer Ihrer Dienstleistungen oder einem Ihrer Produkte hat.

Nebst den klassischen DDoS-Attacken (Überlastung durch Anfragen) gibt es verschiedene andere Mittel, die dasselbe Ziel erreichen:

- Verstärkung der Datenströme durch Missbrauch von DNS, DNS Amplification Attack genannt. Hierbei werden Namen dazu missbraucht, auf kurze Anfragen mit sehr langen Datenpaketen zu antworten. Dadurch kann der Verkehr auf dieser Leitung um einen Faktor von 10 (64 Byte Anfrage zu 640 Byte Antwort) oder auch 30 und mehr gesteigert werden.

- Anschließend wird dieser Antwortstrom auf die Netzwerkadresse des Opfers umgeleitet, sodass die Verkehrslast direkt bei ihm auftritt. Dies lässt sich mittels IP-Spoofing, also dem Vortäuschen eines falschen Absenders im manipulierten IP-Header, erreichen.

- Verstärkung der Datenströme durch Missbrauch von NTP-Datenpaketen. Hierbei werden öffentlich zugängliche NTP-Server abgefragt und wie bei der DNS-Verstärkung so viele NTP-Server mittels IP-Spoofing auf das Opfer umgelenkt, bis es mit UDP-Paketen völlig überschwemmt ist.

- Eine weitere Form des Denial-of-Service-Angriffs ist die Smurf-Attacke. Hierbei sendet der Angreifer eine Reihe von pings an die Broadcast-Adresse eines Netzwerks. Zugleich wird das Opfer des Angriffs auch hier als Absender der IP-Pakete eingetragen, sodass der Router die Antworten auf ping nicht nach außen, sondern nach innen ins Netzwerk weiterleitet. Je nach Anzahl der dadurch angesprochenen Clients in einem Netzwerk kann damit eine sehr starke Auslastung der Netzwerkleitung herbeigeführt werden, die bis zum Zusammenbruch des Netzwerks führen kann.

- Router, die durch ihre Konfiguration einen solchen Angriff ermöglichen, werden Smurf-Amplifier genannt. Um dies zu verhindern, muss man Router so konfigurieren, dass sie Pakete nicht weiterleiten, die an eine Broadcast-Adresse gerichtet sind. Zudem müssen die Hosts so konfiguriert werden, dass sie nicht auf pings auf die Broadcast-Adresse antworten.

- Eine andere Version nennt sich SYN-Flood. Diese macht sich die normale TCP-Kommunikation zunutze, welche einen 3-Weg-Handshake benutzt, um eine Verbindung herzustellen.
    1. Client an Server: TCP-Paket mit Flag SYN (Synchronize)
    2. Server an Client: TCP-Paket mit Flags SYN, ACK (Synchronize Acknowledge)
    3. Client an Server: Paket mit Flag ACK (Acknowledge)
- Die Verbindung ist nun hergestellt. Ein Angreifer kann nun als Client die letzte Nachricht unterschlagen und veranlasst den Server dadurch, einige Zeit auf das Paket zu warten. Während dieser Zeit werden sowohl die Adresse des Clients als auch der Status der noch halb offenen Verbindung im Speicher des Netzwerk-Stacks vorrätig gehalten, um die Verbindung später vollständig einrichten zu können. Diese Vorratshaltung belegt natürlich Ressourcen und wenn zu viele solch halboffener Verbindungen bestehen, sind diese auf einmal aufgebraucht, wodurch der Server keine neuen Verbindungen mehr annehmen kann. Und damit sind Sie wieder beim Hauptthema in diesem Abschnitt: dem Verweigern des Dienstes.
- PDoS, Permanent DoS, geht noch weiter. Hierbei geht es darum, das Zielgerät zu beschädigen oder zu zerstören, daher der Begriff »Permanent«. Dazu müsste eigentlich die physische Adresse des Geräts bekannt sein, um es gezielt auf Hardware-Ebene angreifen zu können. Neuere Angriffsformen erlauben aber auch den Angriff auf die Firmware und deren Löschung oder Überschreibung, weshalb der Angriff auch Phlashing genannt wird. Und nicht jammern – schließlich verdanken wir diese Entwicklung denen, die das Jailbreaken erfunden haben, also das Entsperren der eigentlich geschützten Firmware auf Smartphones, um danach eigene Firmware-Releases aufzuspielen. Ja, das kann man auch umgekehrt nutzen, und das heißt eben leider nicht mehr: »Juhu, ich konnte mein Smartphone durch Jailbreaking neu installieren«, sondern: »Sehr schlecht, jemand hat durch PDoS das UEFI unseres Servers gelöscht.«

Dass dies alles keine theoretischen Möglichkeiten sind, sondern raue Realität, zeigt folgendes Beispiel, das sich im August/September 2009 in der Schweiz abgespielt hat und seither an verschiedenen Orten in ähnlicher Form auftritt:

Nachdem ein Anbieter von Online-Angeboten längere Zeit durch DoS-Attacken nicht mehr erreichbar war, hat er seine Webseite gegen Anfragen auf den Webserver aus dem Ausland abgesichert, sodass nur noch Anfragen aus dem Inland vom Webserver angenommen wurden. Damit gaben sich die Angreifer aber nicht zufrieden ...

> *»Sie haben der Swisscom, Sunrise und anderen Internet Service Providern anonyme Mails geschrieben und unter Androhung von DDOS-Attacken auf*

Großkunden unmissverständlich ans Herz gelegt, meine Webseite vom Netz zu nehmen«, erklärt der Betreiber das Vorgehen der Konkurrenz. Als darauf nicht reagiert wurde, haben die Erpresser ihre Drohungen wahr gemacht und Swisscom-Kunden mit DDOS-Attacken angegriffen. »Die Verantwortlichen bei der Swisscom ließen sich davon einschüchtern und haben alle von InThe-Net betreuten Webseiten aus dem Netz geworfen, obwohl wir selbst ja von dieser Attacke gar nicht betroffen waren«, echauffiert sich der Kunde. ... Dass ihm die Swisscom deswegen bestehende Verträge fristlos gekündigt hat, stößt ihm sauer auf. ... Er beauftragte jetzt eine Zürcher Anwaltskanzlei mit einer Klage gegen Swisscom.

Offensichtlich können Hacker mit DDOS-Attacken Provider wie die Swisscom zwingen, Dienste von Kunden auszuschalten und Webseiten vom Netz zu nehmen. Gegenüber 20 Minuten Online bestätigt die Swisscom die Angriffe: »Es war ein Internet-Anbieter betroffen, der unter anderem auf die Erotikbranche spezialisiert ist. Durch den enorm ansteigenden Datenverkehr – der gesamtschweizerisch auch andere Provider betraf – waren rund 20 weitere Swisscom-Geschäftskunden von einer Beeinträchtigung im Datenverkehr betroffen. Zum Schutz dieser Kunden und der Infrastruktur sowie um eine Beeinträchtigung der Service-Qualität zu verhindern, sah sich Swisscom veranlasst, die Seite vom Netz zu nehmen«, rechtfertigt die Pressesprecherin das Vorgehen.

Welche Webseiten vom Angriff betroffen waren, wollte die Swisscom nicht sagen. Auch zum Erpresserschreiben wurden keine Angaben gemacht. Wer hinter den Angriffen steckt, konnte noch nicht geklärt werden: »Die Urheber der DDOS-Attacken sind kaum zu eruieren«, so die Pressesprecherin. Die Hintermänner der DDOS-Attacke sitzen also am längeren Hebel – noch.

(Quelle: 20 Minuten Online – Schweiz, publiziert am 2. September 2009)

14.2.3 Pufferüberlauf

Ein Pufferüberlauf (Buffer Overflow) ist ein Angriff, der auf einem Programmierfehler beruht. Viele Anwendungen nehmen Eingaben vom Benutzer oder einer anderen externen Quelle entgegen. Wird die Eingabe ohne weitere Kontrollen in einen vom Programmierer reservierten Puffer verschoben, kann es passieren, dass bei einer zu langen Eingabe der Puffer überschritten wird. Die Daten überschreiben dann andere Bereiche des Programms.

In den meisten Fällen wird dabei lediglich ein Denial of Service ausgelöst, der betroffene Serverprozess stürzt ab. Ziel eines gut programmierten Pufferüberlaufs ist es aber, Schadcode auf das System zu übertragen und diesen auszuführen.

Es gibt viele Spielarten von Pufferüberläufen. Die am einfachsten zu verstehende Variante ist der Pufferüberlauf auf dem Stack, der im Folgenden näher erläutert werden soll.

Der Stack ist ein Bereich im Speicher eines Computers, in dem temporäre Daten gespeichert werden. Das können beispielsweise lokale Variablen sein oder die Returnadresse, zu der der Prozessor springen soll, wenn ein Unterprogramm beendet wurde. Ein gut programmierter Pufferüberlauf überschreibt die Returnadresse mit einem Wert, der den Prozessor zu einem Sprung in den Puffer selbst veranlasst. Dieser Puffer wurde aber vom Angreifer zuvor geschickt und sorgfältig präpariert. Der im Puffer mitgeschickte Schadcode wird ausgeführt, und zwar mit den Rechten des gerade ausgeführten Prozesses. Wenn diese Rechte etwa Root-Rechte sind, sind die Folgen unabsehbar.

Ein prominentes Beispiel ist der Safari-Browser in Apples iPhone, der mit Root-Rechten läuft und über einen Pufferüberlauf bei der Interpretation von PDF-Dateien manipuliert werden konnte. Diese scheunentorgroße Sicherheitslücke konnte unter anderem für einen Jailbreak genutzt werden, mit dem das Sicherheitskonzept des Telefons komplett ausgehebelt wurde.

14.2.4 Man-in-the-Middle-Attacken

Bei der sogenannten Man-in-the-Middle-Attacke, kurz MITM, geht es darum, dass sich ein Angreifer in eine bestehende Verbindung einschleusen kann. Er steht dann sozusagen in der Mitte der Verbindung zwischen den eigentlichen Endpunkten – und zwar so, dass die anderen davon nichts merken.

Das Prinzip ermöglicht es dem Angreifer, sich als jemand anderen auszugeben und so dem Kommunikationspartner eine Identität vorzutäuschen. Damit erlangt er die Kontrolle über die Kommunikation und ist in der Lage, Informationen dieser Verbindung einzusehen – oder auch zu manipulieren.

Sofern der Angreifer sich im selben physikalischen Netz befindet, kann er sich beispielsweise durch Übernahme von MAC-Adressen den Verkehr auf sein System umleiten lassen (sogenanntes ARP-Spoofing). Er kann auch versuchen, einen zweiten DHCP-Server ins Netz einzuschleusen und dort ein falsches Gateway mitzugeben, das dann sein Rechner ist – und schon kommen alle Daten wieder bei ihm vorbei.

Wenn der Angreifer aus einem entfernten Netzwerk kommt, kann er versuchen, die Kontrolle über den Router zu übernehmen, um so an die Datenverbindungen zu kommen. Beispielsweise kann durch DNS-Spoofing oder durch die Veränderung von Routing-Tabellen in Verbindung mit IP-Spoofing ein Zugriff des Kunden von seinem System aus auf einen Bankserver auf den eigenen Server des Angreifers umgeleitet werden. Nun führt der eigene Server die Anfrage beim Bankserver durch, wobei er die vom Kunden angeforderten Daten verwendet. Die von der Bank erhaltenen Daten liefert er an den Kunden zurück. Hierbei können die Daten beliebig modifiziert werden. Beispielsweise kann eine Sammelüberweisung um eine Buchung zugunsten des Angreifers erweitert werden.

Eine spezielle Form hiervon ist das Session-Hijacking. Beim Session-Hijacking wird die Sitzung eines anderen Benutzers übernommen, d. h., ein Angreifer arbeitet anstelle des Benutzers weiter, ohne dass der Server diese Änderung bemerkt.

Beim Session-Hijacking gibt es mehrere Varianten:

- **TCP-Hijacking** Ein Angreifer wird Man in the Middle und übernimmt dann, wie weiter oben beschrieben, die TCP/IP-Verbindung zwischen Benutzer und Server.
- **Cookie-Diebstahl** Falls die Kommunikation zwischen Client und Server über Session-Cookies abgesichert wird, können Angreifer versuchen, ein fremdes Session-Cookie zu erhalten. Session-Cookies sind kurzlebige Cookies, die meist sehr lang sind und einen durch Zufallsgenerator ermittelten Bestandteil haben. Sie sind deshalb schwierig zu raten, können aber beispielsweise über Cross Site Scripting gestohlen oder mit einem Sniffer gelesen werden.

14.2.5 Spoofing

Spoofing ist ein Angriff, bei dem über Netzwerkpakete eine falsche Identität vorgetäuscht wird. Das kann auf allen Ebenen des Netzwerk-Stacks geschehen. Ziel von Spoofing-Angriffen kann es sein, einen Angreifer unkenntlich zu machen oder falsche Webseiten als echt vorzutäuschen.

Die verschiedenen Spoofing-Attacken in Einzelnen:

- **ARP-Spoofing** Mit gefälschten ARP-Paketen (Zuordnung von IP-Adresse zu MAC-Adresse) wird der ARP-Cache des Opfers manipuliert. In der Folge sendet er seine Pakete an ein anderes System, was als Vorbereitung zu Man-in-the-Middle-Angriffen genutzt werden kann. Die Manipulation von ARP-Caches wird auch als ARP-Poisoning bezeichnet.
- **IP-Spoofing** Ein Angreifer sendet IP-Pakete mit einer falschen Absenderadresse ab. Damit verschleiert er seine Identität. Eventuelle Antwortpakete werden allerdings an die falsche (»gespoofte«) Adresse gesendet, sodass sie beim Angreifer nicht ankommen. IP-Spoofing wird deshalb meist nur bei DoS-Angriffen eingesetzt.
- **DNS-Spoofing** Durch die Manipulation eines DNS-Servers (Cache-Poisoning) oder das Senden falscher DNS-Antworten wird die Zuordnung eines Rechnernamens zur IP-Adresse gefälscht. Damit wendet sich der Client bei kommenden Anfragen an ein falsches System, das sich im Besitz des Angreifers befindet.
- **Web-Spoofing** Beim Web-Spoofing wird eine falsche oder in Teilen falsche Webseite als echt vorgetäuscht. Das kann über DNS-Spoofing oder auch über Phishing-Angriffe geschehen.

Aber auch andere Spoofing-Varianten sind denkbar, etwa ein Identitätsdiebstahl durch Anmeldung mit einem falschen Account.

14.3 Social Engineering

Unter Social Engineering versteht man keine technische Bedrohung, sondern die Möglichkeit, auf sozialer Ebene, sprich von Mensch zu Mensch, an Daten oder Informationen zu gelangen, welche ein Angreifer, Social Engineer genannt, danach zu seinen Gunsten verwenden kann.

Social Engineering beruht auf den Eigenschaften der meisten Menschen, dass ...

- sie anderen Menschen helfen möchten.
- sie das Bedürfnis haben, anderen Menschen vertrauen zu können.
- sie selbst gerne geachtet oder beliebt sein möchten.
- sie Ärger und Konflikten tendenziell ausweichen.

Diese Eigenschaften machen sich Social Engineers zunutze, indem sie beispielsweise an die Hilfsbereitschaft appellieren. Beispiele dazu kommen Ihnen vermutlich nicht so fremd vor:

- »Ich bin ein Kollege aus der Abteilung in Bern, ich muss nur schnell meine E-Mails abrufen. Darf ich kurz dein System benutzen?«
- »Ich bin ein Journalist und schreibe einen Artikel über kreative Unternehmer. Erzählen Sie mir doch etwas über Ihren Werdegang und die aktuellen Vorhaben, die Sie weiterverfolgen möchten.«
- »Ich habe ein Problem, nur Sie können mir helfen.«

Ziele der Social Engineers sind:

- Industriespionage: Durch Zugriff ins Unternehmensnetzwerk heikle Informationen über neue oder einzigartige Produkte beschaffen.
- Datendiebstahl: Durch Zugriff auf Unternehmensdatenbanken Adress- oder sogar Kreditkarteninformationen der Kunden erlangen.
- Identitätsdiebstahl: Durch Zugriff auf die Netzwerkanmeldeserver Benutzernamen und Passwörter der Mitarbeiter erlangen.

Das Vorgehen beim Social Engineering folgt dabei immer gewissen Abläufen:

1. Informationen sammeln (Internet, Werbung, Altpapier hinter der Firma ...)
2. Kontakt aufbauen (Telefonanruf, Besuch in der Firma)
3. Vortäuschen einer falschen Identität
4. Informationen erarbeiten/beschaffen

5. Sich rechtzeitig aus dem Staub machen
6. Anwenden der Informationen

Auch hierzu ein konkretes Beispiel:

Eine Gruppe von Angreifern möchte sich gerne die Kreditkartendaten von Kunden einer Firma besorgen, um sich damit anschließend Geld zu beschaffen.

(Schritte entsprechend obiger Nummerierung)

1. Sie sammeln Informationen über die Kundenhotline und den Reklamationsdienst, d.h. die Namen der Verantwortlichen und deren Telefonnummern – im Internet sind solche Informationen heute oft einfach zu erlangen.
2. Es folgt ein erster Telefonanruf bei der Firma: »Guten Tag, ich studiere an der Universität Berlin und mache eine Umfrage über Kreditinstitute. Welches Kreditinstitut nutzen Sie?« Antwort des Kundendienstes: »VISA.« Ende des Gesprächs.
3. Zweiter Telefonanruf, beim Kundendienst der Firma: »Guten Tag, ich bin vom Kundendienst von VISA Deutschland und mache zurzeit eine Umfrage über die Zufriedenheit unserer Kunden. Können Sie mir kurz sagen, mit welchen Accounts Sie bei uns Kunde sind, damit ich Sie nicht mit langweiligen Fragen zu Ihren Personalien stören muss? Vielen Dank.« Antwort: »FI33RM21.« Dann folgen einige sehr unverfängliche Fragen zur Zufriedenheit und Ende des Gesprächs.
4. Anruf bei der Finanzabteilung der Firma: »Guten Tag, ich betreue Ihren Account und muss diesen aufgrund von Sicherheitsproblemen verifizieren. Können Sie mir bitte für Ihren Account FI33RM21 kurz das Passwort nennen?« Antwort: »NI34XA44.« »Alles in Ordnung, vielen Dank.« Ende.
5. Da der Kontakt immer nur telefonisch erfolgte, ist das »Sich aus dem Staub machen« relativ einfach. Allerdings ist darauf zu achten, dass man solche Anrufe nicht von zu Hause aus tätigt ...
6. Mit den Informationen über den Account konnte sich die Gruppe in das Konto der Firma einloggen und Geld an verschiedene Konten überweisen lassen.

Theorie? Mitnichten! Allein im Jahr 2002 haben Social Engineers mit dieser Methode die Kontendaten von über 10'000 Kunden der Ford-Bank in den USA erhalten! Oder denken Sie bei einer Umfrage (Schritt 2) bereits an Social Engineering?

Gerade im Zusammenhang mit den erwähnten Targeted Attacks und APT ist Social Engineering als eine zentrale Komponente der Informationsgewinnung und des Eindringens wieder höchst aktuell – mehr, als Sie vielleicht ahnen.

Und während ich diesen Satz oben geschrieben habe, erhalte ich, wie es der Zufall will, diese Mail zugestellt:

Kapitel 14
Verschiedene Angriffsformen im Netzwerk

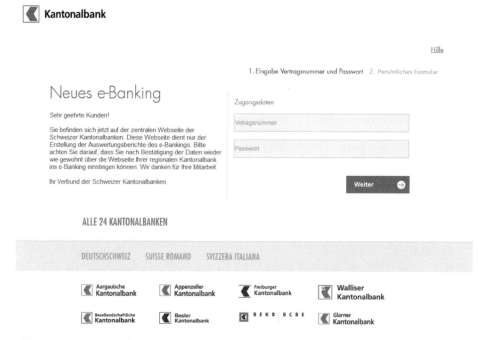

Abb. 14.9: Phishing-Mails als beliebte und erfolgreiche Methode des Social Engineering

Wäre ich jetzt nicht Informatiker und gerade beim Schreiben über Social Engineering und hätte ich ein Konto bei der PostFinance (Schweizer Postbank), müsste ich mir überlegen, ob diese Anfrage nicht wichtig ist. Denn schließlich stimmt das, die Übergangsfrist von SEPA ist abgelaufen ...

Gerade bei einem gezielten Angriff werden Phishing-Mails häufig eingesetzt. Sie sind natürlich wesentlich besser gestaltet und formuliert als obiges, jetzt gerade eingegangenes Beispiel. Und so erreichen Angreifer oftmals ihr erstes Ziel, eine Malware ins Haus zu bringen, damit sie anfangen können, die benötigten Informationen für den eigentlichen Angriff zu sammeln.

Oder haben Sie sich das letzte Mal, als Ihr Hauptlieferant für Kopierpapier Ihnen per Post einen USB-Stick geschenkt hat, ernsthaft Gedanken darüber gemacht, dass dies genauso gut eine Malware von einem anderen Absender sein könnte, mit der Sie jetzt gerade das Netzwerk Ihres Unternehmens verseuchen?

Auf diese Weise hat sich auch der berüchtigte Angriff auf die Sicherheitsfirma RSA abgespielt. Es ist ja nicht so, dass die ihren Job nicht könnten, ihre Sicherheitsmaßnahmen von Sony gekauft hätten oder ihre Daten nicht gut verschlossen und verschlüsselt abgelegt hätten – weit gefehlt. Aber auch die Gebäude von RSA benötigen Klimaanlagen und Klimaanlagen werden nicht von der IT oder dem Hausmeister gewartet, sondern von externen Zulieferern (wie bei wohl allen).

Und genau so einen Zulieferer haben sich die Angreifer ausgesucht, denn dort arbeiten Techniker, nicht Sicherheitsfachleute, und dort sind sie erfolgreich eingedrungen und haben es nach einiger Zeit erreicht, dass diese – für RSA vertraute – Firma die Malware über den Servicedienst, den sie erbracht haben, ins Gebäude der RSA hineinbrachten. So geht das, und wer über drei Ecken planen kann, ist schwer im Vorteil ...

Leider ist es so: Da es sich beim Social Engineering um keine technische Bedrohung handelt, können Sie dagegen auch kein »Gerät« installieren. Sie müssen aber sich und Ihre Mitarbeiter für dieses Problem sensibilisieren:

- Schulung der Mitarbeiter auf heikle Situationen wie Telefonanfragen, Bitten um Adressen oder Telefonnummern usw., die sogenannten Awareness- und Sensibilisierungstraining
- Klassifizierung von Informationen in verschiedene Sicherheitskategorien, grundsätzlich haben dabei alle Daten den Status »intern« und nur was explizit mit »öffentlich« gekennzeichnet ist, darf auch herausgegeben werden, alles andere gilt automatisch als »nicht öffentlich«
- Nutzungsrichtlinien für den Einsatz von Informatikmitteln von den Mitarbeiter lesen und unterzeichnen lassen (Applikationen, Internet, Mail etc.)
- Sensible Daten nur einem möglichst kleinen Personenkreis zugänglich machen, dies technisch durch Netzwerkrichtlinien umsetzen
- Richtlinien für den Umgang mit Personen außerhalb der Firma erlassen
- Aktualisieren der technischen Maßnahmen (Türschließsysteme, Passwortsysteme auf Rechnern, Berechtigungen auf Daten usw.)
- Einen Notfallplan bereithalten, wie in einem Schadensfall vorzugehen ist

14.4 Angriffspunkt drahtloses Netzwerk

Drahtlose Netzwerke haben den unbestreitbaren Vorteil der einfacheren Implementierung, was deren infrastrukturelle Vorgaben anbelangt. Das kabellose Netzwerk ist andererseits auch anderen Gefahren ausgesetzt als eine verkabelte Infrastruktur, da die Daten nicht gleichermaßen durch eine Leitung geschützt ausgetauscht, sondern durch die Luft »frei« übertragen werden. Als Kunstwort für das Aussenden kompromittierender Signale, die eine Schwachstelle bilden und zum Angriff genutzt werden können, hat sich der Begriff Tempest oder Tempest RF eingebürgert.

So haben etwa Begriffe wie das War Driving oder War Chalking zweifelhafte Berühmtheit erlangt.

Beim War Driving gehen oder fahren mit drahtlosem Equipment ausgestattete Personen durch die Gegend und suchen WLANs, in welche sie dann einzudringen versuchen.

Das War Chalking wiederum bezeichnet die anschließende Kennzeichnung solcher gefundenen Netzwerke mit Kreide an einer Gebäudewand oder dergleichen.

Die alte WEP-Verschlüsselung gilt ebenfalls als Unsicherheitsfaktor. WEP-Cracking, das Knacken von vorhandenen WEP-Schlüsseln, ist daher eine reale Bedrohung. Ohne hier allzu sehr ins Detail zu gehen: WEP-Schlüssel sind statisch und zu kurz. Abzüglich der Initialisierungsvektoren von 24 Bit bleiben gerade einmal 40 oder 104 Bit (64-Bit-WEP oder 128-Bit-WEP) für die Verschlüsselung.

Die 40-Bit-Schlüssellänge (64-Bit-WEP) bietet keinen ausreichenden Schutz vor Brute-Force-Angriffen. Mit Brute-Force können Angreifer durch das Aufzeichnen eines einzigen verschlüsselten Datenpakets und das systematische Durchprobieren (daher Brute-Force) möglicher Schlüssel in kurzer Zeit den richtigen WEP-Schlüssel finden. Ein 104 Bit langer Schlüssel (128-Bit-WEP), welcher erst mit dem Standard IEEE-802.11i implementiert wurde, ist durch einen solchen Brute-Force-Angriff zwar aufwendiger zu knacken, es ist aber möglich.

Zudem ist bei WEP kein Schlüsselmanagement vorhanden. Die statischen WEP-Schlüssel müssen manuell bei allen Clients und Access Points im Netzwerk implementiert und aktualisiert werden. Da dadurch aber der Verwaltungsaufwand sehr hoch wird, werden die Schlüssel in der Regel selten oder gar nicht aktualisiert. Das gefährdet die Sicherheit nachhaltig. Denn der Schlüsselstrom ist bei einem statischen, sich nie ändernden WEP-Schlüssel nur vom Initialisierungsvektor (IV) abhängig. Da zusätzlich alle Teilnehmer denselben WEP-Schlüssel verwenden, besteht eine erhebliche Gefahr, dass ein Angreifer diesen Schlüssel ermitteln kann. Je größer die Anzahl Teilnehmer in einem Netzwerk ist, desto mehr steigt diese Gefahr an.

Und nicht zuletzt: WEP kennt keine Benutzerauthentifizierung: Die Authentifizierung überprüft den Benutzer des Systems nicht. Es werden lediglich die WLAN-Adapter authentifiziert. Dazu ist der WEP-Schlüssel auf dem jeweiligen Gerät zum Teil sogar in Klartext abgelegt. So kann ein verloren gegangenes Notebook zum Eindringen in das WLAN verwendet werden.

Die Fortsetzung dieser Gefahrenlage zeigt sich im etwas neueren WPA-Verschlüsselungssystem. Denn auch WPA-Cracking ist eine Gefahr. Denn bevor mit 802.11i, umgangssprachlich WPA2 genannt, ein aktuell sicherer Standard definiert wurde, kam mit WPA ein Zwischenschritt auf den Markt, der wesentliche Schwachstellen von WEP immer noch enthält, auch wenn WPA immerhin schon dynamische anstelle von statische Schlüsseln einsetzt, allerdings nach demselben RC4-Verfahren arbeitet wie WEP.

Weitere Angriffsmöglichkeiten ergeben sich durch die in drahtlosen Netzen eingesetzten Geräte:

- Rogue Access Point: Ein unerlaubter Access Point, der versucht, sich in Ihr Netzwerk hinein zu verbinden.

- Evil Twin: Ein Access Point versucht, sich als »bekannt« auszugeben (als böser Zwilling), z. B. durch Übernahme einer bekannten SSID, und so den Netzwerkverkehr des WLAN über sich umzuleiten.
- Bluejacking und Bluesnarfing sind zwei Methoden, die speziell auf Bluetooth ausgerichtet sind. Beim Bluejacking erhalten Sie unaufgefordert Meldungen auf Ihr Gerät, in der Regel Werbung. Das ist eher harmlos, aber nervig. Beim Bluesnarfing versucht der Angreifer, auf Ihr Gerät zuzugreifen und Einsicht in Kalender, Adressbuch oder Mails zu nehmen. Allerdings gibt es dazu heute einen viel einfacheren Weg – erfinden Sie eine App, laden Sie diese in einen der App-Stores, am besten lassen Sie sie kostenlos, und nennen Sie sie »Vacebuuk«, »Picogramm« oder noch besser »Wotssap«, Dann spricht auch niemand mehr von Angriff und Sie können sich legal vom Adressbuch bis zum Standort des Nutzers alle Informationen einholen ...

14.5 Der freundliche Mitarbeiter

Nicht wenige Angriffe oder Schädigungen erfolgen durch die eigenen Mitarbeiter. Das beginnt mit dem privaten Notebook, das sie ins Firmennetz einstecken und damit Viren von zu Hause mitbringen, weil der Sohn die Nacht vorher gerade mit entsprechenden Online-Games schwer beschäftigt war, und geht über Unachtsamkeit bis hin zum Daten- oder Gerätediebstahl.

Der Idealfall im Umgang mit Mitarbeitern und der Sicherheit lautet daher:

> Der berechtigte Mitarbeiter greift im Rahmen seiner Autorisierung auf die ihm zustehenden Daten zu.

Davon abweichend gibt es aber folgende Fälle, die zu behandeln sind:

- Der Mitarbeiter greift auf ihm nicht zustehende Daten zu (oder versucht es zumindest).
- Die Autorisierung auf Daten wird nicht verändert, obwohl Mitarbeiter neue Verantwortlichkeiten übernehmen oder solche abgeben.
- Mitarbeiter treten aus dem Unternehmen aus, aber ihr Konto bleibt aktiv.
- Administratoren haben der Einfachheit wegen Zugriff auf alle Daten.
- Putzpersonal hat einen Schlüssel zu allen Räumen, auch zu den mit sicherheitsrelevanten Systemen.

Diese Liste ist bestimmt nicht vollständig, zeigt aber einige wesentliche Probleme auf, die im Zusammenhang mit Mitarbeitern zu klären sind.

Daher müssen Prozesse definiert werden, welche diese Sachverhalte festhalten. Es braucht z. B. einen Prozess, der festlegt:

- Wer bestimmt, welche Rechte ein neu eintretender Mitarbeiter übernimmt?
- Wer ist verantwortlich, dass personelle Wechsel im System richtig abgebildet werden?
- Wer deaktiviert Konten ausgetretener Mitarbeiter?
- Welche Rechte dürfen die Admins wirklich zugewiesen erhalten?
- Wer hat Zutritt zu welchen Räumen – und wer stellt dies sicher?

Im laufenden Betrieb lassen sich zudem Sicherheitsrisiken minimieren, indem beispielsweise von Zeit zu Zeit durch Aufgabenteilung und Job-Rotation die Zuständigkeiten und damit auch die Einflussnahme einzelner Personen verändert werden. Es gibt sogar den Begriff der »Mandatory Vacations«, mit Zwangsferien etwas hart übersetzt. Diese gelten beispielsweise bei wichtigen Stellen im Finanz- und Sicherheitswesen.

Der Sinn dahinter ist folgender: Da die zuständige Person in die Ferien **muss**, ist sie verpflichtet, eine Stellvertretung zuzulassen. Dadurch kommt eine andere Person mit denselben Rechten und Aufgaben an die Stelle, was wiederum eine Querprüfung über das Verhalten der eigentlich zuständigen Person erlaubt und helfen soll, möglichen Missbrauch oder Fehlverhalten frühzeitig zu erkennen.

Auch die Trennung von Verantwortlichkeiten bzw. die Funktionstrennung zwischen Mitarbeitern, Segregation of Duties genannt, spielt hier eine wichtige Rolle, um die Risiken zu minimieren.

14.6 Fragen zu diesem Kapitel

1. Wenn Sie Richtlinien zum sicheren Umgang mit Informationen erlassen und die Benutzer in Ihrem Unternehmen für die entsprechenden Vorgehensweisen ausbilden, kann Sie dies besser schützen vor:

    A. Smurf-Attacken

    B. Man-in-the-Middle-Attacken

    C. Trojanern

    D. Social Engineering

2. Wenn ein Angreifer das Zielsystem mit Informationen überflutet, sodass es berechtigte Anfragen nicht mehr verarbeiten kann, nennt sich dies:

    A. Blackhacking

    B. Session Denying Attack

    C. Bluehacking

    D. Denial of Service Attack

3. Welcher Begriff passt technisch zu einer Smurf-Attacke?
   A. IP Spoofing
   B. Rechte-Eskalation
   C. Polymorphe Software
   D. Crimeware

4. Welche Sicherheitslücke nutzt den Vorteil einer manipulierten MAC-Adresse?
   A. WPA Filtering
   B. DNS Bounding
   C. ARP Poisoning
   D. Bluejacking

5. Welcher andere Begriff bezieht sich auf einen unerlaubten Access Point?
   A. Trojan Access Point
   B. Evil Twin
   C. Malware Access
   D. War Chalking

6. Worin liegt der Unterschied zwischen einer DoS- und einer DDoS-Attacke?
   A. Die DDoS-Attacke nutzt verteilte Angreifer, die gleichzeitig ein gemeinsames Ziel angreifen.
   B. Die DoS-Attacke nutzt verteilte Angreifer, die nacheinander ein gemeinsames Ziel angreifen.
   C. Die DDoS-Attacke greift gleichzeitig verschiedene Ziele an.
   D. Die DoS-Attacke benötigt mindestens zwei unterschiedliche Angriffsziele, damit sie stattfinden kann.

7. Welches ist ein Beispiel für eine Geländeaufnahme drahtloser Netzwerke?
   A. Shoulder Surfing
   B. Bluesnarfing
   C. War Driving
   D. Access Phishing

8. Welcher Angriffsform ordnen Sie die Mailanfrage eines Ihnen unbekannten internen Mitarbeiters zu, der Sie bittet, Ihnen ein Dokument von einem USB-Stick auszudrucken, den er senden wird?
   A. Trojan Attack
   B. Social Engineering
   C. APT
   D. Phishing

Kapitel 14
Verschiedene Angriffsformen im Netzwerk

9. Das unmittelbare Ausnutzen von eben bekannt gewordenen Sicherheitslücken in einer Software für einen gezielten Angriff zu einem Zeitpunkt, zu dem es noch keinen Patch für die Software gibt, nennt man auch:

   A. Zero Day Attack

   B. Backdoor Attack

   C. Social Engineering

   D. Patch Day

10. Die Plattform für DDoS-Attacken sind:

    A. Quarantäne-Rechner

    B. Malware

    C. Honeypots

    D. Botnetze

Kapitel 15

Die Verteidigung des Netzwerks

Den Angriffen stehen Sie als Benutzer(innen) und Administrator(inn)en, als Netzwerkverantwortliche genauso wie als Leiter(innen) IT gegenüber – Sie müssen basierend auf den verfügbaren Sicherheitsverfahren geeignete physische, organisatorische und technische Maßnahmen ergreifen, um solche Angriffe abzuwehren. Die drei Begriffe physisch, organisatorisch und technisch zeigen Ihnen dabei an, wie vielfältig die Thematik ist und wie anspruchsvoll je nach Firmenaufbau die Umsetzung sein kann. Darum gibt es entweder einen SIO (Security Information Officer) oder einen SiBe (Sicherheitsbeauftragten), die sich umfassend mit dieser Thematik und allen betroffenen Stellen im Unternehmen und den jeweils dafür verantwortlichen Personen befassen.

Dabei bleibt es heute staatlichen Stellen und privaten Unternehmen gleichermaßen längst nicht mehr selbst überlassen, ob sie sich mit dieser Thematik überhaupt auseinandersetzen wollen. Im Gefolge der in vielen Ländern herrschenden Datenschutzgesetze (Schutz der Persönlichkeitsrechte bei Datenbearbeitung) besteht auch eine Pflicht, sich um die Datensicherheit zu kümmern, um eben diese Persönlichkeitsrechte angemessen zu wahren. Die Richtlinien dazu werden von den nationalen Stellen publiziert, in Deutschland etwa vom Bundesamt für Sicherheit in der Informationstechnik (BSI), in der Schweiz vom Datenschutzbeauftragten oder in Österreich durch die Datenschutzbehörden.

> Sie lernen im folgenden Kapitel:
>
> - Was physikalische Sicherheit alles umfasst
> - Wie physikalische Sicherheit realisiert werden kann
> - Was fehlertoleranter Aufbau zur Erhöhung der Sicherheit beiträgt
> - Die Bedeutung von Backups für Netzwerkgeräte erkennen
> - Virenschutz mit Konzept umsetzen
> - Firewall-Typen und -Geräte unterscheiden
>   - Dedizierte und personalisierte Firewall
>   - Verschiedene Typen dedizierter Firewalls
>   - Das Konzept der DMZ verstehen
>   - Proxyserver ins Firewall-Konzept einordnen
>   - IDS und IPS als Bestandteil von Bedrohungsabwehr integrieren

- Aktive Suche nach Schwachstellen durchführen
- Übergeordnete Verteidigungskonzepte verstehen

15.1 Physikalische Sicherheit

Unter physikalischer Sicherheit verstehen wir sowohl bauliche als auch organisatorische Maßnahmen rund um die Thematik Gebäude-, Infrastruktur- und Zutrittsschutz.

Organisatorische Fragen in diesem Zusammenhang lauten:

- Welche Zugangsbeschränkungen wie Schlüsselsysteme oder Badges gibt es generell für den Zugang zum Gebäude?
- Welche Zutrittsregelungen werden bei den kritischen Räumen getroffen? Und wer verwaltet diese Regelungen und aktualisiert sie bei Bedarf?
- Wer kümmert sich um die Abläufe der physikalischen Sicherheit?

Bauliche Maßnahmen befassen sich mit Fragen wie:

- Wie steht es um Hochwassersicherheit der Gebäude bzw. Räume?
- Wie ist der Brandschutz umgesetzt?
- Wie ist der Schutz der Anlagen gegen Hitze oder Kälte geregelt?
- Wie ist die Stromversorgung aufgebaut?
- Gibt es Ersatzgeneratoren, Notstrom, unabhängige Netzleitungen?

Je größer die Informatikumgebung ist, desto umfassender müssen diese Fragen geklärt werden. Aber auch, wer nur einen Server im Keller stehen hat, sollte sich überlegen, wie gut dieser gegen Wassereinbruch geschützt ist – bevor die nächste Überschwemmung alle Daten wegspült! Ansprechende Beispiele zu dieser Thematik hatten Sie ja in den Nachrichten der letzten Jahre genug!

15.1.1 Zutrittsregelungen

Zugriff und Zutritt sind zwei verschiedene Ebenen. Der Zugriff wird organisatorisch geregelt, der Zutritt primär durch physische Maßnahmen, die organisatorisch überwacht werden. Über den organisatorischen Aspekt des Zugriffs haben Sie bei den Sicherheitsverfahren in Kapitel 13 gelesen, auf was Sie bei der Einrichtung und Nutzung von Passwörtern achten müssen. Dazu gehört auch das regelmäßige Wechseln von sicheren Passwörtern. Das gilt für den Remote-Zugriff auf den Server genauso wie für verwaltbare Netzwerkkomponenten, auf die Sie Zugriff nehmen.

Die Regelung des physischen Zutritts (Zugang) beginnt beim Gebäude selbst, geht weiter über die Zutrittsberechtigung zum Serverraum und endet bei der Absicherung der Racks und Servergehäuse. Nur so sind die Systeme selbst letztlich gegen unberechtigten Zutritt und Zugriff richtig gesichert.

Für die Zutrittsregelung kommen unterschiedliche Schließsysteme zum Einsatz:

- Schlüssel
- Badge oder Keycard
- Biometrisches System
- Hybride Systeme

Schließsysteme sind wichtig, aber sie sind nicht besser als der, der sie verwaltet. Nach der Installation muss das Schließsystem auch organisiert werden. Ein- und vor allem Austritte von Mitarbeitern müssen im System hinterlegt werden, sodass beispielsweise Schlüssel von austretenden Systemadministratoren wieder eingezogen werden, Badges ihre Gültigkeit verlieren oder biometrische Systeme die entsprechenden Personen nicht mehr akzeptieren. Wichtig ist, ein Verzeichnis aller ausgegebenen Schlüssel zu führen (und aktuell zu halten), damit man weiß, wer welchen Schlüssel besitzt.

Schließsysteme gibt es vom altbekannten Schlüsselsystem über Zahlenschlösser bis hin zu den chipgesteuerten elektronischen Schließsystemen, wie sie heute vielfach eingesetzt werden. Elektronische Schlösser lassen sich zentral verwalten, das heißt auch, ein verlorener oder gestohlener Schlüssel kann sofort gesperrt werden und das Medium erlaubt keinen Zutritt mehr aufgrund der Sperrung.

Nicht zuletzt müssen Schließsysteme wirklich zielführend eingesetzt werden. Es nützt das beste elektronische System nichts, wenn der Techniker einen Holzkeil in die Tür klemmt, um schneller hinein- und hinauszugelangen zu können, und der Serverraum danach stundenlang für alle zugänglich ist.

Zum Thema Zutritt gehört auch die Überwachung. Wird der Zugang zu kritischen Räumen überwacht und wenn ja wie? Gibt es vielleicht eine Videoüberwachung oder gar Bewegungsmelder?

Und wie ist die Alarmierung geregelt, wenn jemand unberechtigt den Raum betritt oder ohne die korrekte Berechtigung Zutritt erlangt?

Gerade in sensiblen Bereichen (Rechenzentren, Geldautomaten etc.) ist auch der Einsatz von Wachpersonal eine nicht zu unterschätzende Form von Zutrittsregelung, die im Zusammenhang mit Zutrittsausweisen oder Kontrolllisten eine wirkungsvolle Maßnahme darstellt.

Das Wachpersonal kann auf der einen Seite reine Sichtkontrollen durchführen (wird der Zugangscode bzw. die Keycard eingegeben) oder den Zugang anhand von Kontrolllisten aktiv regeln. Klassisch in diesem Zusammenhang ist das Beispiel von Besuchern, die sich mit Namen und Unterschrift in solche Kontrolllisten ein- und beim Verlassen des Gebäudes auch wieder austragen. In Hochsicherheitszonen kommt zudem die Kontrolle von Gepäck hinzu – manuell oder unterstützt von elektronischen Hilfsmitteln (Gepäck-Scanner).

Alle diese Fragen wollen dem Einsatzgebiet und der Wichtigkeit entsprechend beantwortet und in einem Konzept zur physischen Sicherheit festgehalten werden.

15.1.2 Vom Badge bis zur Biometrie

Umgangssprachlich werden als Badges Ausweise bezeichnet, die aufgrund von aufgedruckten Merkmalen wie Identitätsfoto oder Strichcode zur Identifizierung von Personen eingesetzt werden.

Grundsätzlich werden zwei Arten solcher Badge-Systeme unterschieden:

- Kontaktbehaftete Systeme: Magnetstreifenkarten, Kontaktkarten
- Berührungslose Systeme: RFID, Proximity Card, Contactless Smart Cards

Die Systeme mit Kontakt zum Lesegerät sind insofern etwas sicherer, als dass keine Daten über die Luft übermittelt werden, allerdings können sie bei Diebstahl genauso ausgelesen und manipuliert werden wie die neueren berührungslosen Systeme.

Bei allen Systemen liegt der Fokus heute darauf, die Daten auf den Badges selbst zu verschlüsseln und sie zentral zu erfassen, sodass auch eine Sperrung zentral erfolgen kann, selbst wenn die Karte noch im Umlauf ist.

Ein biometrisches Erkennungssystem dagegen misst Werte an lebenden Wesen, im konkreten Werte von Mitarbeitern eines Unternehmens, welche Zutritt zu Räumen und Systemen der Informatik erhalten möchten.

Damit ein biometrisches Erkennungssystem zuverlässig funktioniert, benötigt es gut definierbare Messgrößen sowie eindeutige und konstante Merkmale, um eine Person zweifelsfrei und unabhängig von Alter oder Gesundheit zu identifizieren.

Dabei kommen sowohl verhaltensbasierte wie auch physiologiebasierte Merkmale in Frage, die über längere Zeit stabil sind. Dazu gehören verhaltensbasiert etwa die Stimme oder die Handschrift, physiologiebasiert der Fingerabdruck, die Iris oder auch die Hand- oder die Gesichtsgeometrie.

Natürlich gibt es noch mehr relativ eindeutige Merkmale wie etwa die Zahnstellung – aber wir möchten ja hier ein biometrisches Erkennungssystem beschreiben und das Erfassen des Zahnabdrucks wäre da nicht gerade hilfreich.

Bei biometrischen Erkennungssystemen werden aktuell unterschiedliche Verfahren einzeln oder kombiniert eingesetzt:

- Gesichtserkennung
- Iris-Scan

- Retina-Scan
- Handschriftenerkennung
- Finger- oder Handabdruck
- Stimmerkennung
- Bilderkennung
- Venen-Scan

Damit ein biometrisches System funktioniert, muss es mit den individuellen Daten der Berechtigten »gefüttert« werden. Dazu benötigt das Lesegerät einen Sensor zur Merkmalsextraktion sowie eine Software zum Vergleich des erfassten Merkmals mit der sich identifizierenden Person (Merkmalsvergleich). Als Sensoren kommen Bildsensoren (Kamera, optische Sensoren), kapazitive Sensoren (Streifensensoren) oder Ultraschallsensoren zum Einsatz.

Die Sensoren lesen zuerst ein biometrisches Beispiel ein, welches digital verschlüsselt abgespeichert wird und damit auch nicht gestohlen oder missbraucht werden kann. Dieses dient bei zukünftigem Einsatz des Sensors als Referenz für den Merkmalsvergleich mit der Person, die sich aktuell am System identifizieren möchte. Manchmal werden auch mehrere Beispiele genommen, um Abweichungen zu verarbeiten.

Wird das System nebst der Identifikation auch zur Verifikation, z. B. Anmeldung an einem System, eingesetzt, wird es mit Badges, PINs oder Usernames kombiniert. In diesem Fall wird zuerst die Verifikation durchgeführt: Gibt es diesen Benutzer? Anschließend wird die Identifikation durch das biometrische Erkennungsgerät durchgeführt: Handelt es sich um diese Person?

15.1.3 Zutrittsschleusen und Videoüberwachung

Um hochsichere Räume wie ein Rechenzentrum zu schützen, werden diese nebst obigen Sicherheitssystemen meist mit physischen Barrieren ausgerüstet, sogenannten Schleusen, englisch Man Trap genannt.

Am effizientesten sind in diesem Zusammenhang die Mannschleusen oder Drehschleusen. Nachdem sich der Zutrittswillige authentifiziert hat, kann er die Schleuse betreten, diese schließt sich hinter ihm und öffnet den Zugang erst, wenn keine weitere Person die Schleuse mehr betreten kann. Dies ermöglicht eine hohe Kontrollsicherheit. Besonders sensible Drehschleusen sind zudem mit Gewichtssensoren ausgestattet, damit sich bestimmt nicht mehr als eine Person in der Schleuse befinden kann und sich niemand im Huckepack oder durch dichtes Beieinanderstehen einschleichen kann. Ergänzt werden kann diese Schleuse durch einen Wachposten oder eine Videoüberwachung, die das Geschehen überwacht.

Bei Schleusenzugängen findet die Zutrittserteilung in der Regel in mehreren Schritten statt:

- Autorisierung: Durch Badge oder Ausweis. Nur ein gültiger Ausweis ist in der Lage, die Schleuse zu öffnen
- Authentifizierung: Durch ein biometrisches System (oder älter: PIN-Nummer) wird überprüft, ob die eingetretene Person auch wirklich die autorisierte Person ist.
- Vereinzelung: Durch den Einsatz von Sensoren wird sichergestellt, dass nur eine Person in der Schleuse ist und keine weitere Person unerlaubt eingeschleust werden kann.

Wichtig ist beim Einsatz von Schleusen, dass außerhalb dieser Schleusen kein Zutritt möglich ist. Bei geschlossenen Räumen ist dies kaum ein Problem (Mauern), aber wenn es um ganze Gelände oder Gebäude geht, muss gegebenenfalls mit weiteren Maßnahmen wie einer Videoüberwachung oder mit Umzäunungen gearbeitet werden, um einen unberechtigten Zutritt zu verhindern.

In Kombination mit Zutrittsbeschränkungen wie Sicherheitsschleusen oder bewachten Zugängen wird häufig eine Videoüberwachung eingesetzt.

Die Videoüberwachung wird über Kameras realisiert, entweder via CATV (Kabel-TV) oder via Netzwerkkameras. Je nach Einsatzgebiet müssen solche Kameras große Temperaturunterschiede aushalten, wetterfest sein und sowohl Tag- als auch Nachtsichtobjektive aufweisen. Moderne Kameras bieten auch einen Modus für hohe Auflösung, damit auch Details der Überwachung zu erkennen sind.

Beim Aufstellen einer Kamera ist zu beachten, dass sie möglichst große Sichtwinkel bietet und auf einer Höhe angebracht wird, die es einem Angreifer nur schwer ermöglicht, die Kamera auszuschalten. Achten Sie auch auf die sichere Führung von Strom- und Datenkabeln, die von außen nicht zugänglich sein sollten.

Hilfreich ist in diesem Zusammenhang sicher die Anbringung mehrerer Kameras mit überlappenden Sichtwinkeln: Dies erhöht die Sicherheit gegenüber versteckten Angreifern oder dem Anschleichen an eine Überwachungsstation.

Heute können Sie sich zwischen kabelgebundenen oder drahtlosen Kameras entscheiden. Dabei ist die Verlegung kabelloser Kameras gewiss einfacher, dafür bilden drahtlose Kameras ein höheres Sicherheitsrisiko beim Abfangen des Signals.

Eine weitere Möglichkeit ist der Einsatz beweglicher Kameras sowie von Kameras mit automatischer Ereigniserkennung bzw. Bewegungsmeldern, welche bei Bedarf an ein Alarmierungssystem angeschlossen werden können.

Um die Sicherheit von sensiblen Bereichen zu erhöhen, werden mehrere Ebenen des Zutrittsschutzes realisiert, welche auf unterschiedlichen Attributen beruhen. So beginnt der Zutritt zum Gebäude beispielsweise über ein Badge-System, beim Eingang zum Rechenzentrum im Gebäude gibt es eine Videoüberwachung, welche einen neuerlichen Badge-Zutritt überwacht, und der Raum mit den sensiblen

Servern wird durch eine Zutrittsschleuse geschützt. Dadurch werden mehrere physische Barrieren eingebaut, um die Sicherheit zu erhöhen.

Durch den Einsatz unterschiedlicher Technologien schafft man sich zudem eine gewisse Unabhängigkeit, falls eines der Systeme überwunden wird oder ausfällt.

15.1.4 Schutz gegen Einbruch, Feuer und Wasser

Ein Gebäude und die Räume darin müssen gegen verschiedene Gefahren geschützt werden, namentlich gegen Einbruch, Feuer und Wasser.

Der Einbruchschutz wird primär durch den Bau selbst gewährleistet, d.h. durch den Einsatz von einbruchsicheren Türen und Fenstern sowie durch die bereits beschriebenen Maßnahmen der Überwachungs-, Schließ- und Zutrittssysteme, die Gebäude und sensible Räume vor unerlaubtem Eintreten schützen.

Auch der Einsatz von Safes für die Aufbewahrung von wichtigen Dokumenten oder auch Datenträgern gehört zu den wichtigen Maßnahmen des Einbruchsschutzes. Ebenso selbstverständlich sollten Server- und Netzwerkracks nicht nur in abgeschlossenen Räumen stehen, sondern auch selbst verschlossen sein – und nicht so wie letzthin gerade wieder gesehen bei einem mittelgroßen Kunden, wo die produktiven Server auf einem alten Schulpult stehen, und dies durch eine Servicefirma installiert ...

Abb. 15.1: Safe für die feuerfeste Aufbewahrung von Datenträgern

Hinzu kommt die Installation von Alarmanlagen, an welche die bereits beschriebenen Systeme gekoppelt werden können, um so ein widerrechtliches Überwinden von Schließanlagen zu überwachen und entsprechende Maßnahmen (Alarmierung von Sicherheitsdienst, zusätzliche Verriegelungen etc.) auszulösen. Gekoppelt werden können diese Anlagen auch mit der Videoüberwachung oder wie schon erwähnt mit zusätzlichen Bewegungsmeldern, welche Auffälligkeiten registrieren und melden.

Wichtig bei der Implementierung eines Einbruchsschutzes sind der Test und eine regelmäßige Überprüfung der Anlage, damit deren Funktionalität gewährleistet ist und sie nicht eine Scheinsicherheit vermittelt, im Ernstfall dann aber versagt.

Ein weiteres Thema der physikalischen Sicherheit ist der Hochwasserschutz. Während der Schutz vor Hochwasser bzw. vor von außen eindringendem Wasser vor allem eine bauliche Angelegenheit ist (z.B. Hochwasserschotte oder Wasserschotttüren), kann gegen die anderen Wasserschäden auch durch die Raum- und Anlagegestaltung einiges unternommen werden.

Gegen kleinere Wassermengen sind mit Hohlboden ausgestattete Räume sicher ein guter Schutz – sofern man die Hohlböden dann nicht auf derselben Ebene für eine schlecht geschützte Stromführung missbraucht ... Ebenso wichtig: keine Fenster in Server- oder Telekommunikationsräumen, wichtige Systeme nicht auf den Boden stellen, sondern in einem Rack montieren, und keine wasserführenden Gebäudeleitungen durch den Serverraum leiten. Dazu bemühe ich noch einmal das Beispiel von vorhin: Dieselbe Firma, die Server auf Schulpulte installiert, hat auch die USV für beide Server direkt auf den Kellerboden gestellt ...

Zurück zu den Fakten: Wichtig ist neben der Aufstellung und den Räumlichkeiten selbst auch eine sorgfältige Planung und Installation der Klimaanlagen, damit kein Kondenswasser in Berührung mit elektrischen Anlagen kommen kann.

Nicht zuletzt ist es von Nutzen, mit entsprechenden Sensoren die Feuchtigkeit und gegebenenfalls eindringendes Wasser frühzeitig zu erkennen, um Maßnahmen treffen zu können, bevor alles meterhoch unter Wasser steht.

Zu guter Letzt gehört der Brandschutz zu den hier zu besprechenden Elementen. Brandschutz ist Aufgabe der Bauleitung bzw. der Gebäudeplanung oder Nachrüstung. Sie sind damit also eher in der Bedienung als in der Erstellung involviert, doch auch dies muss richtig gemacht sein. Was nützen Brandschutztüren, die mit Türstoppern versehen sind, damit sie immer offen bleiben?

Entsprechend der Umgebung können Brandschutzmauern sowie Brandschutzschleusen und -tore verbaut werden. Häufig müssen diese Anlagen aber bereits beim Bau des Gebäudes oder Raums mitberücksichtigt werden, da ein nachträglicher Einbau, wenn überhaupt möglich, nur mit großem Aufwand zu realisieren ist.

Was sich auf jeden Fall während oder nach dem Bau implementieren lässt, sind Brandmeldeanlagen und Rauch- oder Feuersensoren. Diese müssen mit einer Alarmanlage und allenfalls auch direkt mit einer Löschanlage gekoppelt werden, damit das Feuer im Brandfall möglichst rasch bekämpft werden kann.

Bei größeren Räumen ist auch eine Rauchabsauganlage von Nutzen, die den Rauch entsprechend aus dem Raum absaugt. Zwingend notwendig sind Abzugssysteme immer dort, wo mit Gaslöschanlagen gearbeitet wird.

Feuerlöschanlagen für IT-Infrastrukturen können sehr unterschiedlich konzipiert und mit unterschiedlichen Löschmitteln betrieben werden. Nicht jedes Löschmittel ist für den gleichen Zweck geeignet. Allen voran können Sie in elektronischen Umgebungen wie Serverräumen oder Rechenzentren nicht mit Wasser agieren, da dies zu erheblichen Schäden führen würde.

Möglich sind der Einsatz von Stickstoff oder Argon, die per se nicht giftig oder personengefährdend sind und die das Feuer ersticken. Sie können in hoher Konzentration bei der Brandbekämpfung aber zu Sauerstoffmangel führen. Argon kann in Löschanlagen eingesetzt werden, nicht in Feuerlöschern.

Auch CO_2 löscht das Feuer durch Ersticken. CO_2 treffen Sie auch in Feuerlöschern an (anstelle von Löschschaum oder Löschpulver). Sein großer Vorteil bei der Brandbekämpfung in elektrischen oder elektronischen Umgebungen wie Telekommunikationsanlagen oder Rechenzentren ist, dass es nicht elektrisch leitend ist und dass es keine Rückstände hinterlässt. Allerdings können durch die entstehende große Kälte magnetische Datenträger beschädigt werden. Bei der Anwendung sollte nicht vergessen werden, dass CO_2 für Mensch und Tier als Atemgift wirkt und daher nicht unbedenklich eingesetzt werden sollte, insbesondere in geschlossenen Räumen.

Halone, wie sie früher verwendet wurden, sind aufgrund ihrer Schädlichkeit heute verboten. Es gibt aber neue und zugelassene Halone, die neuerdings wieder eingesetzt werden. Da sie das Feuer nicht ersticken, sondern an seinem Verbrennungsvorgang hindern (chemische Reaktion), benötigt ihr Einsatz deutlich weniger Löschmittel als der von Stickgasen.

15.1.5 Klimatisierung und Kühlung

Server- und Netzwerkräume enthalten in der Regel auf engem Raum zahlreiche Geräte, welche durch ihren elektrischen Betrieb Wärme abgeben. Im Unterschied zu Rechenzentren, bei denen die Klimatisierung von Planungsbeginn an eine feste Komponente beim Bau des Gebäudes ist, werden in diesen Räumen vorgängig oft keine gezielten Überlegungen zur Klimatisierung angestellt. Erst wenn Probleme durch zu große Wärme auftreten, wird über die Klimatisierung bzw. Kühlung des Raums beraten.

Als Informationen dazu können Sie davon ausgehen, dass in einem Serverraum bis zu 4000 Watt pro Quadratmeter zu kühlen sind, ein volles Blade-Rack verbraucht bis zu 20 Kilowatt pro Rack. Dabei gilt der Grundsatz: Power in = Heat out (Energie rein und dafür Hitze raus).

Wenn ein Doppelboden im Raum vorhanden ist, kann die Kühlung über diesen Hohlboden erfolgen. Ansonsten muss die Luft im Raum selbst gekühlt werden. Bei den in kleineren Umgebungen oft anzutreffenden Haushaltsklimageräten ist dabei zu bedenken, dass diese oft nicht geeignet sind, weil die Luft durch den Betrieb dieser Geräte zu trocken wird. Um nicht zusätzliche Risiken durch statische Ladungen oder (wenn zu feucht) durch Korrosion zu erzeugen, sollte die Luftfeuchtigkeit in Räumen mit Netzwerk- oder Servergeräten zwischen 30% und 60% liegen (45% +/- 15% Abweichung). Die Temperatur beträgt idealerweise rund 23 °C +/- 3 °C.

Wenn Sie den Raum mit einer Klimaanlage kühlen, müssen Sie auch beachten, dass die durch das Klimagerät entzogene Wärme (Abluft) aus dem Raum abgeführt wird. Sonst hebt sich der Nutzen der Anlage direkt auf. Aus diesem Grund müssen Abluftrohre aus dem Raum, in der Regel nach draußen, geführt werden. Hierbei dürfen wiederum andere Gefahren wie eindringendes Wasser bzw. der Einbruchschutz nicht vernachlässigt werden.

Ein neueres Konzept der getrennten Luftführung nennt sich Warmluftgang- und Kaltluftgangführung. Das heißt, es bestehen separate Kaltluftgänge, die kühle Luft zu den Systemen hinführen, und Warmluftgänge, die die warme Luft aus den Systemen absaugen. Dabei werden die zu kühlenden Systeme in Schränken oder über mehrere Racks hinweg zusammengenommen und nach außen abgedichtet, sodass die kühlende Luft direkt zu diesen Komponenten hingeführt wird. Durch das Absaugen der warmen Luft entstehen präzise gelenkte Luftströme, die eine kosten- und energieeffiziente Kühlung der Anlage zulassen und es nicht mehr erfordern, dass ganze Räume gekühlt werden müssen.

In kleineren Räumen wird die Anlage meistens luftgekühlt betrieben, in größeren Räumen sind auch Wasserkühlung oder direkte Rack-Kühlung mit Luft-Wasser-Wärmetauscher im Einsatz. Die ETH Zürich hat zusammen mit IBM sogar ein Modell vorgestellt, bei dem Mainboards und Prozessoren direkt wassergekühlt werden und die zur Kühlung benötigte Energie damit massiv reduziert werden kann. Zudem wird dort die Abwärme direkt zur Wärmeversorgung anderer Gebäude wieder eingesetzt, was bis zu 75% der Energie wiederverwendbar macht.

Überhaupt nimmt die Bedeutung der Kühlung heute zu, je größer der zu kühlende Raum ist. Dies hat weniger mit Sicherheit als mit den enormen Energiekosten zu tun. Es gibt daher verschiedenste Ansätze, um Rechenzentren optimal zu kühlen und dabei Energie zu sparen.

15.2 Fehlertoleranter Aufbau

Damit gerade im Netzwerkbereich ein Ausfall einer Komponente nicht zu einem Ausfall der Infrastruktur führen muss, gibt es verschiedene Möglichkeiten und Ebenen der Redundanz, die sich realisieren lassen.

Die grundlegendste Ebene ist hier die Redundanz von Komponenten. Diese werden also doppelt (oder mehrfach) verbaut und bei Ausfall der einen übernimmt die andere gleichartige Komponente deren Tätigkeit, bis sie ersetzt oder repariert wurde.

Da sind zum einen die Netzwerkschnittstellen. Sowohl für Server als auch für Core-Switches oder Router gibt es verschiedene Formen der Adapterzusammenarbeit, um die Leistung von Netzwerkverbindungen zu optimieren, genannt Bonding (Bündelung) oder Teaming (Zusammenarbeit). Dazu gehört auch die Möglichkeit der Übernahme von Arbeiten im Fehlerfall (Fail Over). Die Möglichkeiten werden dabei durch die Software des Geräts oder der Adapterkarte bestimmt. Das heißt, bei Netzwerkkarten von Intel benötigen Sie die Software von Intel zur Steuerung der Redundanz, bei einem Managed Switch von Cisco entscheidet dagegen die Firmware des Switches, welche Möglichkeiten Ihnen das Management-Tool zur Verfügung stellen kann.

Formen der Zusammenarbeit von zwei oder mehr Netzwerkschnittstellen sind:

Leistungsoptimierung (Bonding): Hierbei werden mehrere Schnittstellen zusammengefasst, um die Leistung bzw. den Netzwerkdurchsatz zu erhöhen, auch Port Bonding (LACP) genannt.

Lastenausgleich (Load Balancing): Dieser kann statisch oder dynamisch definiert werden. Je nachdem kann der Lastenausgleich unterschiedlich definiert werden, beispielsweise auf Basis von IP-Adressen oder TCP-Paketen.

Fehlertoleranz (Fault Tolerance): Auch hier gibt es mehrere Möglichkeiten. Die Fehlertoleranz kann statisch eingerichtet werden. Das bedeutet: Ein Adapter arbeitet als primäre Verbindung, der andere als sekundäre, die nur zum Einsatz kommt, wenn die primäre Verbindung ausfällt. Oder die Fehlertoleranz wird dynamisch eingerichtet, sodass die Adapter sich selbst verwalten und im Fehlerfall gegenseitig vertreten können.

In der Praxis treffen Sie auch auf eine Kombination dieser grundsätzlichen Verfahren. Dies bedeutet, im Normalfall arbeiten die Adapter im Team alle im Modus »Lastenausgleich« oder »Bündelung« und können im Bedarfsfall automatisch auf fehlertolerantes Verhalten umschalten, wenn eine Verbindung ausfällt. Die konkreten Möglichkeiten hängen auf jeden Fall von den Konfigurationsmöglichkeiten ab, die Ihnen die Netzwerkkartensoftware bietet.

Ebenfalls in den Bereich der Komponenten gehört der Einsatz von redundanten Netzteilen oder der doppelten Energieversorgung Netzkabel/USV.

Einen Schritt weiter gehen Sie im fehlertoleranten Aufbau, wenn Sie ganze Geräte entweder passiv (als Ersatz) oder aktiv (miteinander verbunden) redundant einsetzen. Dazu gehören im Speziellen Core-Switches (also der zentrale Versorgungsswitch für das lokale Netzwerk), Router und Internetzugangsgeräte.

Das kann auch so weit gehen, dass Sie redundante Leitungen aufbauen. Das ist dann nicht unbedingt der LAN-Weg, aber für Weitverkehrsverbindungen der aktuelle Standard.

Doch nicht nur Geräte und Komponenten können redundant implementiert werden, Redundanz können Sie auch mit anderen Mitteln erreichen.

Wenn Sie sich an das Kapitel mit den Topologien erinnern, lautet das Grundprinzip der Maschen-Ttopologie Redundanz. Jeder Knoten muss mit mindestens zwei anderen Knoten aktiv verbunden sein, damit er Teil des Maschennetzes sein kann. Und wofür steht die Maschen-Topologie in der Praxis? Für das Internet bzw. für alle Knoten, die als Teil des Internets mit öffentlichen Adressen ausgestattet sind und Informationen anbieten – also nicht Ihr PC zu Hause, aber jeder Webserver oder Name Server muss mit mindestens zwei Leitungen an das Netzwerk angeschlossen sein.

Auf Ebene der Netzwerkgeräte wiederum steht mit RSTP auch ein Protokoll zur Verfügung, das sich um die Ausfallsicherheit kümmert. RSTP bestimmt, wie Sie sich erinnern, eine Root-Bridge im Netzwerk, welche den Verkehr zwischen den Netzwerkvermittlungsgeräten organisiert. Fällt sie aus, besitzt das Protokoll Mechanismen, um die Datenpakete umzuleiten und einen anderen Switch zur Root-Bridge zu erklären – sofern Sie natürlich genügend Switches angeschlossen haben. SPB wird hier noch einen Schritt weitergehen, indem es Pfade mit identischen Kosten gleichzeitig handeln kann und so nicht nur Ausfallsicherheit, sondern auch Redundanz der Pfade bewältigt.

Der nächsthöhere Level wäre dann die Bildung eines Clusters, d.h., Sie verbinden zwei größere Router oder zwei Core-Switches mittels Plattform und Software so miteinander, dass sie im ständigen Kontakt zueinander stehen und die Informationen laufend repliziert werden. Fällt das eine Gerät aus, übernimmt das andere automatisch dessen gesamte Funktionalität – in der Regel ohne dass der Benutzer davon überhaupt etwas mitbekommt.

Wenn Ihnen das dann an Redundanz immer noch nicht reicht, dann bleibt Ihnen als Nächstes, das ganze Netzwerk an zwei Standorten redundant aufzubauen, gegebenenfalls sogar mit redundantem Personal. Das geht dann aber über das Thema »Redundanz« hinaus und führt uns zu Themen wie Business Continuity Management oder Desaster Recovery. Bei diesen Themen handelt es sich um die Verhinderung einer Betriebsunterbrechung respektive um die Frage einer möglichst raschen Wiederaufnahme des Betriebs. Für mehr Informationen verweise ich Sie an dieser Stelle auf das im MITP-Verlag erschienene Buch »CompTIA Security+«, in dem diese Thematik abgehandelt wird.

15.3 Datensicherung

Die Datensicherung ist ein Aspekt, der nur mittelbar mit dem Netzwerk zu tun hat. Denn es werden ja damit primär Daten gesichert, nicht Netzwerke .... Aber die Bedrohungen kommen unter anderem über Netzwerkleitungen zu Ihnen bzw. wenn Sie bei ausgefallenem Netzwerk keinen Zugriff mehr auf die Daten haben, benötigen Sie gesicherte Daten, die Sie wiederherstellen können, um weiterzuarbeiten.

Dazu passt etwa die Nachricht, dass die Chance, ein Desaster zu überleben, welches das Datenverarbeitungszentrum der Firma betrifft, bei 7:100 steht. Die Chancen, einen solchen Fall zu erleben, stehen dagegen 1:100.

Oder: Ein Unternehmen, das länger als 15 Arbeitstage ohne funktionierende EDV auskommen muss, hat eine Überlebenschance von 25% (Quelle: Egbert Wald: »Backup und Disaster Recovery«).

Daten sind somit das wichtigste Gut von Firmen (das war übrigens auch vor der elektronischen Form schon so!). Daher müssen sie auch entsprechend gegen Verlust geschützt werden. Dabei ist es unerheblich, ob die Daten gelöscht wurden oder ein physischer Schaden wie der Ausfall einer Harddisk vorliegt. Darum benötigt jedes Datennetzwerk ein entsprechendes Datensicherungskonzept.

Das Thema steht im Zusammenhang mit CompTIA Network+, aber nicht weil die Daten an sich hier im Fokus stehen, sondern weil gerne vergessen geht, wie viele Daten im Netzwerk selbst gesichert sind.

Das beginnt bei einfachen Angaben, die Sie auch auf Papier notieren können und auf die Sie in Abschnitt 17.2 »Die Netzwerkdokumentation« noch genauer hingewiesen werden, wie etwa die Konfiguration einer IP-Adresse oder ein Netzwerkdiagramm mit Angaben zu Geräten, Adressen und anderen wichtigen Informationen.

Aber immer mehr Geräte im Netzwerk selbst sind verwaltbar, also Managed Devices. Und diese Konfigurationen müssen auch gesichert werden. Denn wenn Sie einen Access Point mit allen Profilen und Angaben fertig konfiguriert haben, diesen aber nach drei Monaten wegen eines Hardware-Schadens ersetzen müssen, möchten Sie dann die ganzen Angaben noch einmal von vorne eingeben?

Um genau das zu vermeiden, können die Konfigurationsdaten von solchen Geräten wie Routern, Managed Switches, Access Points oder Firewalls gesichert werden. Diese Sicherungen lassen sich nicht nur auf dem Gerät selbst verwalten, sondern können auch auf externe Datenträger gespeichert werden.

Kapitel 15
Die Verteidigung des Netzwerks

Abb. 15.2: Die Möglichkeiten, Konfigurationen zu sichern und herunterzuladen

Legen Sie sich daher einen Speicherort an, an dem Sie die Konfigurationsdaten dieser Geräte aufbewahren können. Dies gilt umso mehr, je aufwendiger die Konfiguration eines Geräts ist, gerade im Bereich Firewall kann es sich dabei auch einmal um mehrere Stunden oder Tage handeln, bis alle Regeln und Ausnahmen sauber definiert und hinterlegt sind.

Zudem können Sie nach einer Anpassung der Konfiguration, die nicht das gewünschte Resultat erbracht hat, auch einfach wieder zurück zur bisherigen Version, wenn Sie eine solche gesichert haben.

15.4 Virenschutz mit Konzept

Ein funktionierendes Virenschutzkonzept basiert auf mehreren Säulen: zum einen auf einem funktionierenden Datensicherungskonzept und dessen Umsetzung, damit verloren gegangene Informationen wieder restauriert werden können, und zum anderen auf der Basis von Kontrollen sowie einem Vorgehensplan bei eintretendem Virenbefall. Die Umsetzung gliedert sich grob in drei Teile:

1. **Bestimmen eines Verantwortlichen für die Virenbekämpfung**
   In vielen Firmen ist oft bereits ein Informatiksicherheitsbeauftragter im Amt. Ob er diese zusätzliche Funktion ebenfalls übernimmt oder sie delegiert, ist nicht vorgegeben, muss aber geregelt werden. Der Virenverantwortliche kümmert sich um alle Belange rund um Computerviren.

2. **Planung und Installation von Kontrollstrukturen**
   Bevor mit der Installation von Virenschutzprogrammen begonnen werden kann, ist ein Plan zu erstellen. Dieser Plan beantwortet die Fragen: Was schützen Sie (Client und/oder Server) und mit welchem Aufwand?
   Ist dies geklärt, können die geplanten Maßnahmen implementiert werden.

3. **Festlegen eines Arbeitsprozesses bei einem Virenbefall**
   Der dritte Teil besteht darin, was nun eigentlich geschehen soll, falls ein Virus durch die vorangegangenen Schutzmaßnahmen erkannt wurde. Das Formulie-

ren eines Ablaufprozesses im Falle einer Vireninfektion ist oft Teil der Vorarbeiten für eine QS- bzw. ISO-Zertifizierung.

Die Datensicherung wird (hoffentlich) im Rahmen des ISMS durchgeführt, sie betrifft das Virenschutzkonzept lediglich insoweit, als dass eine regelmäßige Datensicherung vorhanden sein muss, damit das Virenschutzkonzept darauf referenzieren kann.

Der zweite Teil des Konzepts betrifft die Überwachung und die Kontrollen. Viren lauern in Programmen, Dokumenten und auf austauschbaren Medien (z. B. USB-Sticks). Vereinfacht könnte man also als erste präventive Maßnahme formulieren: Tausche weder Programme, Dokumente noch Medien mit anderen Personen.

In der heutigen vernetzten Welt ist eine solche restriktive Forderung nicht mehr denkbar. Aber sie weist in eine Richtung für mögliche Ansätze. Um die Ausbreitung von Viren zu verhindern, ist durch organisatorische Maßnahmen dafür zu sorgen, dass jedes fremde Programm, jeder unbekannte USB-Stick und jedes zu bearbeitende Dokument zuerst auf Viren untersucht wird. Die Untersuchung kann automatisch im Hintergrund (Stichwort: Antivirenprogramm) erfolgen. Alle aktuellen Virenschutzwerkzeuge bieten die Installation einer solchen permanenten Überwachung an.

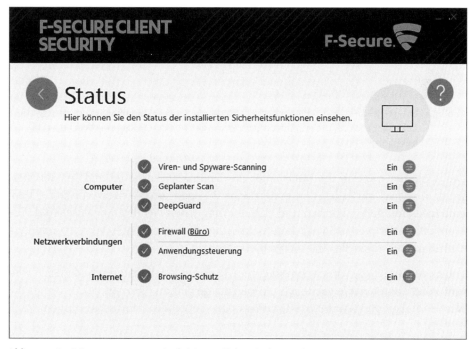

Abb. 15.3: Antivirenprogramm mit aktivierter Echtzeitüberwachung

Nebst der automatischen Überwachung sind regelmäßige Kontrollen zwingend periodisch durchzuführen (geplante Scans), da selbst die beste Prävention nicht hundertprozentig vor einer Infizierung mit Viren schützen kann. Weiter ist zu beachten, dass fast täglich neue Viren programmiert werden. Dies bedeutet, dass auch die Programme zum Aufspüren von Viren immer dem aktuellen Stand anzupassen sind. Die periodische Kontrolle z. B. alle zwei Wochen kann so einen Schädling auffinden, der zwar schon seit drei Wochen auf dem System ist, aber erst mit den Definitionen der aktuellen Virendatenbank gefunden werden kann.

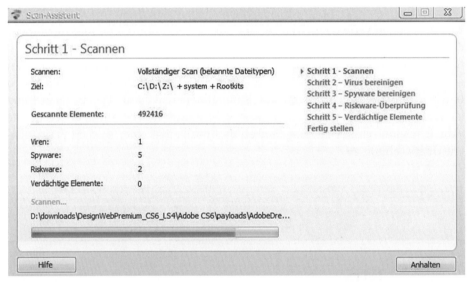

Abb. 15.4: Das AV-Programm findet bei der regelmäßigen Scan-Prüfung bereits auf dem System befindliche Viren, die erst jetzt entdeckt werden können (exakt eine Woche nach Infektion)

Des Weiteren müssen die Mitarbeiter das Thema Viren betreffend sensibilisiert werden, sodass sie selbst den ersten Schritt gegen eine Weiterverbreitung bzw. eine Infektion gehen können und sich der möglichen Gefahren bewusst sind. Die Mentalität »Mir passiert das schon nicht« muss aus den Köpfen verschwinden, da sie mit der heutigen Realität nichts mehr gemein hat.

Folgende Grafik, die ich letzthin in einem Training (auch Autoren bilden sich weiter!) zum Thema »Wie greife ich eine Firma gezielt an« gezeigt bekam, zeigt die Notwendigkeit von Awareness-Trainings oder Sensibilisierungsschulungen exzellent an:

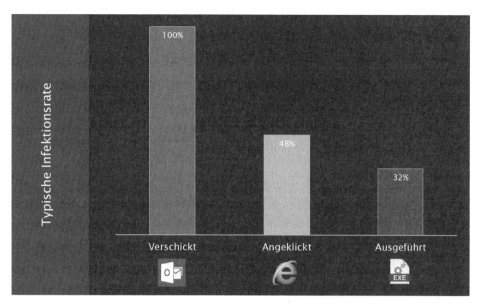

Abb. 15.5: Nachgemessene Rate einer Infiltration (© Markus Ruef, scip AG, 2015)

Warum »nachgemessen«? Die Firma scip produziert Angriffe auf Antrag, und zwar auf Antrag von Firmen, die sich auf ihre Sicherheit hin überprüfen lassen wollen. Daher werden die Angriffe alle notiert und ihre Durchdringungsquote kann, da sie ja gezielt auf einen Kunden angesetzt werden, gemessen werden. Was Sie oben in der Grafik sehen, ist, dass eine E-Mail mit einem Anhang an 100 % aller Mitarbeiter des Kunden, der dazu den Auftrag erteilt hatte, erfolgreich versandt worden ist.

48 % der Empfängerinnen und Empfänger haben den Anhang in der Mail angeklickt – und 32 % haben den Anhang auch ausgeführt. Klar, die Mail war nicht von der Sorte »Ich Ihre Freund biete 100 Mio. $ wenn du mich schreibe zurück«, sondern präzise auf den Kunden und die Thematik der Mitarbeiter abgestimmt – aber GENAU SO laufen moderne Angriffe ab. Und nach dem obigen Ergebnis fanden auch bei diesem Kunden entsprechende Schulungen statt, denn wenn jeder Dritte eine Mail mit Schadsoftware ausführt, führt das nicht zu einem guten Ende für die Firma – außer es war eben ein Test (das wussten die Mitarbeiter aber nicht).

Zurück zum Konzept. Als letzten Schritt in einem Virenschutzkonzept müssen Sie den Vorgehensplan bei einem Virenbefall definieren.

Grundsätzlich gilt ein System so lange als infiziert, bis man sich vom Gegenteil überzeugt hat. Das heißt, einmal befallene Systeme müssen so rasch wie möglich von den anderen Systemen getrennt werden (insbesondere die Netzwerkverbindungen) und dürfen erst nach erfolgreicher Kontrolle und Überprüfung einer Entseuchung wieder ins Netzwerk verbunden werden.

Kapitel 15
Die Verteidigung des Netzwerks

Es gibt auch einen noch radikaleren Ansatz: Ein einmal kompromittiertes System ist immer ein kompromittiertes System. Gerade bei für den Betrieb kritischen Systemen ist dieser Gedanke sicher eine Überlegung wert, auch wenn der Ansatz besagt: Virenbefall = Neuinstallation, weil man sonst nie sicher sein kann, dass das Problem wirklich und endgültig gelöst ist.

Mittlerweile haben wir selbst im Sommer 2015 in unserer Firma im Zusammenhang mit einem Banking-Trojaner auf einem Kundensystem die Anweisung eines Providers erhalten, dass selbst der Datenträger ausgewechselt werden *muss*, bevor die Neuinstallation erfolgt und das System wieder freigeschaltet werden kann!

Wenn Sie das System bereinigen möchten, umfasst das Entfernen von Viren zwei Schritte. Zuerst muss der Virus gesucht und sein Typ bestimmt werden. Sind Standort und Virustyp bekannt, kann der Virus, falls möglich, gelöscht werden.

Leider ist es nicht immer möglich, das den ohne Zerstören des Wirtsprogramms bzw. Wirtsdokuments zu eliminieren. Dies wiederum zeigt, wie wichtig eine gut organisierte Datensicherung ist, um auch in einem solchen Fall an eine Vorversion von zu löschenden, weil verseuchten Daten zu gelangen.

Befallen die Viren das ganze System oder kritische Systemdaten, so muss dieses von Grund auf neu installiert werden. Insbesondere muss hier auf Viren hingewiesen werden, welche die Partitionstabelle oder Startdaten modifizieren oder sich als Dienste ins System einhängen. Zu deren sicheren Entfernung gehören oft eine komplette Neupartitionierung und Neuformatierung der Festplatte mit anschließender Systeminstallation. Diejenigen, die für solche Fälle ein Image vorbereitet haben, sparen einiges an Zeit und Nerven, weil man das verloren gegangene System relativ einfach wieder einspielen kann.

Auch externe Boot-Datenträger (CD oder DVD bzw. USB-Stick) können hier von Nutzen sein, da sie es erlauben, das System zu überprüfen und zu bereinigen, ohne dass das systemeigene Betriebssystem hochgefahren und die Malware damit aktiviert wird. Bekannt hierfür ist etwa die Kaspersky Rescue Disk oder verschiedene Linux-basierte Boot-Systeme. Aber auch andere Hersteller von Antivirenprogrammen bieten die Möglichkeit, solche systemunabhängigen Boot-Datenträger zu erstellen.

Probleme beim Erkennen von virenbefallenen Programmen und Dokumenten bereiten komprimierte Dateien aus dem Internet, sich selbst verschlüsselnde Viren (Kryptoviren) oder sich tarnende Viren (Stealth-Viren). Allen gemein ist, dass das binäre Muster verändert wurde. Ohne dieses eindeutige binäre Muster ist das Virensuchprogramm nicht mehr in der Lage, die Viren aufzuspüren. Dem treten jetzt moderne Antivirenprogramme mit einer sogenannten heuristischen Suche entgegen, sodass auch Virensignaturen gefunden werden, die noch keinem bestimmten Virus zugewiesen wurden.

Wenn Sie das Virenschutzkonzept implementiert, die Antivirenprogramme installiert und die Kontrollen und Überwachungen installiert haben – wie prüfen Sie den Erfolg Ihres Virenschutzkonzepts?

Ein möglicher Weg ist es, einen realen Virus für die Tests im operativen Netzwerk auszusetzen. Dagegen werden sich aber bestimmt alle Systemadministratoren mit Händen und Füßen wehren. Und dies zu Recht: Viren in operativen Netzwerken sind unberechenbar und mit großen Risiken verbunden.

Einen viel eleganteren Weg hat 1996 das **European Institute for Computer Anti-Virus Research** (kurz EICAR) beschritten. Zusammen mit namhaften Herstellern von Antivirenprogrammen hat das EICAR eine Testdatei entwickelt, die es erlaubt, Antivirenprogramme in operativen Netzwerken gefahrlos zu testen. Der Ansatz besteht darin, eine Zeichenkette, welche völlig harmlos ist, als zusätzlichen Pseudovirus in die Suchdatenbank der AV-Programme einzufügen.

```
X5O!P%@AP[4\PZX54(p^)7CC)7}$EICAR-STANDARD-ANTI-VIRUS-TEST-FILE!$H+H*
```

Diese Zeichenkette, abgespeichert und mit der Endung *.com* versehen, generiert ein kleines Programm, welches folgende Bildschirmausgabe erzeugt:

```
EICAR-STANDARD-ANTIVIRUS-TEST-FILE!
```

Natürlich ist dieses Programm kein Virus, aber die Virensuchprogramme sprechen prompt auf den angeblichen Virus an. Also genau richtig, um die korrekte Funktionsweise zu testen.

> **Netzwerkpraxis – jetzt sind Sie dran**
>
> Gehen Sie auf die Website der EICAR und laden Sie sich dort den EICAR-Testvirus herunter. Erkennt Ihr System und Ihre Software ihn zuverlässig? In welcher Form können Sie ihn überhaupt herunterladen, damit Ihre Software den Virus nicht schon beim Ladevorgang blockiert?
>
> Weitere Informationen zur EICAR-Zeichenkette und die Organisation als solches finden Sie unter `http://www.eicar.com`.

15.5 Firewalls

Als Firewall wird verallgemeinernd ein System bezeichnet, das den Netzwerkverkehr zwischen zwei Netzwerken mit unterschiedlichen Sicherheitsanforderungen kontrolliert und ein zu schützendes Netz vor Schaden bewahrt. Die englischen Begriffe dafür lauteten Untrusted Network und Trusted Network.

Dazu analysiert als Trenneinheit das dazwischengeschaltete Firewall-System die Kommunikationsdaten, überprüft Kommunikationsbeziehungen und -partner und reglementiert die Kommunikation nach vorher definierten Regeln. Das kann je nach Typ der Firewall auf unterschiedlichen Ebenen erfolgen.

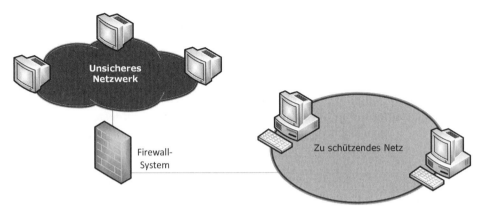

Abb. 15.6: Das Grundkonzept einer Firewall

Durch diese Konzeption der Trennung von unsicherem und sicherem Netzwerk an der Firewall wird diese zum Common Point of Trust: Sie bildet den einzigen Weg von »außen« in das zu schützende Netzwerk.

Firewalls können daher eingesetzt werden, um das Internet als klassisches unsicheres Netzwerk von der eigenen Netzwerkinfrastruktur zu trennen, aber auch, um intern verschiedene Sicherheitsbereiche zu schaffen und das Netzwerk sicherer zu strukturieren.

Dieses Konzept lässt sich zudem um eine weitere Stufe ergänzen: die Demilitarisierte Zone, kurz DMZ genannt.

Eine DMZ ist eine Zone, welche vom unsicheren Netzwerk her mehr oder weniger offen erreichbar ist und vom sicheren Netzwerk aus ebenfalls erreichbar ist. Die Dienste in der DMZ wiederum haben aber einen sehr limitierten Zugang von sich aus in das sichere Netzwerk. Dazu mehr später in diesem Kapitel.

Doch nicht nur das Netzwerk benötigt eine Firewall. Auch die mobilen Mitarbeiter sollten damit ausgestattet werden. Dann spricht man von einer Personal Firewall. Dabei handelt es sich meistens um reine Software, welche direkt auf den Client-Rechnern installiert wird und diesen auch dann vor Gefahren schützt, wenn das System sich nicht im gut geschützten Netzwerk, sondern unterwegs befindet: im Hotel, in Sitzungszimmern, auf Flughäfen oder im Heimbüro. Zudem werden auch immer mehr stationäre Geräte mit solchen Personal Firewalls ausgerüstet, um die Sicherheit im Netzwerk zu erhöhen.

Als allgemeine Ziele der Firewall-Systeme noch ohne Berücksichtigung ihrer spezifischen Fähigkeiten kann man daher festhalten:

- Schutz der internen Netzwerkinfrastruktur durch Abtrennung nach außen
- Zugangskontrolle auf Netzwerkebene, Benutzerebene und Datenebene
- Rechteverwaltung (Welche Protokolle und Dienste dürfen zu welcher Zeit eine Kommunikation zum Netzwerk unterhalten?)
- Kontrolle auf Anwendungsebene
- Protokollauswertung bis hin zur Alarmierung

Eine Firewall kann als reine Applikation auf bestehenden Systemen installiert oder als dedizierte Firewall eingesetzt werden, d.h. als eigenständiges Gerät mit spezialisierter Software. Man spricht in diesem Zusammenhang auch von Software-Firewalls und Hardware-Firewalls, obwohl dies höchstens umgangssprachlich richtig ist, da die Funktionalität einer Firewall immer softwaregesteuert ist. Treffender ist daher der Vergleich von Personal Firewall und dedizierter Firewall.

Eine Personal Firewall wird dabei auf Rechnern installiert, die andere Aufgaben erfüllen, seien es Arbeitsrechner, Notebooks oder heute auch Smartphones. Die Personal Firewall ist abhängig vom darunterliegenden Betriebssystem und setzt auf den Netzwerkschnittstellen des lokalen Systems auf.

Eine dedizierte oder eben »Hardware«-Firewall ist dagegen ein eigenständiges Gerät mit eigenem Betriebssystem, zusammen auch Appliance genannt. Zudem treffen Sie – gerade im SoHo-Umfeld – auch Firewalls an, die mit Routern zusammen im selben Gerät untergebracht sind. SoHo steht dabei für Small Office and Home.

Eine dedizierte Firewall wird zwischen das äußere und das interne Netzwerk geschaltet und trennt die Netze physisch. Das heißt, um eine effiziente Sicherung zu erreichen, verfügt eine Firewall immer über mindestens zwei physikalisch getrennte Netzwerkschnittstellen, zwischen denen die Software nach vorgegebenen Richtlinien den Verkehr zulässt, regelt oder untersagt. Es können aber auch mehr als zwei Schnittstellen vorhanden sein und mit virtuellen Wire-Schnittstellen können Ports auch logisch gebündelt werden. So ist es beispielsweise mit Virtual Wire möglich, den eingehenden Netzwerkverkehr über eine zweite logische Schnittstelle zu überwachen, ohne den eigentlichen Datenverkehr zu beeinträchtigen.

Wenn eine Firewall mit zwei unabhängigen Netzwerkkarten ausgestattet ist, über die sie die Kontrolle hat, nennt sich diese Firewall Dual-homed für zwei eigenständige Netzverbindungen. Dies besagt auch, dass die Verbindung zwischen diesen beiden Netzwerkkarten nur durch die Funktionalität der Software gewährleistet ist. Steigt die Software aus, ist die Leitung unterbrochen. Das nennt sich »Fail Safe«-Prinzip, das heißt, bei einem Ausfall ist das lokale Netz durch das Unterbrechen des Zugangs vom äußeren Netzwerk her sicher. Das gegenteilige Prinzip dazu wäre »Fail Open«: Bei einem Fehler wäre das zu schützende System oder Netzwerk dann offen. Dies ist ein Risiko, das z. B. bei vielen Personal Firewalls (Software auf dem Betriebssystem installiert) besteht. Es bedeutet, dass bei einer Kompromittierung der Firewall der Netzwerkverkehr ungefiltert durchgelassen wird.

Abb. 15.7: Eine ZyXEL-Firewall

Unabhängig von obiger Definition ist die eigentliche Funktionalität der Firewall eine Software, die den Netzwerkverkehr nach verschiedenen Gesichtspunkten überprüft.

Es gibt drei Typen von Firewalls, die später in diesem Kapitel genauer beschrieben werden, die aber ähnlich arbeiten:

- Paketfilter
- Stateful Packet Inspection
- Application Level Gateway

Sie alle arbeiten mit Regelwerken, mit denen der Datenverkehr gesteuert wird. Dabei können Sie zwei gegensätzliche Ansätze zur Regelerstellung verwenden:

Positive Exceptions (Positive Rules)

Hierbei wird die Firewall grundsätzlich nach innen (*inbound*) und nach außen (*outbound*) geschlossen. Entsprechend ihres Einsatzlevels lässt sie die Schnittstellen keinen Verkehr passieren (Deny all). Die Ausnahmen werden in Regeln definiert, sodass nur der Verkehr möglich ist, welcher explizit als Regel definiert wird. Man spricht daher auch vom Implicit Deny – was nicht erlaubt ist, ist implizit verboten.

Beispiel: Auf Port 587 hört der Mail-Server eingehenden Mail-Verkehr ab. Dies bedeutet, alle Ports und alle Dienste außer Mail und 587 sind geschlossen, nur gerade diese Regel erlaubt eine Kommunikation.

Dies verlangt einen hohen Aufwand bei der Definition, bis alle Regeln einmal so stehen, dass der benötigte Netzwerkverkehr nicht beeinträchtigt wird. Dafür können keine Sicherheitslücken entstehen, da »Unbekanntes« auf jeden Fall verboten ist.

Negative Exceptions (Negative Rules)

Dies ist der umgekehrte Ansatz. Alles ist erlaubt, reglementiert wird lediglich das, was verboten ist.

Beispiel: Auf Port 25 hört der Mail-Server keinen Mail-Verkehr ab. Hier bleiben alle anderen Ports und Dienste offen, nur gerade an einer Stelle erfolgt eine Blockade, weil Port 25 unerwünscht ist.

Diese Version der Regeldefinition ist weitaus häufiger anzutreffen, insbesondere wenn es um den ausgehenden Verkehr (*Outbound Traffic*) geht. Sie erfordert auch weniger Aufwand bei der Definition der Regeln, da nur eingetragen wird, was man explizit untersagen will.

Dieser Ansatz birgt aber das Risiko der Sicherheitslücken, da hier »Unbekanntes« erst einmal zugelassen wird.

Der Ansatz der positiven Regeln ist daher sicherheitstechnisch vorzuziehen. Der Ansatz der regelbasierten Anwendung nennt sich auch ACL (Access Control List), insbesondere im Cisco-Umfeld, wohingegen ACLs ansonsten eher Zugriffsberechtigungen für Netzwerkressourcen im Systemumfeld sind.

Als praktisches Beispiel kann das so aussehen, indem Sie folgende Regeln auf einer Firewall einrichten:

Regelwerk						
Dienst	Quelladresse	Quellport	Zieladresse	Zielport	Protokoll	Regel
HTTP	10.0.0.0/24	>1023	any	80	TCP	Allow
SMTP	10.0.0.0/24	any	any	587	TCP	Allow
FTP	10.0.0.0/24	any	any	20+21	TCP	Deny

Tabelle 15.1: Beispiel für ein Regelwerk

Dazu werden Sie immer zwei Regeln hinzufügen, welche sicherstellen, dass alles, was Sie nicht besonders regeln, grundsätzlich unterbunden wird.

Diese beiden Regeln stehen jeweils zuunterst im Regelwerk und besagen:

Regelwerk			
Dienst	Port	I = Incoming WAN O = Outgoing WAN	Regel
any	any	O	Deny
any	any	I	Deny

Tabelle 15.2: Sicherstellung der Sperrung für nicht definierten Netzwerkverkehr

Mit diesem Aufbau stellen Sie sicher, dass nur explizit erlaubte Kommunikationen von LAN zu WAN (outgoing bzw. outbound) wie auch von WAN zu LAN (incoming bzw. inbound) möglich ist.

15.5.1 Verschiedene Firewall-Typen

Paketfilter-Firewall

Eine Firewall, die auf Paketfilterebene arbeitet, analysiert und überprüft die ein- und ausgehenden Datenpakete auf der Ebene von Netzzugang sowie Netzwerk- und Transportebene. Durch den Paketfilter werden die Netze physikalisch entkoppelt, er verhält sich zu den Netzen als Bridge.

Dabei ist in der Praxis zu unterscheiden zwischen der Funktion eines Paketfilters, wie er häufig in Routern und SoHo-Geräten anzutreffen ist, und einer eigenständigen Applikation, die als Paketfilter arbeitet. Letztere verfügt über ein wesentlich feineres Analyseprotokoll und die Analysemöglichkeiten sind dadurch wesentlich detaillierter. Zudem schaffen Sie damit eine klare Trennung zwischen den Kommunikations- und den Sicherheitsanforderungen. Nebst der Analyse sind auch die Auswertungen bei dieser Variante deutlich vielfältiger.

Ein Paketfilter liest bei der Überprüfung den Inhalt der Paket-Header und verifiziert, wie diese Angaben (Quelladresse, Zieladresse, Dienst, Port) mit dem Regelwerk der Firewall zu behandeln sind. Der Dateninhalt der Pakete wird dabei nicht weiter untersucht, sondern sozusagen einfach das »Etikett« des Pakets.

Verallgemeinernd überprüft die Paketfilter-Firewall:

- Von welcher Seite das Paket empfangen wird (eingehend, ausgehend)
- Quell- und Zieladresse vonseiten des Netzzugangs
- Auf Netzwerkebene je nach Protokoll Verschiedenes: vom verwendeten IP-Protokoll über die Quell- und Zieladresse bis hin zum eingesetzten Transportprotokoll (TCP/UDP) und den Angaben und Optionen im Header
- Auf Transportebene Quell- und Zielports und damit auch die zugelassenen oder verweigerten Dienste (wobei dies nur gilt, wenn Dienste auch den ihnen zugewiesenen Standard-Port verwenden)
- Zudem kann grundsätzlich bei allen Überprüfungen ein Zeitfenster eingerichtet werden, das die Regel aktiviert bzw. deaktiviert

Dabei kennen Firewalls entweder die Möglichkeit, den Verkehr zurückzuweisen (Reject) oder das Datenpaket einfach zu verwerfen (Drop oder Deny). Im letzteren Fall wird der Verkehr massiv kleiner gehalten, aber dafür weiß der anfragende Rechner nicht, ob sein Datenpaket angenommen wurde oder nicht. Daher wird das Reject meistens für Regelverstöße aus dem internen Netz eingesetzt, um die Benutzer zu informieren. Gegenüber dem unsicheren Netzwerk wird dagegen mit Drop/Deny gearbeitet.

Verstöße gegen die Filterregeln werden zudem protokolliert. Dabei ist es von Bedeutung, wie die Firewall mit den Protokollen umgeht. So können Sie einstellen, dass bei vollem Log einfach wieder Platz geschaffen wird und die ältesten Einträge überschrieben werden. Damit reduzieren Sie aber Ihre Kontrolle. Besser ist es, wenn ein volles Log zu einer Blockierung der Firewall führt. So werden Sie rasch informiert, wenn ein Log schnellen Zuwachs erhält. Voraussetzung dafür ist natürlich, dass Sie die Ereignisprotokolle regelmäßig kontrollieren und speichern, damit der Platz wieder freigegeben werden kann. Eine weitere Möglichkeit besteht auch darin, dass das Protokoll zwar von Zeit zu Zeit gelöscht wird, dabei aber zuerst an eine bestimmte Mail-Adresse zugestellt wird, damit keine Information verloren geht.

Der große Nachteil der Paketfilter-Firewall besteht darin, dass sie Inhalte über den untersuchten Layern nicht erkennt, d.h., Informationen, welche über der Transportebene liegen, werden in der Regel nicht analysiert. Ohne Erweiterung in Richtung NAT-Tabelle können Sie überdies die interne Netzwerkstruktur nicht verbergen.

Stateful Packet Firewall

Eine Stateful Packet Inspection Firewall kontrolliert nicht nur die Datenpakete, sondern auch die ganze Weginformation und den Zustand, die ein Datenpaket enthält. Sie arbeitet auf den OSI-Layern 2 bis 4 (kann u. U. bis Layer 7 gehen) und führt eine entsprechende Header-Analyse durch. So gelingt es dieser Firewall, nach dem Verbindungsaufbau zu erkennen, ob und wie das Quellsystem mit dem Zielsystem kommuniziert, und lässt nur Antwortverkehr des Zielsystems zu, nicht aber unangeforderte Datenpakete des Zielsystems. Damit geht sie deutlich weiter als eine reine Paketfilter-Firewall.

Solche Zustände können etwa der Verbindungsauf- und -abbau sein oder der Transferzustand der Übertragung. Die Firewall kontrolliert also nicht nur das »Etikett«, sondern sozusagen auch den »Lieferschein« des Pakets, um zu sehen, ob die Lieferung der Etikettierung entspricht. Dennoch wird auch hier der eigentliche Inhalt, die Daten an sich, bei den meisten Systemen nicht überprüft. Daher ist diese Version eben nur eine weiterentwickelte Paketfilter-Firewall. Allerdings gibt es Ausnahmen, da die Hersteller ihre Produkte stetig weiterentwickeln.

Application Level Gateway

Das Application Level Gateway ist in der Lage, die Netzwerke sowohl logisch als auch physisch zu entkoppeln, und bietet daher das höchste Maß an Sicherheit bei einer Firewall. Da diese Zugangsstelle von außen meist das einzige System ist, das mit dem unsicheren Netzwerk verbunden wird, werden diese Systeme auch Bastion oder Bastion Host genannt, um dem Umstand Rechnung zu tragen, dass sie besonders gegen Angriffe von außen geschützt werden müssen.

Entgegen dem Namen »Application« kontrolliert diese Firewall aber nicht die zugelassenen Anwendungen, der Name leitet sich aus dem Begriff des »Application Level« aus dem OSI-Modell ab. Sie kontrolliert den Verkehr protokoll- bzw. dienstbasiert. Dazu muss die Firewall für jedes Protokoll einen eigenen Regelsatz enthalten, das heißt, die Konfiguration ist deutlich aufwendiger als bei der Paketfilter-Firewall.

Überprüfen die beiden vorher vorgestellten Konzepte lediglich den Versand und die Ankunft der Datenpakete, geht das Application Level Gateway einen Schritt weiter, indem es die Lieferung sozusagen annimmt, den Inhalt überprüft und den weiteren Transport dann selbst übernimmt. Das heißt, die Verbindung vom Quellsystem wird an der Firewall terminiert und die Daten aus den Transportpaketen werden übernommen und in einer neuen Verbindung an das interne Netzwerk weitergeleitet.

Für die Übertragung der Daten stellt die Firewall für jeden Dienst einen eigenen Stellvertreter zur Verfügung, Proxy genannt. Jeder Dienst wird somit durch einen eigenen Proxy repräsentiert, welcher dienstspezifisch unterschiedliche Sicherheitsmerkmale aufweisen kann und mit einem passenden Regelsatz jeweils individuell eingestellt werden muss.

Wird dagegen für die Dienste, für die kein spezifischer Proxy vorhanden ist, ein genereller Proxy eingesetzt, der nicht dienstspezifisch agiert, spricht man von einer Circuit Level Firewall, auch Port-Relay oder generischer Proxy genannt.

Dieser Typ von Firewall kann also auf verschiedenen Schichten des Netzwerks aktiv sein: von OSI-Layer 3 (einfacher Paketfilter) über Layer 4 (Stateful Inspection) bis zur Anwendungsschicht (daher Application Level Gateway).

Da das Application Level Gateway zudem die einzige Verbindung zwischen unsicherem und zu schützendem Netzwerk ist, arbeitet es immer mit einer NAT-Tabelle (Network Address Translation). Dabei wird bei ausgehendem Datenverkehr die interne IP-Adresse des anfragenden Rechners durch die öffentliche IP-Adresse der Firewall ersetzt (auch IP Masquerading genannt). Die öffentliche IP-Adresse ist somit die einzige Adresse, die von außen sichtbar ist. Damit die Antwort auf ausgehenden Datenverkehr an den korrekten internen Rechner zurückgegeben werden kann, führt die NAT-Funktion eine Tabelle mit eindeutigen Zuordnungen jeder vom eingehenden Netz ankommenden Verbindungsanfrage, die einem internen und einem externen Port zugeordnet wird. Damit bleibt das zu schützende Netzwerk nach außen hin verborgen.

Web-Application-Firewall (WAF)

Eine spezifische Web-Application-Firewall (WAF) kann auf der Seite des Webservers zusätzlichen spezialisierten Anwendungsschutz ermöglichen. Dabei werden die Verbindungen und vor allem die getätigten Benutzereingaben auf der WAF geprüft, bevor sie an den Server weitergereicht werden. Eine WAF kann dabei gezielte Angriffsmuster wie XSS- und SQL-Injection-Angriffe erkennen und blockieren. Um einen möglichst hohen Schutz zu erreichen, wird eine WAF zunächst in einem Lernprozess ausgeführt. Dabei sollen möglichst alle Interaktionen und Eingaben mit der Webanwendung erlernt werden, um im produktiven Betrieb nur noch zugelassene Aktionen auf die Webanwendung zu erlauben. Obwohl eine WAF damit auch unsichere Webapplikationen zwischenzeitlich schützen kann, soll dies keinesfalls als Vorwand dienen, Webanwendungen nicht von Grund auf sicher zu programmieren oder auf dem unsicheren Entwicklungsstand zu belassen.

15.5.2 Das Konzept der DMZ

Teil der Firewall-Thematik ist der mehrstufig aufgebaute Schutz des internen Netzwerks. Hierzu können Server, die von außen erreichbar sein müssen, wie etwa ein Webserver, in eine gesonderte Zone gestellt werden. Sie sind dann zwar vom lokalen Netzwerk (dem geschützten Netz) erreichbar, um sie zu unterhalten und zu aktualisieren. Sie sind aber auch vom äußeren Netz (dem unsicheren Netz) her erreichbar, ohne dass es deswegen von außen eine Möglichkeit gibt, direkt auf das lokale Netz zuzugreifen.

Diese Zone nennt sich, wie schon kurz erwähnt, Demilitarisierte Zone, kurz DMZ (bei Microsoft früher auch Umkreisnetz genannt).

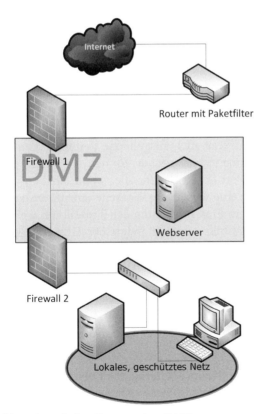

Abb. 15.8: Einfaches Konzept einer DMZ

Grundsätzlich gibt es folgende Arten, um eine DMZ einzurichten:

Halboffene DMZ: Die halboffene DMZ ist die üblichste Variante. In diesem Fall ist die DMZ vom Internet und vom internen Netzwerk aus erreichbar. Die DMZ selbst kann jedoch nur auf das Internet zugreifen.

Offene DMZ: Sobald ein Dienst in der DMZ eine Möglichkeit hat, von sich aus eine Verbindung zu einem Rechner im lokalen Netz aufzubauen, spricht man von einer offenen Demilitarisierten Zone.

Geschlossene DMZ: Hierbei hat die DMZ lediglich Zugriff auf das Internet und kann auch nur vom Internet aufgerufen werden. Eine Verbindung zwischen dem lokalen LAN und der DMZ ist nicht möglich.

Wichtig für einen effektiven Schutz des lokalen Netzwerks sind konsequente Regelwerke auf den Firewalls, z.B. ein »all deny« für den eingehenden Netzwerkverkehr auf der Firewall 2 und schon beim Paketfilter nur ein Durchlassen der erwünschten Dienste, was die nachfolgenden Firewalls für andere Aufgaben freistellt.

15.5.3 Erweiterte Funktionen einer Firewall

Firewalls können zudem um weitere Funktionen erweitert und ergänzt werden. Wenn der ausgehende Verkehr überprüft und gespeichert wird, hat er eine Proxy-Funktion, man kann Spam-Schutz oder auch den Virenschutz integrieren.

Letzteres macht vor allem darum Sinn, weil auch ausgehende Verbindungen auf ihrem Antwortweg unerwünschte Inhalte mitbringen können. So kann eine Firewall zwar (fast) alle Ports außer Port 80 schließen, aber wenn ein Benutzer danach über diese offene Verbindung eine verseuchte Webseite aufruft, bringt er trotzdem einen Virus oder Trojaner mit. Eine Ergänzung der Firewall um weitere Schutzfunktionen kann hier effizient Abhilfe schaffen, indem der Antwortverkehr gescannt und notfalls blockiert wird. Solche kombinierten Geräte nennen sich dann UTM-Geräte, sie sind somit geeignet für ein Unified Threat Management. Dazu gehört aber auch das Wissen, dass Sie mit dem Kauf der Firewall auch die Lizenzen für diese Funktionen separat erwerben müssen, sei es als Spamfilter oder zur Virenüberprüfung. Und diese Lizenzen wiederum haben feste Laufzeiten, müssen also alle ein oder zwei Jahre erneuert werden – sonst nützt Ihnen der UTM-Ansatz nichts.

Eine Erweiterung dieses Prinzips ist die Sandbox. Hierbei wird der Datenverkehr eines sich anmeldenden Geräts zuerst in eine isolierte Umgebung gelassen und geprüft und kann dort keinen weiteren Schaden anrichten. Erst nach der Prüfung des Geräts, z. B. auf Viren oder auch auf die Aktualität der Virendefinitionen, des Sicherheitsstands des Betriebssystem und weiterer Softwarelücken, wird das Gerät aus der Quarantäne entlassen und kann mit dem Netzwerk kommunizieren. Diesen Ansatz verfolgen heute etliche Firmen, um z. B. Geräte, die Mitarbeiter auch mit nach Hause nehmen können, trotzdem so weit unter Kontrolle zu haben, dass sie bei der Rückkehr ins Firmennetzwerk keinen Schaden anrichten können, weil sie eben zuerst überprüft werden. Dieses Verfahren läuft heute unter dem Begriff NAC für Network Access Control. Verschiedene Hersteller (z. B. Cisco, Checkpoint oder Fortinet und mehr) bieten Ihnen dazu komplette Lösungen an, die eine solche NAC ermöglichen.

Noch spezifischer ist das Prinzip des Honeypot. Hierbei geht es nicht mehr um die Rechner der eigenen Mitarbeiter, sondern um einen Weg, wie man tatsächlich stattfindende Angriffe umleiten und analysieren kann. Wie es der englische Name schon sagt, soll dieser »Honigtopf«-Rechner die Angriffe von außen auf sich ziehen. Er ist in der Regel von außen sichtbar und mit scheinbar wichtigen Informationen versehen und verleitet den Angreifer dazu, sich mit diesem System zu befassen, ohne dass er dabei merkt, dass es sich beim Honeypot um eine Sandbox handelt, er also gar keinen Zugriff auf das eigentliche Netzwerk erhält. Der Vorteil für den Angegriffenen liegt darin, dass nicht nur das eigentliche Netzwerk geschützt bleibt, sondern dass er während des Angriffs wichtige Informationen über den Angreifer erhält, die ihm wiederum helfen können, seine Systeme besser zu schützen. Zudem kann ein Honeypot weiter ausgebaut werden bis zu einem Honeynet, sodass der Angreifer sich vermeintlich im Netzwerk befindet. Weitere Informationen dazu finden Sie auf der Webseite des Honeynet-Projekts unter www.honeynet.org.

15.5.4 Der Proxyserver

Der Proxyserver selbst ist im engeren Sinne keine Firewall, da er eigentlich für das Management der Netzwerkverbindung zuständig ist. Da aber die Paketfilterung Teil dieses Managements ist, gibt es hier Überschneidungen, und wenn Sie den Application Gateway betrachten, sind die verschiedenen eingesetzten Proxys dort fester Bestandteil der Funktionalität der Firewall.

Grundsätzlich ist ein Proxy ein Verbindungselement zwischen einem lokalen Netzwerk und weiteren Netzwerken wie z. B. dem Internet. Der Proxy übernimmt die Anfragen aus dem lokalen Netzwerk und sendet sie als »seine« Anfragen an das nächste Netzwerk, vergleichbar mit NAT. Im Unterschied zu NAT kann der Proxy aber sowohl aus- wie auch eingehende Datenpakete überprüfen. So kann er beispielsweise Anfragen aus dem lokalen Netzwerk ablehnen, die den Begriff »X-Game« enthalten, sodass der Benutzer anstelle der gewünschten Informationen eine entsprechende Meldung erhält. Durch die Aussendung der Frage als Proxy dient dieser zudem der Anonymisierung, der Client selbst ist für das Zielsystem nicht mehr greifbar.

Zusätzlich verfügen die meisten Proxyserver über einen Cache, das heißt, sie speichern von einem Benutzer einmal abgerufene Informationen über eine gewisse Zeit, sodass dieselbe Information vom nächsten Benutzer nicht noch einmal vollständig heruntergeladen werden muss, sondern aus diesem Cache bezogen werden kann. Damit kann die Belastung des Netzwerks nach außen (Internet) verringert werden. Werden dagegen von einem System, z. B. einem Server im internen Netz, Informationen von einem außerhalb liegenden System angefordert und der Proxy (separat oder als Teil der Firewall) übernimmt die Adressumsetzung nach innen, wird der interne Server dadurch dem Informationen anfordernden System gegenüber verborgen. Dies nennt sich Reverse Proxy, da er genau anders herum, von außen nach innen, seinen Dienst verrichtet.

Als Unternehmen können Sie Proxyserver so einsetzen, um den aus- und eingehenden Netzwerkverkehr zu regulieren.

Hierbei stehen zwei Ansätze zur Verfügung: die Regelung nach Benutzer und Zeiten, d.h., nur bestimmte Benutzer mit gültigem Login erhalten Zugriff auf das Internet und dies allenfalls auch nur zu bestimmten Zeiten. Oder Sie setzen den Proxy auch als Inhaltsfilter ein (Content Filtering), wie aktuell die Diskussionen um die Sperrung von Webseiten der Social Networks in Unternehmen zeigen. In gewissen Ländern zwingen aber auch die Regierungen die Provider, allen Benutzern einen Proxyserver zur Verfügung zu stellen (also faktisch aufzuzwingen), damit unliebsame Inhalte nicht abgerufen werden können. Die Rede ist dann von der Internetzensur.

15.5.5 IDS und IPS

Wenn der Fokus auf der Analyse der eingehenden Datenpakete und -anfragen liegt, sprechen Sie nicht mehr nur von einem Proxy- oder Firewall-System, sondern von einem »Intrusion System«, d.h. einem System, das sich auf eindringende Datenpakete fokussiert.

Als Intrusion Detection bzw. Intrusion Prevention wird die aktive Überwachung von Computersystemen bzw. Computernetzen mit dem Ziel der Erkennung bzw. Abwehr von Angriffen und Missbrauch bezeichnet. Man könnte solche Systeme auch als Alarmanlage bezeichnen.

Die erste Stufe dieser Systeme war die Einführung der Intrusion Detection Systems (IDS). Ein solches System kann Angriffe sowohl aus dem unsicheren Netzwerk als auch aus dem zu schützenden Netzwerk heraus erkennen und beispielsweise per E-Mail an den Administrator melden. Einen Schritt weiter geht die nächste Generation dieser Spezies: die Intrusion Prevention Systems (IPS). Sie verhindern die Möglichkeit von Angriffen.

Dabei wird zwischen netzwerkbasierten und hostbasierten Systemen unterschieden. Entsprechend lauten die Bezeichnungen HIDS und HIPS für hostbasierte Systeme, NIDS und NIPS für netzwerkbasierte Systeme.

Das NIDS/NIPS kann dabei sowohl vor als auch hinter der Firewall platziert werden. Den optimalen Schutz – aber auch mit dem größten Aufwand – erreichen Sie, wenn Sie zwei NIDS/NIPS vor und hinter der Firewall installieren. Dann haben Sie eine optimale Kontrolle über den Netzwerkverkehr. Ein NIDS/NIPS ist dabei ein Gerät, welches in das zu kontrollierende Netzwerksegment zwischengeschaltet wird, sodass aller Netzwerkverkehr dieses Segments durch das NIDS/NIPS läuft und über eine angeschlossene Management-Konsole ausgewertet werden kann.

Ein NIDS/NIPS kann auch an einen Switch angeschlossen werden, sofern dieser über das Port-Spanning-Protokoll verfügt. Dieses kopiert allen Verkehr des zu überwachenden Ports auf den Port, an dem das NIDS oder NIPS angeschlossen ist.

Ein hostbasiertes IDS oder IPS wird als Anwendung auf einem System installiert. Die Anwendung überwacht die Ereignisprotokolle, Anwendungen und weitere Parameter auf dem System selbst, nicht aber den Netzwerkverkehr. Diese Systeme werden vorzugsweise auf kritischen Servern wie Datenbankservern sowie Verschlüsselungs- oder Zertifikatsservern eingesetzt oder auf Servern, die als Verbindungsserver zu anderen Serversystemen dienen.

Das Ziel von Intrusion Detection besteht darin, aus allen im Überwachungsbereich stattfindenden Ereignissen diejenigen herauszufiltern, die auf Angriffe, Missbrauchsversuche oder Sicherheitsverletzungen hindeuten, um diese danach genauer zu untersuchen. Dabei ist es wichtig, dass die entsprechenden Ereignisse möglichst zeitnah erkannt werden können.

Damit Intrusion Detection wirksam ist, benötigt sie Informationen darüber, welche Komponenten sie überwachen soll und wie ein möglicher Angriff aussehen kann.

Ein IDS besteht dazu aus Netzsensoren, die den Netzwerkverkehr an bestimmten Punkten überwachen (beispielsweise in eine Firewall integriert), und/oder Hostsensoren, die kritische Systeme direkt überwachen, sowie gegebenenfalls Applikationssensoren. Diese Sensoren werden auch als Collector bezeichnet. Zudem benötigen Sie entsprechende Management- und Auswertungsfunktionen, damit die Ereignisse auch zielgerichtet ausgewertet werden können. Der Administrator wiederum ist verantwortlich für die Konfiguration der Sensoren und entsprechende Messregeln sowie für die Auswertung der entsprechenden Protokolle.

Derzeit werden von fast allen Anbietern kommerzieller IDS-Analysemethoden angewendet, die entweder auf der Erkennung von Angriffsmustern (Signature Based Detection) oder auf Protokollanalysen beruhen. So werden typische Angriffe wie etwa ein Pufferüberlauf als Muster im IDS hinterlegt. Erkennt jetzt das IDS eine Aktivität, die aussieht wie das abgelegte Muster, wird ein Alarm ausgelöst.

Die Erkennung von Angriffsmustern geschieht also anhand von Signaturen. Dies können einfache Mustererkennungen (pattern based) sein, aber auch das Verfolgen komplexer Verhaltensmuster (behavior based). Genauso wie bei Antivirenprogrammen ergibt sich aber auch hier der Nachteil, dass mit dieser Technik nur bekannte Angriffsmuster erkannt werden können. Darum gibt es auch für IDS die Möglichkeit heuristischer Angriffserkennung.

Bedingung für die ordnungsgemäße Funktion eines IDS ist, dass die Datenbanken mit den Angriffsmustern regelmäßig aktualisiert werden. Deshalb wird ein IDS nicht nur gekauft, sondern auch durch entsprechende Signaturaktualisierungen aktiv unterhalten.

Zusätzlich bieten fast alle IDS die Möglichkeit zur statistischen Anomalieerkennung (Anomaly Detection) auf Basis der vom IDS erzeugten Berichte und Angriffsstatistiken. Hierbei lernt das IDS, was »normal« ist, und bildet aufgrund dieser Erfahrungswerte zunehmend zuverlässige Annahmen über Ausnahmen, eben die Anomalien, die dann wiederum zu einem Alarm führen. Dies ist ein verhaltensbasierter Ansatz. Zudem kommen auch Expertensysteme (Sammlung von technisch hinterlegten Erfahrungen) oder zunehmend auch künstliche Intelligenz zum Einsatz.

Um hier mit der Zeit den nötigen Erfolg zu erzielen, ist neben einem aktiven Training des Systems auch das Erstellen und Unterhalten von Baselines wichtig. Dies haben Sie ja an anderer Stelle schon gelesen. Diese Baselines dienen Ihnen als wichtige Indikatoren, wenn etwa der Netzwerkverkehr plötzlich unerwartet ansteigt oder sich in der Zusammensetzung stark verändert.

Ein Intrusion Prevention System (IPS) geht noch einen Schritt weiter. Es ist zwar im Wesentlichen ebenfalls ein IDS, das aber auf bestimmte Ereignisse (Angriffe) selbstständig antworten kann, indem es beispielsweise den Netzwerkzugang verändert oder sogar unterbricht. Im Unterschied zum IDS, das als passives Antwortsystem bezeichnet wird, spricht man hierbei auch von einem aktiven Antwortsystem, weil es auf Angriffe mit konkreten Aktionen reagiert. Das kann zum Beispiel bedeuten, dass die Netzwerkverbindung eingehender Datenpakete unterbrochen wird oder dass TCP-Verbindungen zurückgesetzt werden. All dies kann natürlich auch zeitgesteuert erfolgen. Ein IPS kann also die Firewall anweisen, Port 25 für drei Minuten zu sperren, um danach wieder zu analysieren, ob der mögliche Angriff abgebrochen wurde.

Je mehr Möglichkeiten der Angriffserkennung aber implementiert werden oder je allgemeiner ein Erkennungsmuster formuliert wird, desto größer wird auch die Rate der Fehlalarme, der sogenannten *False Positives*. Dies führt zu einem hohen Aufwand für die Betreuung des IDS oder IPS, um alle Meldungen richtig zu analysieren.

Mehr zu dieser ganzen Thematik erfahren und lernen Sie in der Ausbildung zur CompTIA-Security+-Zertifizierung.

15.6 Aktive Suche nach Schwachstellen

Nebst den bereits vorgestellten Sicherheitsmaßnahmen können Sie auch gezielt nach vorhandenen Schwachstellen in Ihrem Netzwerk suchen. Hierzu gibt es verschiedene Möglichkeiten: Sie können externe Hacking-Experten beauftragen oder mit sogenannten Sicherheits-Scannern, englisch Vulnerability Scanners genannt, selbst nach Schwachstellen suchen. Auf Letzterem liegt jetzt der Fokus.

Einen Sicherheits-Scanner (auch Vulnerabilitäts-Scanner genannt) kann man bis zu einem gewissen Grad als »automatischen Hacker« bezeichnen. Diese Programme versuchen, selbsttätig Informationen über die zu testenden Systeme zu erhalten und dann eine Liste mit Sicherheitslücken vorzulegen.

Bekannte Vertreter dieser Gattung von Programmen sind etwa NESSUS und dessen Open-Source-Version OpenVAS oder NMAP.

Security-Scanner sind von ihrer Konzeption mehr für den Einsatz in einem Security-Audit ausgelegt als für einen Penetrationstest (Versuch des Eindringens von außen). Sie sind in der Lage, große Netzwerke in kurzer Zeit nach Sicherheitslücken zu untersuchen. Allerdings können sie keine komplizierten Angriffe ausführen und so versteckte Sicherheitslücken finden.

Abb. 15.9: Auswertung von Security-Scans im lokalen Netz und auf Webservern (F-Secure RADAR)

Hinzu kommt, dass Security-Scanner sehr vorsichtig operieren. Sie schließen eher von äußeren Symptomen wie etwa Versionsnummern von Programmen auf die sich ergebenden Sicherheitslücken, als dass sie einen wirklichen Test durchführen. Der Grund liegt darin, dass eine Schädigung der geprüften Systeme beim Test vermieden werden soll.

Diese indirekte Verfahrensweise der Prüfungen führt leider nicht selten zu Falschmeldungen. Deshalb müssen die Meldungen eines Scanners immer

- auf Plausibilität in Bezug auf die vorhandenen Systeme und Dienste geprüft sowie
- mit weiteren Tests verifiziert werden.

Trotz dieser Probleme sind solche Netzwerk-Scanner für die Suche nach Schwachstellen wichtige Werkzeuge, besonders bei Black-Box-Tests oder bei der Prüfung großer Netzwerke. Ihr Einsatz in einer frühen Phase des Tests kann Hinweise geben, wo sich die spätere (manuelle) Arbeit lohnt.

Bei den Security-Scannern unterscheidet man zwischen

- General-Purpose-Systemen für allgemeine Tests sowie
- Spezial-Scannern für bestimmte Aufgaben (z. B. Scanner für Webserver).

Die gefundenen Sicherheitslücken lassen sich anschließend mit weiteren Quellen analysieren:

- Datenbanken, in denen Sicherheitslücken nachzulesen sind; das sind oft Archive von Mailinglisten zum Thema Sicherheit oder Hinweise der Hersteller zu bekannten Lücken
- Release-Notes von Nachfolgeversionen, in denen die ausgebesserten Sicherheitslücken beschrieben sind

Nach einer gründlichen Analyse geht es danach darum, gefundene Sicherheitslücken zu schließen und die vorgenommenen Änderungen zuverlässig zu dokumentieren.

Abb. 15.10: Details zu einer entdeckten Schwachstelle mit Kommentaren und Ergebnissen (RADAR)

15.7 Verteidigungskonzepte

Die Datensicherheit ist natürlich nicht durch einzelne Maßnahmen zu gewährleisten, vielmehr gehören diese zusammenhängend in ein Konzept zur Verteidigung der Datensicherheit im ganzen Unternehmen. Dazu erstellt der SIO oder SiBe zusammen mit allen Betroffenen ein Sicherheitskonzept oder eben ein Informations-Sicherheits-System (ISMS), das von der Geschäftsleitung abgenommen und danach realisiert wird.

Das Ganze zusammen, d.h. von der Schwachstellenanalyse aufgrund der Bedrohungslage bis zur Realisation von Maßnahmen durch die Implementation verschiedener Verfahren und Technologien, nennt sich allgemeinsprachlich »Sicherheitskonzept«. Im deutschsprachigen Raum ist der übliche Begriff dafür »IT-Grundschutz«, die entsprechende internationale Norm ist ISO 27001 und zertifizierbar.

Im Rahmen der verstärkten Beachtung der Sicherheit ist mittlerweile fast jedes Unternehmen in irgendeiner Weise verpflichtet, sich mit entsprechenden Verfahren zu befassen, sei es durch gesetzliche Bestimmungen infolge der Auswirkungen aus der Datenschutzgesetzgebung, sei es durch internationale Richtlinien wie SOX oder die Basler Abkommen oder durch die immer häufiger eingesetzten internen Kontrollsysteme (IKS). Nur ganz kleine Firmen »müssen« sich gesetzlich nicht mit solchen Konzepten befassen. Ihnen sei an dieser Stelle einfach gesagt: Tun Sie es trotzdem, bevor der Schaden eingetreten ist und Sie teuer dafür bezahlen werden.

Der IT-Grundschutz wie auch die ISO-Norm sind risikobezogene Konzepte, die darauf ausgerichtet sind, ein ISMS, ein Information Security Management System, zu planen, einzuführen, zu überwachen und bei Bedarf wieder anzupassen. Sie merken schon, diese Thematik geht weit über das reine »Netzwerk« hinaus und obliegt in der Regel denn auch nicht Ihrer Verantwortung, sondern in der des Sicherheitsbeauftragten (SiBe) oder SIO. An dieser Stelle seien aber einige Verfahren erwähnt, die konkret geplant werden können, um im Rahmen dieser Sicherheitskonzepte für Netzwerke eingesetzt zu werden.

15.7.1 Die Auswertung von Überwachungen

Die erste und wichtigste Maßnahme im laufenden Betrieb innerhalb eines ISMS oder eines Sicherheitskonzepts ist die Überwachung des Netzwerks und der Infrastruktur. Daher ist diesem Thema auch ein eigenes Kapitel, nämlich Kapitel 18, gewidmet. Die Überwachung muss aber auch ausgewertet werden, um bei Abweichungen frühzeitig reagieren zu können. Hierbei geht es im größeren Zusammenhang nicht um das Lesen der Protokolle allein (dazu in Kapitel 18 mehr), sondern um ein SIEM, ein Security Information and Event Management. Also darum, wie, wann und wer bei Ereignissen informiert und aktiviert werden muss. Das SIEM ist Teil der gleich nachfolgend besprochenen Notfallvorsorge und legt zum Beispiel fest, wer über SMS oder über E-Mail zu benachrichtigen ist, wer angerufen werden muss (z. B. Rettungsdienste) und wer als First Responder zum Einsatz kommt (dazu mehr in Abschnitt 15.7.3).

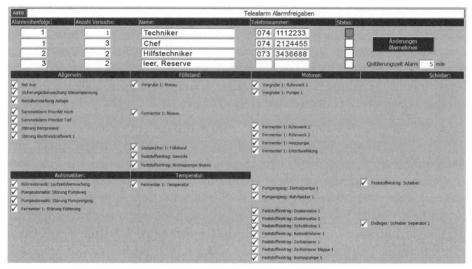

Abb. 15.11: Automatisiertes Alarmsystem mit unterschiedlichen Auslösern und Zielpersonen

Selbst kleine Firmen sollten sich zumindest eine Liste anlegen, wen man in welcher Reihenfolge alarmieren soll. Und zwar nicht im PC (!) für den Fall größerer Ereignisse ohne PC-Zugriff. Und überlegen Sie sich, was davon automatisiert stattfinden kann (SMS, Mail) und was manuell zu erledigen ist.

Ebenfalls gehören dazu priorisierte Auswertungen, denen besondere Beachtung geschenkt werden muss, etwa den Top Talkers, also den Systemen mit der größten Beschäftigung oder dem größten Bandbreitenverbrauch, den Top Protocols, also den Protokollen, die am meisten Bandbreite benötigen, oder den Top Listener auf der anderen Seite, also den Hosts, die am meisten herunterladen oder streamen. Viele Monitoringprogramme liefern Ihnen dazu die Vorgaben für entsprechende Auswertungen, die Ihnen wichtige Hinweise zum Beispiel auf Sicherheitsverletzungen bieten können. Oder wüssten Sie einen sinnvollen Grund, warum es in Ihrem Netzwerk einen »normalen« Client-Computer gibt, der immer nachts von 22.00 Uhr bis morgens um 3.00 Uhr eine große Menge an HTTPS-Verkehr nach draußen erzeugt? Außer es sei eine gut getarnte Malware, die Sie noch nicht entdeckt haben? Und wie würden Sie das ohne ein Auswertungs- und SIEM-System finden?

15.7.2 Notfallvorsorge

Unter die Notfallvorsorge gehört ironischerweise nicht die Planung für die Verhinderung des Schadensereignisses, sondern die Planung, um im Ereignisfall den Geschäftsbetrieb wieder aufnehmen zu können, damit daraus kein Notfall wird. Dazu gehören zum einen das BCM (Business Continuity Management), das sich darum kümmert, wie die zentralen Geschäftsprozesse wieder in Gang kommen. Zum anderen gehören hier die Überlegungen zum Disaster Recovery dazu, d.h., was muss vorgängig geplant werden, damit im Ereignisfall der Wiederaufbau möglichst rasch gelingt.

Dazu gibt es verschiedene Ansätze, abhängig davon, welche Anforderungen das BCM an die Informatik stellt und Ihnen dadurch den Rahmen vorgibt, bis wann ein Wiederaufbau gelingen muss.

Solche Ansätze sind etwa:

- Redundante Komponenten, die bei kleineren Ereignissen einen Weiterbetrieb ermöglichen (Netzwerkgeräte, USV, evtl. auch Verkabelungen)
- Der Betrieb eines alternativen Standorts. Das kann vom Einmieten in einem Rechenzentrum mit Hochfahren der Infrastruktur im Ereignisfall (Warm Site) über das ständige Betreiben einer zweiten Infrastruktur (Hot Site) bis hin zu einem permanenten redundanten Betrieb gehen (z.B. bei Banken oder Rechenzentren).
- Verträge mit Drittpartnern, die im Ereignisfall Hilfestellung leisten durch Lieferung von Ersatzmaterial innerhalb einer vertraglich festgelegten Frist

Übergeordnet über die Informatik gibt es grundlegende Bestandteile, die eine Notfallvorsorge auf jeden Fall leisten muss:

- Alarmierungs- und Meldewesen im Ereignisfall (SIEM, siehe 15.7.1)
- Flucht- und Rettungspläne für die Mitarbeiter (in vielen Ländern zwingend ab einer gewissen Gebäudegröße)
- Kennzeichnung der Notausgänge – und Freihalten dieser Ausgänge!
- Vorgehensplan für die Sofortmaßnahmen

Jedes Unternehmen benötigt entsprechend einen Disaster Plan bzw. ein Disaster Recovery und entsprechende BCM-Dokumente, um im Falle eines Angriffs oder anderweitigen großen Ereignis möglichst rasch den Betrieb wieder aufnehmen zu können.

Der erste Schritt zu einem solchen Disaster Recovery-Plan muss eine Analyse der möglichen Desaster-Szenarien sein. Dabei sollte der Bereich der Analyse möglichst breit gefasst werden. Die Ausfallszenarien können mit dem Ausfall einzelner, nicht redundanter Komponenten (SPOF, Single Point of Failure) beginnen und bei den eigentlichen Katastrophen wie Brand oder Wassereinbruch aufhören.

Folgende Liste gibt einen (nicht abschließenden) Eindruck, was alles berücksichtigt werden könnte:

- Ausfälle von SPOF:
- Hardware: Switch, Modem/Router, Drucker
- Services: Fileserver, DNS-Server
- Stromausfälle (Server, Datensicherung)
- Diebstahl von Medien
- Gebäudeschäden, Erdbeben, Feuer, Wasserschäden
- Angriffe bzw. Cyber-Attacken

Nachdem die möglichen Ausfallszenarien ermittelt oder im Zuge der regelmäßigen Überprüfung der Disaster Recovery-Planung überprüft worden sind, müssen für jeden ermittelten Fall folgende Punkte festgestellt werden:

- *Eintrittswahrscheinlichkeit*: Wie wahrscheinlich ist das Eintreten des Ereignisses?
- *Business Impact* (Auswirkungen auf die Geschäftstätigkeit): Wie groß ist der Einfluss eines Ereignisses auf die Geschäftstätigkeit des Betriebes?

RPO, RTO und MTO – von Ausfall bis Wiederinbetriebnahme

Wie lange würde es bei einem Ausfall der Prozesse und Systeme zum aktuellen Ausfall-Zeitpunkt dauern, den Sollzustand des ordentlichen Betriebs wieder herzustellen?

Dazu können verschiedene Parameter definiert werden, unter anderem der der RPO (Recovery Point Objective) genannte Zeitraum und der RTO (Recovery Time Objective).

Der RPO gibt an, wie viel Zeit zwischen einzelnen Datensicherungen liegen darf, damit ein bestimmter vordefinierter Zeitrahmen für die Wiederherstellung der Daten oder der Dienstleistung nach einem Ausfall nicht überschritten wird. Wiederherstellung meint hierbei Beschaffung durch "Wieder-Erstellen", da zwischen den Datensicherungen ja keine Verlustsicherung erfolgt. Faktisch heisst RPO somit: Wie groß darf der zeitliche Abstand zweier Datensicherungen oder Replikationen von Standorten oder Systemen sein, damit der Datenverlust der entstehen kann, nicht unwiederbringlich oder schädigend ist.

Die Berechnung des RPO für die Auswahl von Sicherheitsverfahren wird hierbei vom Geschäftsprozess vorgegeben

Ergänzend dazu wird für die Sicherstellung des Betriebs der RTO definiert. Das ist aus Sicht des Geschäftsprozesses die maximal tolerierbare Dauer, in welcher ein bestimmtes System oder eine definierte Anwendung nicht zur Verfügung stehen darf, auch Wiederanlauf genannt. Ist der RTO einmal definiert, lassen sich daraus die passenden Sicherheitsverfahren, die Sicherungskadenz und die begleitenden Maßnahmen ableiten, damit dieser RTO eingehalten werden kann.

In Zusammenhang damit wird auch die MTO (Maximum Tolerable Outage) definiert. Dies ist die maximale Ausfalldauer, welche überhaupt eintreten darf, damit das Unternehmen noch überleben kann. Daraus ergeben sich die Eckdaten für Maßnahmen zur Umsetzung der Desaster Recovery-Strategie.

Diese Betrachtungen bilden die Grundlage für die Umsetzungsplanung und die entsprechenden Entscheide, welche meist auch finanzielle Folgen haben werden.

15.7.3 Die First Responders

Der Begriff stammt aus dem Rettungswesen und bezeichnet Einsatzkräfte, die speziell dafür ausgebildet sind, als Erste erreichbar zu sein und vor Ort umgehend die ersten und wichtigsten Maßnahmen gegen das Ereignis ergreifen zu können sowie umfassende Informationen weiterzugeben, um die geeigneten Kräfte für die weitere Bekämpfung des Schadens aufzubieten.

In der Informatik sind First Responders keine Rettungskräfte, sondern die Personen, die auf einer Liste aufgeführt sind und die im Fall eines Schadensereignisses als Erste zu informieren sind. Ihre Aufgabe ist dann aber die gleiche wie im Rettungswesen: Sie koordinieren die weiteren Schritte, informieren weitere Ressourcen und kümmern sich mit den Betroffenen um eine möglichst rasche Behebung des Problems.

Darüber hinaus gibt es aber noch eine zweite Definition für First Responders und diese bezeichnet ein Dokument. Das FRM (First Responder Manual) ist eine allgemein verständliche Anleitung, was Betroffene bei Eintreten eines größeren Problems oder Schadens umgehend einleiten und vorkehren können, bis die ersten Fachkräfte vor Ort sind.

Vorgeschrieben sind solche FRM etwa im Rahmen von ISO 27001 oder auch bei Organisationen wie Spitälern oder öffentlichen Einrichtungen, damit bei einer kritischen Situation sofort mit der Abklärung begonnen werden kann.

In einem FRM stehen zuerst die unmittelbar zu überprüfenden Objekte und Zustände, danach die zu treffenden Vorkehrungen, danach die weiteren zu informierenden Personen.

First Responders können sowohl für den »normalen« Schadensfall ausgelegt sein als auch für größere Ereignisse.

Ich gebe Ihnen dazu ein Beispiel aus unserer Praxis. Nicht jeder unserer Kunden verfügt über interne Informatiker, selbst größere Betriebe tun das heute nicht mehr. Solche Kunden erhalten von uns nebst ihrer Betriebs- und Konfigurationsdokumentation auch einen First Responder für Schadensfälle. In diesem finden sie beschrieben, was sie unmittelbar unternehmen können, wenn z. B. kein Zugriff mehr auf das Internet besteht oder kein Datenzugriff.

Dazu werden Personen definiert, welche diesen First Responder erhalten (der liegt nicht »öffentlich« aus), und wir gehen den First Responder vor Ort mit diesen Personen durch. Dadurch können sie z. B. erkennen, ob bestimmte Geräte noch in Betrieb sind, und wenn nicht, was sie als erste Aktion unternehmen können, um uns so mehr und präzisere Angaben liefern. Das Ganze wird mit vielen Abbildungen dokumentiert, sodass die Personen auf den ersten Blick erkennen können, um was es sich handelt, auch wenn sie keine Fachleute sind.

Im First Responder steht also:

»Wenn Sie keinen Internet-Zugang mehr haben und dieses Phänomen betrifft alle, gehen Sie zum Server-Raum, öffnen Sie die Tür (1) und blicken Sie auf das Gerät (4). Schalten Sie das Gerät (4) aus und warten Sie eine Minute, danach schalten Sie es wieder ein.

Behebt dieses Vorgehen das Problem nicht, benachrichtigen Sie den Support unter Telefon 044... oder rufen Sie direkt den Provider unter der Nummer 052... an, um zu klären, ob ein Leitungsproblem vorliegt.« ((1) und (4) sind Bezüge auf Fotos.)

Darin steht aber auch:

»In einem Brandfall im Serverraum unterlassen Sie es in jedem Fall, sich in Gefahr zu bringen. Nehmen Sie Datensicherungen aus dem Safe im Büro der Administration und befolgen Sie die Anweisungen der Rettungskräfte. Informieren Sie nach Alarmierung der Feuerwehr umgehend Ihr zuständiges Behördenmitglied und den Informatiksupport. Das Behördenmitglied verfügt über eine Kopie der aktuellen Datensicherung und kümmert sich mit der Informatik darum, möglichst rasch wieder einen Betrieb zu ermöglichen.«

15.7.4 Und das alles zusammen?

Die ganze Planung und Umsetzung eines Datensicherheitskonzepts sprengt den Rahmen dieses Buches. Aber anhand eines konkreten Beispiels erhalten Sie informatikbezogen einige Ideen, um was alles es sich hier handeln kann.

Die Ausgangslage: Sie führen ein kleines Spital mit 80 Betten, mit elektronischen Patientenakten, mit einigen Dutzend Angestellten, mit Tagesaufenthalten und einer Abteilung für ambulante Behandlung. Patientendaten sind per Gesetz (DSG) und insbesondere durch die Verordnungen aus diesem Gesetz besonders zu schützen. Was genau dies heißt, ist einzeln in den Verordnungen festgehalten. Die Informatik wird extern betreut, was heute üblich ist.

Was heißt jetzt Verteidigungskonzept?

Hierzu nur einige Ansätze, bezogen aus den vorhergehenden Ausführungen und beschränkt auf die Informatik. An sich ist klar, dass gerade im Gesundheitswesen ein Spital oder Pflegeheim ohnehin über ein aktualisiertes ISMS verfügen muss.

Hier einige wesentliche Punkte, die zur Verteidigung der ICT-Infrastruktur gehören:

- Sie verfügen über gesicherte und überwachte IT-Räumlichkeiten.
- Sie bzw. Ihr Dienstleister führt regelmäßig eine Überprüfung auf Schwachstellen und Aktualisierungen durch und dokumentiert die Veränderungen.
- Sie verfügen über eine aktuelle Dokumentation, damit Sie bei Ereignissen jederzeit wissen, wo sich was ereignet hat.
- Sie haben ein umfassendes und dokumentiertes Datensicherungskonzept, das zwingend regelmäßige Restores beinhaltet.
- Alle DSG-relevanten Daten sind über technische Maßnahmen von den übrigen Daten getrennt und geschützt.
- Sie verfügen über administrative Zugriffsdaten, um Bedrohungen auch technisch umgehend zu begegnen und bei Bedarf unabhängig vom Dienstleister zu handeln, selbst wenn es nur um das vorübergehende Herunterfahren bestimmter Systeme geht.
- Sie haben eine First-Responder-Dokumentation, die es auch Ihren Nicht-Informatikern im Spital erlaubt, sofort erste Abklärungen vorzunehmen.
- Sie haben einen Notfallplan, wie Sie auch bei einem größeren Ereignis im Interesse der Patienten den Betrieb wiederherstellen können, damit es in der Pflege und Betreuung technisch bedingt zu keinen kritischen Situationen kommen kann.

Diese Liste könnte man noch ziemlich lange fortsetzen, wichtig ist aber nicht, die längste Liste oder die komplizierteste Strategie zu haben, sondern dass Sie sich aktiv mit dem Thema auseinandersetzen und in Ihrem oder als Dienstleister im Interesse Ihres Kunden praktikable Lösungen finden und umsetzen. Es gibt leider, wie in obigem Beispiel in der Realität angetroffen und von uns dokumentiert, noch viel zu viele Firmen im IT-Handels- und Dienstleistungsbereich, die sich mit dieser Realität schwertun. In einem dem Beispiel ähnlichen Betrieb fehlten fast sämtliche dieser oben genannten Punkte, Stand 2015, für den Dienstleister war dies in seiner Stellungnahme überhaupt kein Problem – es läuft ja und der Rest sei, so wörtlich, »fachlicher Unsinn«. Ja, auch das gibt es noch – da brauchen Sie sich wegen eines APT gar nicht erst Sorgen zu machen, Sie würden es nicht merken.

15.8 Fragen zu diesem Kapitel

1. Eine zustandsorientierte Paketfilter-Firewall arbeitet auf welchen OSI-Layern?

   A. Netzwerk

   B. Netzwerk und Transport

   C. Transport und Sicherung

   D. Netzwerk, Transport, Sicherung

2. Welches Gerät hat als Haupteinsatzzweck die proaktive Begegnung und Abwehr auf Bedrohungen?

   A. SSL

   B. TLS

   C. IPS

   D. VPN

3. Sie arbeiten als Netzwerkverantwortliche in einem Unternehmen und müssen eine unterbrechungsfreie Stromversorgung (USV) für das Gebäude einrichten. Welches der folgenden Geräte werden Sie installieren?

   A. Einen Signalgenerator

   B. Einen Dieselgenerator

   C. Eine USV-Anlage im Serverraum

   D. Eine USV an jedem Client-System

4. Der Netzwerkadministrator möchte gerne alle bekannten Malware-Aktivitäten blockieren können. Was erlaubt diese Blockade?

   A. Ein verhaltensbasiertes IDS

   B. Ein signaturbasiertes IDS

   C. Ein verhaltensbasiertes IPS

   D. Ein signaturbasiertes IPS

5. Was wird ein Administrator *am ehesten* auf einer Workstation installieren, um gewisse Ports und Webseiten zu blockieren?

   A. IDS

   B. Antivirensoftware

   C. Host-basierende Firewall

   D. Port-Scanner

6. Wozu dient ein IDS?
   A. Es kontrolliert eingehende und ausgehende Verbindungen, um unerlaubten Zugriff aufs Internet zu verhindern.
   B. Es kontrolliert eingehende und ausgehende Verbindungen mittels Kommandobefehlen auf einem einzelnen Netzwerkgerät.
   C. Es überwacht eingehende und ausgehende Verbindungen, um verdächtige Aktionen zu verhindern.
   D. Es überwacht eingehende und ausgehende Verbindungen, um verdächtige Aktivitäten zu entdecken.

7. Welche beiden Begriffe gehören im Zusammenhang mit Netzwerkausrüstung sinnvollerweise zusammen? Nennen Sie zwei Begriffe.
   A. Hochverfügbarkeit
   B. Latenzreduktion
   C. WiMAX
   D. Fehlertoleranz
   E. CARP

8. Was kann eine Application-Layer-Firewall filtern, wozu eine Network-Layer-Firewall nicht in der Lage ist?
   A. HTTP-URLs
   B. Telnet-Verkehr
   C. ICMP
   D. HTTP-Verkehr

9. Welches Netzwerksegment ist außerhalb der Firewall angesiedelt?
   A. VPN
   B. DMZ
   C. LAN
   D. WLAN

10. Welchem Adressbereich sollte ein Administrator in der ACL den Zugang verweigern, um Multicast-Pakete zu unterbinden, welche über das WAN-Interface eintreffen?
    A. 224.0.0.0-239.255.255.255
    B. 127.0.0.0-127.255.255.255
    C. 192.168.0.0-192.168.255.255
    D. 172.16.0.0-172.31.255.255

Kapitel 15
Die Verteidigung des Netzwerks

11. Welcher Dienst bzw. welches Gerät benutzt Pointer-Einträge und A-Records?

    A. NAT-Server

    B. IDS

    C. IPS

    D. DNS-Server

12. Welche Maßnahme ist effizient als Verteidigung gegen das Session Hacking?

    A. Port Filtering

    B. ACL

    C. Encryption

    D. IDS

13. Mit welchem Begriff wird zusammenfassend eine Lösung bezeichnet, die eine Firewall mit zusätzlichen Elementen wie URL-Filterung, Antivirensoftware oder Inhaltsregeln ausrüstet?

    A. APT

    B. EFW

    C. SGW

    D. UTM

14. Eine Firewall, die auf OSI-Layer 7 arbeitet, ist auch bekannt als:

    A. Circuit Level Gateway

    B. Application Level Gateway

    C. Routing-Firewall

    D. Paketfilter

Kapitel 16

Remote Access Networks

Netzwerke sind eine sehr praktische Angelegenheit – wenn man in dem Büro sitzt bzw. dort arbeitet, wo das Netzwerk verlegt ist. Aber was tut die Versicherungsagentin, die den ganzen Tag unterwegs ist und abends die Daten auf dem Notebook mit dem Netzwerk abgleichen möchte? Oder der Techniker, der nach einem arbeitsreichen Tag seine Berichte ins Netzwerk einspeisen möchte?

Mit dieser Frage musste sich die Netzwerktechnik also beizeiten auseinandersetzen und die Antwort darauf lautete: Fernzugriff, neudeutsch: *Remote Access*.

Die Technologie dazu gab es längst, nämlich den Einsatz einer Telefonleitung und das Zwischenschalten eines Modems. So wie Sie sich via Modem beim Provider einwählen können und danach Zugang zum Internet erhalten, kann im Prinzip auch der Zugang ins Netzwerk der Firma gewährt werden. Der Remote Access hat sich aber auch entwickelt. Wo früher tatsächlich noch Server mit Modems standen, die man anrufen konnte, stehen heute VPN-Router.

Sie lernen in diesem Kapitel:

- Die Grundlagen von Remote Access kennen
- Verschiedene Terminal- bzw. Virtualisierungsdienste unterscheiden
    - Citrix-Dienste
    - RDP
    - VDI
- Die Grundlagen von VPN verstehen
- Unterschiedliche VPN-Konfigurationen kennen
- Die Protokolle und die Konfiguration von VPN kennen

16.1 Remote Access

Ein *Remote Access*-Dienst ist im Grundsatz ein Dienst, der es erlaubt, von außen auf die Ressourcen des Netzwerks zuzugreifen.

Dieser Dienst muss im Wesentlichen sicherstellen, dass – trotz Zugriff von außen – nur im Netzwerk autorisierte Teilnehmer Zugang zu dessen Ressourcen erhalten, das heißt, der Remote-Access-Dienst verwaltet den Zugriff an sich.

Kapitel 16
Remote Access Networks

Sie haben bereits gesehen, dass RADIUS einen solchen Dienst anbietet und sich die Benutzer über diesen Server für das Netzwerk authentifizieren können.

Aber auch Windows verfügt selbst über einen solchen Dienst, der auch wirklich RAS-Server oder RAS-Dienst genannt wird. RAS wurde mit Windows NT implementiert und erlaubte es externen Teilnehmern, sich via analoger oder ISDN-Leitungen ins Netzwerk einzuwählen.

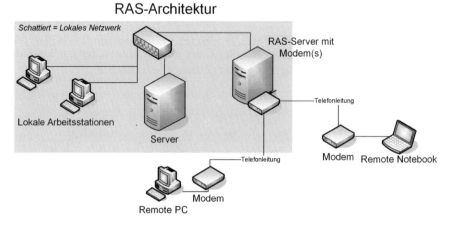

Abb. 16.1: RAS-Architektur eines Netzwerks

Die klassische Form dieses Dienstes sah wie folgt aus: Ein Teilnehmer möchte von außen auf das Netzwerk zugreifen. Via Modem wählt er sich auf den Server ein, der ebenfalls via Modem die Leitung öffnet und nach dem Benutzer und Passwort fragt. Stimmen diese mit den Angaben auf dem Server überein, wird der Zugang gewährt.

Anschließend gewährte der Server dem Teilnehmer einen transparenten Zugang, d.h., der Teilnehmer sah »sein« Netzwerk so, als wäre er nicht remote, sondern direkt angeschlossen, mit seinen Netzwerksymbolen und Ressourcen.

Doch diese Methode war aufwendig (es brauchte ganze Modem-Batterien) und zudem anfällig, weil auch ein unautorisierter Benutzer anrufen konnte und je nach Sicherheit der Benutzerdaten mehr oder weniger Zeit brauchte, um sich einen Zugang zu verschaffen.

Daher kam man in einer ersten Weiterentwicklung dazu, den »Call back« einzuführen. Das heißt, der externe Teilnehmer ruft den Server zwar an, dieser legt aber direkt wieder auf und stellt die Verbindung danach von sich aus her, und zwar an eine vordefinierte Nummer. So konnte der Missbrauch der Leitung eingeschränkt werden.

Die Tatsache, dass man aber immer noch von klassischen Modems spricht, zeigt neben den Sicherheitsbedenken auch auf, wo das Problem lag: Die Lösung war nicht wirklich effizient und zudem teuer (dedizierte Nutzung von Telefonleitungen).

Und hier setzen denn auch die nächsten Entwicklungsschritte ein: Terminaldienste und Virtual Private Networks (VPN).

16.2 Terminaldienste

Bei Terminaldiensten wie Windows Terminal Services oder Citrix Metaframe wählen sich die Teilnehmer zwar ebenfalls von außen ein. Aber die Anwendungen bleiben auf dem Server und es wird nur ein Minimum an Daten übertragen. Die Anforderungen an die Netzwerkbandbreite sind daher minimal, weil nur die Bildschirminhalte übertragen werden. Allerdings liegt die gesamte Rechenleistung beim Terminalserver.

Zudem erlaubt der Terminaldienst auch das entfernte Arbeiten an den Servern selbst, sodass diese Dienste auch für den IT-Techniker von Interesse sind.

16.2.1 Der Windows Terminal Server

Wenn Sie die Terminaldienste mit Windows 2008 oder 2012 verwenden wollen, benötigen Sie als Betriebssystem serverseitig einen Windows 2008 (2012) Server mit installierten Terminaldiensten. Pro aktive Sitzung, welche dieser Server unterhalten muss, benötigen Sie auf dem Server rund 16 MB an Arbeitsspeicher. Clientseitig benötigen Sie die Software Remotedesktopverbindung und starten damit die Verbindung an den Server.

Dazu kommen natürlich die Lizenzen, die Sie pro Arbeitsplatz benötigen, damit der jeweilige Benutzer auf dem Server arbeiten kann. Damit entfallen für Sie auf der anderen Seite die lokalen Installationen, da Sie die Software (auch Office oder ein ERP) direkt auf dem Terminalserver installieren und dort allen Benutzern zur Verfügung stellen. Zudem benötigt eine RDP-Verbindung weniger Netzwerkressourcen als eine »normale« Client-Server-Verbindung.

Abb. 16.2: Anmeldung über Remote Desktop

Kapitel 16
Remote Access Networks

Der große Vorteil dieser Verbindungsart gegenüber der weiter oben beschriebenen RAS-Anbindung besteht zum einen in der verbesserten Sicherheit (keine Modem-Einwahl mehr), zum anderen benötigen Sie eindeutig weniger Ressourcen und drittens geht so etwas auch über nicht dedizierte Leitungen, sprich über einen vorhandenen Internetanschluss. Sie müssen nicht eigens Modems und Telefonleitungen für diesen Dienst offen halten. Und RDP funktioniert grundsätzlich verschlüsselt.

Microsoft verwendet für diese Dienste ein eigens optimiertes Protokoll, Remote Desktop Protocol (RDP) genannt. Es existiert für verschiedene, auch Nicht-Windows-Plattformen, damit sich möglichst unterschiedliche Clients an einem Terminalserver anmelden können. Das Protokoll wird stetig weiterentwickelt und liegt mittlerweile als Version RDP 8.1 vor. Das Protokoll arbeitet über Port 3389, d.h., der Terminalserver hört diesen Port ab und wartet, ob eine Anfrage für den Aufbau einer Verbindung hereinkommt (Stichwort Firewall ...).

Bei Windows Servern mit ADS werden die Benutzerrechte aus der ADS übernommen. Hierfür finden Sie in der Benutzerverwaltung eine eigene Registerkarte, über die Sie den Benutzer für Terminalzugriffe freischalten oder sperren können.

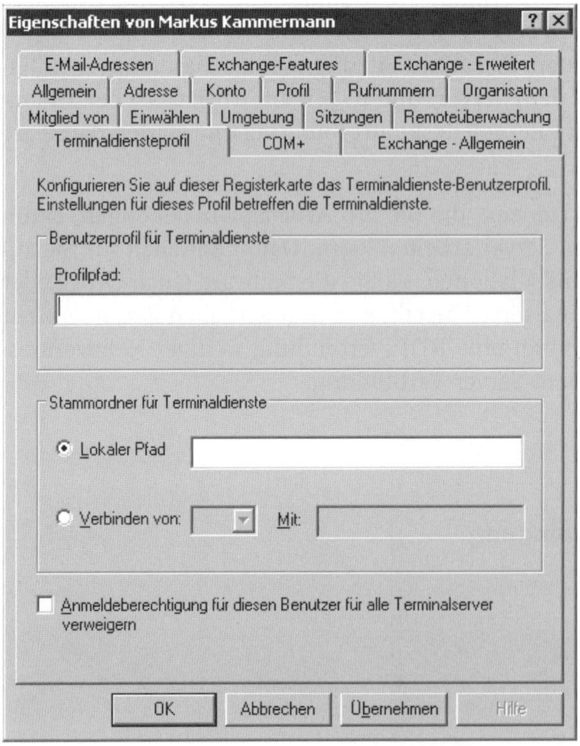

Abb. 16.3: Berechtigung für die Einwahl von Benutzern

Für den Benutzer ist diese Variante natürlich ebenfalls praktisch. Denn nach dem Start der Remote-Software trifft er auf den ihm bekannten Anmeldebildschirm von Windows und anschließend einen Windows-Desktop.

16.2.2 Citrix Presentation Server

Citrix hat aus der Frage nach einem Terminalserver ein ganzes Geschäft gemacht: Man spricht daher auch etwa von Citrix Server und meint damit die Terminalserver dieses Unternehmens. Das Kernprodukt dieser Geschichte ist der Citrix Presentation Server (früher: Metaframe), der genauso wie der oben beschriebene Terminalserver die Möglichkeit bietet, von einem beliebigen Endgerät (PC, Notebook, PDA) mit einem beliebigen Betriebssystem über eine Terminalanwendung auf das Firmennetz zuzugreifen, ohne dass die eigentliche Software auf dem verwendeten Rechner installiert sein muss. Der Client nennt sich Citrix-ICA-Client und verwendet das ICA-Protokoll. Es arbeitet über Port 1494.

16.2.3 Und die Desktop-Virtualisierung?

Ein anderer Ansatz nennt sich Desktop-Virtualisierung und ist zwar nicht gerade der Nachfolger des Terminals-Service, aber doch in seinem Gefolge entstanden und heute mit diesem koexistent. Hier wird nicht eine Anwendung oder ein Betriebssystem via Terminaldienst angesprochen, sondern der ganze PC auf dem Server virtualisiert und gehostet. Somit hat jeder Benutzer seine eigene dedizierte virtuelle Maschine, die ihm als Service vom zentralen Server geboten wird. Sie können das auch als DaaS (Desktop as a Service) sehen und bezeichnen. Am Arbeitsplatz selbst stehen noch ein Bildschirm und eine Tastatur, beim Thin-Client-Ansatz dazu eine eigene CPU, beim Zero Client nur noch eine RJ-45-Verbindung direkt ab dem Monitor (sehr interessanter Ansatz von Fujitsu).

Bei der Desktop-Virtualisierung wird der Client direkt auf dem Server in einer virtuellen Umgebung erstellt und betrieben. VDI (Virtual Desktop Interface) nennt sich dieser Ansatz und verlagert den Betrieb und die Verarbeitung vollständig auf den Server.

Nebst einigen kleineren Nischenanbietern stehen vor allem Microsoft (Microsoft VDI/RDS), VMWare (Horizon View) und Citrix (XenDesktop) im Vordergrund bei der Implementierung dieser Ansätze.

16.2.4 Ein Wort zum Thema Unterstützung

Es gibt natürlich auch den umgekehrten Weg. Das bedeutet, die einzelnen Computer geben ihren Bildschirm bzw. ihre Ressourcen zur Remote-Bearbeitung frei. Früher wurden solche Freigaben mit Freeware-Programmen wie VNC gehandhabt. Mittlerweile gibt es eine ganze Reihe von kostenlosen und kostenpflichtigen Programmen, mit denen man seinen Desktop freigeben kann. VNC hat dabei lange eine wichtige Rolle gespielt, weil es für zahlreiche unterschiedliche Plattformen existiert.

VNC ist eine Applikation, die auf Maschinen mit grafischer Oberfläche zum Einsatz kommt. Dazu muss auf dem Remote-Rechner der VNC-Server installiert werden sowie auf dem zugreifenden Rechner der VNC-Client.

Durch diese Installation kann man grafisch die vollständige Bedienung am entfernten System übernehmen. Alternativ ist auch ein »Nur-Lese«-Modus möglich, bei dem also lokale Eingaben keine Auswirkungen auf den entfernten Rechner haben.

Neuere Versionen von VNC enthalten einen kleinen Webserver, der ein Java-Applet bereitstellt, sodass ein Zugriff über jeden Java-fähigen Browser auch ohne installierte Client-Software möglich wird.

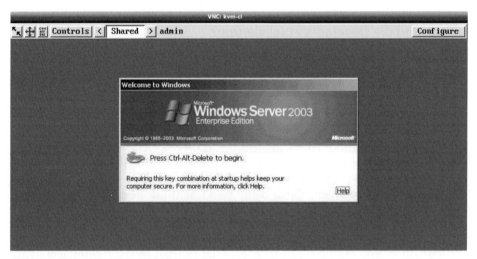

Abb. 16.4: Linux-Konsole mit VNC-Fenster

Das obige Beispiel zeigt einen Rechner, auf dem Linux installiert ist und der über VNC jetzt einen Windows 2003 Server aufruft und sich mit ihm verbindet.

Remote Assistance (»Fernunterstützung«) wird heute häufig eingesetzt, um Systeme fremdzuwarten. Auch hier wurden mit dieser Lösung zumeist Modemleitungen ersetzt, weil auch dieser Remote-Zugriff über das Internet und den damit verbundenen Sicherheitsmechanismen zur Session-Sicherung läuft.

Eine ähnliche Unterstützung bieten zudem auch Programme, die den Port 80 (http) benutzen, wie etwa die bekannten Programme Team Viewer oder Net Viewer.

16.3 VPN

Der nächste und zurzeit sicherste Weg, um von außen auf ein Netzwerk zuzugreifen oder auch um zwei entfernte Netzwerke miteinander zu verbinden, nennt sich VPN (Virtual Private Network). Wie der Name bereits andeutet, handelt es sich dabei um ein virtuelles Netzwerk, das mittels Software aufgebaut wird und so als in sich geschlossenes und verschlüsseltes Netz sich über ein vorhandenes öffentliches Netzwerk legen kann. Das virtuelle Netzwerk baut sich sozusagen einen Tunnel durch das öffentliche Netzwerk, und zwar so, dass dieser Tunnel für andere nicht lesbar ist. Dies bedingt eine mehrfache Verschlüsselung und eine präzise Einrichtung (und nicht 1234 als Kennwort).

Damit eine solche virtuelle Kommunikation aufgebaut werden kann, werden die eigentlichen Datenpakete in einem VPN-Protokoll verpackt und so über die aufzubauende virtuelle Verbindung versandt – von daher stammt auch der Begriff des Tunnels. Auf der anderen Seite steht der Kommunikationspartner, welcher den VPN-Tunnel beendet und die Pakete auch wieder entschlüsseln kann.

Der VPN-Aufbau zeichnet sich dadurch aus, dass er über Layer 4 hinaus protokolltransparent funktioniert. Daher ist es möglich, Daten auch über eigentlich inkompatible Netze zu versenden, weil der Inhalt der Tunnel nicht mit den Transportprotokollen der unterwegs liegenden Netze in Kontakt tritt. Die virtuelle Verbindung wird auf Layer 4 (Transport) hergestellt.

Zudem kann VPN einzelne Computer oder Netzwerke manipulationssicher miteinander verbinden, wodurch eine Verbindung zum VPN-Partner auch durch ein unsicheres Netz wie das Internet aufgebaut werden kann.

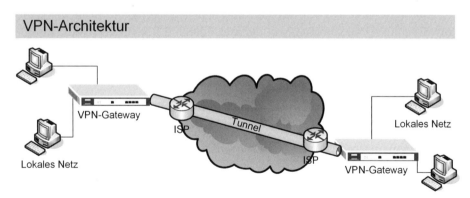

Abb. 16.5: Das Konzept einer VPN-Verbindung

Damit VPN möglich wird, müssen auf beiden Seiten der Kommunikation entsprechende VPN-Server (VPN-Gateway) und/oder Clients installiert werden.

16.3.1 Der Aufbau der Verbindung

Der Aufbau eines VPN-Netzwerks erfolgt in zwei Phasen:

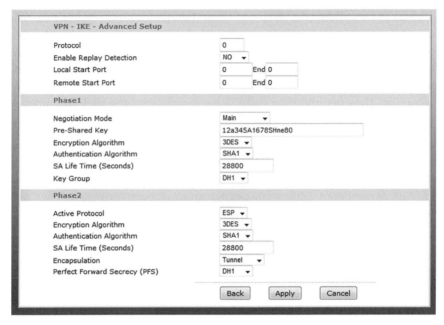

Abb. 16.6: Die zwei Phasen des Verbindungsaufbaus aus Sicht des VPN-Gateways (© ZyXEL)

In *Phase 1* werden aufgrund der auf beiden Seiten der Verbindung (VPN-Gateways bzw. VPN-Gateway und VPN-Client) eingegebenen Daten zwischen den beiden Verbindungsstellen vier Nachrichten ausgetauscht, um sich auf einen gemeinsamen Schlüssel zu verständigen, der anschließend für die Verschlüsselung des eigentlichen Tunnels benötigt wird. Dabei wird ein Schlüssel zur Authentisierung und einer zur Verschlüsselung der weiteren Nachrichten erstellt sowie ein Schlüssel für die Aushandlung in der späteren Phase 2.

Zu den vorzugebenen Daten im VPN-Gateway/VPN-Client gehören zu diesem Zeitpunkt für einen erfolgreichen Verbindungsaufbau:

- Eine gemeinsame symmetrische Verschlüsselung für den Verbindungsaufbau (DES/3DES, AES)
- Ein PSK oder ein gemeinsamer Authentifizierungsserver
- Ein gemeinsamer Hashwert-Algorithmus zur Berechnung der Prüfsumme des Aufbau-Gegenübers (SHA1, MD5)
- Die Lebensdauer der in Phase 1 entstehenden SA (Security Association) in Sekunden. Anschließend an diese Lifetime zwischen den beiden Partnern wird ein neuer Schlüssel ausgehandelt. Die SA selbst enthält verschiedene Informa-

tionen wie den Modus Tunnel oder Transport, die Lebensdauer und verschiedene Protokolleinstellungen.
- Eine vertrauenswürdige Adresse als Secure Gateway (IP oder DNS) auf der Gegenseite, zu welcher der Tunnel aufgebaut werden soll. Falls nur ein Partner den Tunnel aufbauen kann, so benötigt nur dieser den Secure Gateway, sollen beide Partner von sich aus den Tunnel öffnen können, benötigen beide eine solche sichere Adresse von der Gegenseite (fehlt auf obigem Screen, weil dies bei diesem Modell in den Grundeinstellungen erfasst wird).

Nachdem die Phase 1 erfolgreich durchlaufen ist, werden in *Phase 2* die eigentlichen Schlüssel für die Verschlüsselung der Daten ausgehandelt. Auch hierfür werden am VPN-Gateway bzw. am VPN-Client dieselben folgenden Daten eingegeben:

- Das Sicherheitsprotokoll für die Verschlüsselung der IP-Pakete (ESP)
- Eine gemeinsame symmetrische Verschlüsselung für die Verschlüsselung des Tunnels (3DES/DES, AES)
- Ein gemeinsamer Hashwert-Algorithmus zur Berechnung der Prüfsumme zur Authentifikation des Tunnel-Gegenübers
- Die Auswahl, ob Tunnel (als Beenden des Tunnels auf der Gegenstelle) oder Transport (Weiterleitung der verschlüsselten Daten an eine anderen VPN-Endstelle)
- Eine virtuelle Netzwerkadresse, mit der sich der virtuelle Partner im lokalen Netzwerk bewegen kann. Wichtig: Diese Adresse (Einzeladresse oder Subnetz) darf im »realen« Netzwerk nicht identisch sein, sonst können Sie anschließend nicht auf die Ressourcen zugreifen, auch wenn der Tunnel selbst offen ist.

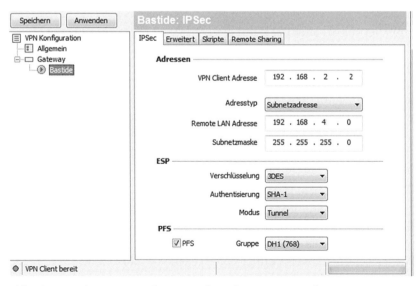

Abb. 16.7: Die Phase 2 aus Sicht eines softwarebasierten VPN-Clients (GreenBow)

- Die Frage nach der Aktivierung von PFS (Perfect Forward Secrecy). Aktivieren Sie PFS, stellen Sie damit sicher, dass derselbe Schlüssel nicht ein zweites Mal generiert werden kann, Sie erzwingen (in obigem Fall), dass der Diffie-Hellman-Schlüssel nach Ablauf der SA erneuert werden muss. Dies wiederum führt dazu, dass für jede Neuverhandlung der Phase nach Ablauf von deren SA auch ein neues Schlüsselverhandeln auf Phase 1 stattfinden muss. Dadurch gewinnen Sie mehr Sicherheit beim Aufbau der Verbindung, benötigen aber mehr Zeit und mehr Rechenleistung. Bei einer SA von 28800 (= 8 Stunden) wird das kaum ins Gewicht fallen, wenn Sie aber eine SA von 600 (= 10 Minuten) eingeben würde, ist das deutlich mehr Last für die VPN-Geräte. Bei ausgeschaltetem PFS werden für die Neuaushandlung in Phase 2 dagegen die noch vorhandenen Schlüssel aus Phase 1 erneut verwendet.

Zum Aufbau der eigentlichen Verschlüsselung in Phase 2 können verschiedene Protokolle genutzt werden. Häufig werden neben IPSec (ISAKMP, IKEv1 oder dann IKEv2) auch L2TP oder sogar noch PPTP verwendet, aber auch SSL oder PPP over SSH sind möglich.

Cisco-Geräte verwenden zudem das GRE-Protokoll (Generic Routing Encapsulation), mit dem sie einen Tunnel aufbauen können, wobei GRE-Tunnel in den entsprechenden Routern als eigenes (virtuelles) Interface aufgebaut werden. Die Kapselung und Entkapselung entspricht dann wieder dem »normalen« VPN, d.h., am Ende des Tunnels wird GRE beendet und die IP-Pakete werden wieder entkapselt.

L2TP (Layer 2 Tunneling Protocol) ist ein Standard der IETF und wird zur Tunnelbildung eingesetzt. Es ermöglicht mehrere VPN-Verbindungen und entsprechend den Aufbau mehrerer Tunnels gleichzeitig. Ebenso ist es möglich, NAT zu nutzen.

Zur Authentifizierung arbeitet L2TP mit den Verfahren CHAP (Challenge Handshake Authentication Protocol) oder PAP (Password Authentication Protocol). Eine eigene Verschlüsselung ist allerdings nicht vorgesehen. Daher ist es möglich und auch sinnvoll, L2TP mit IPSec zu kombinieren. Zudem ist L2TP direkt in Betriebssystemen enthalten, so in allen Windows-Pro-Versionen, d.h., Sie benötigen keinen zusätzlichen Client wie bei einem IPSec-Client, der separat installiert werden muss. Und nicht jeder Client funktioniert mit jedem VPN-Gateway, Sie tun gut daran, sich an die Empfehlungen der jeweiligen Hersteller Ihres VPN-Gateways zu halten, damit Sie eine problemlose Verbindung aufbauen können.

Das Point-to-Point Tunneling Protocol (PPTP) wurde von verschiedenen Herstellern gemeinsam entwickelt. Es ist bis heute in Microsoft Windows integriert und trotz der Vorzüge von L2TP nach wie vor verbreitet. Wie bei L2TP werden die Daten über PPTP normalerweise durch höherliegende Protokolle wie z.B. IPSec verschlüsselt.

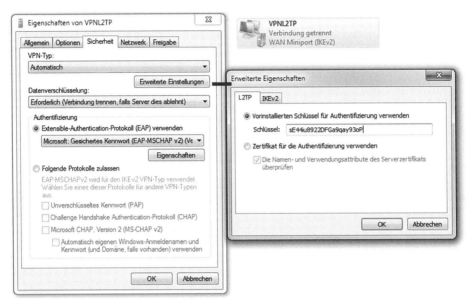

Abb. 16.8: Windows integrierter L2TP-Client

Beim konkreten Aufbau von VPN gibt es verschiedene Methoden: den Aufbau zwischen zwei festen Partnern über das Internet, den Aufbau der Verbindung eines Clients über das Internet zu einem festen Partner oder eine dynamische Verbindung. Diese Unterschiede werden Sie im Folgenden kennen lernen.

16.3.2 Site-to-Site VPN

Bei einem Site-to-Site VPN, auch (teil-) statisches VPN genannt, steht auf beiden Seiten der Verbindung ein fest installierter VPN-Gateway. Statisch ist das VPN dann, wenn auf beiden Seiten eine fixe öffentliche IP- oder DNS-Adresse eingetragen ist, sodass beide Seiten gleichberechtigt je von sich aus eine Verbindung öffnen können.

Dies ist zum Beispiel sinnvoll, wenn Sie verschiedene Abteilungen einer Firma mittels Site-to-Site VPN verbinden möchten und Daten an verschiedenen Orten vorhanden sind, die von anderen Abteilungen auch benötigt werden.

Site-to-Site lässt sich aber auch teilstatisch aufbauen. In diesem Fall agiert ein VPN-Gateway als Trusted Gateway oder Secure Gateway mit einer fixen Adresse. Der andere VPN-Router arbeitet dagegen mit zufälligen, vom Provider zugewiesenen Adressen. In diesem Fall kann der eine VPN-Gateway (der ohne fixe IP) die Verbindung zum Secure Gateway aufbauen, dieser aber seinerseits von sich aus keinen Tunnel zum VPN-Gateway ohne fixe Adresse öffnen.

Dies ist die klassische Filialanbindung, wie sie häufig realisiert wird. So kann jede Filiale mit eigenem VPN-Gateway via VPN auf den zentralen VPN-Router zugreifen und von dort aus auf zentrale Daten zugreifen oder zentrale Dienste nutzen.

Wenn Sie sich aus obigem Beispiel die Werte einmal als Tabelle verdeutlichen und sie um einige Einträge ergänzen, können die Daten in einem VPN-Gateway für eine statische Site-to-Site-Verbindung etwa wie folgt aussehen:

Site A	
Active= Yes	Keep Alive= No Nat Traversal= No
Local ID type= IP	My IP Addr= 62.121.1.2
Peer ID type= IP	Secure Gateway Address= 197.32.121.14
Local Addr Type= SUBNET	
Addr Start= 192.168.10.0	End/Subnet Mask= 255.255.255.0
Remote Addr Type= SUBNET	
IP Addr Start= 192.168.20.0	End/Subnet Mask= 255.255.255.0
Key Management= IKE	Edit Key Management Setup= Yes

Danach folgen die entsprechenden Einstellungen für den Aufbau der Verbindung, der in zwei Phasen abläuft und daher auch so eingerichtet wird.

```
Phase 1
          Negotiation Mode= Main
          Authentication Method= Pre-Shared Key
          Pre-Shared Key= ab0cdKef1144RFdc789KLe
          Certificate= N/A
          Encryption Algorithm= AES
          Authentication Algorithm= MD5
          SA Life Time (Seconds)= 28800
          Key Group= DH1
Phase 2
          Active Protocol= ESP
          Encryption Algorithm= AES
          Authentication Algorithm= SHA1
          SA Life Time (Seconds)= 28800
          Encapsulation= Tunnel
          Perfect Forward Secrecy (PFS)= yes
```

Für die Einrichtung der Gegenstelle müssen anschließend dieselben Einstellungen ebenfalls für die Einrichtung des Tunnels und den Verbindungsaufbau vorgenommen werden.

Site B	
Active= Yes	Keep Alive= No Nat Traversal= No
Local ID type= IP	My IP Addr= 197.32.121.14
Peer ID type= IP	Secure Gateway Address= 62.121.1.2
Local Addr Type= SUBNET	
Addr Start= 192.168.20.0	End/Subnet Mask= 255.255.255.0
Remote Addr Type= SUBNET	
IP Addr Start= 192.168.10.0	End/Subnet Mask= 255.255.255.0
Key Management= IKE	Edit Key Management Setup= Yes

```
Phase 1
        Negotiation Mode= Main
        Authentication Method= Pre-Shared Key
        Pre-Shared Key= ab0cdKef1144RFdc789KLe
        Certificate= N/A
        Encryption Algorithm= AES
        Authentication Algorithm= MD5
        SA Life Time (Seconds)= 28800
        Key Group= DH1
Phase 2
        Active Protocol= ESP
        Encryption Algorithm= AES
        Authentication Algorithm= SHA1
        SA Life Time (Seconds)= 28800
        Encapsulation= Tunnel
        Perfect Forward Secrecy (PFS)= yes
```

Damit haben Sie die wesentlichen Einstellungen getroffen, die für den Aufbau einer Site-to-Site-Verbindung notwendig sind. Allerdings dürfen Sie sich, was die konkrete Einrichtung anbelangt, keine Illusionen machen: Jeder Hersteller benennt seine Einstellungen wieder etwas anders, jeder Hersteller hat zudem seine eigene Weise, wie er die Konfiguration vornimmt – da sind gutes Einlesen und Geduld auf jeden Fall gefragt!

16.3.3 Client-to-Site VPN

Client-to-Site entspricht im Wesentlichen dem teilstatischen Ansatz. Dieser Ansatz kann sowohl mit einem VPN-Router auf Client-Seite als auch mittels Software auf der Client-Seite eingerichtet werden. Cisco nennt dieses Verfahren »Access VPN« im Gegensatz zum vorhin beschriebenen Site-to-Site VPN.

Letzteres ist dann sinnvoll, wenn die Clientseite nur aus einem Client besteht und die Verbindung bei Bedarf vom System aus manuell hergestellt wird durch das Starten der Software für die VPN-Verbindung. Zahlreiche mobile Mitarbeiter sind heute mit einer solchen Lösung unterwegs, auf der die Client-Seite mit einer VPN-Client-Software ausgerüstet wird.

Damit die Lösung mit mehreren (Dutzend oder Hundert) gleichzeitig eine Verbindung aufbauenden Clients auch wirklich funktioniert, müssen Sie im Vorfeld sowohl die Anzahl benötigter VPN-Kanäle (maximal gleichzeitig möglich) als auch die Bandbreite ausrechnen, die Sie für diesen Fall benötigen. Sie werden rasch feststellen, wo der Unterschied zwischen einem SoHo-Router mit VPN-Möglichkeiten am unteren Ende des Spektrums und einem professionellen VPN-Gateway für 1000 gleichzeitige Verbindung liegt – und zwar nicht bei der CPU und der Bandbreite, sondern auch beim Preis ... Solche selbstständig arbeitenden VPN-Gateways die auf das Verwalten zahlreicher Verbindungen ausgelegt sind, nennen sich denn auch VPN-Konzentratoren (VPN Concentrators) und werden unter anderem von Cisco in einer eigenen Baureihe angeboten.

16.3.4 Dynamisches VPN (Client-to-Site, Site-to-Site)

Beim dynamischen VPN wird es jetzt noch etwas schwieriger. Denn in diesem Modell kennen sich die Partner überhaupt nicht. Keine Seite verfügt über nach außen publizierte Identifikationen wie eine öffentliche IP oder einen öffentlich registrierten DNS. Hier muss eine vermittelnde dritte Hand die Bekanntmachung vornehmen. Das reine dynamische VPN kann nur erreicht werden, wenn alle Stellen über VPN-Produkte vom selben Hersteller verfügen, z.B. Netgear, bzw. die VPN-Client-Software auf mobilen Stationen von diesem Hersteller vorgesehen ist.

16.4 Fragen zu diesem Kapitel

1. Welcher IPSec-Modus gewährleistet die vollständige Paketverschlüsselung?

    A. Tunnel

    B. Payload

    C. Transport

    D. SHA

2. Sie möchten, dass Benutzer über das Internet Verbindung mit Ihrem LAN herstellen. Sie sind jedoch wegen des Sicherheitsrisikos besorgt. Welches Protokoll sollten Sie verwenden, um eine verlässliche Verbindung und sichere Informationsübertragung zu gewährleisten?

    A. PPP

    B. SLIP

    C. IEEE 802.5

    D. PPTP

3. Wenn Sie eine VPN-Verbindungsaufname verschlüsseln wollen, steht Ihnen dazu in Phase 1 welche Methode zur Verfügung?

    A. PSK

    B. RSA

    C. ECC

    D. MD5

4. Welche Aussage zur Windows-Remoteunterstützung ist richtig?

    A. Mit der Remoteunterstützung können betriebssystemunabhängig Client-Computer unterstützt werden.

    B. Jeder Administrator kann mit der Remoteunterstützung auf Rechner von Mitarbeitern zugreifen.

    C. Eine Remoteunterstützung muss vom Unterstützten angefragt werden, um sie zu ermöglichen.

    D. Remoteunterstützung ist nur mittels VPN realisierbar.

5. Welche wesentlich teurere Alternative zu VPN steht Ihnen zur Verfügung?
   A. Einwahlverfahren
   B. Standleitung
   C. Breitbandverbindung
   D. FTTO
6. Dieser Dienst arbeitet auf Port 3389 und nutzt Remote Access:
   A. RDP
   B. SIP
   C. VDI
   D. ICA
7. Wenn eine VPN-Verbindung so aufgebaut wird, dass nur die eine Seite von sich aus eine Verbindung zur anderen Seite aufnehmen kann, aber nicht umgekehrt, aber auf beiden Seiten ein VPN-Router installiert ist, nennt sich diese Art Verbindung:
   A. Site-to-Site
   B. Client-to-Site
   C. Site-to-Client
   D. Client-to-Client
8. Eine Workstation ist für einen »Dial-in«-Zugang auf den RAS-Server konfiguriert. Welche Information benötigt der Benutzer, um sich auf diese Weise am Server anzumelden?
   A. IP-Adresse und Passwort
   B. DNS-Adresse und Benutzername
   C. Benutzername und Passwort
   D. Domänenname und Passwort
9. Wenn Sie auf einem Windows-Rechner ein Dial-up-Netzwerk einrichten, benötigen Sie welches der folgenden Protokolle, um eine Verbindung herzustellen?
   A. HTTP
   B. Telnet
   C. PPP
   D. SSH
10. Ein Netzwerkadministrator muss sicherstellen, dass die Verbindungen zwischen dem Anmeldeserver und dem RAS-Server bidirektional authentifiziert werden. Welches Protokoll muss der Administrator verwenden?
    A. Diameter
    B. EAP
    C. PAP
    D. MS-CHAP

Kapitel 17

Netzwerkmanagement

Ein Netzwerk zu bauen, ist die eine Sache – es zu unterhalten, aber eine ganz andere. Dazu gehört die Aufgabe, neue Komponenten einzubauen und zusätzliche Dienstleistungen zu erbringen, aber auch Defekte frühzeitig zu erkennen und das Netzwerk instand zu halten. Auch die Auslastung des Netzwerks muss überprüft werden, damit es nicht plötzlich überlastet ist und nicht mehr funktioniert.

Der Unterhalt des Netzwerks hat daher sowohl eine organisatorische als auch eine technische Dimension. Die organisatorische Dimension kommt hier als Erstes gemäß dem Motto »Zuerst denken und dann handeln«. Die technische Dimension wird darauf im nächsten Kapitel folgen.

Sie lernen in diesem Kapitel:
- Den Nutzen von Netzwerkmanagement verstehen
- Das OSI-MF bzw. dessen Funktionsmodell FCAPS genauer kennen
- Verschiedene Managementaspekte unterscheiden
- Den Wert der Netzwerkdokumentation einschätzen
    - Verkabelungs- und Anschlussdiagramme
    - Logische Netzwerkdiagramme auf Layer 2 und Layer 3
    - Inventar- und Konfigurationsdokumentationen
    - Messdiagramme und Protokolle
- Den systematischen Aufbau von Tests verstehen
- Die SNMP-Protokolle und deren Befehle kennen

17.1 Wozu brauchen Sie Netzwerkmanagement?

Das Ziel der Netzwerkverwaltung besteht darin, eine leistungsfähige Netzwerkinfrastruktur zu erhalten. Diese Infrastruktur baut auf den folgenden drei Säulen auf:

- Verfügbarkeit
- Sicherheit
- Skalierbarkeit

Um diese drei Säulen kümmert sich das Netzwerkmanagement. Dazu existiert von der OSI nicht nur das bisher behandelte OSI-Modell, sondern explizit das OSI-Management-Framework. Das Framework weist aktuell den Stand von 1997 auf. Es gliedert sich anhand von vier Modellen, dem Informationsmodell, dem Organisationsmodell, dem Kommunikationsmodell und dem Funktionsmodell.

Das Informationsmodell beruht auf einem objektorientierten Ansatz zur Beschreibung der zu verwaltenden Komponenten. Diese werden als Managed Objects (MO) beschrieben und damit sind dann auch wirklich die konkreten Ressourcen wie Router oder Switches gemeint. Da das System objektorientiert aufgebaut ist, spielt die Beschreibung der Objekte nach dem Prinzip der Klassenbildung und Vererbung eine wichtige Rolle. Dabei wird ein Objekt als Oberklasse definiert und vererbt seine Eigenschaften an Objekte in Unterklassen, in denen die Eigenschaften verfeinert werden können. Die Beschreibung der Objekte erfolgt dabei standardisiert gemäß der Structure of Management Information. Die Beschreibungen der MOs werden in der Management Information Base (MIB) gespeichert.

Sie werden gleich noch sehen, dieses Informationsmodell wird bis heute aktiv eingesetzt.

Das Organisationmodell erlaubt es, durch das Zusammenfassen von Ressourcen in Domänen und Funktionen in Organisationseinheiten (OUs) ein Netzwerk in seiner Struktur abzubilden. Dabei setzt die Verwaltung auf dem Client/Server-Ansatz auf, mit einem zentralen Manager, der alles verwaltet, und Agents, welche die Informationen liefern.

Das Kommunikationsmodell wiederum liefert für diese Verwaltungskomponenten die Grundlagen zum Informationsaustausch. Dazu wurde das Protokoll CMIP implementiert, in Konkurrenz zum nachmalig wesentlich weiter verbreiteten SNMP.

Das bekannteste Element des OSI-MF ist bis heute das Funktionsmodell. Dieses gliedert das Netzwerkmanagement in fünf Bereiche:

- Fault Management (Fehlermanagement)
- Configuration Management (Konfigurationsmanagement)
- Account Management (Abrechnungsmanagement)

- **P**erformance Management (Leistungsmanagement)
- **S**ecurity Management (Sicherheitsmanagement)

Dieses Funktionsmodell wird entsprechend den ersten Buchstaben auch mit FCAPS abgekürzt und stellt die Eckwerte des Netzwerkmanagements dar.

Die Ziele dieser fünf Bereiche lauten wie folgt:

Fault Management:	Erkennen und Beheben von Störungen für einen störungs- und möglichst unterbrechungsfreien Betrieb
Configuration Management:	Basis für alle anderen Aufgabenbereiche des Netzwerkmanagements, weil hier alle Informationen zusammenlaufen. Jeder Teil des Netzwerks wird dokumentiert und jede Änderung im Konfigurationsmanagement nachgeführt, aktuelle Einstellungen werden überwacht und Grenzwerte festgelegt.
Account Management:	Die Leistungen werden den Beziehern zugeordnet, Abrechnungsdaten werden gesammelt und für die entsprechenden Netznutzer verrechnet. Dies geschieht anhand von im System hinterlegten Parametern und wird hier nicht weiter ausgeführt.
Performance Management:	Die kontinuierliche Überwachung der Leistung und der aktuellen Auslastung. Dies ist die Grundlage für das Erkennen von abfallender Leistung, von Überlastung oder von sich anbahnenden Fehlern. Zudem kann aufgrund der Leistungsauswertung auch die Optimierung der Leistung (Netzwerk-Tuning) vorgenommen werden.
Security Management:	Kümmert sich um den sicheren Betrieb des Netzwerks, sei es durch das Ergreifen von Sicherheitsmaßnahmen wie Authentifizierung und Verschlüsselung, durch das Schaffen von Berechtigungssystemen im Netzwerk oder auch durch das Überwachen und Erkennen von Sicherheitsbedrohungen und Angriffen auf das Netzwerk.

Die Beziehungen im OSI-Management-Framework innerhalb dieser fünf Bereiche stellen sich wie folgt dar:

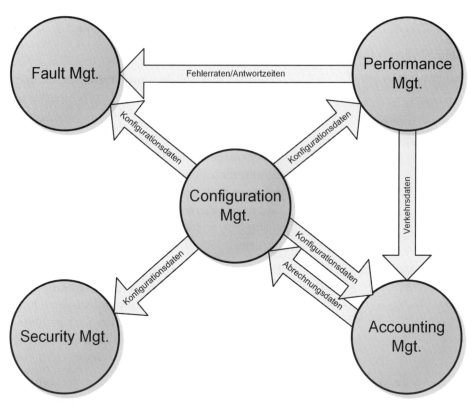

Abb. 17.1: Beziehungen im OSI-Management-Framework

Alle diese Funktionen werden heute von Mensch und Technik zusammen wahrgenommen: zum einen durch die Einrichtung und Organisation des Managements (irgendjemand muss sich ja darum kümmern) und zum anderen durch entsprechende Werkzeuge wie Managementprotokolle und Managementsysteme.

Für das Netzwerkmanagement wurden im Laufe der Zeit etliche dedizierte Managementprotokolle entwickelt:

- SNMP (1988, 1993, 2002)
    - SNMPv1: wenige Befehle, Passwörter und Kommunikation in Klartext
    - SNMPv2: effizientere Kommunikation, neue Kommandos
    - SNMPv3: erhöhte Sicherheit, Verschlüsselung der Anmeldeinformationen und der Datenpakete möglich

Weiterentwicklungen dieser Protokolle sind:

- RMON
    - erweiterte MIB, weniger Kommunikationsverkehr als SNMP
    - kann einige Auswertungen selbst vornehmen
- SMON (I und II)

17.1.1 Fehlermanagement

Fehlermanagement heißt, Systeme und Handlungsabläufe einzuführen, mit deren Hilfe Problemen in strukturierter Form und ohne Hektik begegnet werden kann.

Sie sollten sich mehreren wichtigen Themen zuwenden, die zum Fehlermanagement gehören: schnelles Entdecken von Problemen, Festlegen einer Problempriorität und Reagieren auf bzw. Lösen von Problemen. Sie benötigen dazu Folgendes:

- Backup-Systeme
- Notfallpläne
- Kabeltester und Messgeräte
- Werkzeuge zur Datenwiederherstellung

Das ganze Kapitel 19 wird sich dann dieser Thematik genauer widmen.

17.1.2 Konfigurationsmanagement

Konfigurationsmanagement beginnt mit der Dokumentation des Netzwerks. Es gibt nur wenige Bereiche im Netzwerk, die so vernachlässigt werden wie die Dokumentation.

Eine gute Dokumentation hilft Ihnen, den Überblick über Ihr Netzwerk zu wahren. Sobald Sie es zum Laufen gebracht haben, werden sich die Dinge fast sofort ändern. Das einzig Beständige im Netzwerk sind die Veränderungen.

Beim Entwickeln Ihrer Dokumentation für das Konfigurationsmanagement sollten Sie sich auf die folgenden Bereiche konzentrieren:

- Netzwerkmanagementsysteme, die Ihnen helfen, die notwendigen Konfigurationsdaten zu sammeln und zu verfolgen, die Sie für die Dokumentation benötigen
- Dokumentationselemente wie das Netzwerk, seine Geschichte und seine Benutzer sowie Ressourcen
- Änderungsnachführung, d.h. Ihre Methoden, um Änderungen am Netzwerk und an den Dokumentationselementen zu verfolgen

Netzwerkmanagementsysteme

Netzwerkdokumentation kann eine Vollzeitbeschäftigung sein, also werden Sie Hilfe brauchen, um alle Daten zusammenzutragen. Ein Netzwerkmanagement ist eine Gruppe von Programmen, die viele Managementfunktionen unter einer einzigen Schnittstelle vereint. Viele Systeme beinhalten zugleich Problemerfassung und Berichterstattung. Zusammen mit einem Fehlermanagement ist ein Managementsystem oftmals in der Lage, Grundlagendaten zu bestimmen, um damit Vergleiche anzustellen und Trends aufzuzeigen.

Netzwerkmanagementsysteme können nur aus Software und einigen Spezifikationen für die erforderliche Hardware oder aber auch aus einer Kombination aus Hardware und Software bestehen.

Dokumentationselemente

Hier sind die drei wichtigsten Aspekte der Netzwerkdokumentation:

- Das Netzwerk
- Geschichte und Benutzer
- Ressourcen

Das Netzwerk – Das Netzwerk ist der Kerngedanke Ihrer Dokumentation. Die Informationen in diesem Abschnitt schildern ausführlich mehrere verschiedene Aspekte physischer und logischer Netzwerke. Sie müssen nachvollziehen können, wo sich was befindet, wie viele Komponenten es gibt, wie sie miteinander verbunden sind und wer sie benutzt.

Dazu erstellen Sie:

- Ein logisches Netzwerkdiagramm
- Einen Schalt- und Verkabelungsplan mit allen verlegten Kabeln und Dosen

Letzteres erstellt oft auch die Elektrofirma, die das Gebäude verkabelt hat.

Ebenso gehört ein Namens- und Adresskonzept zu den Dokumenten über das Netzwerk.

Geschichte und Benutzer – Detaillierte und genaue Aufzeichnungen der Geschichte eines LAN können Ihnen helfen, aktuelle Probleme zu lösen und zukünftige Katastrophen zu verhindern. Einer der wichtigsten Aspekte der Geschichte des LAN ist das volle Verständnis Ihrer geschäftlichen Umgebung und der Benutzer, die in diesem Kontext arbeiten. Eine Aufzeichnung über den Zweck Ihrer Firma und ihre Beziehung zur LAN-Technologie als Ganzes kann Ihnen beim Lösen geschäftsbezogener Probleme sehr nützlich sein.

Ressourcen – Ihre Netzwerkdokumentation sollte auch die Ressourcen für das Konfigurationsmanagement enthalten. Diese Ressourcen umfassen Liefernummern sowie Kosten für Unterhalt oder für Hotlines mit technischer Unterstützung, häufig genutzte Telefonnummern, Websites sowie andere technische Unterstützung innerhalb Ihrer Firma.

Änderungen nachführen

Ein Änderungsprotokoll erscheint in den meisten Netzwerken wie ein Relikt aus vergangenen Tagen. In vielen Großrechnerumgebungen war dies aber über Jahre hinweg Standard. Es war undenkbar, das Büro zu verlassen, ohne zu notieren, was man warum getan hatte.

Die grundlegenden Aufgaben eines Änderungsprotokolls bestehen darin, Informationen über Trends im System festzuhalten und Reparaturarbeiten zu überwachen. Es dokumentiert Veränderungen, die am Netzwerk vorgenommen wurden.

Das Führen eines solchen Protokolls stellt ebenso wie das regelmäßige Durchführen von Backups eine Tätigkeit dar, die in den meisten LANs immer noch nicht so Fuß fassen konnte, was im Schadens- oder Fehlerfall dann viel zusätzliche Arbeit mit sich bringt.

17.1.3 Performancemanagement

Wenn Benutzer gefragt werden, wie schnell das Netzwerk sein sollte, antworten sie immer: »Schneller!« Benutzer messen Netzwerkgeschwindigkeit über die Reaktionszeit – wie flott sie sich anmelden, eine Anwendung starten oder einen Bericht ausdrucken können. Wie schnell das Netzwerk arbeitet, hat zum Teil damit zu tun, wie schnell Engpässe erkannt werden können.

Geschwindigkeitsmanagement bedeutet, grundlegende Berichte über Fehler und deren Beseitigung zu erstellen, sich die Programmreaktionszeiten anzuschauen, künftige Bedürfnisse abzuschätzen und Wege zu finden, sich zufriedene Benutzer zu erhalten. Bandbreitenverwaltung und gesteuerte Performanceverwaltungen helfen hierbei.

Dabei steht die Verfügbarkeit des Netzwerkes im Vordergrund. Diese ist nicht zu verwechseln mit der Zuverlässigkeit. Ein verfügbares Netzwerk ist aktiv und in Betrieb. Deswegen kann es aber dennoch unzuverlässig sein (siehe Fault Management) z. B. indem es Pakete verliert. Die Verfügbarkeit eines Netzwerkes steigt, wenn die MTTR (Mean Time To Repair) sinkt und die MTBF (Mean Time Between Failure) ansteigt. Dies kann auch über SLAs geregelt werden (siehe in Kapitel 18).

Sie werden daher im nächsten Kapitel verschiedene Instrumente kennenlernen, um die Leistung zuverlässig messen zu können.

17.1.4 Sicherheitsmanagement

Sicherheitsmanagement beschützt Ihr Netzwerk vor Bedrohungen von innen und von außen. Ob Sie es glauben oder nicht: Einige der gefährlichsten Bedrohungen kommen von innen. Die meisten Ihrer Angestellten versuchen nicht, Ihrem Netzwerk absichtlich zu schaden – es passiert einfach. Sie probieren etwas Neues aus, was sie nicht genau verstanden hatten, oder sie versuchen, einen wirklich witzigen Bildschirmschoner zu installieren, den sie von zu Hause mitgebracht haben, und ganz zufällig installieren sie einen Virus gleich mit.

Vorsätzlicher Schaden kommt auch vor, allerdings nicht so oft. Er schleicht sich üblicherweise über verletzliche Stellen im Netzwerk ein. Sicherheitsmanagement macht es erforderlich, Prozeduren zu verwenden, die gegen zufälligen und beabsichtigten Schaden schützen sollen.

Mehr zum Thema Sicherheit haben Sie in den Kapitel 13 bis 15 gelesen. Und alles, was an Möglichkeiten in Kapitel 15 beschrieben ist, wird im Rahmen des Sicherheitsmanagements auf die Relevanz bzw. die eigene Bedrohungslage hin überprüft und bei Bedarf geplant und eingesetzt – Sie erinnern sich noch wie? –, am besten im Rahmen eines ISMS oder mindestens eines Datensicherheitskonzepts, das Sie regelmäßig überprüfen und aktualisieren.

17.2 Die Netzwerkdokumentation

Ein Netzwerk wird auf verschiedenen Ebenen dokumentiert. Diese Dokumentationen sind wichtig für die Nachvollziehbarkeit von Konfigurationen, das Behandeln von Fehlern oder auch das Change Management. Denn nur, wenn man weiß, was vorhanden ist, kann man auch sinnvolle Änderungen vornehmen. Der folgende Abschnitt kümmert sich daher um die Frage, was in einem Netzwerk auf welche Weise zu dokumentieren ist, damit die Informationen jederzeit verfügbar sind.

Für den Aufbau einer Dokumentation als solches werden Sie in jeder Unternehmung andere Richtlinien finden, zum Teil nach eigenen Regeln oder dann nach Prozessdefinitionen wie etwa ITIL. Es soll an dieser Stelle nicht eine bestimmte Form propagiert werden, sondern auf den Inhalt fokussiert, damit Sie in der Lage sind, Netzwerkdokumentationen zu verstehen und zu erstellen. Alles Weitere werden Sie dem Umfeld Ihrer Tätigkeit entsprechend ohnehin anpassen müssen.

Die wichtigsten Dokumente für Netzwerke sind:

- Verkabelungsschema
- Anschlussdiagramme
- Logisches Netzwerkdiagramm
- Inventar- und Konfigurationsdokumentation
- Messdiagramme und -protokolle
- Änderungsdokumentation (Logbuch)

Sehen Sie sich daher Eigenheiten dieser Dokumente im Folgenden genauer an.

17.2.1 Verkabelungsschema

Das Verkabelungsschema belegt die physische Verkabelung. Welches Kabel wurde von wo nach wo verlegt, welche Dosen sind an welchen Stellen, wie sind sie bezeichnet, wo sind die Patchpanel, der Demarkationspunkt etc.

Diese Dokumentation wird häufig vom Elektroplaner erstellt, d.h. von der Firma, welche die ganze physische Verkabelung realisiert. Sie kann gerade bei kleineren Projekten aber auch zu Ihrer Aufgabe werden. Gerade bei einer universellen Kommunikationsverkabelung ist es aber unabdingbar, dass ein solches Verkabelungsschema bis hin zu den beschrifteten Anschlussdosen existiert.

Nicht enthalten sind in einem solchen Dokument die aktiven Komponenten, d.h. Router, Switches oder gar Computer.

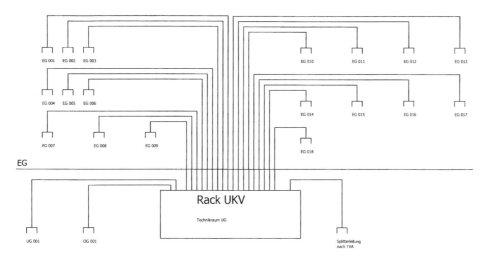

Abb. 17.2: Verkabelungsschema einer UKV-Verkabelung

17.2.2 Anschlussdiagramme

Anschlussdiagramme beziehen sich auf die Verkabelung im Rack, zwischen dem Patchpanel und den Netzwerkkomponenten. Sie bezeichnen genau, welche Anschlüsse am Patchpanel auf welchen Port eines Switches oder Routers gelegt sind.

17.2.3 Logisches Netzwerkdiagramm

Das logische Netzwerkdiagramm ist das bekannteste Dokument für Netzwerke. Es wird häufig mit einer Software erstellt, sei es einer schematischen Darstellungssoftware oder aus einem Konfigurationsprogramm heraus, welches in der Lage ist, die Komponenten grafisch darzustellen. Viele sogenannte Netzwerkdokumentationsprogramme sind allerdings eher auf Systeme, Server und Freigaben eingerichtet als auf die effektiven Netzwerke. Achten Sie also genau auf die Funktionalität einer entsprechenden Software.

In einem logischen Netzwerkdiagramm sind zwei Bereiche eintragen:

- Objekte auf Layer 1 bis 3 (Systeme, Peripherie, Vermittlung)
  - Hostname
  - IP-Adresse bzw. DHCP
- Verbindungen auf Ebene der logischen Topologie
  - Leistungsklasse (auf den Verbindungen oder der Versionierung)

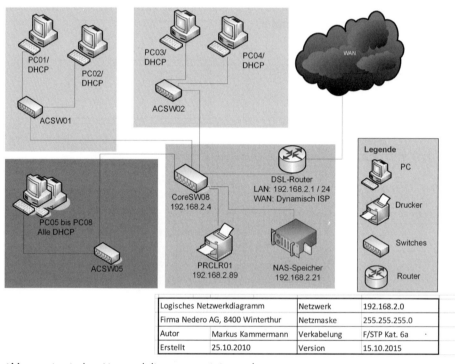

Abb. 17.3: Logisches Netzwerkdiagramm mit Legende

Alle eingetragenen Objekte werden mittels einer Legende beschriftet, damit eindeutig erkennbar ist, welche Geräte mit einem Symbol verbunden sind. Mit unterschiedlichen Farben kann man (muss aber wirklich nicht) gegebenenfalls Räumlichkeiten andeuten, sodass auf einen Blick ersichtlich wird, welche Geräte im selben Raum zu finden sind.

Im Weiteren sind die Version, das Datum der Erstellung sowie der letzten Revision und der Autor des Diagramms zu bezeichnen, damit man es zuordnen und bei Bedarf rückverfolgen kann.

Im Rahmen der virtuellen Netzwerkarchitektur (SDN) gibt es allerdings mittlerweile auch eine andere Definition von »logisches Diagramm«. Es wird vollständig »Layer-3-logisches Diagramm« oder kurz L3-Diagramm genannt.

Ein solches L3-Diagramm enthält folgende Elemente:

- Subnetze mit VLAN IDs und Namen
- Netzwerkadressen und Netzmasken
- Layer-3-Geräte wie Router, Firewalls und VPN-Geräte
- Server wie DNS-Server andere Dienstanbieter inklusive deren IP-Adresse
- Logische Schnittstellen
- Angaben zu den Routing-Protokollen

Was ein solches L3-Diagramm ausdrücklich nicht enthält:

- Angaben zu Leitungen und Aufbauten (auch keine Topologie)
- Layer-2-Informationen und -Geräte

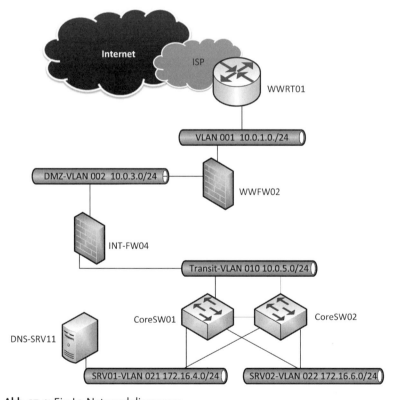

Abb. 17.4: Ein L3-Netzwerkdiagramm

Damit ist das L3-Diagramm nicht mehr dasselbe wie das klassische logische Netzwerkdiagramm, da dieses auf Layer 2 einsetzte und auch logische Topologien und Verbindungsgeräte mit aufgenommen hatte. Dafür wird es der heute immer wichtigeren virtuellen Netzwerkumgebung eher gerecht, da diese sich vorwiegend auf logische Schnittstellen und virtuelle Devices konzentriert.

17.2.4 Inventar- und Konfigurationsdokumentation

Eine weitere wichtige Dokumentation betrifft die Netzwerkkomponenten wie Switches, Router oder Access Points. Je nachdem welche Art von Dokumentation Sie in Ihrem Unternehmen pflegen, sind diese Inventurangaben unter Umständen bereits Teil der allgemeinen ICT-Betriebsdokumentation, und das darf auch so sein.

Ansonsten werden sie in einer Konfigurationsdokumentation geführt. Das kann in einer einfachen Form etwa so aussehen:

Firewall Public-DMZ			
Modell	ZyXEL ZyWALL USG 110	Name	COMTEC-085
Seriennummer	S1233435T6F4E3	Installation	20.04.14
Firmware Version	3.00 (CQQ.2) 1.18	Letztmalig aktualisiert	24.05.15
WAN IP (Public)	121.45.131.114	DMZ IP-Adresse	192.168.2.1
Access Point LAN1			
Modell	ZyXEL NI-1123AC	Name	COMSAL-086
Seriennummer	S14003D45S22	Installation	15.08.2015
Firmware	2.0.0.2	Letztmalig aktualisiert	31.08.2015
WAN-IP	-kein- (Bridge)	LAN IP-Adresse	192.168.4.14
SSID 2.4GHz	COM-NET-LW01	SSID Broadcast	Deaktiviert
Kanal	11	MAC Kontrolle	Nein
Encryption	WPA2-PSK	WPA2-Schlüssel	xxxxx (separat)

Tabelle 17.1: Einträge für Netzwerkkomponenten in einer Konfigurationsdokumentation

Etwas umstritten ist hierbei die Frage, inwieweit Zugangsdaten in eine solche Dokumentation gehören. Ich bin der Ansicht, sie gehören in ein separates Dokument, damit sie nicht zusammen mit anderen Informationen zugänglich sind. In der Praxis weiß ich aber, dass gerade Gerätezugänge oftmals in dieser Dokumentation enthalten sind, um sie schnell griffbereit zu halten. Aber aus Sicht all dessen, was Sie über Sicherheit und Schwachstellen wissen, ist davon eindeutig abzuraten.

Legen Sie stattdessen ein eigenes Passwortdokument an und lagern Sie dies verschlossen (oder meinetwegen auch elektronisch verschlüsselt) an einem sicheren, aber im Ernstfall zugänglichen Ort.

17.2.5 Erfassungsschemata für die Planung

Wichtig ist bei Konfigurationsdokumentationen auch die Eintragung der eingesetzten Adress- und Namensschemata. Sie möchten ja nach der Ersteinrichtung sicherstellen, dass weitere Anpassungen im selben Stil erfolgen, um die Verwaltung einheitlich und übersichtlich zu gestalten.

Im Fall eines IP-Adressschemas heißt das beispielsweise, dass Sie Bereiche für bestimmte Geräteklassen festlegen und dokumentieren. So erhalten alle Drucker im Netzwerk 192.168.10.0 /24 eine Adresse aus dem Bereich 21 bis 40 (4. Byte) und entsprechend können auch die Reservierungen im DHCP-Server einheitlich vorgenommen werden.

Bei einem Namensschema wiederum legen Sie fest, dass z.B. alle Access Points nach dem Schema KDAP-YY-nn nach Einsatzjahr und danach nummeriert benannt werden. Bei einer Alarmmeldung des Geräts ersehen Sie somit sofort, von welchem Gerät die Meldung stammt, oder wenn ein Benutzer mit einem Gerät ein Problem hat, kann er Ihnen (den hoffentlich auch als Etikett aufgedruckten) Namen dieser Komponente nennen und Sie sind schneller in deren Zuordnung.

Auch hierfür möchte ich Ihnen ein Beispiel aus einem unserer Kundennetze zeigen, bei dem wir sowohl zwei lokale Netze als auch eine DMZ entsprechend verwalten. Entsprechend diesem Adressschema werden jeweils alle neuen Geräte in das Netzwerk eingebunden.

Adressschema			
	LAN-01 EG	LAN-02 OG	DMZ-Netzwerk
Netzwerk	192.168.2.0 /24	192.168.4.0 /24	192.168.20.0 /24
Kommunikation	1 – 20	1 – 20	1 – 20
Drucker	21 – 40	21 – 40	21 – 40
Server	41 – 60	41 – 60	41 – 60
Clients	101 – 150	101 – 150	101 – 150
Reservebereiche	61 – 100	61 – 100	61 – 100
	151 – 254	151 – 254	151 – 254
Gateway	192.168.2.1	192.168.4.1	192.168.20.1

Tabelle 17.2: Adressschema für ein Netzwerk

Eine Anmerkung sei mir an dieser Stelle erlaubt: So schön das alles mit IPv4 auch aussieht, durch die Länge von IPv6-Adressen und deren Notation sowie die Autokonfiguration lokaler Geräte unter IPv6 wird sich der Teil der Dokumentation in Zukunft ganz sicher verändern – denn das schreibt in der Weise kaum mehr jemand in der Ausführlichkeit auf, ist zumindest zu vermuten.

Das Namensschema umfasst zwei Kategorien: zum einen das Schema für die Erfassung der Benutzernamen, zum anderen das Schema für die Registrierung der Hardware. Letzteres ist besonders dann von Nutzen, wenn Sie die Geräte auch so beschriften (ja wirklich, beschriften, mit Etiketten), das erleichtert den Support um einiges, weil der betroffene Anwender Ihnen sagen kann, welches Gerät z. B. keine Anzeige mehr hat. Anstelle von »der Switch in dem Büro dort rechts von mir« wäre das dann »COM-ADM-14« – und Sie wissen sofort, welches Gerät dies ist, da Sie ja eine Konfigurationsdokumentation haben!

Namensschema zur Benutzererfassung	
Aufbau	vnachname (1. Buchstabe Vorname, ganzer Nachname, alles klein) *oder* vorname.nachname *oder* ZufallsID (achtstellige Nummer)

Namensschema zur Hardware-Erfassung				
Aufbau	MODELL-ABTEILUNG-LAUFNUMMER (Beispiel: SYS-ADM-085)			
Modell	Systeme	SYS		
	Drucker	PRN		
	Server	SRV		
	Kommunikation	COM		
Abteilungen	Administration	ADM	Nächste Laufnummer	142
	Entwicklung	DEV		
	Finanzen	FIN		
	Technik	TEC		
	Verkauf	SAL		

Tabelle 17.3: Namens- und Adressschema für ein Netzwerk

Wenn Sie noch einen Schritt weitergehen in der Planung, gehört auch das Zuteilen von Rechten auf die Ressourcen mit in die Netzwerk-Konzeption, auch wenn sich hier das Thema der reinen Netzwerk-Administration und das Thema »Server« überschneiden, denn im Grunde werden die Rechte nicht vom Netzwerk an sich verwaltet, sondern von den angeschlossenen Ressourcen, sei es ein NAS oder ein ganzer Server mit Datei- und Druckberechtigungen (File- und Printserver).

Wenn Sie das in der Planung berücksichtigen, bedeutet dies, Sie erstellen eine Matrix, in welcher Sie auf der einen Seite die Benutzer erfassen und auf der anderen Seite die vorhandenen Ressourcen, z. B. freigegebene Ordner oder im Netzwerk verfügbare Drucker.

Danach ordnen Sie diese Ressourcen den jeweiligen Benutzern zu. Um darüber hinaus nicht für jeden Benutzerwechsel alles neu ordnen zu müssen, bilden Sie Gruppen, sodass die Rechte auf die Gruppe weisen und nicht auf den einzelnen Benutzer.

Das heißt: Sie erstellen zuerst eine Benutzerliste, diese muss in der Realisation dann auf der Ressource (NAS oder Server) erfasst werden. Danach erstellen Sie Gruppen von den Benutzern, welche die gleichen Rechte benötigen. Die Gruppe kann später jederzeit um neue Benutzer erweitert oder um nicht mehr vorhandene Benutzer gekürzt werden.

Auf Seite der Rechtevergabe wird unterschieden zwischen Leserecht und Schreibrecht. Serversysteme wie Linux-Server oder Windows-Server kennen zudem weitere, abgestufte Rechte, aber das führt an dieser Stelle zu weit. Bei Druckern im Netzwerk lauten die Rechte anstelle von Lesen und Schreiben dann Drucken oder Drucker verwalten.

Die Matrix, die sich daraus ergibt, kann wie folgt aussehen:

	Freigabe »Korrespondenz«	Freigabe »Finanzen«	Freigabe »Aufträge«	Drucker »Farblaser«
Gruppe GL	Lesen	Schreiben	Lesen	Drucken
Gruppe FiBu	Schreiben	Schreiben	Lesen	Verwalten
Gruppe Verkauf	Schreiben	Keine	Schreiben	Verwalten

Tabelle 17.4: Berechtigungsmatrix für Benutzer und Freigaben

17.2.6 Messdiagramme und Protokolle

Ein weiterer Teil der Dokumentation hängt direkt mit dem Betrieb des Netzwerks zusammen. Sie haben bereits von Baseline-Messungen gelesen, zum Beispiel im Zusammenhang mit der Verteidigung des Netzwerks. Schauen Sie sich daher regelmäßig die Log-Dateien und Messdiagramme von Netzwerkgeräten oder auch Servern im Netzwerk an. Sie erhalten auch Messprotokolle mit der ausgewiesenen Leistung der installierten Leitungen bei der Abnahme vom Elektriker.

Diese konkreten Messdokumente (Systemlogs, allgemeine Protokolle in Netzwerkgeräten, auch History Logs) bieten Ihnen einen sicheren Informationswert, um etwaige Veränderungen oder sich anbahnende Engpässe zu identifizieren. Legen Sie zudem fest, wer diese Protokolle ausliest und wie gegebenenfalls Meldungen von Protokollen versandt und kontrolliert werden.

17.2.7 Änderungsdokumentation

Die Änderungsdokumentation dient vor allem der Nachvollziehbarkeit und ist ein wichtiger Informationspunkt, wenn etwas nicht mehr funktioniert oder sich Probleme ergeben, weil man aus ihr ersehen kann, was als Letztes verändert worden ist.

Die Änderungsdokumentation ist eine Art Logbuch, in dem alles aufgelistet wird, was sich in der Konfiguration oder dem Auf- oder Abbau von Komponenten und Verbindungen ergeben hat.

Das Logbuch wird häufig als Tabelle geführt, in der Zeit und Datum, die betroffene Komponente und die durchgeführte Änderung aufgeführt sind.

17.3 Das Nachführen der Systeme

Netzwerkgeräte und Systeme müssen nicht nur dokumentiert, sondern im Rahmen des Managements auch aktuell gehalten werden. Dazu nutzen Sie ein Patch- und Update-Management. Leider gibt es für Netzwerke keinen WSUS-Server, sodass Sie im Bereich Netzwerk wesentlich mehr Hand anlegen müssen, außer Sie setzen ein umfassendes Monitoring-Werkzeug ein, das Sie auch über die Betriebssysteme und Firmware-Versionen automatisch auf dem Laufenden hält.

Betriebssysteme werden je nach Hersteller unterschiedlich aktualisiert. Während Sie von Microsoft die »Windows Updates« und den Patch Day von Microsoft kennen, müssen viele *.nix-Systeme (Linux, Unix), die gerade im Netzwerkbereich sehr verbreitet sind, manuell aktuell gehalten werden. Hierbei geht es in diesem Zusammenhang nicht um Features und neue Funktionen, sondern um die Stabilität, die Betriebssicherheit und das Beheben von Fehlern. Allein die Exploit-Database, eine Sammlung aller bekannten ausnutzbaren Schwächen von Systemen, kennt mit Datum von September 2015 über 340'000 bekannte Schwachstellen – und nein, die meisten sind nicht Microsoft. Weitaus häufiger sind in diesem Zusammenhang Linux-Systeme betroffen. Nicht weil sie unsicherer wären, sondern weil es sich häufig um Embedded Systems handelt, also Betriebssysteme in Kleinstform, die als Firmware auf Managed Switches, Routern, NAS und anderen Netzwerkgeräten installiert sind. Und viele dieser Geräte werden schlicht nicht gewartet und sind darum ein relativ einfaches Ziel für gezielte Angriffe.

Während Sie bei Betriebssystemen auf Servern oder Hosts einzelne Updates einspielen können, ist dies bei Firmware-betriebenen Geräten oftmals nicht möglich. Stattdessen müssen Sie die Firmware als Ganzes updaten (nicht immer, ich weiß, aber häufig), um so Sicherheitslücken zu schließen, die der Hersteller behoben hat. Firmware-Upgrades bergen aber auch Risiken, denn unter Umständen wird Ihre Konfiguration überschrieben oder es gibt massive Abweichungen nachher (hier ein Gruß an die Firma ZyXEL für ihre Upgrades bei den Firewalls von Version 3.x auf Version 4.x), die sich nicht mehr automatisch auf Ihre bisherige Konfiguration übertragen lassen, geschweige denn einen ordentlichen Rollback erlauben.

Von daher ist es wichtig, dass Sie bei anstehenden Upgrades einer Firmware wenn immer möglich die gesamte aktuelle Konfiguration zuerst sichern. So können Sie bei einem Problem nicht nur die alte Firmware, sondern auch die bisherige Konfiguration wieder einspielen. Damit steht Ihnen nicht nur der Upgrade-, sondern auch der Downgrade-Pfad zur Verfügung. Das ist wichtig, auch wenn es aus Gründen der Software-Sicherheit oftmals wünschenswert ist, dass eben die neueste Firmware-Version installiert ist, gerade um Fehler in der Software zu beheben.

Dasselbe gilt für Treiber, die ebenfalls aktualisiert werden sollten. Nach der Lektüre von Kapitel 14 müsste auch klarer geworden sein, dass dies im Bereich Netzwerk mit all seinen Schnittstellen, Diensten und Erreichbarkeiten ins und vom Internet keine Philosophiefrage nach dem Motto »Never change a running system« mehr ist – denn Ihr System kann seit Monaten kompromittiert sein und Sie würden es nicht merken. Oder dachten Sie, die Firma Kaspersky hat diesen Sommer freiwillig sechs Monate gewartet, bis sie den erfolgreichen Hackingangriff auf ihre Firma beendet hat? Sie erinnern sich:

> *»Die Sicherheitsfirma Kaspersky Lab ist erfolgreich von Hackern angegriffen worden. Die Attacke auf sein Netzwerk entdeckte das russische Unternehmen nach eigenen Angaben in diesem Frühjahr. Die Sicherheitsexperten gehen davon aus, dass die Angreifer an Informationen über neueste Technologien kommen wollten. Hinter den Angreifern soll ein Staat stecken.*
>
> *Die genauen Details hat das Unternehmen in einem 46-seitigen Bericht veröffentlicht. Im Interview mit dem US-Magazin Wired sagte Costin Raiu, Chef der IT-Forensik, dass die Angreifer mehrere Sicherheitslücken ausgenutzt haben. Das Besondere an diesen Lücken, die Zero Days heißen: Es sind Fehler in der Programmierung, über die selbst die Firma nicht Bescheid weiß. Solche Angriffe sind schwer abzuwehren.*
>
> *Bei der Cyberattacke wurde demnach das Schadprogramm Duqu 2.0 eingesetzt, »eine hoch entwickelte Malware«. »Der Angriff wurde von derselben Gruppe, die hinter der berüchtigten Duqu-APT-Attacke im Jahr 2011 steckte, sorgfältig geplant und durchgeführt«, so die vorläufige Schlussfolgerung der Sicherheitsexperten. Das Kürzel APT steht für Advanced Persistent Threat, die Angreifer sind also hoch spezialisiert.*
>
> *Duqu ist ein Trojaner, mit dem Industrieanlagen ausspioniert wurden. IT-Experten vermuten, dass er ein Nachfolger von Stuxnet ist.*
>
> *Nach dem Hackerangriff sei man »zuversichtlich«, dass Kunden und Partner ungefährdet sowie Produkte und Services nicht beeinträchtigt seien, hieß es in der Mitteilung. Man werde Angriffe stets publik machen, denn »der einzige Weg, die Welt zu beschützen, ist es, Strafverfolgungsbehörden und Sicherheitsunternehmen zu haben, die solche Angriffe offen bekämpfen.«*
>
> (Zitat aus der Süddeutschen Zeitung, Online-Ausgabe, vom 10. Juni 2015)

Und es sind weitaus mehr Router und Switches und dergleichen an solchen Angriffen beteiligt, als Ihnen lieb sein kann. Denn im Unterschied hierzu sind Software-Hersteller wie Microsoft schon fast mustergültig, was das regelmäßige Aktualisieren der Systeme und das Stopfen von Sicherheitslücken angeht.

> **Wichtiger Hinweis**
>
> Halten Sie Ihre Netzwerkgeräte regelmäßig aktuell, ob es das Betriebssystem, die Treiber oder die implementierte Firmware betrifft. Sorgen Sie für einen möglichen Rollback und bei großen Upgrades (Major Update/Upgrade) sprechen Sie sich zuerst mit dem Verantwortlichen ab. Nehmen Sie Warnungen von Herstellern bezüglich Sicherheitslücken in ihren Produkten ernst und reagieren Sie umgehend.

17.4 Der Aufbau von Tests

Nach den organisatorischen und projektbezogenen Überprüfungen muss natürlich auch das Netzwerk selbst getestet werden, um von der einzelnen Komponente bis zum ganzen Netzwerk die Funktionalität nachweisen zu können und so die Abnahme vorzubereiten.

Damit ein Test diesen Namen auch verdient, benötigen sie einen systematischen Aufbau. Die Vorgaben für das Testen werden nicht nach der Realisation festgelegt, sondern ergeben sich im Wesentlichen aus den Anforderungen. Dies bedeutet, dass die meisten Testfälle eigentlich schon in der Planung festgelegt werden.

Ein Beispiel: Sie möchten für vier Personen in einem Arbeitsgruppennetzwerk unterschiedliche Freigaben einrichten. Sie legen im Konzept fest, wer auf welche Daten Zugriff haben wird.

Daraus leiten Sie (in derselben Planungsphase) auch die Testfälle zum Thema »Freigaben« ab, da Ihnen aufgrund des Konzepts klar ist, was Sie im Einzelnen testen müssen, um die Verfügbarkeit und Sicherheit der Freigaben zu überprüfen.

Ein sinnvolles Testing baut sich auf aus:

- Einem Testobjekt (Was ist das Thema?)
- Einer Beschreibung der Testumgebung
- Einem Testfall (oder mehreren)
- Nummerierten Einzeltests zum Testfall
- Der Beschreibung der Tests (Was genau tun Sie?)
- Dem erwarteten Ergebnis
- Einer Spalte für das später einzutragende effektive Ergebnis
- Raum für die Erfassung von Maßnahmen

Damit gehen Sie nach der Realisation in die Testphase – und dort ergänzen Sie das Dokument um die effektiven Ergebnisse und die Maßnahmen, die Sie bei Abweichungen ergreifen, um den Test im Wiederholungsfall erfolgreich zu durchlaufen.

Sie führen die Tests auf drei Ebenen durch: Einzel-, System- und Integrationstests. Diese charakterisieren sich wie folgt:

Einzeltests für die Komponenten:

- Leuchten die Verbindungsanzeigen auf dem Router?
- Ist der Selbsttest des Druckers erfolgreich?
- Hat der Switch auf allen Ports eine Verbindung?
- Sind nicht benötigte Ports am Core-Switch auch wirklich nicht aktiv?
- Ist der Router korrekt konfiguriert?
- Stimmt die Download-Geschwindigkeit (Internet), die gemessen werden kann, mit der vereinbarten Leistung überein?

Systemtests (Funktionieren die Systeme):

- Funktionieren die Freigaben? Und stimmen die Laufwerkzuordnungen?
- Können sich unberechtigte Benutzer tatsächlich nicht anmelden?
- Ist die Stromversorgung für alle installierten Geräte stabil und ausreichend?
- Kommen einzelne LAN-Systeme korrekt bis ins Internet?
- Ist der Proxyserver um 17.00 Uhr mit dem festgelegten Regelwerk aktiv, wenn ein Benutzer versucht, seine private iTunes-Sammlung zu aktualisieren?

Integrationstest/Gesamttest:

- Stimmt die implementierte Netzwerktopologie mit dem aktuellen Netzwerkdiagramm überein?
- Sind die Konfigurationsdokumente auf dem Stand der aktuell installierten Basis und wie werden sie nachgeführt?
- Kann ein bestimmter Benutzer während des Tages auf eine Freigabe zugreifen und das Dokument bearbeiten und drucken?

Im Vordergrund stehen bei den Einzel- und Systemtests die Funktionalität, und zwar nicht einfach in Bezug auf »geht« oder »geht nicht«, sondern spezifisch in Bezug auf die vorher gestellten Anforderungen.

Ein erfolgreiches Testing belegt, dass die an das Produkt oder die Lösung gestellten Anforderungen auch tatsächlich erfüllt werden.

17.5 SNMP-Protokolle

Jedes Betriebssystem bietet Mittel und Werkzeuge, um die Server und Systeme zu überwachen. Diese Überwachung ist wichtig, um Engpässe oder sich abzeichnende Fehler frühzeitig zu erkennen.

Dazu werden in einem System oder Netzwerk Baseline-Messungen durchgeführt und festgehalten, z.B. nach einer Implementierung oder nach wichtigen Änderungen. Diese Messungen sind wiederum die Grundlage für spätere Überprüfungen oder eine Überwachung des Systems bzw. Netzwerks.

Die Basis dieser Überwachung liegt entweder hostbasiert auf dem betroffenen System selbst oder sie wird über ein Netzwerkprotokoll abgefragt.

SNMP (Simple Network Management Protocol) und RMON (Remote Monitoring) sowie SMON (Switched Monitoring) sind Managementprotokolle, die zur Überwachung des Netzwerks dienen. Sie werden von verschiedenen Geräten unterstützt und erlauben es, an einer zentralen Stelle die Daten dieser Geräte zu sammeln und auszuwerten.

SNMP ist das Ur-Managementprotokoll für Netzwerke. Es ist für das Monitoring einfacher Shared-Media-Netze (z.B. Ethernet) entwickelt worden. Als Subprotokoll des IP-Standards stellt SNMP unter Verwendung von UDP (User Datagram Protocol) nur sehr simple Funktionen zur Verfügung, etwa zum Austausch von Managementinformationen zwischen einer LAN-Komponente und einer Managementoberfläche.

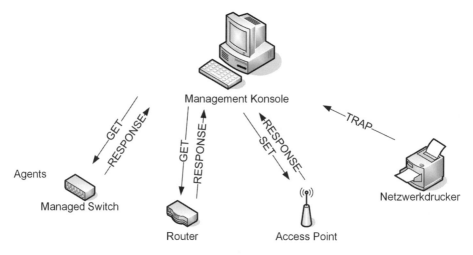

Abb. 17.5: Die Beziehungen im SNMP-Protokollverkehr

SNMP dient dabei als Protokoll für den Austausch von Kommandos und Statistikdaten zwischen Netzwerkkomponenten untereinander oder mit einer zentralen Administrationssoftware. Unter dem Begriff SNMP-Standard versteht man in der Regel neben dem Protokoll an sich auch verschiedene IETF-Standards. Diese regeln als eine Art Metasprache, wie die über SNMP ausgetauschten Daten zu interpretieren sind, und sorgen so für Kompatibilität aller SNMP-fähigen Netzkomponenten untereinander.

Die eigentlichen Daten der zu überwachenden Geräte sammelt die SMI-Datenbank (Structured Management Information Database) und bildet sie dort als Datenobjekte ab. Über einen Object Identifier (OID) stehen diese Daten in einer Art Baumstruktur in Beziehung zueinander. Die SMI gleicht somit einer Komponentenbeschreibung mit zugeordneten Informationen, die über SNMP verwaltet werden können.

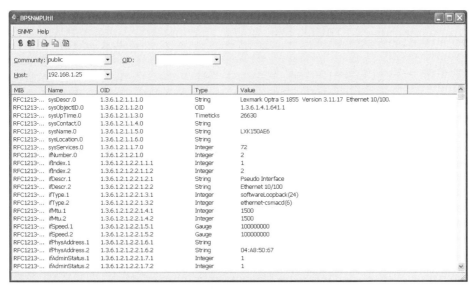

Abb. 17.6: Auszug aus einer Abfrage an einen Netzwerkdrucker

Basierend auf der SMI arbeitet die Standard-MIB-Datenbank (Management Information Base). Sie spezifiziert Standardobjekte zur Steuerung und zum Monitoring für unterschiedliche aktive und passive Netzwerkelemente. Die Standard-MIB konkretisiert die SMI. Sie stellt innerhalb der SMI eine eigene Baumstruktur dar.

Basierend auf SMI und Standard-MIBs lassen sich in einem Shared-Media-LAN alle Netzkomponenten überwachen und ansteuern.

RMON (Remote Monitoring) erweitert die Standard-MIB um Methoden für die Sammlung von statistischen Daten und die Kontrolle des Netzbetriebs.

Zur Überwachung werden sogenannte Agenten eingesetzt. Dabei handelt es sich um Programme, die direkt auf den überwachten Geräten laufen müssen. Diese Programme sind in der Lage, den Zustand des Geräts zu erfassen und zu reagieren, sei es durch Maßnahmen oder durch eine Meldung an den Managementserver. Dazu gibt es verschiedene Datenpakete, die gesendet werden können:

- **GET**, zum Anfordern eines Managementdatensatzes
- **WALK** ermöglicht es, mehrere dem aufgerufenen Objekt untergeordnete Objekte auf einen Blick anzufordern anstelle von mehreren GET-Befehlen
- **SET**, um einen oder mehrere Datensätze eines Netzelements zu verändern
- **RESPONSE**, Antwort auf eines der vorherigen Pakete
- **TRAP**, unaufgeforderte Nachricht von einem Agenten an den Manager, dass ein Ereignis eingetreten ist

Die Kommandos GETBULK bzw. WALK sind unter anderem mit SNMPv2 hinzugekommen, um mehrere Werte gleichzeitig in einem Rutsch abfragen zu können.

Die GET-Pakete können vom Manager zu einem Agenten gesendet werden, um Daten über die jeweilige Station anzufordern. Dieser antwortet mit einem RESPONSE-Paket, das entweder die angeforderten Daten oder eine Fehlermeldung enthält.

Mit dem SET-Paket kann ein Manager Werte beim Agenten verändern. Damit ist es möglich, Einstellungen vorzunehmen oder Aktionen auszulösen. Der Agent bestätigt die Übernahme der Werte ebenfalls mit einem RESPONSE-Paket.

Wenn der Agent bei der Überwachung des Systems einen Fehler erkennt, kann er diesen mithilfe eines TRAP-Pakets unaufgefordert an die Managementstation melden. Diese Pakete werden nicht vom Manager bestätigt. Der Agent kann daher nicht feststellen, ob der Trap beim Manager angekommen ist.

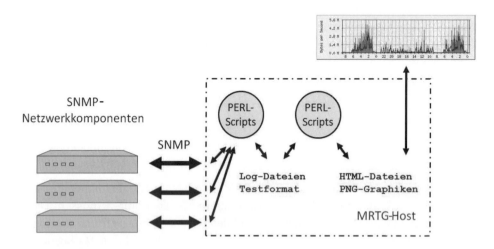

Abb. 17.7: SNMP in Verwendung mit MRTG (Analyseprogramm)

17.6 Fragen zu diesem Kapitel

1. Wie nennt sich das Funktionsmodell des OSI-Management-Frameworks?
   A. FCAPS
   B. MF-F
   C. SNMP
   D. FMON

2. Sie messen die Datendurchsatzrate eines neu installierten Netzwerks und vergleichen diese mit einer erneuten Messung zwei Monate später. Im Rahmen welchen Zweigs des Netzwerkmanagements tun Sie dies üblicherweise?
   A. Fehlermanagement
   B. Performancemanagement
   C. Konfigurationsmanagement
   D. Sicherheitsmanagement

3. Welches SNMP-Kommando bringt Ihnen mehrere OIDs als Antwort?
   A. GETMORE
   B. TRAP
   C. WALK
   D. SETBULK

4. Wie nennt sich die Datenbank, die ein SNMP-taugliches Endgerät installiert hat?
   A. MIB
   B. MOD
   C. MOB
   D. OID

5. Ein Testobjekt wird getestet durch ...
   A. Verschiedene Messdaten
   B. Einen oder mehrere Testfälle
   C. Eine Abnahme
   D. Ein Testprotokoll

6. Ein Techniker muss ein Problem an einem Patchpanel im Hauptverteiler beheben. Leider stimmt die Verkabelung nicht mit dem Kabelschema von 2009 überein. Welches Element des Konfigurationsmanagements hat hier versagt?
   A. System Logfiles
   B. Change Management
   C. Baselining
   D. Logisches Netzwerkdiagramm

7. Was ist auf einem logischen Netzwerkdiagramm vorhanden, was auf einem reinen L3-Diagramm fehlen wird?

    A. Switches

    B. Router

    C. VLAN

    D. Zentrale Server

8. Was unternehmen Sie bei Bekanntwerden einer Sicherheitslücke in einem Ihrer Systeme?

    A. Sie suchen im Internet nach einer Lösung.

    B. Sie aktualisieren das gesamte System.

    C. Sie unternehmen nichts, Ihr System ist nur lokal erreichbar.

    D. Sie installieren umgehend den passenden Patch des Herstellers.

9. Welche Dokumentation wird der Administrator aktualisieren, nachdem er gerade bei allen Switches die Firmware aufgerüstet hat?

    A. Verkabelungsplan

    B. Logisches Netzwerkdiagramm

    C. Physisches Netzwerkdiagramm

    D. Konfigurationsdokumentation

10. Welches Protokoll ist für einen Packet-Sniffer am anfälligsten?

    A. SFTP

    B. SSH

    C. SNMPv2

    D. HTTPS

Kapitel 18

Überwachung

Sie haben Ihr Netzwerk konzipiert und aufgebaut, anschließend haben Sie es getestet, Ihr Kunde (ob intern oder extern) hat es abgenommen und Sie haben auch die Sicherheit gemäß den betrieblichen Anforderungen implementiert. Nachdem Sie alles dokumentiert haben, läuft das Netzwerk jetzt zuverlässig und stabil.

Doch wie stellen Sie sicher, dass dies auch so bleibt? Der reaktive Ansatz besagt: »Solange nichts passiert, müssen wir auch nichts machen.« Dieser Ansatz ist zwar in der Praxis häufig anzutreffen, führt aber bei jeder Störung des Netzwerkbetriebs zu großer Hektik, da er einen unvorbereitet trifft. Dann fehlt das Ersatzmaterial, dann muss man alles erst bewilligen lassen, darum bauen Sie eben kurz einen Workaround – und schon ist es vorbei mit Performance und Stabilität.

Wesentlich effizienter ist daher der proaktive Ansatz, nämlich die aktive Überwachung der Netzwerkkomponenten und -verbindungen. So können Sie laufend beobachten, ob sich Ausfälle an einzelnen Ports häufen, ob die Netzwerklast auf einer Leitung kontinuierlich zunimmt oder ob sich sonst ein Problem abzeichnet. Diese proaktive Überwachung wird Monitoring genannt.

Sie lernen im folgenden Kapitel:
- Den Begriff Monitoring im Detail verstehen
- Monitoring-Möglichkeiten unterscheiden
- Dienstleistungen mit Monitoring überwachen
- Verschiedene Dienstleistungsdokumente unterscheiden
- Netzwerkanalyse einsetzen
- Unterschiedliche Analyseprogramme kennen
- SCADA-Systeme kennen und ihren Einsatz einordnen
- Sich Gedanken zur Zukunft von IoT machen (wird höchste Zeit)

18.1 So funktioniert das Monitoring

Durch Monitoring können vorher festgelegte Parameter des Netzwerks von Zeit zu Zeit oder permanent überwacht und damit Engpässe oder Fehlerquellen frühzeitig erkannt werden. Dies ermöglicht es Ihnen, frühzeitig auf Engpässe oder sich abzeichnende Probleme zu reagieren, bevor der »Ernstfall« eintritt.

18.1.1 Was ist ein Monitor?

Häufig werden »Testen« und »Überwachen« in einem Atemzug genannt. Dies kann man aber eigentlich so nicht gelten lassen.

Der Test ist eine Prozedur, welche aufzeigen soll, ob ein Objekt innerhalb der geplanten Anforderungen funktioniert oder nicht. Dabei handelt es sich um ein vorgängig (im Idealfall in der Planung) definiertes Verfahren, das anhand von messbaren Ergebnissen aufzeigen muss, ob die an das Netzwerk gestellten Anforderungen erfüllt werden.

Die Tests enden mit der Freigabe der Komponente und diese geht danach in den operativen Betrieb über. Und damit gelangen Sie zur Überwachung.

Die Überwachung ist eine wiederkehrende Prüfung, welche aufzeigen soll, ob ein Objekt innerhalb der freigegebenen Spezifikation funktioniert oder nicht. Das heißt, basierend auf den Vorgaben, die für die Tests erarbeitet wurden, wird eine Überwachung dazu eingesetzt, die Einhaltung dieser Anforderungen im operativen Betrieb sicherzustellen.

Erfolgreiche Überwachung ist ein iterativer Vorgang nach der Freigabe, prüft die Einhaltung der freigegebenen Parameter, findet Schwachstellen und ermöglicht deren Behebung im Betrieb bzw. bevor Schaden auftritt.

Das Monitoring ist methodisch kein Alleinbesitz des schon erwähnten OSI-Management-Frameworks. Auch Prozessmodelle wie ITIL® oder Sicherheitsmodelle wie ISO 27000 integrieren Monitoring als einen wichtigen Bestandteil ihrer Überlegungen. Was also zeichnet eine erfolgreiche Überwachung in der Umsetzung aus?

Dazu gehören eine sorgfältige Planung des Monitorings anhand der vorgängig definierten Anforderungen, eine Umsetzung mit zweckmäßigen Instrumenten und die Auswertung nach Nachjustierung, wenn das Monitoring Ihnen dazu Anhalt liefert.

Der Monitor wird als Messeeinheit definiert durch:

- Messobjekt: die Komponente, die überwacht wird
- Messpunkt: die genaue Angabe, wo gemessen wird

- Messzeit: die Messdauer oder das Intervall
- Messdaten: die Definition der erhobenen Werte (Durchsatz, Ausfallzeit etc.)
- Schwellwert: Wann reagiert ein System und womit?

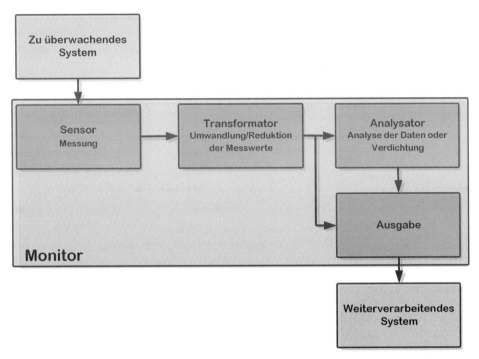

Abb. 18.1: Aufbau eines Monitors (nach R. Scholderer »Management von SLAs«, Kap. 4)

Monitore können dabei unterschiedlich konzipiert sein. Aus der Elektrotechnik z. B. ist der reine Hardware-Monitor bekannt, d. h. eine unabhängige Instanz, welche von außen an das System angeschlossen wird und dieses, ohne Einfluss auf das System zu nehmen, überwacht.

Der Software-Monitor dagegen wird auf dem Prüfsystem selbst installiert. Dies erfordert weniger Ressourcen, bringt aber immer die Frage mit sich, inwiefern der Monitor das zu überwachende Objekt selbst beeinflusst. Hier sind die meisten Monitorings in der Informatik anzusiedeln, denken Sie nur an alle die Überwachungstools, die nur ein Betriebssystem schon mitbringt. Oder die Überwachung, die eine Komponente wie ein Switch oder Router durch integrierte Tools ermöglicht.

Kapitel 18
Überwachung

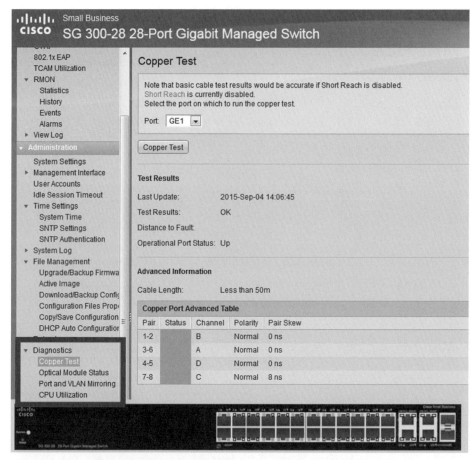

Abb. 18.2: Interne Überwachungsmöglichkeiten eines verwalteten Switches

Zudem kann auch eine Mischform dieser beiden Systeme zum Einsatz kommen, der Hybridmonitor. Dies ist eine Kombination aus eigenständiger Hardware mit Software, die mit dem zu prüfenden System verbunden wird, z. B. ein Notebook mit zwei Schnittstellen, das sich so zur Messung ins Netzwerk integriert.

Beim Überwachen selbst können Sie das Ziel sowohl auf Leistung als auch auf Ausfall (sogenanntes PING-Monitoring) ausrichten.

Dabei stehen Ihnen verschiedene Möglichkeiten zur Verfügung:

- Ereigniszählung (Pings, Backups, Anfragen etc.)
- Zeitmessung (Dauer, Antwortzeit, Durchlauf etc.)
- Stichprobenmessung
- Echtzeit-/Vollzeitmessung

Monitoring-Instrumente finden Sie dabei fast wie Sand am Meer. Es gibt unzählige Lösungen und Produkte auf dem Markt, die geeignet sind, um kleinere oder größere Netzwerke zu überwachen. Dies beginnt mit kleinen sogenannten Freeware-Produkten und geht über Open-Source-Lösungen bis hin zu ganzen Verwaltungsprogrammen von eigens darauf spezialisierten Herstellern.

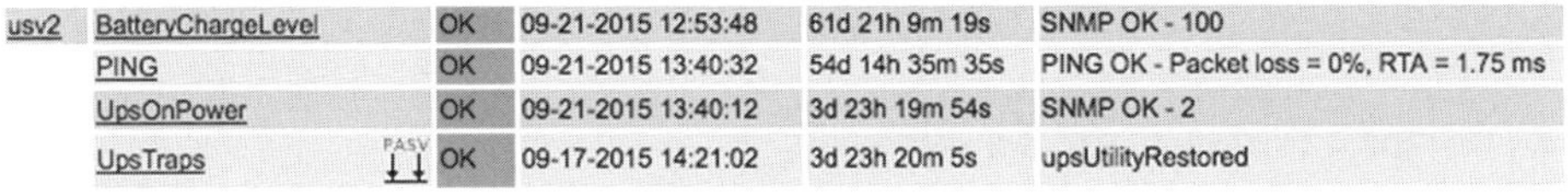

usv2	BatteryChargeLevel		OK	09-21-2015 12:53:48	61d 21h 9m 19s	SNMP OK - 100
	PING		OK	09-21-2015 13:40:32	54d 14h 35m 35s	PING OK - Packet loss = 0%, RTA = 1.75 ms
	UpsOnPower		OK	09-21-2015 13:40:12	3d 23h 19m 54s	SNMP OK - 2
	UpsTraps	PASV	OK	09-17-2015 14:21:02	3d 23h 20m 5s	upsUtilityRestored

Abb. 18.3: Überwachung einer USV mit Nagios

Um nur einige davon zu nennen, damit Sie sich selbst weiter informieren und einlesen können in die Möglichkeiten dieser Software, seien hier erwähnt:

- LANMonitor: Von einem Netzwerkhersteller konzipierte Lösung
- Nagios: Ehemals als Open Source aufgebaute Management-Software
- OpenNMS: Als Open Source konzipierte Lösung für große Netzwerke
- OP Manager: Kommerzielle Lösung, auch für KMUs geeignet
- PRTG: Skalierbare Lösung für die Überwachung auch von kleineren Netzwerkumgebungen
- Spiceworks: Als Community-Lösung konzipiert und online verfügbar
- Splunk: Als Free-Lizenz oder Enterprise-Lizenz erhältliche Lösung
- WhatsUp: Spezialisiert auf die Überwachung von Servern

Die Liste kann nur einen kleinen Einblick vermitteln und ist keineswegs abschließend – aber auch von niemandem gesponsert! Nicht unterschlagen werden sollen hier auch unternehmensweiten Lösungen, bei denen Monitoring einfach einen Aspekt darstellt, der genutzt werden kann, wie etwa bei Tivoli.

18.1.2 Performancemanagement konzipieren

Aus fachlicher Sicht beschreibt ein Service eine Funktionalität, die das Unternehmen anbietet oder bezieht. Die Ausrichtung auf solche Services und den dazu notwendigen Technologien und Methoden führen zu einer serviceorientierten Architektur (SOA). Darunter versteht man als Ganzes eine Architektur, die sich nicht durch das Aufstellen von Komponenten und Infrastruktur, sondern das Ausführen von Services definiert. Unterstützt wird SOA durch eine serviceorientierte Software-Entwicklung und die Ausrichtung der IT an fachliche Anforderungen.

Diese Ausrichtung führt zu einer größeren Bedeutung des Monitorings, da diese Services zentral sind für das Abwickeln nicht nur der IT, sondern der eigentlichen Geschäftsprozesse, die auf diesen Services aufbauen.

Das Überwachen von Leistungen ist, wie erwähnt, ein zentrales Element des Monitorings. Dabei umschreibt der Begriff Leistung eine Vielzahl von Parametern, welche entsprechend für das Monitoring ausgewählt werden können.

Als Beispiele seien hier aufgezählt:

- Durchsatz auf der LAN-Schnittstelle
- Antwortzeiten auf einer Leitung
- Veränderung der Speicherbelastung (RAM oder Disks)
- Auslastung der CPU einer Firewall oder eines Routers
- Anzahl Fehler (Error Rate)

Zudem gibt es unterschiedliche Ansätze zur Überwachung:

Risiken: Sie etablieren Überwachungsmaßnahmen analog zu den möglichen Risiken in Ihrem Netzwerk.

Bedrohungen: Sie orientieren sich an den möglichen Bedrohungen.

Schwachstellen: Sie untersuchen Ihr Netzwerk und Ihre Systeme und bauen die Überwachungs- und Sicherheitsmaßnahmen nach einem Schwachstellen-Report auf.

Wobei Sie in der Praxis oftmals eine Kombination dieser Ansätze antreffen werden, um einen optimalen Schutz zu erhalten.

Host	Service	Status	Last Check	Duration	Attempt	Status Information
alm	Anzahl Alarm-Dispatcher Prozesse	OK	09-21-2015 13:38:16	70d 2h 57m 51s	1/4	PROCS OK: 12 processes with args 'alarm_disp'
	BOND0: Interface 1: ETH0	OK	09-21-2015 13:39:44	663d 23h 51m 23s	1/4	OK: Interface eth0 (index 2) is up.
	BOND0: Interface 2: ETH2	OK	09-21-2015 13:39:48	363d 4h 51m 19s	1/4	OK: Interface eth2 (index 4) is up.
	CheckAlarmLoader	OK	09-21-2015 13:36:33	181d 2h 9m 34s	1/4	TCP: OK
	CheckAlarmLogger	OK	09-21-2015 13:36:08	181d 2h 9m 59s	1/4	TCP: OK
	Daily_DB_Backup	OK	09-21-2015 13:39:10	304d 1h 16m 57s	1/4	OK - Mon Sep 21 01:30:03 CEST 2015 Backup OK
	Disk Usage - /	OK	09-21-2015 13:39:07	865d 21h 52m 38s	1/4	DISK OK - free space: / 249831 MB (94% inode=97%):
	Disk Usage - /home	OK	09-21-2015 13:39:37	865d 21h 52m 31s	1/4	DISK OK - free space: /home 259870 MB (97% inode=99%):
	IPMI Fans	OK	09-21-2015 13:36:05	663d 23h 50m 2s	1/4	sensor type 'Fan' Status: OK
	IPMI Power Supply	OK	09-21-2015 13:36:42	363d 5h 19m 25s	1/4	sensor type 'Power Supply' Status: OK
	IPMI Temperature	OK	09-21-2015 13:36:25	663d 23h 54m 42s	1/4	sensor type 'Temp' Status: OK
	PING	OK	09-21-2015 13:36:53	865d 21h 56m 2s	1/4	PING OK - Packet loss = 0%, RTA = 0.03 ms
	Raid 1 Status	OK	09-21-2015 13:37:23	663d 23h 53m 44s	1/4	SNMP OK - "Normal"
	Raid 2 Status	OK	09-21-2015 13:36:43	663d 23h 54m 24s	1/4	SNMP OK - "Normal"
	Raid CPU Temp.	OK	09-21-2015 13:36:43	663d 23h 54m 24s	1/4	SNMP OK - 45 °C
	Raid Controller Temp.	OK	09-21-2015 13:36:48	663d 23h 54m 19s	1/4	SNMP OK - 29 °C
	RaidTraps	OK	09-21-2015 13:39:42	865d 21h 58m 50s	1/1	PING OK - Packet loss = 0%, RTA = 0.03 ms
	SSH	OK	09-21-2015 13:38:55	865d 21h 58m 21s	1/4	SSH OK - OpenSSH_5.8 (protocol 2.0)
	System Load	OK	09-21-2015 13:38:18	865d 21h 49m 39s	1/4	OK - load average: 0.01, 0.02, 0.05
	Weekly_Project_Backup	OK	09-21-2015 13:36:27	4d 5h 14m 40s	1/4	OK - Mon Sep 21 01:00:43 CEST 2015 Backup OK

Abb. 18.4: Überwachungssystem mit dem aktuellen Stand der zu überwachenden Parameter

18.1.3 Monitoring als Teil des Quality Management

Das Monitoring basiert auf der Erfüllung vorgängig definierter Parameter. In diesem Sinn ist das Monitoring Teil des übergeordneten Qualitätsmanagements.

18.1 So funktioniert das Monitoring

Wenn in der Kommunikationstechnik ein bestimmter Service in einer zugesagten (d.h. vereinbarten) Qualität vorliegen soll, spricht man von QoS (Quality of Service).

Die Definition der Dienstgüte (Quality of Service) nach der ITU-T-Empfehlung E.800: umfasst:

»Alle Qualitätsmerkmale eines Telekommunikationsdienstes, die die Zufriedenheit des Nutzers bestimmen.«

In seiner Definition beschreibt QoS somit die Übereinstimmung zwischen Anforderungen und Leistungen eines bestimmten Service aus Sicht des Nutzers dieses Service. Dazu werden vereinbarte Werte wie Übertragungsraten, Fehlerraten oder Verfügbarkeit festgelegt und anschließend im Betrieb überwacht.

QoS ist von besonderer Bedeutung im Zusammenhang mit VoIP oder Multimedia-Übertragungen, was Sie dort auch im Einzelnen erfahren haben.

QoS ist diesem Sinne die Abkehr vom »Best Effort«-Prinzip, welches zwar auch Werte festschreiben kann, diese aber als »im besten Fall erreichbar« nicht zu gewähren verpflichtet ist.

Die Parameter, von denen hier die Rede ist, werden dabei schichtweise definiert, auch wenn diese Zuordnung nicht immer eindeutig sein kann. Zum Beispiel:

- Fehlerraten auf Schicht 1 (ITU G.826)
- Paketlaufzeiten auf Schicht 3 (ITU Y.1540)
- Sprachqualität auf Schicht 7 (ITU P.800)

In paketorientierten Netzwerken wie IP-Netzen werden auf Schicht 3 verschiedene Werte definiert, um eine bestimmte QoS zu erreichen:

- Die Paketlaufzeit
- Die Paketlaufzeitschwankungen (Jitter)
- Paketverlusthäufigkeit
- Paketfehlerhäufigkeit

Applikationen mit ähnlichen qualitativen Anforderungen werden dabei in Dienstklassen zusammengefasst, so kennt etwa ATM fünf Dienstklassen oder das Int-Serv-Verfahren kennt drei unterschiedliche Dienstklassen (Guaranteed Service, Controlled Load, Best Effort).

Zwei Methoden können für die Durchsetzung der erwünschten QoS realisiert werden, das Traffic Shaping, d.h. die Formung und Lenkung des Verkehrs, und das Traffic Monitoring, d.h. die Überwachung des Verkehrs. In beiden Fällen müssen die Parameter vorgängig definiert werden. Im ersten Fall werden die Netzwerkkomponenten und Protokolle mittels QoS-Funktionalität entsprechend eingestellt, z.B. durch Bandbreitenbeschränkung oder Priorisierung von Paketen oder Protokollen, im zweiten Fall werden die Parameter als Schwellwerte in das Monitoringsystem eingetragen und überwacht.

Für die Implementation bei der Lenkung wird das Protokoll RSVP (Resource Reservation Protocol) eingesetzt. Dieses erlaubt es, Übertragungsraten für einzelne Anwendungen festzulegen, auch wenn dies unter IPv4 nicht vorgesehen ist.

Daneben gibt es verschiedene Modelle der Qualitätssicherung, die an dieser Stelle nicht weiter erläutert werden, denn das würde zu weit führen.

Als allgemeines Modell hat sich der PDCA-Cycle (auch Demian Cycle) bewährt, was an dieser Stelle als Grundlage der Qualitätssicherung sicher ausreicht.

Abb. 18.5: Der PDCA-Zyklus zur Qualitätssicherung

Grundlage für ein in die Qualitätssicherung eingebettetes Monitoring sind also die definierten Anforderungen, welche im Rahmen des Requirement Engineering in der Planungsphase des Netzwerks erstellt werden.

Das Monitoring selbst wird regelmäßig überprüft (Check), um Abweichungen rechtzeitig zu erkennen. Hier wiederum helfen die schon erwähnten Baselines, weil diese als Grundlage die Abweichungen aufzeigen können.

Damit die Qualitätssicherung auch einen Nutzen zeigt, muss dann im Rahmen des Change Management auf die Abweichungen reagiert werden.

18.1.4 Grundlagen zu Service Level Agreements

Wenn Sie bestimmte Dienstleistungen von externen Partnern beziehen möchten, liegt die Überwachung in der Regel nicht bei Ihnen.

Dennoch ist es für Sie wichtig, dass Sie den eingekauften Service zuverlässig nutzen können. Hier greift das SLA, das Service Level Agreement. Das SLA wurde ursprünglich tatsächlich für Dienstleistungen in der Informatik entwickelt, heute wird es aber auch für andere Dienstleistungen genutzt.

Sie finden als Illustration zum Thema beispielsweise auf der Webseite des Bundes (`admin.ch`) verschiedene SLAs, die Sie dort nachlesen können – und die zum Teil gar nichts mit Informatik zu haben.

Da SLAs im Allgemeinen als vertraulich gelten, ist die Quelle aber erwähnenswert, weil Sie so einmal ein ganzes SLA in Ruhe ansehen und durchlesen können.

Ein SLA beschreibt eine vertragliche Leistung. Es regelt die Verbindlichkeiten von Diensterbringer und Dienstleistungsnehmer.

Damit diese Leistung nachprüfbar und damit auch messbar wird, muss sie verbindliche Angaben enthalten zum Service in Form einer Leistungsbeschreibung wie z. B.:

- Verfügbarkeit
- Fehlerraten
- Durchsatz
- Antwortzeiten

Das SLA regelt darüber hinaus auch die Aktion des Vertragsnehmers, falls diese Leistung nicht eingehalten wird:

- Reaktionsbereitschaft
- Ersatz und/oder Reparatur

Der letzte Teil – und für die Einhaltung nicht unwichtig – ist die Beschreibung, was bei Nichterfüllung zu geschehen hat, die Sanktionen bzw. Strafzahlungen, die zu erfolgen haben.

Ein SLA ohne Sanktionen ist damit kein SLA, denn es hat für den Leistungserbringer keine Konsequenzen, wenn das SLA nicht erfüllt wird.

Ein typisches SLA für eine Internetverbindung kann z. B. lauten:

> *Die Leitung erbringt einen Durchsatz von 25 Mbps, welcher an nicht mehr als 1 Stunde pro Tag unterschritten werden darf. Die Ausfallrate beträgt maximal 0.1% pro Jahr (24/7) und der Anbieter gewährt eine Reaktionszeit von 60 Minuten nach einer Ausfallmeldung.*

Bei der Swisscom kann das für die IP-Telefonie so aussehen:

Anschlusstyp	Grundleistung	Hauptleistung	Vertrag/Preis	Penaltyregelung
Optionale Serviceleistungen (kostenpflichtig)				
EconomyLINE MultiLINE[ISDN]	Service Premium	Leistungsversprechen: «Garantierte Störungsbehebung innert 6 Std.» während der Supportzeit	SLA/CHF 14.80 pro Monat	Ja, 3x monatlicher Preis SLA
BusinessLINE[ISDN]	Voice Security	Redundante Erschliessung	VS-Vertrag/ Preisliste VS	–

Abb. 18.6: Beispiel eines SLA, Quelle: Swisscom-Telefonie-SLA (© Swisscom Webseite)

Wenn Sie die Vereinbarung innerhalb Ihrer Firma zwischen einzelnen Abteilungen treffen möchten, spricht man dagegen nicht von einem SLA, sondern von einem Operational Level Agreement (OLA). Dieses entspricht seinem Wesen nach im Unterschied zu einem SLA nicht einem juristischen Vertrag.

Beide Typen, SLA und OLA, verwenden allerdings die gleichen Strukturen und enthalten vergleichbare Details zu den zu erbringenden Leistungen und den definierten Dienstleistungen im Netzwerk- oder IT-Bereich.

18.1.5 Weitere wichtige Dokumente

Nebst den eben besprochenen beiden Dokumenten SLA und OLA gibt es weitere Möglichkeiten, Dienstleistungen im Rahmen der Informatik zu regeln.

Da die Lernziele die englischen Begriffe beinhalten, werden diese hier auch in den Erläuterungen beibehalten, selbst wenn sie auf im Deutschen nicht geläufig oder im Einsatz sind.

Die Absichtserklärung, englisch MOU (Memorandum of Understanding) oder Letter of Intent, ist kein Vertrag im eigentlichen Sinne, sondern hält insbesondere bei größeren Projekten fest, worin die Partner am Schluss einen Vertrag anstreben. Die Absichtserklärung enthält Anforderungen, Ziele, Leistungen etc., die zu einem bestimmten Zeitpunkt festgehalten werden. Dies ist insbesondere dann von Nutzen, wenn ein Vertragsabschluss längere Zeit in Anspruch nimmt. Zudem kann es notwendig sein, dass für die weiteren Verhandlungen Einsicht in Informationen genommen werden muss, die eine Vertraulichkeitsvereinbarung voraussetzen. Diese kann im Rahmen einer Absichtserklärung integriert und unterzeichnet werden, womit sie auch rechtskräftig wird. Das MOA (Memorandum of Agreement) zielt in eine ähnliche Richung und hält ebenfalls Grundregeln fest, ohne selber einen Vertrag zu bilden.

Der Dienstleistungsrahmenvertrag, auch kurz Rahmenvertrag, englisch MSA (Master Service Agreement), ist ein Sammelvertrag über die einzelnen Leistungen, die dann über Leistungsverträge, SLAs oder andere Regelwerke organisiert und verwaltet werden. Solche Rahmenverträge erlangen in Zeit von »IT as a Service« immer größere Bedeutung. So kann ein Unternehmen, das seine ganze Informatik oder große Teile davon auslagern möchte, einen Rahmenvertrag mit einem Partner abschließen, sodass das Unternehmen nur einen Ansprechpartner hat. Dieser haftet dann auch für die einzelnen Leistungen, selbst wenn er sie an andere Partner submissioniert und diese die effektive Leistung erbringen. Sie kennen das sicher aus dem Bauwesen, wo sogenannte Generalunternehmer in diesem Zusammenhang die Gesamthaftung übernehmen.

Die Leistungsbeschreibung, SOW (State of Work), ist ein Bestandteil einer Leistungsvereinbarung. Sie haben eben gerade beim SLA gelesen, dass dieses eine exakte Leistungsbeschreibung beinhalten muss, damit Leistung und der resultierende Erfolg oder Misserfolg exakt nachvollzogen werden können. Leistungsbeschreibungen bestehen aus klaren, einfachen Fakten, die messbar, konkret und konfliktfrei aufzulisten sind. Sie erinnern sich möglicherweise aus anderem Zusammenhang daran, dass eine solche SOW, auch als Begriff, fester Bestandteil des Projektmanagements sind.

Im Zusammenhang mit den erheblichen Rechten, die ein Administrator für seine Tätigkeit im Netzwerk benötigt, kann dessen Zugriff im Rahmen eines PUA (Privileged User Agreement) geregelt werden. Hierin werden folgende Punkte festgehalten:

- Erweiterte Rechte werden grundsätzlich nur Personen gewährt, welche das PUA unterzeichnen und einhalten.
- Erweiterte Rechte werden strikt im Zusammenhang mit benötigten Aufträgen vergeben, der Ansatz "Gott-Administrator" ist nicht mehr durchsetzbar.
- Wo immer möglich werden Aufgaben ohne erweiterte Rechte ausgeführt und solche Methoden werden der Erweiterung von Rechten vorgezogen.

Eine andere wichtige Regelung in diesem Zusammenhang betrifft die Organisation der Onboarding- und Offboarding-Prozesse.

Onboarding-Prozesse beinhalten unter anderem:

- Zuweisung von eindeutigen Benutzernamen und Passwörtern
- Zuweisung einer Authentifikation via PIN, Badge oder ID-Karte
- Einrichtung personenbezogener Inhalte wie Mailclient, Cloud-Setup oder benutzerbezogenen Laufwerken und Anwendungen
- BYOD-Setup bei Bedarf
- Sicherheits- und Awareness-Ausbildung
- Korrekte Anwendung der Lizenzierungsvorgaben für Software

18.2 Die Netzwerkanalyse

Bevor Sie eine ausführliche Netzwerkanalyse durchführen, müssen Sie sich über die gewünschten Ziele im Klaren sein.

Folgende Fragen können anhand einer solchen Analyse beanwortet werden:

- Wie stabil (störungsfrei) ist das Netzwerk?
- Wie stark ist das Netzwerk aktuell ausgelastet?
- Wie hoch ist der Verzögerungswert bei Übermittlungen?
- Wie hoch ist der durchschnittliche Datendurchsatz?

- Welche Durchsatz-/Lastspitzen weist das Netzwerk auf?
- Wie hoch sind die aktuellen Fehlerraten z. B. auf dem Core-Switch?
- Welche Anwendungen belasten das Netzwerk am Stärksten?

Damit Sie das richtig verstehen, das sind mögliche Fragen – Ihre Aufgabe besteht darin, die für Sie zutreffenden zu bestimmen und damit das Ziel für die Analyse festzulegen.

Um eine aussagekräftige Analyse zu erhalten, planen Sie anschließend an die Zielformulierung folgende Schritte ein:

- Ausarbeitung eines Messkonzepts
- Erfassung der wichtigsten Kenngrößen (Baseline)
- Aufzeichnen von Messdaten
- Auswertung der Messdaten
- Aufbereitung für die Präsentation
- Bericht mit Empfehlungen für das weitere Vorgehen

So aufbereitet, kann Ihnen die Netzwerkanalyse wichtige Entscheidungsgrundlagen für das weitere Vorgehen liefern.

Um Netzwerkproblemen auf die Schliche zu kommen, kann man naheliegenderweise den Netzwerkverkehr untersuchen. Dazu gibt es unterschiedliche Programme, die Sie im Folgenden antreffen werden, vom einfachen Betriebssystemprogramm bis hin zu ganzen Analyseanlagen. Da die Programme bis auf Paketebene hinunter und sogar auf deren Inhalte eingehen können, nennt man diese Art der Analyse auch »Schnüffeln« oder im Fachenglisch »Sniffing«. Ein Programm zur Paketanalyse ist demzufolge ein Packet Sniffer oder etwas moderater ausgedrückt, ein Paket Analyser. Ein Sniffer wird also eingesetzt, um den Netzwerkverkehr zu überwachen – sei es, um Netzwerkprobleme zu analysieren, ein Sicherheitsproblem aufzudecken (die IDS- und IPS-Systeme aus Kapitel 15 verwenden daher auch Sniffer) oder im umgekehrten (und meist illegalen) Sinne, um das Netzwerk auszuspionieren.

Wenn Sie keinen gespiegelten Port zur Analyse zur Hand haben, geht es auch auf eine eher unschöne Art, indem Sie eine Schwäche von Switches ausnutzen: das Switch Jamming. Dabei schicken Sie dem Switch eine große Zahl von Paketen zu, die verschiedene MAC-Adressen enthalten, so lange, bis sein Speicher voll ist. Viele Switches schalten in diesem Fall bei Überlastung aus und schalten auf den Hub-Betrieb um, das heißt, sie beginnen, die Pakete an alle Stationen weiterzusenden. Es gibt sowohl unter Linux als auch unter Windows Tools, um dieses Verhalten zu erzeugen. Aber Achtung: Sie verlieren dabei natürlich während dieser Zeit die Switching-Funktion, also bitte testen Sie dies nicht während den Bürozeiten aus.

18.3 Netzwerkanalyse-Programme

18.3.1 Der Netzwerkmonitor

Windows Server OS liefern selbst ein Werkzeug, das die Funktion einer Paketanalyse übernimmt. Eine solche Analyse untersucht den Netzwerkverkehr auf Basis der Datenpakete und wertet diese aus. Mit dieser Art von Werkzeugen haben Sie folgende Möglichkeiten:

- Echtzeituntersuchungen an der Netzwerkauslastung und Bandbreite
- Fehlersuche an Kabelverbindungen, Bandbreiten- oder Protokollproblemen
- Optimierungsuntersuchungen zur besseren Ausnutzung des Netzwerks oder Untersuchung zur Segmentierung

Windows 20XX Server liefern einen Netzwerkmonitor, der diese Funktionen in einer eigenen Zusammenstellung übernimmt. Dieser Netzwerkmonitor erlaubt die Durchführung folgender Tests:

- Pakete direkt aus dem Netzwerk sammeln
- Pakete unmittelbar nach der Sammlung anzeigen und filtern
- Gespeicherte Daten einer Sammlung analysieren
- Pakete von entfernten Computern sammeln

Aus Sicherheitsgründen können nur Mitglieder der Administratorengruppe den Netzwerkmonitor installieren und ausführen.

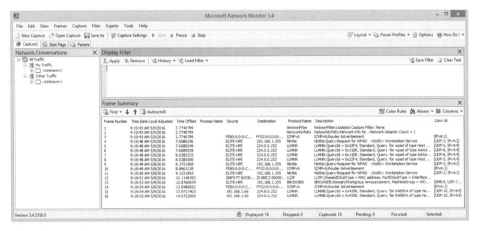

Abb. 18.7: Der Netzwerkmonitor

Der Netzwerkmonitor sammelt Pakete, die ein Windows Server aus dem LAN empfängt, und zeigt diese an. Bei der Installation des Netzwerkmonitors wird der

Netzwerkmonitortreiber als Netzwerkdienst in den Eigenschaften einer Netzwerkverbindung mit installiert oder kann ansonsten manuell nachinstalliert werden. Er wird anschließend in den Verwaltungswerkzeugen angezeigt.

Das Fenster des Netzwerkmonitors unterteilt sich in mehrere Bereiche. Sie sehen links oben die aktuelle Aktivität grafisch dargestellt und in unterschiedliche Parameter unterteilt. Darunter sehen Sie eine Zusammenfassung der Kommunikation zwischen den beteiligten Hosts. Im rechten Bereich wird eine Statistik des Verkehrs angezeigt, der auf dem Netzwerk festgestellt wird.

Die Daten werden gesammelt, indem Sie den Monitor im Menü SAMMELN mit dem Befehl *start* dazu auffordern. Die Statistiken werden in allen vier Bereichen gleichzeitig angezeigt.

Sie können die Daten zur späteren Analyse mit der Dateikennung *.cap* abspeichern. Dazu klicken Sie im Menü DATEI auf SPEICHERN UNTER.

Sie können einen Filter für das Sammeln von Daten aktivieren. Der Filter beschreibt die zu berücksichtigenden Rahmen. Filter können sich auf bestimmten Netzwerkverkehr (protokollabhängig) oder auf bestimmte Quell- und Zieladressen beziehen. Dies können IP- oder MAC-Adressen sein.

Sie können außerdem Auslöser definieren, die einen bestimmten Vorgang nach sich ziehen. Beispielsweise kann der Netzwerkmonitor bei einem bestimmten Ereignis ein Programm starten.

Der Netzwerkmonitor vereinfacht die Datenanalyse durch die Interpretation der gesammelten Rohdaten in einem Zusammenfassungsfenster.

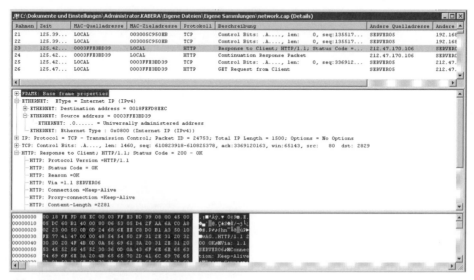

Abb. 18.8: Zusammenfassung der Daten

Sie müssen aber die Sammlung von Daten beenden, wenn Sie die Zusammenfassung ansehen möchten.

Die Zusammenfassung zeigt alle gesammelten Rahmen in drei Bereichen: dem Zusammenfassungsbereich, dem Detailbereich und dem hexadezimalen Bereich.

Um nur einen Bereich im Zusammenfassungsfenster anzusehen, klicken Sie an beliebiger Stelle in den Bereich, den Sie sehen möchten, und dann im Menü FENSTER auf BEREICH VERGRÖSSERN.

Der obere Teil des Zusammenfassungsfensters zeigt alle Rahmen, die in der aktuellen Ansicht der gesammelten Daten vorhanden sind. Im mittleren Fenster sehen Sie die einzelnen Layer des Verkehrs und ihre Zusammensetzung und zuunterst die hexadezimale Darstellung der Werte.

Der Netzwerkmonitor von Windows ist natürlich nicht das einzige Programm, das Ihnen bei der Netzwerkanalyse hilft. Ich stelle Ihnen daher noch zwei weitere Programme vor, die Sie bei der Arbeit unterstützen. Abschließend lernen Sie dann eine weitere Gruppe von Analysewerkzeugen kennen, die Portscanner.

18.3.2 Wireshark

Das ehemals als Ethereal bekannte Netzwerkanalyseprogramm heißt mittlerweile Wireshark und läuft sowohl unter Linux als auch unter Windows. Ähnlich wie der vorhin besprochene Netzwerkmonitor überwacht und wertet es den Netzwerkverkehr aus. Dabei kennt Wireshark mittlerweile über 450 verschiedene Protokolle, von VLAN über Fibre-Channel bis zu IPv6.

Wireshark liest dabei lokale Schnittstellen aus, d.h. die auf demjenigen Host, auf dem Sie Wireshark laufen lassen. Für das Auslesen von Remote-Verbindungen muss man tcpdump laufen lassen, unter Windows windump genannt.

Während der Aufzeichnung protokolliert Wireshark sämtlichen Verkehr, der über die ausgewählte Schnittstelle läuft. Der Aufzeichnungsmonitor ist dabei dreigeteilt und zeigt Ihnen im obersten Fenster die Datenpakete an und schlüsselt diese in den unteren beiden Fenstern nach Protokolltyp und deren Inhalt genau auf. Sie können also bis auf Bit-Ebene herunter sehen, was genau in Ihrem Netzwerk über die analysierte Schnittstelle läuft. So sehen Sie im Folgenden die erfolgreiche Abfrage einer Webseite vom protokollierten Client aus:

Kapitel 18
Überwachung

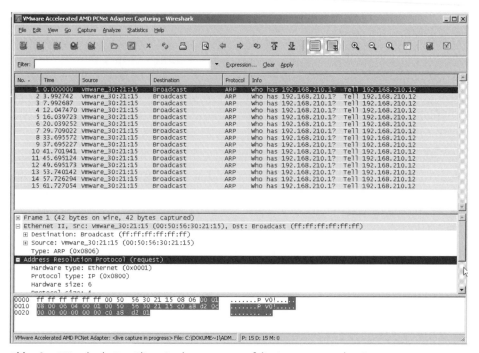

Abb. 18.9: Wireshark: Der Client-Rechner wartet auf die Antwort, wer das Gateway ist.

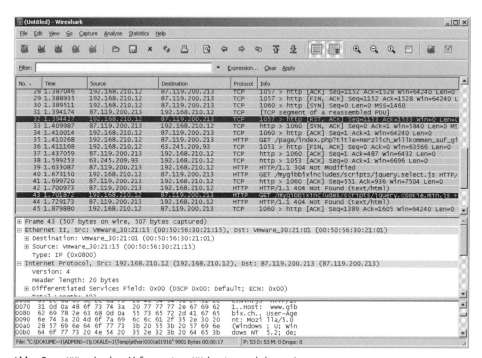

Abb. 18.10: Wireshark – Abfrage einer Webseite und deren Antwort

18.3.3 MRTG

MRTG besteht aus einer Reihe Skripts, welche an der ETH Zürich von Tobias Oetiker entwickelt wurden und die laufend weiterentwickelt werden. Aktuell ist RRDtool, eine Weiterentwicklung und sozusagen der große Bruder von MRTG. Obwohl ursprünglich für Linux/Unix-Betriebssysteme entwickelt, ist MRTG/RRDtool auch auf Windows-Servern lauffähig. MRTG/RRDtool steht unter den Bedingungen der GPL (General Public License) frei zur Verfügung.

MRTG wurde dazu entworfen, SNMP-Agenten auf netzwerkfähigen Komponenten abzufragen, zentral zu speichern und dann grafisch aufzuarbeiten und für die Veröffentlichung auf einem Webserver vorzubereiten.

MRTG besteht aus einer Reihe von Skripts, die unterschiedliche Aufgaben wahrnehmen. Die Initialskripts helfen dabei, die MRTG-Umgebung zu konfigurieren, sie erlauben beispielsweise, die Ports der zu überwachenden Komponente abzufragen, und erzeugen daraus direkt eine Konfigurationsdatei.

```
######################################################################
# Created by # cfgmaker
#
# Modified by
# 03.09.2003 CTR configured for xxx, Server:meora, all connections
### Global Config Options
WorkDir: c:\mrtgweb
######################################################################
# System: pf7sw
# Description: Cisco Internetwork IOS (tm) C3500XL V. 12.0(5.2)XU
######################################################################
######################
### Interfaces:
######################
### sw27-03 to SOL:
### Interface 50 >> Descr: .GigabitEthernet0/1. | Name: .Gi0/1 sol. |
 Ip: .. | Eth: .00-04-dd-88-88-31. ###
Target[172.16.8.2_50]: 50:public@172.16.8.2:
SetEnv[172.16.8.2_50]: MRTG_INT_IP="" MRTG_INT_DESCR="GigabitEthernet0/1"
MaxBytes[172.16.8.2_50]: 125000000
Title[172.16.8.2_50]: Traffic Analysis for SOL -- sw27-03
PageTop[172.16.8.2_50]: <H1>Traffic Analysis for SOL -- sw27-03 </H1>
```

```
<TABLE>
   <TR><TD>System:</TD>       <TD> sw27-03 in from SOL</TD></TR>
   <TR><TD>Description:</TD><TD>GigabitEthernet0/1 EUROPA </TD></TR>
   <TR><TD>ifType:</TD>       <TD>ethernetCsmacd (6)</TD></TR>
   <TR><TD>ifName:</TD>       <TD>Gi0/1</TD></TR>
   <TR><TD>Max Speed:</TD>    <TD>125 MByte/s (1 Gbps)</TD></TR>
</TABLE>
```

Listing 18.1: Beispiel einer durch cfgmaker erzeugten Konfigurationsdatei

Die Konfigurationsdateien enthalten die Port-Parameter, die Vorlagen für die HTML-Formatierung, aber auch die Skalierung der Darstellung.

Auf dem MRTG-Host wird ein Dienst konfiguriert, der die Datensammlungs- und Aufarbeitungsskripts regelmäßig ausführt. Die Datensammlungsskripts lesen über das SNMP-Protokoll die Leistungswerte der Zielsysteme aus und schreiben diese in Protokolldateien. Die Auswerteskripts lesen regelmäßig die Protokolldateien und erzeugen die PNG-Grafiken für die Webseiten.

MRTG bzw. RRDTool sind für die Überwachung von Datendurchsatzraten für Netzwerkkomponenten konfiguriert. Da die Abfragen aber über SNMP erfolgen, können diese Mechanismen fast für beliebige Überwachungsaufgaben konfiguriert werden.

18.3.4 Messung der Netzwerkleistung

Um die maximal verfügbare Bandbreite für die Datenübertragung auf einer bestimmten Netzwerkstrecke zu messen, können Sie sich von verschiedenen Programmen unterstützen lassen.

Sehr bekannt ist dafür das Programm netio. Ein anderes solches Hilfsmittel ist das Programm iperf, in seiner grafischen Version jperf genannt (läuft unter Java). netio wie auch iperf können sowohl unter Linux als auch unter Windows betrieben werden. Von Microsoft gibt es das auf ttcp basierende ntttcp, das ebenfalls die Netzwerkperformance zwischen zwei oder mehr Endpunkten im Netzwerk messen kann. Dazu kommen eine ganze Reihe kommerzieller Lösungen.

iperf ist eine Client/Server-Applikation, d.h., die Software muss an beiden Enden der zu messenden Strecke aufgerufen werden. Dabei fungiert die eine Station als Client und die andere Station als Server, welcher auf einem zuvor festgelegten Port auf den Client wartet.

iperf kann in der Kommandozeile gestartet werden (mit Administratorenrechten unter Windows 7) und der Server zeigt danach an, dass er bereit ist. Nach Aufruf des Clients kann die Kommunikation gestartet werden, wie folgende Grafik zeigt:

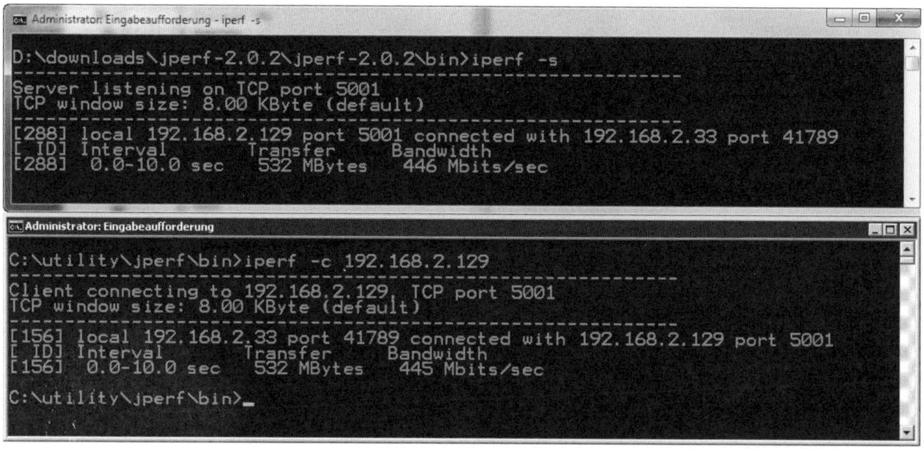

18.3
Netzwerkanalyse-Programme

Abb. 18.11: Das Kommando iperf

Wie am Ergebnis zu sehen ist, werden Datenpakete über eine festgelegte Zeit ausgetauscht und das Ergebnis der Messung wird in Mbit/s dargestellt. Wichtig: Standardmäßig läuft die Messung über den Port 5001/TCP. Umstellen auf UDP ist möglich. Dieser darf also auf der Messstrecke durch keine Firewall blockiert sein. Alternativ lässt sich der Standard-Port aber auch ändern.

Die Kommandozeilenversion bietet eine Reihe von Optionen, welche mit entsprechenden Schaltern direkt mit dem Aufruf des Kommandos mitgegeben werden.

Alternativ dazu bietet dieselbe Software mit jperf aber auch eine grafische Oberfläche, die nebst einer grafischen Darstellung der Messung auch die möglichen Optionen direkt anzeigt. So können Sie wahlweise den TCP- oder den UDP-Verkehr als Ausgangspunkt der Messung nehmen. Sie können die Messdauer einstellen und den bereits erwähnten Port ändern, aber auch Feineinstellungen zur MTU, zur TCP Window Size oder zur Segment Size lassen sich hier einstellen, um die Messergebnisse differenzieren zu können.

Was können Sie nun bei solchen Messungen erwarten, beispielsweise bei einem Netzwerk mit einer Fast-Ethernet-Verkabelung? Sie werden feststellen, dass die mögliche Bandbreite, die in diesem Fall theoretisch bei 100 Mit/s liegt, nie erreicht wird. Aber bei Fast Ethernet oder Gigabit Ethernet müssten Werte im Bereich von über 90% bis ca. 95% möglich sein. Liegen die Messwerte massiv darunter, liegt vermutlich ein Problem mit der Vernetzung auf der gemessenen Strecke vor. Etwas schlechter sind die Prozentanteile bei WLAN-Messungen, für 802.11n liegt die Rate bei rund 120 bis 140 Mbit/s netto.

Kapitel 18
Überwachung

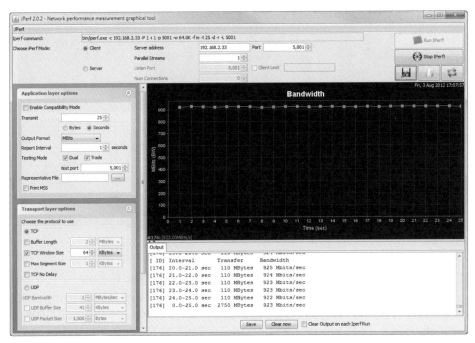

Abb. 18.12: Der Arbeitsbildschirm von jperf

Bei der Suche nach den Ursachen sind zunächst fehlerhafte Kabel, Patchfelder oder Anschlussdosen zu überprüfen. Diese können, sofern sie eben »nur« fehlerhaft und nicht ganz defekt sind, zu Paketverlusten bei der Übertragung führen. TCP erkennt dann diese Verluste bei der Überprüfung und fordert die Pakete erneut an, was zu einer verlangsamten Datenübertragung führen wird.

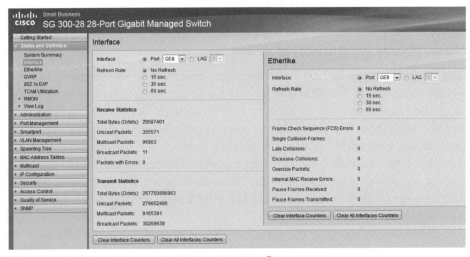

Abb. 18.13: Einsicht in die Statistik der einzelnen Port-Übertragungen

Hier lohnt es sich, Kabeltests durchzuführen oder bei Einsatz eines Managed Switches einmal die Fehleranzahl einzelner Ports zu überprüfen.

Als Nächstes überprüfen Sie die Einstellungen auf den Schnittstellenkarten. Hier gibt es mittlerweile zahlreiche Einstellungen, die es sich zu überprüfen lohnt. Dabei geht es nicht um richtig oder falsch, sondern darum, welche Einstellung in welcher Umgebung am ehesten von Nutzen sein kann. Regen Sie sich dabei nicht auf: Zu jeder Einstellung gibt es unterschiedliche deutsche Übersetzungen bei den Herstellern und nicht alle sind gleichermaßen nützlich – oder brauchen Sie Jumbo-Rahmen (Jumbo Frames)? Dennoch lohnt es sich, diese Einstellungen bei ungenügender Datenübertragungsleistung nachzuprüfen und insbesondere zu überprüfen, ob die angeschlossenen Geräte am Netzwerk mit gleichen Werten arbeiten.

Bei WLAN-Verbindungen, die von den brutto rund 300 Mbit/s auf bis 120 Mbit/s netto zurückfallen, hilft es, wenn Sie keine gemischten Umgebungen im selben Netzwerk einsetzen (reiner n-Modus), und gegebenenfalls auch, wenn Sie von 20-MHz-Kanälen auf 40 MHz breite Kanäle umschalten. Auch eine Kanalbündelung (Channel Bonding) kann helfen.

Abb. 18.14: Einstellungen einer Netzwerkkarte

18.3.5 Was ist ein Portscanner?

Programme wie NMAP oder Superscan dienen ebenfalls der Analyse im Netzwerk, sie setzen aber an einem anderen Punkt an als die bisher besprochenen Programme. Ein Portscanner überprüft mittels Absuchen der Ports an einem System im Netzwerk, welche TCP- oder UDP-basierten Dienste dieses System anbietet (oder eben nicht anbietet). Zudem können diese Programme mit Zusatzfunktionen auch eine Betriebssystem- oder Diensterkennung mitliefern. Diese zusätzlichen Informationen werden auch OS-Fingerprint genannt und können zum Beispiel durch das Lesen des Banners, d.h. einer Textnachricht, die viele Dienste beim Verbindungsaufbau mitsenden, erhoben werden. Dieses Banner Grabbing genannte Verfahren funktioniert soweit, wie die Nachricht »echt« ist. Der Dienst kann an sich nämlich schreiben, was er will. Wenn Sie aber zum Beispiel Ihre Webserver-Statistik ansehen, wo erhoben wird, wer wann woher Ihre Webseite besucht hat, dann benutzt Ihr Analysetool das OS-Fingerprinting, um Ihnen die Informationen zu liefern.

Im Folgenden wurde ein Scan mit dem Online-Portscanner von heise.de durchgeführt, der direkt an einem Arbeitsplatz-PC gestartet werden kann. Dieser Test zeigt an wie es um die Sicherheit des anfragenden PCs von außen, also von der WAN-Seite her, aussieht.

Port	Name	Status	Erläuterung
110	pop3	gefiltert	Mail-Server (POP3)
135	loc-srv	gefiltert	MS-RPC
137	netbios-ns	gefiltert	NetBIOS Name Service
138	netbios-dgm	gefiltert	NetBIOS Datagram Service
139	netbios-ssn	gefiltert	NetBIOS Session Service
143	imap2	gefiltert	Mail-Server (IMAP)
161	snmp	gefiltert	Kein Standard-Port.
443		offen	Web Server (HTTPS)
445	microsoft-ds	gefiltert	SMB over TCP

Abb. 18.15: Ergebnisse eines Portscans mit einem Online-Scanner

Sie sehen in obigem Beispiel, dass bei diesem Scan die meisten Ports tatsächlich geschlossen sind, nicht aber Port 443 (HTTPS). Jetzt muss als Nächstes geklärt werden, warum dieser Port nicht geschlossen ist, und entsprechend muss entweder der Port geschlossen oder das Konzept angepasst werden, damit der Port offen bleiben kann – in jedem Fall müssen Anforderung und Realisation am Schluss in Einklang miteinander stehen.

Nach diesem Portscan von außen führen Sie ebenfalls einen Portscan von innen durch, mit demselben Ziel. Dies geht mit dem Heise-Tool allerdings nicht, dazu müssen Sie ein Programm einsetzen, das die Abfrage von innerhalb des Netzwerks starten kann, wie etwa nmap. Dieses unterstützt z. B. auch das Banner Grabbing.

Die Legalität von Portscannern ist allerdings umstritten, da diese Programme ja Informationen aus einem System zu holen versuchen und damit, falls nicht firmenintern durch die Netzwerkadministration eingesetzt, eigentlich einen Angriffsversuch darstellen, zumal es auch Techniken gibt, das Scannen zu verschleiern, um nicht aufgefunden zu werden. Die Thematik wird daher an dieser Stelle nicht weiter vertieft, sie sei aber erwähnt, weil die entsprechenden Programme sich großer Beliebtheit erfreuen und zum Teil auch Bestandteil von größeren Analysewerkzeugen wie etwa NESSUS sind.

18.4   Überwachung im industriellen Umfeld

Sie kennen vielleicht noch den Begriff, mit dem Hewlett-Packard vor Jahren Werbung für seine damals neueste Generation von Proliant-Servern machte: »Monitoring made easy – Proliant with a sea of sensors«. Zu Deutsch bedeutete dies in etwa, die Überwachung eines Servers sei viel einfacher, weil er über ein Meer von Sensoren verfüge – und diese Werbung lief Jahre bevor Industrie 4.0 und IoT (Internet of Things) überhaupt ein Thema waren. Wir sprechen hier von Maschinen von vor gut fünf Jahren (Gen. 6).

Mittlerweile ist Industrie 4.0 Realität und wenn Sie in einem Kapitel über Monitoring nichts davon lesen würden, wäre das nicht gut.

Was ist Industrie 4.0? Zuerst einmal ein Marketingbegriff, der anzeigen soll, dass sich etwas grundlegend verändert in der Industrie. Der Begriff ist vor allem im deutschsprachigen Raum bekannt (darum fehlt er auch in den CompTIA-Lernzielen) und bezeichnet im Wesentlichen den Schritt von der isolierten Automatisierung einzelner Prozesse zur vernetzten und durch maschinelle Überwachung auch vom Menschen zunehmend autonomen Automatisierungsorganisation. Der Begriff selbst geht nach verschiedenen Quellen auf ein Strategieprojekt der deutschen Bundesregierung zurück, ist aber mittlerweile sprachliches Allgemeingut.

Im Einzelnen bedeutet Industrie 4.0 in etwa (es ist ja Marketing, nicht Wissenschaft, so ähnlich wie »Cloud« auch):

- Hybridisierung von Produkt und Dienstleistung durch fortgeschrittene Automatisierung und dadurch auch ermöglichte erhöhte Individualisierung ohne Mehraufwand (Beispiel: Sie können zwischen 30 Dachfarben für ein Auto wählen oder zwischen 20 Designs für Ihre Schrankwand)

- Robotisierung und Vernetzung von Produkten, z. B. in den Bereichen Fahrzeuge, Energie oder Gesundheit
- (Teil-) Autonome Maschinen, die nicht nur ausführen, sondern innerhalb von Parametern auch selbstständig Entscheidungen treffen können. Dazu gehören nicht nur Produktionsmaschinen, sondern zum Beispiel auch automatisierte Lagersysteme, deren Rollwagen sich selbst organisieren, um nicht zusammenzustoßen und die optimale Route zur Ausführung der ihnen aufgetragenen Bestellung berechnen.
- Einbezug von immer mehr Messobjekten zur immer stärker vernetzten Automatisierung, Stichwort Internet of Things, Dichte von Sensoren
- Immer mehr Einfluss der Maschinen bzw. deren Programme auf produktive Entscheidungsprozesse

Abb. 18.16: Vollautomatisches Transportsystem im Warenlager (Brack AG, Schweiz)

Diese zahlreichen auf verschiedenen Ebenen automatisierten Systeme müssen ebenso automatisiert überwacht werden. Man spricht tatsächlich wieder von den OSI-Layern in diesem Zusammenhang.

Das heißt, die Sensoren, die überall angebracht werden, messen die physischen Systeme im Betrieb und liefern der Kontrollapplikation Informationen, die danach auf Layer 2 für Optimierungen sorgen kann, um die Werte auf Layer 1 im optimalen Bereich zu halten. Auf Layer 3 wiederum werden die Steuerungen so verändert, dass die darunterliegenden Systeme optimal arbeiten können. Hierzu arbeiten die verschiedenen Komponenten (Sensoren, Transformatoren, Analysatoren und Zentrale) in einem DCS genannten System zusammen. DCS steht für Dezentrales Kontrollsystem (Distributed Controll System) und beschreibt den Umstand, dass dieses System nur funktionieren kann, wenn es an allen relevanten Verarbeitungs-

und Entscheidungsstellen (mittels Sensoren) implementiert ist und es in der Regel ein in sich geschlossenes System ist (was allerdings im Zusammenhang mit IoT nicht mehr stimmt).

Dieses ganze System hat einen Namen: SCADA (Supervisory Control and Data Acquisition) und besteht aus mehreren Komponenten:

- Sensoren an den Maschinen sowie an den Transportmitteln und -wegen
- Remote Terminals, die die Sensorenwerte auslesen und in digitale Daten umwandeln (Sie erinnern sich: der *Transformator* im Monitor)
- Programmierbare logische Steuerungen (PLC, Programmable Logical Controller), die Sensorenwerte auswerten (Analysator) und nach Kontrolle durch eine höhere Ebene auch wieder veränderte Parameter zurücksenden können, um die Sensorenwerte zu beeinflussen
- Netzwerkverbindungen, um alles in einer zentralen Kontrollstelle zu vereinen, und dort wiederum ein ICS-Server (Industrial Control System). ICS kann aber auch ein kleineres, in sich geschlossenes Kontrollsystem sein.
- Eine H2M-Schnittstelle (ich liebe diese Abkürzungen, vor allem wenn Sie bedenken, dass es immer auf das Verfahren M2M hinausläuft, aber zur Sache ...). H2M ist eine Human-to-Machine-Schnittstelle, d.h., es gibt an der Zentrale die Möglichkeit, die Ergebnisse auszuwerten und daraus Konsequenzen zu ziehen und Parameter über die PLC zurückzugeben und im System zu ändern.

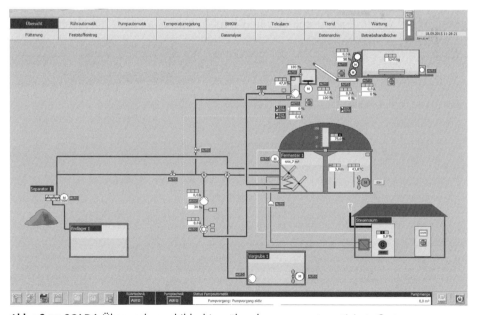

Abb. 18.17: SCADA-Überwachungsbildschirm über das ganze automatisierte System

Das angesprochene Controlling durch M2M ist im Zusammenhang mit dem Internet of Things von immer größerer Bedeutung. Im IoT werden ja nicht Tausende, sondern Millionen von Messwerten gesammelt und auswertet. Aufgrund dieser Menge wird die Kontrolle vom ICS nicht mehr von Menschen durchgeführt, sondern von einer M2M-Schnittstelle, d.h. einem System, das alle möglichen Reaktionswerte kennt und aufgrund der vorliegenden Daten, die es erhält, entscheidet, welche Parameter- oder Systemänderungen es als Ergebnis an die Sensoren zurückgibt.

Klassische Hersteller von SCADA-Systemen oder ICS sind Siemens, Honeywell oder die ABB – durch IoT drängen zunehmend auch Hersteller aus der IT in diese bisher von der Industrie beherrschte Domäne, so z.B. das Unternehmen Fujitsu, das in Japan an einem großen Projekt im Automobilsektor beteiligt ist. Zudem werden diese Komponenten nicht für sich allein, sondern in unterschiedlichen Systemen »verbaut«, so wie im Beispiel oben. Das ist keine Siemens-Anlage, sondern eine Verbrennungsanlage, die über eine Siemens-SCADA-Implementation betrieben wird.

Aber selbst ich betreue mittlerweile solche Systeme, weil ein Kunde eine Biogasanlage mit inzwischen zwei Maschinen im von uns schon lange betreuten Netzwerk integriert hat. Diese Maschinen enthalten verschiedenste Sensoren, die über ein Interface auf einem Remote Terminal im LAN abgefragt werden können, sogar über eine verschlüsselte Internetschnittstelle von außerhalb des LAN.

Und entsprechend können danach in der Überwachungssoftware Parameter nicht nur statistisch betrachtet ausgewertet werden, sondern die Produktionsleistung kann verändert, die Zufuhr der Stoffe beeinflusst, die Maschinenumdrehungszahl geändert werden und so weiter. Das heißt, mein Kunde bedient die Maschine faktisch über sein Smartphone.

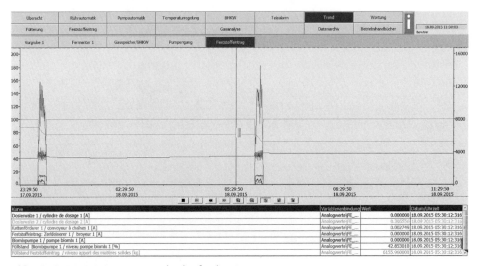

Abb. 18.18: SCADA-Auswertung des laufenden Systems

Und ja, wir sprechen hier im konkreten Fall von Maschinen zur Stromerzeugung, und nein, Sie wollen nicht wissen, ob man theoretisch solche Systemzugänge auch hacken könnte, so wenig, wie Sie daran zweifeln werden, dass selbstfahrende Autos auf keinen Fall eine Gefahr darstellen werden und M2M-Kommunikation wird auch nie auf die Idee kommen, dass das »H« vornedran langweilig langsam ist .... Aber damit verlassen wir vielleicht dann doch den Bereich der Network+-Lernziele. Wie sagte Arnold Schwarzenegger schon 1984? »I'll be back.«

18.5 Und nachher?

Egal ob Sie von Zeit zu Zeit, im Rahmen eines ISMS oder des Quality Managements überwachen, unabhängig von Intensität oder Umfang – kein Monitoring nützt Ihnen irgendetwas, wenn Sie es nicht auswerten.

Mit der eben besprochenen Industrie-4.0-Geschichte und den immer stärker integrierten M2M-Schnittstellen wird Ihnen zwar ein Teil der Auswertung immer mehr abgenommen, bis auf Weiteres bleiben Sie aber in der Pflicht, sich der Auswertung von Protokollen, Ereignislogs, Syslogs und dergleichen mehr anzunehmen.

Das heißt, Sie müssen für Ihre Umgebung, Ihre Abteilung oder Ihre Firma Prozesse definieren, wer welche Monitore überwacht, wer die Logdateien erhält und wer daraus die Schlüsse zieht bzw. die Daten für das Management so aufbereitet, dass dieses damit Entscheidungen treffen und Änderungen herbeiführen kann.

Und damit sind Sie sozusagen am Ende der Kette oder am letzten Punkt des Kreislaufs angelangt, bevor alles von Neuem Beginn: bei der Handhabung von Änderungen.

Jede Änderung wird zuerst aufgrund von Anforderungen oder von Messungen im Monitoring begründet. Dieser Grund wird als »Anforderung« oder »Request for Change« dokumentiert und bildet den Ausgangspunkt für die Änderung. Dies ist nicht nur für die Änderung selbst wichtig, sondern auch um zu verhindern, dass eine Änderung am einen Ende zu einer unerwünschten Auswirkung am anderen Ende führt.

Anschließend durchläuft die Anfrage bei den zuständigen Stellen das Genehmigungsverfahren und erst danach können Sie sich wiederum mit der Umsetzung befassen. Dazu müssen Sie Folgendes beachten:

- Nutzen Sie ein Wartungsfenster, das Ihnen zugeteilt wurde, oder ersuchen Sie um ein Wartungsfenster, damit keine wichtigen Prozesse laufen, während Sie etwas am Netzwerk ändern (z. B. Firmware-Downloads in einer anderen Abteilung, während Sie den Internet-Router wechseln).
- Das Wartungsfenster darf die zugelassene Ausfallzeit einer Komponente nicht überschreiten.

- Lesen Sie die aktuelle Konfiguration aus und dokumentieren Sie diese wenn nötig nach.
- Definieren Sie einen Rollback-Prozess, falls die Änderung nicht gelingt.
- Führen Sie die Änderung fachgerecht durch.
- Informieren Sie die betroffenen Stellen oder Personen über den Vollzug.
- Führen Sie ein Change-Protokoll, um anschließend die Konfiguration und gegebenenfalls das Monitoring wieder aktualisieren zu können.

Folgende Elemente gehören in ein Change-Protokoll:

Gegenstand	Kommentar
Was	Kurze Beschreibung der Art und der Absicht der Änderung
Wer	Wer hat die Arbeiten durchgeführt?
Wieso	Grund für die Änderung
Wo	Welche Komponenten wurden verändert?
Wann	Wann wurden die Arbeiten begonnen und wann beendet?

Tabelle 18.1: Elemente eines Change-Protokolls

18.6 Fragen zu diesem Kapitel

1. Welches Element gehört nicht zu einem Monitor?

    A. Sensor

    B. Analysator

    C. Evaluator

    D. Transformator

2. Wie nennt sich ein industrielles System, das softwaregestützt überwacht und programmiert werden kann?

    A. ICTS

    B. SCADA

    C. UC

    D. PLC

3. Was darf in einem SLA auf keinen Fall fehlen? Wählen Sie zwei Begriffe.

    A. Die Kosten für die nächsten drei Jahre

    B. Reaktionszeiten bei Nichtfunktion des Service

    C. Die für die Überwachung eingesetzten Protokolle

    D. Konventionalstrafen

    E. Die Namen der verantwortlichen Techniker

4. Welches Mittel bietet Ihnen eine das System und den Netzwerkverkehr möglichst nicht beeinflussende Möglichkeit, um den Netzwerkverkehr zwecks Messung zu überwachen?

   A. Port-Spiegelung

   B. Fehlertoleranz

   C. VLAN

   D. Packet Sniffer

5. Welchen Parameter in Ihrem Netzwerk dürfen Sie durch das Monitoring nicht beeinträchtigen?

   A. Den Datendurchsatz für Applikationen

   B. Die QoS-Vorgaben

   C. Das Fehlermanagement

   D. Die Wartungsfenster für Updates

6. Die Schnittstelle, an der der Mensch als Ergebnis der überwachten Werte an einer CNC-Fräsmaschine neue Parameter eingeben kann, nennt sich:

   A. SCADA

   B. H2M

   C. PLC

   D. MITM

7. Wie nennt sich die exakte Beschreibung einer vertraglichen Leistung?

   A. SOW

   B. MOU

   C. SLA

   D. MSA

8. Mit welchem Produkt werden Sie die auf einem Netzwerksystem laufenden Dienste identifizieren?

   A. Packet Sniffer

   B. Loopback Plug

   C. Protokoll Analyzer

   D. Portscanner

9. Welches Protokoll wird sehr häufig für das Monitoring von Netzwerkgeräten eingesetzt?

   A. ARP

   B. DNS

   C. SNMP

   D. HTTP

10. Was beschreibt den Begriff »Wartungsfenster« am treffendsten?

    A. Eine vorher definierte und kommunizierte Zeiteinheit, die es der internen oder externen Technik erlaubt, Arbeiten am System vorzunehmen, selbst wenn es dadurch in dieser Zeit produktiv nicht verfügbar ist

    B. Eine kurzfristig definierte Zeiteinheit, die es der internen oder externen Technik erlaubt, Updates zu installieren und Daten zu sichern, selbst wenn das System dadurch in dieser Zeit produktiv nicht verfügbar ist

    C. Eine vorher definierte und kommunizierte Zeiteinheit, die es dem Systemhersteller erlaubt, das System zu aktualisieren, selbst wenn es dadurch in dieser Zeit produktiv nicht verfügbar ist

    D. Die ins Änderungsjournal einzutragende Zeiteinheit, welche die Technik benötigt hat, um Arbeiten am System vorzunehmen, wenn es dadurch in dieser Zeit produktiv nicht verfügbar war

Kapitel 19

Fehlersuche im Netzwerk

Je komplexer ein Netzwerk ist, desto größer die Anzahl der Fehlerquellen, die auftreten können und beseitigt werden müssen. Dieses Kapitel gibt eine Hilfe in der Lokalisierung von Fehlern im Netzwerk.

> Sie lernen in diesem Kapitel:
> - Wie man fragen kann, damit man Antworten findet
> - Fehler gezielt lokalisieren
> - Eine korrekte Fehleranalyse durchführen
> - Fehler systematisch beheben
> - Verschiedene Tools zur Fehlersuche und -behebung einsetzen
>   - Vorsichtsmaßnahmen treffen
>   - Werkzeuge einsetzen
>   - Softwaremittel nutzen
> - Physikalische Probleme identifizieren und Maßnahmen ergreifen
> - Probleme beim Routing erkennen und beheben
> - Probleme bei der Namensauflösung erkennen und beheben
> - Fehler bei Diensten erkennen

Dabei ist es von Beginn an hilfreich, einen logischen Lösungsansatz für ein Problem zu wählen, um den Fehler finden und beheben zu können.

- Was funktioniert?
- Was funktioniert nicht?
- Wie hängen die funktionierenden und die nicht funktionierenden Elementen zusammen?
- Haben die jetzt nicht funktionierenden Elemente zu irgendeinem früheren Zeitpunkt auf diesem Computer und in diesem Netzwerk funktioniert?
- Falls dies der Fall ist, fragen Sie sich, was sich seitdem geändert hat.

Auf diese Weise kann das Problem oft behoben werden.

19.1 Wie arbeiten Sie im Support?

Fehler zu beheben, ist nicht nur eine technische Angelegenheit, sondern auch eine Frage der Zusammenarbeit mit Menschen. In diesem Abschnitt des Kapitels zum Netzwerkunterhalt liegt daher der Fokus auf der Sicht des Kunden und seinen Anforderungen an einen für ihn nützlichen Support.

Eine Frage zu Beginn: Welche Erwartungen stellen die Kunden an eine Person im Netzwerkunterhalt oder bei Supportfällen?

Die Antworten darauf lauten:

- Fachliche Kompetenz
- Zuverlässigkeit und Pünktlichkeit
- Verantwortungsbewusstsein
- Rasche Reaktionsfähigkeit
- Verständliche, dem Kunden angepasste Sprache
- Sozialkompetenz
- Gute Umgangsformen
- Freundliches Auftreten
- Passende Kleidung und Sauberkeit
- Freundlichkeit, Hilfsbereitschaft
- Servicebereitschaft

Die sozialen Aspekte sind für viele Kunden genauso wichtig wie die fachlichen. Bedenken Sie, dass ein Kunde Ihre fachlichen Qualitäten weniger beurteilen kann als Ihre Umgangsformen und Ihre Dienstleistungsbereitschaft. Dementsprechend wird er Sie auch nach diesen Kriterien beurteilen.

19.1.1 Sprechen Sie mit und nicht über den Kunden

Die Kommunikation mit Kunden ist ein wesentlicher Punkt für die Qualifikation eines Netzwerk-Supporters, denn es ist selbstverständlich, dass Sie

- mit den Kunden stets freundlich und verständnisvoll umgehen.
- alle Kunden gleich behandeln (Anfänger, Power User, Spezialisten).
- die Sprache des Benutzers wählen (nicht passende Fachwörter vermeiden).
- nötige Abweisungen freundlich, aber konsequent mitteilen.
- Kunden informieren, wie das Problem angegangen wird.
- den Kunden nach Lösung der Störung informieren und zurückfragen, ob alles in Ordnung ist (vielleicht wartet der Kunde immer noch auf die Freigabe).

Wenn Sie im Bereich Hotline, Helpdesk oder Call Center eingeteilt sind, achten Sie darauf, wie Sie Ihren Dienst beginnen.

Das fängt schon damit an, dass Sie einen aufgeräumten Arbeitsplatz vor sich haben, früh genug vor der Umschaltung bereit sind und alle wichtigen Materialien vor sich haben (Userlisten, Telefonlisten, Support-Software gestartet, Schreibzeug bereit ...).

Wichtig zu merken: Zu Beginn eines Gesprächs sind Sie der Zuhörer! Ihre Kunst besteht nicht darin, den Anrufer möglichst schnell zu unterbrechen, sondern sein Anliegen möglichst präzise aufzunehmen.

Nehmen Sie dazu ein Beispiel:

Herr P. aus C. ruft beim Support eines großen PC-Herstellers an und sagt: »Guten Tag, mein PC startet nicht mehr.«

Der Supporter am anderen Ende antwortet darauf: »Ja, dann geben Sie mir bitte die Seriennummer. ... Ich sehe da im System, Sie haben eine Bring-in-Garantie. Senden Sie das Gerät bitte an folgende Adresse ...«

Hat der Supporter das Anliegen geklärt? Nein, natürlich nicht, er hat lediglich einen vorgegebenen und folglich am einfachsten zu beschreitenden Weg gewählt.

Er hätte aber an dieser Stelle fragen können:

- Seit wann geht der PC nicht mehr?
- Haben Sie Stecker und Kabel schon kontrolliert?
- Gibt es noch aufleuchtende Lämpchen am Gehäuse oder hören Sie noch einen Lüfter?
- Wie lange arbeiten Sie heute schon damit? Hatten Sie einen Stromausfall oder ein Gewitter?
- Wurde etwas an Ihrem System verändert in der letzten Zeit?
- usw.

Mit diesen Fragen könnte der Supporter bereits in kurzer Zeit klären, in welcher Richtung das Problem zu suchen und – möglicherweise auch telefonisch – zu lösen ist.

In jedem Fall ist es wichtig, dass Sie

- dem Kunden wirklich zuhören.
- seine Anliegen und Bedenken ernst nehmen.
- den Kunden ausreden lassen.
- dem Kunden wo möglich zustimmen und ihn unterstützen.
- Feedback geben: Wichtiges wiederholen, am Ende zusammenfassen, nicht Verstandenes nachfragen.
- wichtige Fakten notieren.

Nur wer wirklich zuhört, kann auf das Bedürfnis des Kunden eingehen und seinen Supportfall auch wirklich zu seiner *größten* Zufriedenheit lösen.

19.1.2 Vorbereitung für den Supporteinsatz

Bevor Sie an einem Netzwerk oder Gerät arbeiten, gilt das Gleiche wie für alle Systemarbeiten: Sie bereiten sich vor, damit Sie ordentlich und sicher arbeiten können.

Lesen Sie die Installationshandbücher und Bedienungsanleitungen durch. Fehlen diese Unterlagen, besorgen Sie sich die entsprechenden Dokumente. Viele Hersteller bieten dazu Hilfe auf ihren Internetseiten, wo Handbücher und Anleitungen zur Verfügung stehen. Mittlerweile sind viele Anleitungen auch per Video erhältlich.

Sorgen Sie bei einem Umbau von Hardware dafür, dass Sie über einen eingerichteten Arbeitsplatz und das notwendige Werkzeug verfügen. Sie halten daher für elektronische Arbeiten geeignete Schraubendreher, Pinzette, Kleinzange und möglicherweise einen magnetischen Verlängerungsstab zur Hand, um Schrauben oder metallische Kleinteile aus dem Gehäuse zu entfernen. Elektronische Bauteile müssen zur Aufrechterhaltung der Antistatik in entsprechenden Beuteln und Behältern aufbewahrt werden.

Bewahren Sie Schrauben und Zubehörteile während einer Umrüstung oder Reparatur in separaten Behältnissen auf. Machen Sie auf diesen Behältnissen Notizen, damit Sie sicher wieder alles korrekt montieren können. Achten Sie zudem immer auf eine sachgerechte Montage und Demontage – Gewalt ist selten der richtige Ansatz.

19.1.3 ESD

Statische Aufladung ist ein großes Problem beim Umgang mit elektrischen Bauteilen. Die Spannung wird durch Isolation in einem Körper erzeugt, d.h., der Körper baut Spannung auf, kann sie aber nicht ableiten. Diese Spannung kann entsprechend sehr hoch werden, auch wenn sie nur eine geringe Strommenge erzeugt.

Die statische Aufladung am Menschen kommt vor allem durch synthetische Teppiche, Kleidung und Schuhe zustande (z.B. Nylon, Polyesterfasern). Sobald jetzt der »geladene« Mensch mit leitfähigen Materialien in Kontakt kommt, entlädt er sich »schlagartig« wieder.

Die statische Aufladung eines solchen Bauteils durch den Menschen führt zu einer kurzzeitigen heftigen Erhitzung und damit zu einem Kurzschluss der betroffenen Teile. Je nach Intensität des Kurzschlusses führt dies zum sofortigen Ausfall oder auch zu einem schleichenden Ausfall, weil die Beschädigung erst mit der Zeit wirksam wird.

Besonders anfällig für statische Aufladung sind Mainboards, Prozessoren und Speichermodule, aber auch andere Geräte wie Switches oder Router verfügen über Platinen und schätzen die statische Aufladung nicht wirklich!

Das heißt: Bevor Sie an einem Computer arbeiten, schützen Sie sich vor statischer Aufladung. Sie können dies tun, indem Sie entweder ein antistatisches Band mit Erdung tragen (ESD-Strip) und/oder auf einer antistatischen Matte arbeiten.

Manche der Erdungsbänder verfügen auch über eine Krokodilklemme, damit man sich am metallischen Gehäuse des Rechners erden kann. Der Einsatz von Erdungssteckern ist aber sicherer.

19.1.4 Heben und Tragen

Die Körperhaltung, die beim Heben und Tragen eingenommen wird, spielt für die Wirbelsäule eine große Rolle. Denn oftmals schadet nicht die Belastung an sich dem Rücken, sondern eine falsche Ausführung der Bewegung.

Was Sie beim Heben und Tragen beachten sollten:

- Können Sie die Last allein tragen? Überschätzen Sie sich nicht, sondern holen Sie gegebenenfalls jemanden zu Hilfe. Achten Sie auf Gewichtsangaben auf Verpackungen, die bei Gewichten von über 20 kg immer Hinweise enthalten.
- Gehen Sie zum Anheben in die Hocke und halten Sie den Rücken dabei gerade. Beugen Sie die Hüfte, bis die Last gefasst ist. Die Kraft soll aus den Beinen, nicht aus dem Rücken kommen.
- Heben Sie die Last so nah wie möglich am Körper an.
- Vermeiden Sie beim Heben jegliche Drehbewegungen.
- Tragen Sie Lasten möglichst eng an Ihrem Körper und verteilen sie diese auf beide Arme.

Beim Absetzen der Last ist ebenso Vorsicht geboten: Ein Gegenstand sollte nie mit gekrümmten Rücken und gleichzeitigem Drehen der Wirbelsäule abgestellt werden.

Beachten Sie auch die Angaben, die bei schweren Geräten oft am Gerät selbst oder an der Verpackung angebracht sind.

19.1.5 MSDS

MSDS (Material Safety Data Sheets) sind Materialsicherheitsdatenblätter, die Hersteller zu gewissen Produkten und zum Umgang mit ihnen verfassen (müssen).

Auf einem MSDS findet sich:

- Eine eindeutige Identifikation des Produkts
- Die Zusammenstellung des Produkts

- Das Gefährdungspotenzial des Produkts
- Erste-Hilfe-Maßnahmen bei Eintreten einer Gefährdung
- Weitere Hilfsmaßnahmen
- Lagerungs- und Transporthinweise

Typischerweise werden solche MSDS zu chemischen Stoffen und Produkten erstellt, sodass Sie beispielsweise bei einer Verätzung mit einer Säure anhand des MSDS nachsehen können, wie diese Verätzung korrekt behandelt werden muss.

Gefahrenbereiche in der Informatik sind diesbezüglich der Umgang mit Reinigungsmitteln (Spritzer ins Gesicht und in die Augen), Wärmeleitpaste (Hautausschläge) und Säuren bei unsachgemäßem Umgang mit Mainboards und Akkus.

19.1.6 Arbeiten am und mit Racks

Im Netzwerkbereich arbeiten Sie häufig an Racks. Stellen Sie zuerst fest, ob es sich um ein frei stehendes oder fest montiertes, am besten verschraubtes Rack handelt. Dies zeigt Ihnen Möglichkeiten und Grenzen auf, sei es beim Verschieben oder beim Hantieren am oder im Rack. Arbeiten Sie bei Installationen am Rack gewichtstechnisch immer von unten nach oben, also die USV zuunterst und den Switch weiter oben, nicht umgekehrt.

Wenn Sie das Rack selbst montieren müssen, gibt es verschiedene Möglichkeiten:

- Zwei-Säulen-Rack (eigentlich nur für Telco-Geräte geeignet, geringes Gewicht, von allen Seiten bedienbar)
- Vier-Säulen-Rack Das Standard-Rack, dass für Telekommunikation und Server, Firewalls, große Switches etc. genutzt werden kann. Es sollte nach Möglichkeit am Boden arretiert (Rollen, kleinere Racks) oder festgeschraubt sein.
- Racks mit oder ohne Schienen für die einzubauenden Geräte (vor allem für Server und schwere Netzwerkgeräte)

Wenn Sie Racks einsetzen, sorgen Sie dafür, dass diese auch überwacht werden. Über Monitoring haben Sie ja schon einiges gelesen, spezifisch für Racks gilt hier das Umweltmonitoring (Luftfeuchtigkeit, Temperatur) und wenn Sie die Racks abschließen, auch eine Alarmierung, wenn jemand das Rack öffnet.

Kabel werden dabei sauber in Kabelkanäle an der Seite des Racks verlegt und hängen nicht frei im ganzen Schrank herum – auch nicht an der Rückseite.

Ein zweckmäßig eingerichtetes Rack ist zudem an den Geräten beschriftet, sodass Sie oder ein anderer Techniker sich bei Bedarf rasch zurechtfinden kann. Das gilt auch für die zu- und wegführenden Kabel und die Ports (wenigstens die wichtigsten).

Abb. 19.1: Beschriftungen an Geräten im Rack

19.2 Fehlersuche im Netzwerk

Eine Netzwerkinfrastruktur besteht aus vielen Komponenten und Verbindungen; es können prinzipiell an allen Punkten Fehler auftreten. Die Fehlersuche wird dadurch erschwert, dass die Ursachen mehrfacher Art sein können. Kann ein Benutzer nicht auf eine Freigabe zugreifen, so kann dies ein Berechtigungsproblem oder ein defekter Stecker zwischen dem Benutzer und dem Server sein.

Die erfolgreiche Fehlersuche im Netzwerk besteht aus drei Bereichen:

- **Symptome**: Eine gute Beschreibung der Symptome und eine getestete Reproduzierbarkeit sind ein großer Schritt in Richtung Fehlerbehebung. Jede Fehlermeldung, die ein Benutzer erhält, muss dokumentiert werden, damit sie nachprüfbar ist und die Lösungssuche darauf aufbauen kann.
- **Ursachen der Netzwerkprobleme feststellen**: Basierend auf den vorliegenden Symptomen sollte versucht werden, die Ursachen für den Fehler festzustellen. Oft erfordert diese Phase auch weitere Untersuchungen. Beginnen Sie nicht mit der Lösung, bevor Sie die Ursache nicht eindeutig bestimmt haben. Tausende Maschinen werden jedes Jahr nach dem Motto »Das muss es doch einfach sein« neu aufgesetzt – ohne dass der Fehler geklärt worden ist!
- **Lösung der auftretenden Probleme**: Der Einsatz der Kenntnisse über das jeweilige Betriebssystem, die einzelnen Komponenten und die Erfahrung helfen zusammen bei einer erfolgreichen Lösung.

Aus diesen drei Elementen lässt sich folgende Checkliste bilden, wie zur Fehlersuche vorgegangen wird:

1. Feststellen der auftretenden Symptome
2. Feststellen der betroffenen Bereiche (Systeme, Netzwerke, Komponenten ...)
3. Feststellen, was am System kürzlich geändert wurde

4. Feststellen des wahrscheinlichsten Problemgrundes
5. Formulieren einer Lösung
6. Implementieren der Lösung
7. Testen der Lösung und überprüfen, ob die Lösung Nebeneffekte besitzt
8. Freigabe der Lösung
9. Dokumentation des Problems und dessen Lösung
10. Rückmeldung an die Anwender und die zuständigen Stellen

Bei der Suche von den Symptomen hin zu den Fehlern gibt es einen einfachen Grundsatz: Nimm immer zuerst das Einfache an. Arbeiten Sie sich also vom Naheliegenden zu spezielleren Fehlerursachen durch und nicht umgekehrt (Bottom-up-Ansatz). Gehen Sie systematisch vor, d.h., dokumentieren Sie ausgeschlossene Fehler und Ihre Schritte, damit Sie bei einer längeren Fehlersuche nicht im Kreis herumgehen (Command and Conquer, teile und herrsche ...). Bei einigen Problemen mag auch der umgekehrte Ansatz hilfreich sein, wenn »niemand« Internetzugang hat, hilft wahrscheinlich der Top-down-Ansatz eher weiter als die Untersuchung einer einzelnen Leitung bei einem Client.

Die Hersteller von Betriebssystemen und Applikationen wie auch von Hardware-Geräten liefern umfangreiche und oft sehr nützliche entsprechende Fehlermeldungen. In vielen Fällen kann aufgrund der Meldung und der Wissensdatenbank von Herstellern die Ursache aufgespürt werden. Wichtige Quellen sind daher in erster Linie immer die Knowledge Bases der Hersteller!

Eine weitere wichtige Hilfe stellt die Ereignisanzeige des Betriebssystems dar. Sie können damit Fehlerprotokolle verwalten und Einblick in alle Vorgänge nehmen, die nicht direkt Fehlermeldungen im Benutzerinterface anzeigen, sondern im Protokoll eintragen.

19.3 Kabelprobleme und Testgeräte

Beim Kabeltest wird sichergestellt, dass alle Leitungen der passenden Norm entsprechen, z. B. EIA-568-B für Anschlusskabel.

Die Kabelfunktionstests für Twisted Pair selbst sind in der Norm TIA/EIA-568-B.1 beschrieben. Folgende Tests sind dabei typischerweise vorgesehen:

- Leitungsunterbrechung: Die Leitungen in den Kabeln bilden keinen geschlossenen Ende-zu-Ende-Pfad. Dies ist in der Regel auf eine unsachgemäße Terminierung oder einen Kabelbruch zurückzuführen.
- Kurzschluss: Die Leiter in den Kabeln berühren einander und können so ihre Funktion nicht mehr erfüllen. Das tritt am häufigsten an Kabelenden auf, wenn die Kabel für die Verdrahtung in die Stecker oder Anschlussdosen auf

einer zu langen Strecke abisoliert wurden und die Leiter freiliegen und sich so berühren können.

- Split-Pairs: Die Leiter verschiedener Paare wurden versehentlich zu einem neuen Paar zusammengefasst und bilden jetzt eine falsche Verdrahtung ab, welche nicht zur Kommunikation im Netzwerk geeignet ist.
- Verdrahtungsfehler: Leiter in einem mehrpaarigen Kabel sind falsch angeschlossen und führen zu einer Fehlkommunikation.

Im Unterschied zu Koaxialkabeln findet auf Twisted-Pair-Kabeln eine differentielle Datenübertragung (symmetrisch) statt, es gibt daher mindestens zwei Sendeleitungen (TXD+, TXD-) und auch zwei Empfangsleitungen (RXD+, RXD-). Bei höherfrequenten Standards werden sogar alle acht Leitungen benutzt. Das effektive Nutzsignal wird dabei nicht wie bei Koaxialkabeln auf die Masse bezogen, sondern auf die Differenz von TXD+ und TXD- (und natürlich auch von RXDX und RXD-). Äußere Störungen sind daher nicht in gleichem Maße entscheidend, da sie grundlegend auf beide Adern wirken (TXD+ und TXD-), was sich im Idealfall ausgleicht. Aus dieser Beschreibung wird hoffentlich auch deutlich, warum die obigen Normtests so wichtig sind, stellen sie doch sicher, dass die Verdrahtung auf jeden Fall korrekt erfolgt ist und keine Fehler die Kommunikation von Beginn an stören.

Doch nicht nur die Fehler, sondern auch die Eigenschaften einer verlegten Kabelstrecke werden mit Prüfgeräten kontrolliert und auf die Einhaltung von wichtigen Normen überprüft, damit eine einwandfreie Kommunikation möglich ist.

Wie Sie in Kapitel 3 bereits festgestellt haben, gibt die Dämpfung (Attenuation) eines Signals in dB den Verlust an, um den das Signal während der Übertragung schwächer wurde. Daher auch die in den Standards festgelegten Maximallängen für Kabelstrecken. Doch auch unter Einhaltung dieser Normlängen wird die Dämpfung nach der Verlegung von Kabeln nachgemessen, um zu sehen, ob der Wert für eine Datenkommunikation gut genug ist. Je höher übrigens die eingesetzte Frequenz ist, desto größer ist auch der Effekt der Dämpfung, umso höher sind also auch die Anforderungen an ein Kabel oder aber die maximale Segmentlänge muss reduziert werden, wie Sie das bei den 10-Gbit-Standards deutlich sehen können.

Zu den wichtigen Kabelmessungen gehört auch NEXT (Near End Crosstalk, eigentlich NEXT Loss, das heißt der Verlust durch Nebensprechen). Mit NEXT bezeichnet man Signalinterferenzen von einem Kabelpaar, das ein anderes Paar am gleichen Ende negativ beeinflusst. Nebensprechen tritt zwischen benachbarten Leiterpaaren auf (NEXT von Paar zu Paar). Zusätzlich können alle anderen Paare in einem UTP-Kabel ebenfalls ihre eigenen Pegel von sowohl NEXT als auch FEXT (Far End Crosstalk) beitragen, wodurch die negativen Auswirkungen der Interferenzen auf ein sendendes oder empfangendes Leiterpaar multipliziert werden. Diese zusammengefassten Interferenzpegel können die Daten zerstören. Die Induktion des Nebensprechens wird in dB angegeben und jede Kabelkategorie hat Grenzwerte fürs Nebensprechen, welche für eine einwandfreie Kommunikation nicht überschritten werden dürfen.

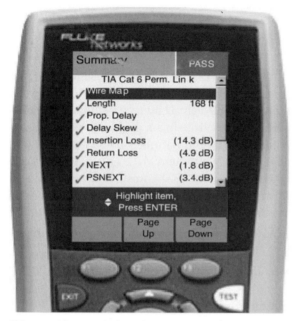

Abb. 19.2: Messergebnisse eines automatischen Messgeräts

ACR bezeichnet das Verhältnis von Dämpfung (Attenuation) zur Nebensprechdämpfung (NEXT Loss). Damit das Nutzsignal erkannt werden kann, muss es mindestens 3 dB größer sein als alle Störungen.

Mit 10GBaseT ist hier noch ein weiteres Kriterium hinzugekommen, etwas kryptisch AXTLK genannt, für Alien Crosstalk. Hier funken allerdings keine Außerirdischen hinein, sondern dies ist die Bezeichnung für Fremdnebensprechen. Damit wird der Kopplungseffekt ausgewiesen, der sich zwischen Twisted-Pair-Kabeln auswirkt, wenn die Kabel gebündelt werden.

Ein anderer Messwert wird als Return Loss bezeichnet. Hierbei wird gemessen, dass ein kleiner Teil des Nutzsignals als Echo reflektiert wird. Der Wert in dB gibt somit einen Wert für den Anteil der reflektierten und also verlorenen Signalenergie an. Reflexionen treten insbesondere an Knickstellen und an Steckverbindern auf. Ein hoher Return Loss ist somit ein guter Indikator für zu stark geknickte Kabel oder unsaubere Steckverbindungen.

Hier folgen einige Werte, welche für die jeweiligen Kabelstandards gültig sind:

Kategorie	Cat. 5	Cat. 5e	ISO-Klasse E	ISO-Klasse F
Frequenz	100 MHz	100 MHz	250 MHz	600 MHz
Dämpfung	22 dB	22 dB	19,8 dB	20,8 dB
NEXT	32,3 dB	35,3 dB	44,3 dB	62,1 dB
Return Loss	16 dB	20,1 dB	20,1 dB	14,1 dB

Tabelle 19.1: Messwerte für unterschiedliche Kabelkategorien

19.3.1 Abisolier- und Schneidwerkzeuge

Zur Abisolierung von Kabeln, d.h. zur Entfernung des Kabelmantels und Isolierung von Kabeln, werden je nach verwendetem Kabel Abisolierzangen oder Kabelmesser eingesetzt. Bei Koaxialkabeln kommen dabei Rundschneider zum Einsatz oder auch Kabelmesser, um den Isoliermantel längs aufzuschneiden. Bei Twisted-Pair-Kabeln sind die Werkzeuge oft zugleich Abisolier- und Anschlusswerkzeug, da im selben Werkzeug die dünnen Isolierungen entfernt und das Kabel in den Stecker eingepresst wird.

Abb. 19.3: Abisolierzange

Wenn Sie zudem mit Metall arbeiten müssen, z.B. um einen Zugang zu öffnen, kann auch eine Blechschere von Nutzen sein.

19.3.2 Anlege- und Anschlusswerkzeuge

Das Anschließen von Kabeln an Dosen oder Patchfelder wird auch als Anlegen oder Auflegen bezeichnet. Beim Anlegen werden die einzelnen Adern der Kabel in das Anlegewerkzeug gelegt und danach gleichzeitig abisoliert und zwischen die Kontakte montiert.

Da diese Anschlusstechnik ohne Löten und Schrauben durchgeführt wird, existiert auch der Begriff LSA für löt-, schraub- und abisolierfreie Technik. Entsprechend finden Sie auch den Begriff LSA-Werkzeug. Auf Englisch finden Sie dafür auch die Bezeichnung »Punch Down Tool«, anlehnend an die Handlung, nämlich durch Druck auf das Gerät die Ader in die Kontakte zu pressen.

Abb. 19.4: LSA-Anlegewerkzeug (© Krone)

Für das Anschließen von Steckern wie RJ-45 wird dagegen eine Zange statt eines Anlegewerkzeugs verwendet, die sogenannte Crimpzange.

Abb. 19.5: Crimpzange für RJ-45-Anschlüsse

Hierbei werden die einzelnen Adern mit dem Schneidwerkzeug abisoliert und danach auf den Stecker gelegt. Mit Druck (daher die großen zwei Hebel der Zange) werden danach die Adern in die Kontakte des Steckers verpresst.

Ist das Kabel einmal angeschlossen, muss das Netzwerk auch geprüft werden. Ein einfaches Gerät hierfür ist der Kabeltester, welcher anhand von Stromsignalen feststellt, ob die Leitung beispielsweise von Stecker zu Stecker oder von Anschlussdose zu Patchpanel durchgängig ist – und bei mehreren Adern auch, ob die Verdrahtung richtig ist. Beachten Sie dabei unbedingt die in Kapitel 4 erwähnten Verdrahtungsschemata, damit die gewünschte Kommunikation auch einwandfrei möglich ist.

19.3.3 Installationswerkzeuge zur Kabelverlegung

Um Kabel in Gebäuden zu verlegen, gibt es ebenfalls unterschiedliche Hilfsmittel. Da wäre zum einen das Kabeleinziehband, mithilfe dessen man ein Kabel durch eine Wand ziehen kann. Zuerst zieht man das eine Ende des Kabeleinziehbands durch die Wand bis dahin, wo das Ende des Netzwerkkabels lokalisiert ist. Das Netzwerkkabel wird jetzt am Einziehband befestigt und das Einziehband nun vorsichtig wieder zurückgezogen und damit gleichzeitig das Netzwerkkabel durch die Wand verlegt.

Auch Umlenk- und Führungsrollen werden eingesetzt, um Kabel beim Verlegen nicht über weite Strecken über einen Boden oder gar über eine Kante zu ziehen.

Damit das Kabel beim Verlegen einwandfrei erhalten bleibt und auch bei kürzerem Verlegen gut erreichbar ist, kann man zudem sogenannte Kabelziehstrümpfe verwenden. Diese werden am Ende des Kabels angebracht, sodass ein Zugband daran befestigt werden kann. Der Strumpf wird dabei über das Ende des Kabels gestreift, und die letzten 10 bis 15 cm werden fest mit Isolierband abgeklebt. Wenn das Kabel gespannt wird, zieht sich dadurch der Strumpf fester um den Kabelmantel. Kabelziehstrümpfe sind nur für Einzelkabel gedacht, d.h., sie werden im Allgemeinen nicht für ein Verteilerkabelbündel verwendet.

19.3.4 Prüf- und Analysegeräte

Das einfachste Testmittel für Steckertests unter RJ-45 ist ein Loopback Interface, auch Loop Plug genannt. Dabei werden die Sende- und Empfangskabel auf denselben Stecker geschlauft und an die Schnittstelle angeschlossen (Leitung 1 auf Position 3 und 2 auf 6 verbinden). Damit kann anschließend überprüft werden, ob die Schnittstelle selbst die Konnektivität herstellt, also funktioniert. Damit kann man aber auch einem System »vorgaukeln«, dass es an ein Netzwerk angeschlossen ist, falls dies notwendig ist. Für DSL- und ISDN-Linien dient Ihnen eine ähnliche Einrichtung, Network Interface Unit (NIU) genannt.

Kabeltester werden verwendet, um Kabel auf Leitungsunterbrechungen und andere Verdrahtungsfehler zu überprüfen. Wurde etwa eine Leitung versehentlich an den falschen Kontakt angeschlossen, dann wird dies durch den Kabeltester angezeigt. Der Kabeltester sollte daher zum Standardwerkzeug jeder Installation gehören.

Ein Multimeter können Sie einsetzen, um Spannung und Stromfluss zu messen. In der Regel können Sie ein Multimeter auch zwischen Gleich- und Wechselstrom umschalten.

Professionelle Multimeter verfügen darüber hinaus über einen großen Funktionsumfang der Messbereiche. Neben der genauen Erfassung von Strom, Spannung und Widerstand können solche Multimeter auch die Kapazität, Frequenz und Temperatur von Kabelstrecken messen.

Das Prüftelefon (Butt Set) dient zur Überprüfung von Telefondienstleistungen, im einfachsten Fall zur Kontrolle einer Leitung mittels Auf- und Abbau einer Verbindung. Doch da dies heute angesichts von ISDN oder DSL nicht mehr ausreicht, werden aktuelle Testgeräte häufiger als Netz- oder Leitungstester oder Access-Netz-Tester bezeichnet, um klarzustellen, dass es um weit mehr als »Freizeichen vorhanden« geht bei der Überprüfung moderner Leitungen. Moderne Prüfgeräte können deshalb nicht nur Fehler, sondern auch Pegelabstände, Dämpfung, Rauschabstand und anderes mehr erheben und als Protokolle ausgeben.

Mit einem »Toner-and-Probe«-Equipment können Sie das Signal im Kabel verfolgen. Dabei setzen Sie einen digitalen Signalgeber (Toner) und einen Empfänger (Probe) ein und orten so Kabel in aktiven Netzwerken. Dabei können diese Geräte Rauschen und Störsignale verwerfen und Kabel zuverlässig orten, auch wenn sie an Netzwerkgeräten angeschlossen sind (auf Deutsch auch Tonsonde genannt).

Zudem prüft ein Toner-and-Probe auch den Kabelverlauf und den Signaldurchgang und erkennt Fehler (Unterbrechungen, Kurzschlüsse und vertauschte Paare) in einem Schritt.

Mit einem Voltage Event Recorder messen Sie den Spannungsfluss und können Abweichungen bei Langzeitmessungen feststellen (Unter- oder Überspannung).

Einen Schritt weiter gehen Sie, wenn Sie die Zeitbereichsreflektometrie einsetzen, kurz als TDR (Time Domain Reflectometry) bezeichnet. Dabei handelt es sich um ein elektrisches Messverfahren, dessen optische Variante O-TDR (Optical TDR) genannt wird. Man könnte auch sagen, das Verfahren dient als fortgeschrittener Kabeltester – mit der Betonung auf »fortgeschritten«.

Eine der ersten Anwendungen der Zeitbereichsreflektometrie in der Netzwerktechnik war die Längenmessung von Kabeln. Hierbei wird die Zeit gemessen, die ein ausgesandter Impuls bis zu seinem Wiedereintreffen nach der Reflexion am anderen Ende benötigt. Kennt man die Ausbreitungsgeschwindigkeit im Kabel, so kann man von der gemessenen Zeit direkt auf die Länge des Kabels schließen.

Für die Netzwerktechnik gibt es dafür eigens entwickelte Geräte, am bekanntesten wahrscheinlich die sogenannten Flukes, wobei Fluke der Hersteller dieser Geräte ist und durchaus eine Vielzahl unterschiedlicher Netzwerkgeräte herstellt. Ein Fluke ist in der Lage, den Längenwert direkt anzuzeigen.

Besonders wichtig ist der Einsatz der TDR bei der Neuverlegung von Verkabelungen, da damit alle Kabel ausgemessen und entsprechend verzeichnet werden können.

Ein Fluke kann man aber auch einsetzen, um unregelmäßige oder teilweise Reflexionen, sprich Störungen im Kabel, festzustellen. Hierbei können aufgrund des Reflexionsverhaltens zum Beispiel Kabelquetschungen geortet werden. Bei einer viel zu kurzen Totalreflexion erkennt man an diesem Verhalten auch Kabelbrüche, da sich ein Bruch ja dann wie ein Kabelende verhält.

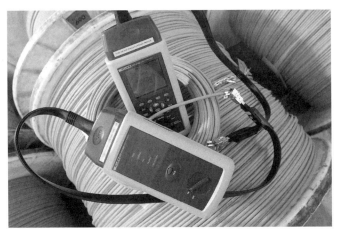

Abb. 19.6: Fluke-Kabelmessgerät zur Qualitätsüberprüfung

Ein solcher TDR-basierender Kabeltester kann folgende Funktionen aufweisen:

- Kabellängenmessung von UTP- und STP-Kabeln von 1 bis 500 Metern mit einer Messgenauigkeit unter 10 Metern von +/- 2 %, über 10 Metern +/- 5 %
- Geeignet für alle Kabel der Cat. 3/4/5 und 6
- Pin-zu-Pin-Messung oder Wiremap-Darstellung
- Analyse von Paarbelegung, Pinning oder Kurzschlüssen
- Port-Finderfunktion: Link-LED am Switch leuchtet beim Test auf
- Tongenerator 1 kHz, bei dem zwischen dem Gesamtkabel und einzelnen Adern gewählt werden kann

Hier ist die Rede von einem Gerät im Bereich von 200 Euro aufwärts, je nach genauem Funktionsumfang.

Die Arbeit mit (O-)TDR ist eine tiefgehende Prüfmethode zur Erkennung von Kabelproblemen. Wichtig ist dabei auch, dass das Instrument korrekt geeicht sein muss und es zu seiner Bedienung einer gewissen Erfahrung bedarf.

19.3.5 Sensoren und Messgeräte

Zahlreiche Geräte wie Server oder verwaltbare Switches oder Router verfügen über eigene Messsensoren, beispielsweise für die Temperaturmessung oder das Überprüfen der eigenen Konnektivität.

Zudem gibt es spezielle Messgeräte, welche an ein Rack angeschlossen werden können, um die Stromzufuhr, das Klima oder die Temperatur zu überwachen. Solche Monitorsysteme werden Umgebungsmessgeräte oder Umgebungssensorsysteme (auf Englisch auch Environmental Monitors) genannt. Sie geben über verschiedenste Parameter Auskunft, direkt über den Stromanschluss oder durch Auswertung von systeminternen Sensoren, sei es mit Monitoring-Karten oder durch die Auswertung von SNMP-Signalen.

19.4 Hilfsmittel bei Routing-Problemen

Im Folgenden lernen Sie verschiedene Instrumente zur Fehlerbestimmung kennen, die Ihnen im Netzwerkunterhalt nützlich sein werden. Der Abschnitt 19.4 beginnt dabei mit Programmen zur Fehlereingrenzung bei Routing-Problemen.

> **Netzwerkpraxis – jetzt sind Sie dran**
>
> Bei den folgenden Erläuterungen kann und darf es nicht nur ums Lesen gehen. Nehmen Sie sich die Zeit, geben Sie die hier vorgestellten Kommandos in Ihr System ein und vergleichen Sie das Ergebnis mit den hier zahlreich vertretenen Screenshots, um zu prüfen, ob Sie in der Bedienung der Materie erfolgreich sind und die Fehlersuche einsetzen können.

19.4.1 ipconfig/ip

Wenn Sie versuchen, in TCP/IP ein Netzwerkproblem zu beheben, sollten Sie als Erstes die TCP/IP-Konfiguration des Computers überprüfen, auf dem das Problem auftaucht. Verwenden Sie den Befehl *ipconfig* (unter Linux: *ip*, ehemals *ifconfig*), um die Konfigurationsinformationen des lokalen Rechners zu erhalten. Dies beinhaltet die IP-Adresse, die Subnetzmaske und das Standard-Gateway, aber auch den oder die Name Server. Bei *ipconfig* handelt es sich um ein Befehlszeilendienstprogramm, das die TCP/IP-Konfiguration des lokalen Computers ausdruckt. Benutzer mit sehr alten Windows-9x-Systemen verwenden den Befehl *winipcfg* anstelle von *ipconfig*.

Wird *ipconfig* zusammen mit dem Parameter */all* verwendet, wird ein detaillierter Konfigurationsbericht für alle Schnittstellen angezeigt, einschließlich aller konfigurierten seriellen Anschlüsse. Diese von *ipconfig* ausgegebenen Daten können auf Probleme in der Netzwerkkonfiguration des Computers überprüft werden.

Weitere wichtige Parameter, welche mit *ipconfig* verwendet werden können, lauten:

ipconfig /release	Gibt die IP-Adresse für die angegebene NIC frei
/renew	Erneuert den Bezug für eine IP-Adresse
/displaydns	Zeigt den Inhalt des DNS-Auflösungs-Cache an
/flushdns	Leert den DNS-Auflösungs-Cache

Werden bei /release und /renew keine Adapternamen angegeben, wirkt sich der Befehl auf alle lokalen Adapter aus.

```
C:\>ipconfig
Windows-IP-Konfiguration
Ethernetadapter LAN-Verbindung:
        Verbindungsspezifisches DNS-Suffix: kabera.ch
        IP-Adresse. . . . . . . . . . . . : 192.168.2.68
        Subnetzmaske. . . . . . . . . . . : 255.255.255.0
        Standardgateway . . . . . . . . . : 192.168.2.36

C:\>ipconfig /all
Windows-IP-Konfiguration
        Hostname. . . . . . . . . . . . . : mkxw4200
        Primäres DNS-Suffix . . . . . . . : kabera.ch
        Knotentyp . . . . . . . . . . . . : Hybrid
        IP-Routing aktiviert. . . . . . . : Nein
        WINS-Proxy aktiviert. . . . . . . : Nein
        DNS-Suffixsuchliste . . . . . . . : kabera.ch
                                            kabera.ch
Ethernetadapter LAN-Verbindung:
        Verbindungsspezifisches DNS-Suffix: kabera.ch
        Beschreibung. . . . . . . . . . . : Broadcom NetXtreme Gigabit Ethernet
        Physikalische Adresse . . . . . . : 00-1A-4B-B6-FF-18
        DHCP aktiviert. . . . . . . . . . : Ja
        Autokonfiguration aktiviert . . . : Ja
        IP-Adresse. . . . . . . . . . . . : 192.168.2.68
        Subnetzmaske. . . . . . . . . . . : 255.255.255.0
        Standardgateway . . . . . . . . . : 192.168.2.36
        DHCP-Server . . . . . . . . . . . : 192.168.2.35
        DNS-Server. . . . . . . . . . . . : 192.168.2.37
        Primärer WINS-Server. . . . . . . : 192.168.2.37
        Lease erhalten. . . . . . . . . . : Montag, 31. Dezember 2007 09:20:19
        Lease läuft ab. . . . . . . . . . : Donnerstag, 3. Januar 2008 09:20:19
C:\>
```

Abb. 19.7: Die Ausgabe von *ipconfig* mit und ohne den Parameter */all*

Unter dem Linux-Befehl *ip* können Sie folgende Optionen einsetzen:

ip *addr show*	Zeigt alle NICs an
addr show eth0	Zeigt die gewählte Schnittstelle an
link set eth0 down	deaktiviert die gewählte Schnittstelle
addr [IP-Adr/Netzmaske] dev eth0	weist der Schnittstelle eine IP-Adresse zu
route	zeigt die Routing-Tabelle an

Und nicht vergessen: Jetzt nicht einfach weiterlesen, sondern sich an den Computer setzen und nicht nur *ipconfig* oder *ip* eingeben, sondern auch die einzelnen Parameter austesten und die Ergebnisse auswerten.

19.4.2 ping

ping ist ein Dienstprogramm, das Ihnen bei der Überprüfung von aktiven IP-Verbindungen hilft. Während der Fehlersuche wird der Befehl *ping* dazu verwendet, eine ICMP-Echo-Anforderung an einen Ziel-Host-Namen oder eine IP-Adresse zu senden. Verwenden Sie ping, um zu überprüfen, ob der Host-Computer eine Verbindung zum TCP/IP-Netzwerk oder zu den gewünschten Netzwerkressourcen herstellen kann. Unter IPv6 nennt sich das Kommando entsprechend *ping6* bzw. *ping-6*.

```
C:\WINDOWS\system32\cmd.exe

C:\>ping mitp.de

Ping mitp.de [62.24.24.10] mit 32 Bytes Daten:
Antwort von 62.24.24.10: Bytes=32 Zeit=35ms TTL=236
Antwort von 62.24.24.10: Bytes=32 Zeit=32ms TTL=236
Antwort von 62.24.24.10: Bytes=32 Zeit=32ms TTL=236
Antwort von 62.24.24.10: Bytes=32 Zeit=32ms TTL=236

Ping-Statistik für 62.24.24.10:
    Pakete: Gesendet = 4, Empfangen = 4, Verloren = 0 (0% Verlust),
Ca. Zeitangaben in Millisek.:
    Minimum = 32ms, Maximum = 35ms, Mittelwert = 32ms

C:\>
```

Abb. 19.8: Ausgabe des *ping*-Kommandos

Dabei können Sie mit ping vom lokalen Rechner aus schrittweise das Netzwerk erforschen, um so zu bestimmen, an welcher Stelle die Unterbrechung stattfindet.

ping kennt dabei verschiedene Reaktionen auf die Anforderung, welche anhand von ICMP-Meldungen zurückgegeben werden. Am bekanntesten sind »Zeitüberschreitung der Anforderung« oder »Ziel nicht erreichbar«. Sie zeigen an, dass entweder der *ping*-Befehl sein Ziel nicht erreicht – oder aber, dass der Zielrechner die ICMP-Kommunikation nicht zulässt. Lesen Sie dazu noch einmal Abschnitt 10.1 »ICMP und IGMP«.

Geben Sie *ping -?* ein, um herauszufinden, welche Befehlszeilenoptionen in Ihrem verwendeten Betriebssystem verfügbar sind.

Führen Sie die folgenden Schritte aus, wenn Sie ping verwenden:

1. Prüfen Sie über die sogenannte Loopback-Adresse, ob die TCP/IP-Protokolle korrekt auf der Netzwerkkarte installiert sind

   ping 127.0.0.1

2. Prüfen Sie über die lokale IP-Adresse, ob der Rechner korrekt in das Netzwerk integriert worden ist.

   ping lokale_IP_Adresse

3. Überprüfen Sie mit *ping*, ob Sie das Standard-Gateway Ihres Netzwerks erreichen können und somit die Schnittstelle zu anderen Netzwerken.

   ping IP_Adresse_des_Standard_Gateways

4. Prüfen Sie mit ping die IP-Adresse eines entfernten Hosts, um sicherzustellen, dass die Kommunikation über das Gateway hinaus möglich ist.

   ping IP_Adresse_Remote_Host

Anhand der Stelle, wo ping keine entsprechende Antwort mehr liefert, können Sie ein erstes Mal bestimmen, in welchem Bereich der Fehler liegen kann. Dies gibt Ihnen wichtige Hinweise darauf, wo Sie suchen müssen.

Erste Fragen im Zusammenhang mit einer Fehlermeldung von ping lauten:

- Wurde der Computer nach der Installation von TCP/IP oder seit der letzten Konfiguration von TCP/IP neu gestartet?
- Ist die lokale IP-Adresse gültig und wird sie richtig angezeigt?
- Sind die Kabel eingesteckt?

ping bietet zudem verschiedene Optionen an, die bei der Eingrenzung des Problems nützlich sein können:

- -n Anzahl   Legt fest, wie viele Echoanforderungen gesendet werden sollen. Der Standardwert sind vier Anforderungen.
- -t   Wiederholt die Anforderung in einer Schleife
- -l Größe   Größe des ping-Pakets. Die Standardgröße sind 32 Byte.

Die übliche Wartezeit für die Rückgabe jeder Antwort beträgt bei ping 1.000 Millisekunden (1 Sekunde). Danach wird die Meldung »Zeitüberschreitung der Anforderung« angezeigt. Wenn das ping-Signal an ein Remote-System über eine Verbindung mit großer Verzögerung gesendet wird, z. B. eine Satellitenverbindung, erhöht sich aber die benötigte Antwortzeit. Sie können die Option

- -w Millisekunden   Der Standardwert ist 1.000

einsetzen, um einen höheren Zeitüberschreitungswert anzugeben.

19.4.3 tracert/traceroute

Einen Schritt weiter geht der Befehl *tracert* bzw. *tracert-6* (Windows) oder *traceroute* bzw. *traceroute-6* (Linux). Mit diesem Befehl können Sie sich die einzelnen Stationen anzeigen lassen, welche das abgesetzte Datenpaket auf dem Weg zum Ziel nimmt. Im Unterschied zu ping wird also nicht nur eine Rückmeldung vom Ziel angezeigt, sondern auch von den Stationen (Hops) unterwegs.

Die »*«, die Sie dabei unter Umständen unterwegs angezeigt bekommen, bedeuten, dass die Antwort entweder unterdrückt oder zu langsam ist. Im ersten Fall handelt es sich oft um eine Firewall, die solche Anfragen nicht beantwortet, im zweiten Fall kann es ein Hinweis auf mögliche Netzwerkprobleme liefern, vor allem, wenn nach diesen »*« keine weiteren Stationen mehr angezeigt werden.

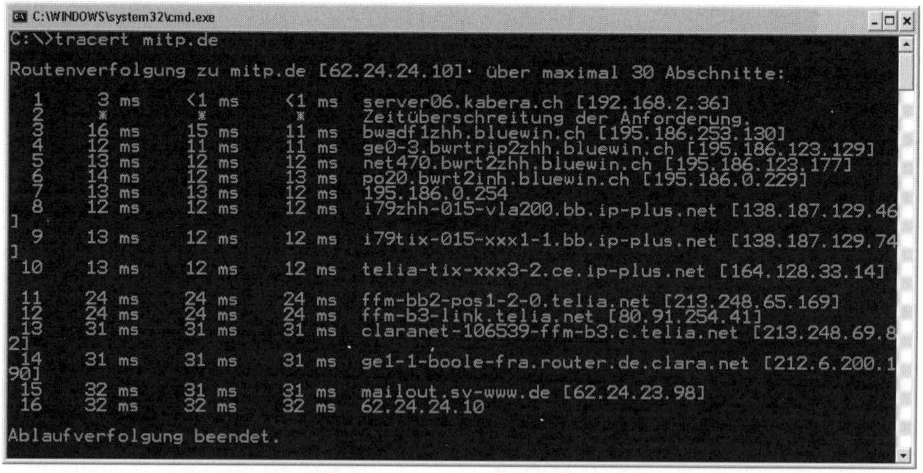

Kapitel 19
Fehlersuche im Netzwerk

```
C:\WINDOWS\system32\cmd.exe                                              _ □ ×
C:\>tracert mitp.de
Routenverfolgung zu mitp.de [62.24.24.10] über maximal 30 Abschnitte:

  1     3 ms    <1 ms    <1 ms  server06.kabera.ch [192.168.2.36]
  2     *        *        *     Zeitüberschreitung der Anforderung.
  3    16 ms    15 ms    11 ms  bwadf1zhh.bluewin.ch [195.186.253.130]
  4    12 ms    11 ms    11 ms  ge0-3.bwrtrip2zhh.bluewin.ch [195.186.123.129]
  5    13 ms    12 ms    12 ms  net470.bwrt2zhh.bluewin.ch [195.186.123.177]
  6    14 ms    12 ms    13 ms  po20.bwrt2inh.bluewin.ch [195.186.0.229]
  7    13 ms    13 ms    12 ms  195.186.0.254
  8    12 ms    12 ms    12 ms  i79zhh-015-vla200.bb.ip-plus.net [138.187.129.46
]
  9    13 ms    12 ms    12 ms  i79tix-015-xxx1-1.bb.ip-plus.net [138.187.129.74
]
 10    13 ms    12 ms    12 ms  telia-tix-xxx3-2.ce.ip-plus.net [164.128.33.14]
 11    24 ms    24 ms    24 ms  ffm-bb2-pos1-2-0.telia.net [213.248.65.169]
 12    24 ms    24 ms    24 ms  ffm-b3-link.telia.net [80.91.254.41]
 13    31 ms    31 ms    31 ms  claranet-106539-ffm-b3.c.telia.net [213.248.69.8
2]
 14    31 ms    31 ms    31 ms  ge1-1-boole-fra.router.de.clara.net [212.6.200.1
90]
 15    32 ms    31 ms    31 ms  mailout.sv-www.de [62.24.23.98]
 16    32 ms    32 ms    32 ms  62.24.24.10

Ablaufverfolgung beendet.
```

Abb. 19.9: Routenverfolgung mit *tracert*

Etwas weniger Information enthält das Kommando *pathping*, das aber im Wesentlichen denselben Dienst leistet.

Das Programm MTR (My Traceroute) kombiniert die Fähigkeiten von ping mit denen von traceroute. MTR prüft die Router auf der Strecke zum Zielhost und limitiert dabei die Anzahl Hops, welche die einzelnen Pakete durchlaufen. Währenddessen analysiert MTR die Antworten zur Verfallszeit der Pakete. Durch die regelmäßige Wiederholung dieser Messung erhält man Aufschluss darüber, an welcher Übertragungsstelle Paketverluste auftreten.

19.4.4 route

Mit dem Kommando *route* können Sie sich die Einträge in der lokalen IP-Routing-Tabelle ansehen und sie (vorübergehend) ändern.

Es gibt verschiedene einstellbare Parameter, die Sie setzen können, um Routen nicht nur anzuzeigen, sondern auch zu manipulieren.

route print	Zeigt die lokale IP-Routing-Tabelle an
add	Fügt eine Route zur lokalen IP-Routing-Tabelle hinzu
delete	Löscht eine bestimmte Route
-p	Erklärt Änderungen wie *add* oder *delete* für persistent

Unter dem neueren Befehl *ip* anstelle von *route* können Sie mit:

ip route	Die Routing-Tabelle anzeigen
add default via [IP]	Eine Standardroute setzen
del [IP]	Eine Route löschen

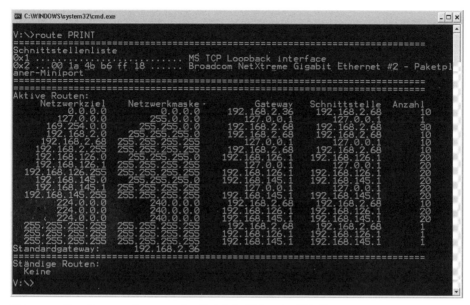

Abb. 19.10: Das Kommando *route* zeigt die lokale IP-Routing-Tabelle an

19.4.5 Looking Glass

Eine weitere sehr interessante Möglichkeit, um Routing-Problemen auf den Grund zu gehen ist, ist das Looking-Glass-Verfahren. Looking Glass ist eine Zusammenstellung von Skripts, die anschließend auf einem Web Frontend ausgeführt werden und die mit verschiedenen Befehlen wie *ping* und *tracert*, aber auch *BGP* (das Routing-Protokoll) zusammenarbeiten.

Dabei werden bei Looking Glass aber nicht die einzelnen Stationen der Route, sondern nur noch die AS (autonomen Systeme) auf der Route angezeigt. Die Software zeigt Ihnen dann die Übertragungswege anhand der Informationen über die autonomen Systeme. Dies kann bei Routing-Problemen von großem Nutzen sein.

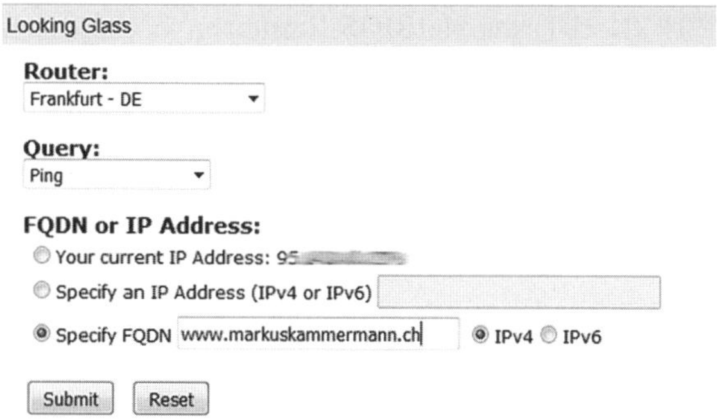

Abb. 19.11: Looking Glass mit dem Befehl *ping* (alternativ wären hier auch *tracert* und *BGP* möglich)

```
Query Results:
Router: Frankfurt - DE
Command: ping ip www.markuskammermann.ch

Sending 5, 100-byte ICMP Echos to 212.25.26.173, timeout is 2 seconds:
!!!!!
Success rate is 100 percent (5/5), round-trip min/avg/max = 9/9/10 ms
```

Abb. 19.12: Die Antwort der Anfrage, Sie sehen nur noch die AS, nicht die einzelnen Route Hops

19.5 Probleme bei der Namensauflösung

Probleme bei der Namensauflösung treten dann auf, wenn ein zugeteilter Name (WINS, DNS, NetBIOS) im Netzwerk nicht aufgelöst wird und dadurch die zugehörige Zieladresse nicht bestimmt werden kann.

Entsprechend geht es zuerst um die Frage: Welchen Namensraum verwenden Sie in Ihrem Netzwerk? Geht es um ein DNS-Problem oder um ein WINS-Problem?

Typische Fehlerquellen, die sich zur Überprüfung anbieten, sind:

- Falsche oder fehlende Eintragungen in den Hosts-Dateien
- Falsche oder fehlende Eintragungen im DHCP-Server
- Mehrere konkurrierende DHCP-Server

NetBIOS über TCP/IP (NetBT) wertet NetBIOS-Namen als IP-Adressen aus. TCP/IP stellt viele Optionen für die NetBIOS-Namensauswertung zur Verfügung, z.B. lokale Zwischenspeicherabfrage (Cache-Lookup), WINS-Server-Abfrage, Rundsendung, DNS-Server-Abfrage und LMHOSTS- und HOSTS-Abfrage.

19.5.1 nbtstat

nbtstat ist ein hilfreiches Dienstprogramm zur Fehlerbehebung bei Problemen bezüglich der NetBIOS-Namensauswertung. Wenn das Netzwerk normal funktioniert, löst NetBIOS über TCP/IP (NetBT) die NetBIOS-Namen in IP-Adressen auf. Dabei werden u.a. ein lokaler Cache, Anfragen an vorhandene WINS-Server oder die Suche in LMHOSTS und DNS-Abfragen eingesetzt. Der NetBIOS-Namenscache enthält die NetBIOS-Namen, die kürzlich von diesem Computer aufgelöst wurden, und die Suchergebnisse. Diese Art der Auflösung ist sehr schnell, aber auf die Namen im Cache limitiert.

Mit *nbtstat* können die Einträge der Verbindungen und des Caches angezeigt und nötigenfalls berichtigt werden.

- *nbtstat -n* zeigt Namen an, die von Anwendungen wie beispielsweise Server und Redirector lokal im System registriert worden sind. Dabei können Sie aufgrund der unterschiedlichen Dienste, die registriert werden, einen Computernamen auch mehrere Male sehen. So sehen Sie zum Beispiel in der folgenden Abbildung den NetBIOS-Namen SERVER06 einmal als Arbeitsstation (<00>) und einmal als Dateidienst (<20>) registriert.
- *nbtstat -c* zeigt den NetBIOS-Namen-Cache an, in dem Adresszuordnungen für andere Computer enthalten sind.
- *nbtstat -R* (großes R) lädt die Datei LMHOSTS neu, nachdem alle Namen aus dem NetBIOS-Namen-Cache geräumt wurden.
- *nbtstat -a <Name>* führt einen NetBIOS-Adapterstatusbefehl gegen den mit *Name* angegebenen Computer aus. Der Adapterstatusbefehl bewirkt die Rückgabe der lokalen NetBIOS-Namenstabelle des betreffenden Computers und der MAC-Adresse der Netzwerkadapterkarte.

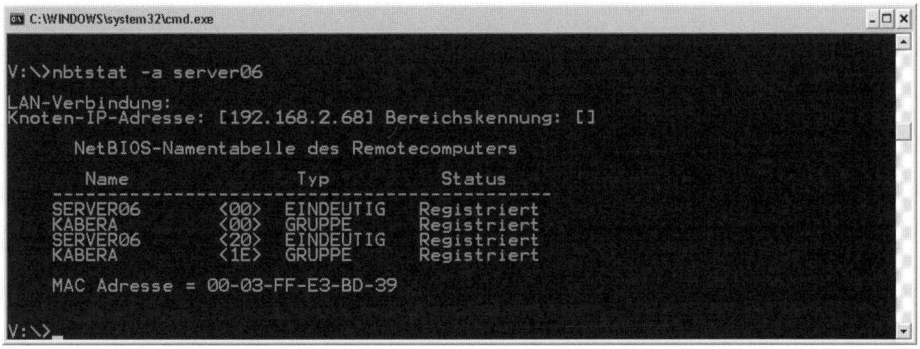

Abb. 19.13: Ausgabe des Kommandos *nbtstat -a* für den Rechner Server06

19.5.2 nslookup

Mit dem Werkzeug *nslookup* können Sie DNS-Ressourcen-Einträge auf ihre Richtigkeit hin überprüfen bzw. IP-Adressen und Domänen anhand einer DNS-Anfrage auflösen. Das Programm ist unter Windows, Unix und Mac OS verfügbar.

Wenn Sie *nslookup* mit dem gesuchten Servernamen angeben:

- *nslookup* mitp.de

wird der Name Server der angefragten Adresse antworten. »Nicht autorisierte Antwort« besagt dabei lediglich, dass der angefragte Server, hier der DNS-Server server07.kabera.ch, für die Verwaltung des angefragten Servers nicht zuständig ist. Er kennt ihn also sozusagen nur vom Hörensagen und gibt die empfangene Antwort weiter.

Das sieht dann wie folgt aus:

Abb. 19.14: Überprüfung von Name-Server-Antworten mit *nslookup*

Bei der direkten Abfrage wie im obigen Beispiel wird die Antwort daher auch fast immer »Nicht autorisiert« sein, da Sie ja meist lokal über Ihren eigenen DNS-Server abfragen.

Dem kann abgeholfen werden, indem Sie das Kommando *nslookup* im interaktiven Modus verwenden.

Im interaktiven Modus rufen Sie das Kommando zuerst auf und nehmen dann Verbindung mit dem gewünschten DNS-Server auf. Anschließend können Sie mit verschiedenen Optionen und Parametern arbeiten. So lassen sich nicht nur IP-Adressen von Webservern erfragen, sondern auch Mail-Server und weitere Dienste.

Abb. 19.15: *nslookup* – im interaktiven Modus gestartet

In oben stehendem Beispiel sehen Sie, wie *nslookup* zuerst im interaktiven Modus gestartet wird und anschließend der Standardserver für die Abfrage geändert und danach nach einem Webserver in dieser Domäne gefragt wird. Da der Name Server für die Verwaltung dieser Domäne zuständig ist, kommt auch keine »Nicht autorisiert«-, sondern eine »Autorisiert«-Antwort (erkennt man lediglich daran, dass eben da kein »Nicht autorisiert« steht).

Das Ganze geht auch umgekehrt, indem Sie anstelle einer DNS-Adresse eine IP-Adresse angeben und danach fragen: Das nennt sich dann Reverse Lookup.

Mit *exit* können Sie den interaktiven Modus wieder verlassen.

Unter Linux und Mac OS existiert als modernere Entwicklung auch das Programm *dig* (Domain Information Groper), nicht aber unter Windows.

19.5.3 NET

NET-Befehle sind die klassischen Befehle, wenn es um das Verwalten von Netzwerkressourcen geht – und ebenso nützlich sind sie daher bei der Fehlersuche innerhalb von Netzwerkressourcen.

Die Befehle können manuell in der Kommandozeile eingegeben (Fehlersuche) oder in einem Skript hinterlegt werden (Verwaltung, z.B. Druckerverknüpfung erstellen) und so, z.B. in einem Anmeldeskript, automatisch ablaufen und die Verbindungen zu den gewünschten Ressourcen herstellen.

Die Bibliothek der NET-Befehle ist recht umfangreich, allerdings lauten deren genaue Schreibweisen unter Windows und Linux jeweils etwas anders. Sie werden jetzt einige zentrale Befehle kennenlernen, weitere Informationen finden Sie in jedem Fall durch Aufruf der Hilfe in Ihrem Netzwerkbetriebssystem.

Zur Angabe von Pfaden werden die sogenannten UNC-Pfade (Uniform Naming Convention) verwendet, welche abhängig vom Betriebssystem wie folgt aufgebaut sind:

Unter Windows:

\\Computername\Freigabe\Pfad oder *\\IP-Adresse\Freigabe\Pfad*

Unter Linux/OS X und Unix:

//Computername/Freigabe/Pfad oder *//IP-Adresse/Freigabe/Pfad*

Wenn Sie mit bekannten Variablen arbeiten, wie z.B. dem Systemverzeichnis, können Sie zudem mit relativen Pfadangaben arbeiten, das sieht dann so aus:

\\Computername\%systemroot%\system32 oder *\\Computername\%username%*

Doch jetzt zu den einzelnen Befehlen. *net use* ist der am häufigsten eingesetzte NET-Befehl. Er wird verwendet, um eine Ressource, z.B. einen Server oder ein Laufwerk, mit dem lokalen Rechner zu verbinden. Der einfache Befehl *net use* zeigt an, welche Verzeichnisse und Ressourcen zurzeit mit dem lokalen Rechner verbunden sind.

Kapitel 19
Fehlersuche im Netzwerk

```
C:\>net use
Neue Verbindungen werden gespeichert.

Status       Lokal        Remote                   Netzwerk
-------------------------------------------------------------------
OK           K:           \\srv5\kabera            Microsoft Windows-Netzwerk
OK           L:           \\srv5\educomp           Microsoft Windows-Netzwerk
OK           N:           \\srv5\newutils          Microsoft Windows-Netzwerk
OK           O:           \\srv5\gruppe            Microsoft Windows-Netzwerk
OK           P:           \\srv5\officium          Microsoft Windows-Netzwerk
OK           U:           \\srv5\user\markus       Microsoft Windows-Netzwerk
Der Befehl wurde erfolgreich ausgeführt.
```

Abb. 19.16: Die Ausgabe des Befehls *net use*

Der Befehl *net use t: \\server01\daten* bindet von Server01 den Freigabeordner *Daten* als lokales Laufwerk T: ein.

Die Syntax zum Verbinden von Ressourcen lautet demnach:

net use laufwerk: \\rechnername\ordnername

Mit dem Optionsschalter */delete* lösen Sie diese Verbindung wieder auf:

net use laufwerk: /delete   Löst das angesprochene Laufwerk

net use */delete /y   Löst alle verbundenen Laufwerke

Es gibt noch mehr interessante Befehle:

net use * /home   Verbindet das nächste freie Laufwerk mit dem %homeshare% des Benutzers

net use t: \\srv1\data /Persistent: NO   Erstellt eine Verbindung, die bei der nächsten Anmeldung wieder gelöst wird

Ein anderer nützlicher NET-Befehl ist beispielsweise *net view*, der Ihnen die vorhandenen Freigaben eines Systems anzeigen kann.

Abb. 19.17: *net view* zeigt die freigegebenen Ressourcen an

Den Befehl *net statistics workstation* (oder: *server*) können Sie einsetzen, um sich Daten über die aktuellen Verbindungsübertragungen anzusehen.

19.5 Probleme bei der Namensauflösung

```
C:\Windows\system32>net statistics workstation
Arbeitsstationsstatistik für \\M470MK

Statistik seit 04.02.2015 07:45:58

Bytes empfangen                             963460700
SMBs (Server Message Blocks) empfangen      7794
Bytes übertragen                            596239
SMBs (Server Message Blocks) übertragen     7791
Lesevorgänge                                23159
Schreibvorgänge                             1149
Verweigerte Rohdaten-Lesevorgänge           0
Verweigerte Rohdaten-Schreibvorgänge        0

Netzwerkfehler                              0
Verbindungen hergestellt                    13
Verbindungen wiederhergestellt              210
Servertrennungen                            0

Gestartete Sitzungen                        0
Aufgehängte Sitzungen                       0
Gescheiterte Sitzungen                      0
Gescheiterte Vorgänge                       0
Erfolgreiche Verwendung                     546
Gescheiterte Verwendung                     293

Der Befehl wurde erfolgreich ausgeführt.
```

Abb. 19.18: Die Ausgabe von *net statistic workstation*

Und es gibt noch mehr dieser äußerst nützlichen NET-Kommandos:

Befehl	Bedeutung
net send	Dient Ihnen (oder dem System) dazu, Nachrichten zu versenden (funktioniert nur, wenn der Nachrichtendienst aktiviert ist)
net print	Erlaubt es Ihnen, einen Drucker lokal anzubinden
net share	Zeigt Ihnen auf Ihrem lokalen Rechner gültige Freigaben an
net stop service	Stoppt einen Dienst
net start service	Startet einen Dienst
net time	Gibt Ihnen die aktuelle Zeit aus

Tabelle 19.2: NET-Kommandos

Und wie gesagt: Schreiben Sie diese NET-Befehle in ein Skript, so können Sie sie automatisch ablaufen lassen, wie Ihnen folgendes Beispiel eines Anmeldeskripts logon.bat zeigt:

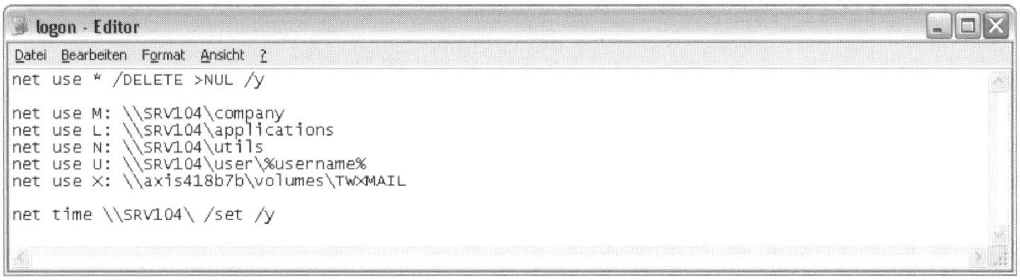

```
net use * /DELETE >NUL /y

net use M: \\SRV104\company
net use L: \\SRV104\applications
net use N: \\SRV104\utils
net use U: \\SRV104\user\%username%
net use X: \\axis418b7b\volumes\TWxMAIL

net time \\SRV104\ /set /y
```

Abb. 19.19: NET-Befehle in einem Skript

19.6 Arbeiten in der Shell mit netsh

Netsh ist ein Befehlszeilenkommando unter Windows, das sowohl auf lokalen Systemen als auch auf Remote-Computern eingesetzt werden kann.

Netsh kann dabei sowohl zur Anzeige bzw. für das Auslesen von Informationen genutzt werden als auch für die aktive Konfiguration von Einstellungen. Zudem lassen sich Netzwerkeinstellungen im- und exportieren.

Netsh verfügt über eine große Anzahl von Optionen und Parametern. An dieser Stelle erhalten Sie dazu eine Einführung – forschen Sie danach z.B. im Technet von Microsoft weiter und Sie erhalten dazu sehr umfangreiche Informationen, zumal das Kommando auch im Serverbereich eingesetzt werden kann.

So können Sie beispielsweise mit dem Kommando

- *netsh interface ipv4 show addresses*

die aktuellen Adressen aller aktiven Schnittstellen eines Systems anzeigen lassen, welche mit IPv4 eingerichtet sind. Wenn Sie stattdessen im obigen Kommando *ipv4* durch *ipv6* ersetzen, sehen Sie entsprechend die eingerichteten IPv6-Adressen im System.

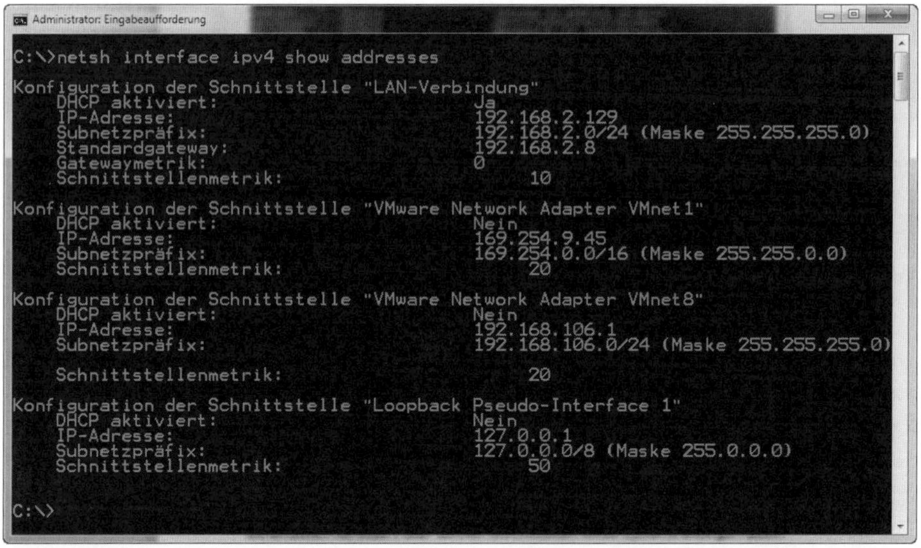

Abb. 19.20: Das Kommando *netsh* zur Anzeige der eingerichteten IPv4-Schnittstellen

Sie können auch nur den Befehl *netsh* in die Konsole eingeben und gelangen so in den interaktiven Modus, in welchem Sie beliebig einen Kontext und die dazugehörigen Kommandos aufrufen können.

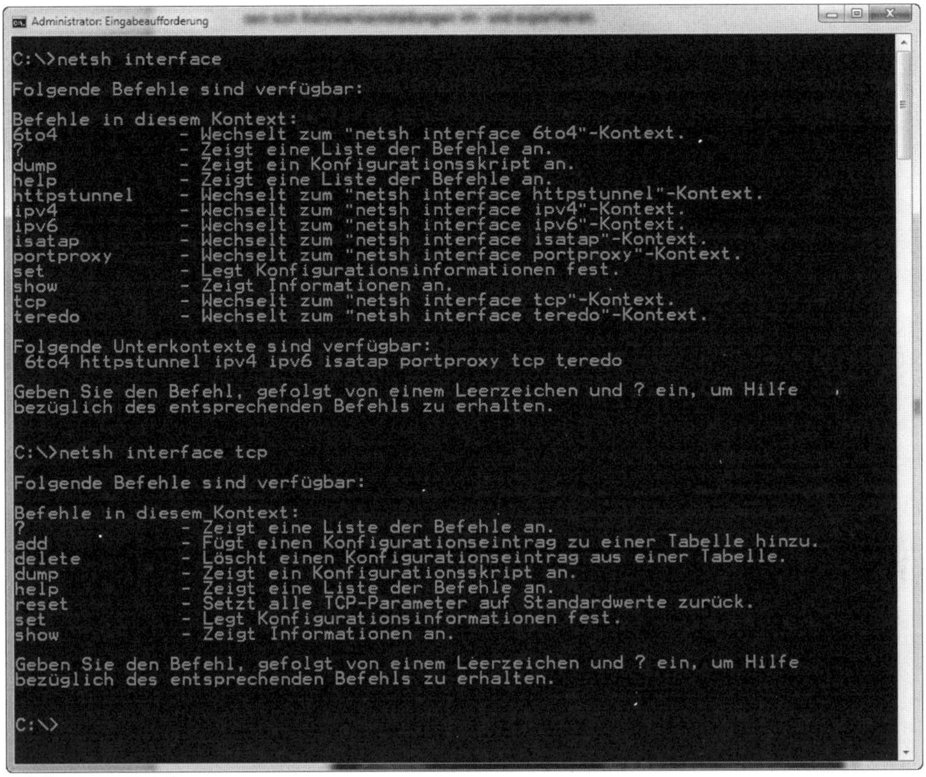

Abb. 19.21: *netsh*-Optionen für *interface* und danach für *tcp*

Folgendes Beispiel zeigt nicht nur Informationen an, sondern konfiguriert die LAN-Verbindung2 auf DHCP um:

- *netsh interface ip set address "LAN-Verbindung2" dhcp*

Sie sehen also an diesem kleinen Beispiel, dass *netsh* ein mächtiges Werkzeug im Windows-Umfeld ist, dessen Kenntnis sich auf jeden Fall lohnt.

Netzwerkpraxis – jetzt sind Sie dran

Lösen Sie folgende Aufgaben, indem Sie sich in der Kommandozeile die Bedeutung folgender Kommandos erarbeiten:

```
netsh -c interface dump>netcnfig.txt
netsh -f netcnfig.txt
netsh wlan show profiles
netsh winsock reset
```

```
netsh firewall set opmode disable
```

bzw.

```
netsh firewall set opmode enable
```

Achten Sie übrigens auf Folgendes: Netsh bietet nicht unter jeder Windows-Version dieselben Möglichkeiten und Notationen an. Es kann also sein, dass ein Kommando unter Windows XP anders lautet als unter Windows Server 2008 oder Windows 8.

19.7 Protokollstatistiken anzeigen mit netstat

Das Kommando *netstat* ist in der Lage, Ihnen offene TCP-, UDP- und UP-Netzwerkverbindungen anzuzeigen.

Durch den Aufruf von *netstat* können das verwendete Protokoll, die lokale sowie die entfernte Netzadresse sowie der Zustand der Verbindung eingesehen werden.

Abb. 19.22: Einfache Anzeige von *netstat*

Mit dem Aufruf *netstat /?* können Sie sich eine Liste aller Parameter anzeigen lassen, denn *netstat* ist in der Lage, unterschiedliche Ergebnisse anzuzeigen.

So können Sie sich beispielsweise mit *netstat -r* die aktiven Routings anzeigen lassen oder mit *netstat -s* eine detaillierte Statistik gesendeter und empfangener Datenpakete.

Das Tool existiert unter Windows wie auch unter Linux, verwendet aber nicht die gleiche Syntax und nicht die gleichen Parameter! Unter Linux gibt es zudem eine neuere Möglichkeit durch das Programm *ss* (aus iproute2). Mit dem Befehl *ss -t -a* werden Ihnen alle TCP-Verbindungen aufgelistet.

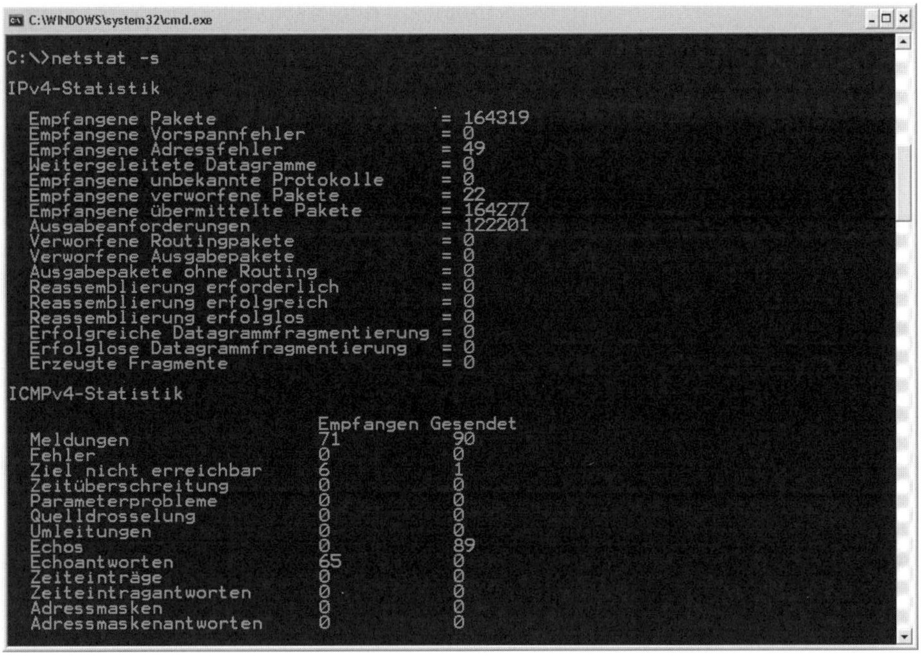

19.8 Fehlersuche in den Diensten

Abb. 19.23: Auszug aus der mit *netstat -s* angezeigten Statistik des Netzwerkverkehrs

19.8 Fehlersuche in den Diensten

In den Diensten von Windows werden auch die Netzwerkdienste verwaltet. Über die Verwaltung können Sie sich eine Liste aller installierten Dienste anzeigen lassen, hier am Beispiel eines Windows-8-Rechners:

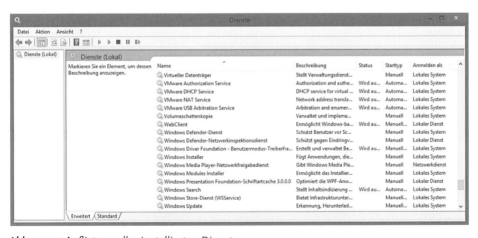

Abb. 19.24: Auflistung aller installierten Dienste

Die folgenden Informationen stehen Ihnen auf den ersten Blick zur Verfügung:

- **Name**: Name des installierten Dienstes
- **Beschreibung**: Eine Kurzbeschreibung der Funktion des Dienstes
- **Status**: Ist diese Spalte leer, so ist der Dienst nicht gestartet, sonst erscheint dort dessen Zustand.
- **Autostarttyp**: Automatische Dienste werden beim Start des Computers aktiviert, manuelle Dienste werden von anderen Programmen oder Diensten bei Bedarf gestartet. Deaktivierte Dienste stehen nicht zur Verfügung.
- **Anmelden als**: Jedem Dienst kann ein Konto zugewiesen werden, dessen Rechte für die Ausführung zur Verfügung stehen, unabhängig von der Tatsache, welcher Benutzer gerade angemeldet ist. Üblicherweise handelt es sich um das lokale Systemkonto, welches administrative Rechte besitzt.

Die Eigenschaften eines Dienstes lassen sich über das Register ALLGEMEIN definieren.

In dieser Dialogbox sehen Sie relevante Informationen wie den Pfad zur Datei, welche diesen Dienst ausführt. Sie können den Zustand des Dienstes über die Schaltflächen STARTEN, BEENDEN, ANHALTEN und FORTSETZEN steuern.

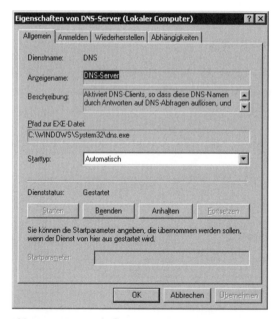

Abb. 19.25: Eigenschaften eines Dienstes

Windows-Systeme besitzen eingebaute Steuerungsmöglichkeiten zur Überwachung und zum Neustart der Dienste. Sie können bei kritischen Diensten Wiederherstellungsfunktionen im Falle von Ausfällen festlegen. Hierzu doppelklicken Sie auf einen Eintrag in der Liste der Dienste und wählen das Register WIEDERHERSTELLEN.

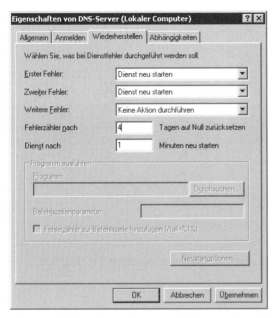

Abb. 19.26: Wiederherstellungsmöglichkeiten eines Dienstes

19.9 Fragen zu diesem Kapitel

1. Welches der folgenden Werkzeuge überprüft ein Kabel auf Beeinträchtigungen bei Übertragung des Signals?

    A. Datenanalysierer

    B. BERT (Bit-Error Rate Tester)

    C. TDR (Time Domain Reflector)

    D. Protokollanalysierer

2. Ein Techniker muss eine Leitung bis zum Stecker fertigstellen, um einen neuen Anschluss für Ethernet zu verlegen. Welches Werkzeug benötigt er dafür?

    A. Multimeter

    B. Philipsdreher

    C. LSA+ (Punch Down Tool)

    D. TDR

3. Eine Technikerin wird gerufen, um an einem TK-Anschlussblock die verfügbaren Telefonnummern zu überprüfen. Mit welchem Werkzeug wird sie diese Überprüfung vornehmen?

   A. Multimeter

   B. Prüftelefon (Butt Set)

   C. LSA+

   D. Toner and Probe

4. Von welchem Diagnoseprogramm stammt folgende Ausgabe:

   ```
   1   solrout (192.168.1.1)           2.0 ms    1.0 ms    2.0 ms
   2   server.net (4.15.6.3)          18.0 ms   16.0 ms   125 ms
   3   ipplus.net.com (195.12.14.1)   240 ms    120 ms    250 ms
   ```

   A. traceroute

   B. ping

   C. ifconfig

   D. tracert6

5. Womit wird die Konnektivität von Glasfaserleitungen getestet?

   A. OTDR

   B. Toner and Probe

   C. Multimeter

   D. Tongenerator

6. Eine Technikerin muss ein Kabel nachverfolgen, das in einer Wand verlegt ist. Was ist am besten geeignet, um die Örtlichkeit des Kabels zu verfolgen?

   A. Kabeltester

   B. Kontinuitätstester

   C. Tongenerator

   D. Multimeter

7. Die Netzwerkleistung verschlechtert sich zu bestimmten Zeiten zusehends. Mit welchem Dienstprogramm kann die Quelle des Engpasses festgestellt werden?

   A. ping

   B. tracert/traceroute

   C. arp

   D. netstat

8. Von welchem Dienstprogramm stammt folgende Ausgabe

Proto	Lokale Adresse	Fremde Adresse	Status
TCP	Mkam:epmap	Mkam.educomp.eu:0	Listening

   A. winipcfg
   B. nslookup
   C. nbtstat
   D. netstat

9. Welchen Befehl sollten Sie zuerst ausführen, um die Basiskonnektivität zu testen, wenn ein neu installiertes Netzwerk nicht ordnungsgemäß funktioniert?

   A. ipconfig
   B. arp
   C. ping
   D. netstat

10. Welcher Befehl generiert folgende Ausgabe?

```
Eth0  Link   encap    Ethernet  HWaddr: 00:80:C8:D6:74:43
      Inet addr 102.218.20.45  Bcast: 4.255.255.255
      Mask: 255.255.0.0
```

   A. ipconfig
   B. nslookup
   C. ifconfig
   D. arp

Kapitel 20

Praxis 1: Sie richten ein Netzwerk ein

In diesem Kapitel gehen Sie schrittweise durch die Installation eines kleinen Netzwerks. Als Basis dient Windows 8.1, das auf den beteiligten Rechnern installiert ist.

> Sie lernen in diesem Kapitel:
> - Die Komponenten für den Bau eines LAN kennen
> - Die Bedeutung von Planung und Konzeption kennen
> - Ein Netzwerk fachgerecht aufbauen
> - Router konfigurieren
> - Drucken im Netzwerk ermöglichen
> - Gemeinsame Nutzung von Daten einrichten

Folgende Geräte stehen zur Einrichtung zur Verfügung:

- Ein VDSL-Router (den WLAN-Teil erfahren Sie im nächsten Kapitel)
- Zwei unterschiedliche Desktop-Computer
- Ein Netzwerkdrucker (Business Inkjet)

Abb. 20.1: Die Geräte für Ihr Netzwerk

Die Ziele, die Sie mit dem Aufbau erreichen möchten, lauten:

- Beide Computer erhalten Zugriff auf das Internet, dazu werden sie verkabelt.
- Beide Computer können über das Netzwerk drucken.
- Beide Computer können untereinander über das Netzwerk Daten teilen.

20.1 Die Konzeption

Bevor Sie das Netzwerk aufbauen, beginnen Sie mit der Konzeption und Planung. Genau genommen fängt die natürlich vor unserem Kapitel an, nämlich mit der Frage: »Welche Geräte kaufe ich ein, wenn ich die oben genannten Ziele erreichen will?« Aber das Material ist bereits vorhanden und vorbereitet.

20.1.1 Ein Inventar erstellen

Die Computer selbst sind installiert und betriebsfertig, sie werden in der Nähe des Kabelanschlusses aufgestellt und können gestartet werden. Die Verbindung zum Internet besteht noch nicht, diese werden Sie später einrichten.

Bevor Sie mit den weiteren Aufbauarbeiten beginnen, verschaffen Sie sich eine Übersicht über Ihre Geräte. Nach der Prüfung der Computer und Netzwerkkomponenten können Sie Nachfolgendes in Erfahrung bringen. Beim Einrichten eines eigenen Netzwerks hilft Ihnen die Inventarisierung für den späteren Aufbau des Netzwerks weiter und dient als Vorbereitung Ihres Netzwerkkonzepts.

Die Computer

- Modell und Einsatz kurz notieren
- Auf Computer01 (Fujitsu) ist der Benutzer Franziska eingerichtet.
- Auf Computer02 (Lenovo) ist der Benutzer Lars eingerichtet.

Der VDSL-Router

Die Werkseinstellungen des Routers lauten gemäß Anleitung:

- IP-Adresse: 192.168.1.1
- User Name: admin
- Passwort: 1234

Es kann natürlich sein, dass Sie den Router vom Provider vorkonfiguriert erhalten, dann reicht »Einstecken und warten«. Für diese Übung ist der Router aber nicht konfiguriert, damit Sie das selbst vornehmen können.

Der Netzwerkdrucker

Die Anleitung dazu besagt: Dieser Netzwerkdrucker bezieht automatisch eine IP-Adresse aus dem Netzwerk, sobald er an einen DHCP-Server angeschlossen wird (Standard für fast alle Drucker heute).

20.1.2 Netzwerkkonzept erstellen

Was Sie auf der WAN-Seite in Ihrem VDSL-Router eintragen, wird Ihnen vom Provider vorgegeben. Die Einstellungen im LAN (IPv4-Konzept) ist Ihnen überlassen. So können Sie ein eigenes IP-Konzept für Ihr Netzwerk festlegen. Dies ermöglicht Ihnen einen schnellen Überblick und vereinfacht nicht nur die Einrichtung der beschriebenen Geräte, sondern auch einen späteren Ausbau des Netzwerks. In weiser Voraussicht erstellen Sie Adressbereiche auch für Geräte, die Sie noch nicht angeschafft haben. Man kann ja nie wissen, was noch kommt. Wichtig ist auch der Reservebereich, um den DHCP-Range bei Bedarf ausweiten oder weitere Bereiche festlegen zu können.

Diese erste Tabelle gibt Ihnen eine Übersicht für die Zuordnung der Geräte in den korrekten Adressbereich.

Geräte	Adressbereich
Netzwerkkomponenten	192.168.16.1-19
Speichergeräte (z. B. NAS)	192.168.16.20-29
Drucker	192.168.16.30-49
DHCP-Range (Arbeitsstationen)	192.168.16.50-99
Reserve-Bereich	192.168.16.100-255

Tabelle 20.1: Das Adressschema für Ihr Netzwerk

Diese zweite Tabelle enthält nun die konkreten Adressen für alle Geräte, die eine fixe IP-Adresse zugeteilt bekommen werden.

Geräte	Adresspool
VDSL-Router ZyXEL SBG3300-N	192.168.16.1
Drucker Canon Maxify MB5050	192.168.16.30

Tabelle 20.2: Die festen IP-Adressen für Gateway und Drucker

Nun ist es an der Zeit, einen visuellen Überblick über Ihr zukünftiges Netzwerk zu erhalten. Ob Sie das Diagramm nun am Computer oder von Hand zeichnen, ist nicht entscheidend.

Kapitel 20
Praxis 1: Sie richten ein Netzwerk ein

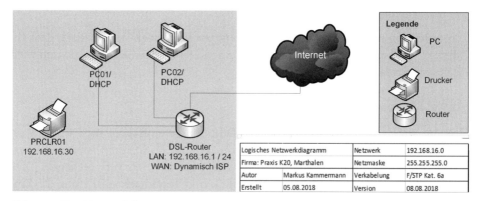

Abb. 20.2: Das Netzwerkdiagramm

20.1.3 Computer vorbereiten

Prüfen Sie unter Windows 8 im Geräte-Manager, ob der Netzwerkkartentreiber korrekt installiert ist. Sollten Sie noch Symbole mit gelben Warnschildern vorfinden ,müssen Sie die Treiber der Netzwerkkarte korrekt nachinstallieren.

▲ 🖳 Netzwerkadapter
　　🖳 Intel(R) 82579LM Gigabit Network Connection

Abb. 20.3: Der korrekte installierte Treiber für die Netzwerkkarte

Da Sie bislang keine Internetverbindung aufgebaut haben, sind Sie auf eine Treiber-CD oder auf nach der Grundinstallation zur Verfügung gestellte Treiber auf der lokalen Festplatte der Computer angewiesen. Bei Fujitsu starten Sie die Software Deskupdate, bei Lenovo das ThinkVantage System Update.

Sie werden im Folgenden kein Heimnetzwerk einrichten, sondern für das Teilen der Daten die Ordner-Freigabe verwenden. Daher müssen Sie nun auf Computer01 den Benutzer Lars und auf dem Computer02 den Benutzer Franziska zusätzlich einrichten. Auf beiden Systemen müssen die identischen Benutzer (Groß- und Kleinschreibung beachten) und die gleichen Passwörter verwendet werden. So erhalten Sie auf beiden Systemen jeweils ohne Nachfrage Zugriff auf freigegebene Daten. Sind die Passwörter unterschiedlich, geht das zwar auch, aber dann müssen Sie die Passwortabfrage beantworten.

Benutzer	Passwort	Rechte
Franziska	ZH$r9B9my	Administrator
Lars	AG-T2q2my	Administrator

Tabelle 20.3: Die Benutzer für beide Systeme

20.2 Das Netzwerk aufbauen

Nach diesen Vorbereitungen wird es Zeit, dass Sie sich an die Konfiguration machen.

20.2.1 Router einrichten

Damit der eingerichtete Computer jetzt auch Netzwerkverbindung hat, schließen Sie eines der Systeme an den ZyXEL-Router an. Verwenden Sie dazu eine mit »Ethernet LAN« gekennzeichnete Schnittstellen (gelb). Bei der Auswahl der Kabel sollten Sie mindestens Cat. 5e verwenden. Damit können Sie auch die Leistung erreichen, die der Router zu bieten hat. Dieser besitzt laut Spezifikationen vier 10/100/1000-Mbps-Schnittstellen. Wenn Sie also zu alte Kabel verwenden, wird die Verbindung automatisch auf 100 Mbps reduziert. Sind die Kabel länger als ein oder zwei Meter achten Sie auch auf die Schirmung, also mindestens F/UTP-, besser aber F/STP-Kabel.

Schließen Sie am DSL-Anschluss nun das Telefonkabel an und verbinden Sie das Kabel mit der Buchse in der Wand. Je nach Einrichtung des Internetanschlusses müssen Sie zusätzlich einen Filter (analog) oder Splitter (ISDN) verwenden, um das Signal korrekt abzunehmen.

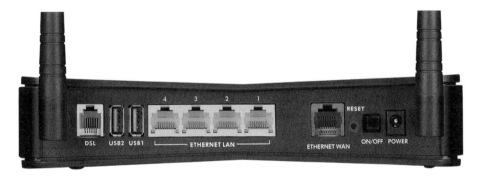

Abb. 20.4: Die rückwärtigen Anschlüsse des DSL-Routers

Nachdem Sie den Strom angeschlossen haben, sehen Sie nach ein paar Minuten, dass die Power-LED und die belegten Ethernet-LAN-Ports grün leuchten bzw. blinken. Die Verbindung zum Router ist aufgebaut. Wenn Sie das Kabel korrekt mit dem DSL-Signalträger verbunden haben, wird auch dieses Symbol leuchten. Nur das Symbol für die Internetverbindung kann noch nicht leuchten. Dafür müssen Sie den Router nun über das Web-Interface konfigurieren.

Rufen Sie in der Browser-Adresszeile 192.168.1.1 auf. Die Anmeldung an den ZyXEL Web Configurator heißt Sie willkommen (Abbildung 20.6).

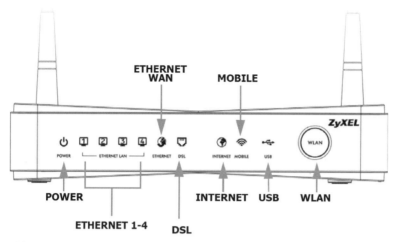

Abb. 20.5: Die verschiedenen Leuchten und ihre Bedeutung (Quelle: ZyXEL © SBG Manual)

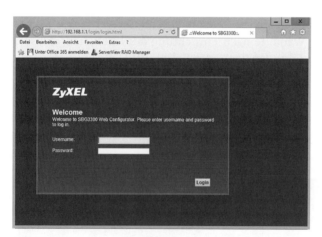

Abb. 20.6: Anmeldung am DSL-Router

Wie vorher notiert, melden Sie sich nun mit *admin* und *1234* an.

Als Erstes werden Sie aufgefordert, ein neues Kennwort zu vergeben. Tun Sie dies jetzt gleich und schreiben Sie Ihr neues Kennwort in Ihre Netzwerkdokumentation. Der Quick Start Assistent möchte Sie durch die erste Konfiguration führen. Sie wählen Ihre Zeitzone, die WAN-Schnittstelle und die Einstellungen der Schnittstelle.

Was Sie bei Encapsulation, VPI und VCI einstellen müssen, ist vom Anbieter und genutzten Internetangebot abhängig. Im nächsten Schritt können Sie die Wireless-Einstellungen an- oder ausschalten. Im Moment werden Sie sich nicht weiter um die Wireless-Einstellungen kümmern. Klicken Sie auf *Save*. Denn nun werden Sie die Einstellungen in der Konfiguration des ZyXEL genauer betrachten und wechseln in den Expertenmodus, in dem Sie alle Einstellungen ersehen können.

20.2.2 Internetzugriff einrichten

Auf der linken Seite unter *Network Setting* klicken Sie auf *Broadband*. Je nach Konfiguration im Quick Start wählen Sie nun über *Modify* die erweiterten Einstellungen. Im vorliegenden Beispiel ist das ADSL. Die Angaben, die Sie in der folgenden Abbildung sehen, haben Sie vom Provider erhalten.

- Mode: Routing
- Encapsulation: PPPoE
- VPI: 8, VCI: 35
- PPP Username und darunter das Kennwort
- Statische IP-Adresse (falls gemietet, ansonsten auf automatisch belassen)
- DNS Server, falls in der Doku des Internetanbieters aufgeführt

Abb. 20.7: Die Einstellungen für den Aufbau der Verbindung ins Internet

Nachdem Sie alle WAN-Angaben erfasst haben, kontrollieren Sie den Status der Verbindung. Zum einen über die LED-Leuchte *Internet* an der Front. Leuchtet diese grün, sind Sie mit dem Internet verbunden. Zum anderen über den Status-Button, in der Webkonfiguration im oberen linken Bereich zu finden. Wird hier unterhalb von *WAN* eine Zeile grün angezeigt mit Ihrer aktuellen IP-Adresse (natürlich mit Ihrer IP-Adresse anstelle der Anonymisierung in der folgenden Abbildung) und der aktuellen Geschwindigkeit, ist definitiv eine Verbindung hergestellt.

Vielleicht fällt Ihnen der schlechte Durchsatzwert in der Grafik auf. Leider ist der Standort relativ weit vom Verteiler entfernt und im Moment können keine besseren Werte erzielt werden. Es soll aber bald ein Ausbau stattfinden. Das Gerät könnte definitiv mehr leisten.

WAN Status					
WAN	Status	LB	IP Address	Connection	Speed (DL/UL)
VDSL	Down	Active		PPPoE	
xDSL	Down	Inactive		PPPoE	
ADSL	Up	Active	XXX.XXX.XXX.XXX	PPPoE	5120k/640k
ETHWAN	Down	Active		PPPoE	
eth3G	Down	Active		Cellular	
pppo3G	Down	Passive		Cellular	

Abb. 20.8: Die Statusanzeige der ZyXEL-WAN-Schnittstelle

20.2.3 Das LAN einrichten

Nun wird es Zeit, das lokale Netz gemäß Ihrem Konzept anzupassen. Sie haben geplant, von 192.168.1.x auf 192.168.16.x umzustellen.

Klicken Sie auf *LAN* und tragen Sie nun die Angaben gemäß Ihrem IP-Konzept ein.

Sobald Sie *Apply* geklickt haben, werden Sie die Verbindung zum ZyXEL verlieren. Keine Sorge, Sie brauchen einfach nur einen Moment zu warten. Bei dieser Einstellung starten die meisten Router neu, um die Konfiguration zu speichern. Des Weiteren muss Ihrem Computer anschließend eine neue IP-Adresse aus dem 16er-Netz zugeteilt werden. Erst wenn beide Prozesse abgeschlossen sind, können Sie erneut auf das Web-Interface des ZyXEL zugreifen, dieses Mal über die Adresse 192.168.16.1.

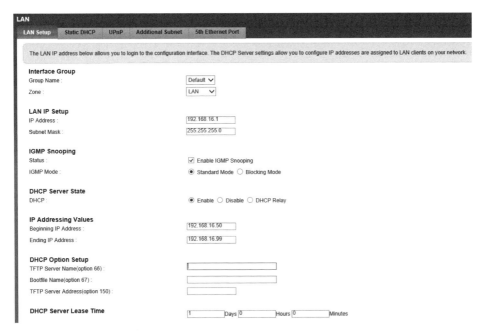

Abb. 20.9: Die LAN-Angaben im Router

20.2.4 Abschluss der Router-Konfiguration

Da Sie nun mit dem Internet verbunden sind, lohnt sich die Überprüfung der Firmware des ZyXEL. Häufig werden vom Hersteller später Fehler ausgemerzt und manchmal sogar neue Funktionen dazu geschrieben. Gerade bei erster Inbetriebnahme empfiehlt es sich, das Upgrade direkt durchzuführen. Sie müssen sich aber auch der Risiken bewusst sein. Wenn Sie Firmware installieren, die nicht mit Ihrem Router kompatibel ist, kann es sein, das Sie ein neues Gerät kaufen müssen. Prüfen Sie daher die Modellnummer genau, auch den Unterschied zwischen analog und ISDN! Führen Sie nur eine Aktualisierung durch, wenn Sie mit 100%iger Sicherheit die korrekte Firmware ausgewählt haben. Ansonsten wird jede Haftung ausgeschlossen, vom Autor dieses Buches bis zum Hersteller des Geräts.

In der Grafik sehen Sie zum einen die Website von www.studerus.ch (alternativ www.zyxel.de) sowie darüber eingeblendet die aktuelle Firmware auf dem Modell SBG3300-N, Analog. Wie Sie im Vergleichsfenster sehen, ist die Version aktuell.

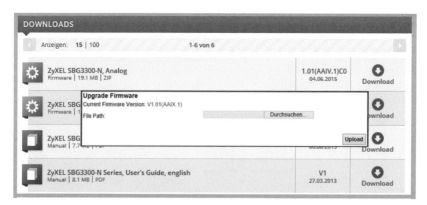

Abb. 20.10: Firmware-Upgrade nachprüfen auf der Herstellerseite

20.2.5 Test der Internetverbindung

Wenn Sie alles erfolgreich erledigt, die Installation abgeschlossen und die Firmware aktualisiert haben, dann wird es Zeit für den abschließenden Speed-Test. Dieser Test zeigt Ihnen anhand einer Grafik an, welche effektive Geschwindigkeit Sie (brutto) für den Down- und Upload zur Verfügung haben.

Die Geschwindigkeit wird nicht immer gleich sein, dies wird von Ihrem Verfahren für den Anschluss abhängen (Kabelanschluss, DSL-Anschluss), der Tageszeit und eventuell vorhandenen Störungen. Doch wenn Sie die Messungen mehrfach durchführen, gegebenenfalls auch zu verschiedenen Tageszeiten, werden Sie einen zuverlässigen Mittelwert erhalten – und der sollte dann netterweise in dem Bereich liegen, den Sie für Ihren Anschluss und die dazugehörige Leistung auch bezahlen.

Abb. 20.11: Speed-Test bei einem Provider (© Iway Zürich)

20.3 Alternative Konzeption

Wenn Sie Ihr Netzwerk nicht mittels eines (oftmals vom Provider gelieferten) All-in-one-Gerätes aufbauen möchten, sondern lokales Netzwerk und Internet mittels Firewall und Router getrennt aufbauen möchten, dann sieht Ihre Konfiguration natürlich etwas anders aus.

Das beginnt schon beim Netzwerkdiagramm, das sich wie folgt ändert:

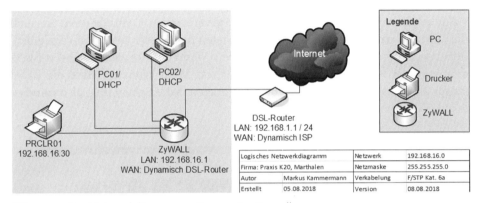

Abb. 20.12: Das Netzwerkdiagramm mit separater Firewall

Sie sehen, da die Providergeräte häufig die Netzwerke 192.168.1.0/24 oder 192.168.0.0/24 belegen, nutzt unsere Firewall im Beispiel jetzt ein anderes, eigenes Netzwerk.

Die ZyWALL verfügt über WAN-Ports und LAN-Ports. Am WAN1 schließen Sie »das Internet« an, das kann ein Modem oder ein DSL-Router vom Provider sein. An diesem Port werden Sie so wenig wie nötig konfigurieren und dahinter läuft dann die Einstellung des Providers (meist automatisch).

Die Einstellungen im LAN (IPv4-Konzept) ist Ihnen überlassen. So können Sie ein eigenes IP-Konzept für Ihr Netzwerk festlegen. Dies ermöglicht Ihnen einen schnellen Überblick und vereinfacht nicht nur die Einrichtung der beschriebenen Geräte, sondern auch einen späteren Ausbau des Netzwerks. In weiser Voraussicht erstellen Sie Adressbereiche auch für Geräte, die Sie noch nicht angeschafft haben. Man kann ja nie wissen, was noch kommt. Wichtig ist auch der Reservebereich, um den DHCP-Range bei Bedarf ausweiten oder weitere Bereiche festlegen zu können. Für unsere Übung wählen Sie das Netzwerk 192.168.16.0 aus. Das ist natürlich ein willkürlicher Entscheid – mit Einschränkung des Hinweises auf die Provider-Netzwerke. Sollten Sie also 192.168.1.0 für die ZyWALL am LAN auswählen und der Router ist von Swisscom, trifft die ZyWALL am WAN-Port auch auf 192.168.1.0 – und damit käme keine gültige Konfiguration zum Laufen!

20.3.1 Firewall einrichten

Das Einrichten des Routers ist providerabhängig. Stand 2018 besteht Ihre Aufgabe vorwiegend darin, das Gerät mit dem Internet zu verbinden – und zu warten. Da jeder Provider eine etwas andere Vorgehensweise hat, sei hier lediglich festgehalten – das Internet funktioniert und Sie schließen das Gerät mittels LAN-Kabel wie erwähnt am WAN1-Port der ZyWALL ein.

Nun geht es an die Konfiguration der Firewall. Verwenden Sie dazu eine mit *LAN* gekennzeichnete Schnittstelle (LAN/DMZ), am einfachsten Port P4. Bei der Auswahl der Kabel sollten Sie mindestens Cat. 5e verwenden. Damit können Sie auch die Leistung erreichen, die der Router zu bieten hat. Dieser besitzt laut Spezifikationen vier 10/100/1000-Mbps-Schnittstellen. Wenn Sie also zu alte Kabel verwenden, wird die Verbindung automatisch auf 100 Mbps reduziert. Sind die Kabel länger als ein oder zwei Meter, achten Sie auch auf die Schirmung, also mindestens F/UTP-, besser aber F/STP-Kabel.

Abb. 20.13: Die WAN- und LAN-Ports der ZyWALL im Überblick

Nachdem Sie den Strom angeschlossen haben, sehen Sie nach ein paar Minuten, dass die *Power-LED* und die belegten Ethernet-LAN-Ports grün leuchten bzw. blinken. Die Verbindung zur Firewall ist aufgebaut. Wenn Sie das Kabel korrekt mit dem externen Router/Modem verbunden haben, wird auch der *Port WAN1* entsprechend leuchten.

Als Vorarbeit schließen Sie einen Computer (wirklich nur einen) an den LAN-Port P4 an und tippen in der Browser-Adresszeile die Standardadresse 192.168.1.1 ein. Die Anmeldung des Web Configurators heißt Sie willkommen. Durch die automatische Umleitung auf »https://« erhalten Sie in Ihrem Browser vorab eine Warnung – fügen Sie eine Ausnahme hinzu, damit die Seite trotzdem angezeigt wird (das Zertifikat der USG ist intern, daher die Warnung).

Wie vorher notiert, melden Sie sich nun mit *admin* und *1234* an.

Als Erstes werden Sie aufgefordert, ein neues Kennwort zu vergeben. Tun Sie dies jetzt gleich und schreiben Sie Ihr neues Kennwort in Ihre Netzwerkdokumentation.

20.3
Alternative Konzeption

Abb. 20.14: Anmeldung an der USG110

Der Quick Start Assistent möchte Sie durch die erste Konfiguration führen. Wählen Sie *exit* und verlassen Sie für diese Übung den Assistenten. Danach kommen Sie auf die Übersichtsseite, Dashboard genannt.

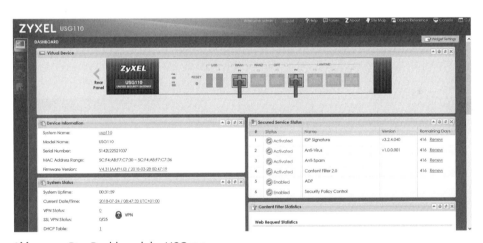

Abb. 20.15: Das Dashboard der USG 110

Hier sehen Sie auf einen Blick, welche Ports Sie belegt haben, welche Firmware-Version installiert ist, welche Dienste aktiviert sind usw.

20.3.2 Die Schnittstellen einrichten

Als Erstes richten Sie jetzt die WAN- und die LAN1-Schnittstellen ein, damit die Verbindungen korrekt konfiguriert sind.

Dazu wählen Sie links den Reiter *Konfiguration* (das dritte Symbol mit dem Zahnrad) und anschließend sehen Sie unter dem Reiter *Port Role*, wie die Schnittstellen zugeteilt sind. In untenstehender Abbildung habe ich alle verfügbaren Ports von P4 bis P7 dem LAN1 zugewiesen.

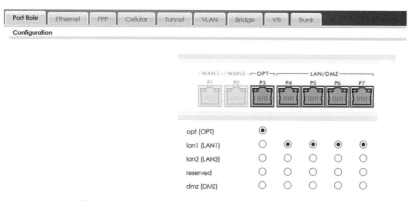

Abb. 20.16: Die Übersicht über die Portrollen der USG110

Als Nächstes wechseln Sie zum Reiter *Ethernet*, dort werden die einzelnen Zonen wie *WAN1* oder *LAN1* verwaltet. Wie Sie sehen, ist die *WAN1*-Schnittstelle standardmäßig auf *DHCP* eingestellt. Das heißt, sofern Sie Ihren Router auf der anderen Seite korrekt eingeschaltet und konfiguriert haben, erscheint hier bereits ein Adresseintrag.

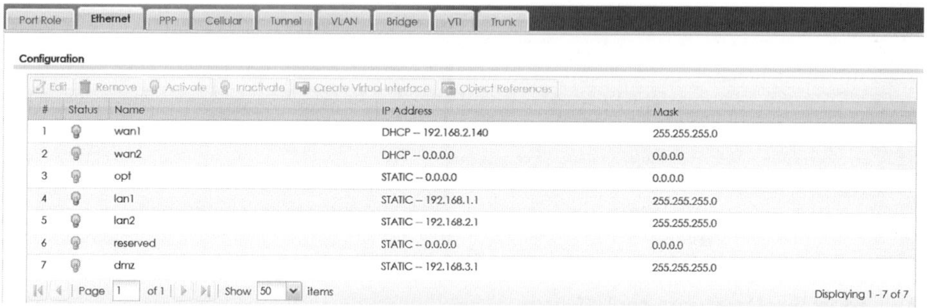

Abb. 20.17: Die einzelnen Zonen des Netzwerks – Tipp: Deaktivieren Sie, was Sie nicht benötigen.

Falls Sie möchten, können Sie zudem auf dem Dashboard unter *Interface Status Summary* die Verbindung ebenfalls überprüfen.

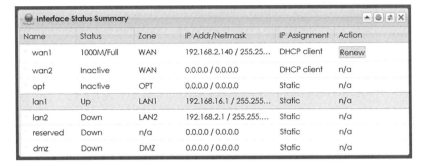

Abb. 20.18: Übersicht über die Schnittstellen und ihre aktuelle Adressierung

Nun wird es Zeit, das lokale Netz gemäß Ihrem Konzept anzupassen. Sie haben geplant, von 192.168.1.x auf 192.168.16.x umzustellen.

Klicken Sie daher beim Reiter *Ethernet* in der Konfiguration auf *LAN1* und tragen Sie nun die Angaben gemäß Ihrem IP-Konzept ein.

Abb. 20.19: Die LAN-Angaben erfassen

Sobald Sie *Apply* geklickt haben, werden Sie die Verbindung zum ZyXEL verlieren. Keine Sorge, Sie brauchen einfach nur einen Moment zu warten. Bei dieser Einstellung starten die meisten Geräte neu, um die Konfiguration zu speichern. Des Weiteren muss Ihrem Computer anschließend eine neue IP-Adresse aus dem 16er-Netz zugeteilt werden. Erst wenn beide Prozesse abgeschlossen sind, können Sie erneut auf das Web-Interface des ZyXEL zugreifen, dieses Mal über die Adresse 192.168.16.1.

Jetzt können Sie das Netzwerk gemäß Konfigurationsdiagramm zusammenbauen, inkl. Drucker, WAN-Anschluss für das Internet und beider Computersysteme.

20.3.3 USG hat doch was mit Firewall zu tun

Sie befinden sich im Kurs für Netzwerke – das heißt, die folgenden Ausführungen werden Sie in den spezifischen ZyXEL-USG-Kursen viel genauer erlernen können und manches, was Sie hier lesen, wird Ihnen später dann »sehr rudimentär« vorkommen – aber sei's drum. Sie haben ja extra für diese Übung eine USG 110 angeschlossen, das heißt, Sie verfügen für Ihr lokales Netzwerk über eine solide Firewall-Funktion. Mehr noch, Sie haben auch Dienste wie Anwendungskontrolle, Eindringschutz und Antivirus mit an Bord, sodass Sie Ihr Netzwerk mit wenigen Handgriffen gegen viele Angriffe und Fehler schützen können.

In der Konfiguration finden Sie den Eintrag *Security Policy*. Und unter *Policy Control* sind alle von ZyXEL vorkonfigurierten Richtlinien sichtbar – und für Sie erkennbar, warum es sich lohnen kann, Fortsetzungskurse zu besuchen.

Die Standardregeln besagen so viel, dass Sie ausgehend (von LAN nach WAN) so ziemlich tun und lassen können, was Sie möchten. Eingehend dagegen wird alles abgeriegelt. Das ist nicht das höchste der Gefühle für die Sicherheit, aber eine gute Grundlage.

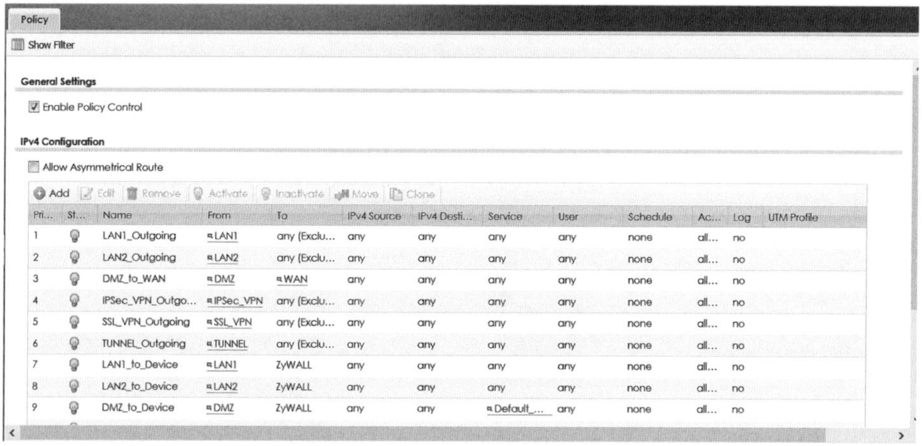

Abb. 20.20: Die Sicherheitsrichtlinien

20.3.4 Abschluss der Router-Konfiguration

Da Sie nun mit dem Internet verbunden sind, lohnt sich die Überprüfung der Firmware des ZyXEL. Häufig werden vom Hersteller später Fehler ausgemerzt und manchmal sogar neue Funktionen dazu geschrieben. Gerade bei erster Inbetriebnahme empfiehlt es sich, das Upgrade direkt durchzuführen. Sie müssen sich aber auch der Risiken bewusst sein. Wenn Sie Firmware installieren, die nicht mit Ihrem Router kompatibel ist, kann es sein, das Sie ein neues Gerät kaufen müssen. Führen Sie nur eine Aktualisierung durch, wenn Sie mit 100%iger Sicherheit die korrekte Firmware ausgewählt haben. Ansonsten wird jede Haftung ausgeschlossen, vom Autor dieses Buches bis zum Hersteller des Geräts.

20.4 Drucken im Netzwerk

Der nächste Abschnitt erklärt Ihnen die manuelle Konfiguration für die Inbetriebnahme eines Netzwerkdruckers. Bitte installieren Sie Drucker und Multifunktionsgeräte falls immer möglich über die aktuellen Treiber, die der Hersteller auf seiner Website zur Verfügung stellt – und nur der Hersteller. Die manuelle Installation empfiehlt sich bei älteren Druckmodellen oder wenn Sie davon absehen, für den Betrieb eines Druckers eine komplette Software-Suite zu installieren. Natürlich ergeben sich auch andere Situationen, die eine manuelle Installation nötig machen.

Bei einem neuen Drucker befolgen Sie bitte die beiliegenden Informationen zur Inbetriebnahme. Die folgende Anleitung beginnt beim Anschließen des Patchkabels an den Drucker und an den Switch. Prüfen Sie nach dem Anschluss, ob die Netzwerk-LED an der Rückseite des Druckers leuchtet und so eine Verbindung anzeigt.

Als Nächstes müssen Sie den Drucker auf dem Computer installieren. Da Sie eine Netzwerkverbindung haben, im Router DHCP aktiviert ist und der AP als Bridge zwischen LAN und WLAN arbeitet, können sich die beiden Geräte sehen – und Sie könnten den Treiber installieren, wenn Sie nur die Adresse kennen würden ... Und dazu gibt es drei Möglichkeiten:

- Installationsprogramme suchen während der Installation den Drucker und verbinden den Anschluss automatisch mit der gefundenen Adresse.
- Windows 7, 8 und 10 suchen während der Installation ebenfalls im Netzwerk nach vorhandenen Druckern.
- Jeder Drucker erlaubt es, eine Konfigurationsseite auszudrucken. Auf dieser ist die bezogene Adresse aufgeführt und mit dieser Information lässt sich der Drucker auch manuell installieren.

Falls eine Software-Firewall auf dem Computersystem aktiv ist, schalten Sie diese bitte aus, um keine Kommunikationshindernisse für die Installationsprogramme aufzubauen. Bei den meisten Herstellern können Sie während der Installation die

IP-Adresse für den Drucker angeben. Im konkreten Beispiel geben Sie dem Drucker die Adresse 192.168.16.30. Da die Treibersoftware den Drucker dauerhaft nur bei gleichbleibender IP-Adresse ansteuern kann, tragen Sie diese Adresse am besten auch im DHCP-Server des Routers als Reservierung ein. Alternativ informieren Sie sich über das Handbuch, wie Sie dem Drucker eine fixe IP-Adresse zuweisen können. So können Sie den Drucker gemäß Ihrem IP-Konzept betreiben.

Falls die Treiberinstallation nicht über die Installation des Software-Pakets geschehen ist, sondern über Windows 8, gehen Sie über die *Systemsteuerung* zu *Geräte und Drucker anzeigen* und klicken dort auf *Drucker hinzufügen*.

Ein Assistent führt jetzt durch die Installation. Als Erstes werden Netzwerkdrucker gesucht und alle verfügbaren Drucker angezeigt.

Abb. 20.21: Netzwerkdrucker auswählen

Wählen Sie, falls aufgeführt, das gewünschte Modell aus und klicken Sie auf *Weiter*.

Ist der Treiber bereits auf dem Notebook vorhanden, müssen Sie diesbezüglich nichts weiter unternehmen. Die Installation läuft automatisch und ohne Meldung durch. Anschließend dürfen Sie Ihrem Drucker noch einen Namen geben und entscheiden, ob Sie eine Freigabe des Druckers möchten und ob der Drucker auf Ihrem Notebook als Standard installiert werden soll. Damit ist die Installation bereits abgeschlossen.

Soweit die Theorie. Aber nicht immer läuft alles so automatisch. Daher beginnen Sie an dieser Stelle nochmals von vorne. Jetzt mit der manuellen Vorgehensweise und der Erläuterung von mehr Einstellungsmöglichkeiten.

Erneut beginnen Sie beim Hinzufügen eines Druckers in der Systemsteuerung. Sie ignorieren aber dieses Mal die Druckerliste, die erscheint, denn unser Drucker war auf der Liste nicht ersichtlich, und wählen daher die Option weiter unten: *Der gesuchte Drucker ist nicht aufgeführt.* Danach folgt der Dialog wie in Abbildung 20.22.

Ihr Drucker hat eine TCP/IP-Adresse, die Sie mittlerweile kennen und im nächsten Schritt eingeben werden.

Geben Sie die Adresse 192.168.16.30 wie in der nächsten Abbildung ein. Der Treiber soll in unserem Beispiel nicht automatisch installiert werden. Sie müssen sich das Leben natürlich nicht unnötig schwer machen und können die automatische Abfrage des Treibers versuchen, bevor Sie sich, falls nötig, auf die Treibersuche begeben (Abbildung 20.23).

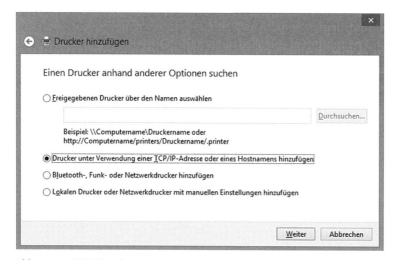

Abb. 20.22: TCP/IP-Adresse wählen

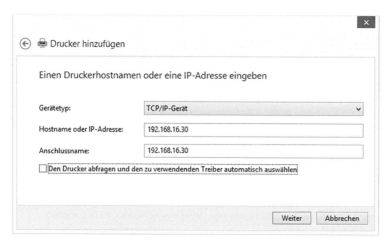

Abb. 20.23: IP-Adresse eingeben

Kapitel 20
Praxis 1: Sie richten ein Netzwerk ein

Wenn der Assistent den Drucker nicht erkennen kann, erstellen Sie einen Anschluss. Wählen Sie *Generic Network Card* und im nächsten Schritt den Treiber aus. Sollten Sie das zu installierende Druckermodell nicht in der Liste finden, können Sie über *Windows Update* weitere Treiber anzeigen lassen. Dieser Vorgang kann mehrere Minuten in Anspruch nehmen. Warten Sie an dem Punkt also geduldig, bis die Liste wieder angezeigt wird. Sollten Sie den Drucker weiterhin nicht finden können, suchen Sie den Treiber auf der Webseite des Herstellers.

Alternativ können Sie die Treiber auch auf einem Datenträger zur Verfügung stellen. Was heute häufig so viel heißt wie »Herunterladen, entpacken und auswählen«.

Besuchen Sie dazu die Website des Herstellers. Achten Sie bei der Wahl des Treibers darauf, dass Sie das richtige Betriebssystem und die korrekte Variante 32- oder 64-Bit wählen. Die Treiber-Installationspakete (*.exe*) nutzen Ihnen erst einmal nichts. Sie benötigen bei der manuellen Installation die einzelnen Treiberdateien (*.inf*). Einige Hersteller bieten an dieser Stelle zwei unterschiedliche Pakete zum Download an.

Die nachfolgende Abbildung zeigt einen Ausschnitt der Website von Canon. Für das hier vorliegende Beispiel müssten Sie nur die Treiber auswählen, weiter unten hätte auch das komplette Treiber- und Softwarepaket zur Verfügung gestanden.

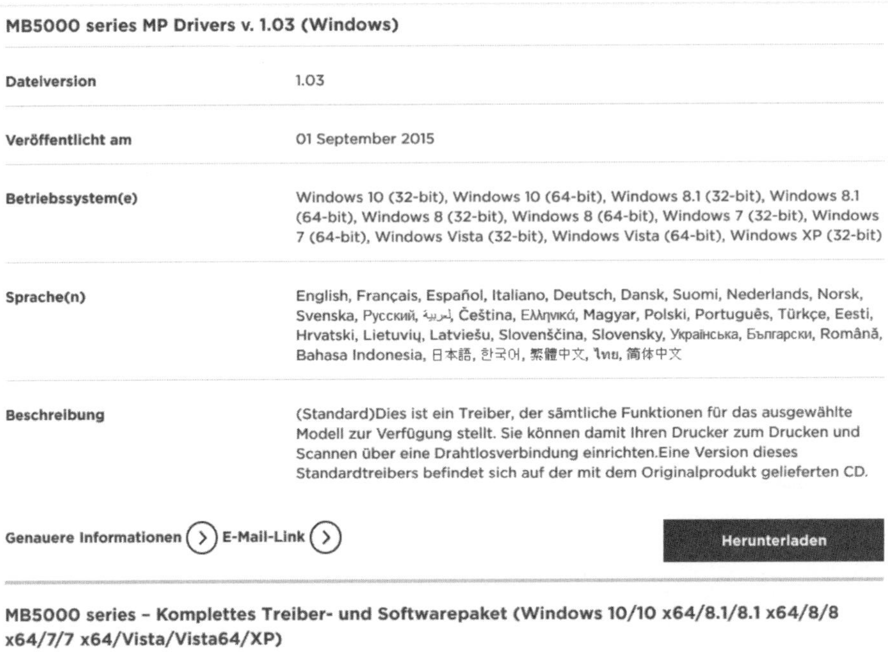

MB5000 series MP Drivers v. 1.03 (Windows)	
Dateiversion	1.03
Veröffentlicht am	01 September 2015
Betriebssystem(e)	Windows 10 (32-bit), Windows 10 (64-bit), Windows 8.1 (32-bit), Windows 8.1 (64-bit), Windows 8 (32-bit), Windows 8 (64-bit), Windows 7 (32-bit), Windows 7 (64-bit), Windows Vista (32-bit), Windows Vista (64-bit), Windows XP (32-bit)
Sprache(n)	English, Français, Español, Italiano, Deutsch, Dansk, Suomi, Nederlands, Norsk, Svenska, Русский, العربية, Čeština, Ελληνικά, Magyar, Polski, Português, Türkçe, Eesti, Hrvatski, Lietuvių, Latviešu, Slovenčina, Slovensky, Українська, Български, Română, Bahasa Indonesia, 日本語, 한국어, 繁體中文, ไทย, 简体中文
Beschreibung	(Standard)Dies ist ein Treiber, der sämtliche Funktionen für das ausgewählte Modell zur Verfügung stellt. Sie können damit Ihren Drucker zum Drucken und Scannen über eine Drahtlosverbindung einrichten.Eine Version dieses Standardtreibers befindet sich auf der mit dem Originalprodukt gelieferten CD.

Genauere Informationen E-Mail-Link   **Herunterladen**

MB5000 series – Komplettes Treiber- und Softwarepaket (Windows 10/10 x64/8.1/8.1 x64/8/8 x64/7/7 x64/Vista/Vista64/XP)

Abb. 20.24: Herstellerseite mit Druckertreibern (Quelle: canon.ch./support)

Nun wird der Treiber heruntergeladen. Entweder Sie erhalten ein Zip-Archiv oder eine *.exe*-Datei. Die Dateien müssen erst entpackt bzw. die *.exe*-Datei muss ausgeführt werden, um die Treiberdateien zu erhalten, die während der Installation des Druckers benötigt werden. Nach dem Ausführen der *.exe*-Datei wird bei Canon die automatische Treiberinstallation starten. Diese können Sie gleich wieder abbrechen. Canon erstellt einen Ordner mit den von Ihnen benötigten Treiberdateien am gleichen Ort, wo die heruntergeladene Datei zu finden ist. Bei anderen Herstellern achten Sie darauf, wohin die Dateien entpackt werden. Denn sobald Sie im Installationsassistenten auf *Datenträger* klicken, müssen Sie wissen, wo die Treiber abgelegt sind. Navigieren Sie also zu den entpackten Dateien und wählen Sie die vorgeschlagene Datei mit *Öffnen* aus.

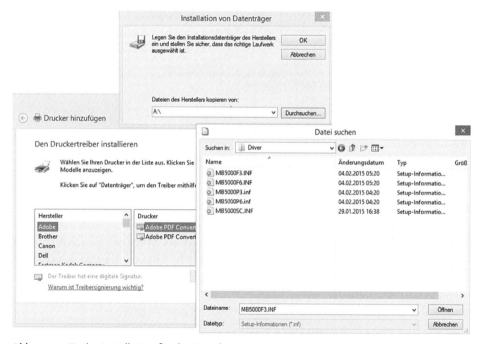

Abb. 20.25: Treiberinstallation für den Drucker

Sollte der Druckerhersteller mehrere Varianten eines Druckermodells anbieten, müssen Sie sich bei der Wahl des richtigen Druckers aus der Softwareliste nochmals vergewissern und Ihren Drucker wählen.

Nun können Sie Ihrem Drucker wieder einen passenden Namen geben, mit *Weiter* wird der Drucker anschließend installiert. Zum Schluss können Sie bestimmen, ob Sie den Drucker im Netzwerk freigeben möchten – damit könnten ihn weitere Computer dann ebenfalls als Netzwerkdrucker installieren.

Dies empfiehlt sich aber nur, wenn Ihr PC immer läuft – typischerweise also bei einem Server, nicht aber unbedingt bei einem Client-Computer wie im vorliegenden Szenario. Denn durch die Installation als Netzwerkdrucker würde sich der andere Computer über den Hauptcomputer mit dem Drucker verbinden.

Lassen Sie also das mit der Freigabe in diesem Fall bleiben und schließen Sie die Installation ab. Wiederum verabschiedet sich der Assistent mit der letzten Option zum Festlegen des Druckers als Standard und der Möglichkeit, eine Testseite zu drucken. Dies empfiehlt sich zu tun, um den Erfolg der Installation sicherzustellen. Mit *Fertig stellen* wird die Installation nun beendet.

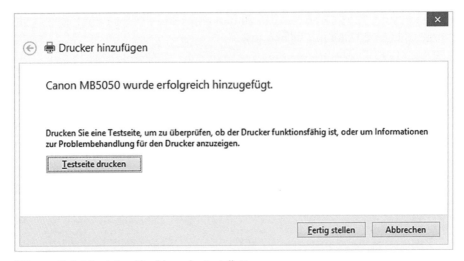

Abb. 20.26: Erfolgreicher Abschluss der Installation

Sollte der Drucker während der Installation nicht als Standard gewählt werden können, ist dies auch nach Abschluss noch möglich. Klicken Sie mit der rechten Maustaste auf den neu installierten Drucker und wählen Sie aus dem Kontextmenü *Als Standarddrucker festlegen* aus. Aus jeder Applikation, aus der Sie nun drucken wollen, wird als Erstes Ihr neuer Drucker vorgeschlagen.

Jetzt können Sie den Drucker mit dem Computer zusammen im Netzwerk nutzen. Schalten Sie nach der Installation der Treiber die Software-Firewall gegebenenfalls wieder an.

Danach wiederholen Sie diesen Vorgang auf dem anderen PC ebenfalls, so kann jeder PC direkt über das Netzwerk unabhängig vom anderen drucken.

20.5 Gemeinsame Nutzung von Daten

Sie haben aus der Vorbereitungsarbeit die zwei lokalen Benutzer mit Adminrechten auf beiden Computern eingerichtet: Franziska und Lars. Diese benötigen Sie nun, um die gemeinsame Datennutzung zu realisieren.

20.5.1 Vorbereitungsarbeiten

Auf dem Fujitsu-Computer haben Sie eine zweite Festplatte für die Daten eingebaut, um die eigenen und die gemeinsamen Daten zu trennen. Sie wissen aber, dass Sie dieses Konzept nicht verfolgen müssen. Sie können Ordner auch direkt auf dem Laufwerk C:\ freigeben bzw. an einem fast beliebigen Ort auf der Festplatte (außer innerhalb der Ordner, die das System benötigt, also nicht unter C:\Windows, aber ich nehme an, das hätten Sie sowieso nicht vorgehabt!). Aber es ermöglicht Ihnen eine eigene Disk, auch für die Datensicherung, und das macht Sinn.

Unter Windows 8.x bereiten Sie nun die Freigabe vor. Führen Sie vom rechten Bildschirmrand eine Streifbewegung aus, damit die Charming Bar erscheint. Klicken Sie auf *Einstellungen* und anschließend auf *PC-Einstellungen ändern*.

Tippen Sie dort auf der linken Seite auf *Netzwerk* und klicken Sie dann die aktive *Verbindung* an. Aktivieren Sie *Geräte und Inhalte suchen*.

Geräte und Inhalte suchen

Nach PCs, Geräten und Inhalten in diesem Netzwerk suchen und automatisch eine Verbindung mit Geräten wie Druckern und Fernsehern herstellen. Deaktivieren Sie diese Funktion für öffentliche Netzwerke, um Ihre Daten zu schützen.

Ein

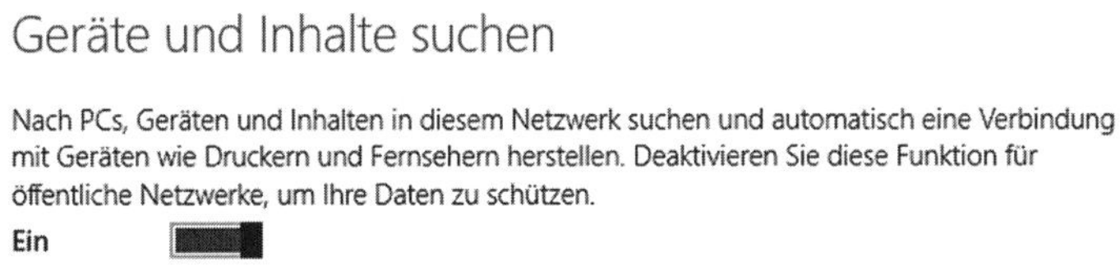

Abb. 20.27: Freigabe vorbereiten

Diese Option sollte nur im Heimnetzwerk oder wie in unserem Beispiel in einem kleinen Firmennetzwerk aktiviert werden (in einem Domänennetzwerk steht die Option nicht zur Verfügung). Sie kennen die Geräte im Netzwerk und halten diese für vertrauenswürdig. Die Firewall-Einstellungen werden automatisch geändert, damit die Kommunikation mit anderen Systemen oder z. B. Druckern ermöglicht wird (d. h., die SMB- und NetBIOS-Ports werden freigegeben). Da wir die Freigabe verwenden wollen, ist diese Einstellung zu wählen.

20.5.2 Einrichten der Freigabe

Richten Sie die Freigaben auf dem Computer mit der zweiten Festplatte ein. Damit besteht auch ein klares Konzept, wo gemeinsame Daten abgelegt sind, und dieses können Sie wieder in Ihre Dokumentation aufnehmen.

Das Anlegen der Freigabe auf dem Rechner mit der zweiten Platte läuft wie folgt:

- Legen Sie den Ordner an (Freigabename hier: *Unsere Daten*).
- Rechte Maustaste → Eigenschaften → Freigabe → Erweiterte Freigabe

- Berechtigungen → Franziska sowie Lars hinzufügen → Vollzugriff
- Den Benutzer *Jeder* entfernen!

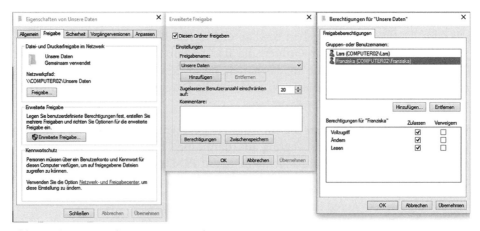

Abb. 20.28: Die Einrichtung einer Freigabe

Da Franziska mit dem gleichen Benutzernamen und Passwort auf Computer01 arbeitet, ist der Zugriff auf die Freigabe auf Computer02 anschließend ohne Passwort-Abfrage möglich. Damit Franziska immer Zugriff auf den freigegebenen Ordner hat und diesen nicht erst unter Netzwerk suchen muss, verbinden Sie diesen Ordner nun noch als Netzwerklaufwerk.

Gehen Sie dazu auf *Dieser PC* (ehemals Arbeitsplatz). Klicken Sie oben im Register *Computer* auf *Netzlaufwerk verbinden*.

Abb. 20.29: Netzlaufwerk verbinden

Jetzt können Sie einen freien Laufwerkbuchstaben wählen. Dabei nutzen Sie den bekannten UNC-Pfad, hier also:

`\\computer02\Unsere Daten`

Damit Franziska das Netzlaufwerk nicht nach jedem Neustart des Computers wieder einrichten muss, wählen Sie zusätzlich die Option *Verbindung bei Anmeldung wiederherstellen*.

Abb. 20.30: Das Zuordnen des Netzwerkordners zu einem Laufwerk

Perfekt. Sie haben nun ein kleines Netzwerk in Betrieb genommen.

20.6 Fragen zu diesem Kapitel

1. Sie richten ein lokales Netzwerk ein und benötigen dafür einen privaten Adressbereich. Welcher wäre dafür geeignet?

    A. 172.15.0.0/16

    B. 127.0.0.0/22

    C. 192.0.2.0/8

    D. 10.0.0.0/24

2. Welche Vorkehrungen müssen Sie umgehend treffen, damit ein Angreifer von außen nicht ohne weiteren Aufwand Ihren DSL-Router übernehmen kann?

    A. Das Netzwerkkabel nach der Konfiguration wieder auszuziehen.

    B. Das Standard-Passwort durch ein starkes Kennwort ersetzen.

    C. Den DHCP-Range für LAN-Clients so klein wie möglich halten.

    D. Das Kennwort für den DSL-Zugang nicht in den Router eintragen.

3. Sie haben Ihr Netzwerk eingerichtet, die Stationen kommen ins Internet, die Datenfreigabe funktioniert, aber Sie können trotz erfolgreicher Einrichtung einfach nicht drucken. Was kontrollieren Sie als Erstes?

    A. Ob die IP-Adresse des Druckers stimmt

    B. Ob alle Treiber korrekt installiert sind

    C. Ob der Drucker mit dem Netzwerk interagieren kann

    D. Ob Papier im Drucker vorhanden ist

4. Welchen Wert übergibt der DHCP-Service außer der IP-Adresse auch an den Client, der die Adresse bezieht?

   A. Die Lease-Dauer der Adresse

   B. Die Software-Version des DHCP-Dienstes

   C. Die IP-Adresse, die zuvor benutzt wurde

   D. Die mit der Adresse zusammen zugelassenen Dienste

5. Welches Protokoll müssen Sie in der Firewall zwischen Stationen zulassen, damit das Teilen der Daten zugelassen wird?

   A. HTTP

   B. FTP

   C. SMB

   D. TCP

6. Bevor Sie die Geräte für Ihr lokales Netzwerk konfigurieren, welches Mittel hilft Ihnen, das Netzwerk anforderungsgerecht bereitzustellen?

   A. Das Netzwerkdiagramm des künftigen Netzwerks

   B. Die Konzeption zusammen mit dem Auftraggeber

   C. Die Konfigurationsdokumentation

   D. Das Abnahmeprotokoll

7. Sie möchten wissen, ob Ihr DSL-Anschluss auch tatsächlich die mit dem Provider im Abonnement vereinbarte Leistung erbringt. Womit können Sie die effektive Leistung Ihres Anschlusses messen?

   A. Mit Speed Tests

   B. Mit Looking Glass

   C. Mit dem SLA

   D. Mit regelmäßigem Download

8. Sie möchten gerne Daten im Netzwerk freigeben. Was ist bei der Einrichtung einer Freigabe zwingend?

   A. Es benötigt dasselbe Betriebssystem auf den beteiligten Systemen.

   B. Es braucht Benutzernamen und Passwörter auf den Systemen.

   C. Die Daten müssen in einer Freigabe abgelegt werden.

   D. Der Zugriff kann nur über UNC erfolgen.

9. Wenn eine Kundin ein neues Heimnetzwerk einrichten möchte, welche Vorkehrungen sollte sie als Erstes treffen?

   A. Einen Account bei einem Internetprovider einrichten

   B. Eine Liste mit Anforderungen und Rahmenbedingungen erstellen

   C. Die gewünschte Hardware zusammenstellen

   D. Das richtige Betriebssystem auswählen

10. Nach dem Einrichten des Netzwerks möchte die Technikerin im Router die Zeit einstellen, für welche das Client-Gerät eine IP-Adresse beziehen kann. Welchen Wert wird sie dazu ändern?

    A. Den DNS-Suffix

    B. Die Reservation

    C. Den Lease

    D. Die IP-Adresse

Kapitel 21

Praxis 2: Sie richten ein WLAN ein

Das Einrichten eines drahtlosen Netzwerks ist in gewisser Hinsicht mit dem verwandt, was Sie im vorhergehenden Kapitel unternommen haben. Aber dieses Mal soll das Netzwerk nicht mittels, sondern durch eine drahtlose Verbindung aufgebaut werden, vom Notebook bis ins Internet.

> Sie lernen in diesem Kapitel:
> - Benötigte Komponenten für den Bau eines WLAN kennen
> - Die Systematik des Aufbaus verstehen
> - Die Konfiguration vornehmen
>   - WAN-Schnittstelle
>   - LAN-Schnittstelle
> - WLAN-Konfiguration verstehen und vornehmen
> - Sicherheitseinstellungen überprüfen

21.1 Das Szenario für den Nachbau

Für diese Übung sieht das eingesetzte Material wie folgt aus. Sie haben:

- Ein Notebook mit Windows 8.1 Pro (64-Bit), Deutsch
- Einen Access Point mit 4-Port-Switch und integriertem xDSL-Modem, also ein sogenannter SoHo-WLAN-Router
- Einen Netzwerkdrucker, der am WLAN-Router verbunden ist
- Ein Internetanschluss

Beginnen Sie mit der Beantwortung einiger Fragen:

- Was müssen Sie vorab klären, damit die Installation funktioniert?
- Welche technischen Voraussetzungen müssen gegeben sein?
- Welche Daten und Werte müssen Sie sich notieren?
- Wie sieht ein solches Netzwerk aus?

> **Netzwerkpraxis – jetzt sind Sie dran**
>
> An dieser Stelle nehmen Sie sich doch etwas Zeit bevor Sie umblättern und beantworten Sie diese Fragen für sich.

21.2 Der Beginn Ihrer Installation

Hier nun einige Antworten zu den Fragen von vorhin, damit Sie anschließend loslegen können.

Frage: Was müssen Sie vorab klären, damit die Installation funktioniert?

Antworten:

- Das xDSL-Signal ist von Ihrem Provider aktiviert worden.
- Sie haben die Zugangsdaten für das xDSL erhalten.
- Sie haben alle notwendigen Unterlagen zu den Geräten vorbereitet.

Frage: Welche technischen Voraussetzungen müssen gegeben sein?

Antworten:

- Das Notebook weist eine drahtlose Netzwerkschnittstelle auf.
- Die Schnittstelle muss mit den entsprechenden Treibern ausgerüstet sein.
- Die Schnittstelle muss dieselbe IEEE-802.11-Spezifikation erfüllen wie der Access Point (wenigstens eine davon).
- Sie haben die notwendigen Druckertreiber (siehe Kapitel 20).

Frage: Welche Daten und Werte müssen Sie sich notieren?

Antworten:

- Sie haben sich auf ein Adressschema festgelegt.
- Sie wissen, welche Sicherheitsspezifikationen implementiert werden sollen.

Hier die Beispielkonfiguration, wie ein solches Netzwerk inklusive Drucker aussehen könnte.

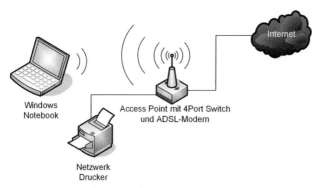

Abb. 21.1: Skizze eines drahtlosen Netzwerks

21.3 Der Aufbau des Netzwerks

Nach der Beantwortung der Fragen gilt es, die Geräte aufzustellen. Zur Optimierung von WLAN-Geräten beim Aufstellen haben Sie in Abschnitt 7.3.1 »Aufbau der Hardware« die wichtigsten Grundlagen bereits kennengelernt. Zusammengefasst heißen diese hier: das Gerät nicht hinter Metall oder Glas verstecken (Gestelle oder Schreibtische), nicht direkt an eine Wand stellen und auch nicht unter das Aquarium.

Jetzt können Sie sich an die Konfiguration des Netzwerks machen. Dabei wird vorausgesetzt, dass der Rechner an sich korrekt installiert ist und funktioniert. Überprüfen Sie als Erstes, ob auf dem Notebook die drahtlose Netzwerkkarte als solche richtig installiert ist.

Dies überprüfen Sie über die Systemsteuerung in Windows. Wählen Sie den Eintrag *System* an und danach den Geräte-Manager. Unter *Netzwerkadapter* finden Sie den Eintrag für die drahtlose Netzwerkkarte.

Wenn sie korrekt installiert ist, finden Sie die Karte hier angezeigt, im Beispiel handelt es sich um eine Intel Centrino Advanced-N 6205. Die Karte unterstützt unter IEEE 802.11 die drei Modi 802.11a, 802.11g und 802.11n, aber noch nicht 802.11ac.

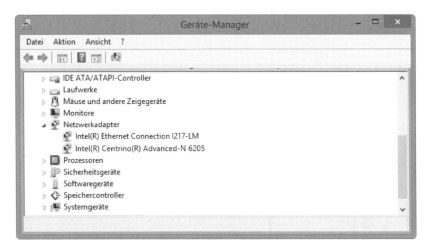

Abb. 21.2: Die drahtlose Netzwerkkarte ist installiert

Nachdem die Funktionstüchtigkeit der Netzwerkkarte überprüft ist, schließen Sie zuerst das Modem an die Telefonleitung an. Dazu benötigen Sie jetzt die Telefonleitung und einen Splitter bzw. Mikrofilter.

Dieser Mikrofilter bzw. Splitter (Schweizer Begriff bei ISDN-Filtern) wird Ihnen entweder mit dem Router mitgeliefert, ansonsten müssen Sie ihn separat erwerben.

Kapitel 21
Praxis 2: Sie richten ein WLAN ein

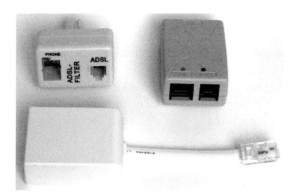

Abb. 21.3: ADSL-Mikrofilter und -Splitter aus Deutschland und der Schweiz

Mikrofilter müssen bei einer analogen Leitung vor jedes am selben Anschluss verbundene Telefon geschaltet werden, um die hochbandigen ADSL-Signale herauszufiltern. Andernfalls hören Sie beim Telefonieren ein dauerndes Rauschen. Das heißt, falls Sie noch klassische Festnetztelefone haben, benötigen Sie unter Umständen mehr als nur einen Mikrofilter. Von dem Mikrofilter, der am nächsten beim Router steht, nehmen Sie dann über eine Telefonleitung das Signal ab und stecken dies mit dem RJ-11-Stecker in das Modem ein.

Im konkreten Beispiel kann das so aussehen:

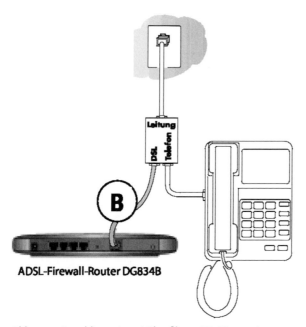

Abb. 21.4: Anschluss eines Mikrofilters (© Netgear)

In der Schweiz wird zudem zwischen analogen Mikrofiltern und digitalen ISDN-Splittern unterschieden. Letztere werden nicht vor die Telefone, sondern vor die ISDN-Anlage der Swisscom geschaltet und das Signal wird dort durch den Splitter bereits geteilt, bevor es zu den Telefonen kommt.

Nachdem dies getan ist, verbinden Sie jetzt das Notebook mit dem Access Point. Im konkreten Fall handelt es sich um ein kombiniertes Gerät:

- xDSL-Modem und Router (IPoE, PPPoE)
- SPI Firewall
- Switching Hub mit vier Gigabit-LAN-Anschlüssen
- Access Point mit verschiedenen 802.11-Standards (802.11 b/g/n für 2.4 GHz, 802.11 a/n/ac für 5 GHz)

Abb. 21.5: ZyXEL IEEE 802.11ac WLAN-Router

21.4 Die Konfiguration des WLAN-Geräts

Nachdem Sie den Router mit dem Stromnetz verbunden haben und er eingeschaltet ist, verbinden Sie jetzt das Notebook mit dem Access Point (im Folgenden nur noch AP genannt). Öffnen Sie dazu die Einstellungen über die Charm Bar und wählen Sie das WLAN-Symbol aus. In einer Liste werden Ihnen sämtliche verfügbaren Netzwerke angezeigt. Falls Sie Schwierigkeiten haben, das korrekte Netzwerk ausfindig zu machen, finden Sie die Standard-SSID entweder im Handbuch oder direkt am Gerät.

Abb. 21.6: Die drahtlose Verbindung hat den AP erkannt

Um den AP zu konfigurieren, benötigen Sie einen Browser. In diesen tippen Sie die vorkonfigurierte Adresse des Routers ein. Diese Adresse finden Sie immer in den Unterlagen oder aber auf der Unterseite des Geräts zusammen mit anderen Standardwerten. Sie sehen sie aber auch, wenn Sie mit *ipconfig* nachsehen, welche Adresse der mit Ihrem Notebook jetzt verbundene Router als Standard-Gateway angenommen hat.

Abb. 21.7: Angaben zu den vorkonfigurierten Werten

21.4 Die Konfiguration des WLAN-Geräts

In diesem Fall handelt es sich um die Adresse 192.168.1.1. Nachdem Sie diese in den Browser eingegeben haben, erscheint ein Anmeldedialog. Auch hier kommen zu diesem Zeitpunkt noch vorkonfigurierte Werte zum Zug – etwas, das Sie später unbedingt ändern sollten, um den Zugang auf das Gerät nicht jedermann zu ermöglichen.

Im Falle von dem verwendeten ZyXEL-Gerät wird in einem ersten Schritt zur Anmeldung lediglich das Kennwort benötigt, kein Benutzername:

- Passwort *1234*

Bei anderen Geräten kann auch *admin* als Benutzername erforderlich sein. Das steht aber ebenso in den Unterlagen zum jeweiligen Gerät.

So sieht die Begrüßungsoberfläche des Routers aus:

Abb. 21.8: Anmeldung am Router

Bei allen Herstellern ist dies übrigens meistens die gleiche Geschichte, ob das Passwort jetzt *1234* heißt oder auch *password* (Netgear). Achten Sie sich auch darauf, ob als Benutzername *admin* oder *administrator* verlangt wird oder ob er, wie in unserem Fall, nicht von Bedeutung ist!

Als Erstes werden Sie aufgefordert, das Passwort zu ändern. Zwei Dinge sollten Sie dabei beachten:

- Ersetzen Sie bitte das Default-Passwort *1234* nicht durch *4321* oder *abcd*. Schützen Sie Ihr Netzwerk von Anfang an durch die Wahl eines starken Passworts.
- Notieren Sie sich das gewählte Kennwort in Ihrer Dokumentation, denn da es ein starkes Passwort ist, werden Sie es sich nicht 24 Monate merken können; andernfalls müssen Sie das nächste Mal das Gerät zurücksetzen, um mit der Konfiguration wieder von vorne zu beginnen ...

Kapitel 21
Praxis 2: Sie richten ein WLAN ein

Hier konnen Sie Ihr Passwort verandern.

Aus Sicherheitsgründen empfehlen wir die Änderung des existierenden Administratorkennworts.

Abb. 21.9: Aufforderung, beim ersten Zugriff das Kennwort zu ändern

Um dem Benutzer den Start möglichst einfach zu machen, verwenden mittlerweile viele Hersteller eine Schnellstart-Konfiguration. Einstellungen wie die Zugangsdaten der Breitbandverbindung können damit vereinfacht geändert und gleich zu Beginn hinterlegt werden.

Sie wollen aber an dieser Stelle wissen, wie die Konfiguration vor sich geht, daher überspringen Sie die Quick-Installation und gehen auf die Detailseiten, auch Expertenmodus genannt.

Entsprechend empfängt Sie der WLAN-Router mit umfassenden Informationen:

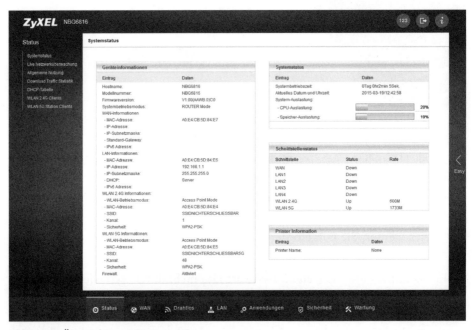

Abb. 21.10: Übersicht zum Systemstatus

Auf dem Eintrittsbildschirm des Expertenmodus sehen Sie ganz unten im Menü die unterschiedlichen Kategorien (Status, WAN, Drahtlos, LAN etc.), links im Seitenmenü erscheinen dazu die jeweils dazugehörenden Einträge, welche Sie anschließend konfigurieren können. Da es sich um ein kombiniertes Gerät handelt, sind die Möglichkeiten entsprechend umfassend.

Die Reihenfolge zur Konfiguration lautet:

1. WAN-Schnittstelle und Testen der Internetverbindung
2. LAN-Einstellungen konfigurieren (Adressen, DHCP)
3. WLAN-Einstellungen konfigurieren
4. Die Firewall konfigurieren
5. Die Konfiguration speichern (!) und die wichtigsten Änderungen dokumentieren, von der IP-Adresse des Geräts über die WLAN-Einstellungen bis zur Version der aktuell installierten Firmware

21.4.1 WAN-Schnittstelle einrichten

Sie beginnen bei den WAN-Einstellungen für die Konfiguration der DSL-Verbindung. Hierbei handelt es sich um die Informationen für den Zugang ins Internet. Sie benötigen also die Angaben über die Kapselung der Leitung, die Benutzerangaben und die IP-Adresse.

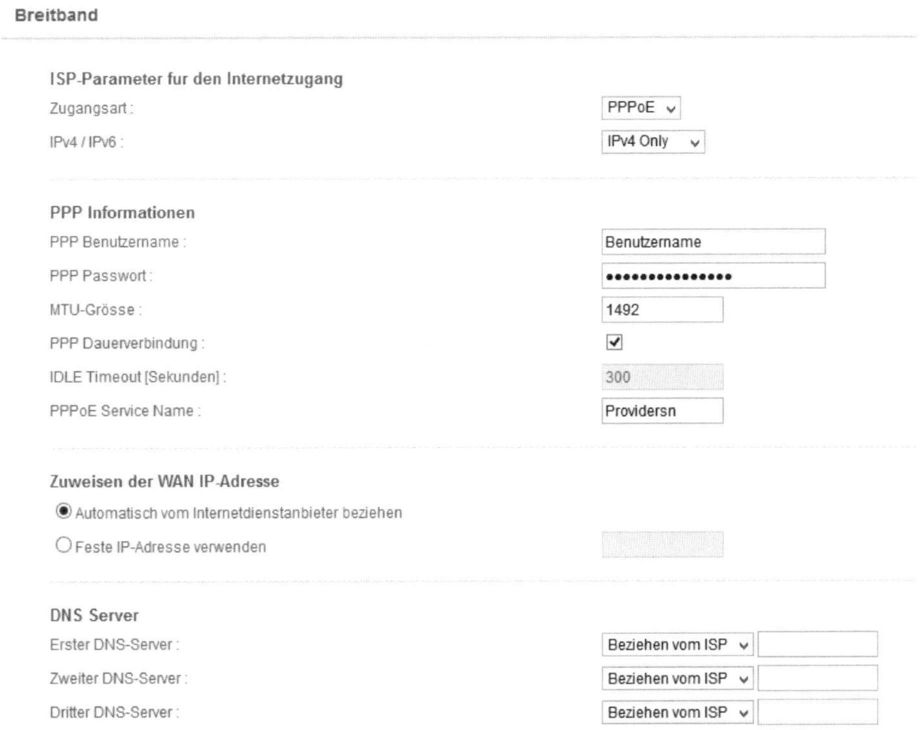

Abb. 21.11: WAN-Einstellungen PPPoE

Bei der Zugangsart haben Sie die Wahl zwischen PPP über Ethernet (PPPoE) und IP über Ethernet (IPoE). Die richtige Wahl schreibt Ihnen Ihr Provider vor, je nachdem welche Art von Netzwerk er unterhält. PPP darum, weil das Protokoll ja auch Dienste wie die Authentifizierung (sprich verschlüsselte Anmeldung) zur Verfügung stellt. Auch erleichtert PPPoE den Providern die Verwaltung, da die Infrastrukturen für Point-to-Point Protocol PPP bei den meisten ISPs schon aus den Zeiten der Analogmodems bestehen.

Neben der Zugangsart (meistens ist es übrigens PPPoE, selten PPPoA) erhalten Sie vom Provider den Benutzernamen und das Passwort mitgeteilt. Hier eingetragen, ist das Modem anschließend in der Lage, sich automatisch einzuwählen, wenn Sie eine Internetverbindung aufbauen möchten.

Der IDLE Timeout bestimmt, wie lange eine Leitung bei Untätigkeit offen bleibt, diese Zeitspanne können Sie selbst auswählen.

Sofern Sie vom Provider eine fixe IP-Adresse und/oder einen fixen DNS-Server mitgeteilt erhalten haben, tragen Sie diese ebenfalls ein, ansonsten bleiben diese Werte auf *Automatisch*.

21.4.2 Die Konfiguration der LAN-Schnittstellen

LAN-seitig verfügen Sie ja sowohl über die vier Gigabit-Anschlüsse als auch über den Access Point über die drahtlose Verbindung. Der Access Point arbeitet somit als Bridge im LAN.

Daher gelten die unter *LAN* getroffenen Einstellungen bezüglich der Adresse und des an- oder ausgeschalteten DHCP-Dienstes auch für das WLAN. Deshalb passen Sie diese hier zuerst an.

Dazu gehen Sie unten in die Kategorie *LAN* und schauen sich dort die LAN-IP-Einstellungen für das lokale Netzwerk etwas genauer an.

Standardmäßig werden die Router mit aktiviertem DHCP-Server ausgeliefert. In einem kleinen Netzwerk, wie Sie es hier zugrunde legen, ist das sehr praktisch, in einem bestehenden Netzwerk allerdings nicht: Dort ist es wichtig, den DHCP-Server rasch abzuschalten, damit es keine Konflikte im Netzwerk gibt – und zwar bevor Sie das Gerät mit dem übrigen Netzwerk verbinden ...

Im vorliegenden Beispiel können Sie die Adresse des Routers selbst auf 192.168.1.1 belassen (tun ohnehin die meisten). Sie könnten sich aber auch sagen, dass es vielleicht etwas schlauer wäre, genau das zu ändern – viel Sicherheit bringt es nicht, aber wer nur etwas im Netzwerk »herumsucht«, lässt sich mit 192.168.192.0/24 sicher etwas länger beschäftigen. Die gewählte IP-Adresse ist dann zugleich auch Ihre Gateway-Adresse für alle Geräte, die sich ins Internet verbinden möchten.

Damit Sie das nicht auf verschiedenen Geräten von Hand eintragen müssen und dies, wie Sie sich erinnern, mit WLAN auch kaum funktionieren wird, aktivieren Sie den DHCP-Service. Dieser ist im vorliegenden Fall sehr einfach gehalten, Sie können gerade mal die Startadresse und die Pool-Größe auswählen – den Rest übernimmt das Gerät selbst (DNS-Server, Zeit, Gateway) bei der Übergabe der IP-Adresse an die Clients. Falls Sie mit IPv6 arbeiten möchten, muss es auch einen entsprechenden IPv6-DHCP-Service geben, der auch so bezeichnet ist. Ansonsten können Sie nur IPv4 nutzen wie bei diesem SoHo-Gerät.

LAN IP

IP-Adresse :	192.168.1.1
IP-Subnetzmaske :	255.255.255.0
DHCP-Server :	● Aktiviert ○ Deaktiviert
IP Pool-Startadresse :	192.168.1.33
Pool-Grösse :	128

Abb. 21.12: Konfiguration der LAN-IP-Adressen

21.4.3 WLAN einrichten

Damit kommen Sie als Nächstes zu den Wireless-Einstellungen. Sie benötigen für Ihr Netzwerk folgende Werte:

- Die SSID zur Identifikation
- Den gewünschten IEEE-802.11-Standard (b/g/n/ac)
- Die erwünschte Sicherheit (WEP, WPA, WPA2) und den dazu passenden Schlüssel

Im Beispiel finden Sie folgende Angaben als Anhaltspunkte, und zwar sowohl für das 2,4-GHz-Netzwerk als auch für das 5-GHz-Netzwerk, denn wenn Sie beide Frequenzträger einsetzen möchten, müssen Sie auch beide separat einrichten. Alternativ dazu können Sie auch einen der beiden Frequenzträger deaktivieren. Das vorliegende Gerät verfügt über 4x4 MUMIMO-Antennen extern sowie drei interne MIMO-Antennen, von daher lassen sich beide Netzwerke gut nebeneinander betreiben.

Über die erste Option wählen Sie den Frequenzträger (hier *Band* genannt) mit 2.4 GHz oder 5 GHz aus. Wie in Kapitel 7 erwähnt, ist beispielsweise der Betrieb im 802.11ac-Modus lediglich im 5-GHz-Band möglich, umgekehrt unterstützt aber das 5-GHz-Band nicht zwingend 802.11ac, das hängt von den verbauten Komponenten des Routers ab.

Kapitel 21
Praxis 2: Sie richten ein WLAN ein

Drahtlos 2.4G

Drahtlosfunktion einrichten	
Band:	2.4GHz
Wireless LAN:	◉ Aktiviert ○ Deaktiviert
Name (SSID):	SSIDNICHTERSCHLIESSBAR
☐ SSID verbergen	
Kanalauswahl:	Channel-1 2412MHz
Betriebskanal:	Kanal-1
Kanalbreite:	Auto 20/40 MHz
802.11 Modus:	802.11gn

Drahtlos 5G

Drahtlosfunktion einrichten	
Band:	5GHz
Wireless LAN:	◉ Aktiviert ○ Deaktiviert
Name (SSID):	SSIDNICHTERSCHLIESSBAR5G
☐ SSID verbergen	
☑ DFS	
Kanalauswahl:	Channel-48 5240MHz
Betriebskanal:	Kanal-48
Kanalbreite:	80 MHz
802.11 Modus:	802.11a/an/ac

Abb. 21.13: Die Einstellungen für die drahtlosen Netzwerke

Die SSID ist frei wählbar und dient Ihnen zur Identifikation Ihres drahtlosen Netzwerks. Sie darf nicht länger als 32 Zeichen sein und sollte nicht gerade die Adresse oder die Nummer Ihrer Wohnung bzw. Ihren Namen enthalten. Im Anschluss steht Ihnen zur Wahl, ob Sie die SSID aussenden oder nicht aussenden möchten (Broadcast). Wenn Sie das Netzwerk nur für sich selbst nutzen möchten, macht dies Sinn, wenn Sie regelmäßig anderen Zugriff gewähren wollen, ist es möglicherweise nicht praktisch, wenn die SSID versteckt ist.

Der Kanal ist standardmäßig auf *Automatische Kanalauswahl* eingestellt. Abhängig von der Frequenz und dem Land, in dem Sie sich befinden, wählt der Router einen Basis-Kanal aus (in diesem Fall 06). *Diese Einstellung deaktivieren Sie immer umgehend.* Mit einem Analyseprogramm auf dem Notebook wie z. B. dem schon besprochenen InSSIDer oder auf dem Smartphone bzw. Tablet mit dem Wi-Fi-Analyzer messen Sie zunächst aus, welcher Kanal vom Standort des WLAN-Geräts aus am wenigsten Belegung aufweist. Diesen Kanal geben Sie anschließend fest als gewählten Basis-Kanal ein. Dies hat zwei Vorteile: Zum einen wissen Sie, wo noch

21.4 Die Konfiguration des WLAN-Geräts

freie Kapazitäten sind und können diese für sich wählen, zum anderen wird die Verbindung nicht dauernd ab- und wieder aufgebaut, wenn das Gerät meint: »Nein, jetzt ist Kanal 3 besser«, und fünf Minuten später: »Aber jetzt Kanal 7« – genau das tut ein WLAN-Gerät nämlich, wenn man es auf »Auto« einstellt. Es hört regelmäßig die Kanäle ab (wie der Wi-Fi-Analyzer) und immer, wenn ein Signal als deutlich besser hervorsticht, wird der Kanal gewechselt, und dazu muss die Verbindung zu den Clients zuerst ab- und danach wieder aufgebaut werden. Zwar müssen Sie dabei als Client nichts unternehmen, da das WLAN-Gerät das automatisch steuert, aber Sie merken sehr wohl, wenn es deswegen immer wieder zu Unterbrechungen kommt.

Beim Modus ist es wichtig, Ihre Endgeräte zu kennen. Der ZyXEL NBG6816 unterstützt sowohl 802.11b, 802.11g und 802.11n im 2.4-GHz-Band als auch 802.11a, 802.11n und 802.11ac im 5-GHz-Band. Je nach den Möglichkeiten Ihrer Endgeräte stellen Sie hier den gewünschten Modus ein.

Wie Sie sich erinnern, besitzt das für dieses Beispiel eingesetzte Gerät eine 801.11n-taugliche Schnittstelle, also wählen Sie für den 2,4-GHz-Bereich 802.11gn aus (damit können sich auch ältere Geräte noch einwählen), das 5-GHz-Netzwerk betreiben Sie aber im Greenfield-Modus, so holen Sie das Optimum für diesen Client heraus.

Damit kommen Sie zu den Sicherheitseinstellungen für das drahtlose Netzwerk. Der hier als Beispiel eingesetzte ZyXEL-Router ist diesbezüglich konsequent. Das unsichere WEP bietet er als Sicherheitsstufe gar nicht mehr an. Das bedeutet aber auf der anderen Seite, dass ältere Geräte zuerst ihre Netzwerkkarten-Software aktualisieren müssen, damit sie die neueren Verschlüsselungen auch beherrschen. Dies sollte bei den meisten Adaptern möglich sein.

Sie wählen nach Möglichkeit WPA2 aus, und zwar wenn möglich nur WPA2, denn bei WPA/WPA2-Mix wird im Hintergrund TKIP als Verschlüsselung eingesetzt, das ist dann fast wieder wie WEP (nur fast). Wählen Sie aber WPA2 »only« aus, so wird AES als Verschlüsselung eingesetzt, und das ist wesentlich sicherer für den Betrieb.

Sicherheit
Sicherheitsmodus : WPA2-PSK

☐ WPA-PSK kompatibel
PSK (Pre-Shared-Key) netzwerkschluessel
Gruppenschlüssel Aktualisierungs-Timer 3600 Sekunden

Abb. 21.14: Sicherheitseinstellungen für WLAN

Anschließend geben Sie den PSK, den Pre-Shared Key, ein. Also den Schlüssel, den Sie den Clients mitteilen müssen, wenn sich diese mit dem WLAN verbinden möchten. Und hier gilt das Gleiche wie beim Passwort: WPA2 und SSID-Hiding und das gleich noch zu besprechende MAC-Filtering helfen überhaupt nicht, wenn Sie danach als PSK »12345678« auswählen. Bei einem Brute-Force-Angriff auf Ihren Router geht das schneller mit dem Aushebeln, als Sie es merken. Ohne an dieser Stelle AES-Berechnungen zu vertiefen, dies ist ja ein Praxiskapitel: Unter 20 Zeichen sollten Sie keinen Schlüssel setzen, als sicher gelten aktuell 28 Zeichen und mehr. Und zwar mit Groß- und Kleinbuchstaben und Ziffern. Und ja: Notieren hilft anschließend ...

Als mögliche Kombination für eine erhöhte Sicherheit können Sie, wie angedeutet, zusätzlich eine MAC-Liste führen. Das heißt, Sie können anhand der Eintragung der physikalischen Adresse festlegen, welche Stationen vom Access Point zur Einbuchung zugelassen werden und welche nicht. Somit erschweren Sie den Zutritt fremder Geräte. In Kombination mit WPA2 und einem sicheren Schlüssel haben Sie Ihr drahtloses Netzwerk dann zuverlässig konfiguriert.

Abb. 21.15: Zugangskontrollliste für die angeschlossenen Geräte

Wichtig: Aktivieren Sie den MAC-Adressen-Filter auch, sonst nützt er nichts.

21.4.4 Jetzt kommt die Firewall dran

Im Sicherheitsmenü können Sie Firewall-Regeln hinzufügen bzw. verwalten, aber seien Sie vorsichtig: Es ist wenig sinnvoll, eine Firewall zu unterhalten und dann Löcher einzubauen! Die Standardeinstellung wird also häufig reichen! Und das heißt: Von innen nach außen erlauben Sie den Verkehr, Anfragen von außen nach innen werden dagegen geblockt. Für ein »Deny all« für eingehenden Verkehr mit entsprechenden Ausnahmeregeln sind dieses SoHo-Geräte auch nicht vorbereitet. Wenn Sie einen zuverlässigeren Ansatz benötigen, gilt es, sich eine separate Firewall mit den entsprechenden Möglichkeiten anzuschaffen.

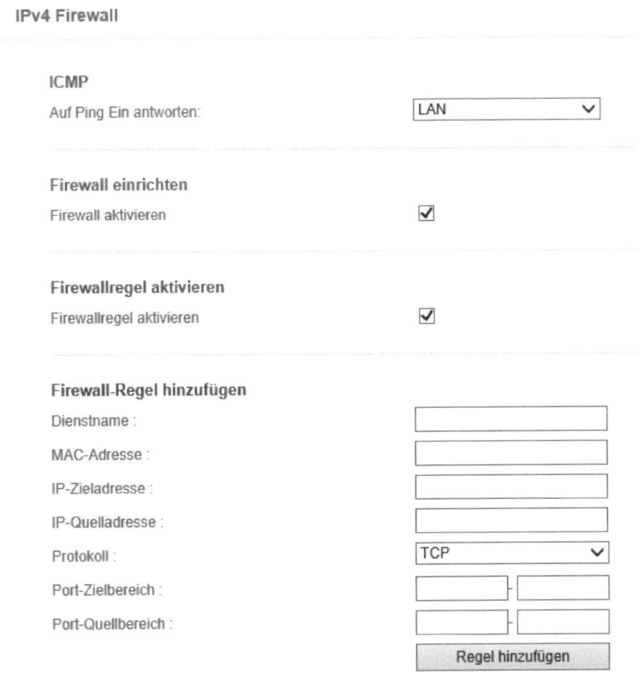

Abb. 21.16: Konfiguration der aktivierten Firewall

Nachdem Sie jetzt alle Einstellungen soweit getroffen haben, verlassen Sie den Router und starten diesen neu.

Jetzt sind Sie fast so weit – doch zuerst müssen Sie die zuvor im Router getroffenen WLANEinstellungen auf Ihr Notebook übernehmen. Dazu öffnen Sie erneut die Leiste zur Konfiguration von kabellosen Netzwerken von Windows 8 und geben die neuen Werte inklusive Verschlüsselung und Passphrase ein.

Erst jetzt können Sie erfolgreich eine Verbindung aufbauen.

Zur Verbindung des Druckers sei an dieser Stelle auf das Praxiskapitel 1 verwiesen, das Sie vor diesem hier finden. Ob der Drucker am Kabel und das Notebook via WLAN im Netzwerk hängen, spielt diesbezüglich nämlich überhaupt keine Rolle.

Der WLAN-Router agiert an dieser Stelle nämlich als reine Bridge zwischen Kabel und Luft, das heißt, beide Medien bilden eine gemeinsame Broadcast-Domäne und teilen sich das LAN-Segment.

Einzig bei der IP-Adresse müssen Sie darauf achten, dass der Drucker eine zum gewählten Netzwerk passende Adresse hat. Wenn Sie also mit 192.168.192.0/24 arbeiten möchten, wird Ihnen die Druckereinstellung aus dem letzten Kapitel keine Freude machen, sondern Sie müssen diese Adresse anpassen.

21.5 Fragen zu diesem Kapitel

1. Sie haben ein Netzwerk mit Access Point aufgebaut. Der PC mit den Daten hat die Adresse 192.168.4.145/28. Der Drucker hat ebenfalls eine IP-Adresse im 192.168.4er-Netzwerk, ist aber nicht erreichbar vom PC aus, warum?

   A. Weil der Access Point das Netzwerk des PC routet und daher der Drucker in einem anderen Netzwerk adressiert sein müsste.

   B. Weil der Drucker via Kabel angeschlossen ist, der PC aber über WLAN und sich die beiden Geräte daher nicht sehen können.

   C. Weil die Adresse des Druckers 192.168.4.144/28 lautet und daher als Adresse für den Drucker ungültig ist.

   D. Weil die Firewall auf dem PC die Ports 80 und 443 nicht offen hat.

2. Sie nutzen den WLAN-Router am WAN-Anschluss für die direkte ADSL-Verwendung. Welches Protokoll wählen Sie dafür in der Konfiguration aus?

   A. PPPoE

   B. PoE

   C. IP

   D. IPoE

3. Sie setzen für Ihr lokales Netzwerk die MTU auf 1500 Byte ein. Nun verwenden Sie einen ADSL-Router, der Ihnen eine kleinere MTU von 1492 vorschlägt. Was tun Sie?

   A. Die MTU im ganzen LAN auf 1492 heruntersetzen

   B. Die MTU im Router auf den im LAN genutzten Wert von 1500 einstellen

   C. Die MTU auf der WAN-Schnittstelle auf 1492 setzen

   D. Die MTU auf allen Stationen auf einen Wert kleiner als 1492 setzen

4. Sie möchten gerne Ihren WLAN-Router auch von Ihrem Ferienhaus aus verwalten können, dies aber möglichst sicher. Welchen Dienst werden Sie dafür auf dem Router öffnen?

   A. SCP

   B. SFTP

   C. SSH

   D. IPSec

5. Welche Information des Routers benötigen Sie via DHCP auf den WLAN-Clients, damit diese im Internet Webseiten über ihre URL aufrufen können?

   A. DHCP-Server

   B. DNS-Server

   C. Gateway-Server

   D. IP-Server

6. Sie möchten das WLAN nicht nur für die zwei Notebooks nutzen, sondern auch mit Ihrem Smartphone. Worauf müssen Sie dabei besonders achten?

   A. Die Sende- und Empfangsleistung des Smartphones für WLAN ist geringer als die eines Notebooks.

   B. Derselbe Access Point kann nur entweder Smartphones oder Notebooks zur selben Zeit anfunken.

   C. Smartphones können nur im 2,4-GHz-Frequenzträger funken.

   D. Smartphones sind nicht für WLAN, sondern für 4G optimiert.

7. Was zeichnet 801.11ac gegenüber 802.11n unter anderem aus?

   A. Es funkt in mehreren Frequenzbereichen gleichzeitig (5 und 11 GHz).

   B. Das Verfahren ist mit 802.11g kompatibel.

   C. Es kann über 10 Gbps Datendurchsatz erreichen.

   D. Es bietet MIMO für mehrere Benutzer gleichzeitig an.

8. Welche Aussage zur Sicherheit Ihres WLAN ist falsch?

   A. Sichere Kennwörter können auch nur drei Zeichen lang sein, solange sie WPA2-AES-verschlüsselt sind.

   B. Radius bietet zur Authentifikation zusätzliche Sicherheit gegenüber PSK.

   C. Die Aussendung von Funksignalen kann man von außen nutzen, um sich Informationen über das Netzwerk zu beschaffen.

   D. Je höher die Frequenz von ausgesendeten Signalen ist, desto geringer ist deren Reichweite bei gleichbleibender Sendeleistung.

9. Sie möchten Ihr WLAN gerne mit IPv6 einrichten. Welcher Adressbereich ist dafür am ehesten geeignet?

   A. 2000 ::/3

   B. fc00 ::/7

   C. fe80 ::/10

   D. fec0 ::/8

10. Bevor Sie ein größeres drahtloses Netzwerk einrichten, was werden Sie durchführen, um eine optimale Installation zu ermöglichen?

    A. Sicherheitskonzept überarbeiten

    B. Heatmap erstellen

    C. Benutzerschulung durchführen

    D. PoE-Switches einplanen

Kapitel 22

Praxis 3: Steigern Sie die Netzeffizienz

Das letzte Praxiskapitel widmet sich vertieft der Optimierung der vorhandenen Netzwerkressourcen.

Die Optimierung kann in verschiedenen Bereich erfolgen, hat manchmal mit der Entfernung von Störungen, oft aber mehr mit besserem und gezieltem Einsatz von vorhandenen Mitteln zu.

Nachdem Sie die Grundlagen zu vielen Bereichen in den einzelnen Kapiteln gelesen und verarbeitet haben, bietet dieses Kapitel für Sie die Möglichkeit, verschiedene Aspekte der Optimierung in einer Gesamtschau der einzelnen Grundlagen zu erkennen und umzusetzen.

Wie Sie beim Kapitel zur Fehlersuche gesehen haben, macht es oftmals Sinn, von unten nach oben durch die OSI-Layer vorzugehen, frei nach dem Grundsatz »Bevor Sie den Server neu installieren, schauen Sie doch nach, ob das Kabel noch korrekt eingesteckt ist«. Bei der Optimierung finden sich genauso Möglichkeiten auf verschiedenen Ebenen an, weshalb die Reihenfolge für Sie im gleichen Rahmen aufgebaut ist.

> Sie lernen in diesem Kapitel:
> - Die Möglichkeiten, physische Komponenten zu optimieren, kennen
> - Die Optimierung von Ethernet-Netzwerken verstehen
> - Die Subnettierungsmöglichkeiten vertiefen
> - Network Access Control gezielt einsetzen
> - Traffic Shaping im Rahmen der Netzqualität nutzen
> - WLAN-Optimierungsmöglichkeiten einschätzen

22.1 Optimierung der physischen Komponenten

Die Welt der physischen Komponenten beherbergt im Kontext der Optimierung vor allem zwei Attribute: *funktionierende* Komponenten und *leistungsfähige* Komponenten.

Das primäre Ziel ist es, funktionierende Komponenten zu haben. Das gilt für Kabel und Steckerverbindungen ebenso wie für die Verbindungsgeräte.

Einen großen Schritt machen Sie diesbezüglich, wenn Sie bei Installationen oder Ersatz von bestehenden Installationen nach vorne blicken, also nicht das aktuell günstigste Verkabelungssystem einbauen, sondern eines, das auch in zehn Jahren noch aktuell sein wird.

Der Grund für diese Überlegung ist, dass Verkabelungen (Gebäude, Stockwerk, Etage) eine Lebenserwartung von 20 bis 25 Jahren aufweisen. Danach müssen sie erneuert werden, primär wegen der Alterung der Bestandteile, die zu immer mehr Datenfehlern auf Übertragungsebene führen.

Wenn Sie also heute eine 100-Mbps-Verkabelung auf Basis von Cat. 5e implementieren, weil dies sehr günstig möglich ist, obwohl bereits Gigabit im Einsatz ist und auch 10-Gigabit-Verkabelungen sowohl LWL- als auch kupferbasiert langsam, aber sicher bezahlbar werden im LAN-Umfeld – wo stehen Sie mit dieser Entscheidung in zehn Jahren oder gar auf die Lebensdauer Ihres Netzwerks bezogen?

Ich erinnere mich noch an den etwas verständnislosen Blick meiner Kollegen, als ich meine Firma im Frühling 1997 einrichten ließ und darauf bestand, dass die ganze Sekundär- und Tertiärverkabelung einheitlich auf Cat. 6 (damals noch nicht mal standardisiert!) ausgelegt wurde, damit wir uns mittelfristig sicher mindestens mit Gigabit verbinden konnten. Obwohl wir uns als kleines Unternehmen zu diesem Zeitpunkt weder einen Switch noch Gigabit leisten konnten, bezahlte ich doch 1997 für einen 24-Port-Hub (!) schon fast € 2000. Aber als die ersten PCs dann nach dem Jahr 2000 standardmäßig mit Gigabit-Netzwerkkarten ausgeliefert wurden, mussten wir nur den Core- und die Büroswitches ersetzen und das Netzwerk war auf einen Schlag im Gigabit-Bereich.

Und heute, 18 Jahre später, können wir mit derselben Verkabelung jetzt sogar auf 10 Gbps umstellen, da wir auf S/STP-Kabel gesetzt haben.

Optimieren auf dieser Ebene bedeutet daher vor allem, langfristig zu denken um später nicht laufend erneut investieren zu müssen.

Zum Zweiten messen Sie von Zeit zu Zeit wichtige Leitungen aus, damit Sie mit der Zeit auftretende Leistungsverluste erkennen und deren Verlauf durch wiederkehrende Messungen bestimmen können.

22.2 Die Optimierung von Ethernet-Netzwerken

Die Ethernet-Protokolle auf OSI-Layer 2 arbeiten, wie behandelt, nach dem Prinzip der senderbasieren Übermittlung und die Pakete werden ins Netz gesandt und nicht direkt zur Zielstation durchgestellt.

22.2 Die Optimierung von Ethernet-Netzwerken

Jeder Computer innerhalb derselben Kollisionsdomäne empfängt eine Kopie aller gesendeten Pakete. Jeder Computer betrachtet die Zieladresse des Pakets, um festzustellen, ob das Paket an ihn gerichtet ist, und darauf verarbeitet er es entweder oder ignoriert es. Dieser Vorgang, der hier stark vereinfacht dargestellt wurde, findet pro Sekunde Hunderte von Malen statt. Wie Sie sich bereits vorstellen können, treten mit zunehmender Netzwerklast mehr Kollisionen auf. Diese Kollisionen führen sogar zu einer noch höheren Netzwerklast und weiteren Kollisionen, bis das Netzwerk völlig zusammenbricht.

Daher ist der erste Schritt der Optimierung auf jeden Fall, die Kollisionsdomänen so klein wie möglich zu halten, damit der Verkehr im Netzwerk nicht überbordet. Dies tun Sie heute, indem Sie auf Layer 2 Switches einsetzen, da Sie so zwischen jedem Endgerät und dem Switch eine eigene Kollisionsdomäne bilden.

Weitergehend können Sie VLANs bilden, um den Verkehr zu separieren, nach Abteilung oder nach verschiedenen notwendigen Zugriffsrechten. Verwaltete Switches sind hierzu ein heute relativ günstiges, aber sehr geeignetes Instrument zur Verkehrsbegrenzung im lokalen Netzwerk.

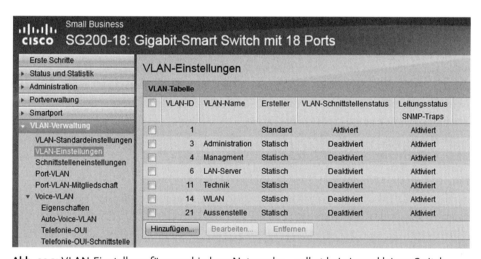

Abb. 22.1: VLAN-Einstellung für verschiedene Netzwerke – selbst bei einem kleinen Switch

Um die Netzwerklast darüber hinaus zu reduzieren, können Sie den Datenverkehr selbst analysieren, um zu sehen, welchen Ursprungs die Last ist. Nebst den Daten selbst wären hier insbesondere »autonome« Protokolle zu filtern, wie bonjour und UPnP, oder zu intensiver UDP-Verkehr (z. B. ntp, DHCP).

Eine weitere Möglichkeit, die heute auch kleinere und mittlere verwaltbare Switches schon anbieten, ist hardwarebasiertes QoS. Das heißt, Sie können direkt über die Verwaltung der Schnittstellen Netzwerkverkehr priorisieren. Das können Sie bei großen verwalteten Switches schon länger, keine Frage, aber die Funktionalität dringt immer tiefer auch in kleinere Managed Devices vor und vereinfacht deren Handhabung auch.

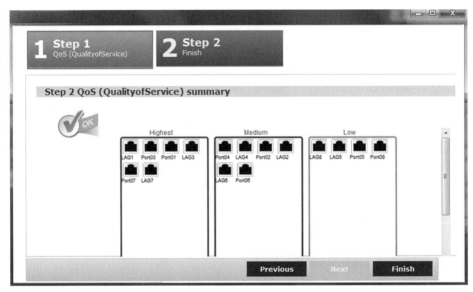

Abb. 22.2: Hardwarebasiertes QoS auf einem Managed Switch

Aber Sie können, und damit verlassen Sie an dieser Stelle die hardwarebasierten Vorschläge, auch noch mehr tun.

22.2.1 Reduzieren der Protokolle

Eine effiziente Möglichkeit zum Reduzieren der Netzwerklast besteht im Verringern der Anzahl der im Netzwerk verwendeten Protokolle. Früher ging es dabei darum, dass nicht gleichzeitig TCP/IP, NetBEUI oder IPX/SPX installiert und aktiv waren.

Heute geht es darum, dass viele IPv4 und IPv6 installiert haben und, wie in den Grundeinstellungen von Windows-Clients, beide Protokolle aktiv sind, obwohl nur eines der beiden überhaupt genutzt wird.

Wenn ein Protokoll aber aktiviert ist, so werden die Daten auf dem Rechner für dieses Protokoll auch aufbereitet und gesendet, nur kommen sie natürlich nicht ans Ziel, weil die Infrastruktur nicht antwortet.

Da Sie ja das Netzwerk geplant und organisiert aufgebaut haben, wissen Sie, ob Sie mit IPv4 oder mit IPv6 arbeiten. Das mag z. B. in der serverinternen Kommunikation und in der Kommunikation zwischen Diensten und den Clients sogar unterschiedlich sein. Auf jeden Fall deaktivieren Sie auf Netzwerkgeräten und Clients die Protokolle, die nicht genutzt werden.

Bei Netzwerkgeräten sind überdies oft viele weitere Protokolle standardmäßig aktiviert, von FTP bis Streaming und UPnP. Auch hier gilt: Prüfen Sie, was benötigt wird, und deaktivieren Sie alles andere, um unnötige Last auf den Geräten und im Netzwerk zu unterbinden.

Wenn Sie z. B. im Rack bzw. zwischen verschiedenen Servern mehrere Protokolle benötigen, lohnt es sich gegebenenfalls, mehrere Netzwerkkarten einzubauen und so jeder Karte ein bestimmtes Protokoll zuzuordnen. Auch so kann verhindert werden, dass Informationen mehrfach versandt werden.

22.2.2 Drucker

Drucker können eine weitere Quelle einer übermäßigen Netzwerklast darstellen. Viele dieser Drucker sind werkseitig standardmäßig so eingestellt, dass alle unterstützten Protokolle aktiviert sind.

Dazu zählen eine Vielzahl von Protokollen von AppleTalk über DLC bis IPv6 – und ja, das ist auch 2015 noch immer so. Sind die Drucker direkt mit dem Netzwerk verbunden, lohnt es sich, alle unnötigen Protokolle zu deaktivieren.

Ein gutes Beispiel dafür sind Netzwerklaserdrucker, wie folgt zeigt:

Abb. 22.3: Unzählige aktivierte Protokolle auf dem Netzwerkdrucker

22.3 Teilnetze durch Subnettierung

Bevor Sie sich der Subnettierung als solches zuwenden, befassen Sie sich noch einmal genauer mit dem kurz angesprochenen Begriff der »Verrechnung« von IP-Adressen und Subnetzmaske.

In der dualen Mathematik lautet der Begriff dazu korrekterweise »AND Operation« der beiden Werte.

Die Rechenregeln für diese »AND Operation« (deutsch auch UNDIEREN) lauten:

AND	0	1
0	0	0
1	0	1

Wenn Sie jetzt das Dezimal- und das Dualsystem einander gegenüberstellen, bedeutet dies:

```
  192.168.15.1   1100 0000.1010 1000.0000 1111.0000 0001
+ 255.255.255.0  1111 1111.1111 1111.1111 1111.0000 0000
= 192.168.15.0   1100 0000.1010 1000.0000 1111.0000 0000
```

Durch Undieren der IP und der Subnetzmaske kann somit festgestellt werden, ob ein Rechner im gleichen Segment liegt. Dieses Wissen benötigen Sie für die folgenden Ausführungen.

22.3.1 Grundlagen zum Subnet Masking

Bei einer Netzmaske (sogenanntes Subnet Masking) handelt es sich wie erwähnt um 32-Bit-Werte, mit denen bei IP-Paketen die Netzwerk-ID von der Host-ID unterschieden werden kann. Bei der Erstellung der Netzmaske wird dem Teil, der die Netzwerk-ID repräsentiert, der Wert 1 zugewiesen und dem die Host-ID repräsentierenden Teil der Wert 0. Dieser 32-Bit-Wert wird anschließend in eine Dezimaldarstellung mit Punkten als Trennzeichen umgewandelt. Der Punkt für die dezimale Notation wird dabei nach jedem 8. Bit geschrieben. Die einzelnen Bytes werden daher auch Oktett genannt. Somit besteht eine IPv4-Adresse aus vier Oktetten.

Mit der Einführung von CIDR ist das Subnettieren eine alltägliche Arbeit geworden, da es keine festen Adressklassen mehr gibt.

Zudem werden Subnetzmasken auch für die weitere Aufteilung einer zugewiesenen Netzwerk-ID auf mehrere lokale Netzwerke verwendet. Manchmal reicht schon die Aufteilung von Teilen eines Oktetts aus, sodass nur wenige Bits verwendet werden, um Subnet-IDs anzugeben. So können bestehende Netzwerke weiter unterteilt werden, was zum Beispiel zu weniger Datenverkehr in den einzelnen Netzen führt oder zu einer besseren Abgrenzung und dem Schutz von Teilnetzen.

Es gibt verschiedene Gründe für eine Subnettierung:

- Um die Bandbreitennutzung zu verbessern
- Um den Rundsendeverkehr zu minimieren
- Zum Eingrenzen von Fehlern

- Zur Verbesserung der Sicherheit
- Zum Verbinden unterschiedlicher Medientypen

22.3.2 Wie eine Subnettierung funktioniert

Sehen Sie sich das Beispiel einer C-Klassen-Subnettierung einmal genauer an. Normalerweise lautet die Subnetzmaske für ein C-Klassen-Netz 255.255.255.0. Dies bedeutet, Sie haben 256 Adressen und abzüglich der Spezialfälle »0« (für Netzwerk) und »255« (Broadcast) verbleiben Ihnen somit 254 nutzbare Adressen.

Wenn Sie aber nur 60 oder 70 Adressen benötigen, können Sie das Netz weiter unterteilen. Dazu müssen Sie die Subnetzmaske um 1 Bit ausdehnen (siehe nachfolgende Tabelle) und erhalten damit dezimal die Zahl 255.255.255.128. Nun haben Sie eigentlich 2 x 128 Adressen, allerdings wiederholt sich auch die Problematik von Netz und Broadcast, es kommen also zwei zusätzliche »verlorene« Adressen hinzu und Ihnen verbleiben netto je 126 Adressen pro Subnetz, nämlich von z.B. 192.168.1.1 bis 192.168.1.126 (0 für Netz und 127 für Broadcast) und von 192.168.1.129 bis 192.168.1.254 (128 für Netz und 255 für Broadcast).

Diese Unterteilung, eben Subnet Masking genannt, können Sie nun beliebig weiterführen, wie die folgende Tabelle aufzeigt:

Dezimale Darstellung	Binäre Darstellung	Suffix	Anzahl gültiger Adressen
255. 255. 255. 0	11111111 11111111 11111111 00000000	/24	254
255. 255. 255. 128	11111111 11111111 11111111 10000000	/25	126
255. 255. 255. 192	11111111 11111111 11111111 11000000	/26	62
255. 255. 255. 224	11111111 11111111 11111111 11100000	/27	30
255. 255. 255. 240	11111111 11111111 11111111 11110000	/28	14
255. 255. 255. 248	11111111 11111111 11111111 11111000	/29	6
255. 255. 255. 252	11111111 11111111 11111111 11111100	/30	2
255. 255. 255. 254	11111111 11111111 11111111 11111110	/31	0
255. 255. 255. 255	11111111 11111111 11111111 11111111	/32	0

Tabelle 22.1: Subnettierungsreferenz

Natürlich lässt sich dieselbe Subnettierung auch bei höheren Klassen durchführen, nehmen Sie nur einmal ein privates B-Klassen-Netz mit 172.16.0.0. Auch hier können Sie die Subnetzmaske bitweise verschieben und so kleinere Netzwerke bilden.

Übrigens gibt es auch den umgekehrten Weg, indem man mehrere C-Klassen-Netze durch Supernetting zu einem größeren Netz zusammenfassen kann.

Kapitel 22
Praxis 3: Steigern Sie die Netzeffizienz

Mit Supernetting kann man mehrere Netze zu einer Route zusammenfassen, um mehr Hosts im selben Netz zu erreichen, also wirklich das Gegenteil von Subnetting. Supernetting wurde erstmals in RFC 1338 beschrieben, wurde letztlich aber durch das bereits besprochene CIDR abgelöst, welches bekanntlich keine Netzwerkklassen mehr kennt. Seither nennt sich dieses Verfahren Route Aggregation oder Route Summarization. Das Ziel bleibt dasselbe: Man fasst mehrere Einzelnetze zu einem größeren Netzwerk zusammen, um die Anzahl benötigter Routen zu reduzieren.

Netzwerkpraxis – jetzt sind Sie dran

Nehmen Sie sich an dieser Stelle einen Moment Zeit und befassen Sie sich noch einmal selbst mit der Berechnung und Umwandlung von IP-Adressen und Subnetzmasken im dezimalen und dualen System.

Setzen Sie dazu in den folgenden Aufgaben die jeweils fehlenden Angaben in die leeren Felder ein. Die Lösung dazu finden Sie danach bei den Kapitelantworten in Anhang A. Ein Beispiel führt Sie in die Aufgaben ein.

IP-Adresse	192. 1100'0000	168. 1010'1000	1. 0000'0001	45 0010'1101
Subnetzmaske	255. 1111'1111.	255. 1111'1111.	255. 1111'1111.	0 0000'0000
Netzadresse	192. 1100'0000	168. 1010'1000	1. 0000'00001	0 0000'00000

Aus diesen Angaben resultiert:

Anzahl Hosts	Hosts		Broadcast	Suffix
254	192.168.1.1	192.168.1.254	192.168.1.255	24

Und jetzt sind Sie dran:

Aufgabe 1)

IP-Adresse	62.	2.	17.	27
Subnetzmaske				
Netzadresse				

Anzahl Hosts	Hostadressen von – bis:	Broadcast	Suffix
			29

Netzwerkpraxis – jetzt sind Sie dran

Aufgabe 2)

IP-Adresse	172.	16.	75.	30
Subnetzmaske	255.	255.	248.	0
Netzadresse				
Anzahl Hosts	Hostadressen von – bis:		Broadcast	Suffix

Aufgabe 3)

IP-Adresse	172.	16.	0.	78
Subnetzmaske				
Netzadresse	1111'1111.	1111'1111.	0000'0000.	0000'0000
Anzahl Hosts	Hostadressen von – bis:		Broadcast	Suffix

Aufgabe 4)

IP-Adresse	1100'1100.	0101'0000.	1111'1111.	0000'0010
Subnetzmaske	1111'1111.	1111'1111.	1111'1111.	1000'0000
Netzadresse				
Anzahl Hosts	Hostadressen von – bis:		Broadcast	Suffix

22.4 Weitere Optimierungsmaßnahmen

22.4.1 Network Access Control

Eine weitere Möglichkeit zur Trennung von IT-Systemen ist ein Ansatz, der sich Network Access Control (NAC) nennt. Als NAC können verschiedene Maßnahmen bezeichnet werden, es kommt auch darauf an, ob Sie den Begriff zusammenfassend, organisatorisch oder rein technisch betrachten.

Als organisatorische Maßnahme stehen beispielsweise 802.1x-basierte Anmeldungen zur Verfügung, d.h., die Anmeldung an das LAN oder VLAN ist nur mittels externer Authentisierung (Radius, Diameter) möglich, nicht durch die Benutzerangaben per se. So wird eine zusätzliche Sicherheitsbarriere aufgebaut, da zwischen Anmeldepunkt und Freigabepunkt (in der Regel Client und Server) eine dritte Instanz geschaltet wird.

Im WLAN gibt es als organisatorische Maßnahme den Aufbau von Gastnetzen und den regelmäßigen Wechsel des Zugangsschlüssels für Gastnetze oder den Einsatz von Tickets mit Ablaufdatum, damit nicht über längere Zeit benutzbare »Schlüsselleichen« aktiv sind, obwohl der eigentliche Gast längst nicht mehr anwesend ist.

Der rein technische Ansatz, wie ihn etwa Cisco oder Microsoft als NAC bezeichnen, meint etwas verallgemeinernd Folgendes: Jeder Computer, der an ein Netzwerk angeschlossen wird, landet zunächst in einem Quarantänebereich mit äußerst eingeschränkten Zugriffsmöglichkeiten. Als Erstes wird ein System daraufhin untersucht, ob es einen aktuellen Patchlevel, einen funktionierenden Virenschutz und andere Sicherheitsfunktionen aufweist. Diese NAC-Abfragen werden über einen speziellen NAC-Client beantwortet, der sich auf dem System des Benutzers befindet.

Entsprechen die Untersuchungsergebnisse der von der Firma oder Behörde vorgegebenen Policy, darf das System in das »richtige« Netzwerk eintreten, d.h., eine Firewall gibt den Zugang zum LAN frei. Ist noch nicht alles in Ordnung, kann dem Benutzer vom NAC-Server angeboten werden, sein System auf den aktuellen Stand der Sicherheit zu bringen.

Im Unterschied zum rein Firewall-basierten Ansatz (Edge Control) bietet NAC als Access Control natürlich mehr Möglichkeiten zur Erhaltung der Netzwerksicherheit.

Zudem können die durch NAC zugewiesenen Rollen und Rechte mit Ablaufdaten oder Ereignissen versehen werden. Bei mobilen Clients beispielsweise erlischt der Zugriff aufs LAN, wenn sie länger als 3 Stunden nicht mit dem LAN verbunden waren (Non-persistent Access).

22.4.2 Traffic Shaping

Mit Traffic Shaping können Sie den Datenfluss in einem Netzwerk steuern und dabei optimieren wie auch die verfügbare Bandbreite für einzelne Datentransporte festlegen. Dabei wird der Datenverkehr auf Transportebene analysiert und die Datenpakete werden so sortiert, dass sie sich gegenseitig (z.B. Upload und Download bei DSL) möglichst wenig behindern. Traffic Shaping kann durch Hardware realisiert werden, als Funktion in Vermittlungsgeräten oder als Software-Lösung, welche zum Beispiel auf Clients oder Server installiert wird, um den Datenfluss zu optimieren.

Mit Traffic Shaping kann der Datenverkehr nach Protokollen, Prozessen, Benutzernamen, IPs, Ports, ToS-Feldern, Strings (die in den Daten vorkommen), Paketgrößen, Funktionen der Pakete (ACK, SYN) und anderem mehr gefiltert werden.

Der einfachste Weg besteht darin, ACK-Pakete zu priorisieren oder UDP-Pakete zu filtern oder für bestimmte Pakete eine niedrigere Priorität zu setzen. Mithilfe dieser Filter können sämtliche Netzwerkverkehrsdaten aber auch in Klassen eingeteilt werden und den Klassen wiederum können dann Attribute wie minimale Bandbreite, maximale Bandbreite, Burst-Größe und eine Priorität zugeteilt werden. Die Priorität gibt an, unter welchen Bedingungen eine Klasse überflüssige Bandbreite einer anderen erben kann und wie sie gegenüber anderen Datenpaketen behandelt wird.

Dazu benötigen Sie dann spezielle Traffic-Shaper-Programme wie etwa cFosSpeed, Netbalancer oder Throttled, je nach Betriebssystem.

Mit diesen Programmen können Sie je nach Umfang Regeln erstellen, nach welchen der Verkehr weitergeleitet werden kann. Dabei ist aber zu berücksichtigen, dass die entsprechende Behandlung nur einen Sinn macht, wenn die Lösung entweder zentral oder auf allen beteiligten Hosts installiert ist. Das wiederum führt dann wieder zu den Lösungen, die in verwalteten Geräten wie Managed Switches oder Routern integriert sind, weil die am meisten vom Netzwerkverkehr »mitbekommen«. Und dann ist Trafic Shaping eine effiziente Option, wie Sie z. B. auf Cisco-Routern eingerichtet werden kann.

22.5 Optimierungsmöglichkeiten im WLAN

WLAN bietet verschiedene Möglichkeiten zur Optimierung bzw. auch zum Beheben von Störungen oder instabilen Verbindungen.

Das beginnt schon bei der Aufstellung und der Wahl der Antennen, die Sie für den Bau des Netzwerks einsetzen.

Ein wesentlicher Aspekt für die Sendeleistung ist die Art und Ausrichtung der Antennen. Deren Leistung hängt von mehreren Faktoren ab:

- Der Standort: Im optimalen Fall sehen sich alle Antennen eines WLAN, denn sie verlieren so am wenigsten Leistungsfähigkeit. Zumindest sollten Wände und Hindernisse weiter entfernt sein von den Antennen, um die Ausbreitung des Signals nicht zu unterbrechen (Grundsatz des Richtfunks: Halte die erste Fresnelzone frei).
- Der Wirkungsgrad: Wie viel der eingespeisten elektrischen Energie die Antenne wirklich in Sendestrahlung umwandelt. Hier gilt: Gute Antennen sind mindestens eine Viertel Wellenlänge lang. Bei einer Sendefrequenz von 2,4 GHz und einer Wellenlänge von daher rund 12 cm heißt das: keine Antennen unter 3 cm ($\lambda/4$). Stichwort: WLAN-Stecker im Miniformat oder USB-WLAN-Sticks.

- Noch vertrackter: Bei 5 GHz müsste die Antenne entsprechend der Frequenz wesentlich kürzer sein, nämlich rund 1,5 cm. Was also, wenn ein Gerät 2,4 GHz und 5 GHz unterstützt? Es tut keins von beidem richtig, weil ein Durchschnittswert beider Ideale genommen und die Antenne auf rund 2 cm ausgelegt ist.

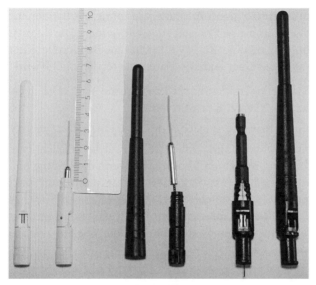

Abb. 22.4: Verschiedene WLAN-Antennen von außen und innen

- Verbindungskabel: Gerade bei Access Points werden gerne Verbindungskabel zur Ausrichtung der Antennen eingesetzt: Je länger das Kabel ist, desto größer ist die Dämpfung (also der Signalverlust). Wenn Sie also anstelle der im Access Point eingebauten 3-dBi-Antenne eine externe 7-dBi-Antenne anschließen und diese mit einem 2 Meter langen Kabel verbinden, ist der eigentliche Gewinn schon um rund die Hälfte (ca. 2 dBi) verloren. Dabei gilt: je dünner das Kabel, desto größer der Verlust.

- Die Konzentration der Strahlung: Eine Rundstrahlantenne sendet in alle Richtungen, eine Richtantenne dagegen kann bei gleicher Sendeleistung eine wesentlich höhere Reichweite erzielen, weil die Strahlung in eine bestimmte Richtung gelenkt wird (sogenannter Antennengewinn). Dafür ist die Abdeckung bei einer Rundstrahlantenne größer. Hier ist also der Einsatzweck gefragt, um zu bestimmen, welche Antenne die richtige ist.

- Typ der Antenne: Gebräuchliche Typen für WLAN sind Rundstrahlantennen, Richtantennen (Yagi) oder BiQuad-Antennen. Der Antennengewinn dieser Typen ist sehr unterschiedlich. Er kommt dadurch zustande, dass die Strahlung auf einen bestimmten Strahlungswinkel konzentriert wird. Jeweils 3 dBi entsprechen dabei einer Verdoppelung der Leistung, immer bezogen auf den sogenannten Isostrahler, einer nur theoretisch existierenden omnidirektionalen Antenne mit 360 Grad Rundstrahlung.

- Eine doppelte Leistung erhält man also dadurch, dass man die Richtung halbiert. Eine vierfache Leistung mündet also in einen maximalen Sendebereich von 90 Grad Ausdehnung usw. Ein Mehr an Energie kommt ja nirgendwo her, es ist schließlich kein elektronischer Verstärker in die Antenne eingebaut.

OMNI   Yagi-Direktional   Dipol   Richtantenne

Abb. 22.5: Verschiedene WLAN-Antennen für den Innen- und Außeneinsatz

Die Sendeleistung dürfen Sie dabei nicht über das gesetzliche Maß von je nach Frequenzband und Landesbestimmung 100 Milliwatt EIRP (20 dBm) (2,4 GHz) bis 1000 Milliwatt (5 GHz indoor) hinaus verstärken. Zusätzliche Antennengewinne müssen also mitunter durch Reduktion der Sendeleistung wieder ausgeglichen werden, um die zulässige Feldstärke von 20 dBm nicht zu überschreiten. Dazu bieten gute Access Points entsprechende Einstellungsmöglichkeiten an.

Die Empfängerempfindlichkeit ist gesetzlich nicht begrenzt, liegt aber physikalisch bei etwa -97 dBm. Ein gutes bzw. »stabiles« Signal erhalten Sie bis etwa einem Leistungspegel von -75 dBm. Darunter ist zwar eine Verbindungsherstellung bis zum Grenzwert der Empfindlichkeit möglich, die eigentliche Datenübertragungsrate sinkt aber gegen 0 Mbps ab oder es kommt immer wieder zu Unterbrechungen.

Latenzprobleme gibt es in erster Linie dann, wenn Funkstörungen vorliegen (benachbartes WLAN, drahtlose Sender, Bluetooth, Reflexionen). Hier helfen die Kontrolle der Umgebung, gegebenenfalls ein Kanalwechsel oder ein Umstellen des Access Points. Prüfen Sie in diesem Zusammenhang auch das Rauschen, das zu einer Überlagerung des eigentlichen Sendesignals führen kann. Nur benötigen Sie dafür mehr als InSSIDer ...

Wenn Sie ein Feld abdecken möchten, das größer ist, als es ein einzelner Access Point abdecken kann, empfiehlt sich im privaten Umfeld der Einsatz von WLAN-Repeatern. Diese können das Signal entsprechend in verschiedene Richtungen verstärken und damit die Abdeckung vergrößern.

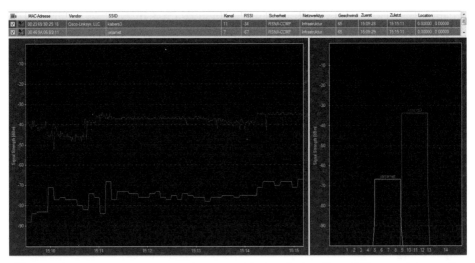

Abb. 22.6: Gemessener Leistungspegel eines WLAN-Signals (Quelle: inSSIDer von Metageek)

Bei professionellen Netzwerken führt dagegen eigentlich nichts an einer verwalteten Umgebung vorbei.

Verwaltete drahtlose Netzwerke lassen sich zum einen mittels VLAN problemlos verschiedenen verdrahteten Netzwerken zuordnen, ohne dass es deswegen mehr Access Points braucht, zum anderen sind Konfigurationsänderungen zentral an einer Stelle durchführbar und niemand muss sich um die einzelnen Geräte kümmern. Dazu gehört auch, dass selbst Firmware-Upgrades verteilt werden können.

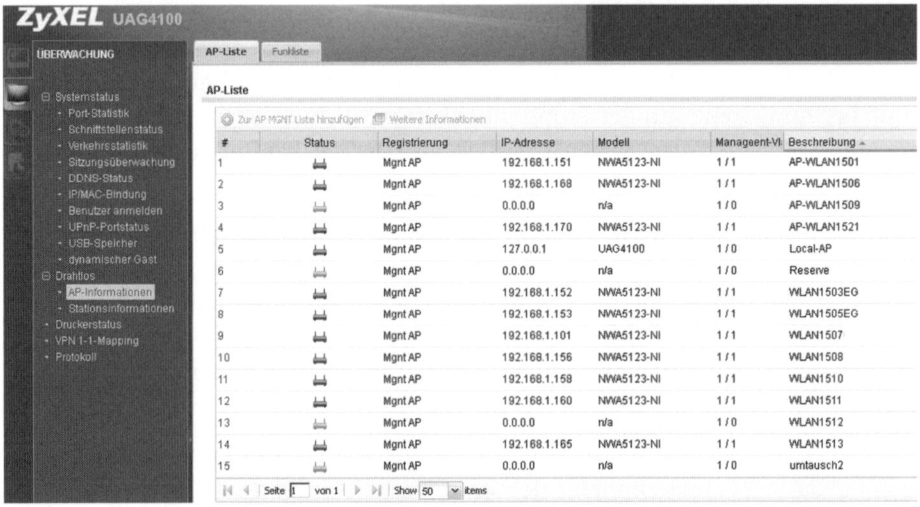

Abb. 22.7: Zentrale Verwaltung des WLAN durch einen WLAN-Controller

In Abbildung 22.7 sehen Sie eine solche Umgebung, in der vier verschiedene Netzwerke betrieben werden (inneres LAN, äußeres LAN, DMZ und Gastnetz) und das WLAN mittels Benutzerauthentifizierung sich dank Nutzung der VLAN diesen vier Netzwerken überlagern lässt und dennoch jeder exakt die ihm zugewiesenen Rechte nutzen kann. Für die Gäste ist sogar ein Ticketsystem implementiert, sodass deren Sicherheitsschlüssel automatisch nach einem Tag wieder abläuft, ihm die Rechte entzogen und der Schlüssel durch das Gerät selbst wieder gelöscht wird.

22.6 Fragen zu diesem Kapitel

1. Worauf achten Sie sich beim Optimieren von aufgestellten Access Points?
   A. Auf andere Störsignale im 11-GHz-Bereich
   B. Auf Hindernisse wie folierte Fenster im Sendebereich
   C. Auf die maximal mögliche Sendeleistung von 250 mW
   D. Auf die neueste Technologie für den besten Datendurchsatz

2. 802.1x ist ein IEEE-Standard für:
   A. Ethernet-Netzwerke
   B. VLAN-Tagging
   C. Drahtlose Zugangsprotokolle
   D. Portbasierte Netzwerkkontrolle

3. Die IPv4-Adresse 123.124.125.126/27 hat folgende Broadcast-Adresse:
   A. 123.124.125.127
   B. 123.124.125.126
   C. 123.124.125.255
   D. 123.124.125.97

4. Sie setzen in einem LAN einen Gigabit-Ethernet-Switch ein. An diesem sind 43 Hosts angeschlossen, was viel Verkehr mit sich bringt und die Netzlast hoch hält. Welche Möglichkeit verhilft Ihnen zur Reduktion des Verkehrs, ohne dass Sie an den Clients selbst Änderungen vornehmen müssen?
   A. VLANs einrichten, um den Verkehr zu kanalisieren
   B. Eine Firewall einrichten, um den Verkehr zu reduzieren
   C. Die Kollisionsdomänen verkleinern
   D. Die Hälfte der Clients auf WLAN umstellen

5. Wenn Sie mit einem WLAN-Messinstrument einen Signalwert von -98 dB erhalten, dann sagt dies was aus?

    A. Das Signal befindet sich im idealen Empfangsbereich

    B. Das Signal ist fast nicht zu empfangen

    C. Das Signal ist zu stark und führt zu Störungen

    D. Das Signal kann nur zum Senden benutzt werden

6. Welcher dezimalen Zahl entspricht der binäre Wert 0000 1111?

    A. 15

    B. 1111

    C. 30

    D. 21

7. Trafic Shaping benötigt als Verfahren:

    A. IPv6

    B. ToS

    C. ARP

    D. ICMP

8. Sie bauen ein LAN auf und merken, dass Sie zu wenig Datendurchsatz für kritische Applikationen erreichen, weil die Antwortzeiten zu lang sind. Wie nennt sich das Problem, das Sie lösen müssen?

    A. Dämpfung

    B. TTL

    C. Latenz

    D. Window

9. Wie viele gültige Hostadressen verbleiben im Netzwerk 48.48.48.0/30?

    A. 16

    B. 12

    C. 4

    D. 2

10. Wenn Sie NAC einsetzen, können Sie einen Host, der Zugang zum Netzwerk benötigt und sich anmeldet, ... (vervollständigen Sie den Satz)

    A. ... in die DNS-Namensliste aufnehmen.

    B. ... in eine Sandbox umleiten und prüfen.

    C. ... automatisch ins Internet verbinden.

    D. ... zentral auf Virensignaturen überprüfen.

Kapitel 23

Die CompTIA-Network+-Prüfung

Wenden wir uns zum Schluss des Buches der aktuellen CompTIA-Network+-Prüfung zu. Diese besteht aus einer computergestützten Multiple-Choice-Prüfung.

Wie Sie bereits in der Einleitung dieses Buches gelesen haben, besteht die Prüfung aus aktuell fünf Teilgebieten:

	Wissensgebiet	Prüfungsgewicht
1.0	Netzwerkarchitektur	22%
2.0	Netzwerkbetrieb	20%
3.0	Netzwerksicherheit	18%
4.0	Netzwerkfehlersuche	24%
5.0	Industriestandards, Vorgehensweisen und Netzwerktheorie	16%

Tabelle 23.1: Die Themen und deren Gewichtung an der Prüfung

Diese Gebiete sind unterschiedlich stark in der Prüfung vertreten, wie Sie oben ersehen können. Allerdings sind die Gewichtungen in der aktuellen Fassung der Prüfung recht gleichmäßig verteilt. Die Fragen sind während der Prüfung indes nicht nach Gebieten gekennzeichnet, sondern folgen einfach eine nach der anderen, ohne bestimmte Reihenfolge oder thematischen Zusammenhang. Die obige Gewichtung zeigt Ihnen lediglich an, mit wie vielen Fragen Sie pro Thema rechnen können.

Die einzelnen Themengebiete sind in den sogenannten »Objectives« genau beschrieben. Von daher gilt: Gehen Sie auf die Website der CompTIA zur Network+-Zertifizierung und laden Sie sich diese Objectives herunter – und lesen Sie sie. Stellen Sie sicher, dass Sie sich unter den geforderten Stichworten konkrete Inhalte oder Standards vorstellen können, sodass Sie zur Prüfung bereit sind.

23.1 Was von Ihnen verlangt wird

Die Prüfung findet in einem offiziellen Prüfungscenter bei Pearson VUE statt. Auf deren Webseiten können Sie sich online anmelden, ein eigenes Konto auf Ihren Namen eröffnen und danach die Prüfung planen.

Die aktuelle CompTIA-Network+-Prüfung enthält folgende Eckwerte:

Prüfungscode	N10-007
Dauer der Prüfung	90 Minuten
Anzahl Fragen	90
Empfohlene Voraussetzungen	CompTIA A+ und neun Monate Erfahrung im Umgang mit Netzwerken
Skala	Von 100 bis 900
Anzahl Punkte fürs Bestehen	720
Verfügbare Sprachen	Englisch, Deutsch (und andere)

Tabelle 23.2: Die Fakten zur CompTIA-Network+-Prüfung

Wichtig: Dies sind Angaben, die sich verändern können. Prüfen Sie daher unbedingt auf der Website von CompTIA (www.comptia.org) die aktuell gültigen Bedingungen für die Prüfung!

23.2 Wie Sie sich vorbereiten können

Folgende Ratschläge möchte ich Ihnen für Ihre Vorbereitung und die Prüfung noch mitgeben:

- Arbeiten Sie alle Unterlagen seriös durch und besuchen Sie wenn möglich ein Training für Netzwerktechnik.
- Unterschätzen Sie den Faktor »Erfahrung« nicht, Braindumps sind dafür kein Ersatz und helfen gerade bei supportorientierten oder szenariobasierten Fragen wenig.
- Planen Sie Ihre Prüfung – das geht online über vue.com.
- Sie müssen sich im Prüfungscenter doppelt (mit zwei Dokumenten) ausweisen können.
- Sie dürfen nichts in den Prüfungsraum mitnehmen.
- Sie haben exakt 90 Minuten – der erste Teil besteht aber aus Informationen, die nicht zu den 90 Minuten zählen (Präambel). Nach den 90 Minuten wird die Prüfung geschlossen und ausgewertet.
- Das Ergebnis sehen Sie kurze Zeit später direkt auf dem Bildschirm.
- Lassen Sie keine Frage unbeantwortet! Es kann sein, dass Ihre Antwort vielleicht falsch ist, aber KEINE Antwort ist garantiert immer falsch.
- Vergessen Sie nicht, den Prüfungsreport aus dem Center mitzunehmen, es ist Ihr rechtlicher Nachweis für das Absolvieren der Prüfung.

23.3 Wie eine Prüfung aussieht

Damit Sie sich von der konkreten Prüfung ein Bild machen können, stelle ich sie Ihnen anhand einiger Screenshots hier einmal vor. Die CompTIA Germany GmbH und Pearson Vue haben dafür freundlicherweise die folgenden prüfungsnahen Abbildungen zur Verfügung gestellt.

Auf dem Begrüßungsbildschirm erhalten Sie alle wichtigen Informationen zum Ablauf der Prüfung noch einmal vorgestellt. Auch die Tatsache, dass nicht alle Fragen zwingend in die Wertung mit einfließen werden.

Abb. 23.1: Begrüßungsbildschirm zur Prüfung (Abbildungen © CompTIA und Pearson Vue, 2011)

Nach einigen Eingangsfragen startet der Test. Sie werden noch einmal auf die Zeit hingewiesen und können den Test anschließend manuell starten:

Abb. 23.2: Bildschirm mit wichtigen Hinweisen, bevor die Prüfung effektiv startet

Kapitel 23
Die CompTIA-Network+-Prüfung

Dabei gibt es zwei Sorten von Fragen: die Entscheidungsfragen und die Mehrfachauswahlfragen. Die Entscheidungsfragen erkennen Sie am runden Knopf, dem Radio Button. Bei diesen Fragen können Sie nur eine Antwort auswählen, es ist immer nur die zuletzt gewählte Antwort aktiv.

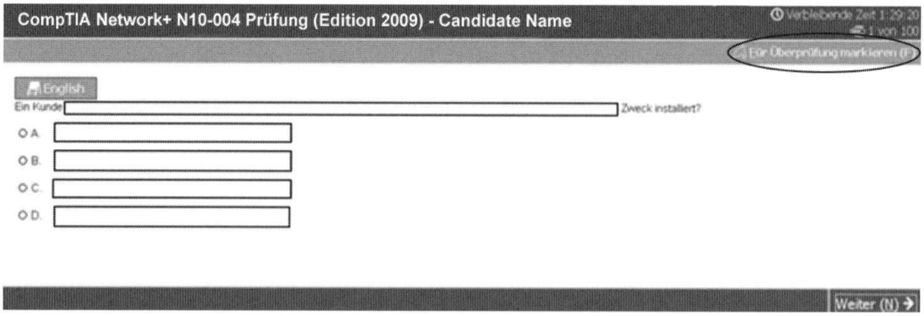

Abb. 23.3: Fragen mit Radio Button

Zugleich sehen Sie auf dem eben gezeigten Bildschirmausschnitt oben rechts (eingekreist) auch die Auswahlmöglichkeit für die nachträgliche Überprüfung. Sie können also alle Fragen, bei denen Sie unsicher sind, markieren und später noch einmal anschauen. Den Übersichtsbildschirm dazu zeige ich Ihnen gleich. Doch zuerst schauen Sie sich den zweiten Fragetyp an: die Mehrfachauswahlfragen (Check Box).

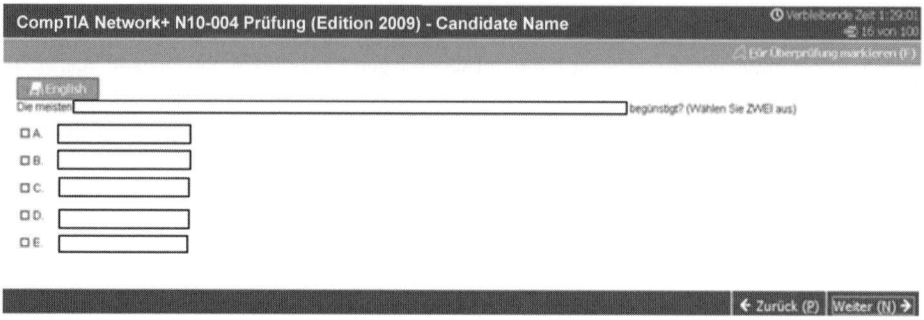

Abb. 23.4: Fragen mit Mehrfachauswahl

Die Fragen mit den Check-Box-Antworten erlauben Ihnen im Unterschied zu den Radio Buttons die Auswahl von mehreren Antworten. Hier ist es wichtig, dass Sie in der Frage genau lesen, wie viele Antworten gefragt sind, ob zwei oder drei oder »Alle, die richtig sind«.

Nachdem Sie mit allen Fragen fertig sind, erscheint der Review-Bildschirm. Hier sehen Sie, welche Fragen Sie unvollständig beantwortet haben, und können diese noch einmal anwählen. Sie können auch genau die auswählen, welche Sie vorher für den Review markiert haben.

Abb. 23.5: Der Bildschirm mit der Übersicht zu allen Fragen

Nach Beendigung der Prüfung sehen Sie den Bildschirm, der Ihnen anzeigt, ob Sie bestanden haben oder nicht.

Abb. 23.6: Bildschirm mit dem Prüfungsergebnis

Anschließend wird Ihnen der Punktebericht (Score Report) angezeigt inklusive der jeweils abgelegten Prüfungsversion (hier SY0-201, Edition 2009) und etwaigen Hinweisen zu den nicht bestandenen Fragegebieten.

Abb. 23.7: Punktebericht (Score Report) nach der Prüfung, hier am Beispiel N10-004

Lassen Sie sich im Prüfungszentrum auf jeden Fall den Score Report ausdrucken und mitgeben: Er ist Ihr Nachweis, dass Sie die Prüfung abgelegt haben. Sollten Sie nicht bestanden haben, gibt Ihnen der Bericht zudem wertvolle Hinweise darauf, in welchen Themen Sie sich verbessern können.

Nach einer Bearbeitungszeit seitens der CompTIA erhalten Sie anschließend Ihr Zertifikat, das in etwa so aussehen wird wie folgendes Beispiel. Achten Sie auch darauf, dass die Zertifikate für drei Jahre ihre Gültigkeit behalten, danach ist eine Re-Zertifizierung notwendig, wenn Sie sich weiterhin »CompTIA certified« nennen möchten.

In der Kandidatendatenbank können Sie zudem alle Ihre CompTIA-Zertifizierungen einfach verwalten und auch verloren gegangene oder beschädigte Zertifikate ersetzen lassen. Außerdem können Sie sich dort sofort ein Zertifikat per PDF ausdrucken oder sich das Logo »CompTIA certified« herunterladen und für Ihre Unterlagen nutzen.

Abb. 23.8: Das CompTIA-Network+-Zertifikat

23.4 Abschlusstest zur Prüfung CompTIA Network+

Im Folgenden können Sie jetzt eine vom Umfang und der Auswahl her repräsentative Anzahl Fragen beantworten, die Ihnen den Charakter der CompTIA-Network+-Prüfung vorstellt und Ihnen zeigen kann, ob und wie gut Sie nun – nach Lektüre des ganzen Buches und Ihrer eigenen Praxis – vorbereitet sind.

Der Test umfasst 90 Fragen wie das Examen. Achten Sie einmal darauf, wie viel Zeit Sie benötigen, aber stellen Sie die Qualität Ihrer Arbeit bei diesem Test vor die Zeit. Sie dient Ihnen hier lediglich als Anhaltspunkt zur Orientierung – niemand nimmt Ihnen das Buch nach 90 Minuten weg.

Ich wünsche Ihnen viel Erfolg – hier und bei Ihrem Examen N10-006!

1. Welche Netzwerkschnittstelle arbeitet auf den oberen drei OSI-Layern und verbindet Netzwerke unterschiedlicher Architekturen?

    A. Router

    B. Modem

    C. Switch

    D. Gateway

2. Welches ist die maximale Segmentlänge eines Gigabit-Ethernet-Segments, wenn Sie dieses mit 1000BASE-LX verkabeln?

   A. 6500 Meter

   B. 3000 Meter

   C. 550 Meter

   D. 100 Meter

3. In einem Unternehmen sollen sich dessen Gäste ins Internet verbinden können, ohne dass sie irgendeinen Zugriff auf das Firmennetzwerk erhalten. Alle Verbindungen müssen über den gleichen Switch gemanagt werden können. Was werden Sie unternehmen, um diese Anforderungen zu erfüllen?

   A. RIPv2 implementieren

   B. OS-PF installieren

   C. Port Trunking implementieren

   D. VLAN-Funktionalität implementieren

4. Bei allen folgenden Anschlüssen handelt es sich um fiberoptische Anschlüsse mit Ausnahme von:

   A. BNC (British Naval Connector)

   B. SC (Standard Connector)

   C. ST (Straight Type)

   D. MT-RJ (Mechanical Transfer-Registered Jack)

5. Das verfügbare Frequenzband für ein Netzwerk im 802.11n-Standard kann auf Frequenzen im folgenden Frequenzband senden:

   A. 900 MHz

   B. 1.4 GHz

   C. 1.8 GHz

   D. 5.0 GHz

6. Die maximale Übertragungsgeschwindigkeit für den Standard 802.11g beträgt:

   A. 216 Mbit/s

   B. 108 Mbit/s

   C. 54 Mbit/s

   D. 11 Mbit/s

7. Nicht jedes Kabelmedium reagiert gleich auf elektromagnetische Störungen. Welches der folgenden Medien ist am anfälligsten für diese Störungen?

   A. UTP-Kategorie 5e

   B. RG-58 Koaxial

   C. SMF optisches Kabel

   D. MMF optisches Kabel

8. Mit welchem der folgenden Geräte können Sie ein 802.3-Netzwerk mit einem 802.11-Netzwerk verbinden?

    A. Repeater

    B. Gateway

    C. PVC (Permanent Virtual Circuit)

    D. WAP (Wireless Access Point)

9. Sie verkaufen Ihrem Kunden eine Komponente mit der Aufschrift »IEEE 802.11n«. Worum handelt es sich technisch gesehen bei diesem Produkt?

    A. VLAN-Technologie

    B. USB-2.0-Anschluss

    C. USB-3.1-Anschluss

    D. WLAN-Technologie

10. Die Arbeitstation, an der Sie gerade arbeiten, zeigt Ihnen eine Fehlermeldung. Diese besagt, dass die IP-Adresse Ihres Rechners doppelt im Netzwerk entdeckt worden ist. Nachdem Sie sich eine Ursache für dieses Problem überlegt haben, was ist Ihr nächster Schritt?

    A. Einen Aktionsplan zur Lösung umsetzen

    B. Zusätzliche Fakten zum Auftreten des Problems sammeln

    C. Die Lösung dokumentieren

    D. Den Aktionsplan testen und die Ergebnisse auswerten

11. Ein einzelnes nicht standardisiertes Ethernet-Frame mit vergrößertem Payload wird auch genannt:

    A. Magic Paket

    B. Jumbo Frame

    C. B-MTU

    D. 802.1J

12. Eine Hochgeschwindigkeits-Netzwerktechnologie für den Anschluss von Speichernetzen nennt sich:

    A. Frame Relay

    B. H-SATA

    C. SCSI

    D. Fibre Channel

13. Bei welchem Cloud-Modell kaufen Sie Ihre Server und Software nicht selbst, sondern mieten diese auf Basis der wechselnden Bedürfnisse?

    A. IaaS

    B. NAS

    C. SaaS

    D. HaaS

14. Ein Software-Modul auf einem verwalteten Netzwerkgerät, das über SNMP Meldungen an die Verwaltungskonsole senden kann, nennt sich:

    A. Proxy

    B. Agent

    C. MoBA

    D. ICS-Server

15. Welcher Begriff umschreibt auf Englisch eine Lösung für die Überwachung von Temperatur und Feuchtigkeit?

    A. SCADA

    B. NIDS

    C. ICS

    D. HVAC

16. Welcher Begriff bezeichnet ein automatisches Real-time-Alarmierungssystem, das durch Hard- und Software ausgelöst werden kann?

    A. SCADA

    B. SCMA

    C. SIEM

    D. ISIM

17. Sie möchten einen Router in Ihrer Filiale nicht über das lokale Netzwerk, sondern anderweitig ansprechen können, um ihn zu verwalten. Wie heißt dieses Verfahren?

    A. Backdoor Access

    B. Out-of-Band Management

    C. Managed Router

    D. Session Bounding

18. Sie können sich mit Ihrem Notebook auf dem Universitätsgelände von einem drahtlosen Netzwerk in ein anderes bewegen, ohne sich neu anmelden zu müssen. Welches Verfahren ermöglicht Ihnen dies?

    A. Roaming

    B. IBSS

    C. War Driving

    D. Cell Padding

19. Welches Protokoll kann eingesetzt werden, um mehrere Access Points zentralisiert über eine gemeinsame Verwaltung zu betreiben?

    A. MGCP

    B. DWDM

    C. LWAPP

    D. UTMP

20. Die optimale Einrichtung und Konfiguration von WLAN-Antennen ist nützlich gegen:

    A. Tailgating

    B. Whaling

    C. Wall Chalking

    D. War Driving

21. Bei welchen Anschlusssteckern handelt es sich um optische SFF-Anschlüsse (Small Form Factor)?

    A. MMF (Multimode Fiber) und SMF (Single Mode Fiber)

    B. ST (Straight Type) und SC (Standard Connector)

    C. MT-RJ (Mechanical Transfer-Registered Jack) und LC (Local Connector)

    D. RJ-45 und RJ-11

22. Wie kann die Reichweite eines 802.11b Access Points erweitert werden?

    A. Verringern der elektrischen Ausgangsleistung

    B. Installieren einer externen Antenne

    C. Entfernen aller externen Antennen und ausschließlicher Gebrauch der internen Antenne

    D. Wechsel des Sendefrequenzbereichs auf das 5-GHz-Band

23. Welcher Programmaufruf erzeugt das folgende Ergebnis auf dem Bildschirm:

    ```
    Aktive Verbindungen
      Proto   Lokale Adresse        Remote-Adresse         Status
      TCP     workstation:1135      192.168.2.68:microsoft HERGESTELLT
      TCP     workstation:3845      server05.mitp.de:HTTP  WARTEND
    ```

    A. arp

    B. ifconfig

    C. tracert

    D. netstat

24. Wenn in einem vollvermaschten Netz die erste Verbindung zwischen zwei Stationen ausfällt, welche der folgenden Aussagen stimmt dann?

    A. Alle Rechner können weiterhin miteinander kommunizieren.

    B. Es kann keine Kommunikation im Netzwerk mehr stattfinden.

    C. Nur die zwei Rechner, die von dieser Verbindung betroffen sind, können nicht mehr miteinander kommunizieren.

    D. Alle Rechner, die an dieser Verbindung beteiligt sind, können nicht mehr miteinander kommunizieren.

25. Ein Benutzer meldet sich beim Administrator, dass er keinen Zugriff mehr auf das Netzwerk hat. Er kann keinen erfolgreichen *ping*-Befehl an die anderen Stationen in seinem Netz absetzen und *ipconfig* zeigt ihm zwar eine gültige IP-Adresse an, die aber nicht das korrekte Subnetz anzeigt, in dem sich der Rechner eigentlich befindet. Welcher Ansatz beschreibt dieses Problem?

    A. Der DHCP-Server hat die Kommunikationsverbindung zum passenden DNS-Server verloren.

    B. Der WINS-Server ist offline.

    C. Der DHCP-Server ist offline.

    D. Jemand hat einen zweiten DHCP-Server aktiviert.

26. Ihr IT-Administrator hat kürzlich einen neuen DNS-Server ins Netzwerk integriert und den bisherigen DNS-Server vom Netz genommen. Der neue DNS-Server hat eine andere IP-Adresse als der alte, dieser Wechsel wurde im DHCP-Server auch eingetragen.

    Dennoch können in der Folge einige Arbeitsstationen Webadressen wie z.B. www.educomp.eu aufrufen, während andere dies nicht können. Welche Arbeitsstationen sind in der Lage, die Adresse www.educomp.eu aufzurufen?

    A. Jede Arbeitstation, die den DHCP-Lease seit der Umstellung erneuert hat

    B. Jede Arbeitsstation mit einer statischen IP-Adresse

    C. Jede Arbeitsstation, die mindestens über Internet Explorer 5.5 SP2 verfügt

    D. Jede Arbeitsstation , die seit der Umstellung den DHCP-Lease nicht erneuert hat

27. Was ist der Haupteinsatzzweck eines Packet Sniffers?

    A. Offene Ports an einem Server zu finden

    B. Sicherzustellen, das der Netzwerkverkehr verschlüsselt wird

    C. Das Eindringen ins Netzwerk zu verhindern

    D. Den Netzwerkverkehr zu analysieren

28. Ein Webdesigner hat den Webauftritt der Firma umgebaut und dabei so programmiert, dass ab jetzt HTTPS notwendig ist, um eine Verbindung zum Server herzustellen.

    Nach dieser Umstellung ist der Webserver zwar für die Intranet-Benutzer nach wie vor zugänglich, aber vom Internet ist keine Verbindungsaufnahme mehr zu diesem Webserver möglich. Was verursacht dieses Problem am ehesten?

    A. Die Firewall des Unternehmens verweigert den Zugang auf Port 389.

    B. Die Firewall des Unternehmens verweigert den Zugang auf Port 443.

    C. Der Webserver des Unternehmens verweigert Zugang auf Port 8080.

    D. Der DNS-Server des Unternehmens ist deaktiviert.

29. Mit der Nutzung welcher Kanäle können Sie eine minimale Überlappung für ein WLAN im 2,4-GHz-Bereich einrichten?

    A. 1, 6, 11

    B. 3, 6, 9

    C. 1, 2, 3

    D. 36, 42, 48

30. Welches der folgenden Kommandos resultiert in der Anzeige der MAC-Adresse eines bestimmten Computers?

    A. nslookup

    B. ipconfig /all

    C. nbtstat -r

    D. netstat

31. Welchen Begriff können Sie anstelle von »SNMP-Benachrichtigung« setzen?

    A. Get

    B. Walk

    C. Trap

    D. Set

32. Welche Funktionalität wurde mit 802.11ac neu eingeführt?

    A. 40-MHz-Bänder

    B. 11-GHz-Frequenzträger

    C. MUMIMO

    D. 600 Mbps Durchsatz

33. Ein Transitionsmechanismus von IPv4-Adressen auf IPv6, der es erlaubt, dass IPv6-Pakete über ein IPv4-Netzwerk transportiert werden können, nennt sich:

    A. Miredo

    B. 6to4

    C. 2002::/16

    D. VRRP

34. Welche Anzahl von gültigen Hosts lässt das Netzwerk 208.104.52.0/17 zu?

    A. 65636

    B. 81920

    C. 32766

    D. 16382

35. Der Einsatz von mehreren Access Points für ein einziges WLAN nennt sich:

    A. ESS

    B. IBSS

    C. BSS

    D. MSS

36. Welches ist die erste gültige Adresse für die Adressierung eines Hosts in folgendem Netzwerk: 172.24.136.143/20?

    A. 172.24.143.1

    B. 172.24.140.1

    C. 172.24.136.1

    D. 172.24.128.1

37. Welche der folgenden Beschreibung erweitert die Möglichkeiten einer konventionellen SPI-Firewall, indem sie verhindern kann, dass Schadcode ausgeführt wird?

    A. Application Level Gateway

    B. Stateful Inspection Gateway

    C. Unified Persistent Attack Prevention

    D. Multilayer Access Firewall

38. Der Prozess der Suche, Sammlung und Sicherung flüchtiger Daten im Rahmen eines Rechtsverfahrens nennt sich:
    A. Rechtsmittelverwahrung
    B. eDiscovery
    C. First Responder
    D. Beweiskette

39. Bei welcher Form von Software spricht man von einem Embedded System? Wählen Sie zwei Begriffe aus:
    A. BIOS
    B. Treiber
    C. ServerOS
    D. Firmware
    E. HIDS

40. Das Deaktivieren der Aussendung der WLAN-SSID bewirkt:
    A. Eine erhöhte Sicherheit des WLAN
    B. Die Notwendigkeit zur Verwendung fixer IP-Adressen
    C. Das Blockieren von unverschlüsselten Clients
    D. Erhöhte Anstrengung, um das WLAN zu entdecken

41. Der Provider muss die WAN-Verbindung beim Kunden terminieren. Die Verbindung endet im Serverraum des Kunden, wo das LAN-Equipment untergebracht ist. Welcher der folgenden Begriffe lokalisiert diesen Raum?
    A. Smart Jack
    B. MDF
    C. VPN
    D. Demarc

42. Welcher der folgenden Anschlüsse verfügt über einen DB-9 Connector?
    A. SC
    B. LC
    C. RS-232
    D. RJ-45

43. Der Netzwerkadministrator muss das Notebook eines Außendienstmitarbeiters einrichten. Dabei muss er dem Verkäufer ermöglichen, im Außeneinsatz via Internet eine sichere Verbindung zum Firmennetzwerk aufbauen zu können. Was muss der Administrator bei der Einrichtung konfigurieren?
    A. Er stellt sicher, dass die Antivirensoftware jederzeit auf dem neuesten Stand ist.
    B. Er installiert eine Firewall auf dem Laptop.
    C. Er richtet einen drahtlosen Zugang ein.
    D. Er erstellt eine PPTP-Verbindung.

44. Über welchen Kabeltyp können Sie 100BASE-FX betreiben?

    A. MMF (optisches Kabel)

    B. RG-59 (Koaxialkabel)

    C. STP-Kategorie-6-Kabel

    D. UTP-Kategorie-5e-Kabel

45. Ihr Netzwerkadministrator implementiert mehrere VLANs auf einem Switch. Welches Gerät bzw. welche Funktionalität benötigt er dabei, um den Datenverkehr zwischen den verschiedenen VLANs zu ermöglichen?

    A. Nichts

    B. Einen zweiten Switch

    C. Einen zusätzlichen Switch pro VLAN

    D. Einen Router

46. Beim Einsatz einer Routing-Tabelle wird welche der folgenden Routen am *ehesten* ausgewählt?

    A. Die niedrigste administrative Distanz

    B. Die höchste administrative Distanz

    C. Die BGP-Route

    D. Die Route mit dem höchsten Hop-Count

47. Welcher Dienst bzw. welches Protokoll kann für »AAA« eingesetzt werden?

    A. ADS

    B. IPv4

    C. Radius

    D. Netbios

48. Wenn ein Windows-Netzwerk auf eine Ressource zugreift, werden die »Credentials« (Zugriffsberechtigungen) durch den Gebrauch eines _____ (setzen Sie den korrekten Begriff ein) übertragen.

    A. Cookie

    B. Cache

    C. Key

    D. Token

49. Sie installieren ein neues Netzwerk und setzen dazu zwei Domaincontroller auf. Der eine hat die Adresse 192.168.0.5 und der andere die Adresse 192.168.0.140. Beide fungieren als DHCP-Server im Range 192.168.0.1 bis 192.168.0.254 mit dem Subnetz 255.255.255.0. Nach der Installation treten verschiedentlich DHCP-Fehler auf. Wie können Sie diese beheben?

    A. Ändern Sie das Subnetz auf 255.255.0.0, damit Sie mehr verfügbare Adressen erhalten.

    B. Die Server halten die IP-Adressen zu lange im Cache Memory fest. Booten Sie die beiden Server neu und das Problem ist behoben.

    C. Teilen Sie den DHCP-IP-Bereich zwischen den beiden Servern auf, indem Sie den Bereich im DHCP-Server halbieren, sodass einer die Adressen von 192.168.0.1-127 und der andere von 192.168.0.128-254 vergibt.

    D. Teilen Sie den DHCP-IP-Bereich zwischen den beiden Servern auf, indem Sie das Subnetz auf 255.255.255.128 ändern und den IP-Bereich halbieren, sodass einer die Adressen von 192.168.0.1-127 und der andere von 192.168.0.128-254 vergeben kann.

50. Welches der folgenden Routing-Protokolle benutzt einen Algorithmus, um die schnellste Route zu einem Ziel zu berechnen?

    A. RIP

    B. OSPF

    C. BGP

    D. CARP

51. RSTP wird in absehbarer durch ein neueres Protokoll ersetzt, durch welches?

    A. LACP

    B. UTP

    C. LWAP

    D. SPB

52. Ein Switch-Port, der so konfiguriert ist, dass er allen Datenverkehr passieren lässt, ohne auf die Nummer des VLAN zu achten, von dem er stammt, nennt sich:

    A. Default Port

    B. Tagging Port

    C. Trunking Port

    D. Smart Port

53. Damit Sie einen Access Point im 5-GHz-Frequenzbereich im Outdoor-Modus betreiben dürfen, muss welche Funktionalität aktiviert sein?

    A. Transmit Power Control

    B. Dipol-Antennenanschluss

    C. MIMO-Technologie

    D. IP67-Standard

54. Eine Methode, die es erlaubt, mehrere analoge oder digitale Datenströme für die Übertragung auf lange Strecken über ein gemeinsames Medium zu senden, ist:

    A. Multiplexing

    B. Route Linking

    C. Trafic Shaping

    D. POTS

55. In der forensischen Praxis wird das chronologische und lückenlose Aufzeichnen aller Funde für die Rechtsauswertung bezeichnet als:

    A. eDiscovery

    B. First Responder

    C. Beweismittelkette

    D. Zugangsliste

56. Das Feld in einem IPv4-Header, das bestimmt, über wie viele weitere Hops das IP-Paket weitergeleitet werden kann, bevor es verworfen wird, nennt sich:

    A. TTL

    B. ToS

    C. MTU

    D. UHL

57. Mit welchem Kommandoparameter können Sie unter den Kommando *ipconfig* die Ausgabe aller installierten Netzwerkadapter erzeugen?

    A. /?

    B. /all

    C. /disp

    D. /list

58. Router befinden sich in konvergentem Status, wenn:

    A. Alle Router ihre Routing-Tabellen aktualisiert haben

    B. Verschiedene Router nicht erreichbar sind und konvergiert werden

    C. Doppelte IP-Adressen unter den Routern ausgetauscht werden

    D. Ein Server das letzte ACK-Signal erhält

59. Switch Spoofing und doppeltes Tagging sind zwei Methoden für welche Angriffsform auf Netzwerkressourcen?

    A. WLAN

    B. VLAN

    C. BAN

    D. VPN

60. In der Forensik werden Hashwerte erzeugt, um welchen Aspekt der Beweissicherung zu erbringen?

    A. Vertraulichkeit

    B. Integrität

    C. Verfügbarkeit

    D. Unleugbarkeit

61. Sie arbeiten als Netzwerkadministrator in Ihrer Firma. Sie müssen den Bandbreitenbedarf für das Internet reduzieren. Wie können Sie dies erreichen?

    A. Sie installieren einen WINS-Server.

    B. Sie installieren einen Proxy-Server.

    C. Sie installieren einen HTTP-Dienst.

    D. Sie installieren einen DHCP-Server.

    E. Sie installieren einen DNS-Server.

    F. Sie installieren eine Firewall.

62. Der Systemadministrator konfiguriert den MS Exchange Server für den Einsatz von E-Mail zwischen zwei Filialen, um Mails zwischen diesen beiden Servern hin und her zu senden. Mit welchem Protokoll richtet er die Server dafür ein?

    A. POP3 (Post Office Protocol Version 3)

    B. CSMS (Client Service Mailsend)

    C. SMTPS (Simple Mail Transfer Protocol)

    D. WNMG (Windows Mail Gateway)

63. Der Administrator eines Netzwerks ist zuständig für ein kleines lokales Netzwerk, in welchem zehn Stationen verkabelt durch einen Switch verbunden sind. Der Switch wiederum ist an einen Router angeschlossen, der die Verbindung ins Internet sicherstellt. Eines Tages wird er von einem Benutzer um Hilfe gebeten, weil dieser nicht mehr ins Internet kommt. Alle anderen Benutzer haben aber Zugriff auf das Internet. Was muss dieser Administrator prüfen, um dieses Problem anzugehen?

    A. Netzwerkkarte der betroffenen Maschine, Port des Switchs, der zum Router verbunden ist

    B. Netzwerkkabel von der betroffenen Maschine zum Switch, Port am Switch, bei dem dieser Rechner eingesteckt ist, Zugangskabel vom Internet zum Router

    C. Netzwerkkarte der betroffenen Maschine, Netzwerkkabel von dieser Maschine zum Switch, Port am Switch, bei dem dieser Rechner eingesteckt ist

    D. Netzwerkkabel der betroffenen Maschine, Netzwerkkabel aller anderen Benutzer und deren Ports am Switch, Uplink-Port zum Router

64. Welches Protokoll verschlüsselt Daten zwischen dem Browser und dem Webserver?

    A. IPSec
    B. SSL
    C. PPTP
    D. L2TP
    E. HTTPS

65. Welchen Dienst wird der Techniker nutzen, wenn er die Client-DNS-Einträge für »A« und »PTR« automatisch erstellen oder aktualisieren möchte?

    A. Kerberos
    B. DNS
    C. DHCP
    D. BIND

66. Ein Privatanwender kauft sich ein Kabelmodem und ein gerades Kategorie-5e-Patchkabel. Das Modem schließt er an einen Hub an, den er zu Hause hat. Nach dem Start des PC stellt der Anwender fest, dass der PC keine DHCP-Adresse vom im Kabelmodem integrierten DHCP-Server erhalten hat. Warum?

    A. Weil das Kabelmodem direkt an den PC angeschlossen werden muss

    B. Weil das Kabelmodem ein gekreuztes Kabel für den Anschluss an den Hub benötigt

    C. Weil das Kabelmodem mit einem Koaxialkabel an den PC angeschlossen werden muss

    D. Weil das Kabelmodem den DHCP-Dienst nur über ein Kategorie-6-Kabel übertragen kann

67. Ein Webserver des Unternehmens steht in einem klimatisierten Serverraum mit redundanter Stromversorgung und einer unterbrechungsfreien Stromversorgung (USV) zur Maximierung der Verfügbarkeit. Was kann das Unternehmen noch tun, um die Verfügbarkeit weiter zu maximieren?

    A. Zusätzliche NICs in den Server einbauen

    B. Zusätzliche Router installieren

    C. Die NIC auf Gigabit-NIC umrüsten

    D. Alle Switches auf Gigabit-Ethernet umrüsten

68. Ein PC war bislang in der Lage, auf Dateien zuzugreifen, welche auf einem Remote-Server abgelegt sind. Nachdem auf diesem Server eine Firewall installiert worden ist, kann der PC nicht länger auf diese Dateien zugreifen. Was muss der Administrator tun, um dieses Problem zu beheben?

    A. Den Server neu booten, damit die Freigaben wieder funktionieren

    B. Die IP-Adresse auf dem PC anpassen

    C. Auf der Firewall die für den Datentransfer notwendigen Ports öffnen

    D. Den PC rebooten und es anschließend erneut versuchen

    E. Auf dem PC dieselbe Firewall installieren, damit die beiden Firewalls die Berechtigungen austauschen können

69. Eine Technikerin verdrahtet ein Crossover-Patchkabel, um zwei Geräte zu verbinden. Welche Pins werden zwischen Stecker A und Stecker B unterschiedlich sein?

    A. Pin4, Pin5, Pin6, Pin7

    B. Pin6, Pin7, Pin8, Pin1

    C. Pin4, Pin5, Pin1, Pin2

    D. Pin1, Pin2, Pin3, Pin6

70. Welches Werkzeug setzen Sie ein, um die optimale Leistung einer Cat.-5e-Verkabelung zu belegen?

    A. Toner and Probe

    B. Multimeter

    C. Zertifizierer

    D. Prüftester

71. Ein Hacker konnte den Netzwerkverkehr zwischen einem Client und der Serverkonsole in Klartext mitlesen. Welchen Port hat der Administrator für die Kommunikation offensichtlich genutzt?

    A. 5061

    B. 3389

    C. 479

    D. 23

72. Worin besteht eine Differenz zwischen Cat.-6-Kabeln und Cat.-6a-Kabeln?

    A. Cat. 6a unterstützt 10 Gbps bis 100 Meter.

    B. Cat. 6a unterstützt 1 Gbps bis 80 Meter.

    C. Cat. 6a unterstützt 40 Gbps bis 55 Meter.

    D. Cat. 6a unterstützt 100 Gbps bis 10 Meter.

73. Nennen Sie eine Multiplexing-Methode, die für die Kommunikation über optische Leitungen genutzt wird?

    A. CSMA

    B. DWDM

    C. LWAP

    D. PSTN

74. Das Vorgehen, um sich unberechtigten Zugang zu Bluetooth-Geräten zu verschaffen, nennt sich:

    A. Near-Pharming

    B. Blue-Snarfing

    C. NFC-Hacking

    D. RF-Hijacking

75. Das Protokoll SCP kann anstelle von welchem Dienst genutzt werden?

    A. SMTP

    B. FTP

    C. SMB

    D. HTTP

76. Zu welcher Gruppe von Attacken gehört Phishing?

    A. Viren

    B. DoS

    C. Social Engineering

    D. MITM

77. Welcher Begriff bezieht sich bei Lichtwellenleitern auf die verwendete Ferrule?
    A. APC
    B. DCP
    C. SCP
    D. ZPC

78. Für welchen Dienst können Sie eine VPBX einsetzen?
    A. SCADA
    B. ICS
    C. PSTN
    D. VoIP

79. Zu welcher Gruppe von Verfahren wird DiffServ benutzt?
    A. Verkehrslenkung im Netzwerk
    B. Lastenausgleich auf Netzwerkkarten
    C. Unterscheidung von verschiedenen Diensten
    D. Überwachung von Industriesystemen

80. Was beschreibt die Funktion eines Reverse Proxy am besten?
    A. Verbirgt die lokale Identität des angefragten Servers
    B. Verbirgt die Clients bei Anfragen ins Internet
    C. Handelt anstelle eines angefragten Servers
    D. Ersetzt die Firewall für die DMZ

81. Was kann eine Technikerin nutzen, um den Verbindungsaufbau und die Headerzeilen der Antworten zu überprüfen, wenn Benutzer sich mit einem Webserver verbinden?
    A. nbstat
    B. dig
    C. ipconfig
    D. Protocol Analyzer

82. Welche beiden Werkzeuge benötigen Sie, um ein FTP-Cat.-5e-Anschlusskabel herzustellen? Wählen Sie alle zutreffenden aus.
    A. Blechschere
    B. TDR
    C. Crimpzange
    D. Multimeter
    E. OTDR

83. Ihr Unternehmen möchte für das neue Verkaufssystem eine sichere Netzwerkumgebung einrichten. Daher muss der Netzwerkverkehr dieses Systems aus Sicherheitsgründen isoliert werden. Das aktuelle Adressschema lautet 10.20.30.x /24. Welche der folgenden Methoden hilft am *besten*, um den Verkehr zu separieren?

    A. Ein dediziertes Broadcast-Netzwerk für das neue System

    B. Ein dediziertes Multicast-Netzwerk für das neue System

    C. Der Wechsel der IP-Adressen in ein C-Klassen-Schema

    D. Die Einrichtung eines eigenen Subnetzes für das neue System

84. Was ist die Geschwindigkeit des Standards OC-3?

    A. 103, 64 Mps

    B. 155, 52 Mbps

    C. 622, 08 Mbps

    D. 933, 12 Mbps

85. Eine Technikerin setzt ein IDS-System auf. Was sollte sie am Switch konfigurieren, damit sie das IDS anschließend nutzen kann?

    A. PoE

    B. Portgeschwindigkeit gleichschalten

    C. Port Mirroring

    D. Konvergenz

86. Welches Netzwerkgerät kann regelbasiert Pakete filtern?

    A. Hub

    B. Layer-2-Switch

    C. Bridge

    D. Firewall

87. Welches Werkzeug werden Sie einsetzen, um zu überprüfen, ob die Drähte eines Kabels auf beiden Seiten sauberen Kontakt geben und ob Störgeräusche auf Kabeln vorkommen?

    A. Multimeter

    B. Kabeltester

    C. Voltmeter

    D. Protokollanalysierer

88. Welches ist die maximale Bitrate, die mit einem Cat.-6-Kabel übermittelt werden kann?

    A. 100 Mbps

    B. 1000 Mbps

    C. 10000 Mbps

    D. 100000 Mbps

89. Welche der folgenden VPN-Methoden ist am besten geeignet, um ein Remote-Büro mit dem Hauptsitz zu verbinden?

    A. Client-to-Site

    B. Client-to-VPN

    C. Client-to-Client

    D. Site-to-Site

90. Ein Packet-Sniffer stellt fest, dass ein Client TCP-SYN-Pakete an Server01 sendet. Welche Pakete sollte der Sniffer im Gegenzug als Antwort von Server01 lesen können?

    A. SYN-NAK

    B. SYN-ACK

    C. ACK

    D. TCP

Anhang A

Anhänge

Im Folgenden finden Sie die Antworten zum Eintrittstest, zu den Fragen, die am Ende der Kapitel standen, sowie zur Musterprüfung im vorhergehenden Kapitel.

A.1 Antworten zu den Fragen des Eintrittstest

Frage	Richtige Antwort	Frage	Richtige Antwort	Frage	Richtige Antwort
1	C	11	A	21	B
2	C	12	A	22	B C
3	A	13	B	23	C
4	D	14	C	24	D
5	A	15	C	25	C
6	A	16	D	26	B
7	D	17	C	27	D
8	D	18	D	28	A
9	B	19	D	29	D
10	C	20	D	30	C E

A.2 Lösungsbeispiele zu »Jetzt sind Sie dran«

Kapitel 2: Fragen zur Übung »Schichtmodell-Begriffe« 2. Schritt

DoD4-Modell	Beispiel für Geräte und Dienste
4	MAPI, RPC, Session-Login
3	TCP, UDP
2	IP
1*	Ethernet, Frame, Hub, Repeater, Kabel, RJ-45, X.25, FDDI, IBM-SNA

* Das DoD4-Modell hat die oberen Schichten selbst spezifiziert, nicht aber Schicht 1. Daher passen diese Begriffe zwar sinngemäß, sind aber nicht Teil des Modells selbst, das zu Schicht 1 lediglich angibt »Network Access«. Daher fehlen in der Auflistung der oberen Schichten auch die Begriffe aus der Übung, die NICHT durch das DoD4-Modell beschrieben werden, sondern höchstens vergleichbar anzusiedeln wären wie etwa IPX oder Router auf Ebene 2.

Kapitel 9: Lösungsbeispiel zur Netzwerkpraxis »IP-Adresse«:

Netzwerkeinstellungen auf einem Windows-7-Rechner. Zu finden unter:

> START – SYSTEMSTEUERUNG – NETZWERK- UND FREIGABECENTER – ADAPTEREIN-STELLUNGEN ÄNDERN – LAN-VERBINDUNG doppelklicken – Dialogfeld DETAILS anwählen

oder über:

> START – AUSFÜHREN – CMD und Enter – danach IPCONFIG eingeben

Die Ergebnisse zeigen dann an:

- Aktuelle IP-Adresse: 192.168.1.33
- Netzwerkklasse: C-Klasse
- Privat oder öffentlich: Private Adresse (192.168.0 /24, privates C-Netz)
- Netzwerk: 192.168.1.0/255.255.255.0

Abschnitt 14.1.2: Lesen Sie über Angriffe

Es handelt sich bei allen Begriffen um Malware-Attacken der Sorte APT (Advanced Persistent Threat).

Titan Rain gilt als einer ersten durchorganisierten APTs und stammt aus dem Jahr 2003. Ebenso wie Aurora 2009 wird er auf China als Entwickler zurückgeführt. Im Gegensatz dazu war die Operation Hangover von 2013 von Indien ausgehend auch nicht mehr von Staat zu Staat, sondern auf private Organisationen ausgerichtet und tritt bis heute in verschiedenen Formen immer wieder auf.

Wild Neutron hat ebenfalls 2013 begonnen, setzt sich aber auch im Jahr 2015 fort und konnte allein von Kaspersky in bisher elf Ländern als APT nachgewiesen werden, und zwar bei verschiedensten Arten von Opfern:

Abb. A.1: Die Ausbreitung von Wild Neutron

Kapitel 19: Lösungen zu den netsh-Aufgaben

```
netsh -c interface dump>netcnfig.txt
```
Liest die Netzwerkkonfiguration und schreibt sie in eine Datei namens *netonfig.txt*.

```
netsh -f netcnfig.txt
```
Importiert die Netzwerkeinstellungen aus der Datei *netcnfig.txt* und überschreibt dabei die vorhandenen Einstellungen.

```
netsh wlan show profiles
```
Zeigt die eingerichteten drahtlosen Netzwerkprofile an.

```
netsh winsock reset
```
Setzt die Socket-Einstellungen unter Windows zurück – ist unter Umständen bei Malware sehr nützlich.

```
netsh firewall set opmode disable
```
bzw.

```
netsh firewall set opmode enable
```
Aktiviert bzw. deaktiviert die Windows-Software-Firewall. Achtung: Bei Windows XP und Windows 7 werden die Befehle unterschiedlich ausgeschrieben.

Kapitel 22: Lösungen zu den IP-Aufgaben

Aufgabe 1)

IP-Adresse	62. 0011'1110	2. 0000'0010	17. 0001'0001	27 0001'1011
Subnetzmaske	255. 1111'1111	255. 1111'1111	255. 1111'1111	248 1111'1000
Netzadresse	62. 0011'1110	2. 0000'0010	17. 0001'0001	24 0001'1000
Anzahl Hosts	Hosts		Broadcast	Suffix
6	62.2.17.25	62.2.17.30	62.2.17.31	29

Anhang A
Anhänge

Aufgabe 2)

IP-Adresse	172. 1010'1100.	16. 0001'0000.	75. 0100'1011.	30 0001'1110
Subnetzmaske	255. 1111'1111.	255. 1111'1111.	248. 1111'1000.	0 0000'0000
Netzadresse	172. 1010'1100.	16. 0001'0000.	72. 0100'1000.	0. 0000'0000
Anzahl Hosts	Hosts		Broadcast	Suffix
2046	172.16.72.1	172.16.79.254	172.16.79.255	21

Aufgabe 3)

IP-Adresse	172. 1010'1100.	16. 0001'0000.	0. 0000'0000.	78 0100'1110
Subnetzmaske	255. 1111'1111.	255. 1111'1111.	0. 0000'0000.	0 0000'0000
Netzadresse	172. 1010'1100.	16. 0001'0000.	0. 0000'0000.	0 0000'0000
Anzahl Hosts	Hosts		Broadcast	Suffix
65534	172.16.0.1	172.16.255.254	172.16.255.255	16

Aufgabe 4)

IP-Adresse	204 1100'1100.	80. 0101'0000.	255. 1111'1111.	2 0000'0010
Subnetzmaske	255. 1111'1111.	255. 1111'1111.	255. 1111'1111.	128 1000'0000
Netzadresse	204. 1100'1100.	80. 0101'0000.	255. 1111'1111.	0 0000'0000
Anzahl Hosts	Hosts		Broadcast	Suffix
126	204.80.255.1	- 255.126	204.80.255.127	25

A.3 Antworten zu den Kapitelfragen

Kapitel 2	
Frage 1	D
Frage 2	A
Frage 3	D
Frage 4	A
Frage 5	D
Frage 6	B
Frage 7	B
Frage 8	C
Frage 9	C
Frage 10	A

Kapitel 3	
Frage 1	B
Frage 2	D
Frage 3	D
Frage 4	C
Frage 5	A
Frage 6	B
Frage 7	A
Frage 8	A
Frage 9	C
Frage 10	D

Kapitel 4	
Frage 1	D
Frage 2	D
Frage 3	C
Frage 4	B
Frage 5	A
Frage 6	B
Frage 7	B
Frage 8	C
Frage 9	C
Frage 10	A

Kapitel 5	
Frage 1	A
Frage 2	A
Frage 3	B
Frage 4	A C E
Frage 5	C
Frage 6	B
Frage 7	A
Frage 8	C
Frage 9	D
Frage 10	D

Kapitel 6	
Frage 1	C
Frage 2	B
Frage 3	A
Frage 4	D
Frage 5	D
Frage 6	B
Frage 7	A
Frage 8	D
Frage 9	A
Frage 10	B C

Kapitel 7	
Frage 1	A
Frage 2	C
Frage 3	D
Frage 4	C
Frage 5	D
Frage 6	A
Frage 7	A
Frage 8	C
Frage 9	B
Frage 10	D

Anhang A
Anhänge

Kapitel 8	
Frage 1	D
Frage 2	D
Frage 3	B
Frage 4	A
Frage 5	A D E
Frage 6	D
Frage 7	C
Frage 8	D
Frage 9	A
Frage 10	C

Kapitel 9	
Frage 1	A
Frage 2	D
Frage 3	A
Frage 4	C
Frage 5	C
Frage 6	B
Frage 7	B
Frage 8	B
Frage 9	D
Frage 10	C
Frage 11	D
Frage 12	A
Frage 13	B
Frage 14	A

Kapitel 10	
Frage 1	C
Frage 2	A
Frage 3	C
Frage 4	D
Frage 5	B
Frage 6	B
Frage 7	A
Frage 8	C
Frage 9	A
Frage 10	A

Kapitel 11	
Frage 1	A
Frage 2	D
Frage 3	D
Frage 4	A
Frage 5	C
Frage 6	B
Frage 7	A
Frage 8	A
Frage 9	D
Frage 10	D
Frage 11	B
Frage 12	A
Frage 13	C
Frage 14	D

Kapitel 12	
Frage 1	D
Frage 2	A
Frage 3	D
Frage 4	B
Frage 5	C
Frage 6	B
Frage 7	A
Frage 8	A
Frage 9	C
Frage 10	D

Kapitel 13	
Frage 1	D
Frage 2	A
Frage 3	C
Frage 4	D
Frage 5	D
Frage 6	C
Frage 7	D
Frage 8	A
Frage 9	C
Frage 10	A

Kapitel 14	
Frage 1	D
Frage 2	D
Frage 3	A
Frage 4	C
Frage 5	B
Frage 6	A
Frage 7	C
Frage 8	B
Frage 9	A
Frage 10	D

Kapitel 15	
Frage 1	D
Frage 2	C
Frage 3	B
Frage 4	C
Frage 5	C
Frage 6	D
Frage 7	A D
Frage 8	A
Frage 9	B
Frage 10	A
Frage 11	D
Frage 12	C
Frage 13	D
Frage 14	B

Kapitel 16	
Frage 1	A
Frage 2	D
Frage 3	A
Frage 4	C
Frage 5	B
Frage 6	A
Frage 7	B
Frage 8	C
Frage 9	C
Frage 10	A

Kapitel 17	
Frage 1	A
Frage 2	B
Frage 3	C
Frage 4	A
Frage 5	B
Frage 6	B
Frage 7	A
Frage 8	D
Frage 9	D
Frage 10	C

Kapitel 18	
Frage 1	C
Frage 2	B
Frage 3	B D
Frage 4	A
Frage 5	B
Frage 6	B
Frage 7	A
Frage 8	C
Frage 9	C
Frage 10	A

Kapitel 19	
Frage 1	C
Frage 2	C
Frage 3	B
Frage 4	A
Frage 5	A
Frage 6	C
Frage 7	D
Frage 8	D
Frage 9	A
Frage 10	C

Kapitel 20		Kapitel 21		Kapitel 22	
Frage 1	D	Frage 1	C	Frage 1	B
Frage 2	B	Frage 2	A	Frage 2	D
Frage 3	D	Frage 3	C	Frage 3	A
Frage 4	A	Frage 4	C	Frage 4	A
Frage 5	C	Frage 5	B	Frage 5	B
Frage 6	B	Frage 6	B	Frage 6	A
Frage 7	A	Frage 7	A	Frage 7	B
Frage 8	C	Frage 8	C	Frage 8	C
Frage 9	B	Frage 9	B	Frage 9	D
Frage 10	C	Frage 10	B	Frage 10	B

A.4 Antworten zur Musterprüfung

Frage	Richtige Antwort	Frage	Richtige Antwort	Frage	Richtige Antwort
1	D	21	C	41	B
2	C	22	B	42	C
3	D	23	D	43	D
4	A	24	A	44	A
5	D	25	D	45	D
6	C	26	A	46	A
7	A	27	D	47	C
8	D	28	B	48	D
9	D	29	A	49	D
10	A	30	B	50	C
11	B	31	C	51	D
12	D	32	C	52	C
13	A	33	B	53	A
14	B	34	C	54	A
15	D	35	A	55	C
16	C	36	D	56	A
17	B	37	A	57	B
18	A	38	B	58	A
19	C	39	A D	59	B
20	D	40	C	60	B

Frage	Richtige Antwort	Frage	Richtige Antwort	Frage	Richtige Antwort
61	B	71	D	81	D
62	C	72	A	82	A C
63	C	73	B	83	D
64	B	74	B	84	B
65	C	75	B	85	C
66	B	76	C	86	D
67	A	77	A	87	B
68	C	78	D	88	C
69	D	79	A	89	A
70	C	80	A	90	B

A.5 Weiterführende Literatur

- Wer ein Buch schreibt, kann viele Themen ansprechen, zu fast jedem Thema gibt es aber fast immer noch ein spezialisiertes, weiterführendes oder hilfreiches Buch. Einige davon waren auch im Text erwähnt.

A.5.1 Nützliche Literatur zum Thema

Autor	Buchtitel	ISBN
A Campo Markus Kammermann Markus	CompTIA Security+	978-3-8266-5522-7
Chappell Laura	Wireshark® 101 – Einführung in die Protokollanalyse	978-3-8266-9713-5
Rech Jörg	Wireless LANs	978-3-9369-3175-4
Rieder Carlos und Hirschi Oliver	Informationssicherheitshandbuch für die Praxis	978-3-906130-69-9
Romagna André und Annino Umberto	IT Security Management	978-3-7155-9438-5
Scholderer Robert	Management von Service-Level-Agreements	978-3-89864-702-1

- Für viele einzelne Themen sind auch die englischen und deutschen Wikipedia-Artikel als Einstieg geeignet.

A.5.2 Weiterführende Links zum Thema

Thema	Link
Verzeichnis aller Request for Comments (RFC) für die technologische Entwicklung zahlreicher Netzwerkprotokolle und Internetstandards	`https://www.rfc-editor.org`
Umfangreiche Informationen zu zahlreichen Netzwerkkomponenten und Implementationsfragen aus Sicht der Informatiksicherheit	`www.bsi.de`
Koordinationsstelle zur Bekämpfung der Internetkriminalität	`www.kobik.ch`
Melde- und Analysestelle Informationssicherung	`melani.admin.ch`
Verschiedene Leitfäden zum Umgang mit Daten und Datenschutz in der Schweiz	`http://www.edoeb.admin.ch/`
Live-CD fürs Daten und Disks kopieren	`http://www.knoppix.org/`
Standard-Linux zur Disk-Sicherung und Programme für Forensik und Penetrationstests	`http://www.backtrack-linux.org/`
Helix3 Pro: Standard-Linux und Programme für Forensik und Penetrationstests	`http://www.e-fense.com/helix3pro.php`
autopsy/sleuthkit: Linux Open Source, für normale forensische Aufgaben völlig ausreichend	`http://www.sleuthkit.org/sleuthkit/download.php`

Anhang B

Abkürzungsverzeichnis

A	Resource-Eintrag in DNS für Adresse
AAA	Authentication, Authorization and Accounting
AAAA	Authentication, Authorization, Accounting and Auditing (Authentifizierung, Autorisierung, Abrechnung und Audit)
AAAA	NS-Resource Record zur Zuweisung einer IPv6-Adresse zu einem Namen
AAL	ATM Adaption Layer
ACK	Acknowledge (Kommunikationssteuerungskommando)
ACL	Access Control List (zentrale Benutzerliste)
ACPI	Advanced Configuration and Power Management Interface
ACR	Attenuation to Crosstalk (Verhältniswert)
AD, ADS	Active Directory
ADSL	Asymmetric Digital Subscriber Line
AES	Advanced Encryption Standard
AFP	Apple Filing Protocol
AH	Authentication Header
AM	Amplitude Modulation
AP	Access Point
APC	Angle Polished Connector (LWL-Adapter)
API	Application Programming Interface
APIPA	Automatic Private Internet Protocol Addressing
APT	Advanced Persistent Threat
ARIN	American Registry for Internet Numbers (siehe RIPE für Europa)
ARP	Address Resolution Protocol
AS	Autonomes System (im Bereich Routing-Protokolle)
ASIC	Application Specific Integrated Circuit
ASP	Application Service Provider
ATM	Asynchronous Transfer Mode
ATP	AppleTalk Transaction Protocol
AUP	Acceptable Use Policy (Nutzungsverordnung)

Anhang B
Abkürzungsverzeichnis

AV	Anti-Virus	
AXTLK	Alien Crosstalk (Fremd-Nebensprechen)	
BAN	Body Area Network	
BCP	Business Continuity Plan	
BERT	Bit-Error Rate Test	
BGP	Border Gateway Protocol	
BIND	Berkeley Internet Name Domain	
BLE	Bluetooth Low Energy	
BNC	British Naval Connector / Bayonet Niell-Concelman	
BootP	Boot Protocol / Bootstrap Protocol	
BPDU	Bridge Protocol Data Unit	
BRI	Basic Rate Interface	
BSD	Berkeley Software Distribution	
BSSID	Basic Service Set Identifier (WLAN)	
BYOD	Bring Your Own Device	
CaaS	Communication as a Service	
CA	Certificate Authority	
CAM	Channel Access Method	
CAN	Campus Area Network	
CARP	Common Address Redundancy Protocol	
CASB	Cloud Access Security Broker	
CAT	Computer and Telephone	
CCTV	Closed Circuit TV (Kabel-TV-Anbieter)	
CDMA	Code Division Multiple Access	
CHAP	Challenge Handshake Authentication Protocol	
CIDR	Classless Inter-Domain Routing	
CIFS	Common Internet File System	
CNAME	Canonical Name	
CoS	Class of Service	
CPU	Central Processing Unit (Prozessor)	
CRAM-MD5	Challenge Response Authentication Mechanism – MD5	
CRC	Cyclic Redundancy Check	
CSMA/CA	Carrier Sense Multiple Access / Collision Avoidance	
CSMA/CD	Carrier Sense Multiple Access / Collision Detection	
CSU	Channel Service Unit	

CTI	Computer Telephony Integration	
CVW	Collaborative Virtual Workspace	
CWDM	Course Wave Division Multiplexing	
DaaS	Desktop as a Service	
dB	Dezibel (Pegeleinheit)	
DC	Domain Controller	
DCS	Distributed Computer System	
DDoS	Distributed Denial of Service (siehe auch DoS)	
DECT	Digital Enhanced Cordless Telecommunication	
Demarc	Demarcation Point (Verkabelung)	
DHCP	Dynamic Host Configuration Protocol	
DIG	Domain Information Groper (Programm zur DNS-Abfrage)	
DLC	Data Link Control	
DLP	Data Leak Prevention	
DLR	Device Level Ring	
DMZ	Demilitarisierte Zone (auch Perimeternetzwerk genannt)	
DNAT	Destination Network Address Translation	
DNS	Domain Name Service / Domain Name Server / Domain Name System	
DOCSIS	Data-Over-Cable Service Interface Specification	
DoD	Department of Defense (DoD-Modell)	
DoS	Denial of Service (siehe auch DDoS)	
DR	Designated Router	
DSCP	Differentiated Servies Code Point	
DSL	Digital Subscriber Line	
DSLAM	Digital Subscriber Line Access Multiplexer	
DSSS	Direct Sequence Spread Spectrum	
DSU	Data Service Unit	
DWDM	Dense Wavelength Division Multiplexing	
E1	E-Carrier Level 1 (es gibt auch E3)	
EAP	Extensible Authentication Protocol	
EBCDIC	Extended Binary Coded Decimals Interchange Code (Zeichensatz)	
EDNS	Extension Mechanism for DNS	
EFS	Encrypting File System	
EGP	Exterior Gateway Protocol (Protokollgruppe)	
EIA/TIA	Electronic Industries Alliance / Telecommunication Industries Association	

EIGRP	Enhanced Interior Gateway Routing Protocol	
EMI	Elektro-Magnetische Interferenz	
ESD	Electrostatic Discharge	
ESP	Encapsulated Security Packets	
ESSID	Extended Service Set Identifier (WLAN)	
EUI	Extended Unique Identifier	
FC	Fibre Channel (Lichtwellenleiter, »Glasfaser«)	
FCoE	Fiber Channel over Ethernet	
FCS	Frame Check Sequence	
FDDI	Fiber Distributed Data Interface	
FDM	Frequency Division Multiplexing	
FHSS	Frequency Hopping Spread Spectrum	
FM	Frequenzmodulation	
FQDN	Fully Qualified Domain Name / Fully Qualified Distinguished Name	
FTP	File Transfer Protocol (Dienstprotokoll)	
FTP	Foiled Twisted Pair (TP-Kabel)	
FTPS	File Transfer Protocol Security (Datenübertragungsprotokoll)	
FTTH	Fiber to the Home	
GBIC	Gigabit Interface Converter	
Gbps	Giga bits per second, AUCH: Gbit/s	
GPG	GNU Provacy Guard	
GPO	Group Policy Object	
GPRS	General Packet Radio Service	
GLBP	Gateway Load Balancing Protocol	
GRE	Generic Routing Encapsulation	
GSM	Global System for Mobile Communications	
HA	High Availability	
HDLC	High-Level Data Link Control (bei X.25 eingesetzt)	
HDMI	High Definition Multimedia Interface (Monitor-Anschluss)	
HIDS	Hostbased Intrusion Detection System	
HIPS	Hostbased Intrusion Prevention System	
HSDPA	High Speed Downlink Packet Access	
HSPA	High Speed Packet Access	
HSRP	Hot Standby Router Protocol	
HT	High Throughput	

HTTP	Hypertext Transfer Protocol	
HTTPS	Hypertext Transfer Protocol Secure	
HVAC	Heating, Ventilation and Air Conditioning (Heizung, Klima und Kühlung)	
Hz	Hertz (Frequenzeinheit)	
IaaS	Infrastructure as a Service	
IAB	Internet Architecture Board	
IANA	Internet Assigned Numbers Authority	
IBM-SNA	IBM System Network Architecture (Netzwerkarchitektur)	
IBSSID	Independent Basic Set Identification (Ad-hoc-WLAN)	
ICA	Independent Computer Architecture	
ICANN	Internet Corporation for Assigned Names and Numbers	
ICMP	Internet Control Message Protocol	
ICS	Internet Connection Sharing	
IDF	Intermediate Distribution Frame (Stockwerkverteiler)	
IDS	Intrusion Detection System	
IEEE	Institute of Electrical and Electronics Engineers	
IESG	Internet Engineering Steering Group	
IETF	Internet Engineering Task Force	
IGMP	Internet Group Management Protocol	
IGP	Interior Gateway Protocol (Protokollgruppe)	
IGRP	Interior Gateway Routing Protocol (Cisco Routing-Protokoll)	
IIS	Internet Information Services (vormals Server)	
IKE	Internet Key Exchange	
IMAP4	Internet Message Access Protocol Version 4	
InterNIC	Internet Network Information Center	
IOS	Internetwork Operating System (Cisco OS für Netzwerkgeräte)	
IoT	Internet of Things (Internet der Dinge)	
IP	Internet Protocol	
IPS	Intrusion Prevention System	
IPSec	Internet Protocol Security	
IPv4	Internet Protocol version 4	
IPv6	Internet Protocol version 6	
IPX/SPX	Internetwork Packet Exchange / Sequenced Packet Exchange	
IRC	Internet Relay Chat	
IRTF	Internet Research Task Force	

ISAKMP	Internet Security Association and Key Management Protocol	
ISDN	Integrated Services Digital Network	
IS-IS	Intermediate System to Intermediate System (Protocol)	
ISM	Industrial, Scientific, and Medical	
ISO	International Organization for Standardization	
ISOC	Internet Society	
ISP	Internet Service Provider	
IT	Information Technology (Informationstechnologie)	
ITS	Intelligent Transportation System	
IV	Initialisierungsvektor (z.B. bei WEP)	
Kbps	Kilobits per second, AUCH: Kbit/s	
KVM	Keyboard Video Mouse (Switch)	
L2F	Layer 2 Forwarding	
L2TP	Layer 2 Tunneling Protocol	
LACP	Link Aggregation Control Protocol	
LAN	Local Area Network	
LC	Local Connector	
LDAP	Lightweight Directory Access Protocol	
LEC	Local Exchange Carrier	
LED	Light Emitting Diode	
LLC	Logical Link Control	
LLDP	Link Layer Discovery Protocol	
LPD	Line Printer Daemon	
LPR	Line Printer Remote	
LSA	Link State Advertisements	
LTE	Long Term Evolution	
LWAP	Light Weight Access Point (Cisco)	
LWAPP	Light Weight Access Point Protocol (Cisco Protokoll)	
MaaS	Mobility as a Service	
MAC	Media Access Control / Medium Access Control	
MAN	Metropolitan Area Network	
MAU	Multistation Access Unit	
Mbps	Megabits per second, AUCH: Mbit/s	
MBps	Megabyte per second, AUCH: MB/s	
MD5	Message Digest 5 (kryptografische Hash-Funktion)	

MDF	Main Distribution Frame (Hauptverteiler)
MDI	Media Dependent Interface
MDIX	Media Dependent Interface Crossover
MGCP	Media Gateway Control Protocol
MIB	Management Information Base (siehe SNMP)
MIME	Multipurpose Internet Mail Extensions (Mailformat)
MIMO	Multiple Input Multiple Output
MITM	Man-in-the-Middle
MLA	Master License Agreement (Lizenzrahmenvertrag)
MLA	Multilateral Agreement (Multilaterales Abkommen)
MMF	MultiMode Fiber
MOA	Memorandum of Agreement
MOU	Memorandum of Understanding (Absichtserklärung)
MPLS	Multiprotocol Label Switching
MSA	Master Service Agreement (Dienstleistungsrahmenvertrag)
MSAU	MultiStation Access Unit
MS-CHAP	Microsoft Challenge Handshake Authentication Protocol
MSDS	Material Safety Data Sheet
MTA	Mail Transfer Agent
MTBF	Mean Time between Failure
MTP	Message Transfer Part
MT-RJ	Mechanical Transfer-Registered Jack
MTTR	Mean Time to Repair
MTU	Maximum Transfer Unit
MUMIMO	Multiuser Multiple Input, Multiple Output (WLAN)
MX	Mail Exchanger
NaaS	Network as a Service
NAC	Network Access Control
NAPT	Network Address Port Translation
NAS	Network Attached Storage
NAT	Network Address Translation
NCP	Network Control Protocol
NDR	Non-Delivery Receipt
NetBEUI	NetBIOS Extended User Interface
NetBIOS	Network Basic Input/Output System

NEXT	Near End Crosstalk (Übersprechen)	
NFC	Near Field Communication	
NFS	Network File System	
NGFW	Next Generation Firewall	
NGN	Next Generation Network (unterschiedliche neue WAN-Technologien)	
NIC	Network Interface Card	
NIDS	Network Intrusion Detection System	
NIPS	Network Intrusion Prevention System	
NIS	Network Information Service	
NIU	Network Interface Unit	
NLM	NetWare Loadable Module	
NNTP	Network News Transport Protocol	
NOS	Network Operating System	
NTFS	New Technology File System	
NTP	Network Time Protocol	
NVP	Nominal Velocity of Propagation (Ausbreitungsgeschwindigkeit)	
OCSP	Online Certificate Status Protocol	
OCx	Optical Carrier (x für eine Zahl, z. B. OC-12)	
OFDM	Orthogonal Frequency Division Multiplex	
OLT	Optical Line Terminal	
ONT	Optical Network Termination	
OS	Operating System (Betriebssystem)	
OSI	Open Systems Interconnection (OSI-Modell)	
OSPF	Open Shortest Path First (Routing-Protokoll)	
OTDR	Optical Time Domain Reflectometer (Messgerät)	
OU	Organizational Unit (Begriff in Verzeichnisdiensten wie ADS oder NDS)	
OUI	Organizationally Unique Identifier	
PaaS	Platform as a Service	
PAN	Personal Area Network	
PAP	Password Authentication Protocol	
PAT	Port Address Translation	
PCM	Pulse Code Modulation	
PDC	Primary Domain Controller (Windows NT)	
PDoS	Permanent Denial of Service	
PDU	Protocol Data Unit	

PGP	Pretty Good Privacy (Verschlüsselungsprogramm)
PKI	Private Key Infrastructure
PLC	Powerline Communication
PoE	Power over Ethernet
PON	Passive Optical Network
POP3	Post Office Protocol version 3
POTS	Plain Old Telephone System
PPP	Point-to-Point Protocol
PPPoE	Point-to-Point Protocol over Ethernet (PPPoA = ... over ATM)
PPTP	Point-to-Point Tunneling Protocol
PRI	Primary Rate Interface
PSK	Pre-Shared Key (vorgängig mit dem anderen Teilnehmer geteilter Schlüssel)
PSTN	Public Switched Telephone Network
PTP	Point-to-Point (Punkt zu Punkt)
PTR	Point (DNS-Eintrag)
PUA	Privileged User Agreement
PVC	Permanent Virtual Circuit
QoS	Quality of Service
QSFP	Quad Small Form-Factor Pluggable
RADIUS	Remote Authentication Dial-In User Service
RAID	Redundant Array of Independent Disks (AUCH: ... of Inexpensive Disks)
RARP	Reverse Address Resolution Protocol
RAS	Remote Access Service
RDP	Remote Desktop Protocol
RDx/Rx	Receiver
RF	Radio Frequency
RFC	Request for Comment
RFI	Radio Frequency Interface
RFP	Request for Proposal
RG	Radio Grade (auch: Radio Guide)
RIP	Routing Information Protocol
RIPE	Réseaux IP Européens, RIR für Europa, heute RIPE NCC
RIR	Regional Internet Registries
RJ	Registered Jack
RMON	Remote Monitoring

RPC	Remote Procedure Call
RPO	Recovery Point Objective
RSA	Rivest, Shamir, Adleman
RSH	Remote Shell
RTO	Recovery Time Objective
RTP	Realtime Transport Protocol (Protokoll für Audio-/Videostream)
RTSP	Real Time Streaming Protocol
RTT	Round Trip Time *oder* Real Transfer Time
SA	Security Association
SaaS	Software as a Service
SAT	Source Address Table (Adresstabelle in Switching-Hubs)
SC	Standard Connector / Subscriber Connector (Glasfaseranschluss)
SCADA	Supervisory Control and Data Acquisition
SCP	Secure Copy Protocol
SDLC	Synchronous Data Link Control (Datenübertragungsprotokoll)
SDN	Software Defined Network
SDP	Session Description Protocol
SDSL	Symmetric Digital Subscriber Line
SFF	Small Form Factor
SFP	Small Form-factor Pluggable (auch Mini GBIC genannt)
SFTP	Secure File Transfer Protocol
SGCP	Simple Gateway Control Protocol
SHA	Secure Hash Algorithm
SIEM	Security Information and Event Management
SIP	Session Initiation Protocol (Protokoll für die IP-Telefonie)
SLA	Service Level Agreement (Dienstleistungsvertrag)
SLAAC	Stateless Address Auto Configuration
SLIP	Serial Line Internet Protocol
SMB	Server Message Block
SMF	Single Mode Fibre
S/MIME	Secure Multipurpose Internet Mail Extensions
SMON	Switched Monitoring
SMS	Storage Management Services /oder/ Short Message Service
SMTP	Simple Mail Transfer Protocol
SMURF	Form eines DDoS-Angriffs, benannt nach dem Quellcode smurf.c

Abkürzung	Bedeutung
SMX	Spatial-Multiplexing
SNAT	Source Network Address Translation
SNMP	Simple Network Management Protocol
SNTP	Simple Network Time Protocol
SOA	Start of Authority
SOP	Standard Operation Procedure
SOHO	Small Office / Home Office
Sonet	Synchronous Optical Network
SOW	State of Work (Leistungsbeschreibung)
SPB	Shortest Path Bridging
SPI	Stateful Packet Inspection
SPS	Standby Power Supply
SPX	Sequence Packet Exchange
SSH	Secure Shell
SSID	Service Set Identifier
SSL	Secure Sockets Layer
S/STP	Screened STP-Kabel
ST	Straight Tip
STD	Synchronous Time Divison (Multiplexing)
STP	Shielded Twisted-Pair /oder/ Spanning Tree Protocol
Stratum	Schichtbezeichnung im NTP-Protokoll
SVC	Switched Virtual Circuit
SYN	Synchronize (Kommunikationssteuerungskommando)
SYSLOG	System log
T1	T-Carrier Level 1
TA	Terminal Adapter
TACACS	Terminal Access Controller Access Control System
TACACS+	Terminal Access Controller Access Control System+
TAN	Transaktionsnummer, mTAN = mobile Transaktionsnummer
TCL	Terminal Control Language
TCP	Transmission Control Protocol
TCP/IP	Transmission Control Protocol / Internet Protocol
TDM	Time Division Multiplexing
TDR	Time Domain Reflectometer
TDx/Tx	Transmitter (x stellvertretend für Wert, z. B. T5)

Telco	Telefon Company (Slang für Telefonanbieter)	
TFTP	Trivial File Transfer Protocol	
TKIP	Temporal Key Integrity Protocol	
TLD	Top Level Domain	
TLS	Transport Layer Security (Weiterentwicklung zu SSL)	
TMS	Transportation Management System	
TOS	Type of Service	
TP	Twisted Pair (siehe auch FTP, STP und UTP)	
TPM	Trusted Platform Module	
TTL	Time to Live	
TTLS	Tunneled Transport Layer Security	
UC	Unified Communication	
UDP	User Datagram Protocol	
UFI	Unique Firewall Identifier	
UMTS	Universal Mobile Telecommunications System	
UNC	Universal Naming Convention	
UPC	Ultra Polished Connector	
UPS	Uninterruptible Power Supply (siehe auch USV)	
URL	Uniform Resource Locator	
USB	Universal Serial Bus	
USV	Unterbrechungsfreie Stromversorgung	
UTM	Unified Threat Management	
UTP	Unshielded Twisted Pair	
VDSL	Very high bit-rate Digital Subscriber Line	
VLAN	Virtual Local Area Network	
VNC	Virtual Network Connection	
VoIP	Voice over IP	
VPN	Virtual Private Network	
VRF	Virtual Routing Forwarding	
VRRP	Virtual Router Redundancy Protocol	
VTC	Video Teleconference	
VTP	Virtual Trunk Protocol	
W3C	World Wide Web Consortium	
WAF	Web Application Firewall	
WAN	Wide Area Network	

WAP	Wireless Application Protocol / Wired Access Point	
WDM	Wavelength-Division-Multiplexing	
WEP	Wired Equivalent Privacy	
WiMAX	Worldwide Interoperability for Microwave Access	
WINS	Window Internet Name Service	
WLAN	Wireless Local Area Network	
WMS	Warehouse Management System	
WPA	Wi-Fi Protected Access (Nachfolger: WPA2)	
WPS	WiFi Protected Setup (automatisierte WLAN-Client-Einrichtung)	
WWN	World Wide Name	
WWW	World Wide Web	
X.25	CCITT (heute ITU) Packet Switching Protocol	
XDSL	Extended Digital Subscriber Line	
XML	Extensible Markup Language	
Zeroconf	Zero Configuration	

Stichwortverzeichnis

Numerisch
1000Base-LX 127
1000Base-SX 127
1000Base-T 62, 127
100Base-T 127
100Base-TX 127
100GBase 129
100GBase-CR10 129
10GBase 128
10GBase-T 127
110-Block 137
2,4 GHz-ISM-Band 152
3G 187
40GBase 129
40GBase-KR4 129
5 GHz-ISM-Band 152
5G 189
66-Block 137
802.11a 153, 154
802.11ac 151, 527, 535
802.11b 149, 153, 154
802.11g 149, 153, 154
802.11i 160
802.11n 150, 153, 154
802.11p 154
802.11s. 154
802.1aq 95

A
AAA 96
AAAA 250, 306
AAA-Protokoll 306
AAL 177
Abisolierzange 471
Absichtserklärung 440
Access Point 91, 146, 529, 530
ACK 553
ACL 289
ACR 470
Active Directory 283

Ad hoc 157
Adernpaare 75
Adresse
    32 Bit 198
    Dienstadresse 196
    IPv4 198
    IPv6 205
    Logische Adresse 196
    Physische Adresse 196
    Subnetzmaske 199
Adressschema 499, 526
ADS 291, 292, 303, 394
ADSL 181, 182, 503, 526
Adware 318
AES 309, 538
Analoge Datenübertragung 58
Änderung 458
Änderungsdokumentation 421
Änderungsprotokoll 413
Antenne
    Fresnelzone 553
    Omni 554
    Verbindungskabel 554
    Wirkungsgrad 553
    Yagi 554
Anwendungsschicht 44
Anycast 117
APIPA 243
APON 185
Application Gateway 368, 371, 372
APT 328, 329
ARP 214, 215
    ARP-Cache 215
    ARP-Reply 214
    NDP 215
    RARP 215
ARPANet 45, 196
AS 235, 481
ASP 275
Asynchrone Datenübertragung 63

ATM 175
    ATM-Schichtenmodell 176
Attacke 331
    Advanced Persistent Threat 329
    Bluejacking 343
    Bluesnarfing 343
    Carbanak 330
    Cookie-Diebstahl 337
    DNS Amplification Attack 333
    DoS 332
    FTP Bounce 331
    Man-in-the-Middle 336
    MMS-Phishing 329
    Permanent DoS 334
    Pharming 329
    Phishing 329
    Session-Hijacking 337
    SMS-Phishing 329
    Smurf 333
    Spoofing 337
    SYN-Flood 334
    TCP-Hijacking 337
    Zero hour 329
Ausbreitungsgeschwindigkeit 54
Authentifizierung 301, 552
Autonomes System 235
Autorisierung 343
Awareness 362
AXTLK 470

B

Backbone 113, 136
Badge 349, 350
BAKOM 142
Bandbreite 64
Banner Grabbing 452
Basisanschluss 172
Basisbandübertragung 114
Bastion Host 371
Baudrate 63
Bauliche Maßnahme 348
Benutzer 290
Benutzerrechte 289
BGP 239
Bidirektionale Übertragung 63
Biometrisches Erkennungssystem 350
Bitrate 62, 64
Bitübertragungsschicht 41
Bluetooth 165
BNC 81

BNetzA 142
Bonding 357
BOOTP 241
Brandfall 386
Brandschutz 348, 354
Breitbandübertragung 114
Bridge 90, 534
Broadcast 117, 549
Broadcast Storm 91
Butt Set 473
Byte 66

C

CARP 240
CATV 81, 184
CCMP 160
CENELEC 73
Change-Protokoll 458
CHAP 304, 400
CIA 299
CIDR 201, 548, 550
CIFS 286
Circuit Level Firewall 372
Citrix 395
Client/Server-Architektur 31, 267
Client-Server 241
Cloud Computing 272, 274, 453
    IaaS 274
    PaaS 274
    SaaS 274
    XaaS 275
CO_2 355
Command and Conquer 468
Connectionless Communication 116
Connection-oriented Communcation 116
CoS 229
CRC 64
Crimeware 319
Crimpzange 472
Crosskabel 76
CSMA/CD 124
CSU 102
CWDM 102

D

Dämpfung 54, 55, 469
Darstellungsschicht 44
Daten 32
Datenbandbreite 114

Datenintegrität 299
Datensicherung 359
Datensignalisierung 63
Datenübertragung
    Asynchron 63
    Parallel 61
    SCSI 61
    Seriell 62
    Synchron 63
Datenverfügbarkeit 299
Datenvertraulichkeit 299
DCS 454
DDoS 332
Dedizierte Firewall 367
Demarc 135
Demarkationspunkt 135
Denial of Service 323, 332
DHCP 241, 499, 507, 534
    APIPA 243
    Automatisch 242
    Dynamisch 242
    Scope 243
    Server 534
    Statisch 241
DHCPv6 243
Diagramm 499, 526
Diameter 306, 552
Dienst 491
Dienstleistungsrahmenvertrag 440
DiffServ 207, 228
DMZ 366, 373
    Geschlossene 374
    Halboffene 374
    Offene 374
DNS 245, 369, 404, 482, 503
    CNAME 250
    Missbrauch 333
    Name Server 248
    Namensraum 246
    Resolver 248
    Resource Record 250
    Zonendatei 248
DOCSIS 184
DoD-Modell 36, 45, 46, 196
Drehschleuse 351
Drucker 513
Druckerserver 296
Druckertreiber 296
DSAP 122
DSCP 228

DSL 181
DSU 102
Duplexverfahren 89
    Auto Sense 89
DWDM 102, 175, 179

E

EAP 304
ECN 207
EDGE 187
Edge Control 552
EFS 284
EGP 236
EIA/TIA 73
    Norm 569A 136
    TIA 568B 73
    TIA-568A 73
EIA/TIA-568 73
EICAR 365
EICAR-Code 365
EIGRP 239
Einbruchschutz 353
EMI 71
Environmental Monitor 475
ESD 464
    Erdung 465
    ESD-Strip 465
Etherjack 136
Ethernet 125
Ethernet over HDMI 129
Ethernet over PowerLine 129
Ethernet-Frame 123
EUI-64 208
EuroDOCSIS 184
Evil Twin 343
Expertenmodus 532
Exploit 422

F

F/FTP 78
F/STP 79
F/UTP 78
Far-End Crosstalk 469
Far-End-Fault 99
Faser
    Monomode 82
    Multimode 82
    Singlemode 82
Fault Management 409

FCAPS 409
FCC 142
F-Connector 81
Fehlermanagement 411
Fehlersuche 467
    Lösung 467
    Symptome 467
    Ursachen 467
Fehlertoleranz 357
Ferrule 84
    APC 84
    UPC 84
Feuerlöschanlage 355
Firewall 366, 529, 538
    Dedizierte 367
    Hardware 367
    Personal Firewall 367
Firmware 422, 505, 513
First Responder 382, 385
Fluchtplan 383
Fluke 474
FQDN 247
Frame 66
Freigabe 518, 519
Freigaberechte 289
Frequence Hopping 144
Frequenzbereiche 56
FRM 385
FTP 253
FTTH 185
Fullduplex 63
Funkwelle 165
Funkzelle 145

G

GAN 34
Gateway 200, 530
GBIC 99
GG45 77
GPL 281
GPRS 187
Grayware 318
Großrechner 30
GSM 186

H

H.323 226
H2M-Schnittstelle 455
Halbduplex 63

Hardware-Abstraktionsschicht 283
Hardware-Virtualisierung 273
Hash 307
HDSL 182
Header 39
    IPv4 204
    IPv6 206
Hexadezimalsystem 51
Honeynet 375
Honeypot 375
Host 33
Hosts 244
Hotline 462
HSCSD 186
HTTP 251, 369
HTTPS 253
Hub 90
Hybrid Cloud 276

I

IaaS 275
IAB 194
ICA-Protokoll 395
ICMP 213
ICS-Server 455
ICT-Betriebsdokumentation 418
IDS 376, 377, 378, 442
IEEE 121
IEEE 802.1x 97
IEEE 802.2 122
IEEE 802.3 122
IEEE 802.3-2012 126
IEEE-802-Reihe 121
IETF 193
Ifconfig 476
IGMP 214
IGP 236
IGRP 238
IKEv1 400
IKEv2 400
IMAP4 259
Impedanz 53
In-band 96
Industrie 4.0 453
Infrarot 162
Internet 30
Internet of Things 456
IoT 166, 185, 456
IP 197

IP-Adresse 198
    Adressklassen 202
    IPv4 201
    IPv6 205
    Private 202
    Reservierte 202
Ipconfig 476
Iperf 448
Ip-Kommando 477
IPoE 534
IPS 442
IPSec 312
IP-Telefonie 225
IPv4 546
    Adressklassen 201
    Adressschema 419
    Ausnahmeadressen 203
    CIDR 201
    IP-Header 204
    Netz-Bits 202
    Private Netzwerke 202
IPv6 201, 205, 535, 546
    Adressklassen 206
    Ausnahmeadressen 207
    EUI-64 208
    Header 206
    Multicast 209
    Payload 207
    Präfix 206
    Reservierte Adresse 207
    Traffic Class 207
ISAKMP 312, 400
iSCSI 277
ISDN 62, 171
    B-ISDN 173
    B-Kanal 172
    Breitband-ISDN 173
    D-Kanal 172
    E1 172
    E3 172
    T1 172
    T3 172
ISDN-BRI 172
ISDN-PRI 172
IS-IS 239
ISM-Band 142
ISMS 300, 381, 457
ISO 27001 381, 385
ISO/IEC 11801 74
ITU-R 142

J
Jamming 442
Jperf 449
Jumbo Frames 123, 451

K
Kabel 71
    Adern 75
    AutoSense 76
    Drahtlose 71
    EN 50288 75
    Koaxialkabel 71
    Lichtwellenleiter 71
    Rollover 75
    STP 71
    UTP 71
Kabeltester 468, 475
Kabelziehstrumpf 473
Kamera 351
Kapazität 53
Kennwort 502, 508, 531
Kerberos 305
Keycard 349
Klartextübermittlung 331
Koaxialkabel 80
Kollisionsdomäne 545
Kompetenz 462
Konfigurationsdaten 359
Konfigurationsmanagement 411
Kurzschluss 468

L
L2TP 400
L3-Diagramm 417
LAN 33
Latenz 64
Latenzprobleme 555
Leistungsbeschreibung 439, 440
Leitungsunterbrechung 468
Leitungsvermitteltes Netzwerk 115
Letter of Intent 440
Lichtwellenleiter 81
Link Aggregation 96
Link State 238
Linux 281
Load Balancing 357
Logdateien 457
Looking Glass 481
Loopback 98

Loopback Plug 473
LPWAN 185
LSA-Werkzeug 472
LTE 188, 189
LTE+ 188

M

M2M 456
MAC-Adresse 43, 88, 444
Mail-Server 256
Mainframe 59
Makroviren 322
Malware 318, 320, 324, 326
    Adware 318
    Antispyware 319
    Crimeware 319
    Grayware 318
    Spam 318
    Spyware 318
MAN 34
Man Trap 351
Managed Switch 96
Man-in-the-Middle-Attacke 336
Mannschleuse 351
Master Service Agreement 440
Maßnahme
    bauliche 348
Medienkonverter 98
Medium
    EMI 71
    Installationsaufwand 71
    Kapazität 71
    Kosten 71
    Plenum 71
Mehr-Faktor-Authentifizierung 303
Mehrpunktverbindung 109
Memory of Understanding 440
Messprotokolle 421
Metrik 235
MIB 408
Mikrofilter 527
MIMO 150, 535
Mitarbeit
    Aufgabenteilung 344
    Job Rotation 344
    Mandatory Vacations 344
    Segretation of Duty 344
Modem 100
Modulation 100

Monitor 432
    Hardware 433
    Hybrid 434
    Messdaten 433
    Messobjekt 432
    Messpunkt 432
    Messzeit 433
    Schwellwert 433
    Software 433
Monitoring 432, 436, 457
MOU 440
MPLS 179, 180, 229
MRTG 447
MSA 440
MSDS 465
MTR 480
MTU 124
Multicast 117
Multimeter 473
Multimode 82
Multiplexer 59, 101, 174, 181
    CWDM 102
    Demultiplexer 60
    DWDM 102
    FDM 61
    SMX 61
    TDM 60
    WDM 61
Multiplikator 49
    Binärsystem 51
    Dezimalsystem 49
    Hexadezimalsystem 51
    Oktalsystem 51
MUMIMO 152, 535

N

NAC 375, 551
    Quarantänebereich 552
    Server 552
Namensauflösung 482
    Fehlerquellen 482
NAS 278
NAT 216
    DNAT 217
    NAPT 217
    PAT 217
    SNAT 217
    SUA 217
Nbtstat 482
Nebensprechen 54

Negative Rules 369
NET-Befehl 287, 485
net-Befehl 487
NetBIOS 245, 482, 519
Netio 448
Netsh 488
Netstat 490
Network Interface Unit 473
Network+-Zertifizierung 19
    Eintrittstest 21
    Prüfungscode 560
    Wissensgebiete 19
Netzwerk
    Client/Server 32
    Definition 31
    Dienst 32
    Installation 497
    Inventar 498, 525
    Konfiguration 501
    Konzeption 498
    Leitungsvermitteltes 115
    Modell 33
    Netzwerkelement 31
    Netzwerkmanagement 31
    Netzwerkmodell 31
    Paketvermitteltes 115
    Peer-to-Peer 32
Netzwerkanalyse 441
    Kenngrößen 442
    Messdaten 442
    Messkonzept 442
    Sniffer 442
Netzwerkdiagramm 412
Netzwerkdokumentation 412, 414
    Änderungsdokumentation 414
    Anschlussdiagramm 414, 415
    Konfigurationsdokumentation 414
    Logbuch 414
    Messdiagramme 414
    Messdokumente 421
    Netzwerkdiagramm 414, 415
    Verkabelungsschema 414
Netzwerkdrucker 295, 499
Netzwerkkarte 87
    Duplexverfahren 89
    Virtuelle 105
Netzwerkmanagement 35, 407
    Sicherheit 408
    Skalierbarkeit 408
    Verfügbarkeit 408

Netzwerkmodell 33
    BAN 33
    CAN 33
    GAN 33
    LAN 33
    MAN 33
    WAN 33
Netzwerkmonitor 443
Netzwerkrichtlinien 341
Netzwerküberwachung 443
NEXT 469
NFC 168
NGN 178
NIDS 377
NIPS 377
NIU 473
NNTP 256
Notausgänge 383
Notfallplan 341
Notfallvorsorge 383
Novell 30, 31
Nslookup 483
NTFS 284, 293, 294
NTP 260
Nutzungsrichtlinien 341

O

OC 175
OLA 440
OS X 279
    Aqua 279
    Darwin 279
OS-Fingerprinting 452
OSI-MF 408
OSI-Modell 37, 40, 45, 46, 70, 177, 195
    Anwendungsschicht 39
    Bitübertragungsschicht 40
    Darstellungsschicht 40
    Sicherungsschicht 40
    Sieben Schichten 38
    Sitzungsschicht 40
    Transportschicht 40
    Vermittlungsschicht 40
OSPF 238
OUI 89
Out-of-band 96

P

PaaS 275
Paketfilter 368, 370

Paketvermitteltes Netzwerk 115
PAP 304, 400
Passwort 290, 301
Patch 422
PDCA 438
PDoS 334
Peer-to-Peer 267
Perfect Forward Secrecy 400
Performancemanagement 413
Personal Firewall 367
Ping 477
ping6 478
Pin-zu-Pin-Messung 475
PKI 310
PLC 455
PMTU 124
PoE 98, 130
    802.3at 130
    PoE+ 130
PON 185
POP3 258
Port 222
    Dienstadresse 222
    TCP 222
    UDP 222
Port Mirroring 97
Ports 331
    Dynamisch 222
    Registered Ports 222
    Well-known 222
Portscanner 452
    Legalität 453
    Online 452
Positive Rules 368
POTS 171
Power over Ethernet 130
PowerLAN 87
Powerline 87
Powerline Communication 87
PPP 304, 503, 534
PPPoE 503, 534
PPTP 400
Pre-Shared Key 161, 538
Primäranschluss 172
Primärverkabelung 135
Private Cloud 276
Profil 290
Protokoll 32
Proxy 375, 376

Prüftelefon 473
Prüfungsvorbereitung 560
PSK 538
PSTN 171
Public Cloud 276
Pufferüberlauf 335
Punch Down Tool 472
Punkt-zu-Punkt-Verbindung 109

Q

QoS 207, 228, 437
    Dienstklassen 437
    Parameter 437

R

Rack 466
    Beschriftung 466
    Kabelkanäle 466
    Monitoring 466
    Säulen 466
    Schienen 466
Radius 306, 552
Ransomware 325
RAS 392
Rauchabsauganlage 355
Rauschen 53
RDP 394
Reaktionsfähigkeit 462
Rechte-Matrix 421
Referenzmodell 35, 37
    DoD-Modell 36
    OSI-Modell 36
Remote Assistance 396
Remotedesktopverbindung 393
Repeater 89
Request for Change 457
Rettungsplan 383
Return Loss 470
Reverse Proxy 376
RFC 194, 196
RFID 167
RG-58 80
RG-59 80
RG-6 80
RG-8 80
RIP 104, 236
RJ45 76
RJ48 76
RMON 411, 426

Rogue Access Point 342
Rollback 458
Root Bridge 93
Round Trip Time 65
Route
    Kommando 480
Router 103, 104, 498
    Link State 104
    OSPF 104
    RIP 104
    Virtuell 105
Routing 235
    BGP 239
    CARP 240
    Count-to-Infinity 237
    DVA 236
    EIGRP 238
    Hop-Counts 237
    HRSP 241
    IGRP 238
    IS-IS 239
    Link State 238
    OSPF 238
    RIP 236
    RIPv2 237
    Split Horizon 237
    VRRP 241
Routing-Protokoll 234
RRDtool 447
RSA 309
RSTP 93, 358
RSVP 438
RTP 226
RTS 148
RTT 65

S

S/FTP 78
S/STP 79, 544
S/UTP 78
SA 312
SaaS 275
Safe 353
SAN 277
Sandbox 374
SCADA 455, 456
Schleuse 351
Schließsystem 349
Schlüssel 349

Schnittstellen 32
Schulung 363
Schwachstelle
    Suche 379
Score Report 564
SDH 174
SDN 104, 417
SDSL 182
Security-Scanner 379
Sekundärverkabelung 135
Sensibilisierung 362
Seriell
    DB-25 62
    EIA-RS232 62
    USB 62
    V.24 62
SF/FTP 79
SF/STP 79
SF/UTP 78
Shielded Twisted Pair 78
SiBe 381
Sicherheitslücke 380, 422
    Release-Notes 380
Sicherheitsmanagement 413
Sicherungsschicht 41
SIEM 381, 382, 383
Signal
    Amplitude 58
    Ausbreitung 54
    Codierung 59
    Dämpfung 55, 183
    Digitale Übertragung 58
    Frequenz 56, 58
    Sinus 54
    Wellenlänge 56
Signal-to-Noise 53
Simplex 63
Single Sign On 302
Singlemode 82
SIP 226
Sitzungsschicht 44
SLA 438, 440
    Fehlerraten 439
    Leistung 439
    Reaktionsbereitschaft 439
    Sanktionen 439
    Verfügbarkeit 439
Smartjack 136
SMB 285, 519

SMON 411, 426
SMTP 256, 258
Smurf 333
  Amplifier 333
Sniffing 442
SNMP 408, 410, 426
  GET 428
  GETBULK 428
  RESPONSE 428
  SET 428
  TRAP 428
  WALK 428
SNMP-Protokolle 425
SNMPv2 428
SOA 435
Social Engineering 338, 341
  APT 339
Sonet 174
SOW 440
Spam 318
Spanning Tree 93
  BPDU 93
  Konvergenz 94
  Kosten 94
  Loop-Detection 95
  Root Bridge 93
SPB 95, 358
Speed-Test 506
Split Horizon 237
Split-Pairs 469
Splitter 527
Spoofing 337
  ARP-Spoofing 337
  DNS-Spoofing 337
  IP-Spoofing 337
  Web-Spoofing 337
Spyware 318
SSAP 122
SSH 261, 369
SSID 148, 157, 529, 535, 536
SSL 310
Stack 336
State of Work 440
Stateful Inspection Firewall 368
Stateful Packet Inspection 371
Stecker
  GG45 77
  ISDN 80
  RJ11 80
  RJ45 77

RJ48 76
TERA 77
STP 72
Strukturierte Verkabelung 135
STS 174, 175
SUA 216, 217
Subnettierung 548
Subnetzmaske 548
Supernetting 549
Supportfall 464
Switch 92
  Content Switch 98
  Cut through 92
  Jamming 442
  Managed 96
  SAT 92
  SFP 99
  stackable 93
  Store and forward 92
  Virtuell 105
Switching Hub 91, 529
Switching-Hub 92
SYN 553
SynchByte 64
Synchrone Datenübertragung 63
Systemlog 421

T

TACACS+ 306
TCP 116, 197, 218
  Abort primitive 221
  ACK 220
  FIN-Flag 221
  Header 219
  RST-Flag 221
  Sliding Windows 220
  SYN 220
  Verbindungsmanagement 219
TCP/IP 46, 60, 115, 196
TDM 101
TDR 474
  O-TDR 474
Telefonkabel 71
Telnet 261
Tempest 331, 341
Terminaldienst 393
Tertiärverkabelung 135
Test 424, 506
  Einzeltest 425
  Ergebnis 424

Integrationstest 425
Maßnahmen 424
Systemtest 425
Testfall 424
Testfälle 424
Testobjekt 424
TFTP 255
Thin Client 395
Time-Division-Multiplexing 60
TKIP 160
TLD 246
TLS 310
Toner-and-Probe 474
Tongenerator 475
Tonsonde 474
Topologie 109
    Baum 112
    Bus 110
    Doppelring 111
    Hybrid 113
    Maschen 112
    Ring 110
    Stern 111
    Zelle 113
ToS 553
Traceroute 479
Tracert 479
tracert-6 479
Traffic Shaping 437, 552
Transportprotokoll 193
Transportschicht 43
Transportsteuerung 44
Triple-Play-Angebote 227
Trunking 96
Twisted Pair 71

U

U/FTP 78
U/STP 79
U/UTP 78
Übertragung
    Bidirektionale 63
Überwachung 381, 432
UC 227
    Endgerät 227
    UC-Gateway 227
    UC-Servers 227
UC-Kommunikation 226
UDP 221
UMTS 187, 188

Undieren 547
Unicast 117
Unix 279
Update 424
Upgrade 424
UPnP 216, 217, 218, 547
URL 252
USV 357, 383
UTP 72

V

VDI 395
VDSL 182
VDSL2 182
Veraltete Systeme 331
Verantwortungsbewusstsein 462
Verdrahtungsfehler 469
Verkabelung 544
    Arbeitsbereich 135
    Demarkationspunkt 135
    Horizontale Leitung 135
    Lebensdauer 544
    Permanent Link 137
    strukturierte 135
    Vertikale Leitung 135
Verkabelungsschema 415
Vermittlungsschicht 43
Verschlüsselung 308
VF-45 84
Videoüberwachung 352
Viren 362, 364
Virenverantwortlicher 360
Virtual PBX 105
Virtualisierung 285
Virus 318, 321
    Botnet 324
    Makroviren 322
    Trojanisches Pferd 324
    Würmer 323
VLAN 131
    802.1Q 131
    IEEE 802.1X 134
    MAC-basiert 131
    Portbasiert 131
    Protokollbasiert 131
    Tagging 132
    Trunking 134
    Untagged 132
VTP 134

Stichwortverzeichnis

VMWare 284
    Microkernel 285
VNC 396
VoIP 173, 225, 228
Vollduplex 63
VPBX 227
VPN 393, 397
    1. Phase 398
    2. Phase 399
    Acccess VPN 403
    Client-to-Site 403
    Dynamisch 404
    ESP 399
    Gateway 399, 402
    GRE 400
    IPSec 400
    Konzentrator 403
    L2TP 400
    PFS 400
    Phasen 398
    SA 400
    Site-to-Site 401
    Tunnel 399
VRRP 241
Vulnerabilitätsscanner 379

W

W3C 195
Wachpersonal 349
WAF 372
WAN 34
War Chalking 341
War Driving 341
Wartungsfenster 457
WEP 159, 342
Widerstand 53
Wi-Fi Alliance 142
Windows 2000 283
WINS 245, 482
Wiremap 475
Wireshark 445
WLAN
    Ad-hoc-Netzwerk 145
    Antenne 553
    Aufbau 155
    Beacon-Frame 148
    BSS 147
    CB 148
    CSMA/CA 148
    DFS 151
    DSSS 144
    ESS 148
    FHSS 144
    Gastnetz 552
    Halbduplex 148
    Heatmap 157
    Infrastrukturnetzwerk 146
    ISM-Band 142
    Kanal 536
    LWAPP 147
    MAC-Filter 158
    OFDM 144
    Outdoor 151
    RTS-Frame 148
    SSID 148
    Stör- und Dämpfungsfelder 156
    Strahlungsleistung 142
    Ticketsystem 552
    TPC 151
    Verschlüsselung 157
    WEP 159
    WPA 161
    WPA2 161
WPA 160
WPA2 161, 342, 535, 537

X

X Window 282
X.25 115
XaaS 275
xDSL 526

Z

Zero Client 395
Zigbee 166
Zutrittsregelung 348
Z-Wave 167
Zwei-Faktor-Authentifikation 303